Gottfried von Purucker

STUDIEN zur Esoterischen Philosophie

Band II

Titel der Originalausgabe: Studies in Occult Philosophy
Theosophical University Press Covina, California

First Edition, 1945
Second Printing, 1949

1. Auflage 1986

ISBN 3-924849-31-5

Verlag Esoterische Philosophie GmbH, Hannover

STUDIEN
zur
Esoterischen Philosophie

Prof. Dr. G. von Purucker

VERLAG
ESOTERISCHE PHILOSOPHIE GMBH
Hannover

Professor Dr. Gottfried von Purucker

INHALT

STUDIEN ZUR

ESOTERISCHEN PHILOSOPHIE

Zweiter Band

DIE LEHRE VOM TULKU

Der Ausdruck Tulku wird häufig, zu Recht oder Unrecht, auf einen Lama von hohem Rang angewandt und unter den gleichen Voraussetzungen oft auch für den leitenden Abt eines Klosters.

In einem Sinne bezieht sich der Ausdruck jedoch speziell auf jene Lamas, die ihre Fähigkeit bewiesen haben, sich ihres Amtes und Standes in einer früheren Inkarnation zu erinnern, zum Beispiel durch Auswählen von Gegenständen, die ihnen früher gehörten, oder durch Beschreibung von Einzelheiten aus einem vergangenen Leben und so fort. Lamas dieser Art werden von europäischen Orientalisten 'Lebende Buddhas' genannt, obwohl das nicht der Titel ist, der ihnen von den Tibetern gegeben wird.

Die beiden bedeutendsten Tulkus in der buddhistischen Hierarchie Tibets sind der Tashi- und der Dalai-Lama. Das Wort Tulku wird von den Orientalisten oft als 'eine Inkarnation' interpretiert, doch es sollte im Gedächtnis behalten werden, daß Inkarnation, abgesehen von den vielen und verschiedenen Mannigfaltigkeiten einer inkarnierenden oder sich verkörpernden Kraft oder Energie, im volkstümlichen Gebrauch eine direkte Fortsetzung einer vorherigen Verkörperung darstellt. Diese 'Lebenden Buddhas' in Tibet sind deshalb eine Art von Tulku, das heißt die Übertragung einer spirituellen Kraft oder Energie von einem Buddha-Lama eines tibetischen Klosters nach seinem Tode auf einen kindlichen oder einen erwachsenen Nachfolger. Wenn die Übertragung Erfolg hat, ist das Ergebnis ein Tulku.

Entsprechend der tibetischen und ebenso auch der archaischen Tradition gibt es Tulkus von vielen unterschiedlichen Arten. Allgemein gesprochen, hat die Lehre über die Tulkus in der buddhistischen Anschauung Tibets enge Parallelen zu der Lehre über die Avatâras im Hindû-Brâhmaismus: Was im Sanskrit 'Avatâra' genannt wird, heißt im Tibetischen 'Tulku'.

Eine andere Art von Tulku manifestiert sich, wenn ein menschlicher Mahâtman oder ein großer Adept einen Strahl oder einen Teil von sich aussendet, um in einem Neophyt-Boten zu inkarnieren oder sich zu verkörpern. Es mag nur für eine kurze Zeit sein, es kann aber auch nahezu für eine Lebenszeit sein, daß der Mahâtman diesen Neophyt-Boten in die Welt sendet, um zu lehren. Der Bote handelt in diesem Beispiel als ein Übermittler der spirituellen und göttlichen Kräfte des Mahâtmans. H. P. Blavatsky war in diesem Sinne ein Tulku, indem sie tatsächlich oft die Verkörperung ihres eigenen Lehrers war und von ihm geleitet wurde. Solange die Inkarnation der höheren Essenz des Lehrers dauerte, war sie ein Tulku. Wurde aus dem einen oder anderen Grunde der Einfluß oder der Strahl für eine längere oder kürzere Periode zurückgezogen, existierte der Tulku während dieser Zeit nicht.

Ein weiterer Aspekt der Tulku-Lehre, die sehr mystisch ist und von denen, die um sie wissen, tief verehrt wird, wird durch H. P. Blavatsky veranschaulicht. Wo ist sie jetzt? H. P. B. ist nicht inkarniert, sie hat noch nicht wieder einen Körper von Fleisch angenommen, wie ihn die gewöhnlichen Menschen haben. Sie ist noch nicht als ein Kind geboren. Doch sie hat zu bestimmten Zeiten und für ein bestimmtes Individuum mit dessen Einwilligung etwas organisiert, das dieses Individuum zu einem Tulku macht. Wir können deshalb sagen, daß H. P. B. für diese Zeiten für den Zweck der speziellen Übermittlung in dem ausgewählten Individuum verkörpert oder teilweise verkörpert ist. In allen Fällen von Tulkus handelt es sich um 'Inkarnationen' oder 'Erscheinungen'. Würde H. P. B.

zum Beispiel für einen Monat oder ein Jahr aus einer Person einen Tulku machen, so wäre diese Person für diese Zeit ein Tulku, doch würde, wenn das besondere Werk getan ist, der Einfluß zurückgezogen werden, und der Tulku würde aufhören zu existieren.

Es gibt noch eine andere Art der Inkarnation eines Avatâras oder Tulkus: die wirkliche zeitweilige physische Erscheinung eines Adepten im Mâyâvi-rûpa. Man weiß, daß gewisse tibetische Lamas in der Lage sind, dieses Meisterstück zu vollbringen, und darum werden sie auch richtig Tulkus genannt. Sie sind ein Typ von Tulku, den gewisse Orientalisten als eine 'Erscheinung' interpretiert haben.

Ein anderer Typ von Tulku von gegensätzlichem und in der Tat essentiell üblem Charakter ist das, was ein Hypnotiseur zustande bringt. Er verdrängt zeitweilig die psychologische Natur seines in Trance versetzten Opfers durch psychologische Beeinflussung oder auch durch Hypnose zuzüglich Mesmerismus. Dies ist jedoch meistens ein Akt schwarzer Magie und mit großen Gefahren sowohl für den Hypnotiseur als auch für den Hypnotisierten verbunden. Jeder geschickte Hypnotiseur macht aus seinem Opfer augenblicklich einen Tulku, jedoch im Sinne schwarzer Magie. Flößt er dem Gehirn des Opfers den Gedanken ein, in einer Woche um drei Uhr nachmittags einen Mord oder eine andere sehr törichte und würdelose Tat zu begehen, so macht der Hypnotiseur für diese Zeit durch schwarze Magie aus seinem Opfer einen Tulku. Jeder Psychologe und Hypnotiseur kennt die Möglichkeit dieser Tatsache, auch wenn ihm die wissenschaftliche Erklärung dieses Ausdrucks fremd sein mag. Würden wir zu ihm vom 'Tulku' sprechen, so würde er lachen, weil er das Wort nicht kennt; die Handlung ist ihm aber bekannt. Ein Schlüsselbeispiel für Tulkus durch Schwarzmagie sind die 'Werwölfe' oder 'Wolfsmenschen', wie sie von mittelalterlichen Europäern genannt wurden. Damit ist eine wundersame Geschichte verbunden, aber dennoch handelt es sich um einen Akt schwarzer Magie.

Die Lehre vom Tulku ist jedoch in ihrem Kern schön und erhaben. Aus diesem Grunde wird sie von den Tibetern hoch verehrt. Wir wollen das Beispiel von Jesus, dem Avatâra, betrachten: Hier haben wir einen lebenslangen Tulku, einen Strahl einer Göttlichkeit, einen Tulku dieser Göttlichkeit, soweit wie der Strahl reicht, eine göttliche Manifestation und deshalb einen echten Avatâra im brâhmanischen Sinne. Ein anderes Beispiel: Wer oder was war Buddha, Sâkyamuni-Siddhârta, oft der Buddha Gautama genannt? Er war ein Tulku seines eigenen inneren Buddhas oder seines eigenen inneren Gottes. Der Durchschnittsmensch ist jedoch, wenn er wirklich strebt, nur gelegentlich von einer Berührung der göttlichen Flamme der höheren Teile seiner Konstitution überschattet, und dennoch ist solch ein Mensch während dieser flüchtigen Augenblicke ein Tulku. Doch als Gautama, später der Buddha genannt, Buddhaschaft erlangte, war er von seinem inneren Gott oder inneren Buddha relativ erfüllt und deshalb der menschliche Tulku dieses Gottes. Das war für ihn, den Menschen Siddhârtha, Nirvâna. Technisch gesprochen trat er in den Dharmakâya ein, und dieser Teil von ihm wurde dann von Menschen nicht mehr erkannt: Dieser Teil von ihm war ein göttlich gewordener Mensch.

Zum Schluß sollte nach dem Vorhergehenden klar sein, daß das tibetische Wort 'Tulku' eines der inhaltsreichsten und mystisch bedeutsamsten in der ganzen Reihe der vielen sehr wichtigen Wörter religiöser Philosophie der tibetischen Buddhisten ist. Diese Tatsache allein gibt einen hinreichenden Grund dafür, daß Tibetreisende oder Personen, die dieses hochmystische Volk und seine Bücher studieren, oft so unterschiedliche und völlig falsche Meinungen über das Wort Tulku äußern. Im Hinblick hierauf fehlt ihnen ein ausreichendes Verständnis.

BUDDHAS UND BODHISATTVAS

Für das Gemüt des Schülers mag es zuerst sehr verwirrend sein, in der Esoterischen Philosophie soviel über verschiedene Buddhas, Bodhisattvas und wunderbare Wächter zu hören. Doch dies ist nur deshalb so, weil sich der Schüler mit etwas befaßt, das für ihn eine neue Bewußtseinserweiterung darstellt. Er betritt ein neues Feld intellektueller und spiritueller Aktivität, und es ist ganz natürlich, daß er während der ersten Schritte auf diesem Gebiet zeitweilig verwirrt ist. Doch die Verwirrung geht bald vorüber, wenn er entdeckt, daß die Dinge, sofern seine Studien fortschreiten, mit überraschender Schnelligkeit und mentaler Leichtigkeit an ihren richtigen Platz rücken. Es ist alles so einfach, wenn wir das fundamentale Gesetz aller Studien im Okkultismus nicht vergessen: das Gesetz der Analogie. Was in den inneren und oberen Sphären stattfindet, geschieht gleichfalls in unserem materiellen Bereich und in der Welt des Menschen, wie Hermes so vortrefflich sagte. Das einzige Erfordernis für ein richtiges Verständnis ist aufgrund der Übertragung von einer Bewußtseinsebene zur anderen das Auswechseln der Umstände und der umgebenden Stoffe und Ereignisse, die zu jeder gehören. Umgekehrt findet das, was hier auf Erden und in unserer Menschenwelt geschieht, in einem größeren, subtileren und spirituelleren Maße auf den höheren und weniger materiellen Ebenen statt, dort, wo die Götter wohnen.

Die Idee, die Götter wären eine Familie von Wesen und die Menschen eine andere und gänzlich voneinander getrennt und verschieden, sollten wir fallen lassen. Wir sind buchstäblich Kinder der Götter. Jeder Mensch ist in seinem innersten Wesen eine Göttlichkeit, ein Sohn der Vater-Sonne. Der einzige Grund, warum wir keine offenkundigen Götter sind, ist der, daß wir den inneren Gott noch nicht hervorevolviert haben. Doch das wird in Zukunft geschehen. Wir sind Embryogötter, und diejenigen, die jetzt Götter sind, waren einst Menschen. Was die Dhyâni-Buddhas in ihrem Verhältnis zu den Dhyâni-Bodhisattvas sind, sind die menschlichen Buddhas auf dieser Ebene in ihrem Verhältnis zu den menschlichen Bodhisattvas. Die Regel ist aufgrund des Gesetzes der analogen Folgerung in beiden Fällen die gleiche. Um dies richtig zu verstehen, bedarf es nur der Übertragung von Umständen, Tatsachen und lebenden Wesen von oben nach unten auf unsere Ebene und umgekehrt.

Jeder Dhyâni-Buddha oder Buddha der Kontemplation oder Meditation hat sozusagen seine 'aus dem Gemüt geborenen Söhne', seine spirituellen Abkömmlinge, welche die Dhyâni-Bodhisattvas sind. Ich möchte dies veranschaulichen: Erweckt ein Lehrer die Seele eines Menschen, so daß der Mensch versteht, was der Lehrer sagt, und führt der Lehrer diesen nun verstehenden Menschen zu einem größeren, edleren Leben, so daß er den Fußtapfen seines Lehrers folgt, dann ist dieser Mensch oder Schüler ein Bodhisattva seines Lehrers. Der Lehrer hat einen Teil seiner eigenen Essenz in das Leben des Jüngers eingepflanzt, mit einem Teil seines eigenen Gemütes die mânasaputrischen, spirituellen und intellektuellen Feuer in dem Jünger erweckt. Das ist es, was die Dhyâni-Buddhas an anderen hohen Wesenheiten auf ihrer Ebene tun, womit sie das Ins-Dasein-Kommen von Dhyâni-Bodhisattvas und später von menschlichen oder Mânushya-Buddhas zuwege bringen. Diese Dhyâni-Buddhas haben auf ihrer eigenen Ebene Schüler oder Jünger, in denen sie die Bodhisattva-Kraft, den buddhischen Glanz erwecken.

Entsprechend verhält es sich auf der menschlichen

Ebene. Finden die Mânushya-Buddhas geeignete menschliche Jünger, so inspirieren sie diese, erfüllen sie mit heiligen spirituellen und intellektuellen Feuern, so daß diese Menschenschüler, wenn sie erfolgreich sind und eine verhältnismäßig vollkommene Spiritualität erreicht haben, Mânushya-Bodhisattvas werden und auf dem Wege sind, Mânushya-Buddhas zu werden. Das ist so, weil das Buddha-Licht in diesen Menschenschülern erwacht ist: Jeder fühlt den inneren Gott in seinem Innern. Von diesem Augenblick an kennt er weder Ruhe noch Rast, bis er die menschliche Buddhaschaft erlangt hat.

Wir können den Fall des Gautama Sâkyamuni, eines Mânushya-Buddhas, als Beispiel nehmen. In ihm als Mensch waren drei oder vier verschiedene Elemente in Funktion: Das normale menschliche Wesen, das ein großer und prächtiger Mensch war, aber dennoch ein menschliches Wesen im gewöhnlichen Sinne des Wortes. Der verkörperte Bodhisattva inspirierte dieses menschliche Wesen, doch die mânasaputrische Essenz in dem menschlichen Wesen, die als eine Monade per se zu ihm gehörte, war in diesem menschlichen Wesen noch nicht voll erwacht, obwohl er ein großer Mensch war. Drittens gab es den Buddha, der diesen Bodhisattva im Innern des Gautama Sâkyamuni inspirierte und überschattete. Und schließlich wurde dieser Buddha - eine spirituelle Flamme, die durch den Bodhisattva in dem Menschen wirkte - vom Dhyâni-Buddha unserer Runde inspiriert und überschattet, der natürlich durch den Dhyâni-Bodhisattva dieses Globus D wirkte.

Auf den ersten Blick scheint dies alles sehr kompliziert zu sein, doch in Wirklichkeit ist es das nicht. Als erstes haben wir einen spirituell evolvierten Menschen, in dem die eingeborene mânasaputrische Essenz erwachte oder teilweise erwacht war und der damit ein geeignetes Bewußtseinsfeld für die Individualisierung als verkörperter Bodhisattva zur Verfügung stellte. Ferner war die monadische Essenz, die durch diesen verkörperten Bodhisattva wirkte, als Buddha individualisiert, vorhanden. Diese eben spezifizierten Elemente bildeten die unterschiedlichen monadischen Zentren, die in Sâkyamuni hauptsächlich aktiv waren. Zusätzlich und weil der verkörperte Bodhisattva dem Strahl des inneren Buddhas erlaubte, sich selbst zu manifestieren, empfing er in seinem menschlichen Bewußtsein den noch spirituelleren Strahl des Runden-Dhyâni-Buddhas, der seinerseits durch den Globen-Dhyâni-Bodhisattva zu dem menschlichen Buddha kam. Dieser Dhyâni-Buddha, der durch den Globen-Dhyâni-Bodhisattva wirkte, kann als der 'äußere' spirituelle Einfluß, der durch den menschlichen Buddha wirkte, beschrieben werden. Der Buddha, der Bodhisattva und die teilweise erwachte mânasaputrische Essenz bildeten die Triade in der Konstitution von Gautama Sâkyamuni, die zusammenarbeitete, um den Mânushya-Buddha hervorzubringen. Wenn man diese tiefgründigen und schwierigen Gegenstände der spirituellen Psychologie studiert, sollte man immer an die Grundtatsache denken, daß die menschliche Konstitution ein zusammengesetztes oder komplexes Ding ist.

Als Gautama, dessen Eigenname Siddhârtha war, sein Heim verließ, wie es in der bekannten schönen Geschichte heißt, um auf die Suche nach Licht zu gehen, das heißt zur Erlangung der menschlichen Buddhaschaft um der 'Erlösung der Götter und Menschen' willen, brachte er zunächst den Bodhisattva in seinem Innern in relativ volle Aktivität. Der gewöhnliche Mensch von ihm, das Vehikel, so edel es auch war, war nichtsdestoweniger völlig untergeordnet, um ein vollkommenes menschliches Instrument zu sein, durch das sich der in ihm wirkende Bodhisattva manifestieren und seine edlen Fähigkeiten zum Ausdruck bringen konnte, die von dem buddhischen Strahl überschattet waren. Doch dieses Einswerden mit dem inneren Buddha, so erhaben der Zustand auch war, reichte für das Ziel, das er im Sinn hatte, nicht aus, denn diese besondere menschliche Inkarnation - die des Menschen Siddhârtha - sollte das Vehikel des kleineren Rassen-Buddhas werden.

Auf diese Weise geschah es, daß der Mânushya-Bodhisattva, genannt Gautama Sâkyamuni, endlich Buddhaschaft erlangte, nachdem er sich in selbstauferlegter Disziplin, spirituellem Streben und innerer Unterwerfung bemüht hatte und dann, wie durch die Legende überliefert, unter dem heiligen Bodhi-Baum, dem Baum der Weisheit, lehrte. Das bedeutet, daß der verkörperte Bodhisattva seinerseits das willige und vollkommene, psycho-spirituelle Instrument wurde, durch das sich der innere Buddha in ihm zum Ausdruck bringen konnte.

Nachdem nun also die Buddhaschaft erlangt war, finden wir 1. den Buddha, der 2. durch den Bodhisattva wirkt, der seinerseits 3. durch den erwachten Menschen wirkt, und welche so die Aktivität der drei höheren Monaden in der menschlichen Konstitution veranschaulichen, nämlich 1. der spirituellen Monade, 2. des Bodhisattvas oder Mânasaputras und 3. der evolvierten menschlichen Monade. Das ist es, was eines Tages das erhabene Privileg und die erlesene Freude für jeden von uns Menschen sein wird - immer vorausgesetzt, daß wir den Lauf der Leben erfolgreich beenden. Jeder von uns ist bereits die schwache Inkarnation eines inneren Buddhas - wir wissen es nur nicht!

Hier ist noch ein anderer wichtiger Gedankenpunkt, über den ich sprechen muß. Als der Buddha an Alter zunahm und der Körper, der ihm so gut gedient hatte, im Laufe der Jahre schwach wurde, so daß er nicht mehr das frühere vollkommene Instrument war - ein ehemals vollkommenes Instrument, das nun erschöpft war -, 'starb' der Buddha, entsprechend der exoterischen Lehre, im Alter von achtzig Jahren. Die Wahrheit an dieser Sache ist, daß der Buddha in Gautama Sâkyamuni in seinem achtzigsten Jahr in Nirvâna eintrat, das heißt in den nirvânischen Zustand oder die nirvânische Beschaffenheit, trotzdem aber den Bodhisattva noch aktiv zurückließ, der durch den betagten und geschwächten physischen Körper wirkte. Der Buddha-Teil von ihm war, menschlich gesprochen, 'gestorben' oder hatte die Welt verlassen, hatte sein Werk vollendet und war in Nirvâna gegangen, um dort seine nächste Aufgabe am Ende dieser fünften Wurzelrasse zu erwarten; dann wird der gleiche Buddhageist, das gleiche Buddhaelement wieder einen neuen Bodhisattva-Menschen überschatten.

Soviel über das Buddhaelement in Sâkyamuni. Aus diesem Grunde war es eine wahre Feststellung, daß der Buddha im Alter von achtzig Jahren 'starb', einfach deshalb, weil sich das Buddhaelement aus den menschlichen Angelegenheiten zurückgezogen hatte. Doch der Bodhisattva lebte noch weitere zwanzig Jahre, wirkte durch den edlen Menschen Gautama Sâkyamuni, und dieser lehrte seine innere Gruppe oder Schule als das, was Theosophen einen Meister nennen könnten und wahrscheinlich nennen würden. Wir tun das mit Überlegung, denn diese zusammengesetzte Konstitution, die zurückblieb und lehrte, ist genau das, was die Mahâtmans oder Meister sind: Bodhisattva-Menschen, Menschen von der 'Essenz des Buddhas', das heißt von Weisheit und Liebe - eben das, was westliche Mystiker oft meinen, wenn sie das Wort 'Christus' gebrauchen. Natürlich sollte nicht vergessen werden, daß es Meister unterschiedlicher Grade evolutionärer Vollkommenheit gibt. In bezug auf sie gibt es ebenso Stufen des Fortschritts wie bei allen anderen Klassen von Wesen.

Schließlich, in seinem hundertsten Jahr, legte der Herr Gautama seinen betagten Körper ab. Er warf ihn ab, da er erschöpft war, denn er war zu alt geworden, um ihm noch länger in der Weise zu dienen, wie es von ihm verlangt wurde. Er warf ihn ab, sagt Krishna in der "Bhagavad-Gîtâ", wie wir ein 'abgetragenes Kleid' ablegen. Er, der auf Erden zuerst als Siddhârtha, Prinz von Kapilavastu, bekannt war, später als Sâkyamuni, lebt nun weiter als Nirmânakâya, als vollständiger Mensch, nur ohne physischen Körper und den dazugehörigen Linga-śarîra, der mit dem physischen Körper vergeht.

Wieviel mehr könnte über dieses eine Gedankenthema gesagt werden! Auf welche Mysterien könnte nicht noch hingewiesen werden, die latent in der Konstitution jedes menschlichen Wesens liegen, des wahren Abkömmlings von Himmel und Erde, des Kindes von Göttern und Menschen. Die menschliche Konstitution ist ein Mysterium der Mysterien, ein Wunder der Wunder. Die alte Aufforderung des Delphischen Orakels: "Mensch, erkenne dich selbst!" enthält unendlich viel mehr als die abgedroschene und seichte Bedeutung, die dieser archaischen griechischen Anweisung gewöhnlich gegeben wird. Jede große religiöse Philosophie oder philosophische Religion, welche die Welt je gekannt hat, wies durch ihre Lehrer direkt darauf hin, daß die menschliche Konstitution nicht nur die Mysterien des Universums enthält, sondern auch den Meisterschlüssel, diese Mysterien zu enträtseln. Ich behaupte, daß der Mensch in dem Verhältnis, in dem er sich selbst erkennt, fähig wird, die Mysterien des Universums um sich herum zu erschließen, die er in seiner Unwissenheit und Torheit außerhalb seiner selbst wähnt.

Eines der größten Ziele der Theosophischen Bewegung und ihrer Lehren, sowohl esoterisch als auch exoterisch, ist es, den Menschen zu erwecken, damit er selbst erkennt, was er ist, was in ihm ist, was seine Aufgabe in der Welt ist, wie er sein Leben nicht nur edel und gut, sondern auch so lebt, daß er die wirklich menschlichen Qualitäten aus seinem Innern hervorbringt, das heißt den buddhischen Glanz, der essentielle Weisheit und essentielle Liebe ist, wovon wir in schwachen menschlichen Worten als von 'Gemüt' und 'Herz' sprechen. Ja, mehr als das, wir wollen ihn lehren, so zu leben, daß seine Mitmenschen ihn eher als Helfer denn als Nutznießer seiner Brüder ansehen, was leider viele Millionen menschlicher Wesen sind.

psychischen Praktiken und Phänomene ein Studium der niederen Hüllen des menschlichen Bewußtseins ist. Es werden keine großen Wahrheiten über die Natur gelernt, und es erzeugt auch keinen anhaltenden Gewinn, weder für das Individuum noch für die menschliche Rasse. Diese Künste oder Praktiken und die sie begleitenden Phänomene sagen uns nichts über die großen Wahrheiten des Universums. Sie enthüllen nichts über den Ursprung der Dinge oder über die Natur der Welt, ihren Charakter, ihre Struktur, ihre Operationen oder Gesetze. Gar nichts! Wie kann ein Mensch das Schicksal der unsterblichen Göttlichkeit, die in seinem Innern leuchtet, dadurch erfahren, daß er in einen abgedunkelten, wenig erleuchteten Raum geht, in dem er Phänomene sucht oder seinen Willen und sein Gehirn den völlig verantwortungslosen und meistens üblen Bewohnern der Astralsphäre unterwirft? Alle derartigen Künste und Phänomene existieren wirklich. Ihre Existenz steht nicht zur Debatte. Doch worin liegt ihr Wert? Beweisen sie unwiderlegbar das Überleben des Bewußtseins nach der physischen Auflösung, um einen alten Ausdruck unserer Väter zu gebrauchen? Nein, überhaupt nicht. Sie sind kein wirklicher Beweis, weil die Menschen in erster Linie gar nicht wissen, was Unsterblichkeit wirklich bedeutet. Sie glauben, sie bedeute unveränderliche Fortdauer der menschlichen Seele, so, wie sie ist - was für eine Hölle würde das sein! Man stelle sich vor, für immer und ewig das zu sein, was man jetzt ist.

Die Lehre des Okkultismus und damit der heutigen 'Esoterischen Philosophie' ist das genaue Gegenteil. Ihre Lehren berichten uns von endlosem Wachstum, endloser Vervollkommnung, endloser Entwicklung, endloser Evolution und deshalb von endloser Veränderung des Bewußtseins, das immer höher steigt, aus der menschlichen Sphäre in die halbgöttliche, von den halbgöttlichen Welten in die göttlichen und danach in die übergöttlichen und so fort ad infinitum. Da ist nirgends so etwas wie Unsterblichkeit, wie sie allgemein verstanden wird. Das einzige Unsterbliche ist das Universum selbst. Doch selbst dieses ist, so wie es jetzt ist, durchaus nicht unsterblich, denn es verändert sich fortwährend, und seine Essenz ist sein Leben, das die wirkliche Essenz der Veränderung ist, die Wachstum und Evolution bedeutet.

Hier bekommt man wieder eine Vorstellung von dem wahren archaischen Okkultismus, was er bedeutete und auch heute beinhaltet. Es ist die wahre Weisheit der Zeitalter, heute Esoterische Philosophie genannt, die Synthese von Religion, Wissenschaft und Philosophie. Je tiefer wir in uns selbst eindringen, desto tiefer dringen wir hinter die Schleier der äußeren Natur, denn unser Innerstes und das Innerste der Natur sind essentiell eins und nicht zwei. Dies ist der Pfad, dem der wahre Chela folgt, der schmale, alte, stille Pfad der alten Weisen, der die unbegrenzten Felder des grenzenlosen Raumes durchquert, des inneren und des äußeren Raumes, der Raum-Zeit von Bewußtseins-Substanz.

Niemand, der ein übles Leben lebt und damit seine Kräfte schwächt, den Willen lahmlegt, die Hüllen des Bewußtseins einengt und materialisiert, so daß sie sich nur mit immer größerer Beengtheit und innerem Druck entfalten, kann jemals ein 'Schüler' werden. Chelaschaft erfordert höchste Ethik, reinste Moralität, ein Herz, das von allen selbstischen Bestrebungen reingewaschen ist, ein Leben der Hingabe an den Dienst für alle Dinge im Universum, für alles, was lebt, und eine sich ständig ausdehnende Intelligenz. Nur wer diesem Pfad folgen kann und folgt, ist ein Schüler der alten Weisheit, ein Schüler unserer erhabenen Lehrer.

Ich möchte eine gewisse Einsamkeit, die den furchtlosen Schüler in diesen wunderbaren Reichen in den ersten Stadien überfällt, und ebenso die persönlichen Schmerzen, die sich einfinden, nur kurz erwähnen. Die Einsamkeit und der Schmerz verschwinden mit der Zeit und machen dem Gefühl des Einsseins mit dem All, zusammen mit dem herrlichen Empfinden sich ausweitender Kräfte, Platz. Wenn wir hiervon absehen, erfahren wir die erhabene Schönheit dieses Lebens, den unvergleichlichen und unbeschreiblichen Frieden, den unendlichen Frieden, die große Ruhe, die Ausdehnung des Verstehens und das selbstbewußte Einswerden mit dem großen Mysterium.

Die alten walisischen Barden pflegten zu sagen, daß das Ohr des Eingeweihten das hörbare Lied des wachsenden Grases und ebenso das Kreisen der Himmelskörper am Himmel als eine große harmonische Symphonie wahrnimmt. Und wahrlich, so ist es. Selbst unsere modernen Gelehrten sagen uns heute, daß jedes Elektron in ständiger Bewegung ist und daß jede Bewegung eines substantiellen Partikels von einem Ton begleitet ist, einer Note, einer musikalischen Note in der Tat, so daß jedes Atom seine eigene charakteristische Hymne singt. Deshalb erzeugt jede Zusammensetzung von Atomen eine Harmonie, eine Symphonie. Wenn wir die Ohren hätten zu hören, würden wir selbst unseren physischen Körper als wundersame symphonische Musikinstrumentation hören können - eine wunderbare symphonische Melodie musikalischer Sätze.

"Lebe das Leben, und du wirst die Lehre kennen." Wir werden sie jedoch niemals kennenlernen, wenn wir nicht das Leben in seinem erstaunlichen und faszinierenden Reichtum leben. "Das Leben leben" bedeutet weitaus mehr, als nur der konventionellen Ethik zu folgen. Die konventionelle Ethik ist gut und wichtig, denn sie legt den schweifenden und impulsiven Leidenschaften des Menschen Zügel an und dämmt das unstete und unberechenbare Gemüt ein. "Das Leben leben" bedeutet weit mehr als das. Es bedeutet in erster Linie absolute Aufrichtigkeit gegen sich selbst, so daß ein Mensch sein eigener strengster und erster Kritiker wird. Diesem folgt das Aufgeben von allem, was wertlos ist, um es durch das zu ersetzen, was das Leben reicher und inhaltsvoller macht sowie den Bereich des Bewußtseins erweitert. Hierdurch werden Kräfte, Fähigkeiten und Energien in Tätigkeit und Bewegung gesetzt, die bei der Mehrheit der Menschen wenig mehr als Träume oder gänzlich unbekannt sind. Und schließlich bedeutet "das Leben leben" die Entschlossenheit des Willens und das Ausrichten des Gemütes auf ein einziges Ziel, das sich nicht verändern kann, denn wahre Chelaschaft bedeutet das Hervorbringen des Erhabensten, das im Menschen ist. Aus diesem Grunde kann der wahre Chela nicht der bloßen Behauptung eines Menschen folgen noch seinen Willen sklavisch dem Befehl oder Diktat eines anderen unterwerfen. Das heißt jedoch nicht, daß der Chela keine Lehrer hat. Ganz im Gegenteil, denn eine der ersten Regeln oder Gesetze der okkulten Lehre weist den Schüler, wie fortgeschritten er auch sein mag, auf die absolute Notwendigkeit der Führung und Hilfe durch andere hin, die auf dem Pfad der Weisheit, des Friedens und der Erkenntnis weiter fortgeschritten sind als er selbst.

Der Chela folgt einerseits den Weisungen seines inneren Gottes, seines eigenen höchsten Meisters. Doch eben deshalb, weil er beginnt, selbstbewußt seinen inneren Meister zu erkennen, ist er andererseits in der Lage, Meisterschaft und spirituelle sowie intellektuelle Größe in anderen zu erkennen und die Führung und Hilfe dieser 'anderen', die weiter fortgeschritten sind als er selbst, freudig anzunehmen.

In einer Zeit, in der allgemeine Kritik an der Tagesordnung ist, hört man selbst in den Reihen der theosophischen Schüler, die leider manchmal jeden anderen unfair und unfreundlich kritisieren, oft sagen, daß es für einen Menschen genüge, sich ganz auf den inneren Gott zu verlassen, und daß Lehrer nicht notwendig seien. Leider ist diese Auffassung nur eine Halbwahrheit. Bis zu einem gewissen Grade ist sie zutreffend, doch eben nur bis zu einem gewissen Grade. Denn tatsächlich benötigt jeder wahre Okkultist, jeder Schüler der Esoterischen Philosophie Lehrer, gleichgültig, wie weit er auf dem Pfade zu seiner Vatersonne fortgeschritten ist. Der Chela kennt eine Hierarchie erhabener Wesen, die von ungewöhnlich edlen Menschen in direkter Reihenfolge und Kette zu den edelsten und erhabensten Göttern unseres Universums und darüber hinaus aufsteigt. Mit der Zeit wird er für die Existenz dieser erhabenen Wesen äußerst empfindsam und entwickelt ein scharfes Empfindungsvermögen für die Tatsache, daß die Hierarchie der Lehrer oder Meister in und über der Welt einen Teil der wesentlichen Struktur und Substanz des Universums selbst bildet. Er erkennt, daß sein eigener Fortschritt davon abhängt, daß er absolut treu und ergeben am Erkennen seiner Einheit - als Individuum - mit dieser Hierarchie Anteil hat, und davon, daß er die Unterweisung von oben mit der gleichen unpersönlichen Ergebenheit seinen Lehrern gegenüber empfängt, wie er sie denjenigen zuwendet, die unter ihm stehen.

Alle, die wirklich Schüler oder Chela sein oder werden wollen, brauchen Lehrer, obwohl der innere Gott in der Tat der größte Lehrer eines Menschen ist. Diejenigen, die auf diesem 'mystischen' Pfad wandeln, wissen das, sind dankbar und richten ihre Augen voll Dankbarkeit auf jene, die sich mit Erbarmen und Seelengröße umwenden und denen eine Hand, eine helfende Hand reichen, die auf dem Pfade hinter ihnen wandeln.

Für den Durchschnittsmenschen, dessen Evolution noch nicht genügend fortgeschritten ist, um in seinem Leben die spirituellen und psychischen Sinne und Fähigkeiten erweckt zu haben, die noch nicht die Hilfe eines höheren Lehrers verdienen, gibt es doch immer die Weisheit der großen Weisen und Seher der Zeitalter. Mit Hilfe der großartigen theosophischen 'Esoterischen Philosophie' kann der forschende Schüler, sofern er sie als Schlüssel benutzt, in dieser Weisheit wie in einer Mine graben und Schätze entdecken, die mehr wert sind als der gesammelte Reichtum der Goldgruben auf Erden.

Was bedeutet das Wort 'psychisch' oder, genauer gesagt, die 'Psyche', was ist sie? Es ist ein griechisches Wort und bezeichnet das, was wir Theosophen, wenn wir uns auf die Konstitution des Menschen beziehen, den mittleren Teil dieser Konstitution nennen, das heißt die niedere menschliche Seele. Der christliche Jakobus sagt in seinem Brief, Kap. III, Vers 15: "Das ist nicht die Weisheit, die von oben herabkommt, sondern sie ist irdisch, menschlich und teuflisch." Im Griechischen bedeutet das Wort, das hier als 'menschlich' wiedergegeben ist, 'psychisch'. Doch die 'Weisheit', die von oben herabkommt, die der Mensch schon angeboren in dem spirituellen Kern seines Wesens hat, ist die Weisheit der unpersönlichen Hingabe. Sie ist die Liebe zu seinen Mitmenschen, eine Liebe, die keine Grenzen kennt, die in ihrem umfassenden Bereich nicht nur die gesamte Menschheit einschließt, sondern auch die Tiere, Pflanzen und Mineralien. Es ist eine Liebe, die bis zu den Sternen am Himmel reicht, eine Liebe, die keinen Haß kennt, eine Liebe, die den Haß verachtet und die Liebe liebt. Das ist die Weisheit, die von oben kommt. Sie ist wohltätig, freundlich, friedvoll, makellos, heilig, rein und sehr lieblich. Sie führt uns in den großen Frieden, den großen Frieden, der alle Sinne zum Schweigen bringt, so daß die innere Stimme immer mehr gehört wird. Diese Weisheit macht uns intuitiv mit den tiefsten und größten Geheimnissen der kosmischen Natur bekannt und macht sie uns vertraut. Es ist die Weisheit der selbstlosen Hingabe alles dessen, was man ist, für den hilfsbereiten Dienst an allem, was lebt. Dies und noch andere Dinge, die zu heilig sind, um hier darüber zu schreiben, sind wahrer Okkultismus, Esoterische Philosophie.

Okkultismus bzw. Esoterische Philosophie ist deshalb, kurz gesagt, das Studium und das Untersuchen der Dinge, die geheim und verborgen sind. Doch wir müssen ihm richtig folgen, mit reinem Herzen und unpersönlichen Motiven, sonst besteht die Möglichkeit, in Seitenwege, in das niedere Wissen gezogen zu werden. Im besten Fall vergeuden wir unsere Zeit mit psychischen Praktiken und Experimenten, im schlimmsten Fall enden wir in reiner Zauberei. Viele Menschen werden wahrscheinlich diese Behauptung bezweifeln, und doch ist Zauberei und Teufelskult eine Tatsache auf Erden. Viele Menschen üben heute üble Magie aufeinander aus: durch Worte, durch Beeinflussung, Beispiel, Gebote, durch Irreführung und falsches Lehren anderer. Auf diese Weise schwächen sie vorsätzlich menschliche Seelen. Ich weiß nicht, ob es eine schlimmere Zauberei gibt als diese. Der Schüler der Esoterischen Philosophie muß eine makellose Seele haben, einen unbeugsamen Willen, um erfolgreich sein erhabenes Ziel zu erreichen, ein Herz, in dem Mitleid und Liebe, sein 'Alter ego', unumschränkt herrschen, und eine Seele, die von allen persönlichen Wünschen frei ist. Dann ist er sicher, und was viel wichtiger ist, seine Mitmenschen sind ebenso sicher und können ihm vertrauen. Ein Theosoph ist gleichfalls nicht jemand, der nur über Theosophie spricht oder unsere exoterischen theosophischen Bücher auswendig kennt, über theosophische Themen reden kann und gelehrte Vorlesungen hält. Ein Theosoph übt Theosophie aus. "Theosoph ist, wer Theosophie lebt", wie H. P. Blavatsky so bezeichnend geschrieben hat. Ich denke, dies ist der Prüfstein, an dem wahre Theosophen und ebenfalls wahre Okkultisten, wahre Schüler der Esoterischen Philosophie zu erkennen sind, denn sie sind in Wirklichkeit das gleiche. Jeder muß die Lehren, die er lehrt, auch im täglichen Leben anwenden, sonst betrügt er nicht nur andere, sondern vor allem auch sich selbst.

ÜBERBLICK ÜBER DIE LEHREN VON DEN PLANETENKETTEN

Das letzte Wort über Runden und Rassen, über die Wiederverkörperung von Planetenketten und der sie zusammensetzenden Globen ist in unseren exoterischen Büchern noch niemals gegeben worden. Das geschah aus verschiedenen Gründen, denn die Lehren sind für exoterische Schüler zu komplex und schwierig, um ohne bestimmte esoterische Schlüssel verstanden zu werden. Außerdem muß der exoterische Schüler erst eine spirituelle und intellektuelle Vertrautheit mit der feineren, eingebungsvollen Atmosphäre gewinnen, bevor er die Schlüssel richtig verstehen kann.

Nun möchte ich auf einige Tatsachen hinweisen und sie der Intuition überlassen:

Tatsache 1:
Es gibt sieben und sogar zwölf kosmische Pläne. Doch in dieser Erklärung möchte ich meine Ausführungen auf sieben beschränken, denn sie sind leichter zu verstehen und wurden deshalb von H. P. B. gewählt. Wir wollen deshalb also sagen, daß es sieben kosmische Pläne gibt.

Tatsache 2:
Jeder dieser kosmischen Pläne ist selbst eine Siebenheit, da die Natur analog verfährt und im Kleinen das wiederholt, was sie im Großen gebildet hat. Wenn es nicht so wäre, hätten wir einen Teil des Universums, der nach einem bestimmten Typus erdacht ist und damit ein grundlegendes Gesetz darstellt, und das übrige des Universums verliefe gesetzlos und würde sich von diesem grundlegenden Gesetz oder der Ideation unterscheiden. Das wäre absurd. Aus diesem Grunde

enthält jeder kosmische Plan in seinen Wurzeln wie in einem Spiegel all das, was die sieben kosmischen Pläne, als eine Einheit betrachtet, enthalten. Mit anderen Worten, jeder kosmische Plan ist in Unterpläne geteilt und wiederholt alle Qualitäten, Attribute und so fort, die in der kosmischen Siebenheit, als eine Einheit betrachtet, gefunden werden.

Tatsache 3:
Es ist nicht gut, diese kosmischen Pläne nach den menschlichen Prinzipien zu benennen. In diesen sehr allgemeinen Irrtum verfallen die meisten Theosophen. Die Namen der menschlichen Prinzipien sind eher die der konkreten Prinzipien des grenzenlosen Raumes oder unseres Universums als einer Einheit des grenzenlosen Raumes. Doch die technischen Namen, die den kosmischen Plänen und entsprechend den Unterplänen jedes kosmischen Planes gegeben werden, sollten eher die Tattwas sein, wie die Hindûs sie nennen.

Tatsache 4:
Die Planetenketten unseres Sonnensystems oder die Ketten irgendeines Sonnensystems der Galaxie erscheinen auf diesen kosmischen Plänen und gehen durch ihre verschiedenen Verkörperungen. In diesen Verkörperungen hat jede solche allgemeine Planetenkette oder solare Kette ihren siebenfachen Rundenzyklus.

Tatsache 5:
Jede Wiederverkörperung eines Globus einer Planetenkette findet auf einem der Unterpläne eines kosmischen Planes statt. Nehmen wir an, wir befinden uns gegenwärtig auf dem vierten kosmischen Plan. Ich meine jetzt unseren Globus Erde. Es gibt sieben Unterpläne von diesem vierten kosmischen Plan. Auf jedem dieser Unterpläne hat unser Globus eine Wieder-

verkörperung. Sie beginnen mit dem höchsten Unterplan und steigen abwärts oder schreiten fort oder evolvieren in regelmäßiger Ordnung zu dem nächsten Unterplan von oben nach unten. Unser Globus hat auf jedem Unterplan unseres gegenwärtigen kosmischen Planes eine Verkörperung.

Tatsache 6:
Betrachten wir nun für einen Augenblick die Sache der Runden, wie ich versucht habe, sie in meinen "Grundlagen der Esoterischen Philosophie" und anderswo zu erklären. Ich möchte nun die Aufmerksamkeit auf einen Globus unserer Kette beschränken, auf unseren Erdglobus. Wir kennen ihn am besten, weil wir jetzt auf ihm leben. Da er der vierte Globus der Kette ist, erscheint er von der ersten Runde an auf dem vierten Unter-Unterplan des kosmischen Unterplanes, auf dem unser Globus verkörpert ist. Die Natur verfährt aus den oben dargelegten Gründen analog, und überall hat sie eine ähnliche Bauweise. Dieser Unter-Unterplan, der seinerseits eine Siebenheit ist, mit anderen Worten unser gegenwärtiger physischer Plan, erstreckt sich von seinem höchsten Tattwa bis zum niedrigsten oder, um es einfacher auszudrücken, von dem, was wir spirituelle Ätherhaftigkeit nennen können, abwärts bis zu seinem vierten Zustand oder der groben Materie, die seine gegenwärtige physische Beschaffenheit ist. Auf dem aufsteigenden Bogen wird er sich langsam aufwärts in regelmäßiger Ordnung durch die anderen Unterpläne erheben, bis er den siebenten Unter-Unterplan erreicht.

Tatsache 7:
Betrachten wir für einen Augenblick, wie die verschiedenen Globen einer Kette erscheinen. Globus A erscheint während der ersten Runde auf seinem eige-

nen, ihm zugehörigen Unterplan. Hat er einen bestimmten Evolutionslauf durchgemacht, so schreitet der Überschuß von Energien vorwärts zu dem nächst tieferen Plan und bildet Globus B. Wenn Globus B seine sieben Phasen oder sieben Wurzelrassen durchlaufen hat, schleudert er ebenso wie Globus A seinen Überschuß von Energien zu dem kosmischen Plan unter ihm, und nun beginnt Globus C auf diesem Plan in seiner entsprechenden spirituellen Ätherhaftigkeit zu erscheinen. Ist Globus C durch seine eigenen sieben Phasen oder Wurzelrassen gegangen, überträgt er ebenso wie seine Vorgänger den Überschuß seiner Energien zu dem vierten kosmischen Plan, auf dem unsere Erde, Globus D, erscheint, der also der Bestandteil oder das Aggregat des Energieüberschusses von Globus C ist. Auf die gleiche Weise - dies alles während der ersten Runde - gibt Globus D auf dem nächsten kosmischen Plan dem Globus E Geburt, Globus E gibt zu seiner Zeit auf ähnliche Weise Globus F Geburt auf dem folgenden kosmischen Plan und so fort, bis Globus G erreicht ist. Alles dies geschieht während der ersten Runde. Vergessen wir bitte nicht, daß während dieses Prozesses des Aufbaus der Globen während der ersten Runde die ganze Kette als Kette die kosmischen Pläne nicht verläßt und auch nicht die kosmischen Unterpläne, auf denen die Kette als Globen karmisch verkörpert ist. Sie verläßt auch während der gesamten Lebenszeit der Kette nicht die eben beschriebenen größeren und kleineren Pläne. Wir sehen, wie ungeheuer verwickelt die Sache ist, doch sie ist nur deshalb verwickelt, weil wir nicht gewohnt sind, Bilder in unserem Gemüt zu bewahren. Wir werden verwirrt, weil uns Worte fehlen, um einen kosmischen Plan von seinen Unterplänen zu unterscheiden und einen kosmischen Unterplan von einem Unter-Unterplan. Wir wiederholen Plan, Plan, Plan und Unterplan,

Unterplan, Unterplan und Unter-Unterplan, Unter-Unterplan, Unter-Unterplan, bis der Verstand müde wird und wir verwirrt sind.

Tatsache 8:
Sprechen wir nun von einem einzelnen Globus und dessen Runden, so haben wir ein Bild von allen sieben Globen einer Kette, die während der ersten Runde gebildet wurden.

Am Beginn der zweiten Runde sind die Häuser, Wohnungen oder Globen schon errichtet oder im Umriß erstellt, und die evolvierenden Lebenswogen, die ihre Runden um die Globen der Kette machen, tun dies in ihrer regulären, eigenen und richtigen Reihenfolge. Die Lebenswogen wandern von Globus zu Globus als Lebenswogen, nicht mehr als Energieüberschuß, wie wir diese Lebenswogen während der ersten Runde nennen. In der ersten Runde gehen die Energieüberschüsse von Stufe zu Stufe weiter und emanieren auf jeder Stufe eine Einheit aus dem zusammengesetzten Überschuß. Am Beginn der zweiten Runde haben sich die Emanationen nun in unterschiedliche Lebenswogen getrennt, und die Runden folgen einander bis zur siebenten in regelmäßiger Reihenfolge. Mit anderen Worten, die Lebenswogen sind nun unterschiedliche Gruppen oder Klassen von Monaden. Vergessen wir jedoch bitte nicht, daß hinsichtlich eines Globus und seiner sieben Runden unser Globus Erde schon in der ersten Runde seinen eigenen Platz auf dem vierten oder physischen kosmischen Plan erreicht.

Tatsache 9:
Sind alle sieben Runden auf einem 'Globus' vollendet, tritt dieser Globus in sein Pralaya oder seine Auflösung ein, die nicht mit seiner Verdunkelung oder seiner Schlaf- oder Ruheperiode verwechselt werden darf.

Hat die letzte Lebenswoge ihre siebente Wurzelrasse während der siebenten Runde auf dem Globus durchgemacht, ist dieser Globus endgültig tot und wird der Mond seines Nachfolgers.

Tatsache 10:
Dieser Nachfolger wird sich auf dem nächsten kosmischen Unterplan des gleichen kosmischen Planes, auf dem er evolviert, verkörpern. So haben wir ein neues Bild über die Evolution der Globen bekommen, doch ist es nur in exoterischen Büchern neu. Jede neue Verkörperung eines Globus geschieht auf dem folgenden kosmischen Unterplan.

Tatsache 11:
Aus dem Vorhergehenden ersehen wir, daß es sieben Wiederverkörperungen eines 'Globus' auf einem kosmischen Plan gibt. Danach kommt das, was H. P. B. ein solares Manvantara nannte, doch bezieht sich dieser Hinweis paradoxerweise nicht direkt auf die Wiederverkörperung der Sonne, sondern auf einen neuen solaren Zustrom oder logoischen Einfluß auf den Globus, wenn er einen neuen kosmischen Plan betritt. Aus diesem Grunde wird von einem solaren Manvantara gesprochen.
Wir wollen für einen Augenblick zur siebenten Runde zurückkehren. Wenn die sieben Runden vollendet sind, stirbt ein Globus. Die Zeit, die er für sieben Runden benötigt, beträgt 4 320 Millionen Jahre. Es folgt für den Globus eine Ruhe im Pralaya oder ein Nirvâna von gleicher Länge. Die Periode der sieben Runden wird ein Tag von Brahmâ genannt. Tag und Nacht Brahmâs dauern 8 640 Millionen Jahre und umfassen die Lebensevolution eines Globus auf einem kosmischen Unterplan. Hat sich der Globus siebenmal auf einem kosmischen Plan wiederverkörpert, so ist eine

Woche von Brahmâ beendet und es folgt ihr ein entsprechendes nirvânisches Pralaya.

UNSTERBLICHKEIT UND FORTBESTAND

(Dieser Artikel ist aus "The Occult Review", London, entnommen.)

Ist der Mensch unsterblich? Es ist leicht, diese Frage zu stellen, doch in dem Augenblick, in dem wir beginnen, die eigentliche Bedeutung zu untersuchen, die in dieser Frage enthalten ist, stehen wir vielen und verschiedenen Arten von Schwierigkeiten gegenüber, philosophischen, wissenschaftlichen und religiösen sowie gefühlsmäßigen. Das gibt mir Raum, hierüber nachzudenken und mir selbst die Frage vorzulegen: Was in aller Welt glauben die guten Leute, die diese Frage stellen, als Antwort zu erhalten? Soll man antworten, daß "der Mensch unsterblich" ist, daß er unverändert durch die ewige Dauer hindurch lebt, oder vielleicht, daß er lebt und sich die Ewigkeit hindurch fortwährend verändert? Wiederum, was ist der Mensch eigentlich, wenn man ihn betrachtet? Allem Anschein nach bezieht sich der Fragesteller nicht allein auf den physischen Körper des Menschen, denn jedes Kind weiß, daß der physische Körper des Menschen eines Tages stirbt. Was also meint der Fragende wirklich? Wer ist der Mensch, was ist der Mensch, daß man diese Frage über ihn stellt? Ferner, wenn wir das Wort 'unsterblich' benutzen, was 'nicht sterblich' bedeutet, was meinen wir mit diesem Wort? Meinen wir den unveränderlichen Fortbestand eines Egos oder den Fortbestand eines unveränderlichen Egos, oder meinen wir etwas anderes? Bereits die nur oberflächliche Überlegung hinsichtlich der eigentlichen Bedeutung, die in dieser Frage enthalten ist, zeigt sofort, daß es hier Schwierigkeiten gibt, Schwierigkeiten von sehr realer und bestimmter Natur, sowohl in philosophischer als auch religiöser Hinsicht. Bis diese Schwierigkeiten geklärt sind, so daß Fragender und Antwortender schnell verstehen, was der andere meint, ist alles, was als Antwort gesagt werden könnte, nicht nur der Mißdeutung ausgesetzt, sondern wird sicherlich falsch ausgelegt werden.

Wir wollen zuerst kurz untersuchen, was wir mit dem Wort 'Mensch' meinen, und dann, was wir mit dem Adjektiv 'unsterblich' meinen. Zuerst also der Mensch. Fragen wir einen Gelehrten, was ein 'Mensch' ist, so wird er wahrscheinlich sagen: "Ein Mensch? Sie sind ein Mensch, ich bin ein Mensch, wozu brauchen wir eine weitere Definition? Jede weitere Definition, die ich geben könnte, finden Sie in einem normalen Lexikon oder einem allgemeinen Konversationslexikon. Dort wird erklärt, daß das individuelle menschliche Wesen eine lebende Wesenheit der Gattung Homo ist, eines der besonderen Familie von beseelten Wesen, die zumindest gegenwärtig das Zepter der Herrschaft über die verschiedenen Arten der Bewohner der Erde in Händen hält." Doch sagt uns diese Schein-Antwort irgend etwas Wirkliches und Befriedigendes über den Menschen - etwas, das wir nicht schon vorher wußten, und etwas, das die heimliche Ahnung in unserem Gemüt beantwortet, daß der Mensch etwas mehr ist oder enthält, als lediglich die offensichtlichen Elemente und Faktoren, die wir in jedem anderen erkennen? Diese oder eine ähnliche Antwort wiederholt nur mit anderen Worten das, was wir bereits wissen. Wir wissen, daß wir Menschen sind, wir wissen, daß wir, evolutionsmäßig gesprochen, zu der am weitesten fortgeschrittenen Familie aller physischen Wesen auf Erden gehören. Sagt uns das irgend etwas Neues? Absolut nicht. Es wiederholt nur mit anderen Worten eine Tatsache der allgemeinen Erfahrung.

Was meinen wir wiederum, wenn wir das Wort 'Mensch' mit dem Adjektiv 'unsterblich' verbinden? Man zeige mir bitte irgend etwas, das unsterblich ist - ein Ding oder eine Wesenheit, bitte! Überall sehen wir Wechsel und Veränderung, Bewegung, Fortschritt, Evolution, Entwicklung. Doch Unsterblichkeit, wenn sie überhaupt etwas bedeutet, bedeutet unveränderlichen Fortbestand einer Wesenheit, so wie sie ist. Es sollte dem nachdenklichen Gemüt einleuchten, daß sich eine Wesenheit verändert und etwas anderes wird, als sie vor der Veränderung war, wenn sie sich sozusagen nur um Haaresbreite wandelt. Folglich ist sie nicht mehr dasselbe, was sie vor der Veränderung war, ob diese Veränderung nun nach vorwärts gerichtet war oder einen Rückschritt bedeutet, falls das möglich ist, was ich bezweifele. Folgen wir der eben gegebenen Definition, so sehen wir sofort, daß Unsterblichkeit ein Traum ist, eine Phantasie, ein sinnloses Hirngespinst unseres Verstandes. Was immer sich selbst verändert oder verändert wird, wird daher etwas anderes, als es noch einen Augenblick vor der Veränderung war. Wir suchen hier vergebens nach einer erdichteten Unsterblichkeit. Die Schwierigkeit, eine so einfach erscheinende Sache zu behandeln, als welche die Unsterblichkeit fälschlicherweise angesehen wird, springt sofort ins Auge.

Wenn die Leser eines verantwortungsvollen Magazins, wie es "The Occult Review" ist, die Aufsätze eines Theosophen lesen, haben sie das Recht, die ehrlichen und wirklichen Ansichten ihres Verfassers zu erfahren. Es sollten ihnen nicht nur leere Gemeinplätze oder Dinge mitgeteilt werden, die sie ebensogut in allgemeinen Lexika und den zugelassenen Lehrbüchern unserer Lehranstalten, in denen diese auch vorhanden sein mögen, nachlesen können. Es sagt sich so leicht, was viele fromme Seelen zeitalterlang gepredigt haben, daß 'der Mensch unsterblich ist'. Doch in welchen wesentlichen Punkten unterscheidet sich diese fragwürdige Behauptung von der Vorstellung eines unkultivierten Wilden oder Barbaren, der glaubt, daß sein Geist, wenn er stirbt, in die ewigen Jagdgründe oder in ein sehr anthropomorphes und materielles 'Paradies' eingehen wird. Normalerweise weiß er nicht, was er mit dem Ausdruck 'Geist' meint, doch er hat eine vage Ahnung, daß ein Teil von ihm die Auflösung des physischen Körpers überleben wird. Seiner Stufe spiritueller und mentaler Evolution entsprechend, sieht der Wilde oder Barbar einer Zeit entgegen, in der er für immer Tiere jagen wird und immer siegreich sein und die Beute heimbringen wird. Oder er wird in ätherischen Wohnungen sitzen und mit Engeln oder Geistern plaudern. Andere Denker, die zu weiter fortgeschrittenen und mehr evolvierten Rassen gehören, glauben fest daran, daß ihre 'Geister' beim Tode eine kürzere oder längere Zeit danach in die Essenz absorbiert werden, von der alle Menschenrassen gefühlt haben, daß sie die grundlegende Substanz des Universums ist, die Essenz, welche die weisen Männer des Westens 'Geist' genannt haben. Diese ungleichen Ansichten, wie weit sie auch ausgearbeitet sein mögen, sagen uns nichts von der philosophischen Natur der sogenannten Unsterblichkeit. Jedoch ist in dem zuletzt angeführten Beispiel der Mangel an Ausarbeitung auf den Schleier der Geheimhaltung zurückzuführen, vielleicht sogar auf einen Eid des Schweigens, mit dem die Weisen die Zeitalter hindurch die allgemeine Verbreitung der Mysterien an jene, die ohne entsprechende Vorbereitung und Schulung waren, verhindert haben.

Es sagt uns nichts von Wert und Bedeutung, wenn beteuert wird, daß der Mensch unsterblich ist, nachdem er gestorben ist. Denn zunächst, wer und was ist das Wesen, das unveränderlich die endlose Dauer hindurch lebt? Wenn es, wie oben bemerkt, nur einen Bruchteil von Veränderung des Bewußtseins oder der Individualität erfährt von dem, was die Wesenheit in einem vorhergehenden Augenblick war, ist sie von da an ein anderes Wesen, umgewandelt im direkten Verhältnis zu dem stattgefundenen Wechsel. Die Wesenheit, die war, ist verschwunden, und eine neue Wesenheit, geboren aus dem stattgefundenen Wechsel, erscheint, existiert oder entsteht. Folglich ist unveränderliche Unsterblichkeit, wie sofort erkannt werden kann, eine bloße Erfindung der Einbildung, ein Hirngespinst eines unerfahrenen und vielleicht müßigen Verstandes.

An dieser Stelle sehen wir, daß die Antwort auf die Frage: "Ist der Mensch unsterblich?" de facto ein nachdrückliches NEIN sein muß. Denn offensichtlich ist der physische Körper, der geringste Teil von uns, nicht unsterblich. Ebensowenig kann es der Teil von uns sein, den wir gewöhnlich unser Gemüt nennen, denn dieses Gemüt ist sowohl die Schöpfung als auch der Schöpfer des Wechsels - und Wechsel, merken wir es uns gut, ist Evolution, was Entfaltung und Wachstum bedeutet. Deshalb müssen wir feststellen: Wo immer Wechsel und Wachstum, das heißt Evolution oder Entwicklung stattfindet, bleibt die Wesenheit, die wächst und sich entwickelt, nicht für zwei aufeinanderfolgende Sekunden das gleiche identische Individuum. Offensichtlich ist sie und kann sie deshalb nicht 'unsterblich' sein.

Das wißbegierige und forschende Gemüt des modernen Menschen kann nicht mehr mit philosophischen Gemeinplätzen befriedigt werden, mit nur philosophischem Gerede und Beteuerungen. Wir erwachen langsam aus spiritueller Betäubung und mentaler Schläfrigkeit und sind nicht mehr zufrieden mit der früheren 'leichten Art' der Behandlung dieser Fragen. Heute erforschen wir mit strenger Untersuchung nicht nur die Fundamente unseres Glaubens, sondern wir erforschen auch mit ebenso durchdringender und genauer Untersuchung die wirkliche Struktur sowohl unseres Gemütes als auch unseres Bewußtseins.

Was sagt nun die alte Weisheit der Zeitalter dazu - die alte Weisheit, die wir heute in ihren exoterischen Zweigen Theosophie und in ihren esoterischen Zweigen Esoterische Philosophie nennen?

Diese alte Weisheit erklärt, daß die grundlegende Essenz des Universums Bewußtsein bzw. das ist, was unsere modernen Wissenschaftler 'Geist-Stoff' nennen, obwohl ich diesen Ausdruck nicht besonders schätze. Folglich ist das Grundlegende im Menschen, als ein Wesen betrachtet, das ein untrennbarer Teil des Universums ist, ebenfalls Bewußtsein. Die Grundlage des Universums ist in ihm, weil er ein Teil des Universums ist. Deshalb ist in uns als Wesenheiten, als Wesen, als Individuen ein Teil dieses immerwährenden Stoffes, des unvergänglichen, immer fortdauernden Stoffes des essentiellen Universums enthalten. Doch ist diese Grundlage das, was wir den Menschen nennen? Ist sie das, was wir den wirklichen Menschen nennen können, den Menschen mit schwachem Willen und noch schwächerem Gemüt oder mit schwachem Gemüt und noch schwächerem Willen: diese wachsende, lernende, 'sündigende', strebende, liebende, hassende, hoffende, sehr wankelmütige Wesenheit, die wir ins Auge fassen, wenn wir von uns selbst als Menschen sprechen? Kaum. Wir erkennen die universale Grundlage oder die Grundlage des Universums als die wirkliche 'Essenz' unseres Wesens und erkennen gleichfalls, daß alle anderen sich verändernden Teile unserer Konstitution ebenfalls von dem uns umgebenden Universum stammen. Doch auf keinen Teil unserer Konstitution können wir zeigen und sagen, daß dieser, unter Ausschluß der anderen Teile, der Mensch ist. Wir sind in unserer 'Essenz' unsterbliche Götter, doch sterbliche Wesen in den Gewändern oder Hüllen des Bewußtseins - und die menschliche Seele ist eine der Hüllen des Bewußtseins. Diese verhüllenden Schleier oder Hüllen unseres Bewußtseins sind trotzdem zitternde, lebende Teile unseres Wesens, die den göttlichen, grundlegenden Glanz in jedem von uns verbergen, denn er bildet den wirklichen Kern, die wirkliche Essenz unseres Wesens.

Ich als ein menschliches Wesen, das heißt als eine evolvierende, lernende, sich verändernde Wesenheit, würde es als eine unaussprechliche Hölle betrachten, unsterblich zu sein, für immer unveränderlich so zu sein, wie ich jetzt bin, denn das ist es, was Unsterblichkeit bedeutet. Selbst dann, wenn ich durch die Ewigkeit hindurch wachsen oder evolvieren würde und dadurch ein unendliches Wachstum als 'Mensch' erlangen würde - ein Widerspruch im Ausdruck, der eine Unmöglichkeit einschließt -, was für eine Hölle würde die menschliche Unsterblichkeit sein!

Die Theosophie und damit die Esoterische Philosophie lehrt nicht, daß der 'Mensch' unsterblich ist. Ihre Lehren, die auf die Natur, das Gefüge und die Gesetze des Universums gegründet sind, sind zu mitleidsvoll, zu weise, zu tief, um ernsthafte Seelen in dieser Art durch falsche Lehren irrezuführen. Anstelle der vagen Illusionen des mittelalterlichen westlichen Gemütes teilen uns ihre Lehren so viel mit, wie wir von der Weisheit der Götter verstehen können, und lehren uns, daß ewiger Wechsel durch die Unendlichkeit und in aller Ewigkeit die Richtschnur des kosmischen Lebens ist. Sie zeigt uns, daß dieser ewige Wechsel ewiges Wachstum ist, ein Fortschritt zum Besseren, der vom Schlechten zum weniger Schlechten und vom weniger Schlechten zum Guten führt - wie die Menschen diese Ausdrücke benutzen - und vom Guten zum Besseren, vom Besseren zum noch Besseren und zu dem, was wir das Beste nennen. Hiernach beginnt wieder ein neuer Zyklus der Entwicklung, von Wechsel, Wachstum, Fortschritt und Evolution, was die Entfaltung dessen, was in uns ist, bedeutet, nachdem wir auf den verschiedenen Stufen unseres evolutionären Laufes die besonderen Höhepunkte erreicht haben, die zu den jeweiligen Stufen des Wachstums gehören, dem wir so folgen.

Nun möchte ich zu einem kleinen geheimen Platz der Weisheit führen. Unsterblichkeit, ein leeres Wort nur, sollte nicht mit Entwicklung und Weiterbestehen des Bewußtseins verwechselt werden, das ist eine ganz andere Sache. Wenn die Menschen von 'Unsterblichkeit' sprechen, meinen sie die Unsterblichkeit der 'Seele'. Sie wissen nichts Genaues über die 'Seele'. Sie halten ferner nicht ein, um zu erwägen und zu überlegen, was das Wort 'Unsterblichkeit' wirklich bedeutet. Sie heften ihren Glauben an Schatten, an Erfindungen oder Bilder ihrer Phantasie. Doch ein Fortbestand des Bewußtseins gehört zu der wirklichen Essenz des universalen Systems, denn kosmisches Bewußtsein ist die Grundlage des Universums. Wenn es ein Ding gibt, von dem wir uns nicht zu trennen vermögen, dann ist es das essentielle Bewußtsein, denn das ist die wirkliche Essenz unseres Wesens. Obwohl der Gehirnverstand des Menschen sowie das physische Gemüt, das Astralgemüt, das psychische und das menschliche Gemüt der menschlichen Seele im Schlafe sozusagen 'unbewußt' sind, ist diese Unbewußtheit eine Abart des Bewußtseins, die so subtil, so alles einschließend und groß ist, daß unser Gehirnverstand sie nicht in sich aufnehmen kann. Deshalb erscheint sie uns wie ein Nichtvorhandensein, wenn wir vorübergehend in diesen Zustand eintreten. Der Fortbestand des Bewußtseins ist, wie eben erklärt, etwas ganz anderes als Unsterblichkeit, denn Fortbestand des Bewußtseins - das unsere wahre Essenz ist - existiert immer. Das 'menschliche' Stadium der Evolution ist eine Phase des Wachstums. Das tierische Stadium der Evolution ist ebenfalls eine Phase des Wachstums. Wird der Mensch ein Gott, so geht er durch die göttliche Phase seiner langen, langen, äonenlangen evolutionären Pilgerschaft. Doch Bewußtsein an sich währt für immer. Es ist das einzige, von dem man sich nicht trennen kann, denn es ist wir selbst, unser essentielles Selbst. Liegt ein Mensch in Trance oder in tiefem Schlaf versunken oder hat er das wahrnehmende Selbstbewußtsein verloren, so ist er trotzdem essentiell bewußt, denn die innerste Essenz seines Wesens ist Bewußtsein, die Grundlage des Universums. Wird also die Frage gestellt: "Ist der Mensch unsterblich?", dann ist das gleichbedeutend mit der Frage: "Ist das menschliche Stadium oder die menschliche Phase der Evolution unsterblich?", und die einleuchtende Antwort ist, wie oben erklärt, 'nein', eine nachdrückliche Verneinung. Die Gründe hierfür sind augenfällig. Doch Bewußtsein selbst ist unsterblich, ob wir uns unseres Bewußtseins bewußt sind oder nicht. Hier kommt die subtile Charakteristik unserer Konstitution ins Spiel, die wir Selbstbewußtsein nennen.

Es gibt keinen Tod. Es gibt buchstäblich tatsächlich keinen Tod, wenn wir mit 'Tod' einen absoluten Stillstand oder eine Vernichtung des Stromes bewußten Seins meinen. Das Bewußtsein ist das einzige, dem wir nicht entfliehen können. Auf dieser Tatsache waren alle Lehren der alten Religionen begründet, ob exoterisch oder esoterisch; sie betrafen Himmel und Höllen und schlossen die offensichtlich wahre Lehre ein, daß ein Mensch erntet, was er gesät hat, und daß der Mensch nur das und nichts anderes in seinem Bewußtsein für sich selbst erntet, als das, was er sät.

Ich habe versucht, den Unterschied zwischen 'Unsterblichkeit' und Fortbestand und Entwicklung des Bewußtseins aufzuzeigen. Unsterblichkeit ist ein leeres Wort, denn so, wie sie gewöhnlich verstanden wird, existiert sie einfach nicht. Das einzige, von dem wir sagen können, daß es wirklich unsterblich ist, ist das Universum selbst in allen seinen Bereichen, den sichtbaren und den unsichtbaren. Doch wir können dies nur durch eine Erweiterung der Bedeutung sagen, die das Wort aus dem heraushebt, was im allgemeinen als 'unsterblich' bezeichnet wird. Das einzige Unsterbliche im Universum ist das Universum als solches, denn es ist das, was immer war, jetzt ist und immer sein wird, obwohl es fortwährend und durch Notwendigkeit in unaufhörlicher Veränderung, Entwicklung und Wachstum begriffen ist - während seiner ewigen zyklischen Perioden der Manifestation. Selbst hier, nachdem wir die Tatsache zugegeben haben, daß das Universum in dem eben erklärten Sinne unsterblich ist, müssen wir, wenn wir hierüber nachdenken, gelten lassen, daß das Universum selbst nicht 'unsterblich' im gewöhnlichen Sinne des Wortes ist, weil es eine evolvierende und deshalb eine sich verändernde oder wachsende organische Wesenheit ist - scheinbar ein seltsames Paradoxon! Doch der Fortbestand des Bewußtseins bedeutet den Fortbestand des Seins des Universums von Ewigkeit zu Ewigkeit in endloser Dauer. Nichts besteht für immer, denn nichts ist unsterblich, das heißt unveränderlich. Aus diesem Grunde bleibt nichts für immer bestehen, weil sich alles verändert, alles evolviert. Das bedeutet, daß alles jenes entfaltet oder manifestiert, was in ihm eingeschlossen ist. Deshalb leuchtet ein, daß alle Dinge oder Wesenheiten aufgrund dieses Evolvierens Ausdruck der manifestierenden Kräfte des innewohnenden und ununterbrochenen Bewußtseins sind, das die Menschen, indem sie die esoterische und okkulte Lehre hinsichtlich dieser Wahrheit mißverstanden, fälschlich 'Seele' oder 'Geist' nannten. Diese Wörter sind nicht zu beanstanden, wenn sie richtig verstanden und richtig angewandt werden, denn sie sind tatsächlich notwendig.

Betrachten wir das Schicksal des Menschen. Ich benutze das Wort 'Mensch' in der Bedeutung der gesamten zusammengesetzten Konstitution des menschlichen Wesens, die von seiner göttlichen Essenz abwärts durch alle einhüllenden Schleier seines Bewußtseins bis zum physischen Körper reicht. Betrachten wir sein Schicksal, den Beginn seiner Evolution zur Zeit der Eröffnung des galaktischen Manvantaras, des Manvantaras der Milchstraße, unseres Heimat-Universums. Er beginnt seine evolutionäre Pilgerschaft als ein unselbstbewußter Gottesfunke, um die vertraute Sprache zu benutzen, eine Wesenheit von göttlicher Essenz, die aber in unserem galaktischen Universum noch kein Selbstbewußtsein erlangt hat. Im Laufe der dahinfließenden und in den Ozean der Vergangenheit versinkenden Äonen wandert der unselbstbewußte Gottesfunke durch alle möglichen Veränderungen und Phasen des Stromes von kontinuierlichem Bewußtsein, das sein Kern ist: Veränderung auf Veränderung, Wachstum auf Wachstum, Fortschritt auf Fortschritt, Evolution auf Evolution, einen Körper nach dem anderen annehmend und Körper um Körper beiseite legend, in jedem seine Aufgabe lernend, denn der Strom des essentiellen Bewußtseins besteht immer fort. Doch finden wir irgendwo 'Unsterblichkeit', das heißt den endlosen Fortbestand eines unveränderlichen Wesens, was im Westen Unsterblichkeit zu bedeuten scheint? Niemals, denn die Wesenheit wächst; wenn sie wächst, verändert sie sich; wenn sie sich wachsend verändert, schreitet sie fort; wenn sie fortschreitet, das heißt sich entwickelt, evolviert sie. Deshalb beendet sie das kosmische oder galaktische Manvantara, nachdem sie ihren manvantarischen oder kosmisch-zyklischen Lauf des Wachstums als unselbstbewußter Gottesfunke begonnen hat und durch alle die zahllosen Phasen und Umstände ihrer kosmischen Pilgerschaft gegangen ist, als ein vollerblühter oder evolvierter Gott, der im Rat der Gottheiten seinen Platz einnimmt. Nach einer langen, langen Ruhe kommt die Wesenheit wieder zur Manifestation und richtet ihre Augen auf noch erhabenere Ziele, die Bereiche des Universums, in denen sich die Übergottheiten befinden und in die sie nach Äonen evolutionärer Zeit gelangen wird.

Doch sollen wir sagen, daß irgendeine Phase oder ein 'Umstand', um den modernen philosophisch-wissenschaftlichen Ausdruck zu benutzen, mit anderen Worten, irgendeiner der Körper, durch die diese göttliche Monade wirken muß, oder, was das gleiche ist, irgendeine der Seelen, in die sich die Monade für eine Zeit einhüllt, 'unsterblich' ist, das heißt in ihrem Charakter oder ihrer Charakteristik unveränderlich? Offensichtlich nicht. Nicht eine solche Phase ist unsterblich, und wir Menschen sind eine der unzählbaren Phasen, durch die evolvierende Monaden gehen, welche die jeweiligen göttlichen Kerne von uns sind. Wären wir Menschen unsterblich, könnten wir niemals Götter werden, denn wir würden immer Menschen bleiben. Wir können nur dann Götter werden, wenn wir unsere unvollkommene Menschlichkeit ablegen, sie überleben, aus ihr herauswachsen, sie abwerfen und in etwas Größeres und Großartigeres eintreten. Unsterblichkeit ist nur ein Wort, verursacht durch das Mißverstehen der grundlegenden Elemente der zusammengesetzten Konstitution des Menschen. Wir können den 'unsterblichen' Göttern danken, daß die Unsterblichkeit der

Seele nur eine Einbildung ist. Doch die Kette oder Verkettung oder der Weg des Bewußtseins vom unselbstbewußten Gottesfunken zur vollerblühten Gottheit oder zum Gott geht ohne Unterbrechung oder Auflösung des 'Fortbestandes' immer weiter.

In diesem Thema sind tiefe philosophische, religiöse und wissenschaftliche Probleme enthalten. Ich habe nicht den Ehrgeiz, ein Bilderstürmer zu sein, und meine Bemühungen gehen kaum in diese Richtung, denn ich möchte nicht die Idole der Menschen zerstören, da selbst ein mentales Idol zuzeiten das Gemüt eines Menschen in Richtung auf den wahren spirituellen Weg halten kann. Ich bewundere eher jene, die Heldenverehrer sind. Es gibt Zeiten, in denen ich tiefe Sympathie für den ernsten Gläubigen empfinde, der seinen Gott oder seine Götter liebt, ob sie nun aus Holz oder Stein sind, oder mentale Vorstellungen, die seine strebende und sehnende Imagination als zu verehrendes Ideal vor sein Gemüt setzt.

Ein edler Gott in religiösem Sinne ist ein edles Werk des Menschen. Hierin ist jedoch nicht eingeschlossen, daß Götter nicht existieren, ganz im Gegenteil. Das Universum ist mit Gottheiten aller verschiedenen Grade spirituell-göttlicher Evolution erfüllt. Wir Menschen selbst sind Embryo-Götter, und in weit entfernten Äonen der Zukunft werden wir zu voll erblühten Gottheiten gedeihen. Doch ich spreche jetzt von den falschen, von Menschen geschaffenen Göttern, den Göttern der exoterischen Religionen, den Göttern des Volkes. Ich wiederhole, ich bin kein Bilderstürmer, und wenn ein Mensch seine falschen Idole verehren möchte, die Idole seines Gemütes, ob philosophischen, wissenschaftlichen oder religiösen Charakters, behandle ich ihn sehr freundlich. Doch kommt er zu mir, der ich von anderen, weitaus Größeren gelernt habe, der ich zumindest gelernt habe, mich selbst ein wenig zu erkennen, und würde er sagen, er wünsche ernsthaft, ein wenig mehr zu erfahren, und denkt er, ich könne ihm etwas sagen, was ihm hilft, - wenn ich diese Gelegenheit bekomme, dann spreche ich, und ich spreche offen zu ihm und sage: "Du sehnst Dich nach 'Unsterblichkeit', weil Du Dich nicht selbst verstehst. Sage ich Dir, daß Du nicht unsterblich bist, so glaubst Du, das würde bedeuten, Du würdest ausgelöscht, wenn Dein Körper stirbt. Doch Du irrst ganz und gar, wenn Du so denkst. Ich sage Dir das Gegenteil, ich sage Dir, daß Du die Ewigkeit hindurch bewußt bist, bewußt wie ein Mensch, wenn er wach ist oder schläft. Der Fortbestand des Bewußtseins ist weder bei den aktiven täglichen Beschäftigungen unterbrochen, noch am folgenden Morgen nach einer süßen und seligen Ruhe oder dem 'Vergessen'. Steht ein Mensch aus seinem Bett auf, dann ist er noch derselbe, weil er die eine Lebenszeit lebt."

Doch 'unsterblich'? Ist der Mensch, der fragt, derselbe, der er als Kind war? Ist das kleine Kind, das in der Stube herumläuft und mit seinen Spielsachen spielt, der Erwachsene, der es sein wird, der vielleicht großartige Gedanken hat, Probleme löst, die seine intellektuellen Kräfte bis zur äußersten Grenze in Anspruch nehmen, oder der einer von jener edlen Gruppe von Menschen wird, die von Verbesserungen für ihre Mitmenschen träumen und sich danach sehnen, anderen zu helfen, und die große Pläne von edlem sozialen und wahrhaft philosophischem Charakter ersinnen? Tut das kleine Kind das alles? Natürlich nicht. Das kleine Kind, das der heutige Mensch einst war, ist tot, doch der Mensch lebt. Der Fortbestand seines Bewußtseinsstromes ist immer vorhanden. Doch das tote Kind ist der Vater des jetzigen Menschen. Ist zu erkennen, was ich meine? Wir Menschen sind wie das kleine Kind. Die Tiere unter uns sind wie kleine Kinder, die aufwachsen, um eines Tages in entfernten Äonen durch Evolution den menschlichen Zustand und die menschliche Gestalt zu erlangen. Vielleicht sehnen sie sich auch als Tiere nach 'Unsterblichkeit', genauso wie wir törichten Menschen uns danach sehnen, in unserem Zustand menschlicher Unvollkommenheit die Ewigkeit hindurch fortzubestehen, Kinder, die wir sind. Doch wenn wir uns selbst erforschen, erkennen wir, daß wir immer bewußt sind, wenn auch nicht immer selbstbewußt. Es kommt eine Zeit in der Evolution des Schülers der Theosophie - und dies ist aus unseren esoterischen Lehren für uns ein wenig von Nutzen -, in der er lernt, dauernd bewußt und selbstbewußt zu werden, nicht nur, wenn er schläft, sondern auch, wenn er 'tot' ist, wie wir sagen. Es ist leichter, dann bewußt zu sein, als wenn ein Mensch verkörpert ist, denn wenn ein Mensch 'tot' ist, sind die einengenden Hüllen des Bewußtseins, die Schleier, die den inneren Glanz verhüllen, größtenteils abgeworfen, und die Herrlichkeit ist relativ frei, relativ ungehindert und ungefesselt und lebt in ihren eigenen edleren Reichen.

Doch wenn ein Mensch verkörpertes Bewußtsein ist, das heißt in einem Körper lebt, muß er durch diese einhüllenden Schleier und einengenden Hüllen des Bewußtseins leben, denken, fühlen und wirken. Dies richtig zu tun ist gewöhnlich eine sehr schwierige Sache. Schläft ein Mensch - was ein unvollkommener Tod ist, wie im Gegensatz dazu der Tod ein vollkommener Schlaf ist -, so ist er zeitweise aus diesem Gefängnis des Gehirnverstandes und vom Körper befreit. Das Feld des Bewußtseins, das er dann betritt, ist so sehr erweitert, daß er nicht weiß, ob er sich darin oder darauf befindet, denn er ist nicht daran gewöhnt, so frei zu sein und relativ uneingeschränkt zu leben. Mit anderen Worten, er ist nicht genügend evolviert, um bewußt oder selbstbewußt in den höheren Teilen seines essentiellen Bewußtseins zu sein. Das meinte ich, als ich sagte, daß es sowohl bewußtes Bewußtsein als auch unbewußtes Bewußtsein gibt. Ein Mensch, der wach ist, ist bewußt bewußt. Er ist unbewußt bewußt, wenn er schläft. Doch es gibt einen Weg, die Kluft zu überbrücken, die wir Unbewußtheit nennen, die nur ein größeres Bewußtsein ist, und dieser Weg ist Schulung und Studium. Es kommt in der Tat im Leben des Chelas oder des Jüngers eine Zeit, in der er lernen muß, die Schlucht, die wir Unbewußtheit nennen, zu überbrücken und dann bewußt zu sein, wenn sein Körper schläft und ruht. In einem weiter fortgeschrittenen Stadium der esoterischen Schulung muß er das gleiche tun, wenn er stirbt.

Der Durchschnittsmensch hat nicht gelernt, eines dieser Dinge zu tun. Sein menschliches Bewußtsein tritt in den Zustand ein, den wir Devachan nennen, die Traumwelt oder Himmelswelt. Sie ist ein Blendwerk von erlesener und fast unvorstellbarer Schönheit, die sich auf das unerfüllte spirituelle Sehnen und Hoffen des eben beendeten Lebens gründet und fast automatisch im Bewußtsein des Menschen agiert und reagiert. Doch sie ist trotzdem eine Illusion, denn sie ist nicht das wirklich Reale. Es gibt etwas weit Realeres, weit Erhabeneres als Devachan. Als Devachan bezeichnen wir die Periode, in der die menschliche Seele in seligen Träumen und unvorstellbarem, unbeschreiblichen Frieden ruht. Anschließend kehrt sie zur Erde zurück. Doch diese andere Sache, von der ich spreche, zu lernen, selbstbewußt zu leben, wenn man stirbt, ist nicht nur, wie man sagen möchte, eine Gabe der Götter, sie ist etwas mehr. Sie ist etwas, das der Mensch durch Disziplin und Studium und viele Leben strenger Selbstkontrolle in jedem Teil seines Wesens erworben haben muß. Sie ist das, wozu er sich selbst gemacht hat, eine der Belohnungen oder Entschädigungen für den Verzicht auf das Niedere zugunsten des Hohen, für die Aufgabe des Unvollkommenen zugunsten des relativ Vollkommenen, für die Unterordnung seines schwachen Teiles unter den starken Teil und dafür, dieser zu werden.

"Ist der Mensch unsterblich?" Wir sehen nun, wie töricht diese Frage ist, selbst nach dieser kurzen Ausführung. Wenn ich gedrängt würde, eine nachdrückliche und sofortige Antwort auf diese Frage zu geben, und dürfte ich sie nicht gleichzeitig erklären, so müßte ich sagen: "Nein!" Doch habe ich die Möglichkeit, zu erklären und auszuarbeiten, so weise ich darauf hin, daß der Mensch nicht nur in Richtung einer undenkbaren Unsterblichkeit schauen kann, sondern daß er durch endlose Veränderungen des Wachstums und der Evolution gehen muß. Unsterblichkeit beinhaltet einen unveränderten Fortbestand seiner Unvollkommenheit, seines Menschentums, das nur eine Phase seiner ewigen Pilgerschaft ist. Bewußtsein ist ewig fortdauernd, denn das Universum ist verkörpertes Bewußtsein. In der grenzenlosen Unendlichkeit gibt es nicht einen mathematischen Punkt, der etwas anderes ist als Bewußtsein: die Grundlage, die Essenz des grenzenlosen Raumes, ob sichtbar oder unsichtbar.

Vergessen wir nicht, daß die Räume des Raumes von unzähligen Hierarchien angefüllt sind, die aus evolvierenden, wachsenden Dingen und Wesenheiten bestehen oder gebildet sind. Diese sind lernende Wesenheiten, die von dem, was wir Menschen in unserer Blindheit das 'Höchste' nennen - denn in Wirklichkeit gibt es kein 'Höchstes', doch wir müssen dem Erhabensten eine begreifbare Bezeichnung geben -, nach abwärts durch unzählige Stufen, Ebenen oder Reiche von Wesen in den sichtbaren und unsichtbaren Welten reichen und sich unterhalb des Menschen noch immer weiter ausdehnen. Das Universum ist vollständig von

Göttern erfüllt und von höheren Wesen, die noch edler sind als die Götter selbst. Wir Menschen sind nur eine Familie, eine kleine Hierarchie und in der vitalen organischen Atmosphäre oder dem Wesen dessen zusammengefaßt, was wir das Universum nennen. Dieses Universum ist seinerseits nur eine kosmische Zelle in der vitalen organischen Atmosphäre oder dem Wesen des Grenzenlosen. Jede Hierarchie im Raum ist in den umgrenzenden oder einschränkenden Grenzen einer größeren und großartigeren Hierarchie enthalten. Diese größere und großartigere Hierarchie ist ihrerseits wieder in einer noch erhabeneren enthalten oder wird von ihr umfaßt, und so geht es in einer aufsteigenden Reihe für immer weiter.

IST ES RICHTIG, HYPNOSE ZU PRAKTIZIEREN?

Oft bin ich gefragt worden: "Halten Theosophen es für richtig, Hypnose in irgendeiner Form zu praktizieren?" Wenn ich diese sehr wichtige Frage beantworten will, muß ich zunächst darauf hinweisen, daß sogenannte moderne 'Psychologen' vom theosophischen Standpunkt aus keine wahren Psychologen sind. Denn echte Psychologie bedeutet die Wissenschaft von der gesamten mittleren und unsichtbaren Konstitution des Menschen, allgemein die Seele genannt, die unter diesem Oberbegriff sowohl alle normalen als auch anormalen Phänomene zusammenfaßt, die Menschen zeigen oder zum Ausdruck bringen. Moderne Psychologie ist in Wirklichkeit eine Art psychologische Physiologie, und moderne Psychologen sind einfach Physiologen, die das menschliche Bewußtsein von einem mehr oder weniger physiologischen Standpunkt aus untersuchen und deshalb 90 Prozent oder mehr des ganzen Bereiches des menschlichen Bewußtseins außer acht lassen.

Das Wort 'Hypnose' bedeutet Schlaf. Es ist jedoch kein richtiger menschlicher Schlaf, sondern ein Quasi-Trancezustand. In diesem Trance- oder Hypnosezustand kann eine Person sich bewegen, die Augen öffnen und umhergehen. Doch geschieht dies gewöhnlich mit einem ausdruckslosen, leeren, oft dummen Ausdruck im Gesicht wie bei einem Träumenden, mit Augen, die nicht sehen und doch etwas wahrnehmen, mit Ohren, die nicht hören und doch in einem Sinne hören. Hypnose ist, genau gesagt, eine Form von Trance. Wird eine Person hypnotisiert, so ist ihr zu 90 Prozent oder mehr intellektuell nicht bewußt, was um sie herum vorgeht. Sie ist physisch gebannt und bis zu einem gewissen Grade auf dieser Ebene mental unbewußt. Auch kann sich eine Person selbst in diesen Zustand versetzen. Es kommt jedoch nichts Gutes dabei heraus, und die Ergebnisse sind oft entschieden nachteilig für die physische und mentale Gesundheit und Widerstandsfähigkeit, aber es ist möglich. Dies ist dann wirklicher Hypnotismus. Unter dem allgemeinen Wort 'Hypnose' werden jedoch irrtümlich auch andere Dinge zusammengefaßt, die streng auseinandergehalten werden müssen; wir wollen sorgfältig zwischen ihnen unterscheiden und sie wissenschaftlich untersuchen, dies sind: Faszination, Suggestion einschließlich Autosuggestion, mentaler Magnetismus, die verschiedenen Formen von psychischer Anziehung und Abstoßung und so fort. Hypnose per se, einschließlich Selbsthypnose, sollte in der englischen Sprache richtig mit dem Wort 'Braidism' bezeichnet werden, da sie von einem englischen Arzt namens Braid zuerst untersucht und erforscht wurde.

Von einem anderen Standpunkt aus ist Hypnose ein schlafender oder betäubter Zustand der Nerven des Körpers. Die Nerven und die Nervenganglien sind für diese Zeit praktisch tot. Der Zustand tritt ein, weil die obere Triade des normalen menschlichen Individuums, die alles Beste, Feinste und Edelste im Menschen umfaßt, aus und von der unteren Vierheit vertrieben wurde. Hier kann man sehen, was aus einem Menschen wird, wenn er nicht mehr von der oberen Triade beseelt wird. Eine hypnotisierte Person ist deshalb eine unbeseelte Person, das Wort 'Seele' in dem allgemeinen und gewöhnlichen Sinn des Wortes gebraucht. Der höhere Teil des Menschen ist zeitweilig abwesend, von dem niederen Teil vertrieben. Deshalb sind die Funktionen der unteren Vierheit oder der unteren Teile der siebenfältigen menschlichen Konstitution alles, was man sieht.

Nun komme ich zu der Frage, ob es ethisch gesehen gut ist oder nicht, andere Menschen zu hypnotisieren - ich benutze hier das Wort 'Hypnose' in seinem allgemeinen umfassenden Sinn -, und ich kann hinzufügen, daß Hypnose irrtümlich die verschiedenen Zweige der psychologischen Kraft umfaßt, auf die ich schon die Aufmerksamkeit lenkte. Wir wollen zuerst die Tatsache der Suggestion und der Autosuggestion betrachten. Suggestion ist das Einpflanzen einer Idee in das Gemüt einer oder mehrerer Personen mit der Absicht, durch diese Idee die Gedanken und das Leben dieser anderen zu beherrschen. Das ist unbedingt übel, selbst wenn das Motiv gut ist, obwohl natürlich das Üble verschiedene Grade hat. Manche Suggestionen sind, wenn sie mit einer bösen oder völlig selbstischen Absicht ausgeübt werden, korrupt und durchaus schlecht. Andere Suggestionen, mit der Absicht zu helfen in das Gemüt einer oder mehrerer Personen eingepflanzt, sind wegen ihrer Wirkung übel, doch sind sie weitgehend von der Last oder dem Makel moralischer Verworfenheit befreit. Niemand hat das Recht oder ist in unserem Zeitalter materialistischer Ideale und Ideen weise genug, Suggestion mit der wohlüberlegten Absicht auszuüben, die Gedanken oder das Leben anderer Menschen zu beherrschen.

Suggestion ist der sehr oft erfolgreiche Versuch, den eigenen Willen und das eigene Gemüt an die Stelle des Willens und des Gemütes des Schwächeren, der Versuchsperson, zu setzen. Folglich ist es übel, weil es, als Wichtigstes von allem, das Gefüge der moralischen Kraft der Person zerstört, die Quelle der inneren Führung vergiftet und auf diese Weise den rettenden eigenen Willen schwächt. Autosuggestion, was die auf sich selbst gerichtete Suggestion bedeutet, kann schlecht sein, wenn sie zum Üblen oder zu üblen Taten beeinflußt, dazu, brutal, grausam oder betrügerisch zu sein, mit anderen Worten, dem Pfade linker Hand zu folgen. Autosuggestion ist jedoch immer dann richtig, und wir sollten sie fortwährend praktizieren, wenn sie nur bedeutet, uns selbst Tag und Nacht und allezeit mit Bildern von spiritueller, moralischer und intellektueller Stärke, Selbstkontrolle und Vervollkommnung zu beeinflussen, mit Dingen von Schönheit, Herrlichkeit, Heiligkeit, Reinheit, Barmherzigkeit und Freundlichkeit, kurz, mit allen großen und edlen Tugenden. Diese sollten wir uns selbst suggerieren, als Pfade für Gedanken und Führung, denen wir folgen sollten. Autosuggestion in diesem Sinne ist richtig, da sie eine Belehrung unserer selbst ist, eine Art Selbstbelehrung. Wir sollten uns suggerieren, dem Pfade der Ethik zu folgen. Damit lehren wir uns selbst, uns an ethisches Denken zu gewöhnen, es zu lieben und seine einfache Großartigkeit zu schätzen. Autosuggestion dieser Art ist eine Art Selbsthypnose.

Wird Suggestion auf andere Personen ausgeübt, ist sie nur dann recht und richtig, wenn sie dem anderen das Bild eines Weges der Lebensführung oder einer Sache, die getan werden sollte, vor das Gemüt bringt, sofern der Weg oder die Sache wirklich ethisch gut und weise ist. Dann sollte man ihm sagen: "Hier ist eine Idee, was hältst Du davon?" Das ist recht, denn es bedeutet zu belehren. Diese Suggestion enthält weder das Element der Gewalt, noch die Eigenschaft der Unterordnung des Gemütes oder Willens des anderen unter unseren eigenen.

Doch wenn die Suggestion spitzfindig und raffiniert ist und sich geschickt in das Gemüt des Hörers einschleicht, sich unbewußt hineinstiehlt mit einem üblen Motiv, das demjenigen, der die Suggestion ausübt, Gewinn bringt, dann handelt es sich in der Tat um Teufelswerk, um eine teuflische Handlungsweise und ist diabolisch.

Wird ein Kind belehrt, so geschieht dies tatsächlich durch direkte oder indirekte Suggestion; auch durch die Beeinflussung eines Mitmenschen wird Suggestion ausgeübt. Geschieht sie aus einem edlen Motiv heraus mit der Absicht, dem anderen zu helfen, zu seinem Vorteil und nicht für den eigenen, so ist zumindest das Motiv gut, auch wenn die Einschätzung der Situation oder der Tatsache falsch war. Doch derjenige, dem etwas suggeriert wird, sollte immer wachsam und vorsichtig sein, es annehmen, wenn er es für gut befindet, und es verabscheuen und zurückweisen, wenn er es für schlecht hält. Auf diese Weise wird die erhabene Stimme in uns, die wir das Gewissen nennen, erweckt und angeregt und ihre Kraft verstärkt.

Denken Theosophen nun, es sei recht und ethisch gut, Hypnose zu praktizieren, und heißen sie es gut, wenn Ärzte ihre Patienten hypnotisieren? Ich bitte zu beachten, daß ich jetzt von Hypnose spreche, wie ich sie oben erklärt habe. Was Suggestion ist und was sie nicht sein sollte, habe ich bereits ausgeführt. Eine Person kann in einen physisch gefühllosen Zustand versetzt werden, indem der Körper in Trance versetzt wird, und das ist Hypnose. Sie kann bei schwachen Personen, wenn diese bereits unter der Herrschaft eines Hypnotiseurs gestanden haben, tatsächlich selbst durch eine sehr einfache Suggestion zustandegebracht werden. Ich habe Versuchspersonen in hypnotischer Trance gesehen. In einem Fall war die Versuchsperson völlig schmerzunempfindlich, als man ihr drei lange Hutnadeln, die früher von Frauen getragen wurden, in den Oberarm trieb. Ich sah die unglückliche Person ihren Arm hochhalten, in dem die Dolche oder Nadeln steckten und durch den Muskel gingen. Sie hatte anscheinend ebensowenig Schmerzbewußtsein wie ein Kleidungsstück, und es floß auch kein Tropfen Blut. Für mich war das abstoßend. In dieser Darstellung hypnotischer Gewalt über eine unglückliche Versuchsperson war absolut nichts, was erhebend, gut oder freundlich war oder in anderer Weise ermutigend wirkte. Ich sah nur ein elendes menschliches Wesen, das von den neugierigen und krankhaften Gemütern der Anwesenden zur Zielscheibe des Gelächters gemacht wurde.

Nun erhebt sich die Frage: Ist es nützlich, diese oder ähnliche Dinge zu tun? Ich bezweifele dies sehr stark und zögere nicht zu sagen, daß es weder nützlich noch angemessen oder anständig ist. Ich bezweifele auch, ob es in der heutigen Zeit in der Welt Ärzte gibt, die in bezug hierauf die Weisheit der Alten besitzen, um zu wissen, wann es gut ist, eine Person in den Trancezustand zu versetzen, selbst dann, wenn das Motiv angeblich das ist, Schmerzen zu verhüten oder zu lindern. Das Motiv mag gut sein, doch die Weisheit fehlt. Diese Menschen experimentieren mit etwas, das sie nicht verstehen. Ich sähe die kranke Person viel lieber unter dem Einfluß einer betäubenden Droge, die vorsichtig und klug von einem moralisch gesinnten und freundlichen Chirurgen angewandt wird. Dies sähe ich viel lieber. Obwohl auch das gefährlich ist, hat es zumindest nicht die in der Atmosphäre vorhandene moralische Gefahr, die jede Art der hypnotischen Tranceerzeugung bewirkt. Wer weiß, welchen Versuchungen die Ärzte, die therapeutische Hypnose oder Suggestion praktizieren, eines Tages zu widerstehen haben, Versuchungen vieler verschiedener Arten, selbst die Versuchung, "um der Wissenschaft willen" weitere Experimente zu machen? Der gleiche Einwand kann hinsichtlich des Gebrauchs von Drogen gelten. Doch hier wissen zumindest alle, daß Drogeneinnahme leichter feststellbar und nachweisbar ist als irgendeine Art des hypnotischen, psychologischen oder Trancezustandes. Aus diesem Grunde sind solche Praktiken offensichtlich viel stärker zu verurteilen, da die Folgen der Drogeneinnahme wesentlich leichter nachweisbar sind und im Falle des Mißbrauchs normalerweise sofort eine gefährliche Wirkung haben.

Doch dies ist nicht alles. Gleichgültig, um welche Form der Beeinflussung des Gemütes eines anderen Menschen es sich handelt, ob um Hypnose, Suggestion oder um psychische Beeinflussung, sie alle kommen in der letzten Konsequenz zu dem gleichen üblen Resultat, wenn das Motiv nicht tatsächlich durchaus gut ist und die Behandlung - ich spreche jetzt von Suggestion und psychischer Beeinflussung - aus dem einen und einzigen Beweggrund geschieht, die kampfbereite Verstandeskraft und den individuellen Willen des Patienten zu aktivieren. In allen Fällen ist der Versuch, das Gemüt und den Willen für irgendeinen wissenschaftlichen oder sonstigen Zweck zu unterdrücken oder zu versklaven, unter der allgemeinen Rubrik der Teufelei einzuordnen. Deshalb nenne ich ihn diabolisch und unmenschlich.

Ein gutes Motiv vorzutäuschen, ist eine schwache Entschuldigung und weit davon entfernt, eines zu sein. Es gibt ein altes Sprichwort: "Der Weg zur Hölle ist mit guten Vorsätzen gepflastert", oder mit guten Motiven. Gute Motive, unklug angewandt, sind weitaus gefährlicher als schlechte Motive, schlecht angewandt. Denn jeder ist mehr oder weniger vor den letzteren auf der Hut, nimmt sie übel und weist sie zurück. Ein Mensch mit einem guten Motiv täuscht sich oft selbst gründlich und hat gleichfalls oft Erfolg, andere zu täuschen.

Heißen Theosophen die Anwendung der Hypnose in der Medizin gut? Meine eigene Reaktion ist eine nachdrückliche Verneinung. Ich möchte versuchen, anschaulich zu machen, was ich meine, wenn ich sage, ich würde "nein" antworten. Krankheit, Leiden oder Schmerz, menschlicher Jammer, moralische Schwäche, moralische Verworfenheit oder Schändlichkeit, die mentales oder anderes Leiden oder Schmerzen verursachen, alles dies hat seinen Ursprung in der Seele. Es kann letzten Endes auf schlechte Gedanken zurückverfolgt werden. Schlechte Gedanken erwecken schlechte Gefühlsregungen. Die Menschen wünschen Böses und wollen es verwirklichen, sie schwächen damit den Körper und infizieren ihn mit Krankheitskeimen, um einen modernen Ausdruck zu gebrauchen. Alle Krankheiten haben also ihren Ursprung in der Seele. Doch es ist ganz falsch zu sagen, daß, wenn der Körper krank ist, die Krankheit nicht im Körper, sondern nur in der Seele ist. Das letztere ist lächerlicher Unsinn.

Es ist gut und in jeder Weise richtig, Krankheit zu heilen. Es ist gut und in jeder Weise richtig zu versuchen, Schmerz und Leiden zu lindern. Doch sei betont: Wenn diese Linderung eines zeitweiligen Schmerzes, der dem Leidenden selbst eine Lehre sein sollte, auf Kosten einer Verhornung der Seele des Leidenden erreicht wird, dann ist sie an sich falsch, denn das Größere wird für das Kleinere geopfert. Es mag als ein 'dunkles Wort' und als ein hartes dazu erscheinen, wenn man den Hinweis gibt, daß eines der psychologischen Elemente, die im westlichen Leben nötig sind, ein besseres Verstehen der mentalen Einstellung gegenüber Leiden und Schmerzen ist, was im weisen, alten Orient so gut verstanden und so erfolgreich praktiziert wurde. Die vorteilhaften Ergebnisse, die denen erwachsen, die sie verstehen, sind sehr groß. Das bedeutet jedoch nicht im entferntesten, daß wir den Leiden anderer gleichgültig oder achtlos begegnen sollen. Genau das Gegenteil ist der Fall. Die Erkenntnisse, die wir aus Leiden und Schmerz ziehen, und die Reifung und Bereicherung des Charakters, die daraus resultieren, geben uns edle Lehren in Mitleid und Erbarmen für andere. Wer lange gelitten hat, neigt am wenigsten dazu, dem verführerischen und trügerischen Standpunkt des Selbstmitleids nachzugeben, stattdessen wird er mitfühlend für andere. Es ist das alte Ideal, ein 'Diamant-Herz' zu haben - hart und unnachgiebig wie ein Diamant gegen eigene Schwächen, Leiden, Wünsche und Begierden zu sein, aber wie der Diamant in Lichtblitzen jede Phase der Leiden, Schmerzen oder des Kummers anderer zu reflektieren.

Ich fahre in meiner Argumentation fort. Wir wollen die Fälle jener Probleme oder Schwächen betrachten, die sowohl physischer als auch ethisch-mentaler Natur sind wie Trunksucht, Drogenmißbrauch oder eine andere Form physischer oder mentaler Süchte, deren es mannigfaltige und unzählige gibt. Westliche Psychologen und nachdenkende Ärzte berichten seit Jahren, wie sie Süchtige des einen oder anderen Typs durch 'Hypnotisieren' oder Suggestion von physischen oder mental-ethischen Schwierigkeiten befreien, was auch immer für eine besondere Form der Sucht den Charakter des Leidenden zerstört.

Nun stelle ich die einfache Frage: Welche bleibenden Ergebnisse werden erzielt, wenn hypnotische oder suggestive Versuche in der Praxis Erfolg haben? Erstens ist es zweifelhaft, ob ein Ergebnis von Dauer ist; und zweitens, selbst dann, wenn es von Dauer ist: in welcher Weise wäre dem Leidenden wirklich zur Wiedergewinnung seiner eigenen Willenskraft geholfen, um gegen seine Schwächen anzugehen und sie zu überwinden? In gar keiner Weise. Er ist geschwächt worden, und sein eigener Wille ist noch tiefer eingeschlafen als vorher. Sein Sinn für Moral ist abgestumpft, er ist ein Schwächling und Feigling geworden. Er ist nun ein Mensch, der unnatürlichen Gefallen an äußeren Einflüssen findet, und er lebt zeitweise in der Gedankenvitalität des Hypnotiseurs oder dessen, der die Suggestion ausübt. Er hat nicht gelernt, sich selbst zu beherrschen, seine Schwäche, seine Gewohnheiten und Impulse zu überwinden. Bei seiner nächsten Geburt und dem Leben auf Erden wird er nicht nur die gleiche Schwäche in seinem Charakter haben und sie wahrscheinlich wieder hervorbringen, sondern sie wird früher zum Ausdruck kommen, als es in der gegenwärtigen Existenz der Fall war.

Was auch immer das Motiv des Behandelnden sein mag, ob dieses schlecht oder indifferent ist, der Leidende wird vorsätzlich der heilenden und belehrenden Wirkung des Leidens oder der Schmerzen beraubt - der natürlichen Lehrer der Natur für jene, die ihren Gesetzen zuwiderhandeln -, die ihn durch Leiden gelehrt hätten, sich von seinen schlechten Gedanken und dem üblen Weg abzuwenden und sich mit dem eigenen Willen an die Hand zu nehmen. Ich meine jedes Wort ernst, ich meine es buchstäblich. Es ist so ähnlich wie bei einer liebevollen Mutter, die schrecklich ängstlich ist, die Gefühle ihres Kindes zu verletzen: Sie erlaubt ihm, Unrecht zu tun, weil sie es nicht über sich bringt, es weinen zu sehen oder schreien zu hören, wenn sie es richtig erzieht und auch einmal liebevoll bestraft.

Ich bin nicht blind gegenüber der offensichtlichen Tatsache, daß alle diese Fälle wirklich problematisch sind, sie haben nicht nur physischen, sondern auch in jedem Falle in starkem Maße psychologischen Charakter. Ein theosophischer Arzt, der mit derartigen Problemen konfrontiert wird, wird sicherlich Schwierigkeiten und Einwänden gegenüberstehen. Unter anderem hat er den starken Strom der gewöhnlichen menschlichen Psychologie gegen sich. Diejenigen, die manchmal vor törichter Furcht fast wahnsinnig sind und von wirklichen oder eingebildeten Schmerzen gemartert werden, fragen - und natürlich fragen sie - nach Hilfe 'um jeden Preis'. Gerade hierin sieht der geschickte, aber ethisch empfindende Arzt sein Problem - ein Problem von sowohl ethischem als auch physischem und psychologischem Charakter. Was sollte er nun tun? Es ist seine Pflicht, dem Leidenden Hilfe zu bringen und Schmerzen zu lindern, soweit menschliches und moralisches Recht dazu ausreichen. Kein theosophischer Arzt hat jemals einem Schmerzensschrei sein Ohr verschlossen, denn wenn er dies tut, handelt er einem der ersten Prinzipien theosophischen Verhaltens zuwider, das sowohl für den Arzt als auch für den Laien gilt: unserer allgemeinen Pflicht, jedem anderen in jeder Weise zu helfen, die recht, richtig und möglich ist.

Angenommen, der Arzt wird nachgiebig unter dem Streß und der eigenen Besorgnis über die Umstände und sucht über psychische Beeinflussung, Suggestion oder Hypnose Wege, um dem Leidenden zeitweilige Erleichterung zu geben. Hierdurch gibt er dem Patienten eine seelische Injektion, die das gleiche bewirken kann wie eine Droge, die ein Chirurg einem Patienten, den er operiert, gibt, um bei ihm Schmerzen zu vermeiden, dem er aber eine fast tödliche Dosis spritzt, bis der Patient schließlich so betäubt ist, daß er nur noch wie ein unbewußter Gegenstand auf dem Operationstisch liegt.

Natürlich spreche ich von einem Arzt, der die psychischen Praktiken beherrscht und hypnotisieren kann. Das Ergebnis nach einer Reihe solcher Injektionen dieser mentalen Droge, des psychischen Giftes, ist, daß der Mensch wie im Traum umhergeht. Unachtsame Betrachter und jene, die nicht genau hinschauen, glauben, der Mensch sei völlig verändert. Er macht sich nichts mehr aus dem alkoholischen Gift, nimmt nicht mehr seine bevorzugte Droge und scheint seine besondere Form der Begierde verloren zu haben. Die Leute sagen: "Siehe da, ein Heilmittel." Das aber ist ganz falsch, denn der Mensch ist nicht das, als was er nach außen hin erscheint, er ist nicht mehr der normale Mensch, ist nicht geheilt. Er ist ein Mensch in einem abnormen oder betäubten Zustand oder in einer Verfassung, die vom mentalen und ethischen Standpunkt aus eine Betäubung ist. Seine mittlere oder Seelen-Natur wurde verletzt, das heißt aus ihrer normalen Funktion verdrängt, weil die Besserung nicht in dem wirklichen Wesen des Leidenden stattgefunden hat. Es ist ihm nichts von Dauer Gutes geschehen. Er lebt in einem künstlichen, nicht normalen Zustand, ist ethisch tot und physisch betäubt, genauso wie ein Mensch, der unter dem Einfluß einer physischen Droge steht. Es ist sogar möglich, daß sich dieser unnormale psychische Zustand mit der Zeit abnutzt oder der Arzt, welcher der Hypnotiseur war, stirbt. Dann ist die Lage des Patienten trauriger als zuvor. Der alte Teufel, die alte Versuchung kehrt zurück, doch nun begleitet von sieben anderen, die schlimmer sind als diese. Was den Leidenden betrifft, so wird er in seine Inkarnation im nächsten Leben schlechter, weil schwächer, eintreten, als er zur Zeit seines Todes war. Dem Menschen wurde in keiner Weise anhaltend geholfen.

Der angemessene Weg, diese oder ähnliche Fälle zu behandeln, ist zu versuchen, auf irgendeine Weise eine Heilung oder innere moralische und mentale Wiederherstellung in der Natur des Leidenden herbeizuführen. Das kann erreicht werden, indem das Interesse des Leidenden geweckt wird, die Selbstachtung zurückzugewinnen, und ebenso das Verlangen, sich wieder in die Hand zu bekommen. Die Wahrheiten über das Universum, über sich selbst, über das Leben und über den Weg, richtig und ethisch gut zu leben, sollten ihn gelehrt werden. Seine Selbstachtung und Selbstbeherrschung sollten ihm zurückgegeben werden. Wird ihm dieser Weg, so zu leben, gezeigt, so findet er seine eigene innere Kraft und schüttelt die Versuchung der Drogen, der sinnlichen Anziehung oder des Übels, das ihn gequält hat, ab. Auf diese Weise baut er seine Charakterstärke auf, die ihn davor schützt, wieder krank zu werden, gleich, ob es sich um eine moralische, mentale oder physische Krankheit handelt.

Es leuchtet natürlich ein, daß sich alle Krankheiten auswirken müssen, wenn die Samen einmal eingepflanzt sind. In diesem Fall kann dem Leidenden geholfen werden, sein Problem mit Gleichmut und zunehmender Hoffnung zu ertragen. Es ist gegen alle Naturgesetze, daß man einer Sache entfliehen kann, die unter die ausgleichende und barmherzige Hand der Natur gekommen ist. Die Wirkung folgt der Ursache unfehlbar, und es ist töricht anzunehmen, daß 'Wunder' geschehen. Man kann den Gesetzen der Natur nicht entfliehen. Für das nachdenkliche Gemüt ist diese Tatsache die Quelle immerwährenden Trostes und unendlicher Hoffnung. Sie bedeutet, daß die Naturgesetze, wenn sie arbeiten und uns durch Leiden die Ursachen und unsere Selbstverantwortung erkennen lassen, uns gleichermaßen, wenn wir richtig handeln, damit helfen, zu wachsen und reifer zu werden.

Sie geben uns den vollen Lohn der Entschädigung für jeden harmonischen Gedanken, jedes harmonische Gefühl und jede harmonische Handlung.

Psychische Beeinflussung, Suggestion, Hypnose und andere Bemühungen dieser Art sind tatsächlich mental-psychologische Drogen. Sie sind nicht einmal lindernd, sie sind Betäubungen. Ihr Gebrauch betäubt und tötet für eine Weile. Doch nichts wird dauernd geheilt, nichts dauernd kuriert, da alle moralischen Krankheiten wie Trunksucht, Perversität, Wollust, Drogensucht und andere ihren Ursprung in Schwäche, Begierden, Gedanken und Gefühlen haben und immer haben werden und zu entsprechenden Handlungen führen. Dies alles sind Übel, für oder gegen die man Menschen hypnotisieren will oder psychische Therapien anwendet.

Darum wiederhole ich, so hart es auch beim ersten Anhören klingen mag: Mein eigenes Gefühl sagt mir, daß es für einen theosophischen Arzt ethisch schlecht ist, auf die Praxis von Hypnose, psychologischer Beeinflussung oder Suggestion in dem Sinne zurückzugreifen, wie sie allgemein verstanden und so oft als richtig angenommen wird. Ein Arzt sollte sowohl für die Seele oder das Herz als auch für den Körper Arzt sein, das heißt ebenso ethisch wie physisch praktizieren. Je erfolgreicher ein Arzt auf diese Weise ist, umso größer und gewinnbringender wird seine Praxis sein. Die Patienten werden sich instinktiv an den hochgesinnten Arzt wenden, der ihnen sowohl für das Gemüt und das Herz als auch für den Körper Hilfe gibt. Die ethische Hilfe, von der ich spreche, besteht nicht in lästigen Moralpredigten. Derartige salbungsvolle Schwätzereien würden für das Ziel des Arztes verhängnisvoll sein, und sie würden ihn in Verruf bringen.

Hypnose wird durch ein Vertreiben des höheren, edleren Teiles des Menschen aus der niederen Vierheit seiner Konstitution hervorgebracht, das sollte nicht vergessen werden. Der Mensch befindet sich durch sie in einem Zustand, der als Wach-Schlaf, das heißt als eine Art Trance bezeichnet werden kann; deshalb ist er benommen und zeitweise unbeseelt. Psychologische Beeinflussung oder Suggestion wiederum bedeutet, sofern sie mit einem üblen Motiv ausgeübt wird, das machtvolle Einpflanzen von Gedankensamen in das Gemüt des Leidenden, so daß sie wie Kletten in dem psychologischen Apparat dessen stecken, der sie aufnimmt. Steht so der Leidende unter der Herrschaft von Gedanken und Ideen, die nicht seine eigenen sind, so ist er nicht mehr voll selbstbewußt, er beherrscht sein Leben nicht mehr, seine Charakterstärke und die Kraft in bezug auf moralische Entscheidung wachsen nicht mehr. Durch jede Wiederholung der Suggestion wird er mehr von einem fremden Willen abhängig. Aus diesem Grunde führt eine psychologische Beeinflussung oder Suggestion letzten Endes auch zu der Vertreibung oder - vielleicht ein besserer Ausdruck - Verlagerung der Seele des Menschen. Hierdurch funktioniert sie weder normal noch mit Kraft. Dies ist auch dann der Fall, wenn der Patient durch die vorsätzliche Handlung dessen, der die Suggestion ausübt, unbeseelt bzw. zumindest für die betreffende Zeit 'seelenlos' wird. Nach jedem Maßstab der Ethik und des Rechts kann er künftig nicht mehr als moralisch oder mental voll verantwortlich für das angesehen werden, was er denkt und tut. Er ist nur eine psychologische Maschine in dem Maße, wie eine äußere Macht ihn beherrscht.

Zweifellos sind nicht alle Fälle identisch. Jeder Fall muß in Übereinstimmung mit den betreffenden Faktoren beurteilt werden. Doch in jedem Falle sind der Welt des Westens die Gefilde des menschlichen Bewußtseins faktisch eine Terra incognita - aus diesem Grunde wandeln die westlichen Experimentatoren in fast vollkommener Dunkelheit.

Bisher habe ich nur indirekt eine außerordentlich wichtige Seite berührt, die in jedem und in allen Fällen hypnotischer oder suggestiver Beherrschung eine Rolle spielt: "Karman". Das Universum mit all seinen Teilen ist ein organisches Ganzes, und alle Teile sind folglich wechselseitig durch die Gesetze gehalten und verbunden, die überall herrschen. Mit anderen Worten, kein Teil kann für sich allein handeln oder der Verantwortung für das entgehen, was er tut, besonders wenn er mit Wahl und Willen handelt. Wer die Harmonie der

Natur auf irgendeine Art und Weise stört, wird für das, was er getan, gedacht und gefühlt hat, immer verantwortlich gemacht und von den automatischen Operationen der Natur zur Rechenschaft gezogen. Folglich wird derjenige, der die Gedanken, Gefühle oder den Willen eines anderen verändert oder verlagert, de facto Opfer des Gesetzes, das er bewußt oder unbewußt durch seine Tat beschworen hat, er wird eines früheren oder späteren Tages den zurückwirkenden Strom zu fühlen bekommen. Hören wir auf die Worte des Gesetzes, das überall im Universum herrscht, das niemand umgehen und aufhalten kann: "Mit dem Maße, mit dem ihr meßt, werdet ihr gemessen werden", und: "Was ihr säet, das werdet ihr ernten." Das Motiv beeinflußt das Ergebnis in großem Maße, aber das Motiv ist weder eine Entschuldigung, noch kann es die niemals irrende und ausführende Hand der karmischen Gerechtigkeit der Natur aufhalten.

Fragen und Antworten

DIE DREI FUNDAMENTALEN GRUNDSÄTZE DER "GEHEIMLEHRE"

Frage:
H. P. Blavatsky erwähnt in der Einleitung zur "Geheimlehre" die Notwendigkeit, ein Verständnis für die drei fundamentalen Prinzipien zu gewinnen. Können Sie uns sagen, was diese drei fundamentalen Prinzipien sind und was sie bedeuten?

Antwort:
Die drei fundamentalen Prinzipien, wie sie H. P. Blavatsky in der "Geheimlehre" darlegt, sind die wirkliche Basis, die drei Grundsteine, auf denen die ganze Struktur der modernen Darstellung der alten Weisheit ruht. Werden diese drei Ideen im Gemüt aufgenommen, so erhalten wir einen Umriß, eine Skizze der Ideen.

Auf Seite 42 des ersten Bandes der "Geheimlehre" schreibt H. P. Blavatsky folgendes:

"Die Geheimlehre stellt drei fundamentale Grundsätze auf:

I. Ein allgegenwärtiges, ewiges, grenzenloses und unveränderliches PRINZIP (Dies bedeutet nicht unveränderlich in der Tätigkeit, sondern unveränderlich in seiner eigenen Essenz.), über das gar keine Spekulation möglich ist, da es die Kraft menschlicher Vorstellung übersteigt und durch irgendwelche menschliche Ausdrucksweise oder Vergleich nur erniedrigt werden könnte."

H. P. B. schreibt praktisch drei Seiten über diesen ersten fundamentalen Grundsatz oder dieses Prinzip - und ich habe ihm viel Raum in meinen "Grundlagen der Esoterischen Philosophie" gewidmet, weil er von den meisten Schülern am wenigsten verstanden wird. Einige unserer Schüler haben sich vorgestellt, daß dieses Prinzip eine Art Gott oder eine Art Geist ist, aber es ist keines von beiden, zumindest nicht in dem üblichen Sinn dieser Ausdrücke. Andere wieder dachten in entgegengesetzter Weise, dieses Prinzip sei eine bloße Abstraktion, ein Gebrauch von Worten, um damit eine Lücke in der alten Weisheit oder den mystischen Gedanken der Meister zu verdecken, zu verbergen oder zu verhüllen. Dieser Gedanke ist einfach widersinnig. Es wird ein 'Prinzip' genannt, weil es in unserer Sprache kein Wort gibt, das es genau beschreibt.

Um dies zu illustrieren, möchte ich fragen: Was ist das 'Prinzip' eines Dreiecks? Ein Dreieck ist eine geometrische Figur, die aus drei geraden Seiten gebildet wird, die an ihren Enden verbunden sind und eine Fläche einschließen. Das 'Prinzip' einer Sache beschreibt ihr Sein (lateinisch 'esse'), ihre Essenz, ihre Charakteristik. Folglich gibt es anderweitig keine begrenzende Beschreibung hierüber. H. P. B. sagt selbst, daß sich dieses Prinzip in seinem Sein jenseits der Reichweite menschlichen Denkens befindet. Das ist offensichtlich wahr, denn es ist grenzenlose Unendlichkeit; es ist JENES, im Hindû-Veda TAT genannt. Deshalb ist es überall, es ist alles, was ist, alles, was jemals war, und alles, was jemals sein wird. Es ist der Ursprung von allem, die große Quelle, der unaussprechliche Urquell, die erhabene Quelle, aus der alles hervorfließt und in die schließlich alles zurückkehrt, Atome und Götter, Welten und alles auf und in ihnen. Es ist grenzenloses Leben, grenzenloser Raum, grenzenlose

Dauer, unbegrenzt und anfanglos, ohne irgendeine Art es begrenzender Dimensionen, weil es alles einschließt. Wie kann man dieses unbeschreibbare JENES beschreiben? Dies ist also das erste Prinzip, das H. P. B. als einen der drei fundamentalen Grundsätze postuliert.

Es gibt hier nicht ein Wort über "Gott". Es ist weder persönlich noch unpersönlich - dieses 'Prinzip', wie H. P. B. es nennt -, weil es sowohl das Persönliche als auch das Unpersönliche einschließt und jenseits beider ist. Es ist weder Geist noch Nicht-Geist, da es beide einschließt und jenseits davon ist. Es ist weder Zeit noch Nicht-Zeit, da es beide einschließt und jenseits davon ist. Diese Erklärungen sind korrekt, weil diese Ideen menschliche Ideen sind, die mit dem verbunden sind, was moderne wissenschaftliche Philosophen 'Raum-Zeit' und 'Umstände' nennen. Doch der innerste Kern des Kernes vom Herzen des Herzens jedes einzelnen von uns und ebenso von jeder Wesenheit und jedem Ding in der grenzenlosen Unendlichkeit ist dieses Prinzip. Es ist das, was wir individuell und kollektiv in der Essenz sind. Es kann das kosmische Leben genannt werden, was nicht falsch ist, nur müssen wir in diesem Fall das Adjektiv 'kosmisch' in unserer Vorstellung ausdehnen, um die grenzenlose Unendlichkeit einzuschließen. Nennen wir es kosmische Intelligenz, so ist das nicht falsch, doch in diesem Fall ist es nicht nur die Intelligenz eines Sonnensystems, einer Galaxie oder die von tausend Milliarden Galaxien, sondern von allen diesen und unendlich vielen mehr. Nichts Manifestiertes, sei es noch so gewaltig, erreicht jemals sein Ende, denn es hat kein Ende.

Diese Idee trifft alle religiösen Gedanken der Sekten direkt an der Wurzel. Sie räumt mit allen menschlichen religiösen Postulaten hinsichtlich der Göttlichkeit und der von Menschen geschaffenen Götter auf.

Wird die Idee richtig verstanden, so reinigt sie unsere Gemüter von allem Egoismus. Alle Dinge versinken in vollständige Bedeutungslosigkeit neben den Andeutungen einer Vorstellung, die wir davon haben mögen - und doch ist sie die Essenz von uns. Die Essenz beinhaltet die Selbste der Götter, die Selbste der Universen, der Galaxien, der riesigen Räume und der weiten Felder der Räume des unbegrenzten Raumes. Sie ist alle inneren Welten und alle äußeren Welten und jenes geheimnisvolle, ehrfurchtgebietende, unbeschreibliche 'Etwas', das alles umgibt, durchdringt, entfaltet und einschließt und durch alles hindurchscheint. Sie ist alle Energie, die existiert, alle Substanz, die existiert, alles Schicksal, das existiert; sie ist alles zu allen Zeiten, an allen Orten und überall. Wie könnte man JENEM den Namen "Gott" geben? Dies also ist ein Umriß des ersten fundamentalen Grundsatzes.

Den zweiten fundamentalen Grundsatz beschreibt H. P. B. auf Seite 44 f. des ersten Bandes der "Geheimlehre":

II. "Die Ewigkeit des Weltalls ist in toto ..." (nicht irgendeines Universums, sondern dessen, von dem ich oft als von der grenzenlosen und unbegrenzten Unendlichkeit gesprochen habe, sowohl der inneren als auch der äußeren Unendlichkeit, das 'Universum' im Sinne eines kosmischen Organismus, aber eines Organismus, der keinen Anfang und kein Ende hat, oder vielmehr im Sinne von Organismen innerhalb von Organismen, kosmischen Ursachen innerhalb und jenseits kosmischer Ursachen). "Die Ewigkeit des Weltalls ist in toto als einer grenzenlosen Ebene" (hier beschreibt H. P. B. nur das Astral-Vital-Physische), "die periodisch 'der Spielplatz ist von zahllosen ... Universen' " (merken wir uns das).

> "Die Ewigkeit des Weltalls ... periodisch 'der Spielplatz ist von zahllosen unaufhörlich erscheinenden und verschwindenden Universen', den sogenannten 'manifestierten Sternen' und 'den Funken der Ewigkeit'. 'Die Ewigkeit des Pilgers ist wie ein Augenblinzeln von Selbstexistenz', wie das Buch des Dzyan sich ausdrückt."

Nebenbei könnte ich hier hinzufügen, daß der Ausdruck 'Dzyan' nur der Senzar-Ausdruck für das ist, was im Sankrit spirituelle Meditation bedeutet. Das gleiche Wort ist in dem Ausdruck Dhyâni-Buddhas enthalten, die Buddhas, in Dhyâna versunken. 'Dhyâna' ist also die Sanskritform von 'Dzyan' im 'Senzar'. 'Das Erscheinen und Verschwinden von Welten ist wie regelmäßige Gezeiten von Ebbe und Flut.'

> "Die zweite Behauptung der Geheimlehre ist also die absolute Universalität jenes Gesetzes der Periodizität, der Gezeiten, der Ebbe und Flut, welches die Naturwissenschaft auf allen Gebieten der Natur beobachtet und nachgewiesen hat. Ein Wechsel wie der von Tag und Nacht, Leben und Tod, Schlaf und Wachen ist eine so allgemeine, so vollkommen universale und ausnahmslose Tatsache, daß es leicht zu verstehen ist, daß wir darin eines der absolut fundamentalen Gesetze des Weltalls sehen." - in den grenzenlosen, unendlichen, unbegrenzten Räumen des Raumes.

Der zweite Grundsatz erklärt, daß von Zeit zu Zeit in regelmäßiger und periodischer Aufeinanderfolge, wie von Ebbe und Flut, Welten und Wesen unaufhörlich durch die Ewigkeit erscheinen. Manvantara und Pralaya: das Erscheinen und Verschwinden unberechenbarer Zahlen von Universen in allen Graden, Stufen und

Zuständen spiritueller und vital-astral-physischer Evolution. Oft habe ich mich darüber gewundert, daß H. P. B. bei der Erklärung des zweiten fundamentalen Grundsatzes diesen - wenigstens dem Anschein nach - auf die astral-physische Seite begrenzt haben sollte, weil das tatsächlich eine ungenügende Erklärung dieses wunderbaren Grundsatzes wäre, der gleichbedeutend mit einer intellektuellen Offenbarung ist. Doch ich kann sagen, und ich weiß es tatsächlich, daß unsere verehrte H. P. B. der Meinung war, alle Wahrheit hinsichtlich dieses Grundsatzes in der "Geheimlehre", die die erste Herausgabe der esoterischen Lehre war, zu geben, bedeute, zu viel auszuliefern in einer Zeit und Ära, in der die Menschen keine reale Vorstellung von inneren Welten, spirituellen und ätherischen Welten hatten, außer der, was von den Christen unbestimmt und unglücklicherweise und ungenau auch von den Spiritisten gelehrt wurde. Man kann sie in der Tat für ihre Zurückhaltung in dieser Hinsicht nur loben.

Ebbe und Flut, diese Gezeiten, dieses Erscheinen und Verschwinden von Sonnensystemen, Galaxien und einzelnen Sonnen oder Planeten geschieht offensichtlich ebenso auf den inneren Plänen und Sphären, in den unsichtbaren Bereichen, wie in und auf unserem astral-vital-physischen Plan. Periodizität oder universale zyklische Tätigkeit ist deshalb die Schlüsselnote, der Schlüsselgedanke des zweiten großen fundamentalen Prinzips.

Wir haben also als erstes das uranfängliche 'Prinzip', das ungeheure und unbegrenzte Grenzenlose, in dem von Zeit zu Zeit in periodischer Aufeinanderfolge Welten und Galaxien von Welten erscheinen, Galaxien und Hierarchien von Galaxien, die durch die Ewigkeit hindurch erscheinen und gehen. Die verschiedenen Wiederverkörperungen des Menschen, nicht nur auf dieser Ebene auf diesem Globus, sondern durch die ganze Planetenkette hindurch und in der Tat auch in den äußeren Runden - wer die "Grundlagen der Esoterischen Philosophie" studiert hat, weiß, was diese sind -, ich wiederhole, die Wiederverkörperungen des Menschen sind ein Beispiel im kleinen des gleichen universalen Gesetzes, das alles in dem gewaltigen Ganzen regiert.

Ist es nicht einleuchtend, daß ein Teil des Ganzen nicht etwas enthalten kann, was das Ganze nicht hat? Folglich muß das Ganze alles in sich haben, was auch der Teil enthält, andernfalls könnte es nicht in einem Teil des Ganzen erscheinen. Umgekehrt hat der Teil, was das Ganze enthält - vielleicht nicht manifestiert, aber latent, und eines Tages wird es erscheinen.

Alles ist im Innern eines jeden von uns enthalten. Ja, unser Schicksal ist über alle menschliche Vorstellung hinaus erhaben. Denn, Kameraden, wir und das Grenzenlose sind essentiell und fundamental eins. Wir sind nicht nur trennbare Teile eines Ganzen, nicht nur eins mit ihm als trennbare Teile, abgesonderte Teile wie in einer losen Verbindung, sondern wir sind essentiell identisch mit dem Grenzenlosen. Es gibt nicht den geringsten fundamentalen oder essentiellen Unterschied. Das Grenzenlose und wir sind in der Essenz dasselbe, sind identisch in der Essenz. Aus diesem Grunde manifestieren wir nur, gleichsam als manifestierende Atome, einige der Energien, Mächte und Kräfte, die das Grenzenlose enthält, und die wir deshalb manifestiert oder unmanifestiert ebenfalls enthalten.

Der dritte fundamentale Grundsatz ist in mancher Hinsicht und für einige Schüler der wundervollste von den dreien. Die Betrachtungen, die ich eben anstellte, führen uns in Gedanken auf natürliche Weise zu ihm. Dieser Grundsatz steht auf Seite 45 des ersten Bandes der "Geheimlehre":

III. "Die fundamentale Identität aller Seelen mit der universellen Oberseele" (die ich eben ausgeführt habe), "welch letztere selbst ein Aspekt der unbekannten Wurzel ist" (das Grenzenlose, deshalb sind wir das Grenzenlose), "und die Verpflichtung für jede Seele - einen Funken der vorgenannten -, den Zyklus von Inkarnation oder 'Notwendigkeit', in Übereinstimmung mit zyklischem und karmischem Gesetz" (welches der zweite fundamentale Grundsatz ist) "während seiner ganzen Dauer zu durchwandern."

Dann fährt H. P. B. fort, dies zu erklären.

Es erscheint uns jetzt als sehr bedauerlich, daß H. P. B. an diesem Punkt der Abfassung der 'Geheimlehre', obwohl sie es anderwärts getan hat, nicht darauf hingewiesen hat, daß 'Seele' hier in dem Sinne des fundamentalen SELBSTES gebraucht wird (obwohl das S - im Englischen - als Großbuchstabe erscheint). Sie bedeutet hier nicht das niedere Selbst, das menschliche Selbst, das tierische Selbst - das Tier-Selbst -, sondern das göttliche SELBST, das übergöttliche SELBST, mit anderen Worten, Paramâtman, jene fundamentale, essentielle Selbstheit, die das Herz des Seins ist und die deshalb unser Herz des Seins ist. Das ist hier mit 'Seele' gemeint, die fundamentale Identität, nicht unserer schwachen, schwankenden, armen menschlichen Seele oder unseres Gemütes, die nur ein Schatten der Realität sind, sondern vielmehr des Gottes in uns, des Übergottes und des Über-Über-Übergottes, welcher der Kern vom Kern des Kernes von uns ist, mit dieser unbeschreiblichen Erhabenheit, die das 'Grenzenlose' genannt wird, wenn es in seiner Form der 'universellen Oberseele' manifestiert ist. Bemerken wir den sehr wichtigen und tiefgründigen interessanten Unterschied, den unsere große H. P. B.

hier macht zwischen dem 'Grenzenlosen' ohne bezeichnendes Adjektiv, das reine unbegrenzte Unendlichkeit und Ewigkeit bedeutet, und jenem Aspekt des Grenzenlosen in seiner Form als Manifestation, die in normaler menschlicher Sprache als das beseelte Universum beschrieben werden kann oder, wie H. P. B. es nennt, als 'die universelle Oberseele'. Diese Unterscheidung ist für ein richtiges Verständnis dessen, was wir vielleicht kosmische Pneumatologie und Psychologie nennen können, von höchster Wichtigkeit.

Diese drei fundamentalen Grundsätze sind das eigentliche Herz der Alten Weisheit und infolgedessen des Okkultismus sowie der Esoterischen Philosophie, gleichgültig in welchen Worten oder auf welche Weise wir diese Grundsätze lernen und in unser Bewußtsein aufnehmen. Wollen wir in okkulten Studien, das heißt in Studien der Esoterischen Philosophie Fortschritte machen, so müssen uns diese Ideen als Teile unseres Bewußtseins vollkommen vertraut sein, so daß unser Gemüt während unserer Studien und in Stunden stillen Nachdenkens auf sie als unschätzbare Prüfsteine instinktiv zurückgreifen kann. Der erste fundamentale Grundsatz ist das Grenzenlose, der zweite das periodische Erscheinen der Universen und der Götter, der dritte die fundamentale Identität jeder Wesenheit, jedes Dinges mit dem Grenzenlosen. Das sind kurz gesagt die drei Grundsätze.

FINGERABDRÜCKE UND REINKARNATION

Frage:
Gibt es eine wahre Grundlage für die Idee, daß einem Ego durch verschiedene aufeinanderfolgende Inkarnationen mit Hilfe von Fingerabdrücken oder anderen solchen Merkmalen in den folgenden physischen Körpern nachgespürt werden könnte?

Antwort:
Ich bin ganz sicher, daß Ihre Idee nicht nur grundsätzlich vernünftig, sondern auch absolut korrekt ist. Die große Schwierigkeit ist nur, die Daumen- oder Fingerabdrücke eines Menschen aus früheren Leben zu finden. Es ist vollkommen richtig, daß aus theosophischer Sicht und aus okkulten Gründen die Zeichnungen des Daumens und der Finger einer Hand des von dem reinkarnierenden Ego wieder aufgenommenen Körpers sehr eng parallel oder vielleicht fast identisch sind mit den daktylographischen Zeichnungen auf dem Daumen und den Fingern des vorherigen Körpers des gleichen Egos. Könnten wir derartige Zeichnungen vergleichen und ließen sich etwaige Änderungen feststellen, so wären diese durch die evolutionären Veränderungen in der Seele hervorgebracht worden, die Modifikationen im Körper hervorrufen. Aber auch Erbeinflüsse aus der Abstammung können Zeichnungen solcher Art abändern.

MAHA-YUGAS IN EINEM MANVANTARA

Frage:
Wie können wir die 27 oder 28 Mahâ-Yugas mit den 71 oder 72 Mahâ-Yugas in Einklang bringen, von denen H. P. B. spricht?

Antwort:
Die 27 oder 28 Mahâ-Yugas beziehen sich, soweit es nur unseren Globus D betrifft, auf den Vaivasvata-Manu. Nun in bezug auf die Zahl 71: Ein Manvantara von 306 720 000 Jahren enthält genau 71 Mahâ-Yugas. Das Manvantara des Vaivasvata begann auf Globus A in dieser Runde, endete dort und begann erneut auf Globus B, endete hier und begann dann auf Globus C. Es erreichte sein Ende am Mittelpunkt der vierten Runde auf unserem Globus D, was zusammen 71 Mahâ-Yugas ausmacht. Ungefähr zwei Mahâ-Yugas sind seit der Mitte der vierten Wurzelrasse vergangen, nachdem das Manvantara sein zeitliches Ende erreicht hatte. Das bedeutet, daß seit Beginn dieses Manvantaras 72 Mahâ-Yugas verstrichen sind und wir uns jetzt im 73. Mahâ-Yuga befinden.

Ein anderer Punkt zur Bestätigung dieser Berechnung ist H. P. B.s Zahl von 320 Millionen Jahren. Sie weist darauf hin, daß seit dem Beginn der Sedimentation auf unserer Erde in dieser Runde 320 Millionen Jahre verstrichen sind. Werden also zu den 71 Mahâ-Yugas des Vaivasvata-Manus, zusammen 306 720 000 Jahre, zwei Mahâ-Yugas oder etwa neun Millionen Jahre hinzugezählt, so kommt man sehr nahe an die 319 oder 320 Millionen Jahre heran, die H. P. B. veranschlagt hat.

LEBENSENERGIEN VOM MOND ZUR ERDE

Frage:
Können Sie erklären, wie die Lebensenergien nach dem Tode der früheren Mondkette auf ihr Kind, die Erdkette, übertragen wurden?

Antwort:
Als die Mondkette starb, strahlte jeder ihrer Globen seine Lebenskräfte aus, um die jeweiligen Layazentren der Erdreihe zu bilden. Der Mondglobus A zum Beispiel sandte seine Lebenskräfte zum Layazentrum A, das später der Globus A der Erde wurde.

Als nun nach dem Nirvâna die Zeit für die Errichtung der verschiedenen Globen der Erdkette kam, war das erste dieser Layazentren, das zur Manifestation erwachte, das Layazentrum A der Erdkette, um der Globus A der Erdkette zu werden. Dieser empfing die Impulse von allen aus dem Nirvâna kommenden Lebenswogen und ging durch seine sieben Zyklen während der ersten Runde. Dann schleuderte er seinen Überschuß nach Layazentrum B der Erdkette, das in der gleichen Weise alle verbleibenden Impulse empfing und sich aufbaute, durch seine sieben Zyklen während der ersten Runde ging und seinen Überschuß an Leben, das heißt alle verbleibenden Impulse zum Layazentrum C der Erdkette übertrug, das dann das gleiche Verfahren durchmachte. Auf diese Weise wurden alle Layazentren der Erdkette schließlich zu den Vorbereitungsgloben der ersten Runde.

Erinnern wir uns kurz, daß die Globen der Erdkette nicht eher im Aufbau waren, bis die verschiedenen Klassen oder Lebenswogen aus ihrem Nirvâna auftauchten und in die unteren Reiche hinabsteigend begannen die Globen aufzubauen. Bis zu jener Zeit waren sie schlafende Zentren, Layazentren. Diese Layazentren wurden eröffnet, als der Mond starb, und waren sozusagen kristallisiert oder durch die niedersten Teile der Lebenswogen, die vom Mond herüberkamen, an ihren Ort im Raum gebunden. Der niederste Teil ist nicht der physische Teil, der sich später als ein Leichnam langsam auflöste. Als dann die Lebenswogen aus dem Nirvâna kamen - sieben, zehn oder zwölf Klassen, je nachdem, wie wir sie zählen -, traten sie natürlich in das ätherischste Layazentrum ein und bauten Globus A auf, dann ging die Sache, wie ich zu erklären versucht habe, weiter.

Der Mond projiziert also seine Essenzen, und die verschiedenen Globen der Erde helfen einander beim Aufbau.

Die Layazentren werden von dem sterbenden Mond gebildet oder vielmehr bewirkt, aber sie werden nicht eher aktiv, bis die Hierarchien aus ihrem langen Nirvâna zurückkommen und beginnen, die Erdkette aufzubauen. Das bedeutet nicht, daß keine Aktivität oder Bewegung vorhanden ist, denn die physischen Lebensatome des Mondes sind, genau wie die physischen Atome des menschlichen Körpers, ständig auf Pilgerschaft. Sie pilgern nach seinem Tode durch alle Reiche, bis das reinkarnierende Ego zum Erdenleben zurückkehrt.

DER WISSENSCHAFTLICHE GRUND, NICHT ÜBER ANDERE ZU URTEILEN

Frage:
Könnten Sie den wirklich theosophischen Grund nennen, warum wir nicht über andere urteilen sollen, so daß wir es niemals vergessen? Ich frage nicht nach dem gefühlsmäßigen Grund, sondern nach dem wirklich

exakten, technischen Grund.

Antwort:
Es gibt viele Gründe, mehr als einen. Da ist der ethische Grund. Es ist falsch, über andere zu urteilen, denn welches Recht haben wir dazu, über unseren Bruder zu Gericht zu sitzen? Wir sind nicht einsichtig genug. Denke ich, er handelt richtig, und urteile ich über ihn und sage, er sei ein guter Mensch, dann ist das in Ordnung, denn ich tue ihm kein Unrecht. Hingegen, sehe ich einen Bruder, der falsch handelt, und urteile ich über ihn und sage, er sei ein schlechter Mensch, dann ist das nicht in Ordnung, denn ich bin nicht einsichtig genug. Tut er etwas, wovon ich weiß, daß es schlecht ist, so ist es richtig, die Handlung zu verurteilen, nicht aber den Menschen, denn mir ist das Motiv unbekannt. Wir haben kein Recht, über unsere Brüder zu Gericht zu sitzen.

Der exakte Grund ist, daß der Mensch, der über andere urteilt, sein eigenes Gemüt verzerrt, verkümmert, verdreht und verbiegt, denn normalerweise urteilen wir nachteilig und unfreundlich über unsere Brüder. Wir heften ein Zeichen der Unfreundlichkeit an unsere Seele und verdrehen gleichzeitig das Gefüge unseres Bewußtseins. Wir spielen mit dem Feuer, das uns brennt. Richten wir nicht über andere, denn mit dem eigenen Gericht werden wir gerichtet werden. Wir prägen in unsere Seelen die Erinnerungen unserer Urteile ein und verzerren unseren Charakter, der später in einer verzerrten Weise handeln wird, und so werden wir dann auch werden. Verurteile ich zum Beispiel meinen Bruder als einen unredlichen Menschen - dies möchte ich als Beispiel sagen -, so bleibt in meiner Seele ein Eindruck von Unredlichkeit, denn dieser Gedanke war so stark in meinem Gemüt, daß er sich sowohl hierin als auch in meiner Seele einprägt. Mein eigenes Gemüt wird unredlich, und mein Gemüt folgt automatisch der psychischen Verbiegung, die ich ihm gegeben habe. Ich verzerre, verdrehe und verbiege meine eigene Seele. Tun wir dies wiederholt und fortlaufend und vollbringen wir keine anderen edlen Taten, keine freundlichen Handlungen, die zumindest das Gleichgewicht herstellen und neutralisieren, so wird die Urteilswaage der Natur nach unten ausschlagen, wir werden mit unseren eigenen Urteilsmaßstäben gewogen und für mangelhaft befunden werden.

Wir werden mit den eigenen Taten gerichtet. Karman wird in dem Gemüt derjenigen, die ständig über andere falsch geurteilt haben, einen verdrehten, verzerrten, verbogenen und geschwächten Charakter hinterlassen. Gedanken der Liebe machen uns schön, Haßgedanken häßlich. Folglich werden wir innerlich häßlich, wenn wir über andere unfreundlich urteilen, denn das sind böse Gedanken und Haßgedanken. Darum lautet die Regel: Urteilt nicht über andere; seid sehr streng mit Euch selbst, aber vergebt anderen ihre Vergehen gegen Euch, wie Ihr hofft, daß andere Euch vergeben. Lernt lieben, lernt vergeben; das erzeugt einen harmonischen und ebenmäßig gestalteten Charakter.

"VATER, SOHN UND HEILIGER GEIST"

Frage:
Wie würden Sie die christliche Idee von Vater, Sohn und Heiligem Geist aus der Sicht der Theosophie erklären?

Antwort:
"Vater", "Sohn" und "Heiliger Geist" sind drei Aspekte oder Gesichtspunkte der spirituellen Welt oder der

spirituellen Natur des Menschen. Den höchsten Teil nennen die Christen "Vater". Der "Heilige Geist" ist der Geist der Liebe, Schönheit und Ordnung, der natürlich von und aus dem "Vater" hervorfließt, welcher der höchste, der spirituelle Aspekt oder Teil sowohl des Universums als auch des Menschen ist, während der "Sohn" die Seite oder der Teil des Vaters ist, dessen Wirken mehr im einzelnen darin besteht, das Universum einerseits und die menschliche Seele andererseits mit dem göttlichen Licht zu erfüllen. Wir sehen also, daß Vater, Sohn und Heiliger Geist im Grunde wirklich eins sind und doch, von einem anderen Gesichtspunkt aus, in der Art ihres Wirkens drei.

Zur Veranschaulichung können wir die spirituelle Natur des Menschen als Beispiel nehmen. Der höhere spirituelle Teil des Menschen ist der "Vater". Der "Sohn" ist die Reflexion oder Manifestation des Vaters, die spirituelle Seele genannt. Der Heilige Geist ist der spirituelle Einfluß oder die Energie, die durch den Vater und den Sohn strömt und dem menschlichen Wesen die lieblichsten und edelsten Qualitäten spiritueller Art gibt, wie unpersönliche Liebe, Inspiration und Erleuchtung sowie andere erhabene Dinge dieser Art.

Zu der Zeit, als Jesus noch lebte, waren die Christen Theosophen, und Jesus war ein theosophischer Lehrer dieser Zeit. Als aber Jesus und die ersten Christen starben, entstand eine große Verwirrung und ein Mißverstehen der schönen Lehren des Jesus, und die verworrenen Ideen wurden die Dogmen und starren Lehren der späteren Kirchen.

Ich habe versucht, diese Erklärung in eine einfache Sprache zu kleiden, denn mein eigener Vater war ein christlicher Geistlicher. Ich hatte viele interessante Unterredungen mit ihm, und er stimmte mit mir darin überein, daß der theosophische Standpunkt eine sehr vernünftige und schöne Erklärung ist.

DAS GRUNDPRINZIP DES KRISTALLSEHENS

Frage:
Können Sie mir sagen, was das Grundprinzip des Kristallsehens ist? Warum ist ein Kristall erforderlich, um in das Astrallicht zu schauen?

Antwort:
Der einzige Grund, warum die Kugel aus Kristall ist und eine entsprechende Wirkung hat, ist das Licht, das sie sammeln und in das Auge strahlen kann. Wäre die Kugel aus Holz oder Stein und glanzlos, hätte sie keine Wirkung. Will man sich in einen passiven Zustand versetzen, die wandernden, zügellosen und ruhelosen Gedanken des täglichen Lebens in dem Gemüt beruhigen und die Emotionen stillen, so muß man in ein Licht schauen, und sei es nur ein Lichtpunkt auf der Wand oder der Reflex eines Fingerringes, eine Kristallkugel oder eine brennende Kerze. Dies ist der modernen Medizin wohlbekannt, und seit undenklichen Zeiten weiß man in der ganzen Welt hierüber Bescheid. Besonders bei den sogenannten Sensitiven bringt so ein Lichtpunkt, wird er lange genug angestarrt, einen Verlust der Individualität und Egoität des Schauenden zuwege und erzeugt einen passiven 'Halb'-Traumzustand, der in Schlaf übergehen kann, einen Wachschlaf, Autohypnose, Selbsthypnose. Warum? Die Augen, die fortwährend auf den Lichtpunkt starren, übermitteln dem Gehirn die Botschaft dieser stetigen, andauernden Vibration, die nicht aufhört und sich nicht verändert. Das Gehirn wird unbeweglich, weil es betäubt wird. Es ist unempfänglich und stumpf geworden. Ist der in das Glas oder Licht Starrende wirklich ein Medium, ein Sensitiver, ist das Gehirn stillgelegt und nehmen die Augen weiterhin die

Vibration des Lichtes auf, so werden gewisse Fähigkeiten, die zu dem psychischen Teil des Menschen gehören, frei. Die Stimme beginnt zu sprechen, manchmal die Wahrheit, oft auch nicht. Das hängt von dem Zustand der ganzen oder anteiligen Aufnahmefähigkeit ab.

Moderne Ärzte und Psychologen kennen diese Praktiken, doch es ist eine sehr schlechte Sache, ihnen zu folgen, denn sie erniedrigen. Durch sie wird keine wahre Intuition, keine wahre Vision und kein wahres spirituelles Hellsehen erreicht, das aber zu irgendeiner Zeit, wenn das Gemüt nach aufwärts gerichtet wird, tätig sein kann. Danach sollten wir streben. Das erhebt uns mehr, als wir im normalen Leben erreichen würden oder erreichen können.

Dies ist die Ursache für die Wirkung des Kristalls, der Kerzenflamme oder des Lichtreflexes von einem Ring - von irgend etwas, das einen Lichtpunkt erzeugt. Ihre Anwendung genügt, um einen schläfrigen, betäubten und unempfänglichen Zustand des Gehirns und der Nerven hervorzurufen. Werden diese Praktiken zu oft wiederholt, ziehen sie den Praktiker nach unten, anstatt ihn zu erheben. Ein Mann, den ich kannte und der sein Leben lang diese Dinge studierte, erklärte ihre Wirkung sehr gut; er sagte, es sei eine Tatsache, daß Kristallseher und andere Praktiker die Vibration ihres eigenen Gehirnverstandes mit seiner Individualität, seinem Feuer und Genius und all den anderen Qualitäten, die ein Mensch haben sollte, herabsetzen. Sie setzen die Vibrationen des Gehirnverstandes auf die unveränderlichen Vibrationen des Kristalls, durch den das Licht geht, herab. Das beeinflußt das Gehirn und dies bringt evtl. Wirkungen hervor. Es ist in vieler Hinsicht die gleiche Weise, wie eine Schlange einen Vogel oder ein Kaninchen hypnotisiert oder ein Mensch einen anderen Menschen. Der Wille des Opfers, ob es sich um einen Kristallseher handelt oder nicht - es ist ein Selbstopfer -, verliert die Gewalt über das Gehirn und das Nervensystem. Das Gehirn und das Nervensystem werden synchron geschaltet oder kommen in synchrone Vibration mit dem Hypnotiseur, mit dem Licht, dem Auge der Schlange oder dem Licht in dem Auge des anderen Menschen. Der Wille wird ausgeliefert, zurückgezogen oder vertrieben.

DAS WIRKLICHE GEBURTSDATUM VON JESU

Frage:
Es wurde gesagt, Jesus habe ungefähr hundert Jahre vor der sogenannten christlichen Ära gelebt. Beruht diese Behauptung auf astronomischer Berechnung oder worauf? (Diese Frage wurde 1934 beantwortet.)

Antwort:
Die Behauptung beruht auf unseren esoterischen Aufzeichnungen. Doch diese esoterischen Aufzeichnungen basieren im wesentlichen auf astronomischer und wahrer astrologischer Weisheit. Die Weisen kommen nicht regellos, das heißt zufällig. Sie kommen zu festgesetzten Perioden, denn alles im Universum bewegt sich nach Ordnung und Gesetz. Folglich brauchen diejenigen, welche die Berechnungen kennen, nicht erneut die Sterne zu befragen. Sie wissen, daß zu einer bestimmten Zeit, nachdem eine große Seele unter den Menschen erschienen ist, eine andere große Seele kommen wird.

Abgesehen davon gibt es, historisch gesprochen, keine Aufzeichnungen über das Erscheinen des großen syrischen Weisen namens Jesus in dem angenommenen

Jahr 1 der christlichen Ära oder in dem Jahr 4 vor Christus. Das ist einer der Gründe, weshalb westliche Gelehrte mit einer kritischen Geisteshaltung sagten, eine solche Persönlichkeit wie Jesus habe niemals gelebt, weil es außerhalb der christlichen Schriften keine historische Aufzeichnung von seiner Existenz gibt. Aber er hat gelebt - ein wenig mehr als hundert Jahre vor dem Jahr 1 der christlichen Ära.

Das Datum der gegenwärtigen christlichen Zeitrechnung wurde zuerst willkürlich von einem christlichen Mönch namens Dionysius Exiguus, Dionysius der Kleine, festgesetzt, der im sechsten Jahrhundert der christlichen Ära unter den Kaisern Justin und Justinian lebte. Er wußte nicht, wann der Meister Jesus geboren war, aber er stellte nach dem literarischen Material, das ihm zur Verfügung stand und das nicht viel war, Berechnungen an. Er setzte die Geburt des christlichen Meisters auf ungefähr sechshundert Jahre vor seiner Zeit fest. Bald danach wurde dieses hypothetische Datum als das Jahr 1 der christlichen Ära, das Jahr der Geburt des großen Weisen namens Jesus angenommen.

Wir haben in unseren esoterischen Berechnungen das, was der Messianische Zyklus genannt wird, ein Zyklus von 2160 Jahren. Das ist genau die Hälfte von 4320 - 4 - 3 - 2 -, die Schlüsselzahlen unserer esoterischen Berechnung. Alle 2160 Jahre tritt die Sonne in ein anderes Zeichen des Zodiaks ein. 12 x 2160 vollenden das große Jahr, das Annus magnus, das 25 920 Jahre umfaßt. Wir haben nun - und das ist sehr interessant - in wenigen Jahren 2040 Jahre, seit der Meister Jesus geboren wurde. Der Messias des gegenwärtigen Messianischen Zyklus war die Kraft, der Einfluß, der durch H. P. B. wirkte. Nach ihr und ihrem Werk können wir die Natur des Meisters Jesus beurteilen. Der Meister Jesus ist so, wie er in der christlichen

Geschichte und Legende erscheint, nur eine Idealisierung des großen Weisen, eine Idealgestalt. Der große Weise lebte wirklich, hatte seine Jünger und vollbrachte sein Werk. Als die Jahre nach seinem Tode vergingen, woben seine Jünger ein Gewebe von Geschichte und Legende um ihn. Dieses Gewebe wurde das christliche Neue Testament, die vier Bücher Matthäus, Markus, Lukas und Johannes. Die Geschichte und Legende, die um die Zentralfigur des Meisters gewoben wurden, war den Initiationsschulen Kleinasiens entnommen. Die Hauptsache in bezug auf diese großen Weisen ist nicht ihre Person, sondern die Kraft, die durch sie fließt, und die Botschaft, die sie ihren Mitmenschen bringen.

Am Beginn des letzten Viertels eines jeden Jahrhunderts machen unsere großen Lehrer eine besondere Anstrengung in der Welt für ein neues spirituelles und intellektuelles Erwachen. Darum glauben einige Theosophen, die Welt müsse bis 1975 warten, erst dann könne durch die theosophische Bewegung eine neue spirituelle Lehre ausgegeben werden. Das ist nicht richtig. Es ist nicht nur unlogisch, sondern widerspricht auch den Tatsachen. Diese Theosophen scheinen nach jemandem Ausschau zu halten, der im letzten Viertel dieses Jahrhunderts als eine Art moderner Buddha oder moderner Christus kommen wird. Das ist falsch, denn der Messianische Zyklus wurde von H. P. B. eröffnet. Sie erschien am Beginn des neuen Messianischen Zyklus - ich meine die Kraft, die durch sie wirkte, der Einfluß der Meister. Sie war die 'Messias'-Person, um das alte jüdisch-christliche Wort zu gebrauchen, unseres gegenwärtigen Zyklus von 2160 Jahren - aber durchaus nicht in dem Sinne der erdichteten Christus-Person der Legende und Erzählung, da diese Typenfigur fast gänzlich idealisiert ist. Doch es wird am Ende eines jeden Jahrhunderts eine besondere

Anstrengung von einem Chela gemacht, bis die 2100 und etwas mehr Jahre des Messianischen Zyklus, der von H. P. B. eröffnet wurde, verstrichen sind. Dann wird ein neuer Messianischer Zyklus eröffnet.

Ich glaube, daß der Chela, der Lehrer, der Bote, der im letzten Viertel dieses Jahrhunderts kommen wird, von vielen Theosophen, die jetzt der Meinung sind, daß sie ihm, der noch nicht gekommen ist, sehr treu sind, abgelehnt werden wird (vorausgesetzt, daß sie nicht bis dahin ihre Meinung gründlich ändern, wenn sie so lange leben), weil sie ihn nicht verstehen werden. Sie werden nach einem Geschöpf ihrer eigenen Vorstellung ausschauen, anstatt den, der da kommen wird, so zu akzeptieren, wie er ist. Weil dieser hochherzige Chela, dieser hochherzige Mensch still und einfach erscheinen wird und seine Lehren mehr oder weniger so geben wird, wie die anderen Boten jeder Hundert-Jahr-Periode, werden viele ihn ablehnen. Doch ich hoffe, daß aufgrund der Lehren, die gegeben wurden und werden, der Eine, der 1975 kommt, wenigstens in unserer Gesellschaft eine Heimat bei uns finden wird, daß er nicht abgelehnt wird, weil er, wie H. P. B., schlicht und edel kam, ohne Trompetenblasen und ohne große Ankündigung. Viele von uns werden 1975 schon dahingegangen sein und es nicht mehr erleben, aber unsere Kinder und die Jüngsten werden hoffentlich 'Helfer' sein.

KONZENTRATION UND MEDITATION

Frage:
Wofür ist es ein Zeichen, wenn der Körper bei der Meditation und Konzentration eine Reaktion wie Hitze erzeugt?

Sollte man die Meditation fortsetzen, oder sollte man sie abbrechen, wenn dies eintritt?

Antwort:
Wie ich annehme, versuchen Sie, eine der Methoden des indischen Yoga auszuführen, die in der technischen Sprache jenes Landes Hatha-Yoga genannt wird. Die Methode des Hatha-Yoga ist für die Gesundheit des Körpers immer gefährlich, in vielen Fällen auch für die Standfestigkeit und Klarheit des Gemütes. Ich empfinde es als meine Pflicht, als reine Schuldigkeit gegenüber meinen Mitmenschen, Sie ernsthaft vor den Gefahren zu warnen, die auf diesem Wege liegen.

Die Antwort auf Ihre Frage ist überaus klar und sehr kurz. Ich sage folgendes: Brechen Sie sofort ab und geben Sie die Praktik auf. Die Wärme, die Sie mit Hitze bezeichnen, ist zweifellos eine physiologische Nervenreaktion, und sie ist nach meiner Überzeugung eine Warnung der Natur, die Ursache auszuschalten, die diese Wirkung hervorrief.

Ich bitte Sie, mir zu verzeihen, wenn das, was ich hierüber sage, ein wenig hart klingt oder wenn der Hinweis, den ich Ihnen gebe, unwillkommen ist. Doch ich weiß, wie überaus gefährlich diese Praktiken sowohl für die mentale als auch für die körperliche Gesundheit sind. Wie schon gesagt, ich empfinde es als meine Pflicht, jeden Menschen davor zu warnen.

Konzentration und Meditation an und für sich, ohne körperliche Praktiken, sind wertvolle spirituelle und mentale Übungen. Wenn sie richtig ausgeführt werden, bringen sie dem Gemüt Klarheit, und damit Ruhe und Frieden für Gemüt und Körper. Sie stärken den mentalen Apparat. Doch spreche ich von wahrer Konzentration und Meditation, die nichts mit körperlichen Stellungen oder Praktiken zu tun haben. Meditation ist das Festhalten eines Gedankens im Gemüt, das ununterbrochene und ruhige Nachdenken darüber, bis die Idee oder das Problem, welches das Gemüt beschäftigt, klar verstanden oder gelöst ist. Konzentration ist das Richten der mentalen Aufmerksamkeit auf den Gedanken, der so im Gemüt festgehalten wird.

Tatsächlich sind Meditation und Konzentration zwei Seiten der gleichen Sache, und wenn sie richtig gehandhabt werden, ziehen sie keinerlei gefährliche physiologische Reaktionen nach sich. Jeder, der dem, was er tut, volle Aufmerksamkeit zollt und sich darauf konzentriert, übt seine mentalen Fähigkeiten, die ihm den Erfolg der Aufgabe bringen, die er durchführt. Doch tritt, wie Sie sagen, eine physiologische Reaktion ein, dann ist diese ein Zeichen dafür, daß die ausgeführte Praktik sowohl für die körperliche als auch für die mentale Gesundheit gefährlich ist. Wenn Sie mich um meine Meinung fragen, antworte ich, daß die Praktik sofort abgebrochen werden sollte.

Anmerkung des Herausgebers:
Wirkliche gesunde Meditation und Konzentration ist das tägliche Leben, die immerwährende Sehnsucht nach dem Höheren, nach dem Spirituell-Göttlichen, nicht nur eine zeitweise Übung. Gedanken und Handlungen werden sich entsprechend einstellen, und negatives Karman wird abgearbeitet.

Lernt lieben, lernt verzeihen. Strebt nach dem höchsten Ideal!

DIE NATUR DER TIBETER

Frage:
Ist bekannt, aus welchem Grunde der Dalai-Lama den Tashi-Lama nach Indien vertrieb? Er mußte in die Mongolei fliehen und dort in Zurückgezogenheit und Verborgenheit leben. Es scheint ein Mysterium zu sein. (Diese Frage wurde 1932 gestellt.)

Antwort:
Es ist ein Mysterium. Ich kann hierzu folgendes sagen: Wenn die Wahrheit bekannt werden würde, wäre von 'Vertreibung' nicht die Rede. Tibet hat in Verzweiflung das Beste getan, um seine Grenzen gegen die hämmernden Taktiken der westeuropäischen (und asiatischen) Mächte, die versuchten und versuchen, in das Land einzudringen, unverletzt zu bewahren. Es wurde die zeitalterlange asiatische Art der Diplomatie angewandt, die Dinge anders erscheinen zu lassen, als sie sind. Ich hoffe, verstanden zu werden.

Es ist wahr, daß Tibet in der Vergangenheit scheußliche innere Kämpfe und Kriege durchgemacht hat. Aber das war hauptsächlich vor der Reformation durch Tsong-Kha-Pa. Nach seiner Zeit, im vierzehnten Jahrhundert unserer Zeitrechnung, ging es ruhiger zu. Jahrhundert auf Jahrhundert hat ein glückliches Volk gesehen, leichtherzig, liebend, lernend, die Dinge des Geistes und des Gemütes kultivierend.

Es liegt eine große Zukunft vor den Tibetern. Sie sind, evolutionär gesprochen, eine 'junge Rasse' und werden in der Zukunft Fortschritte machen. Doch sie werden dann nicht mehr die Tibeter sein, die sie jetzt sind.

DIE HEUTIGEN TIBETER

Frage:
Können Sie uns etwas über die gebildete, kultivierte Klasse der Tibeter sagen, die nach meiner Vermutung existieren muß? Gegenwärtig wissen wir außer über die unkultivierte, ungewaschene Klasse nichts über die Tibeter. Doch wir haben von den Meistern gehört, daß sie in einem Teil Tibets leben. (Diese Frage wurde 1932 gestellt.)

Antwort:
Zunächst dürfen wir nicht denken, daß die Mahâtmans alle Tibeter sind, denn das stimmt nicht. Unter ihnen sind Hindûs, Chinesen, Tibeter und einige Europäer. Da ist zum Beispiel ein Engländer, ein Deutscher, ein Ungar und auch ein Grieche. Von diesen vieren weiß ich. Die Mahâtmans können zu jeder Menschenrassegehören. Einige von ihnen sind, sozial gesprochen, von hoher Geburt, einige von bescheidener Herkunft. Aber diese Tatsache hat nichts mit ihrem spirituellen Stand in der Evolution und der großen Bruderschaft zu tun. Die Heimat der Großen Loge befindet sich in Tibet. Ich will damit nicht sagen, in der Nähe von Lhasa oder Schigatse, aber nichtsdestoweniger in Tibet. Es gibt auch unbedeutendere Orte, von denen einer nahe der Wüste Gobi leigt und ein anderer in der Region oder dem Distrikt namens Amdo.

Die Tibeter selbst sind natürlich ein asiatisches Volk, und sie gehören, wie ich glaube, zu demselben Stamm wie die Burmesen, die Siamesen und vielleicht einige der kleineren chinesischen Gruppen - ich meine die Völker, die China nahe der indochinesischen Halbinsel und der östlichen Grenze Tibets bewohnen. Sie sind ein Volk, das in den Umgangsformen der allgemeinen westlichen Zivilisation, wie die Europäer sie verstehen, nicht sehr weit fortgeschritten ist, nicht mehr als die Burmesen und Chinesen (1932). Trotz der Rauheit des tibetischen Klimas und der Bedingungen des hohen Tafellandes, in dem sie leben, sind die Kunstfertigkeiten der Gesellschaft nach tibetischer Art doch hoch entwickelt, wenn auch keineswegs in der westlichen Art oder Anschauungsweise.

Wie jedes andere Volk können die Tibeter in drei allgemeine Klassen eingeteilt werden: erstens die Mehrheit, die einfachen Arbeiter, wie sie genannt werden können; zweitens die kleinere Mittelklasse, die sich hauptsächlich aus Kaufleuten, Gelehrten und dem, was der Adel des Landes genannt werden kann, zusammensetzt; und drittens die Hierarchie der Priester, die aus allen Klassen kommen, genannt die Lamas. Es gibt viele Grade von Lamas. Es gibt die Rotkappen, die hauptsächlich an den Grenzen zu finden sind, besonders im Osten und Süden entlang der indischen und chinesischen Grenze. Die meisten von diesen bekennen sich zu einer wirklich degenerierten Form des Buddhismus, der weitgehend mit den älteren einheimischen Bhön-Praktiken vermischt ist. Der Name Bhön stammt aus der Zeit vor der Reformation des Buddhismus unter Tsong-Kha-Pa im vierzehnten Jahrhundert unserer Zeitrechnung.

Die beiden Häupter des Landes, Männer, die sowohl spirituelle als auch weltliche Autorität besitzen, sind der Dalai-Lama und der Tashi-Lama. Der Dalai-Lama ist das offizielle Haupt des Landes, der Mann, der sich hauptsächlich um die Amtsgeschäfte des Landes kümmert. Er ist ein Lama, das heißt, er ist ein Priester. Aber er ist auch das, was man den 'Präsidenten' oder 'König' des Landes nennen könnte - daher ein Priester-König. Der andere Hauptlama, der gewöhnlich in Schigatse lebt, ist der Tashi-Lama, der zumindest theoretisch das spirituelle Haupt der Gelbkappen-Buddhisten in Tibet ist. Diese beiden haben, soweit nur der Rang in Frage kommt, wahrscheinlich eine gleichberechtigte Stellung inne. Doch die alte Tradition, jedenfalls seit der Reformation des Buddhismus durch Tsong-Kha-Pa, hat immer behauptet, daß der Tashi-Lama, der zurückgezogen in Schigatse lebt oder bis vor kurzem zurückgezogen in Schigatse lebte, einen höheren spirituellen Rang einnimmt als das offizielle Haupt des Landes, der Dalai-Lama. Einer der Titel des Schigatse-Lama oder Tashi-Lama bedeutet 'Ozean der Weisheit' oder das 'Große Juwel der Weisheit'.

Die tibetischen Eingeweihten oder Adepten stammen aus allen Klassen. Der einfache Arbeiter, der als gewöhnlicher Ackerbauer geboren ist - ich meine in einer Familie von Ackerbauern -, kann tatsächlich in solchen Umständen geboren sein und dennoch zu einem hohen Rang in der spirituellen Hierarchie aufsteigen, zu der unsere eigenen Mahâtmans gehören.

In den letzten Jahren hat eine Infiltration westlicher Ideen in Tibet stattgefunden. Wie behauptet wird, sind die Tibeter ein Volk, das beginnt, Polizeistationen nach westlichem Muster zu haben. Ebenfalls wird gesagt, daß sie seit neuestem beginnen, westliche Einrichtungen wie elektrisches Licht und ein Postsystem einzuführen. Doch sind diese Errungenschaften im Grunde sehr zweifelhafte Segnungen, wenn der Wertmaßstab das menschliche Glück ist; denn die Tibeter, ich meine die Mehrheit der Bauern bis hin zu den zwei großen Lamas, sind bislang eine Rasse von schlichten, spirituell eingestellten Menschen gewesen, eine Tatsache, die sehr viel besagt. Sie sind Zeitalter hindurch nicht verdorben worden, ihre spirituellen Instinkte sind noch lebendig. Dennoch ist es wahr, daß viele von ihnen nach westlichen Maßstäben an unhygienischen und schmutzigen Orten leben und daß mancherorts ein Mann mehrere Frauen hat und umgekehrt eine Frau mehrere Ehemänner.

Dies sind einige der bekannt gewordenen Attribute der Zustände in Tibet. Doch ich spreche nicht von diesen Zuständen. Ich spreche mehr von den einzelnen Menschen. Viele der tibetischen Lamas, besonders diejenigen, die in den Grenzgebieten leben (Rotkappen), sind eine Schande für den Buddhismus, - sinnliche, wollüstige, selbstsüchtige Männer und Frauen. Aber es gibt besonders unter den Gelbkappen, wie H. P. B. sie nennt, die unter der Kontrolle des Landes stehen und mehr in den zentralen und nördlichen Teilen leben, Tausende und Abertausende von hochgesinnten, spirituellen Menschen, wirklich großen Menschen, die ihr Leben mit dem Studium spiritueller Dinge verbringen. Die Adepten gehen hauptsächlich aus dieser Klasse hervor, und sofern sie in ihren spirituellen Bestrebungen Erfolg haben, trachten sie danach, sich der Großen Bruderschaft anzuschließen.

Die Tibeter sind vom westlichen Standpunkt aus ein rückständiges Volk. Sie essen mit den Fingern, schneuzen sich mit den Fingern und haben viele andere unerfreuliche Angewohnheiten, zumindest die meisten von ihnen. Aber es gibt in Tibet ebenfalls edle Männer und edle Frauen. Eine gute Erziehung wird, ebenso wie in China, in vielen Teilen als Voraussetzung für eine offizielle Stellung angesehen. Wohlhabenheit ist nicht immer der Schlüssel für eine öffentliche Position, obwohl es in der Tat auch korrupte Beamte gibt.

DIE SIEBEN URSPRÜNGLICHEN MENSCHLICHEN GRUPPEN

Frage:
In der "Geheimlehre" (Bd. II, S. 1) spricht H. P. B. von der "gleichzeitigen Evolution von sieben menschlichen Gruppen auf sieben Teilen unseres Globus". Ist das wörtlich aufzufassen, oder bezieht sie sich auf einen okkulten Aspekt der Lehre, der nicht allgemein bekanntgegeben wird?

Antwort:
An dieser und anderen Stellen, die zu dem gleichen Punkt der okkulten Lehre gehören, wird genau das gemeint, was sie aussagen, und sie müssen nicht metaphorisch ausgelegt werden. Sie beziehen sich (ausgenommen indirekt) weder auf die inneren und äußeren Runden noch auf die anderen Globen der Erdkette, noch auf die sieben verschiedenen menschlichen Prinzipien, wie astral, physisch usw. H. P. B.s eigene Worte zeigen das ganz klar: "sieben menschliche Gruppen auf sieben verschiedenen Teilen unseres Globus". Hier ist unser Globus D oder Erde unseres Planeten Terra gemeint.

Es ist also eine Tatsache, daß das ursprüngliche Menschengeschlecht - was nicht irgendeinen Zweig der Menschheit bedeutet, sondern die ersten Anfänge dessen, was wir allgemein die erste Wurzelrasse auf Globus D in dieser vierten Runde nennen - mit den Sishtas der vorhergehenden Runde in Verbindung steht. Mit anderen Worten bedeutet dies, daß unsere menschliche Lebenswoge als ein Ganzes oder als Gesamtheit die sieben Klassen der auf diesem, unserem Globus D lebenden Sishtas erweckte, als sie in der vierten Runde auf Globus D unsere Erde wieder erreichte, denn die Vorläufer unserer Lebenswoge waren aus den sieben verschiedenen Arten menschlicher Monaden zusammengesetzt. Anders ausgedrückt, sie waren aus dem zusammengesetzt, was H. P. B. in einem anderen Zusammenhang die verschiedenen Klassen der Pitris nannte. Dies ist ein bißchen kompliziert, doch sehr einfach, wenn andere Lehren über Lebenswogen, die auf einen Globus hereinkommen, richtig verstanden werden. Diese Lebenswoge darf nicht mit anderen Lebenswogen verwechselt werden. Ich kann natürlich hinzufügen, daß der tiefere Sinn dieser Lehren sehr esoterisch ist und höheren Graden zugehört.

Wir können uns folgende Punkte merken: Die Sishtas, welche die hereinkommende siebenfältige Lebenswoge erwarteten, waren selbst siebenfältig, das heißt sieben verschiedene Gruppen von Sishtas, von denen jede Gruppe aus Individuen zusammengesetzt ist, die durch Evolution einander mehr oder weniger ähnlich waren. Wenn die Lebenswoge unseren Globus D erreicht, ist sie aus dem Hauptteil dessen zusammengesetzt, was die erste Unterrasse der ersten Wurzelrasse genannt wird, vermischt mit Vorläufern, das heißt mit weiter fortgeschrittenen Monaden von sechs anderen Arten, welche die anderen sechs Klassen der menschlichen Monaden repräsentieren.

Aus diesem Grunde wurden alle sieben Klassen der Sishtas mehr oder weniger gleichzeitig erweckt. Das bedeutet, sie wurden für die verschiedenen Klassen der Monaden die Vehikel und begannen, sich zu vermehren. Daher gab es, wie H. P. B. sagt, in dieser Runde auf diesem Globus eine "gleichzeitige Evolution von sieben menschlichen Gruppen auf sieben verschiedenen Teilen unseres Globus". Diese sieben verschiedenen monadischen Klassen der hereinkommenden Lebenswoge, einschließlich der Mehrheit und der Vorläufer der anderen sechs, säten die Samen der verschiedenen Wurzelrassen, die sich nacheinander in dieser Runde auf diesem Globus entwickeln sollten und von denen die Wurzelrassen eins, zwei, drei und vier gekommen und gegangen sind. Wir sind jetzt in der fünften, obwohl selbst heute unter uns schon Vertreter, Vorläufer der kommenden sechsten und siebenten Wurzelrasse sind. Diese Wurzelrassen werden erscheinen, bevor unsere Lebenswoge auf Globus E weitergeht.

Somit sollte also klar sein, daß "Die Geheimlehre" keinen monogenetischen Ursprung der Menschheit lehrt, das heißt die Geburt der menschlichen Rasse von einem einzigen Individuum oder einem einzigen Paar, wie dies die jüdische biblische Geschichte beschreibt. Die Geheimlehre lehrt vielmehr einen polygenetischen Ursprung, das heißt einen Ursprung der menschlichen Rasse aus sieben verschiedenen lebenden Konzentrationspunkten, die ich die sieben verschiedenen Typen oder Unterklassen der Sishtas nannte. Jeder Typ dieser Art oder jede Unterklasse wurde von dem entsprechenden hereinkommenden Teil der menschlichen Lebenswoge erweckt. Natürlich war der Teil der hereinkommenden Lebenswoge, der speziell die erste Wurzelrasse werden sollte, der an Sishtas zahlreichste in dieser frühesten Periode unserer Menschheit, und er wurde die erste Wurzelrasse. Als diese ausstarb, folgte ihr die Mehrzahl der Monaden aus der Klasse, welche die zweite Wurzelrasse werden sollte und so fort.

In diesem Zusammenhang darf nicht vergessen werden, daß all diese sieben Typen oder Klassen der Monaden der hereinkommenden Lebenswogen nicht in wasserdichte Abteilungen getrennt waren. Sie sind nicht mehr voneinander getrennt als die verschiedenen Menschentypen von heute, in die Fortgeschrittenen und die weniger Fortgeschrittenen. Sie vermischten sich zwar mehr oder weniger im Verlaufe der Zeit, doch wurden die Glieder jeder Klasse zu ihrer eigenen besonderen Gruppe und zu ihrem Teil des Globus hingezogen.

Aus dieser Lehre ersehen wir gleichfalls, daß es Gruppen der Menschheit geben mag und tatsächlich gibt, die Teile eines Globus bewohnen und für Zeitalter ruhig verbleiben, bis für sie die Zeit kommt, sich zu vermehren und die beherrschende Rasse oder Unterrasse zu werden.

H. P. B.s Worte sind also wörtlich zu nehmen. Was hier kurz gesagt wurde, hat natürlich viele Millionen Jahre bis zu unserer gegenwärtigen fünften Wurzelrasse für die Entwicklung in Anspruch genommen.

ZYKLISCHER FORTSCHRITT IST KEINE WIEDERHOLUNG

Frage:
Werden alle Dinge, die jetzt existieren, nach dem Pralaya wieder in mehr oder weniger der gleichen Form wie bisher existieren? Wird sich der Zyklus selbst in einer Art vorbestimmter Weise wiederholen, und werden alle Wesen ihre vorherigen Tätigkeiten und Fertigkeiten wiederholen? Werden die großen heiligen Schriften der Welt, wie zum Beispiel das Hindû-Râmâyana, wieder von denselben Individuen verfaßt und ins Dasein gebracht werden?

Antwort:
Der Gedanke sich wiederholender Zyklen, den diese Frage enthält, ist in der Geschichte der orientalischen Philosophie und ebenso in der griechischen Philosophie nichts Neues. Dieser Gedanke war einer der vornehm-

sten, und die bevorzugtesten Lehren der alten Stoischen Schule waren die, daß die Universen, oder vielmehr unser Universum und alles darin Enthaltene, sich selbst zyklisch durch ungeheure Zeitintervalle wiederholen, so daß das, was jetzt ist, in dem vorhergehenden kosmischen Zyklus stattfand. Ebenso wird sich das, was jetzt ist, in periodischer Ordnung wiederholen, wenn dieser gegenwärtige kosmische Zyklus beendet, die Ruheperiode vollendet ist und der neue kosmische Zyklus beginnt. Es ist das Prinzip des sich drehenden Rades, das bevorzugte Symbol für die sich wiederholenden Zyklen mit ihren unbestritten mechanischen Aspekten.

Hierin ist eine große Wahrheit und eine der fundamentalen Lehren der Theosophie enthalten. Doch was bei den meisten dieser Erklärungen entweder vorsätzlich oder unwissentlich übergangen wird, ist, daß, während diese wiederholten Verkörperungen des Universums ganz gewiß stattfinden, dennoch jede Verkörperung eines besonderen oder irgendeines Universums auf einem höheren Plan als dem vorherigen vor sich geht. Aus diesem Grunde ist sie mit der vergangenen Verkörperung nicht vollkommen identisch, und darum herrscht kein toter Mechanismus; es handelt sich nicht bloß um ein entsetzlich nutzloses Drehen des Rades, des Wechsels ohne Hoffnung auf Fortschritt, das wäre die schlimmste Art fatalistischen Grauens.

Das Universum wiederholt sich, verkörpert sich wieder, und jede Wiederholung, die von dem Karman der vorhergegangenen verkörperten Wesenheit verursacht wird, bringt ein Universum hervor, das fast das gleiche ist wie das vorherige - gerade so, wie ein Mensch in einem Leben dem Menschen des vergangenen Lebens sehr ähnlich ist. Doch in beiden Fällen, ob Universum oder Mensch, ist die sich verkörpernde Wesenheit immer ein wenig höher und in ihrem evolutionären Lauf ein wenig weiter als vorher.

Daraus folgt, daß das Râmâyana in dem nächsten kosmischen Manvantara wieder geschrieben werden wird. Zweifellos wird dieses große Epos mehr oder weniger die gleichen Gestalten hervorbringen und enthalten, doch werden diese nicht bloß identische Reproduktionen identischer Wesenheiten sein, von denen keine verbessert ist, da diejenigen des neuen Manvantaras in einen höheren Plan aufrücken. Die karmischen Muster des Geschickes, das sie im kosmischen Astrallicht hinter sich gelassen haben, bringen die Dinge zuwege, so daß die große Zahl der Monaden, die hinter uns herziehen, natürlich in unsere Fußtapfen tritt. Weil diese Wesenheiten jedoch andere Individuen sind und das Universum evolutionär etwas weiter fortgeschritten ist, wird eine Reproduktion des Râmâyana mit all seinen Ereignissen ein wenig besser sein, da sich die Wesenheiten auf einem höheren Plan befinden.

IST DIE SONNE HEISS ODER KALT?

Frage:
Wenn die Lehrer sagen, daß die Sonne nicht heiß ist, bedeutet das, daß sie wirklich kalt ist, oder gibt es eine tiefere Bedeutung hinter dieser Behauptung? Dr. D. H. Menzel vom Harvard Observatorium gibt Gründe zu der Annahme an, daß der Teil der Corona der Sonne, welcher der Oberfläche der Sonne sehr nahe ist, intensiv heiß ist, weit heißer als die Oberfläche selbst. Erklärt das die augenscheinliche Hitze der Oberfläche?

Antwort:
Die Sonne ist ein Kraftkörper, ein Ball von Energie oder besser von Energien, und sie ist nicht heißer als ein Eisblock, obwohl natürlich auch ein Eisblock im Vergleich mit etwas noch Kälterem eine gewisse Wärme hat.

Auch Elektrizität ist weder heiß noch kalt, obwohl sie mit Hilfe von bestimmten mechanischen Apparaten Dinge kühlen oder erwärmen kann. Sonnenlicht ist weder heiß noch kalt, obwohl es, da es Energie ist, Bewegung in die Moleküle und Atome der Körper bringen kann, auf die es fällt, sei es auf unsere Haut, auf einen Felsen oder eine Hauswand. Hierdurch entsteht der Eindruck, Sonnenlicht sei warm. Ebenso verhält es sich mit der Elektrizität, die aufgrund der Reaktion des Metalls, durch das sie fließt, das Metall rotglühend werden läßt, was darum Hitze ergibt. Aber die Elektrizität ist ebensowenig heiß wie die Energien, welche die Sonne ausstrahlt.

Der größte Teil der Wärme auf unserer Erde entsteht tatsächlich durch die magnetische und elektrische Wechselwirkung zwischen der Erde selbst und dem wunderbaren Kontinent über unseren Köpfen, wie der Meister sagt. Die Erde bekommt sehr wenig Wärme direkt von der Sonne im Vergleich mit der Wärme, die in der oben erwähnten Weise zwischen der Erde und dem meteorischen Kontinent über unseren Köpfen erzeugt wird.

Wenden wir uns der Sonne zu: Die Sonne als ein Körper von Kräften ist kalt, und doch sträube ich mich, dieses Wort zu gebrauchen, denn es gibt nicht den Sinn wieder. Als ein Körper von Kräften ist sie weder heiß noch kalt. Temperatur hat in dem Bild nichts zu suchen. Temperatur entsteht durch das Kräftespiel auf Widerstandsmedien. Aber das - und hier ist der wichtige Punkt -, was man das äußere Gewand der Sonne nennen könnte, nicht in Sonnennähe, sondern um die Oberfläche der Sonne herum, das, was die Wissenschaft meint, wenn sie von der Corona spricht, dieses kann durch chemische und alchimistische Aktionen, je nach den Umständen, zu großer Hitze aufgeheizt werden oder zu weniger oder stellenweise überhaupt keiner Hitze.

So können wir also sagen, daß die Sonne selbst weder heiß noch kalt ist, sie ist ein Körper von Kräften. Doch diese Kräfte können in ihrer Wechselwirkung mit den Gewändern der Sonne - wir können sie Gase oder Äther nennen - tatsächlich Hitze erzeugen, wie wir sie verstehen. Das bedeutet, daß die Kräfte der Sonne durch ihre Wirkung und Wechselbeziehung auf die Atome und Moleküle dieser Gewänder zuzeiten Hitze, sogar große Hitze, erzeugen, gewöhnlich in Flecken oder Flächen, auch in riesigen Flächen. Doch diese Hitze hat sehr wenig mit der Erwärmung der Erde zu tun. Sie wird lediglich in den Raum ausgestrahlt oder wieder in den Körper der Sonne eingesogen und verflüchtigt sich.

So ist also die Sonne weder heiß noch kalt. In bezug auf diese beiden Adjektive ist sie sozusagen neutral. Doch die äußeren Gewänder der Sonne können heiß sein, und sie sind gewöhnlich auch sehr heiß, manchmal mehr, manchmal weniger, manchmal überhaupt nicht, je nachdem, wie die Kräfte jetzt oder in Zukunft oder auch in vergangenen Zeiten wirken und wirkten.

FOSSILIEN AUS DER DRITTEN RUNDE

Frage:
H. P. B. sagt, daß die Fossilien, die in sehr frühen geologischen Schichten gefunden worden sind, Relikte

aus der dritten Runde seien. Wie können wir dies interpretieren? Bedeutet es, daß diese Fossilien aus der dritten Runde stammen und den frühen ätherischen Zustand in der vierten Runde überdauert haben?

Antwort:
Wenn H. P. B. korrekt darauf hinweist, daß bei der Eröffnung der vierten Runde auf unserem Globus D bestimmte Formen der dritten Runde noch existiert haben, die jetzt gelegentlich als Fossilien entdeckt werden, so darf dies nicht dahingehend ausgelegt werden, als bedeute es, daß diese jetzt fossilen Formen seit dem Ende der dritten Runde als solche existierten. Die Bedeutung ist vielmehr, daß diese fossilen Formen als lebende Wesenheiten während des Eröffnungsdramas der vierten Runde auf unserem Globus D weiterlebten, in Übereinstimmung und gleichzeitig mit den verschiedenen Sishtas der Lebenswogen. Doch als diese Lebenswogen zu unserem Globus D hereinkamen und so das Drama unserer vierten Runde auf Globus D eröffneten, wurden vorwiegend die Sishtas beeinflußt, und diese lebenden Formen der dritten Runde starben mehr oder weniger schnell oder verspätet aus und wurden Fossilien. Darum finden wir gelegentlich ihre Überreste. Sie wurden durch die evolvierenden oder sich entwickelnden Lebenswogen ersetzt, die durch die Sishtas arbeiteten und sich durch sie vermehrten. Daraus ergab sich die Veränderung der Sishtas zu mehr evolvierten Formen, die den Platz der Sishtas der dritten Runde der verschiedenen Reiche, die noch lebendig waren, einnahmen.

Verheerende geologische und vulkanische Umwälzungen eröffnen das Drama einer Runde auf jedem Globus, einschließlich dem unseren. Doch die Sishtas, die das Erzeugnis für die Zukunft sind (weil sie die Samen sind), überleben mehr oder weniger erfolgreich, wohingegen die ursprünglichen Sishta-Formen, von der dritten Runde herübergebracht, nach und nach ausstarben oder von diesen Umwälzungen fortgeschwemmt wurden. In der kosmischen Ideation waren sie für die Monaden nicht länger von Nutzen, da die Monaden bereits neue Formen evolviert hatten - feinere und besser entwickelte Vehikel, als durch die Sishtas bewahrt worden waren. Hierin liegt die essentielle Bedeutung der Arche Noah der Hebräer und der Erzählung des Vaivasvata in den Hindû-Purânas.

HERZ UND INTELLEKT WERDEN IN DER THEOSOPHIE BENÖTIGT

Frage:
Besteht nicht eine größere Notwendigkeit dafür, die ethische Seite unseres Werkes hervorzuheben? Bei den intellektuellen Studien verliert man so leicht den Herzkontakt, und wir werden mit dem bloßen Intellekt eine Vielzahl der Lehren nie verstehen.

Antwort:
Mehr Ethik und Herz für unser Werk zu haben, ist eine ständige Notwendigkeit, das ist wahr und wird immer so sein. Doch es besteht die gleiche, gleichfalls ständige Notwendigkeit für die Betonung der intellektuellen Seite. Beide müssen sich vereinigen und eins werden. Es ist töricht zu sagen: kein Intellekt und nur Ethik, oder: keine Ethik und nur Intellekt. Das erstere macht aus einem Menschen einen edlen Toren, das letztere einen unedlen Dämon. Beide zusammen ergeben einen wirklichen Menschen.

Mir ist der Gedanke, den einige Mitglieder hegen,

Theosophie müsse die Menschen zu Zehntausenden sammeln und in Herden zusammentreiben, immer unangenehm. Es wäre wunderschön, wenn diese Herden aus aufrichtigen Menschen beständen. Doch ich habe die Aufgabe der Theosophie niemals in einer volkstümlichen, emotionalen Bewegung gesehen. Ihre Aufgabe ist es, ein lebendiger Wegweiser zu sein, zu führen, den Weg zu zeigen, immer ein paar Schritte vor der Menge zu sein, mit anderen Worten: ein Führer zu sein. Ein derartiges Programm, zu plötzlich dargeboten, bedeutet die Abwendung der Sympathien von Millionen, die nicht über ihren Schatten hinaus sehen können.

Ich bin ganz zufrieden mit der Tatsache, daß wir, wenn auch langsam, wachsen, obwohl ich ein Mensch bin, der schnelleres Wachstum anstrebt. Doch in meinen besinnlichen Augenblicken weiß ich ganz genau, daß es besser ist, langsam zu wachsen und fest zu stehen, wie wir es tun, als schnell zu wachsen und dann aus Mangel an Geist zu zerbrechen. So läßt sich keine Basis errichten, die Bestand hat.

DIE NATUR DES KOSMISCHEN ÄTHERS

Frage:
Vor nicht langer Zeit akzeptierten die Wissenschaftler allgemein die Existenz einer Art Substanz, Äther genannt, die den gesamten Raum erfüllt. Hierüber hat es in letzter Zeit viele Diskussionen und Unstimmigkeiten gegeben. Was ist die theosophische Interpretation des kosmischen Äthers?

Antwort:
Die Entdeckung eines 'Äthers' wird wissenschaftlich

nicht in dem alten Sinne eines kosmischen Äthers verstanden. Was auch die Entdeckung über den Äther sein mag oder über ihn vermutet wird, folgendes kann, wie ich glaube, mit Sicherheit gesagt werden: Die Tendenz der Wissenschaft bewegt sich im Sinne von Einsteins früherer Idee, nach der ein Äther entsprechend der allgemeinen Relativitätstheorie in Wirklichkeit nicht notwendig ist. Darin liegt Einstein ganz falsch. Seine Ansicht entstand aus der Tatsache, daß die Mathematik nur das zurückgibt, was man hinein gibt. Es ist korrekt, aus festgelegten Voraussetzungen zu folgern, doch wenn die Voraussetzungen falsch oder teilweise falsch sind, werden die Folgerungen zwar folgerichtig und logisch sein, doch im Ergebnis falsch oder teilweise falsch. Die Mathematik kann nichts beweisen, wenn die Voraussetzungen imaginär oder unbestimmt sind.

Hier ist nun der Hauptpunkt, den ich allen Theosophen sagen möchte. Wenn Wissenschaftler über den Äther sprechen, so ist das nicht die theosophische Idee eines oder vieler kosmischer Äther. Die wissenschaftlichen Ansichten über den Äther reichen von einer Art sehr dichten und vielleicht elastischen Gases, also physischer gasförmiger Materie, über die ganze Skala bis zu einem leichten, mehr subtilen, doch noch ganz physischen Stoff. Natürlich wundern sich die Gelehrten, warum ein solcher kosmischer Äther, wenn er existiert, nicht die Bewegungen der Planeten, Sonnen, Kometen und anderer Körper beeinflußt; doch das ist nicht die Vorstellung von einem kosmischen Äther. Unsere Idee von einem kosmischen Äther ist physische Prakriti oder Materie in ihrem ersten, zweiten oder sogar dritten oder vielleicht vierten Zustand, von dem höchsten abwärts gezählt. Sprechen Theosophen von einem Äther, so verstehen sie darunter niemals physischen, wenn auch dünnen Stoff, und sie meinen nachdrücklich niemals Gas, wie der

Ausdruck labortechnisch verstanden wird. Deshalb haben die Gelehrten ganz recht, wenn sie sich weigern, die Existenz eines nur gasförmigen, wenn auch dünnen Äthers anzuerkennen. Doch sie haben ganz unrecht, wenn sie sich weigern, einen immateriellen Äther anzuerkennen. Immateriell bedeutet hier etwas, das keine Materie im physikalischen Sinne ist, doch nichtsdestoweniger Substanz im theosophischen und philosophischen Sinne bedeutet. Es ist noch nicht Geist, denn Geist ist unendlich feiner und sozusagen ätherischer.

Einsteins Relativität ist eine Theorie, eine hilfreiche Theorie. Seine grundlegende Idee von der Relativität der Natur in ihren verschiedenen Funktionen und Abteilungen ist vernünftige archaische Philosophie. Doch einige Voraussetzungen seiner mathematischen Überlegungen sind völlig unannehmbar für uns. Aus diesem Grunde können wir, wie ich sagte, die meisten seiner mathematischen Schlußfolgerungen nicht annehmen, nicht weil seine Mathematik falsch wäre, sondern weil seine 'Voraussetzungen' nur teilweise richtig bzw. falsch sind. Ich hoffe, das ist klar. Trotzdem meine ich, wenn ich von dem theosophisch verstandenen kosmischen Äther spreche, nicht etwas Unsubstantielles, etwas, das keine Substanz hat, kein Stoff ist. Ich meine genau das Gegenteil. Er ist zum einen, physikalisch gesprochen, fast so fein wie Geist, und doch ist er Prakriti auf unserem kosmischen Plan, aber in der höchsten Form der physischen Prakriti. Er ist viel zu grob, um Geist genannt zu werden. Deshalb ist er im theosophischen Sinne Materie. Er ist jedoch nicht Materie in dem Sinne, wie sie von Wissenschaftlern verstanden wird, denn wenn diese von Materie sprechen, meinen sie Dinge, die fest, flüssig oder gasförmig sind, mit anderen Worten das, was wir die gröbste subastrale Materie unseres physischen Raumes nennen. Der oder die Äther des Raumes sind weitaus feiner und ätherischer, als sie sich die Wissenschaft vorstellt. Der kosmische Äther beeinflußt nicht die Bewegung der Körper im Raume, weil die Körper grob physisch sind und der kosmische Äther, obgleich Materie auf dem niedersten kosmischen Plan der Prakriti, unermeßlich dünner ist als physische Materie.

Wir könnten ebensogut sagen, daß Wärme und Licht aufgrund des Druckes die Körper daran hindern, sich durch den kosmischen Raum zu bewegen. Sie tun es zwar, doch in einem extrem geringen Grade, praktisch zu gering, um beobachtet zu werden. Die Wissenschaftler wissen aber schon etwas von dem Druck des Sonnenlichtes, sie nennen ihn Sonnenwind.

DIE ALTE SPRACHE DES SENZAR

Frage:
Viele Theosophen scheinen zu glauben, H. P. B. habe "Die Geheimlehre" und "Die Stimme der Stille" nach zwei Senzar-Büchern geschrieben. Das eine heißt das "Buch des Dzyan" und das andere das "Buch der Goldenen Regeln". Ist das richtig?

Antwort:
Nein, das ist ein Irrtum. Senzar ist nicht nur eine Sprache, die aus Wörtern besteht und einst als die Sprache der Alten in der ganzen orientalischen und archaischen amerikanischen Welt gesprochen wurde, sondern sie ist ebenfalls eine Symbolsprache bzw. eine Sprache, die eine große Tendenz zur Verwendung von Symbolen hat.

Um dies zu veranschaulichen, wie es H. P. B. in der Einleitung der "Geheimlehre" versuchte: Der Eingeweihte X, sagen wir in China, schreibt an den Eingeweihten Z, sagen wir in Peru oder irgendwo anders, auf Senzar über ein bestimmtes kosmogonisches Problem. Er fängt an mit Worten und führt dann ein Symbol ein, einen leeren Kreis oder einen Kreis mit einem Punkt darin oder einen Kreis, der ein Kreuz enthält, was Seiten von Erklärungen für den Empfänger, den Eingeweihten Z bedeutet. Der Eingeweihte X würde mit Senzarworten fortfahren und vielleicht einen Augenblick später ein anderes Symbol benutzen. Was er zu sagen hatte, wäre damit beendet; es würde überall teils in Symbolen, teils in Worten verstanden werden.

Die gleiche Praxis üben wir in einem kleinen Rahmen aus. Wenn wir die arabischen Ziffern benutzen, anstatt die Zahlen in Buchstaben zu schreiben, schreiben wir also "6", die arabische Ziffer, statt "sechs". Wir benutzen das Symbol "&" für "und", anstatt das Wort "und" auszuschreiben, oder schreiben "etc." anstelle von "et cetera". Wir folgen dem gleichen Prinzip, indem wir Symbole benutzen, doch wir wenden sie nur in einem kleinen Maße an.

Übertragen wir diesen Gedanken auf die tiefsten philosophischen Begriffe, bekommen wir eine Vorstellung von der Senzar-Sprache. Sie ist nicht Sanskrit, obgleich Sanskrit meiner Meinung nach die dem archaischen Senzar am nächsten stehende lebende oder tote Sprache ist. Das alte Zend Persiens kommt, wie ich annehme, von der gleichen Wurzel, die wir in Senz-ar finden.

Ich selbst glaube nicht, daß das archaische Senzar oder Zenzar - es gibt verschiedene oder modifizierte Arten, es zu schreiben - jemals eine okkulte Rassensprache in der gleichen Art wie Russisch oder Englisch, Deutsch oder Italienisch war. Es war mehr wie das ursprüngliche Sanskrita, verglichen mit Prâkrita.

Ich meine nicht, daß das eigentliche Sanskrit, wie es heute angewandt wird, jemals eine Sprache war, die von einer Rasse oder einem Volk gesprochen wurde. Ich denke, daß sein wirklicher Name, Sanskrita, der zusammengesetzt, konstruiert oder aufgebaut bedeutet, besagt, daß es eine Priester- oder Eingeweihtensprache war, von Eingeweihten vervollkommnet als Mittel der Kommunikation untereinander, doch mehr oder weniger auf einer großen volkstümlichen und weit verbreiteten Sprache begründet. Mit anderen Worten, ich denke, daß Sanskrit zu Anfang in einem kleineren Maßstab das war, was Senzar war, obwohl Senzar anscheinend immer sehr geheim gehalten wurde, während Sanskrit aus unbekannten Gründen schließlich allgemeines Eigentum wurde. Alle, besonders die Brâhmanen, konnten es lernen. Bücher und anderes wurde für die Öffentlichkeit darin geschrieben, und das ist sicherlich der Grund, warum H. P. B. einmal sagte, Sanskrit sei die Sprache der Götter, was im Hinblick auf die okkulte Sprechweise bedeutet, daß es die ursprünglich gebildete Sprache von einigen der höchsten Eingeweihten der frühen fünften oder sogenannten arischen Wurzelrasse war, die aufgrund ihrer großen Weisheit und ihres Wissens, Intellektes und göttlichen Lebens allgemein Götter genannt wurden, obwohl sie natürlich Menschen waren, halbgöttliche Menschen.

DER URSPRUNG DER INDIANER

Frage:
Was ist der Ursprung der eingeborenen Amerikaner?

Antwort:
Die Frage nach der Herkunft der eingeborenen Amerikaner, volkstümlich Indianer genannt, ist eine der schwierigsten Fragen, die gestellt werden können. Der Grund ist folgender: Während alle Indianer von den späten Atlantäern abstammen, wurden die beiden amerikanischen Kontinente, Nord und Süd, durch verschiedene Völkerwanderungen aus verschiedenen Teilen von Atlantis bevölkert, die sowohl vom Atlantik als auch vom Pazifik kamen. Die Einwanderer vom Pazifik in die Amerikas standen im Typ vielleicht etwas höher, und von diesen kamen zumeist die mehr zivilisierten Völker Süd- und Mittelamerikas sowie die Mayas.

Doch es gab auch zivilisierte Einwanderungen aus dem Osten. Das meinten die alten Mexikaner zur Zeit der Spanier, wenn sie sagten, ihre Vorväter seien aus dem Osten gekommen, was aber in Wirklichkeit bedeutet, von verschiedenen atlantäischen Inseln.

Von der Idee der Einwanderung über die Beringstraße habe ich niemals viel gehalten, obwohl ich nicht bezweifele, daß ein gewisses Hin-und-her-Sickern zwischen Sibirien und Nordamerika viele Zeitalter in der Vergangenheit hindurch stattgefunden hat, und nicht nur von Sibirien nach Amerika, sondern auch von Amerika nach Sibirien.

Verschiedene Atlantisrassen haben die Amerikas bevölkert, das ist einleuchtend. Es gab verschiedene Einwanderungswellen, einige waren sehr klein, andere größer. Denn während zum Beispiel zwischen den Indianern der USA und den sogenannten Indianern von

Süd- und Mittelamerika und selbst Mexiko enge Parallelen und Ähnlichkeiten vorhanden sind, gibt es zwischen ihnen gleich große Unterschiede im physiologischen Typ. Zum Beispiel ähnelt das Profil der Irokesen, der Sioux oder der Cherokee sehr dem Profil der süd- und mittelamerikanischen Indianer, und doch gibt es bestimmte Unterschiede. Dies weist auf verschiedene Wellen aus verschiedenen Völkern hin, obgleich alle diese Völker in weit entfernter Vergangenheit Atlantis entsprangen.

MIKROSOMEN UND ZENTROSOMEN

Frage:

(a) Wird die Tätigkeit der Mikrosomen von der 'inneren Seele der physischen Zelle' (H. P. B.) verursacht, welche die Zentrosomen (Zentralkörperchen) erweckt?

(b) Geht der Nukleolus (Kernkörperchen), wenn er verschwindet, auf eine andere Bewußtseinsebene über?

Antwort:

In Beantwortung Ihrer ersten Frage: In jeder Zelle befindet sich ein zentraler prânischer Nukleus, welcher der Lebenskeim eines Lebensatoms ist. Alles übrige der Zelle ist nur ihre 'Zimmermannswerkstatt', die von den Kräften, die aus dem Herzen dieses Lebensatoms hervorfließen, um den Kern gebildet wird. Die modernen Zytologen (Zellwissenschaftler) sehen nur das Haus und nehmen den mystischen Bewohner darin nicht wahr. Doch der Schüler der Esoterischen Philosophie schaut auf den mystischen Bewohner oder das Lebensatom. Aufgrund Ihrer Beschreibung würde ich aus dem Stegreif sagen, daß das Lebensatom durch die beiden winzigen Pünktchen (Zentriolen, d. Ü.) oder Funken in dem Zentralkörperchen (Zentrosom) wirkt, die sich am Beginn der Zellteilung trennen, und durch den Energiestrom aus diesen beiden winzigen Mikrokörperchen, aus jedem von ihnen. Jeder dieser winzigen Punkte ist schon der Beginn einer neuen Zelle, oder, um es anders auszudrücken, der eine bleibt der zentrale Teil der Mutterzelle, während der andere der zentrale Teil der Tochterzelle wird.

Die Phänomene der Mitose oder Zellteilung sind das Werk der inneren Seele der physischen Zelle, die den Nukleolus (Kernkörperchen) und anschließend den Nukleus (Zellkern) erweckt. Die beiden Mikrokörperchen und der Nukleolus (Kernkörperchen) jeder Zelle stehen in engstem Zusammenhang miteinander, auch wenn dies nicht sofort in Erscheinung tritt. Vergessen wir nicht, daß das Kernkörperchen (Nukleolus) das engste physische Gewand des Lebensatoms ist.

Nun zur zweiten Frage: Das plötzliche Verschwinden des Nukleolus (Kernkörperchen), gefolgt von dem plötzlichen Wiedererscheinen desselben in jeder der beiden Zellen, die aus der Zellteilung resultieren, ist das Auseinanderbrechen des ursprünglichen Nukleolus (Kernkörperchen) zum Zweck des Zellwachstums. Doch das ursprüngliche Lebensatom bleibt intakt und wirkt nun durch die beiden neuen Nukleolen (Kernkörperchen). So geht die Zellteilung weiter, bis der Körper schließlich aufgebaut ist. Man könnte sagen, daß der Nukleolus auf eine andere Substanzebene übergeht, wenn er verschwindet, doch dies ist nur eine Ausdrucksweise. Es wäre besser zu sagen, daß das schöpferische Lebensatom den ursprünglichen Nukleolus desintegriert und dann in zwei neue reintegriert und dann in vier und so fort. Nein, es verschwindet nicht in ein Layazentrum. Es findet ein Desintegrieren und

Reintegrieren auf der physischen Ebene statt. Der Kern der Sache ist folgender: Das Herz eines ursprünglichen Nukleolus einer Zelle ist das Lebensatom, und die beiden Mikrokörperchen oder Flecken in dem Zentrosom sind Verlängerungen oder Finger seiner Energie. Die Energie des ursprünglichen Lebensatoms, welches das Herz einer Zelle ist, wirkt durch das gesamte Gerüst oder die allgemeine Struktur der Zelle, doch mehr speziell durch den Nukleolus und ebenso durch die beiden Zentriolen.

ARKTISCHER URSPRUNG VON PFLANZEN UND TIEREN

Frage:
In meinen Studien stieß ich auf eine ziemlich überraschende Behauptung, über die ich gern einige theosophische Fragen stellen möchte. Es handelt sich um Edward Wilber Berrys Buch "Die Baumvorfahren: Ein Blick in die Vergangenheit": "Auf die heutige große nördliche Polarzone war noch nie hingewiesen worden (hinsichtlich der Kreidezeit). Ein warmes Klima herrschte im hohen Norden, und Grönland war das Grünland, das sein Name in sich schließt. An seiner Westküste wurden viele Lager von Pflanzen entdeckt, welche die Überreste von Baumfarnen, Palmen, Weihrauchzedern, Feigen, Kampferbäumen, Magnolien und anderen Gewächsen warmer Klimate enthalten. Diese nördliche Region mit zahlreichen Landverbindungen zu südlicheren Breiten war wahrscheinlich die ursprüngliche Heimat unserer modernen Floren und Faunen, die sich in aufeinanderfolgenden Wellen der Wanderung südwärts ausbreiteten. Wir wissen, daß die mittlere Kreidezeit das offensichtlich plötzliche Auftreten

einer Menge neuer und höherer Arten bezeugt, und das untere Eozän war Zeuge eines gleich plötzlichen Erscheinens von Säugerarten und einer zweiten und noch gründlicheren Modernisierung der Pflanzen. In diesen eisigen Norden und das unerforschte Herz Asiens schauen wir heute und hoffen, in der einen oder anderen dieser strategischen Regionen Fossilien zu finden, die auf unsere Probleme der Abstammung und Zerstreuung Licht werfen werden."

Mit diesem Zitat im Hintergrund bitte ich Sie, folgende Fragen zu beantworten:

1. Wurden die Arten der Pflanzen, die während der Kreidezeit und des Eozäns entstanden und die heute die vorherrschenden Arten sind, in der Arktis hervorgebracht, von wo sie in aufeinanderfolgenden Wellen südwärts geschwemmt wurden, wie es in bezug auf die Kulturen gesagt wird? Das scheint eine Tatsache zu sein, und doch gibt es Zeugnisse dafür, daß zu einer gewissen Zeit in der Antarktis Typen der Vegetation existierten, die nordwärts auf Südamerika, die südpazifischen Inseln und Ostindien übergingen.

2. War die Antarktis aufgrund der Umkehrung und Neigung der Pole zu jener Zeit im Norden?

3. Bringen beide Pole Lebensformen hervor, die dann in Richtung Äquator fortschreiten?

4. Gehören einige der tertiären Ablagerungen der südlichen Länder zu einem anderen Zyklus als die tertiären Ablagerungen des Nordens?

Antwort:
Das Zitat aus Prof. Berrys Buch ist außerordentlich

interessant, und was er sagt, ist im allgemeinen richtig. Im Norden werden Dinge und Wesen einschließlich der Menschen hervorgebracht. Doch das ist eine sehr allgemeine Feststellung, und sie sollte nicht zu Tode gehetzt werden. Es gibt immer Rückströmungen botanischer und geologischer Einheiten.

Das Bild ist folgendes: Eine große Welle, die im Norden beginnt, strömt durch die Zeitalter hindurch südwärts. Doch in dieser großen Welle gibt es oft kleinere Wellen, die sich zeitweilig nordwärts wenden, eine Weile anhalten und dann wieder aufgrund der größeren Kraft der großen Welle südwärts strömen. Mit anderen Worten, in dem größeren Strome gibt es kleinere Strömungen.

In bezug auf Ihre Frage 1 ist die Antwort "ja". Allgemein gesprochen verfolgen die Pflanzenfamilien lange Zeitalter hindurch die Route nach Süden, der die Tier- und Menschenrassen folgen. Doch die kleinen Rückströmungen, die ich erwähnte, sind vermeintlich für einige Pflanzenarten verantwortlich, die scheinbar aus der Antarktis einen Weg nach Norden gefunden haben.

Die Antwort auf Ihre Frage 2 ist "nein", denn es ist weniger die Frage, in welche Richtung die Pole zeigen, je nach der Umkehrung oder Neigung der Pole, als wie der geographische oder vielmehr klimatische Zustand der Pole ist, ob sie mit Eis bedeckt sind oder sich eines milden Klimas erfreuen. Die Antarktis befindet sich, soweit es unsere Erde betrifft, immer im Süden, sie war immer dort und wird, soweit ich weiß, immer dort sein. Entsprechend verhält es sich mit dem Nordpol - beide für dieses Manvantara. Doch Norden bedeutet nicht notwendig Eis und Schnee, denn es hat Zeiten gegeben, in denen am Nordpol ein fast mildes Klima herrschte und am Südpol ebenso.

Frage 3 wurde durch meine vorhergehenden Ausführungen bereits beantwortet. Der Nordpol und seine Regionen sind die Schöpfer neuer Lebensformen, die durch lange Zeitalter südwärts strömen. Vom Südpol kommen die kleinen Rückströmungen. Aus diesem Grunde gibt es keine Lebensformen, die regulär von der Antarktis zum Äquator und noch weiter nordwärts fortschreiten.

Ihre Frage 4 ist nicht sehr klar, doch ich glaube, sie zu verstehen. Die sogenannten tertiären Ablagerungen sind geologische Ablagerungen, die vom Klima abhängen, und das wiederum hängt von vielen Faktoren ab. Doch die nördliche und die südliche Hemisphäre der Erde sind mit geringen Abweichungen hinsichtlich klimatischer Ursachen einigermaßen das gleiche. Deshalb gehörten das Tertiär auf der südlichen und das auf der nördlichen Hemisphäre zum gleichen Zyklus.

DAS HERZ, DAS AM MEISTEN EVOLVIERTE ORGAN

Frage:
Als Arzt mit langjähriger Praxis bin ich zu dem Schluß gekommen, daß das Herz das am meisten evolvierte Organ des menschlichen Körpers ist. Stimmt das mit der okkulten Lehre überein?

Antwort:
Das Herz ist das Hauptorgan des menschlichen Körpers, physikalisch gesprochen. Das kommt daher, weil das Herz das physische Organ des spirituellen Strahles im Körper ist. Ebenso, gleich nach dem Herzen, ist die Zirbeldrüse in identischer Weise einzuordnen. An

erster Stelle steht das Herz, diesem folgt die Zirbeldrüse, das Organ der spirituell-intellektuellen Aktivität im Kopf. Indem diese beiden zusammenarbeiten, regen sie das Organ des intellektuellen Willens, die Hypophyse, an und bringen es zur Vibration. So verfolgen wir die Linie des spirituellen Abstiegs, berühren das Herz und erleuchten es mit unsichtbarem Licht, das in einer Weise auf die Zirbeldrüse übertragen wird, über die ich hier nicht sprechen kann. Die Zirbeldrüse, solcherart in schnelle Vibration gebracht, berührt mit ihrer vitalen Energie die Hypophyse. Wenn diese erregt ist, überträgt sie den vermittelten Einfluß auf das Gehirn und das Nervensystem, und der ganze Körper fühlt dann die Wirkung.

Die Hindûlehre über die Chakras ist mit diesem Vorgang eng verbunden, doch weil soviel Unsinn und tatsächlich falsches Wissen über die Chakras gesagt und geschrieben wurde, möchte ich sie hier nur erwähnen und nichts weiter über sie ausführen. Die Lehren über die Chakras sind wirklich esoterisch, und die Chakras sind in der Tat physische Punkte im Körper. Die meisten von ihnen wirken durch die Kraft, die sie über die Wirbelsäule vom Herzen und Gehirn empfangen, sie sind so die Verteiler an den Körper als Ganzes.

DIE LEHREN ÜBER DIE CHAKRAS SIND ESOTERISCH

Frage:
Aus welchem Grunde sind in unseren theosophischen Büchern nicht mehr Ausführungen über die Chakras im menschlichen Körper zu finden? Ich hatte immer gemeint, sie wären ein wichtiger Aspekt des okkulten Studiums.

Antwort:
In unserer Schule folgen wir der alten esoterischen Tradition. Die Lehren der esoterischen Weisheit, die sich mit den Chakras und den sehr gefährlichen Kräften befassen, die in der menschlichen Konstitution eingeschlossen sind, bilden einen Gegenstand des Studiums, der für den Uneingeweihten nicht geeignet ist. Wenn Sie H. P. B.s Bücher studieren, werden Sie finden, daß sie sagt, ein solches Studium würde den Uneingeweihten und Ungeschulten eindeutig in den Abgrund schwarzer Magie führen und möglicherweise zum Verlust der Seele. Kein wahrer spiritueller Lehrer hat jemals die Lehren über die Chakras und ihre Entwicklung herausgegeben.

IST DER ABWÄRTSFÜHRENDE BOGEN UNBEDINGT ÜBEL?

Frage:
Es ist einleuchtend, daß der Egoismus auf dem abwärtsführenden Bogen der Evolution evolviert und die Wesenheit in die materielle Welt hinabsteigt. Doch dies ist so sehr ein Naturgesetz, daß mir scheint, es wäre falsch, diesen Abstieg oder die Praktik egoistischer Gedanken und Handlungen unbedingt übel zu nennen.

Antwort:
Der Auszug aus dem "Buch der Goldenen Regeln" von H. P. B., als "Die Stimme der Stille" bekannt, bietet die beste und direkteste Antwort: "Arbeite mit der Natur; sie wird als einen ihrer Schöpfer dich erkennen an und dir gehorsam sein." In welche Richtung die Natur auch fließt, was die Richtung des Willens und der

Vitalität der Götter bedeutet, "arbeite mit ihr". Sobald wir jedoch versuchen, gegen den Strom zu schwimmen, in adversum flumen, stemmen wir uns gegen den evolutionären Fortschritt der Natur, ob er Entfalten oder Einfalten bedeutet. Wir widersetzen uns ihren sogenannten Gesetzen, die ihr Wille sind, und werden so zu Schwarzmagiern.

DAS AUFGEZEICHNETE LEBEN KRISHNAS - EINE ALLEGORIE

Frage:
Durch mein theosophisches Studium habe ich erkannt, daß die sogenannten historischen Lebensgeschichten der großen Avatâras der Welt in der Hauptsache reine Allegorien sind. Trifft dies nicht ebenfalls in bezug auf das Leben des Hindûlehrers Krishna zu sowie auf die ziemlich absonderlichen, ja abstoßenden Ereignisse, welche die Legende um ihn gewoben hat?

Antwort:
Ja, praktisch alle Erzählungen über Krishna oder auch jeden anderen großen Menschen, mit Ausnahme jener mehr sachlichen Fakten, die der gesunde Menschenverstand herausfinden kann, sind Allegorie oder sogar Erdichtung. Handelt es sich um Allegorien, so wurden sie wahrscheinlich von jemandem geschrieben, der sich auskannte und der religiösen Öffentlichkeit einen Mittelpunkt für ihre religiösen Gedanken geben wollte, wohl wissend, daß die Eingeweihten es verstehen würden. Doch es gibt auch hier viel Erdichtung, und heute sind Allegorie und Erdichtung so eng miteinander verflochten, daß sie nicht zu entwirren sind.

Über Krishna sind nur wenige wirkliche Fakten bekannt, zum Beispiel, daß er in einem bestimmten Distrikt in Indien geboren wurde, Freunde und Feinde hatte und von früher Jugend an wunderbare Fähigkeiten zeigte, obwohl natürlich nicht in der Weise, wie sie in völlig aufgebauschten Metaphern und Allegorien wiedergegeben werden. Krishna lebte, lehrte und vollbrachte sein Werk. Sein Tod war der Beginn oder die Einleitung des Kali-Yugas. Mit anderen Worten, er war die spirituelle Kraft, die das Dwâpara-Yuga abschloß und das Kali-Yuga eröffnete.

Alle anderen Allegorien, wie auch die über die etwa sechzehntausend Frauen und über sein Zusammenleben mit Gopîs oder Hirtinnen sowie über viele Taten offensichtlicher Grausamkeit - diese und hundert andere Dinge können der Allegorie zugeschrieben werden, der Fruchtbarkeit und dem Reichtum der Imagination, für die das Hindûgemüt bekannt ist.

In einem speziellen, aber sehr begrenzten Sinne symbolisiert, wie H. P. B. sagte, zum Beispiel Krishnas Tanz mit den Gopîs die Sonne mit den Planeten, die um sie herum tanzen oder ihre Kreisbahnen um sie ziehen. Der Tanz Krishnas könnte ebenfalls auf die spirituelle Sonne der Tierkreiskonstellationen angewandt werden, die die zentrale Sonne unseres Systems umkreisen. Doch dies ist eine ziemlich begrenzte Interpretation. Im allgemeinen sind die Freundinnen eines großen Lehrers allegorische Darstellungen seiner spirituellen Kräfte.

Wir können auch Buddha als Beispiel nehmen. Er lebte wirklich, hatte eine Frau und auch einen Sohn namens Râhula. Doch die Legende hat auch hier so geschickt gearbeitet, daß zum Beispiel der Name seiner Mutter Mâyâdevî war, oder grob, die Göttin Mâyâ: der Buddha von Mâyâ zum Licht geboren. Vielleicht war ihr wirklicher physischer Name tatsächlich Mâyâ. Ich gebe das als Möglichkeit zu.

RADIOAKTIVITÄT UND RUNDEN

Frage:
In einem neuen wissenschaftlichen Magazin diskutiert Dr. A. Knopf aus Yale über die winzigen kugelförmigen Steine radioaktiven Ursprungs, die 'pleochroitische Halos' genannt werden. Er sagt, sie bestätigten den Beweis, der durch die Umwandlung radioaktiver Elemente in Helium gegeben ist, und sie führten dahin, daß die Zeitalter hindurch eine konstante Rate der Umwandlung eingehalten wurde. Aufgrund dieses Beweismaterials glauben die Geologen eine vernünftige, genaue Schätzmethode für das Alter der ersten Schichten auf der Erdoberfläche erhalten zu haben. Wie ist dies mit der Idee in Einklang zu bringen, daß das Ätherischwerden der Erde nicht vor der Mitte der vierten Runde begann? Diese Halos kommen in weit früheren Perioden vor.

Antwort:
Eine Erklärung, die angeboten werden könnte, ist die, daß diese Halos der Radioaktivität zuzuschreiben sind, die am Ende der vorhergehenden oder dritten Runde auf diesem Globus herrschte. Trotz des ungeheuren seismischen und vulkanischen Umsturzes sind sie bei der Eröffnung der vierten Runde der Zerstörung entgangen und haben sich bis heute erhalten. Das ist eine ganz plausible Erklärung, das heißt, es könnte so gewesen sein, doch es ist unwahrscheinlich.

Es gibt noch zwei oder drei andere Erklärungen für diese Tatsachen, wenn es wirklich Tatsachen sind und keine Irrtümer der Geologie: (a) Selbst auf dem absteigenden Bogen, bevor die Radioaktivität (welche die Desintegration oder das Ätherischwerden der gröbsten Elemente bedeutet) in großem Umfang ihren Anfang auf der Erde genommen haben konnte, entsprechend dem zyklischen oder spiralförmigen Charakter der Evolution - selbst auf dem absteigenden Bogen könnten sich gewisse Teile des Globus in einem zeitweiligen Aufstieg in Richtung Ätherischwerden befunden haben und später wieder in Übereinstimmung mit dem allgemeinen abwärtsgerichteten Strom des absteigenden Bogens in eine tiefere Mulde abgesunken sein.

Ein solcher zeitweiliger Aufstieg hätte fast mit Sicherheit ein zeitweiliges Ätherischwerden der gröbsten Elemente zuwege gebracht, doch später, als sich das Rad innerhalb des Rades wieder abwärts drehte, hätte die Radioaktivität automatisch aufgehört und die Kondensation oder Materialisation hätte wieder eingesetzt. Und (b): Selbst dann, wenn die Felsen, welche die Geologen fanden, wirklich präkambrischen oder wenigstens primordialen Ursprungs wären, wäre das kein Beweis - denn radioaktive Halos können hier und da eingesprengt gefunden werden -, daß diese Halos wirklich Radioaktivität andeuten, die zur Zeit der Bildung der präkambrischen Felsen entstand oder vielleicht lange Zeit später. Mit anderen Worten, ich meine, daß selbst in kambrischen und präkambrischen Formationen Nester oder Teilchen von chemischen Verbindungen oder Elementen lokalisiert gewesen sein mögen, die gröber und noch schwerer als die Felsen waren. Folglich würden diese Nester oder lokalen Teilchen von gröberen Verbindungen oder Elementen nach dem Mittelpunkt dieser Runde zu zerfallen beginnen, da sie das allgemeine Ätherischwerden der Erde spüren, das heißt, sie würden mehr oder weniger radioaktiv werden. Solche Halos können tatsächlich gut in präkambrischen Formationen erzeugt worden sein, aber lange nach den Tagen der Atlantäer.

Dies sind also drei vollkommen gute und glaubhafte Erklärungen. Es ist mir nicht möglich, mehr Licht über den Gegenstand zu geben, bevor ich nicht alle

Daten habe und vollkommen sicher bin, daß es sich um Fakten und nicht um Theorien handelt.

Zum Beispiel: Sind diese besonderen Felsen tatsächlich präkambrisch, oder handelt es sich nur um eine Theorie? Gehören die Halos, die angeblich in diesem Felsen gefunden wurden und vermutlich radioaktiven Charakter haben, einem weitaus späteren Datum an, oder stammen sie schätzungsweise aus dem Präkambrium? Oder sind sie ein Relikt oder Überbleibsel vom Ende der dritten Runde auf diesem Globus D? Bis eine exakte Antwort auf diese Fragen vorliegt, ist aus Mangel an genauer Information alles mehr oder weniger eine Mutmaßung.

VIER KLASSEN VON MANASAPUTRAS

Frage:
Die Mehrheit der Wesenheiten, in denen die Mânasaputras vor Millionen von Jahren inkarnierten, sind das, was wir die Durchschnittsmenschen nennen. Was ist nun mit den degenerierten Rassen? Empfingen sie ebenfalls den mânasaputrischen Funken?

Antwort:
Als die Mânasaputras oder die Söhne des Gemütes in den verhältnismäßig gemütlosen Rassen der dritten Wurzelrasse in dieser Runde inkarnierten, waren sie sozusagen durch karmische Fügung in vier allgemeine Klassen geteilt. Ich möchte sie nur zum Zweck der Unterscheidung benennen: diejenigen, deren Licht hell brannte, die höchste Klasse; diejenigen, deren Licht weniger hell brannte, die zweite Klasse; diejenigen, deren Licht schwach brannte, die dritte Klasse; und diejenigen, deren Licht am schwächsten brannte, wel-

che die Reinkarnation auf eine spätere Zeit verschoben. Diese Unterschiede waren, wie gesagt, karmisch bedingt.

In der ersten Klasse der Menschheit inkarnierten die Mânasaputras, deren Licht hell brannte, sofort vollständig. Aus ihr gingen die Führer, die Leiter und Lehrer der damaligen Rassen der Menschheit hervor. Sie waren diejenigen, die wir heute fortgeschrittene Fünftrundler nennen würden, und gelegentlich, sehr, sehr selten waren sie auch Sechstrundler. Heute sind sie die am weitesten Evolvierten und die Weisesten der menschlichen Rasse: die Buddhas, die Mahâtmans und so fort.

Die Inkarnation derjenigen, deren Licht weniger hell brannte, sind die edelsten und höchsten Menschen unseres Menschengeschlechtes, jedoch stehen sie unterhalb der ersten Klasse. Sie sind die beginnenden Fünftrundler oder sehr fortgeschrittene Viertrundler. Diese umfassen die großen Philosophen, Dichter, Wissenschaftler, Staatsmänner, religiösen Reformatoren und so fort.

Der große Durchschnitt des Menschengeschlechts, die große Masse der Menschheit, gehört zu jener Klasse, deren Licht nur schwach brannte.

Diejenigen, deren Licht am schwächsten brannte, sind jene, die wir heute die unzivilisierten oder weniger weit evolvierten Männer und Frauen unserer gegenwärtigen menschlichen Rasse nennen, die mehr niederen Typen. Unter diese letzteren können wir die sogenannten wilden oder degenerierten Rassen einreihen, obwohl diese wilden oder degenerierten Rassen nicht alle Individuen dieser letzten und vierten Klasse von Monaden einschließen. Darum finden diese speziellen Monaden ihre natürlichen, karmischen und geistesverwandten Körper in den gegenwärtigen degenerierten Rassen.

Es gibt noch eine weitere Klasse von Monaden, die wir die fünfte nennen können. Sie waren die Monaden, die sich weigerten, in der dritten Wurzelrasse zu inkarnieren. Sie ließen die Äonen bis zur nächsten, der vierten Wurzelrasse, vorübergehen und begannen erst dann, sich zu verkörpern. Diese letzte oder fünfte, verhältnismäßig kleine Klasse ist heute unter den Menschenaffen zu finden und in der allerhöchsten Klasse der echten Affen. Sie waren so rückständig in ihrer Evolution, daß heute nur diese schrecklich niederen Körper für sie geeignet sind.

In dieser Antwort liegt der Grund, warum gewisse Monaden zu den Körpern der gegenwärtig degenerierten Rassen hingezogen werden. Ihre Lichter brennen so schwach, daß sie nicht imstande sind, Körper von fortgeschritteneren Typen zusammenzuhalten, sie zu beseelen oder zu führen. Es ist die alte Regel vom Wasser, das entsprechend den Umständen Höhenunterschiede hat.

DAS BUCH DES DZYAN

Frage:
Können Sie uns etwas über das Alter des Buches des Dzyan sagen, auf dem H. P. Blavatsky ihre Kommentare in der "Geheimlehre" gegründet hat? Datiert es zurück bis in atlantäische Zeit?

Antwort:
Das Buch des Dzyan in Form einer physischen Rolle, eines Buches, Manuskriptes oder eines tibetischen Druckes, also als ein physischer Gegenstand, ist, wie H. P. B. sagt, nicht sehr alt, vielleicht eintausend Jahre. Es ist ein Teil einer bekannten, mehr oder we-

niger allgemeinen tibetischen Reihe von Werken, die selbst exoterisch wohl bekannt sind. Der umfassende Titel für alle diese Bände ist "Kiu-ti", so wie die "Geheimlehre" zwei Bände umfaßt.

Der Inhalt des Buches des Dzyan - die tibetische oder mongolische Form des Dhyâna im Sanskrit (Dhyân = göttlich, also enthaltene göttliche Lehren) - ist jedoch sehr alt, ja ganz archaisch, und geht, wie die Lehre sagt, in atlantäische Zeiten und sogar noch weiter zurück.

Diese ursprüngliche Lehre, die echte Theosophie der spirituellen Wesen oder Mânasaputras eines höheren Typs, die sie der frühen Menschheit in dieser Runde brachten, hat sich über die ganze Erde verbreitet und kann und konnte in vielen Sprachen gefunden werden. Einige dieser Aufzeichnungen sind verschwunden, wurden zerstört, einige wenige blieben erhalten. Die Meister haben natürlich Exemplare von allen Aufzeichnungen in ihren geheimen Bibliotheken oder Höhlentempeln.

Das Buch des Dzyan wurde von H. P. B. speziell für ihre Schriften ausgewählt, weil es die ursprüngliche archaische Lehre enthält. Zugegebenermaßen ist sie in den Kiu-ti-Schriften von vielem nicht dazugehörenden Material überdeckt, von Legendenstoff, erstaunlichen Dingen und Wundern, an denen sich das niedere tibetische Volk ergötzt. Doch H. P. B. hatte gelernt, hinter diesen Dingen zu lesen, um den Faden aus purem Gold aus dem exoterischen und frommen Plunder herauszufinden.

Das Buch des Dzyan, eines der ersten der Kiu-ti-Reihe, befaßt sich mit dem kosmogonischen Aufbau der Welten und speziell unserer Planetenkette und in gewissem Umfang mit dem ersten Erscheinen des Menschen oder der Wurzelrassen, geradeso, wie H. P. B. sich in ihren beiden Bänden der "Geheimlehre" ganz allgemein damit befaßt hat.

Es gab noch einen berühmten Kommentar, berühmt in ganz Tibet, der von Tsong-Kha-Pa geschrieben war, dem großen Reformator des tibetischen Buddhismus und Gründer der sogenannten Gelbkappen oder Gelugpas, wie die Tibeter sie nennen. Die reformierte tibetische buddhistische Kirche ist heute die mächtigste und reinste Kirche im Land. Dieser Kommentar wird Lam Rim genannt, manchmal Lam Rin geschrieben.

Der Kommentar ist bemerkenswert; er ist teils exoterisch und teils esoterisch. Er wurde unter der Maske des reformierten Buddhismus geschrieben und behandelt verschiedene Gegenstände des reformierten Buddhismus, den Tsong-Kha-Pa eingeführt hatte. Doch er enthält tatsächlich viele wirklich esoterische und wahre Lehren. Sehr wenige Menschen haben jemals eine Kopie des Lam Rim gesehen, ich weiß nicht aus welchem Grunde, doch es scheint der Fall zu sein. Ich selbst habe niemals ein Exemplar gesehen, doch das hat keine Bedeutung, denn ich lebe nicht in Tibet. Ich habe auch niemals von einem Reisenden gehört, der ein Exemplar zu Gesicht bekommen hätte, obwohl ich von verschiedenen Bemühungen hörte. Aus irgendeinem Grunde wird das Lam Rim bis auf den heutigen Tag sorgfältig gehütet, doch vielleicht wird das in der Zukunft nicht mehr so sein.

Um zusammenzufassen: Das Buch des Dzyan wurde in Tibet geschrieben. Zumindest in einen Teil des Buches, wenn nicht in die meisten, wurde viel exoterischer Stoff eingefügt, doch der wirklich okkulte Teil des Buches des Dzyan ist einer der ersten Kiu-ti-Bände. Er befaßt sich in der Hauptsache mit Kosmogonie und weiter hinten in einem geringeren Umfang, wie ich meine, mit Anthropogenie oder den Anfängen des Menschengeschlechtes.

DAS DELPHISCHE ORAKEL

Frage:
Könnte auf die wirkliche Bedeutung des Delphischen Orakels ein helleres Licht geworfen werden?

Antwort:
Das Delphische Orakel war eines von mehreren in Griechenland. In allen Fällen handelte es sich um menschliche Wesen, die sich in einem abnormen Zustand befanden. Dieser bestand gewöhnlich in einer Quasi-Paralyse der niederen Vierheit, die teilweise durch künstliche Mittel, wie schweflige oder andere Dämpfe oder auf andere Weise hervorgebracht wurde, möglicherweise auch durch relativ harmlose Drogen. Hierdurch befand sich das Orakel, es war gewöhnlich eine Frau, in einem Zustand, der auch heute bekannt ist und von dem im allgemeinen als von einem hochsensitiven psychischen Zustand gesprochen wird, in dem das Gemüt des Orakels Wahrheit, ebensooft aber auch nur eine verzerrte psychische Vision empfangen kann.

Das Delphische Orakel war eines der besten in Griechenland, da es eines der am sorgfältigsten gehüteten war. In jenen Fällen, in denen das Delphische Orakel seine Aussprüche oder Aussagen machte, kamen diese gewöhnlich aus der Inspiration der inneren Göttlichkeit der Priesterin, welche die sensitive psychische Natur erfüllte, die ihrerseits dann durch den menschlichen Mund sprach. Die Tatsache, daß die Orakelsprüche entweder in Metaphern oder in mehrdeutigen Ausdrücken ausgesprochen wurden, ist eines der Phänomene, wie der höhere psychische Apparat des Menschen auf diesem Plan arbeitet. Nur der niedere Gehirnverstand richtet seine Aufmerksamkeit auf Genauigkeiten wie Zahlen oder Stufen, die korrekte

Seite eines Buches, die genaue Länge eines Rockes, wie oft ein Mensch in einer Stunde seine Arme hebt oder ob ein Priester, wenn er nach Hause kommt, Quark und Graupen oder Hammelfleisch und Wein zum Abendbrot hat. Alles dies sind Dinge des niederen Gehirnverstandes.

DIE TÜR ZUM MENSCHENREICH

Frage:
Was ist die sogenannte "Tür" in das Menschenreich?

Antwort:
H. P. B. erklärte, daß sich die Tür ins Menschenreich am Mittelpunkt der vierten Runde schloß, während der vierten Unterrasse der atlantäischen Rasse. Entgegen dem Wortlaut dieser Erklärung faßten viele Schüler das Schließen der Tür als ein Öffnen auf, und hierdurch wurde unnötige Verwirrung erzeugt. Damals öffnete sich die Tür ins Menschenreich nicht. Sie schloß sich, und das bedeutet folgendes: Wir wollen nur von unserer vierten Runde sprechen, obwohl die gleichen Ereignisse, mutatis mutandis, das heißt mit den notwendigen Abänderungen, auch während der zweiten und dritten Runde stattfanden und ebenso auch in der Zukunft während der fünften, sechsten und der letzten Runde stattfinden werden. Die Bedeutung ist folgende: Am Beginn unserer gegenwärtigen vierten Runde waren die verschiedenen Familien von Monaden aller Klassen, aller Naturreiche von Anfang an mehr oder weniger vermengt. In einem Sinne waren sie sich viel näher, so, wie der menschliche Keim den anderen Naturreichen viel näher ist, solange er ein Keim ist. Doch wenn sich diese Keime abgesondert haben, wer-

den sie erwachsene Menschen, menschliche Erwachsene.

Die Bedeutung des Satzes, daß die Tür zum Menschenreich sich am Mittelpunkt der vierten Runde geschlossen hat, ist folgende: Während der ersten Wurzelrasse, der zweiten, der dritten und der Hälfte der vierten Wurzelrasse trennte sich jede der einzelnen Klassen von Monaden in stärkerem Maße als vorher in Familien (z. B. im Tierreich in Säugetiere, Insekten usw., d. Ü.). Als alle monadischen Klassen auf dem absteigenden Bogen den Mittelpunkt der vierten Runde erreichten, konnten diejenigen, die dann schon menschlich waren, vorwärtsgehen und den Aufstieg beginnen, was sie auch taten. Diejenigen, die das menschliche Stadium nicht erreicht hatten, gingen auch vorwärts, aber sie waren keine Menschen. Die Klassen über dem Menschen gingen auch weiter, als sie jenen Punkt erreichten, aber sie passierten nicht die menschliche Tür. Sie gingen durch andere sogenannte Türen, was nur ein Sprachbild ist, durch die dhyân-chohanische Tür; die Klassen unterhalb der Menschen gingen durch die Tiertür oder durch die Pflanzentür. Dies bedeutet, daß sich die verschiedenen monadischen Familien auf dem absteigenden Bogen während der Wurzelrassen eins, zwei, drei und der Hälfte der vierten Wurzelrassse in unterschiedliche Familien auseinanderentwickelten. Nach dieser Zeit konnten diejenigen Wesenheiten, die dann noch nicht menschlich waren, für den Rest der Verkörperung dieses Planeten nicht mehr menschlich werden. Die Tür ins Menschenreich schloß sich vor allen Monaden unterhalb des Menschen für den Rest von drei und einer halben Runde. Der niedrigste Punkt wurde damals erreicht, und seitdem gibt es einen stetigen Aufstieg.

PARTHENOGENETISCHE REPRODUKTION VON KANINCHEN

Frage:
Aufgrund wissenschaftlicher Experimente wird behauptet, daß ein Tier, zum Beispiel ein Kaninchen, durch bestimmte mechanische oder chemische Mittel und die daraus resultierenden Reaktionen ohne den üblichen Paarungsprozeß anscheinend normale Junge zur Welt bringen kann. Ist so etwas vom theosophischen Standpunkt aus möglich? Bedeutet das, daß diese wissenschaftliche Methode der Vermehrung nach unserer Kenntnis von den Naturprozessen in früheren Rassen ein erzwungener Rückgriff auf diese Zeiten sein könnte oder ein erzwungener Schritt vorwärts in zukünftige Zeiten ist? Ich zitiere den folgenden Bericht, der in der "Los Angeles Times" vom 23. November 1941 erschienen ist, um die Frage klarer zu machen, und ich wäre für Ihren Kommentar sehr dankbar.

"Philadelphia, 22.11. (AP) Der amerikanischen Philosophischen Gesellschaft wurde heute von Dr. Herbert Shapiro vom Hahnemann Medical College, Philadelphia, mitgeteilt, daß ein kleiner Behälter mit Eiswürfeln aus dem Kühlschrank, für anderthalb Stunden an die Seite eines Kaninchens gelegt, manchmal eine Empfängnis verursacht.

Nachdem Dr. Shapiro geendet hatte, sagte der Vorsitzende der Versammlung, Dr. Edwin G. Conclin, Biologe an der Universität Princeton:

'Wir haben soeben etwas vernommen, das wirklich der Beginn eines höchst wichtigen Erfolges sein kann. Ich bin sicher, daß es die Theologen lebhaft interessieren wird. Möglicherweise sind wir auf dem Wege, die Erklärung für ein Wunder zu sehen.'

Die Behandlung mit Eis, sagte Dr. Shapiro, hat bei

einer Anzahl von Kaninchen eine Jungfernzeugung verursacht. Das scheinbare Wunder ereignet sich nur gelegentlich. Keines dieser ersten Kaninchen, bei denen die Empfängnis stattgefunden hatte, durfte am Leben bleiben. Doch Dr. Shapiro sagte, daß spätere leben bleiben dürfen, um die Jungen zur Welt zu bringen, falls sie es tun. Er erklärte, das wissenschaftliche Beweismaterial deute auf das Gelingen des Versuches hin. Es lebt jetzt ein Kaninchen, das im Januar dieses Jahres geboren wurde und dessen Vater ein Röhrchen Eiswasser ist, welches durch eine chirurgische Operation in den Bauch der Mutter eingepflanzt wurde, um die unbefruchteten Ova oder Eier für wenige Minuten erstarren zu lassen. Dieses Eiswasser-Kaninchen ist ein Weibchen, vollkommen normal, und es hat schon zweimal durch normale Fortpflanzung Junge geworfen. Die Eiswasserexperimente wurden von Dr. Shapiro und Gregory Pincus durchgeführt.

In Ergänzung hierzu gibt es heute in diesem Lande drei lebende Kaninchen, deren Väter nur konzentriertes Salz sind. Durch dieses Salz wurde technisch die erste wissenschaftlich aufgezeichnete jungfräuliche Geburt von Säugetieren erzeugt. Die Ova wurden mit Hilfe einer chirurgischen Operation, die sie dem Salz aussetzte, befruchtet.

Durch die von anderen Wissenschaftlern geleistete und bisher nicht erwähnte Arbeit erhebt sich die Frage nach der Möglichkeit menschlicher Empfängnis unter ähnlichen Umständen. Chirurgen in Philadelphia haben herausgefunden, daß menschliche Ova, die man durch Operationen erlangt, die ersten Stufen von Empfängnis zeigen, wenn sie chemischen Lösungen ausgesetzt werden."

Antwort:

Die Frage ist natürlich kompliziert und nicht von

der Art, daß sie mit einem kurzen Satz beantwortet werden kann, da die gesamte Geschichte und Entwicklung der menschlichen Rasse in dieser Runde tatsächlich darin eingeschlossen ist oder sich die angeblichen Reproduktionsprozesse nicht befruchteter Weibchen bei den Tieren auf sie stützen.

Theoretisch sehe ich nichts Unmögliches in einer derartigen Reproduktion, die nur aus Höflichkeit 'jungfräuliche Empfängnis' genannt werden könnte, denn in der christlichen Theologie bedeutet jungfräuliche Empfängnis nur eins, den einzigartigen Fall in Ewigkeit (!) der jüdischen Jungfrau Maria, die durch die Inkarnation der dritten Person der Dreieinigkeit Mutter wurde. Ich bezweifele, daß christliche Theologen diese theologische Empfängnis gern aufdie parthenogenetische Reproduktion von Kaninchen anwenden würden. Sie ist natürlich keine jungfräuliche Geburt, obwohl sie eine Form von biologischer Parthenogenese ist oder theoretisch sein könnte.

Theoretisch, sage ich, ist Parthenogenese nicht unmöglich. Sie wird in der Tat, wenn ich nicht alle meine Kenntnisse in Biologie vergessen habe, gelegentlich noch im Tierreich in der Form gefunden, daß weibliche Tiere aus sich selbst Junge hervorbringen. Einst war das der allgemeine Modus der Reproduktion im Menschenreich während der ersten und zweiten Rasse und ungefähr der Hälfte der dritten Wurzelrasse, obgleich sich die Prozesse, die in diesen zweieinhalb Rassen stattfanden, mit dem Verfahren und dem Werk der Evolution änderten.

Oft habe ich gesagt, daß der gegenwärtige geschlechtliche Zustand der Menschheit und auch der bei den Tieren nur eine vorübergehende Phase ist und im ordnungsgemäßen Verlauf der Zeit einer anderen Methode weichen wird. Meiner Meinung nach wird eine teilweise Rückkehr zum Hermaphroditismus oder zur Zweigeschlechtigkeit stattfinden, dem später etwas noch weniger an Geschlecht Erinnerndes folgen wird. Es liegt klar auf der Hand, daß diesen Verfahren in der evolutionären Geschichte der Menschheit Tatsachen vorhergehen werden, die ihre Schatten vorauswerfen und zuerst als Spielarten der Natur, lusus naturae, angesehen werden, dann aber universal werden. Auf das gegenwärtige System wird man als auf ein schnell aussterbendes Reproduktionsverfahren der Entartung schauen, bis es verschwindet. Die Tiere werden, obwohl sie als Reich aussterben, gleichfalls das widerspiegeln und mehr oder weniger nachahmen, was das Menschenreich durchmacht, durch das es hindurchgeht und in das es evolviert.

Unsere Lehre in bezug auf Reproduktion ist die Lehre der Norm, der Regel, der Ordnung, doch mit vielen Hinweisen oder Anspielungen auf zukünftige Änderungen, und sie deutet mit einem Finger auf die historische oder prähistorische Vergangenheit hin. Die Fälle, in denen Kaninchen, unbefruchtete Weibchen, fruchtbare Junge mit Hilfe von lokal auf die weiblichen Zeugungsorgane angewendeter Kälte zur Welt bringen oder mit Salz, das durch chirurgische Operation auf das gleiche Organ gebracht wird, können auf verschiedene Weise erklärt werden. Solange ich nicht alle Einzelheiten genau kenne, würde meinerseits der Versuch zu erklären, was wirklich geschah, nur eine teilweise Vermutung sein, obgleich ich einen einigermaßen klaren Verdacht habe, was geschehen könnte und was meiner Meinung nach wirklich geschah, wenn dieser Zeitungsbericht als authentisch angenommen werden kann und nicht nur eine Zeitungsente über etwas ist, das tatsächlich geschah, was jedoch der Reporter, da er kein Biologe ist, entweder nicht richtig verstanden oder ausgeschmückt hat.

Ich habe daher die Idee, daß folgendes stattfand:

Die bei diesen Experimenten angewandten Mittel paralysierten zeitweilig oder verlagerten vielleicht das, was wir den weiblichen Strom von Kâma nennen können, und warfen das Zeugungsorgan des Weibchens oder vielmehr die Ova zurück in einen Zustand, der dem Hermaphroditismus der frühen dritten Rasse glich oder identisch mit ihm war. Dann würden die Ova der Linie des geringsten Widerstandes folgen. Da in jedem Menschen oder Tier unserer Tage immer beide Geschlechter vorhanden sind, in den Frauen das männliche rezessiv und das weibliche dominant und in den Männern das männliche Element dominant und der weibliche Strom rezessiv, würden sich die Ova oder das Ovum in einem solchen Fall aus dem doppelten eingeborenen Strom des Mutterkaninchens entwickeln und ebenso Nachwuchs hervorbringen, wie die Hermaphroditen um die Mitte der dritten Wurzelrasse. Der Prozeß kann aber tatsächlich auch dem der zweiten Wurzelrasse noch näher gekommen sein.

Doch natürlich kann ich nur Vermutungen anstellen, da ich nicht alle Fakten kenne. Doch ich weiß im großen und ganzen, was geschehen sein kann. Ein solches Muttertier würde sich, wenn man es in Ruhe lassen und keinem weiteren Eingriff oder keiner Einmischung aussetzen würde, wie jene Geschöpfe, die sich mit menschlichen Eiern in der frühen dritten Wurzelrasse vermischten, wahrscheinlich nicht wieder fortpflanzen, außer auf die übliche Art oder durch nochmaligen Eingriff durch menschliche Experimente.

Diesen Bericht halte ich nicht für unmöglich. Da ich jedoch nur das Endergebnis habe und nicht die ganze Geschichte, kann ich nur wissen, was geschehen sein kann, doch durch welchen Aspekt, das kann ich nicht sagen. Ich glaube aber, daß das Experiment, über das in dem Zeitungsausschnitt berichtet wurde, die Ova des weiblichen Kaninchens in den Zustand zurück verwandelt hat, den die menschlichen Ova gegen Anfang oder Mitte der dritten Wurzelrasse innehatten.

Frage:
Könnte eine derartige Einmischung, ein solcher Eingriff oder ein solches Experiment bei menschlichen weiblichen Wesen das gleiche Ergebnis haben?

Antwort:
Ich sehe nicht ein, warum nicht. Doch der Gedanke ist mir widerwärtig, und ich glaube, er ist ziemlich gefährlich. Sehr viel besser ist es, diese Dinge den Naturgesetzen, so, wie wir sie kennen, zu überlassen. Es leuchtet ein, daß das dhyân-chohanische 'Fluidum', was nur das Fluidum bedeutet, das aus dem reinkarnierenden Ego emaniert, genauso in der menschlichen Frau oder dem Tierweibchen gegenwärtig ist wie im menschlichen Mann. Doch heute folgt die Natur automatisch den gegenwärtigen Verfahren, und diese werden sich nur dann ändern oder wieder in prähistorische zurückfallen, wenn ihr Verlauf angehalten oder in ihn eingegriffen wird. Ist die Hemmung stark, so wird sich nichts ereignen. Ist die Hemmung nur eine Umleitung, so wird etwas geschehen. In derartigen Fällen wird eine Umkehrung stattfinden. Der Himmel weiß, was solch ein Abkömmling sein oder werden würde. Ich persönlich glaube, er wäre sehr benachteiligt, weil er anormal und außerhalb der jetzigen Regeln der Natur hervorgebracht sein würde, und Experimente dieser Art sind nicht weit von schwarzer Magie entfernt - doch was wissen Wissenschaftler von Magie, weißer oder schwarzer? Da sie unfähig sind, sich die Dinge zu erklären, glauben sie, es genüge, so wie ein Schüler im chemischen Labor zu experimentieren.

Darum sollten die Normen, denen die Natur jetzt folgt und die unsere Theosophische Lehre zu veranschaulichen versucht, nicht mit dem anormalen Experimentieren verwechselt werden, weil die anormalen Umkehrungen überlebt und jetzt tote Stufen der Evolution sind.

THEOSOPHIE UND OKKULTISMUS

Frage:
Unterscheiden sich Theosophie und Okkultismus, oder sind sie das gleiche?

Antwort:
Theosophie und Okkultismus sind in einem Sinne das gleiche, in einem anderen Sinne sind sie etwas Verschiedenes. Ich möchte versuchen, diesen Punkt zu veranschaulichen. Sagen nicht zum Beispiel die Christen, daß die Lehren des Christus und die christliche Theologie das gleiche sind, sich aber dennoch voneinander unterscheiden? Sie erheben den Anspruch, daß die theologischen Doktrinen aus den Lehren des Jesus Christus hervorgegangen sind, doch daß die tatsächlichen Lehren, die Jesus Christus zu seiner Zeit gab, nicht die theologischen Doktrinen späterer Zeiten waren - und das ist wahr.

So ist die Theosophie die alte Weisheitsreligion in einem allumfassenden Sinne. Diese wundervollen und erhabenen Doktrinen wurden dem Menschengeschlecht auf diesem Planeten ursprünglich von spirituellen Wesen aus anderen Sphären gegeben, von Göttern unter den Menschen. Sie sind unter der Obhut dieser großen Vereinigung von Meistern der Weisheit bis auf den heutigen Tag zu uns herabgekommen. Von Zeit zu Zeit, von Zeitalter zu Zeitalter werden sie, wenn die Welt eine spirituelle Erneuerung braucht, neu herausgegeben. Der Kern dieser Lehren, dieser Doktrinen, ist Theosophie, die Weisheit der Götter, der Schlüssel, der Meisterschlüssel für alle großen Religionen, Wissenschaften und Philosophien der Vergangenheit.

Doch Okkultismus (heute auch 'Esoterische Philosophie' genannt) ist jener Teil der Theosophie, der von der tieferen, verborgenen, mystischen, esoterischen Seite der Natur und des Menschen handelt. Er ist tatsächlich Theosophie, doch jener Teil der Theosophie, den der Durchschnittsmensch nicht 'essen' kann - um ein Bild des Neuen Testamentes, die Metapher der christlichen Schrift zu benutzen -, denn er ist noch ein kleines Kind. Er muß noch mit Milch ernährt werden - um wieder ein Bild des Neuen Testamentes zu benutzen -, das heißt, er muß mit einfacheren Lehren beginnen.

Disziplin geht den Mysterien voraus, wie Theosophen sagen. Okkultismus ist Esoterische Philosophie, also jener Zweig der allgemeinen theosophischen Philosophie, der die Operationen der Natur und die geheimen Gesetze der Natur sowie die des Menschen behandelt. Theosophie und Okkultismus bzw. Esoterische Philosophie sind grundsätzlich ein und dasselbe, doch diese eine Sache besteht sozusagen aus zwei Zweigen: aus dem einen, der nur für wirklich ernsthafte Schüler ist, und aus dem anderen, der alles einschließenden Quelle, aus welcher der Strom der Lehren für alle fließt. Doch diese beiden Gliederungen sind nicht willkürlich, es hängt von dem Bewerber ab. "Das Gute läßt sich nicht unterdrücken", sagt ein altes Sprichwort. Der Mensch, der an unsere Tür kommt und anklopft, in der richtigen Weise anklopft - und die Lehrer wissen, welches die richtige Weise ist -, tritt ein.

LEIDEN IM TIERREICH

Frage:
Ist es wahr, daß Tiere, die von anderen Tieren oder von Menschen getötet werden, wirklich nicht leiden und tatsächlich, wie es von gewissen bekannten Autoren behauptet wird, eine Art wirklicher Freude in ihren letzten Augenblicken empfinden?

Antwort:
Nein, das ist alles dummes Zeug. Was sowohl bei Menschen als auch bei Tieren wirklich geschieht, ist, daß der Schreck und der Nervenschock für die empfindende Natur des Tieres wie für die des Menschen so gewaltig ist, daß eine zeitweilige Betäubung, fast eine Hypnose eintritt. Doch was ist mit dem Augenblick oder der Zeit, die der Betäubung, welche die mitleidsvolle Art der Natur ist, zu dämpfen und abzustumpfen, vorhergeht? Es ist widersinnig, diesen Schock, der in Wirklichkeit ein Beweis dafür ist, daß Tiere sehr leiden oder entsetzlich erschreckt werden, als eine Entschuldigung für die Aussage anzuführen, Tiere würden im Augenblick der Krise keinen Schmerz fühlen. Tatsache ist, daß es in der Natur in einem erschreckenden Maße Bestialität, Entsetzen, mörderische Impulse, Leiden und Schmerz gibt. In ihrem Mitleid macht die 'Natur' im letzten Augenblick das Leiden erträglich, indem ein Nervenschock eintritt, der eine Art schläfriges Gefühl mit zeitweiliger Gleichgültigkeit hervorbringt. Zwei Dinge werden hier miteinander verwechselt: erstens das erduldete Leiden und zweitens die Tatsache, daß das Entsetzen in unserer physischen Sphäre existiert. Das sind zwei ganz verschiedene Dinge, die nicht miteinander vermengt werden sollten.

VEGETARISMUS

Frage:
Würden Sie sagen, ein Theosoph müsse Vegetarier sein, um ein guter Theosoph zu werden, und lehrt die "Geheimlehre" das?

Antwort:
Das Wort "Geheimlehre" bezieht sich, wie ich anneh-me, auf H. P. B.s wundervolles Buch, es könnte sich aber tatsächlich auch auf die geheime Lehre, die alte Weisheit beziehen. Ich habe in H. P. B.s "Geheimleh-re" nirgendwo eine Stelle gefunden, wo das Essen von Fleischnahrung verboten wird. Es gibt in verschiede-nen Teilen unserer esoterischen Werke viele Stellen, die in unmißverständlicher Weise erklären, daß das Es-sen von Fleischnahrung aus zwei Gründen nicht gut ist. Wir kennen sie, doch es gibt kein Verbot. Ich kann of-fen sagen, daß ich strenge Vegetarier gekannt habe, strikte Rohköstler, die das Herz eines Tigers hatten und die unversöhnliche Natur eines Affen. Nicht das, was in den Mund eines Menschen hineingeht, reinigt ihn. Was die Augiasställe seines Gehirnverstandes rei-nigt, ist sein eigener Wille. Das Essen von Fleisch ist am Anfang der Chelaschaft kein Hindernis. Wer je-doch ein angenommener Chela wird und streng den Regeln der Entwicklung folgt, deren Einhaltung für die höheren Grade erforderlich ist, wer Jünger in der Schulung wird, für den ist Fleischessen natürlich un-möglich.

Doch das Hauptargument gegen das Essen von Fleischnahrung ist unsere Lehre von Mitleid und Er-barmen. Dennoch gibt es Zeiten und Gründe, zu und aus denen selbst die niederen Chelas Fleisch in klei-nen Mengen essen. Doch niemand sollte sich einen Augenblick lang einbilden, daß das, was ein Mensch ißt oder nicht ißt, ausschlaggebend wäre, um zu den Meistern gehen zu können. Wie ich schon sagte, ich kannte Leute, die strikte Vegetarier und sogar Rohköstler waren, deren Herzen aber von Niedertracht und allem Gift der Herzlosigkeit erfüllt waren. Wie diese bei einer korrupten inneren Natur annehmen konnten, nur allein aufgrund einer vegetarischen Ernährung und des Verzehrs der schönen Früchte dieser Erde den Pfad zu den Meistern gehen und den Pfad zu den Göttern beschreiten zu können, weiß ich nicht, doch *sie* glaubten es. Wohlgemerkt, ich verdamme nicht, ich stelle nur Tatsachen fest, die ich vorfand.

Doch vergessen wir nicht, daß die frischen vegetarischen Produkte der Erde und die köstlichen Früchte unserer gemeinsamen Mutter eine weit lieblichere, saftigere und reinere Nahrung sind als das Fleisch der unglücklichen Tiere, die sterben müssen, um das Fleisch zu liefern, das einige Menschen regelmäßig und gedankenlos und in viel zu großen Mengen als ihre tägliche Nahrung verbrauchen. Jeder Theosoph wird, sofern es ihm möglich ist, wahrscheinlich eine bessere Gesundheit haben, wenn er einer klug und vernünftig ausgewählten vegetarischen Diät folgt und vermeidet, zuviel zu essen, was gewöhnlich der Grund dafür ist, daß Versuche mit vegetarischer Kost manchmal mißlingen. In diesem Fall überißt sich der sogenannte Vegetarier aus falscher Furcht, sein Körper bekäme nicht die Nahrung, die er braucht. Die Folge davon ist manchmal eine schlechte Verdauung, möglicherweise Selbstvergiftung oder sogar Krankheit.

Gesunder Menschenverstand und, wie oben gesagt, eine mit vernünftiger Sorgfalt ausgewählte vegetarische Kost in ausreichender Menge, doch nicht zuviel, wird wahrscheinlich eine bessere Gesundheit, kraftvollere Aktivität und ein klareres Gehirn zur Folge haben, als es das Fleischessen jemals erbringen könnte.

DIE MEISTER SIND NICHT UNFEHLBAR

Frage:
Mir wurde gesagt, nicht nur die Meister seien unfehlbar, sondern auch H. P. B. und die noch folgenden Führer der Theosophischen Gesellschaft. Mein gesunder Menschenverstand sagt mir, daß dies nicht sein kann.

Antwort:
Nein, nein, die Meister sind nicht unfehlbar, und sie selbst haben scharf dementiert, unfehlbar zu sein. Weder H. P. B. war unfehlbar, noch jene, die ihre Nachfolger waren. H. P. B. fuhr ein ziemlich schweres Geschütz gegen die gleiche stumpfsinnige Idee auf, daß Unfehlbarkeit von irgendeinem menschlichen Wesen beansprucht werden könne. Unfehlbar zu sein, würde erfordern, über allem manifestierten Leben, was es auch immer sei, zu stehen. Im Sinne dieser Bedeutung des Wortes könnten wir fast sagen, nur der erste Logos könnte 'unfehlbar' in der strengen Bedeutung des Wortes sein. Alles, was sich unter dieser ersten Stufe der Manifestation befindet und in zunehmendem Maße tiefer in die Materie sinkt, so wie das Licht von dem göttlichen Urquell schwächer wird, alles das wird zunehmend fehlbarer.

Nun ist es vollkommen klar, daß das Wort 'unfehlbar' manchmal in einem rein logischen Sinne gebraucht wird, um bloße Gewißheit oder Sicherheit oder etwas absolut Bekanntes zu bezeichnen. Daß dies nicht wirkliche Unfehlbarkeit ist, leuchtet ein. Doch was ich zu sagen versuche, deutet auf die Tatsache hin, daß es in allen und allem manifestierten Leben so etwas wie Gewißheiten, Sicherheiten, positive Kenntnisse von dem Realen gibt. Das ist dann der Fall, wenn ein Individuum, ein Übergott, ein Gott, ein

Halbgott oder ein Mensch in relativ vollkommene Vereinigung oder Gemeinschaft mit der inneren göttlichen Monade kommt. Jene göttlichen Monaden sind in ihrer Essenz von dem Stoff und der Substanz der kosmischen Wirklichkeit selbst. Doch wie viele Individuen befinden sich in einer solchen vollkommenen und vollständigen Vereinigung mit den Göttern?

Viele Wesen können einen nirvânischen Zustand erlangen, der sich zumindest zeitweise einer solchen Vereinigung mit dem Göttlichen in den Herzen der Individuen nähert. Für diese kurze Zeit sprechen sie mit der Gewißheit des Geistes, oder ihr Wissen ist von der Sicherheit der Realität. Doch diese Fälle kommen nur sehr selten vor und sind faktisch auf die Buddhas oder Überbuddhas begrenzt.

In Weiterentwicklung dieses Gedankens wird ersichtlich, daß ein fehlbares menschliches Wesen in dem gleichen Verhältnis, wie es in Berührung mit seinem inneren Gott kommen kann, entsprechend mehr und mehr Gewißheit über die höchste Realität der Dinge erlangt. Aus diesem Grunde gibt es im Kosmos so etwas wie Evolution oder Entwicklung des Geistes von innen nach außen und auf der evolutionären Leiter des Lebens Wesen mit einem steigenden und zunehmenden Maß an entwickelten Fähigkeiten. Deshalb haben die Götter mehr Gewißheit und mehr Sicherheit als die Menschen und können mit Autorität sprechen, welche natürlich relativ ist. In einem noch geringeren und mehr praktischen Bereich haben wir das, was wir einen geschulten Fachmann nennen, einen Fachmann in Chemie, einen Fachingenieur, -mathematiker, -musiker oder einen Fachmannn in einer anderen Richtung, der durch Arbeit und Bemühungen eine relative Sicherheit der Fähigkeiten in dem entwickelt hat, was er weiß und tut. Aus diesem Grunde haben die Menschen Vertrauen zueinander und Vertrauen zu den

Lehrern, Vertrauen in die größeren und bedeutenden Dinge des Lebens, die uns von jenen gebracht wurden, die höher stehen als der Durchschnitt, da sie dem Zentrum der Realität näher sind als der Durchschnittsmensch.

In diesem letzteren Sinne habe ich das Wort 'unfehlbar' oft gehört. Meiner Meinung nach wird es von jenen fraglos falsch angewandt, die nur sagen wollen, daß der geschulte Fachmann mit der Stimme des Wissens von Dingen sprechen kann, die den unwissenden Menschen nur ein unbetretenes Feld sind. Doch 'Unfehlbarkeit' in dem päpstlichen oder römischen Sinne der wirklichen Unfehlbarkeit der Doktrin ist niemals von einem Theosophen beansprucht worden, der sein 'Fach' kennt, und ganz gewiß niemals von den Meistern oder von H. P. B. oder von jemandem, der H. P. B. folgte, weder von Judge noch von Katherine Tingley noch von mir, denn ein solcher Anspruch wäre eine glatte Lüge. Wo selbst die Meister die 'Unfehlbarkeit' zurückweisen, wäre jeder Mensch, der sie beansprucht, ein ausgesprochener Betrüger, ein Schwindler schlimmster Sorte, und der Anspruch würde ihn als Führer oder Lehrer irgendeiner Art widerlegen.

Wir empfangen die Lehren der Meister jedoch mit Verehrung, denn wir erkennen, daß sie unvergleichlich mehr über die Dinge wissen, die innere Gottesweisheit enthält, als wir. So schauen wir gleichfalls mit Verehrung zu H. P. B. auf, wegen des Wissens, das sie sich beschaffte, um das sie sich bemühte und das sie erlangte, woraufhin sie die Beauftragte der Meister wurde. Unsere Verehrung ist auf die Tatsachen gegründet, die in den Lehren liegen, die sie uns gab, denn sie beweisen sich selbst für uns. Wahrheit ist ihr eigener Beweis, denn nichts im Universum wird sie umstürzen. Aus diesem Grunde ist es wirklich großartig, schön und meiner Meinung nach fast majestätisch in seiner Mannhaftigkeit, wenn ein Mensch genügend erwachte Größe in sich selbst besitzt, um einen anderen Menschen als seinen Führer und Lehrer anerkennen zu können, wie alle wahren Theosophen H. P. B. anerkannten und sie ihrerseits ihre Meister anerkannte. Gibt es also 'Unfehlbarkeit'? Nein, natürlich nicht; doch relative Gewißheit und Sicherheit, begründet auf wirklichem Wissen, nachdrücklich ja.

DAS ABSOLUTE

Frage:
Ist Ihrer Beurteilung nach Ihre Aussage über das Absolute, die einige Diskussion unter Theosophen ausgelöst hat, die gleiche, wie sie in der "Geheimlehre" von H. P. B. erklärt ist?

Antwort:
Meine Antwort auf diese interessante Frage ist eine nachdrückliche Bestätigung ohne Einschränkung, nur daß H. P. B. zuzeiten mit dem Gebrauch des Wortes 'absolut' vielleicht mehr vertraut ist. Doch ihre wirkliche Meinung - wenn wir Wörter oder Ausdrücke beiseite lassen - ist absolut identisch mit meiner eigenen, einer Meinung, die ich, wie ich glaube, mit genügender Klarheit viele Male erklärt habe und über die in meinem "Occult Glossar" (Theosophisches Wörterbuch) unter dem Ausdruck 'absolut' eine kurze Erklärung zu finden ist.

Es ist natürlich wahr, daß (a) H. P. B. das Wort 'absolut' zuzeiten in dem in Europa lange gebräuchlichen, allgemeinen philosophischen Sinne benutzt hat und (b) daß ich das Wort in einem mehr begrenzten und streng etymologischen Sinn gebrauche, indem ich voll mit Sir William Hamilton übereinstimme, daß es falsch ist, das Wort anders anzuwenden, ungeachtet dessen, was oberflächliche Denker und Schriftsteller auch sagen mögen.

Doch wenn wir dies als unwichtig beiseite lassen, kann ich feststellen, daß die Diskussion über meinen Gebrauch des Wortes 'absolut', die zuzeiten unglücklicherweise auf seiten meiner Kritiker an Schärfe grenzte, im großen und ganzen informativ und nützlich war. Wenn nichts anderes, so hat sie die Leute zum Denken gebracht, und das ist der Beginn, einen der tiefsten und höchst faszinierenden Aspekte der theosophischen esoterischen Literatur zu entdecken.

Mit ihrer wundervollen schriftstellerischen Kraft und einer erstaunlichen Klarheit im Ausdruck benutzt H. P. B. gelegentlich die Worte 'unbewußt' und 'unerkennbar' als faktisch synonym mit dem Wort 'absolut', was in der "Geheimlehre", Bd. I, S. 31 f. steht. Ich lenke die Aufmerksamkeit des Fragestellers auf die lehrreiche und erhellende Stelle auf Seite 132 der "Geheimlehre", Band I, die ich im folgenden kurz zitiere:

"Die Lehre besagt, daß, um ein göttlicher, vollbewußter Gott - ja, selbst der höchste - zu werden, die geistigen Urintelligenzen durch den menschlichen Zustand hindurchgehen müssen. Und wenn wir sagen 'menschlich', so bezieht sich das nicht nur auf unsere irdische Menschheit, sondern auf die Sterblichen, die irgendeine Welt bewohnen ... Hegel, der große deutsche Denker, muß diese Wahrheit gewußt oder intuitiv gefühlt haben, als er sagte, daß das Unbewußte das Weltall bloß evolviert habe 'in der Hoffnung, klares Selbstbewußtsein zu erlangen', mit anderen Worten, um Mensch zu werden ..."

Diese Stelle wird oft übersehen, und obwohl das Wort 'Mensch' hier in einem kollektiven Sinne angewandt wurde, ist der 'Mensch' oder die Menschheit offensichtlich aus Menschen zusammengesetzt. Alle Menschheit ist in der Tat begrenzt im Vergleich mit dem 'Absoluten' oder dem 'Unbewußten'. Daraus die Schlußfolgerung zu ziehen und herzuleiten, ist einleuchtend, und an dieser einen Stelle, so gut wie anderswo, erklärt H. P. B. dieses Thema mit anschaulicher Kraft, besser, als ich es kann.

Ich könnte als Abschluß hinzufügen, daß das Unbewußte oder Unerkennbare der pantheistischen Philosophie Europas nicht genau das gleiche ist wie das Grenzenlose, die unbegrenzte Unendlichkeit oder Dauer, wie sie die Esoterische Philosophie lehrt, deren Unendlichkeit ganz klar der immerwährende Raum in dem höchst abstrakten und absoluten Gebrauch des Wortes ist. Doch diese Abstraktion kann wiederum nicht durch die menschlichen Begriffe 'bewußt' oder 'unbewußt', 'erkennbar' oder 'unerkennbar' begrenzt werden und ist deshalb nicht das 'Absolute'. Immerwährender Raum ist jenseits aller Begrenzungen der Ausdehnung und Zeit, wie selbst die edelste menschliche Intuition diese begreifen könnte.

WAR DIE GRÜNDUNG DER THEOSOPHISCHEN GESELLSCHAFT VERFRÜHT?

Frage:

In den Meister-Briefen an A. P. Sinnett befindet sich ein Hinweis, daß die Anstrengung, die von zwei Meistern gemacht wurde, um bei der Gründung der Theosophischen Gesellschaft zu helfen, von anderen und höheren Meistern in gewisser Hinsicht als verfrüht angesehen wurde. Jemand sagte mir, sie sei in einem gewissen Sinne mißlungen. Das machte eine neue Anstrengung nötig, "die 1909 von Max Heindel vollbracht wurde". Können Sie uns sagen, ob daran etwas Wahres ist?

Antwort:
Meine Antwort ist nachdrücklich: Nein. Es gibt nicht den geringsten Beweis dafür, daß es so ist.

Meine Antwort auf diese Frage möchte ich am Ende beginnen und mit dem Anfang beenden. Ich glaube, Herr Max Heindel war ein ernster Mensch, der mystische und astrologische und, wie er es nannte, eigene Rosenkreuzer-Ideen hatte. Ich will ganz offen sprechen: Wie alle anderen haben sich die mystischen und halbmystischen Gesellschaften - jede von ihnen -, die im Westen entstanden sind, nachdem H. P. Blavatsky 1875 gekommen war und der Welt die Theosophie gegeben hatte, aufgrund des Guten, das die theosophischen Lehren enthalten, aufgebaut. Ohne es zuzugeben, nehmen sie aus unserer Schatzkammer! Ich hätte nichts dagegen einzuwenden, denn ich bin bemüht, das in unserer Schatzkammer Vorhandene der Welt zu geben, soweit sie es annehmen kann. Ich fände es aber gut, wenn die Entnehmer ehrlich wären und die Quelle ihrer Inspiration angeben und sagen würden: "Ich habe aus Eurer Schatzkammer genommen, denn ich fand die Tür unverschlossen."

Wir kommen zum nächsten Punkt: Es ist kein wahres Wort an der Behauptung, die Theosophische Bewegung habe versagt - nicht ein wahres Wort. Ich will zugeben, die Theosophische Bewegung hat in der Vergangenheit einige schwere Fehler gemacht, bedauerliche Fehler. Doch waren diese Fehler nicht dem wesentlichen Kern zuzuschreiben, sondern den Schwierigkeiten, die mit der Einführung einer sehr ungewohnten (wie es dem Westen schien) Religion-Philosophie-Wissenschaft im Abendland verbunden sind.

Die Theosophische Gesellschaft ist heute eine Organisation, die in der ganzen Welt anzutreffen ist - zwar spärlich, das ist wahr, doch sie hat überall Zweige -, und ich sollte vielleicht sagen: die Theosophische Bewegung einschließlich aller Theosophischen Gesellschaften. Einige von ihnen sind nach meiner Beurteilung den ursprünglichen Zielen unserer großen Lehrer treuer als andere, doch ich verdamme niemanden. Mein Wunsch ist es, brüderlich zu sein und zu helfen.

Doch zu behaupten, daß die Theosophische Bewegung versagt hätte, als sie von den Meistern gegründet wurde, um der Menschheit zu helfen - innerhalb von 34 Jahren (1909) seit der Gründung -, heißt nicht nur die Unwahrheit zu äußern, sondern auch die heiligen Namen der Meister zu verleumden. Denn sie wußten, was sie taten, oder etwa nicht?

Nun zu dem ersten Teil der Frage, welcher der letzte Teil meiner Antwort ist: Es ist wahr, hinsichtlich der Gründung der Theosophischen Bewegung 1875 gab es unterschiedliche Auffassungen zwischen einigen unserer großen Lehrer. Einige waren der Ansicht, es wäre besser, noch ein paar Jahre zu warten, und unter diesen, das kann ich sagen, war die Große Seele, die wir Theosophen verehren und den Mahâ-Chohan nennen, der Lehrer dieser beiden hochherzigen Männer, der Mahâtmans M. und K. H. Er war ebenfalls der Ansicht, die Zeit sei noch nicht ganz reif dafür. Doch er sagte zu seinen beiden Chelas, unseren beiden Lehrern: "Versucht es!" Und sie versuchten es. Sie versuchten es, weil ihre Herzen von Mitleid für die Welt erfüllt waren.

Die älteren Brüder unter uns mögen auf das Jahr 1875, wenn sie es erlebt und überlebt haben, zurückschauen und überlegen, in welcher Situation die Menschen damals waren. Die Religion im Westen bestand zumeist aus Dogmatismus und Formen: Der Geist war größtenteils aus den Kirchen entflohen. Die Wissenschaft führte einen wissenschaftlichen Materialismus in die Gemüter und Herzen der Menschen ein. Als Folge davon verloren die Menschen allen Glauben an ihre spirituelle Intuition und das Gefühl dafür, daß es ein inneres, unsichtbares Universum gibt. Sie hatten allen Glauben an ein moralisches Gesetz in der Welt verloren, und das Wissen, daß die Menschen unvermeidlich das ernten, was sie gesät haben, geriet in Vergessenheit.

Da die menschliche Rasse als Ganzes, besonders aber im Westen, das führende Licht des spirituellen Sternes, der das Menschengeschlecht durch alle Zeitalter hindurch leitet, verloren hatte, glaubte sie sich auf der Stufe der Tiere, einer etwas besseren Art als die der Affen. Das Ergebnis davon war, daß sie in jenen Tagen dem Mahlstrom materieller Sinnlichkeit zuraste - den Sinnlichkeiten absoluter materieller Existenz -, was den Verlust von Hunderttausenden, wenn nicht von Millionen Seelen einschloß. Der Himmel weiß, wieviel ungesagtes, spirituelles und intellektuelles Elend und Leid jener Menschen in der Welt war, deren Intuition noch lebendig war, aber zunichte gemacht wurde, weil sie nicht wußten, wo das Licht zu finden sei.

Die Kirchen gaben es ihnen nicht, denn sie hatten es nicht. Die Wissenschaftler hatten es nie. Sie forschten und jagten danach, hatten es aber noch nicht gefunden. Doch diese beiden großen Menschen, Menschen mit buddhagleichen Seelen, nahmen die karmische Verantwortung auf sich (und nur ein echter Chela weiß, was das bedeutet), indem sie sich karmisch für das Aussenden einer neuen Botschaft an die Menschen verantwortlich machten, die durch die Kraft ihrer eigenen Energie und die überzeugende Macht der Lehren, die sie enthielt, die Menschen trotzdem zum Nachdenken brachte.

H. P. B. kam. Verlacht und verspottet, verachtet und verfolgt, arbeitete sie allein, bis sie ein paar Helfer fand - Colonel Olcott und Mr. W. Q. Judge waren die ersten von ihnen. Durch ihren unbezähmbaren, unbeugsamen Willen, ihren herrlichen Intellekt und ihre erstaunliche spirituelle Intuition lehrte sie und schrieb und baute eine Gesellschaft auf, die "Halt!" rief - und es gelang. Den Gedanken der Menschheit wurde ein neuer Aufschwung gegeben. Von dieser Zeit an begannen der Wissenschaft seltsame Ansätze von neuen Gedanken zu kommen. Neue Impulse wurden durch Zeitungen, Bücher und reisende Vortragende in die Gedankenatmosphäre der Welt gesandt. Die Menschen wurden gelehrt, daß das Universum von Vernunft geleitet ist, daß die Menschen für das, was sie tun, verantwortlich sind, daß es Wahrheit im Universum gibt und daß jeder sie haben kann, der sich nach ihr sehnt und sie haben will.

Damit war die Grundlage errichtet. Neue Gedanken begannen in das Bewußtsein der Menschen einzusickern. Plötzlich wurde die Welt aufgeschreckt durch die Arbeit von Crookes, Becquerel und Röntgen mit den sogenannten X-Strahlen - eine wunderbare Offenbarung für den Materialismus jener Zeit, die eine innere Welt unter Beweis stellte, die für unseren Sinnesapparat unsichtbar war. Darauf folgten die Arbeiten der Curies, von Rutherford, Soddy und anderen. Das Radium wurde entdeckt. Die Gedanken der Menschen nahmen eine neue Wendung. Sie begannen, in neuen oder vielmehr in den alten Bahnen zu denken, welche die Kirchen vergessen und die moderne Wissenschaft noch nicht entdeckt hatte.

Und was sagen uns heute die größten modernen

Wissenschaftler als Ergebnis der Schlußfolgerungen ihrer Entdeckungen? Sie sagen, die Grundlage des Universums ist Bewußtsein. Deshalb wiederhole ich dies in jedem öffentlichen Vortrag, den ich halte, wenn ich eine Möglichkeit dazu finde, denn es ist so wichtig. Die moderne Wissenschaft sagt, die materielle Welt ist illusorisch, eine Illusion, und die einzige Wirklichkeit befindet sich hinter dem Sichtbaren, hinter dem Schleier dessen, was wir sehen, hören, berühren, fühlen, schmecken und riechen können. Das sind alte Gedanken, Gedanken, die Theosophen seit unzähligen Zeitaltern gelehrt haben, Gedanken, die H. P. B. in ihren Büchern seit 1875 im Umriß, fast im Detail gab. Sie war es, die die Welt für die neuen Wirklichkeiten erweckte - die alten Wirklichkeiten, die wirklichen Dinge im Universum und in der menschlichen Existenz. Oh, könnte ich die wahre Geschichte ihres Lebens erzählen! Wenn ich die Zeit und die Kraft habe, werde ich sie eines Tages schreiben oder erzählen.

Es ist die Aufgabe der Theosophischen Gesellschaft, der Gedankenführer der Menschen zu bleiben, das Werk, das H. P. B. begann, weiterzuführen, das Bindeglied zu der Loge ungebrochen zu erhalten. Wenn wir rückwärts gleiten, wenn wir bloße Anhänger werden, wird die Theosophische Bewegung in der Tat ein Fehlschlag werden, und die negativen Bemerkungen unserer Kritiker werden berechtigt sein.

TAGE UND NÄCHTE BRAHMAS

Frage:
Wir wurden über einen Tag Brahmâs und ebenso über eine Nacht Brahmâs belehrt. Wenn die Nacht Brahmâs beginnt, kehren dann alle Wesenheiten im Universum

dahin zurück, woher sie kamen?

Antwort:
Allgemein gesprochen ja, doch die Frage ist nicht ganz ausreichend. Ein 'Tag Brahmâs' bezieht sich auf zwei Dinge: erstens auf die sieben Runden einer Planetenkette, deren Verlauf nur mit einem Planeten unseres Sonnensystems zu tun hat. Sind die sieben Runden vollendet oder durchlebt, ist das ein Tag Brahmâs. Der Ausdruck wird aber auch zweitens, wenn auch seltener, für eine einzelne Runde gebraucht. Doch das bezieht sich nur auf einen Planeten unseres Sonnensystems. Wir können ebenso von einem Saurya-Manvantara sprechen (ein Sanskrit-Adjektiv, abgeleitet von sûrya oder Sonne), wenn das Sonnensystem mit allem darin Enthaltenen in sein solares Pralaya sinkt. Das wird durch etwas mehr als 300 Billionen menschliche Jahre ausgedrückt. Doch dies bezieht sich nur auf unser Sonnensystem. Dann gibt es noch Zahlen, über die zu sprechen vollkommen sinnlos ist, da wir sie nicht verstehen würden, durch die das Manvantara unserer gesamten Galaxie, unseres Heimatuniversums ausgedrückt werden könnte. Jenseits hiervon können wir von dem Manvantara unseres Kosmos sprechen und von all den Galaxien, die zu etwas noch Größerem gehören, und so können wir Schritt für Schritt weitergehen. Doch der 'Tag Brahmâs' bezieht sich entweder auf eine Runde oder häufiger auf alle sieben Runden unserer Erdplanetenkette. Diese werden mit 4320 Millionen Jahren ausgedrückt - eine sehr lange Zeit. Doch wir wissen, im Sonnensystem ist das eine sehr kurze Zeit, es ist eben nur wie ein Tag. Dann gibt es die kosmischen Wochen, die kosmischen Monate und die kosmischen Jahre. Es gibt die Lebenszeit Brahmâs, Hunderte von jenen Jahren, und wir müssen an Brahmâs Verlassen seiner Verkörperung denken, ferner an

sein Verschwinden in 'sein' Nirvâna, das mit dem menschlichen Devachan korrespondiert, und an seine Rückkehr. So können wir in Gedanken fortfahren, bis unser Gehirn verwirrt ist, bis ihm schwindelt vor der Größe der Zahlen, die dazu gehören.

Doch es ist Regel, Gesetz und Ordnung in allem, und wenn wir verstehen, was zum Beispiel mit den kleinen Dingen unserer Erde geschieht, können wir, mutatis mutandis, sofern wir die nötigen Anpassungen in bezug auf Zahlen und Orte, um die es geht, vornehmen, zu sehr klaren Schlußfolgerungen hinsichtlich der Zeitperioden des Sonnensystems, der Galaxie usw. kommen. Der Ausdruck 'Tag Brahmâs' bedeutet meistens alle sieben Runden unserer Erdplanetenkette.

JEDE WURZELRASSE HAT IHR KALI-YUGA

Frage:
Wir sind jetzt auf dem leuchtenden Bogen und haben den tiefsten Teil, den niedrigsten Teil unserer rassischen Evolution durchschritten. Andererseits haben wir jedoch nur fünftausend Jahre des Kali-Yugas durchlebt.

Antwort:
Die Begründung ist, daß jede Rasse ihr eigenes Kali-Yuga hat, jede große, das heißt jede Wurzelrasse. Unsere eigene fünfte Wurzelrasse in dieser vierten Runde auf diesem vierten Globus ist bislang bis zu einem Punkt fortgeschritten, an dem wir noch nicht ganz den tiefsten Teil der fünften Wurzelrasse erreicht haben. Mit anderen Worten, wir haben noch nicht unsere Rassenkatastrophe gehabt, jene Katastro-

phe, die jede Wurzelrasse an ihrem Mittelpunkt, ihrem tiefsten oder materiellsten Punkt in zwei Teile trennt. Wir haben nur fünftausend Jahre des Kali-Yuga-Zyklus unserer Rasse durchschritten, und wir werden noch nicht den tiefsten Punkt oder den Boden unserer fünften Wurzelrasse erreicht haben, wenn der Rassenkataklysmus beginnt; er wird während des Kali-Yugas kommen. Das Kali-Yuga wird gerade zu dieser Zeit stattfinden, denn zwei Arten von Umständen treffen zusammen: der niedrigste Evolutionspunkt und der materiellste Punkt, der gleichfalls das Kali-Yuga ist; das ist eine Tatsache.

Frage:
Ich hatte verstanden, daß wir den Mittelpunkt des Zyklus der fünften Rasse schon passiert hätten.

Antwort:
Nein, wir haben den Mittelpunkt der vierten Runde passiert. Das ereignete sich während der vierten großen Unterrasse der Atlantäer, dem tiefsten Punkt aller sieben Runden, der das Kali-Yuga der sieben Runden genannt werden kann. Kali-Yuga bedeutet den materiellsten Teil eines Wachstumszyklus, der Evolution. Wir haben ein Kali-Yuga in jeder Runde, das ist der Mittelpunkt der Entwicklung auf dem vierten oder niedrigsten Globus. Dann gibt es ein Kali-Yuga in jeder großen Wurzelrasse, und ferner gibt es kleine Kali-Yugas in den Unterrassen. In Wirklichkeit ist Kali-Yuga wie alle anderen Yugas mehr oder weniger ein verallgemeinernder Ausdruck. Kali-Yuga bedeutet das 'Schwarze Zeitalter', das Zeitalter materieller Ausdehnung, das Zeitalter spiritueller Verdunkelung. Da sich alles in Zyklen bewegt und es Zyklen innerhalb von Zyklen gibt, leuchtet es ein, daß der Mittelpunkt in der Evolution der materiellste Punkt von allem ist.

PARADOXON DER MANASAPUTRAS

Frage:
Darf ich um ein wenig mehr Licht über die Mânasaputras bitten? Wie wir lesen, erweckten die Mânasaputras die Gemüter der Menschen, doch an anderen Stellen steht, daß die Mânasaputras wirklich wir selbst sind. Es klingt, als wenn wir unsere eigenen Selbste erweckten.

Antwort:
Ja, es wird uns an einer Stelle der theosophischen Literatur gesagt, daß uns die Mânasaputras erleuchten, und an anderer Stelle wird gesagt, daß wir erleuchtet werden, aber nichtsdestoweniger in unseren höheren Teilen die Mânasaputras sind. Bedeutet dies, daß wir uns selbst anzünden? Zünden Kerzen sich selbst an? Seltsam genug, in spirituellen Dingen tun sie es. Sie haben sich selbst die Antwort auf Ihre Frage gegeben.

Tatsache ist folgendes: 'Mânasaputra' ist ein zusammengesetztes Sanskritwort, mânasa ist ein Adjektiv von Manas, was ich im Augenblick am besten mit 'Denkfähigkeit' übersetzen kann. Doch unterscheidet es sich von Intelligenz, es bedeutet mehr und in einem Sinne weniger. Manas gehört nur zur menschlichen Konstitution. Dieselbe Energie wird Mahat genannt, wenn sie sich im Universum manifestiert. Manifestiert sie sich in einzelnen Wesenheiten, heißt sie Manas. Mânasa ist, wie gesagt, ein Adjektiv davon, das Geschöpfe oder Wesen, Engel oder Devas, was für Namen wir ihnen auch geben mögen, bezeichnet, die mit dem Feuer des Selbstbewußtseins ausgestattet sind, der Fähigkeit, selbstbewußt zu denken, selbstbewußte Gedanken und Betrachtungen zu verfolgen. Putra bedeutet 'Kind', 'Sohn' oder 'Abkömmling'. Daher bedeutet Mânasaputra 'Kind des Gemütes' und der Plural

'Kinder des Gemütes'.

Wir alle sind Kinder des kosmischen Gemütes - jedoch in diesem Sinne nicht genau von der Anima mundi. Das Universum ist ebenso ein organisches Wesen - und mit Universum meine ich in diesem Fall die Galaxie -, wie ein menschliches Wesen ein Organismus ist. Es ist beseelt. Es ist ebenso wie wir Menschen von monadischen Essenzen erfüllt, weil wir Menschen im Kleinen, als Mikrokosmos, das wiederholen, was die Galaxie oder das Universum als Makrokosmos ursprünglich enthält. Alles, was wir haben und sind, leiten wir von dem uns umgebenden Universum ab, in dem wir leben, uns bewegen und unser Dasein haben, wie der christliche Paulus sagte. Das Universum hat seine Wurzeln in der Unendlichkeit und in der Ewigkeit. Wir als Teile dieses kosmischen Ganzen sind gleichfalls nicht nur in ihm verwurzelt, sondern wir sind auch selbst in unserem Innersten und unserem Obersten und Höchsten ewig und unendlich. Der ganze Zweck der Evolution ist ein in immer zunehmendem Maße größeres Herausbringen oder Evolvieren, Hervorbringen oder Entrollen, Auswickeln dessen, was bereits im Innern ist.

Ein kleines Kind wird geboren. Es ist ohne Intelligenz, hat keinen Verstand. Doch beides ist latent vorhanden. Wenn die Monate vergehen und die Jahre in die Vergangenheit sinken, sehen wir langsam, sozusagen Schritt für Schritt, wie das kleine Kind beginnt zu denken, selbstbewußt zu denken. Es wird eine Manifestation von oder wird in zunehmendem Maße ausgestattet mit der Flamme der Gedanken, mit Selbstbewußtsein. Es beginnt zu denken, nachzudenken, zu ersinnen, Gedanken zu einem bestimmten Ende zu führen, Pläne zu machen. Es beginnt, am Leben ein individuelles und lebendiges Interesse zu nehmen, weil es von da an ein Denker ist.

Dies dient als Beispiel dafür, was der sogenannte Abstieg der Mânasaputras in die gemütlosen Menschen oder die Menschheit der frühen dritten Wurzelrasse war. Sollen wir sagen, daß der Mânasaputra von oben oder von außen in eine Wesenheit hinabstieg, die nicht schon latent die gleiche mânasaputrische Fähigkeit oder das Organ inhärent im Innern hatte? Das können wir nicht. Das Kind kann nur das hervorbringen, was im Innern ist, das ist wohl einleuchtend. Und doch handelt es sich um einen wirklichen Abstieg, eine wirkliche Inkarnation einer Flamme, der Flamme der Gedanken und des Selbstbewußtseins von der Monade, die sozusagen über dem Gehirn schwebt und das Gehirn und das gesamte Wesen des wachsenden Kindes durchdringt.

Der Mânasaputra ist deshalb beides: wir selbst und ein Abstieg in uns von unseren höheren Selbsten. Der Abstieg der Mânasaputras vor der Mitte der dritten Wurzelrasse war kein vollständiger Abstieg, es war nur ein teilweiser Abstieg. Die Mânasaputras sind nicht vollständig in uns inkarniert, oder, besser ausgedrückt, sie haben ihren Glanz noch nicht voll in uns manifestiert. Unsere Gemüter sind noch nicht voll evolviert, wir arbeiten jetzt noch mit unvollkommenen Gemütern, sie sind noch im Werden, noch in Arbeit. Die Mânasaputras werden sich nicht vor dem Ende der fünften Runde voll in uns inkarniert haben und in der Lage sein, ihre göttergleichen Kräfte in ihrer Fülle zu zeigen. Die fünfte Runde kommt als nächste, wenn wir diese vierte Runde beendet und das interplanetarische Nirvâna zwischen Globus G und A durchgemacht haben.

Wenn ein Mensch als Erwachsener im vollen Besitz aller seiner intellektuellen, mentalen und psychischen Kräfte stirbt, kann dann jemand sagen, würde jemand zu sagen wagen - ich jedenfalls nicht -, daß die göttliche Flamme des Intellektes ihre ganze Fülle in dem Menschen zum Ausdruck gebracht hätte, bevor er starb? Selbst die titanischen Intellekte der menschlichen Rasse haben bis jetzt die Kräfte der Mânasaputras über und in ihnen noch nicht voll zum Ausdruck gebracht. Die Mânasaputras inkarnieren allezeit und inkarnieren immer mehr und mehr, genauso wie in dem wachsenden Baby, dem wachsenden Kind, dem heranwachsenden Jugendlichen, dem Mann oder der Frau. In jedem Jahr, das vorübergeht, erfolgt eine größere Entwicklung der mentalen Kraft.

So sehen wir also, der Abstieg der Mânasaputras ist der Abstieg unserer spirituellen Seele, des Mânasaputras, unserer spirituellen Seite in unseren gewöhnlichen Gehirnverstand, in die menschliche Seele. Doch sie sind auch unsere Selbste. Mit anderen Worten, die Mânasaputras sind unsere Selbste, weil sie unsere höheren Selbste, von unseren höheren Selbsten sind. Ebenso wie in dem wachsenden Kind: Es ist beides, ein Abstieg und das Kind in seinem Höchsten. Das ist der Mânasaputra.

Und nun, in Ergänzung - ich berühre jetzt esoterische Dinge und spreche deshalb etwas zögernd - in Ergänzung hierzu möchte ich sagen, daß es noch eine andere Klasse von Mânasaputras gab, die sozusagen die ganze Sache dadurch in Gang brachten, daß sie mit ihrer eigenen Intelligenz, ihrem eigenen intelligenten Gedankenfeuer und Selbstbewußtsein diejenigen der menschlichen Rasse entflammten, die zu jener Zeit, in dem frühen Teil der dritten Wurzelrasse in dieser Runde, bereit waren, die Flamme aufzunehmen. Dann brachen ihr eigener mentaler Apparat, ihre eigenen mânasischen Kräfte zur Blüte auf, wie eine Rose schnell ihre Blütenblätter entfaltet, wenn ihre Blütezeit kommt. Diese Mânasaputras, diese Klasse von Mânasaputras waren die hoch evolvierten Wesenheiten aus früheren kosmischen Manvantaras, die bewußt, da sie zu der Hierarchie der Buddhas des Mitleids gehörten, ihre eigenen erhabenen Sphären verließen und zu den Menschen herabstiegen, um sie zu belehren - und sich dann wieder zurückzogen. Doch das ist eine andere Geschichte.

Die allgemeine Antwort ist, daß die Mânasaputras beides sind, wir und doch nicht wir. Wir, weil sie die höchsten Teile von uns sind; nicht wir, weil sie über der normalen Menschheit stehen. In dieser normalen Menschheit leben, denken und fühlen die meisten Menschen. Wir menschlichen Wesen sind menschliche Monaden. Doch wir werden überschattet - ein seltsamer Ausdruck -, überlichtet von der höheren Triade, dem höchsten Teil unserer Konstitution.

WAHRE MEDITATION

Frage:
Was ist Meditation? Ich frage deshalb, weil es viele verschiedene Theorien darüber gibt, was Meditation wirklich ist.

Antwort:
"Was ist Meditation?" Ich würde im Hinblick auf die vielen und sehr verschiedenen Meinungen darüber, was die Menschen im Westen Meditation nennen, sagen, daß Meditation das Auswählen eines Gedankengegenstandes ist, das dem Geist erlaubt, in Ruhe und Frieden über ihn nachzusinnen, ihn vor dem inneren Auge festzuhalten und ohne jede Anstrengung des Gehirnverstandes (denn das ermüdet) zu studieren. Über die Idee in Ruhe und Frieden nachzusinnen, ist eine wundervolle spirituelle Übung.

Doch es gibt noch etwas Höheres als Meditation: das Eintreten in das wirkliche Herz und in die Essenz des Dinges, das wir verstehen wollen. Erkennen wir, daß wir eine Sache nicht wirklich verstehen können - was bedeutet, sie zu einem Teil unseres Bewußtseins zu machen -, bevor wir sie geworden sind. Wir müssen wirklich synchron mit ihr vibrieren, sie wirklich werden, bevor wir sie durch und durch verstehen. Liebe ist ein Beispiel hierfür. Ein Mensch, der nicht geliebt hat, kann nicht verstehen, was Liebe ist; doch jemandem, der geliebt hat, braucht man sie nicht zu erklären, er kennt sie. Für die entsprechende Zeit ist er Liebe geworden. Das gleiche ist es mit der Übung der intellektuellen Kräfte. Niemand kann verstehen, was wirkliches intellektuelles Denken ist, wenn er nicht seine intellektuelle Fähigkeit gebraucht hat und tief in die Dinge eingedrungen ist. Doch für den, der dies getan hat, sind Worte überflüssig, er versteht, er ist für die fragliche Zeit intellektuell das Ding geworden, das er erforscht. Es gibt eine Fähigkeit im Menschen, eine Fähigkeit, die leider in den meisten Menschen völlig unbenutzt ruht: die Kraft, in das eigentliche Herz und die Essenz der Dinge einzudringen und sie für die Zeit zu werden; dann wissen wir. Wir kehren von dieser wundervollen Pilgerfahrt oder Forschungsreise als edlerer und besserer Mensch zurück. Wir haben unser Bewußtsein erweitert, etwas gelernt. Das ist die wirkliche Bedeutung wahrer Meditation, sofern sie nicht in weniger wichtigen Dingen praktiziert wird.

ZWÖLF GLOBEN IN EINER KETTE

Frage:
In den "Grundlagen der Esoterischen Philosophie" geben Sie zwölf Globen an. In einem der 'Meisterbriefe' sagt der Meister, es gäbe im ganzen vierzehn, aber die Zahl 12 sei bereits korrekt angegeben. Würde das heißen, daß es zwei oder vielmehr vier sind, welche die Verbindung zu der höheren und der niederen Hierarchie darstellen, anstatt zwei? Es macht mir ziemliches Kopfzerbrechen. Wenn ich Brief XIV nachschlage, verstehe ich, daß sich die Zahl vierzehn auf die sieben Lokas und die sieben Talas bezieht. Ist das richtig?

Antwort:
Es ist unnötig, darüber verwirrt zu sein, obwohl ich bereits sehe, wodurch die Verwirrung entstanden ist. Die Zahl der Globen ist zwölf; doch der Meister bezieht sich in dem Brief, von dem Sie sprechen, auf die sieben manifestierten Globen, von denen H. P. B. fast ständig schreibt, und auch auf die Welt der Wirkungen, die keine Lokas oder wirklichen Sphären sind, sondern innere Teile der Konstitution jedes Globus, so ähnlich wie der Astralkörper des Menschen eines der Prinzipien seiner Konstitution und nicht etwas von ihm Verschiedenes ist.

Sie sagen: "Ich verstehe jetzt, daß sich die Zahl vierzehn auf die sieben Lokas und die sieben Talas bezieht. Ist das richtig?" Das ist ganz korrekt, denn die sieben Lokas und die sieben Talas schließen die Prinzipien sowohl eines Globus als auch eines Menschen ein. Doch ich muß darauf hinweisen, daß sich der Meister in dem von Ihnen gegebenen Zitat mehr im besonderen auf die Welt der Wirkungen oder der Astralwelten bezog, die gewöhnlich unter dem Namen

Astrallicht eingestuft werden, als speziell auf die Lokas und Talas. Dennoch sind die Lokas und Talas fast das gleiche.

Die Sache ist sehr verwickelt, daher ist es kein Wunder, wenn sie Ihnen Kopfzerbrechen macht. Schauen Sie in den 'Meisterbriefen', Seite 60, unten auf der Seite nach, und Sie werden sehen, daß Meister M. speziell erklärt: "Die Welten der Wirkungen sind keine Lokas oder Örtlichkeiten." Vergessen Sie nicht, es gibt tatsächlich zwölf Globen, von denen sieben manifestiert sind und fünf unmanifestiert, zumindest für uns Menschen. Das Zitat aus dem Brief des Meisters bezieht sich aber mehr auf die besonderen Lokas und Talas, die vereinigt für jeden Globus dessen eigene spezielle 'Welten der Wirkungen' darstellen, die Astralwelt und ihre Verbindungen mit den anderen Teilen der Konstitution von sieben Prinzipien eines Globus.

SIND THEOSOPHEN UNGESELLIG?

Frage:
Man hat gesagt, es bestehe die Wahrscheinlichkeit, daß ein Theosoph kontaktarm wird. Diese Vermutung wird der Tatsache zugeschrieben, daß die theosophischen Lehren dem Schüler eine Vorstellung von der Ewigkeit und Grenzenlosigkeit des Lebens geben, und derer sich der Schüler im Laufe der Zeit bewußt wird. Folglich würde er die Relativität von allem oder von vielen Dingen sehen, und dies würde zu der Tendenz einer ungeselligen Einstellung führen. Meine Frage ist: Könnte es dem wirklichen Menschen, dem inneren Menschen Schaden zufügen oder nachteilig hinsichtlich seiner Evolution auf unserer Erde sein, wenn

er sich von der Gesellschaft dieser Welt fernhält, in der zweifellos viel Böses vorhanden ist?

Antwort:
Es gibt nicht die geringste Veranlassung oder Möglichkeit für einen wahren Theosophen, in der Einstellung oder dem Gefühl kontaktarm zu werden, wenn er den Richtlinien der Lehre der alten Weisheitsreligion der Götter folgt, wie sie uns von den Meistern der Weisheit und des Mitleids erst in jüngster Zeit durch ihren Boten H. P. Blavatsky gegeben wurden. Alle Religionen, alle religiösen Philosophien und alle Philosophien mit religiöser Tendenz müssen aber zwangsläufig in einem gewissen Teil der menschlichen Intelligenz den Wunsch wecken, sich von dem Rest der Menschheit abzusondern und ganz abseits von den Pflichten gegenüber den Mitmenschen sozusagen die Notwendigkeit eines persönlichen Fortschrittes auf dem Wege spiritueller und intellektueller Entwicklung zu fühlen. Gewinnt diese irrtümliche Ansicht die Oberhand, dann haben wir das Phänomen des Mönchtums und des Klosterlebens, wie es in der Zeit der frühen mittelalterlichen Geschichte des Christentums so bedeutend wurde.

Natürlich ist es wahr, daß man sich bis zu einem gewissen Grade von Versuchungen frei machen kann und eine Art spirituellen Fortschritt erzielt, wenn man sich von der Welt absondert. Doch das ist letzten Endes ein rein selbstischer Fortschritt und verfehlt das wirkliche Ziel, das man mit dieser Art Leben zu erlangen hofft. Wahre Theosophie heißt diese Art nicht gut, denn sie lehrt, daß wir alle Brüder sind, Mitglieder der Menschenfamilie, daß wir persönliche, karmische Verantwortungen haben, einer für alle und alle für einen, und daß der richtige Weg, das theosophische Leben zu führen, der ist, in der Welt zu leben, doch nicht weltlich. Das heißt, wir müssen unsere ganze Pflicht für die Familie, das Land und die Mitmenschen in der Welt erfüllen, und indem wir das tun, gewinnen wir dadurch die Mittel für inneres spirituelles Wachstum. Der Theosoph flieht nicht vor der Versuchung, noch sollte er vor ihr fliehen. Es ist seine Aufgabe, sie zu überwinden, sie zu besiegen und nicht vor ihr wegzulaufen. Die Tatsache, daß der Theosoph durch sein Studium und Leben ein großes Verständnis für die Relativität aller Dinge bekommt, ist der wirkliche Grund, warum er seine Aufgabe so stark fühlt und erkennt, daß der schnellste Weg zu spirituellem Fortschritt der Gebrauch jeder Fähigkeit ist, die er in Übereinstimmung mit den höchsten ethischen Prinzipien hat, und das Gefühl tiefen und starken Interesses an dem Wohlergehen seiner Mitmenschen und des Mitleids mit dem Leiden und dem Kummer seiner menschlichen Brüder.

Deshalb meine ich, der Fragesteller hat recht, wenn er sagt, es könnte für den inneren, wirklichen Menschen schlecht sein, außerhalb der menschlichen Gesellschaft zu bleiben. Der Grund ist, daß jeder Mensch eine individuelle Einheit in der menschlichen Gesellschaft ist, der gegenüber er eine Verpflichtung hat. Darum sollte er seine menschliche Pflicht erfüllen.

Natürlich kommt für jedes menschliche Individuum eine Zeit, in der es den Drang fühlen mag, dem einsameren Pfad der Chelaschaft, der Jüngerschaft zu folgen. Doch jeder wahre Jünger oder Chela erkennt, daß er diesem Pfad der relativen Abgeschiedenheit nur bis zu dem Punkt folgt, an dem der Jünger ein Meister des Lebens wird. Danach wird er mehr denn je ein Diener des Gesetzes des Mitleids und ein Diener der Welt in dem Sinne der Hingabe seines ganzen Lebens und alles dessen, was in ihm ist, um das spirituelle und intellektuelle Bewußtsein seiner Mitmenschen zu erwecken.

Ich spreche von dem Leben der Schulung, die ein Jünger durchmachen muß, als von einem 'einsamen' Pfad. Doch das ist nur eine Sprechweise. Es ist ähnlich so, wie wenn ein Student an der Universität ein schwieriges Examen abzulegen hat. Um frei von Angst und Ablenkung zu sein, die andernfalls auf ihm lasten, zieht er sich für eine Weile in seine Räume zurück, bis er die Prüfung bestanden hat. Hat er die Stufe der Evolution erreicht, kehrt er in die Welt zurück und erfüllt seine Pflicht gegenüber den Mitmenschen - zumindest sollte er es tun.

Ich hoffe, diese Antwort ist klar. Daraus ist bereits zu erkennen, wie völlig falsch es wäre zu sagen, Theosophen hätten die Neigung, kontaktarm zu werden, daß heißt ungesellig im umgekehrten Sinn des Wortes 'gesellig'. Nehmen wir auch sorgfältig zur Kenntnis, daß dies nichts mit Politik in irgendeiner Form zu tun hat. Es ist eine Frage der Moral, der Ethik und von spirituellem und intellektuellem Wachstum und von Vervollkommnung.

HIMMEL UND HÖLLE

Frage:
Wenn Sie von einem Christen gefragt werden, was Sie an die Stelle ihres Himmels setzen, was würden Sie, bitte, antworten?

Antwort:
In Beantwortung dieser Frage möchte ich nicht so sehr eine Antwort, sondern vielmehr eine Erklärung geben. Der christliche Himmel, ein Ort des Friedens

und der Seligkeit, wo die Gerechten mit der Erkenntnis der Herrlichkeit Gottes des Allmächtigen in ihren Herzen in Ewigkeit wohnen und sich in der spirituellen Würde sonnen, wodurch sie mit ihm und seiner göttlichen Gnade eins sind: wie beschränkt ist diese Ansicht! Würden sich nicht die Engel, dem christlichen System entsprechend, mit Entsetzen von einer solchen spirituellen Selbstsucht abwenden? Denken wir an die Millionen und Abermillionen ungezählter Scharen und Mengen von leidenden Geschöpfen, die weder diesen noch einen ähnlichen Himmel erreicht haben und die nach der christlichen Theorie, der orthodoxen Theorie, die Todesqualen unauslöschbaren Feuers erdulden müssen, in unaussprechlicher Qual für endlose Zeiten brennend! Wie kann es einen Himmel geben, wenn derartige höllische Zustände herrschen? Man mag mir vergeben, wenn ich verletze, ich meine es nicht so. Ich kann nicht an einen solchen Himmel glauben, weil sich meine ganze Seele dagegen auflehnt. Ich wünsche keinen Himmel, wenn nicht jede Wesenheit überall, jede denkende oder fühlende Seele ihn mit mir teilt. Der selbstisolierte Heilige in seinem heiligen Himmel lebt in einem Narrenparadies voll selbstsüchtiger Narren.

Wie erhaben und groß dagegen ist die Lehre der Götter: Sie besagt, daß es ewigen Fortschritt gibt, ewige Evolution, ewige Verbesserung, ewiges Wachstum, ewiges Entfalten der inneren Fähigkeiten, der inneren Kräfte und eine ständig zunehmende Ausweitung des menschlichen Bewußtseins in göttliches Bewußtsein und vom göttlichen zum übergöttlichen und so fort in endloser Zeit. Diese erhabene Lehre besagt ferner, daß wir in dem Maße, in dem wir wachsen und uns ausdehnen und unser Bewußtsein kosmische Reichweite erlangt, Mitarbeiter an der kosmischen Arbeit, dem kosmischen Werk werden. Das ist eine Vision, welche die Seele bezaubert, eine Vision, die dem Herzen Ruhe gibt, die den Intellekt anregt: die Erkenntnis unserer Einheit mit dem Universum. Endloser Fortschritt, endlose Verbesserung für alles, nichts ausgenommen, weder das winzigste Atom noch der mächtigste Gott - zwei verschiedene Stufen wachsender Wesenheiten. Das Atom wird ein Mensch, der Mensch ein Gott, der Gott wird ein Übergott und so fort ad infinitum.

In unserer Philosophie gibt es keinen Platz für einen statischen Himmel, ebensowenig wie es einen Platz für eine statische Hölle geben kann. Es gibt natürlich Zwischensphären und -stufen der Seligkeit und des Glücklichseins, in denen wir ruhen, wie zum Beispiel in Devachan nach dem Tode oder in Nirvâna. Doch diese sind vorübergehend im Vergleich zu anfang- und endloser Dauer. Auch gibt es zeitweilige Himmel und ebenfalls zeitweilige Höllen. Letztere kann es geben, wenn ein Mensch durch viele Zeitalter hindurch einem Pfad folgt, der ständig nach abwärts führt, einem Pfad, der ihm aufgrund andauernder Einengung jeder Fähigkeit und Energie fortwährende Zunahme an Schmerz und Leiden bringt und ihn in sich selbst immer fester (materiell-kristalliner) werden läßt. Zustände dieser Art gibt es tatsächlich, doch selbst sie sind vorübergehend. Die gleiche Überlegung läßt sich auf den aufsteigenden Pfad, auf die zahllosen Himmel anwenden; doch verglichen mit der Ewigkeit sind sie, um einer Lieblingsmetapher zu folgen, nur wie sich auflösende Wolkenfetzen am Berghang. Sie kommen, sie bleiben einen Augenblick, sie gehen vorbei. Weit größer als irgendein Himmel, als irgendeine Sphäre oder ein Loka der Glückseligkeit ist die grandiose Vision endlosen Wachstums an Fähigkeiten und Kraft, endloser Gelegenheit, für die Welt zu wirken. Es gibt keine größere Freude als diese.

DER MENSCH - EINE SCHAR VON MONADEN

Frage:
Wie können wir zu einem Verständnis unserer eigenen Essenz gelangen, die jenseits dessen ist, was wir die Monade nennen?

Antwort:
Dies ist eine Frage, die einige unserer intelligentesten Schüler gequält hat. Doch die Antwort ist ganz einfach. Ich habe sie in den "Grundlagen der Esoterischen Philosophie" gegeben und natürlich steht sie in allen philosophischen Werken H. P. B.s. Wie oft habe ich gesagt, daß die wirkliche Natur oder Zusammensetzung des Menschen eine Legion ist: Der Mensch ist eine zusammengesetzte Wesenheit, und in jeder menschlichen Konstitution ist nicht nur eine Monade, sondern viele - eine essentielle Monade, die Wurzel des individuellen Seins, die einer Schar von Kindermonaden Geburt gibt, und diese Kindermonaden bauen die Vehikel auf, in denen die ursprüngliche Monade lebt und wirkt. Habe ich nicht oft darauf hingewiesen, daß der Mensch aus einer wirklichen Armee von Wesenheiten zusammengesetzt ist, einer Schar, einer Menge, die sich vom Herzen des Universums bis hin zu seinem physischen Gehirn und Körper ausbreitet? Wir können unterscheiden: zum Beispiel die Astralmonade, die das Tier in sich hat und in der es bewußt ist; ferner die menschliche Monade, die wir Menschen haben und worin wir bewußt sind; die spirituelle Monade, welche die großen Meister sind, zumindest die höheren, weil sie bewußt in ihr sind; die göttliche Monade, in deren Bewußtsein der innere Gott eines jeden von uns lebt; die übergöttliche Monade, in der eine Wesenheit, die noch erhabener ist, bewußt ist und lebt, und die noch ein Teil von uns ist; und so geht es immer weiter. Die Schwie-

rigkeit bei diesem Studium ist die, in unseren schwerfälligen menschlichen Verstand, der durch Hunderte von Jahren so falsch erzogen worden ist, hineinzubekommen, daß der Mensch eine zusammengesetzte oder vereinigte Wesenheit, ein Mikrokosmos ist; daß wir nicht nur belebte Körper sind, durch Naturkräfte in einer bestimmten Weise aufgebaut, sondern daß wir wirklich Strahlen sind - ich finde keinen besseren Ausdruck -, die aus dem Herzen der Unendlichkeit herausfließen, und daß für einen jeden von uns ein solcher Strahl unser essentielles Selbst ist. Entlang diesem Strahl sind sozusagen in bestimmten Abständen Bewußtseinsknoten. Jeder dieser Knoten an diesem Strahl ist eine Kindermonade. Je weiter man nach innen oder, anders ausgedrückt, diesem Bewußtseinsstrahl entlang nach oben folgt, desto göttlicher sind die Monaden, wenn wir Bewußtseinsknoten auf Bewußtseinsknoten nach aufwärts oder nach innen folgen.

Wenn nun der Mensch, der sich nach mehr Licht und Wahrheit sehnt, sein Bewußtsein spiritualisiert, mit anderen Worten, sich zu höheren Plänen des Bewußtseins erhebt, steigt er diesem essentiellen Strahl entlang aufwärts und erkennt zuerst, daß er mehr ist als nur eine Tiermonade, und später, daß er mehr ist als nur eine menschliche Monade. Er hat in sich das Bewußtsein der Monade der Meister, der spirituellen Monade. Wird er ein Meister, erkennt er, daß in seinem Innern etwas noch Höheres als diese ist, nämlich die göttliche Monade. Fährt er fort, entlang diesem Bewußtseinsstrahl aufwärts zu steigen, dem 'Pfad' entlang, über den ich in den "Grundlagen der Esoterischen Philosophie" und anderswo so viel geschrieben habe, geht er noch höher, dann erlangt er mit jedem Schritt, mit jeder Stufe nach aufwärts, mit jedem Erreichen einer höheren Monade eine größere Ausdehnung des essentiellen Bewußtseins. Diese Ausdehnung wächst vom Menschsein zur Spiritualität der Meisterschaft. Nach der Spiritualität wird das Bewußtsein göttlich und schließt in seine Reichweite die Galaxie oder Milchstraße ein. Dann steigt das Wesen noch höher entlang dieser essentiellen Selbstheit, entlang diesem Strahl in seinem Innern, bis sein Bewußtsein kosmisch wird und eine noch umfassendere Reichweite erlangt, und so geht es für immer weiter.

Die Lehre ist ein fast unbegreifliches Paradoxon, aber eine Wahrheit. Vergessen wir nicht, ein Paradoxon ist natürlich kein Widerspruch. Ein Paradoxon ist eine Feststellung, die zumindest zwei scheinbar widersprüchliche Elemente enthält, die aber nur scheinbar widersprüchlich sind, weil wir die beiden Elemente nicht verstehen. Wenn wir sie verstehen, verschwindet das Paradoxon, und wir sehen ihre Übereinstimmung in der Einheit der Vorstellung.

Frage:
Sofern ich richtig verstanden habe, läuft es auf folgendes hinaus: Benutzen wir das Wort Monade, stellt sie den relativ höchsten Bewußtseinszustand dar, den das fragliche Wesen zu dieser Zeit erreicht hat, doch natürlich als ein evolvierendes Wesen, jedoch immer den höchsten zur Zeit erreichten Bewußtseinszustand.

Antwort:
Genau so ist es. Es gibt immer eine Monade, die höher ist als unsere Stufe der Evolution, welche Stufe dies auch sein mag. Es gibt immer eine noch höhere gerade über uns. Mit anderen Worten, es ist das Prinzip von Schleier auf Schleier. Jeder Schleier verbirgt eine edlere Vision, eine größere Ausdehnung des Bewußtseins. Die ganze Evolution ist ein Entschleiern des Bewußtseins, ein Entfalten der inneren Kräfte, der

Kräfte, die bis jetzt eingefaltet, involviert ruhen. Das ist, was Evolution bedeutet: ein Entfalten, ein Auswickeln dessen aus dem Innern, was bisher latent und verborgen war oder, besser ausgedrückt, was unmanifestiert blieb.

ÜBERSCHNEIDUNGEN DER GEOLOGISCHEN PERIODEN

Frage:
Würden Sie sagen, daß es eine Überschneidung bei den großen geologischen Perioden gibt, oder ist jede von der folgenden ganz verschieden?

Antwort:
Selbstverständlich unterscheidet sich jede von anderen. Es kann auch gesagt werden, daß sich die geologischen Perioden überschneiden, doch tritt dieses Überschneiden in der Manifestation weniger auf. Der Hauptpunkt, an den man denken muß, ist, daß die verschiedenen großen Stämme der mineralischen, pflanzlichen, tierischen und menschlichen Leben einander mit gleichzeitigen und aufeinander abgestimmten Veränderungen von Land und Meer und daher auch der Klimate folgen. Mit anderen Worten, die Stämme von Wesen oder Monaden arbeiten zusammen oder passen sich einander an und erzeugen so die verschiedenen, periodischen und aufeinanderfolgenden Muster dessen, was wir heute geologische Zeitalter nennen. Die Biologen, Zoologen und Botaniker würden sie die aufeinanderfolgenden Wogen pflanzlichen, tierischen und menschlichen Lebens nennen.

Es gibt also aufeinanderfolgende geologische Zeitalter, von denen jedes von seinen eigenen monadischen Familien in allen Naturreichen begleitet ist. Doch es gibt über lange Perioden hindurch Überlebende jeder geologischen Epoche, von der vorhergehenden oder sogar von mehreren Epochen. Zum Beispiel gehören heute der Elefant und das Rhinozeros, obgleich noch vorhanden, als Wesen zu einer vorangegangenen Zeit. Sie sterben langsam aus. Der Grund für ihr Überleben ist, daß die Monaden, die diese Körper bewohnen, in der Lage waren, sich der neuen Säugetierära anzupassen. Gewisse andere Typen lebender Wesen, wie die Dronte, das Schnabeltier und das Känguruh als Beispiele, sind ganz oder fast ausgestorben, obwohl die Känguruhs noch ausharren.

SUFISMUS UND THEOSOPHIE

Frage:
Was kann ich einer Bekannten sagen, die sehnlichst wünscht, ich möge ihr tiefes Interesse am Sûfîsmus teilen?

Antwort:
Es ist erstaunlich, wie viele Menschen sich für diese exotischen Glaubensrichtungen des Orients interessieren, ohne wirklich zu wissen, was diese sind. Sûfîsmus ist eine der besten von allen, doch ist er nichts weiter als eine Richtung des exoterisch-esoterischen Islams. Er ist ein schöner Glaube, der Liebe, Brüderlichkeit und Güte lehrt. Er lehrt auch die Existenz eines persönlichen Gottes von fast unpersönlichem Charakter - eine kuriose Mischung. Er enthält vieles, was schön ist und westliche Menschen einnimmt. Doch, wie ich oft gesagt habe, warum sich mit einem Kapitel aus einem Buch begnügen, wenn man den ganzen heiligen Band

haben kann, der die Esoterische Philosophie ist?

Ich glaube wirklich, daß Sie Ihre Bekannte für Theosophie interessieren können. Erzählen Sie ihr schöne Dinge. Sprechen Sie von Liebe und Harmonie, Barmherzigkeit und Schönheit, von den großen Sehern und Weisen der Welt, von den Hierarchien und der universalen Natur, von dem Pfad zur Weisheit, der in dem großen Selbst jedes menschlichen Wesens liegt, von seinem inneren Gott. Sprechen Sie von spiritueller Bruderschaft, die völlig unpersönlich, unpolitisch und nicht sektiererisch ist. Mit anderen Worten, zeigen Sie ihr, um wieviel schöner und um wieviel allumfassender schon die einfache theosophische Auffassung ist. Sie weiß nicht, worauf sie sich eingelassen hat, und sieht nur die Schönheit des modernen mystischen Sûfî-Denkens, doch leider erkennt sie nicht seine philosophische und wissenschaftliche Unvollständigkeit. Doch sagen Sie nichts gegen den Sûfîsmus selbst, denn er enthält ebenso wie das Christentum, der Brâhmaismus, der Buddhismus und auch andere Arten mystischen Denkens vieles, was im Inneren anspricht. Es ist das orientalische Neue, das besonders westliche Frauen zu diesen exoterischen Glaubensrichtungen hinzieht, doch wir Theosophen müssen nicht nur an ihr Gemüt appellieren, sondern auch an ihren Verstand.

KEINE KOMMUNIKATION MIT DEN TOTEN

Frage:
Wäre es zu rechtfertigen, Medien zu konsultieren, um den Versuch zu machen oder sich zu bemühen, mit den Abgeschiedenen in Verbindung zu kommen?

Antwort:
Die Lehre der Weisheitsreligion der Menschheit - heute Theosophie und in ihren tieferen Aspekten Esoterische Philosophie genannt - ist, daß jeder Versuch, durch Medien und Sensitive oder auch mit anderen Mitteln mit jenen in Verbindung zu kommen, die dahingegangen sind, ein grausames Unrecht ist, das leider meistens aus Unwissenheit gegen die Seelen verübt wird, die darum ringen, ihren Weg zu glänzenderen und größeren Sphären zu finden. Jeder Versuch, auch wenn er nur mäßig erfolgreich ist, hält die scheidende spirituelle Essenz zurück.

Ferner ist es durch die großen und mitleidsvollen Gesetze der Natur völlig unmöglich, physisch mit der spirituelleren Essenz eines menschlichen Wesens in Verbindung zu treten. Wenn die spirituelle Essenz mit dem Tode des physischen Körpers, den sie abgeworfen hat wie ein abgetragenes Gewand, ihre Bande zur materiellen Welt abgebrochen hat, kann sie materiell nicht mehr erreicht werden. Das äußerste, was getan werden könnte, wäre, eine psychomagnetische Verbindung mit den astralen Überbleibseln herzustellen, welche die Menschheit übereinstimmend den 'Spuk' oder 'Bhûta' nennt.

Bitte verstehen Sie, diese Antwort beabsichtigt in keiner Weise, ein Vorwurf gegen die vielen hervorragenden und freundlichen Leute zu sein, die zu den sogenannten Spiritisten gehören. Ich möchte um alles in der Welt ihre Gefühle nicht verletzen, und doch bin ich, wenn eine solche Frage an mich herangetragen wird, als theosophischer Lehrer verpflichtet, ehrlich und ohne Zurückhaltung zu sagen, wie die Lehren der Esoterischen Philosophie lauten.

Folgendes kann ich als Erläuterung zu dem, was ich eben sagte, hinzufügen: Es gibt nichtsdestoweniger einen erhabenen Weg, mit jenen, die wir geliebt haben und die nun dahingegangen sind, in Herzensberührung zu kommen. Das ist durch unsere spirituelle Natur möglich - mit anderen Worten, durch das Erheben unserer Herzen in unpersönlicher Liebe zu der Erinnerung, der heiligen Erinnerung an jene, die wir lieben und die nun nicht mehr physisch bei uns sind.

Haben die im physischen Körper Zurückgebliebenen ein so unpersönlich liebendes Herz, bedeutet dies eine wirkliche, echte, spirituelle Gemeinschaft. Der Geist ist in seiner Reichweite universal, und Liebe überwindet alle Grenzen von Raum und Zeit. So können die auf der Erde Lebenden in liebende spirituelle Berührung mit denen kommen, die frei sind.

Ich fühle mich jedoch verpflichtet zu sagen, daß jeder Versuch, dies durch Medien, Sensitive oder empfängliche Personen zu tun, nicht nur ein unglückliches Bemühen ist, mit den Verstorbenen in Verbindung zu treten, sondern auch für die spirituelle Gesundheit sowohl des Mediums als auch dessen, der es versucht, schädlich ist. Bedauerlicherweise besteht über die großen Naturgesetze eine solche Unwissenheit bei jenen, die andererseits in vieler Hinsicht liebevolle, freundliche und großartige Menschen sein können.

GÖTTLICHKEIT, GEIST UND SEELE

Frage:
Was ist der Unterschied zwischen dem Göttlichen und Spirituellen einerseits und dem Geist und der Seele andererseits?

Antwort:
Die Wörter 'göttlich' und 'spirituell' sind natürlich

Adjektive. Was immer vom Geist ist, ist spirituell. Das Göttliche unterscheidet sich sehr von der Seele. 'Seele' ist eines der Wörter, die in der englischen (und deutschen) Sprache am schwersten zu erklären sind, und zwar einfach deshalb, weil es sehr umfassend ist. Sagen wir 'Seele', und fünfzigtausend Menschen haben fünfzigtausend verschiedene Meinungen darüber.

Wir können jedoch von der Seele als der Heimat eines Egos sprechen, welches die inspirierende Essenz der Seele ist. Der umschließende Schleier oder das Gewand ist die 'Seele', und da jeder Mensch im Innern seiner Konstitution ein göttliches Ego, ein spirituelles Ego, ein menschliches Ego und selbst eine Art Tierego besitzt, hat jedes Ego seine entsprechende Seele. Seele bedeutet daher, wie gesagt werden kann, 'Gewand', 'Vehikel', 'Körper'.

Das Göttliche ist der erhabenste Teil sowohl des Universums als auch des Menschen. Was immer von den Göttern kommt, hat göttlichen Charakter. Was von der Natur der Gottheit ist, ist göttlich. Das Höchste in der Hierarchie ist das Göttliche, ihm folgt das Spirituelle, durch das es wirkt. Diesem schließt sich darunter das Menschliche an, durch welches das Spirituelle wirkt, und als nächstes das Tierelement in uns, der kâma-astral-vitale Teil, durch den das Menschliche wirken muß, um sich selbst auf diesem physischen Plan zum Ausdruck bringen zu können. Dann kommt unser physischer Körper. Ich hoffe, die Antwort ist zumindest aufklärend.

ARGUMENTE FÜR DIE REINKARNATION

Frage:
Was sind gute, zwingende Beweisgründe für Reinkarnation?

Antwort:
Meiner Meinung nach gibt es viele. Jedes Argument sollte dem Fragesteller entsprechen. Was einen römischen Katholiken oder einen Methodisten nicht überzeugt, kann einem Atheisten einleuchten. Wenn mir die Frage gestellt wird und ich die Schwierigkeit erkenne, eine kurze und klare Antwort zu geben, stelle ich nach der sokratischen Methode Fragen: "Was verstehen Sie unter Reinkarnation?" Daraufhin beginnt der Fragende zu definieren, was er unter diesem Ausdruck versteht oder mißversteht. Das ist meine Chance, zu berichtigen und zu belehren. Mit anderen Worten, anstatt direkt zu antworten, mache ich einen Umweg, eine psychologische Methode, die verschiedenen Gemüter zu behandeln, die mit Fragen zu mir kommen. Indem ich selbst frage, veranlasse ich meinen Fragesteller, selbst zu denken, seine eigenen Gedanken zuerst zu klären, bis er nach und nach durch unser Gespräch erkennt, daß Reinkarnation zumindest interessant genug ist, um darüber nachzudenken, und das ist der erste Schritt.

Ich denke, es gibt nicht für jeden eine bestimmte, kurze, überzeugende Antwort auf die Frage: Was ist ein absoluter Beweis für Reinkarnation? Es könnten viele stichhaltige Antworten gegeben werden. Zum Beispiel: "Warum sind wir hier? Durch Zufall?" Führen Sie diesen Gedankengang dann weiter aus. Es gibt keinen Zufall. Wir sind hier, weil uns das Wirken der Natur hierhergesetzt hat, und die Natur arbeitet immer nach Gesetz und Ordnung. Das bedeutet, daß sich eine Kette von Verursachungen weit zurück in die Vergangenheit erstreckt. Wenn wir jetzt Menschen sind, so ist das nur das gegenwärtige Ende einer Kette von Ursachen und Wirkungen. Die Ursachen bringen Folgen hervor: 'Karman', mit anderen Worten die Lehre von den Folgen, besagt, daß nur das hervorgebracht werden kann, was von Natur aus in dieser Kette vorhanden ist. Ich meine, wenn es eine Kette von Folgen gibt, die in elektrischem Licht kulminiert, sofern sie erfolgreich zu Ende geführt wird, dann leuchtet es ein, daß diese identische Kette von Folgen in nichts anderem kulminieren wird als in elektrischem Licht. Folgen Sie dieser Linie und bringen Sie Ihren Fragesteller dazu, selbst zu denken. Dann gehen Sie, wie Sokrates es tat, Schritt für Schritt weiter. Nach einer Weile wird er beginnen, mit Ihnen zu argumentieren, und möglicherweise wird er Ihnen selbst einige ausgezeichnete Beweise für Wiederverkörperung oder Wiedergeburt geben.

GRUNDLEGENDES HEILMITTEL FÜR LEIDEN

Frage:
Oft wurde gesagt, die Theosophie besitze das Heilmittel für das in der Welt existierende Elend und Leid. Wie können wir erreichen, daß dies von jenen verstanden wird, die keine Mitglieder der Theosophischen Gesellschaft sind, und von denjenigen, die unter ihren materiellen Umständen leiden?

Antwort:
Ein vernünftiger Mensch kann sicherlich nicht leugnen, daß sich die Welt in einem Bewußtseinszustand befindet, der beweist, daß es den Menschen an einer wahren Lebensphilosophie mangelt. Im allgemeinen wird geglaubt, die Menschen seien nur physische Körper, Tiere, belebte Maschinen. Dies ist die Wurzel der heutigen Weltprobleme und verursacht die weitverbreitete, himmelschreiende, schamlose, protzende Unmoral. Wenn ich Unmoral sage, beziehe ich mich nicht allein

auf sexuelle Unmoral, sondern besonders auf politische, soziale und ethische Unmoral. So ist es immer, wenn die Menschen keinen Maßstab für Recht und Unrecht haben, der erwiesenermaßen auf Naturgesetz beruht. In diesem Fall haben die Menschen keine Führung im Leben, und die Folgen sind Korruption, Betrug, Selbstsucht, Krieg und all die anderen üblen Dinge in ihrem Gefolge. Die Lehren der materialistischen Wissenschaft der letzten hundertfünfzig Jahre haben die Menschheit in einen Engpaß getrieben, in dem sie tatsächlich alle Hoffnung verloren hat. Die heutigen Menschen glauben nichts wirklich; wenn sie aber unbestimmt an etwas glauben, dann fehlt ihnen der Beweis. Glücklicherweise beginnen unsere großen wissenschaftlichen Forscher, eine neue Doktrin zu lehren.

Die unmittelbare Folgerung ergibt sich aus dem, was gesagt wurde: Entsprechend dem Naturgesetz berührt ein Mensch mit all dem, was er tut, alle anderen. Die Erkenntnis dieser Tatsache ruft ein Gefühl der moralischen Verantwortung hervor, mit anderen Worten, die Anerkennung der Ethik. Es ist unsere Aufgabe, die theosophischen Lehren zu lehren, den Menschen die Lebensphilosophie zu geben: Was sie säen, werden sie ernten; sie sind jetzt das, wozu sie sich in der Vergangenheit gemacht haben, und sie werden in der Zukunft das sein, wozu sie sich jetzt machen. Unsere theosophischen Lehren geben den Menschen nicht nur eine große und erhabene Hoffnung, sondern auch die ethischen Prinzipien, nach denen sie leben können, und eine großartige Philosophie, "Esoterische Philosophie", die ihnen diese Prinzipien angemessen erklärt. Aus diesem Grunde werden Kriege automatisch verschwinden, wenn die Welt schließlich theosophisch geworden ist. Korruption auf hoher oder niedriger Ebene wird als schreckliche Erinnerung der Vergangenheit angehören. Für diese Erneuerung arbeiten wir unter anderem. Die Frage hat einen der fundamentalen Gründe für die Gründung der Theosophischen Gesellschaft klargestellt.

INTELLEKTUELLES INTERESSE AN THEOSOPHIE

Frage:
Sollte eine Person gebeten werden, Mitglied der Theosophischen Bewegung zu werden, auch wenn man weiß, daß sie vorerst nur ein intellektuelles Interesse am Lesen unserer Literatur hat?

Antwort:
Nachdrücklich: Ja. Denken Sie daran, was wir zu geben haben! Wenn jemand zu mir kommt und sagt: "Ich bin an diesem und jenem interessiert, was kann ich tun, um mehr zu lernen?", soll ich dann in gleichgültiger Weise mit den Schultern zucken, ihn gehen und auf dem Wege stolpern lassen? Nein. Ich würde sagen: Kommen Sie her, lernen Sie mehr, hier können Sie etwas finden.

Laden Sie ihn ein, zu uns zu kommen - helfen Sie ihm, seinen Weg leichter zu machen. Denken Sie daran, was unsere Lehrer für uns getan haben. Machten sie nicht auch uns den Weg leichter, indem sie uns die unsterblichen theosophischen Wahrheiten gaben, indem sie in unserer Zeit ihren Boten H. P. Blavatsky aussandten, dessen Aufgabe zum Teil darin bestand, die Theosophische Gesellschaft zu gründen? Vergessen Sie nicht, die Theosophische Bewegung ist eine ständige Einladung, in den Tempel der Wahrheit einzutreten. Ja, meine Brüder, ladet ein, tut noch mehr, tut alles, was ehrlich, sauber und wahr ist, um Außenstehenden zu helfen, sich der Theosophischen Bewegung anzuschließen, aber drängen wir uns nicht auf.

Ich habe absolut keine Sympathie für die Ansicht mancher Leute, die meinen, es wäre falsch, anderen den theosophischen Pfad nahezulegen. Im Gegenteil, es ist unsere Pflicht, unsere menschliche Pflicht, jeden Menschen davor zu warnen, in eine offene Falltür, eine Fallgrube zu laufen. Es ist unsere Pflicht, ihm zu sagen, daß in einer bestimmten Richtung der Pfad zu Wahrheit, der Pfad des Lichtes liegt. Finden wir einen Menschen, der auf einem dunklen Feld von schädlichen Gasen umgeben wandert, ist es unsere Pflicht, ihm den Weg zu zeigen, der zum Licht führt.

GEBET UND BITTEN

Frage:
Warum glauben Theosophen nicht an Gebete und daß ein Gebet von unserem Vater im Himmel beantwortet wird?

Antwort:
Was meinen Sie mit Gebet? Bedeutet Gebet 'den Vater der Menschen und den Schöpfer des Universums' zu bitten, er möge Regen senden, uns in unseren materiellen Unternehmungen Erfolg geben, einen kleinen Jungen anstelle eines kleinen Mädchens zu senden, das Getreide wachsen zu lassen oder uns Trost und Mut zu geben, wenn vielleicht der Tod einen geliebten Menschen von uns genommen hat? Was für eine Art Gebet ist das? Es ist durch und durch selbstsüchtig. Es ist ein Bekenntnis dafür, daß wir etwas für uns zu bekommen wünschen. Es ist aber auch ein Bekenntnis dafür, daß unsere Ansicht oder Meinung und Überzeugung über das unsagbare Mysterium, dessen wirkliches

Herz Mitleid und Weisheit ist, rein menschlich ist. Außerdem zeigt es, daß wir glauben, daß das Göttliche nicht ebensogut wie wir weiß, was für die Welt und uns gut ist. Ein Bittgebet ist daher für Theosophen nicht nur falsch, sondern, wenn wir es in gewöhnlicher menschlicher Sprache ausdrücken, eine spirituelle Ungehörigkeit.

Andererseits sollten sich diejenigen, die leiden, deren Herz bekümmert ist, die über ein tiefes ethisches Problem im Zweifel sind, die nicht sicher sind, wie sie eine bestimmte Handlung vollbringen sollen, an die Worte aller großen Lehrer erinnern: Geh in Dein inneres Kämmerlein und suche dort die Verbindung mit Deinem inneren Gott! Denn, wie Jesus gesagt haben soll, "Ich und mein Vater sind eins", das heißt, jeder Mensch ist eins mit seinem inneren Gott, der essentiellen Göttlichkeit in seinem Innern, dem Bindeglied mit der grenzenlosen Unendlichkeit. Es gibt eine Quelle der Weisheit in uns allen, eine Quelle unerschöpflicher Liebe. Es ist schade, daß die Menschen dies nicht erkennen: eine der erhabensten Wahrheiten des menschlichen Lebens. Die Menschen wissen nicht, was sie im Innern haben. Alle Lehren der Weisen und Seher der Zeitalter haben gelautet: Schau nach innen, forsche im Innern, finde die Wahrheiten im Innern, werde eins mit deinem eigenen inneren Gott und sei im Frieden! Dort ist die Quelle von Weisheit und Liebe, von Frieden und Glück. Der Weg, diese Quelle zu erreichen, beginnt mit einem grenzenlosen Mitgefühl mit den Seelen der Menschen.

Das einzig wahre und wirkliche Gebet ist die Liebe. Geben wir allem, ob groß oder klein, grenzenlose Liebe. Fühlen wir unsere essentielle Einheit mit den Sternen in ihrem Lauf, fühlen wir uns heimisch im Universum, haben wir freundliche Gedanken und mitleidsvolle Gefühle für alles, was leidet oder in Not ist, was sich grämt und sich nach Licht und Wahrheit sehnt. Das ist der Pfad der Jüngerschaft, das ist das Ideal der Chelaschaft. Die Theosophie richtet eine dringende Bitte an den Geist im Innern eines jeden Menschen, und wenn dieser Gedanke verstanden und im Innern entwickelt wird, tritt das Licht ein, Friede und Glück und eine große Ruhe - so werden Kummer und Schmerzen vergehen.

Der Schlüssel ist Selbstvergessenheit! Vergessen wir nicht, das wahre Herz der Natur ist Harmonie, sie ist gleichbedeutend mit Liebe. Denn Liebe und Harmonie sind eins, die zwei Seiten ein und derselben Sache. Weisheit ist nur ein anderer Name, denn Liebe ist weise: Sie ist Weisheit und Hellsichtigkeit, und Weisheit ist immer harmonisch. Liebe und Weisheit, Frieden und Harmonie sind Namen für das gleiche unaussprechliche Mysterium, das die Menschen in ihrer Unwissenheit 'Gott' nennen. Beginnen wir es zu beschreiben oder zu definieren, versehen wir das Göttliche mit unseren nur menschlichen, unvollkommenen und begrenzten Gedankenerfindungen, weil wir unvollkommen sind. Deshalb bezeichnen Theosophen dieses wunderbare, unbeschreibliche Mysterium mit dem einen Wort JENES. Hierin liegt unendlich mehr Ehrfurcht als darin, das Göttliche mit den unvollkommenen Attributen unserer menschlichen Existenz zu kennzeichnen, zu etikettieren oder zu qualifizieren.

Ein Bittgebet ist in der letzten Konsequenz selbstisch. Als Beispiel können zwei Armeen auf dem Schlachtfeld dienen. Jede betet, sie möge siegreich sein und der Feind möge vernichtet werden. Welches Gebet wird ihr Gott erhören? So wiederhole ich nochmals: Jedes Bittgebet ist selbstisch. Ein Mensch mag um Führung bitten, doch selbst das ist nur für ihn allein. Ich gebe zu, dies ist ein edleres Gebet, als wenn er um wachsenden Wohlstand oder etwas ähnliches bittet, doch nichtsdestoweniger bittet er um etwas, was er nach seiner unvollkommenen Beurteilung für sich für das beste hält. Doch wir können die Richtung unseres Lebens selbst ändern, denn wir sind ein Teil der Natur, ein integraler Teil des Universums und deshalb ein Teil des wahren Herzens des Mitleids, obwohl bis jetzt nur ein sehr unvollkommener und schwacher Ausdruck von ES.

Selbst wenn wir für das Wohlergehen eines anderen beten - worin liegt der moralische Aspekt? Erkennen wir nicht, daß wir kein Recht haben, vorsätzlich das evolutionäre Wachstum oder die Entwicklung eines Bruders oder einer unter uns stehenden Wesenheit zu beeinflussen oder beeinflussen zu wollen, wenn es nicht strikt im Einklang mit den inneren Gesetzen der Natur ist, welche Nichteinmischung in die Angelegenheiten anderer bedeuten, außer in Liebe, Mitleid und unpersönlicher Hilfe? Wenn wir denken, wir hätten das Recht, zum Beispiel eine Rose zu beeinflussen, ihre Farbe von rot in blau zu verändern, so hätten wir nach dem gleichen Rezept auch das Recht, das Schicksal eines menschlichen Wesens zu beeinflussen und zu versuchen, aus einem schlechten einen guten Menschen zu machen oder aus einem guten einen schlechten. Wir Theosophen sagen nein, denn gesetzt den Fall, wir wären erfolgreich, einen schlechten Menschen aus eigener Machtvollkommenheit in einen guten zu verwandeln, so würden wir ihn doch schwach und unvollkommen sein lassen und ihn der Gelegenheit berauben, selbst Stärke zu gewinnen, welche die einzig wahre Stärke ist und der einzige Weg, auf dem er wachsen kann. Es liegt in den Gesetzen der Natur, daß er selbst seine Lektionen lernen muß, selbst evolvieren und nach Stärke, Licht und Wahrheit ringen muß. Einmischung in die Angelegenheiten anderer Menschen ist unverantwortlich, und auch die Götter in ihren majestätischen Bahnen können und wollen sich nicht dadurch in das evolutionäre Wachstum der Menschen einmischen, indem sie auf ihre schwachen Bittgebete hören.

SOWOHL ETHIK ALS AUCH INTELLEKT

Frage:
Obwohl wir verstandesmäßig die Wahrheiten der theosophischen Lehren kennen, sind wir in diesen großen Wahrheiten nicht selbstbewußt. Wie können wir diesen Abgrund überbrücken, um anderen besser helfen zu können?

Antwort:
Das ist eine edle und schöne Frage. Wenn Sie sich verstandesmäßig der Wahrheit bewußt sind und intellektuell erkennen, daß bestimmte Lehren wahr sind, dann ist das ein großer Schritt nach vorwärts. In einer Hinsicht ist es wie eine 'Offenbarung', wie eine offene Tür. Versuchen Sie, dieser intellektuellen Erkenntnis gewissenhaft zu folgen und im Einklang damit zu leben, im Frieden mit sich selbst und mit allen anderen Menschen. Schauen Sie auf diese intellektuelle Erkenntnis wie auf ein führendes Licht, so wird Ihre intellektuelle Vorstellung schließlich in sympathische Vibration mit den höheren Teilen Ihrer Konstitution gelangen. Sie werden so viel innere Weisheit, Liebe und Frieden erlangen, wie Ihre persönliche Natur zur Zeit fassen kann.

Ich bin erstaunt, daß der Fragesteller seine Frage in dieser Weise gestellt hat, denn normalerweise kommt die intellektuelle Vorstellung zuletzt. Wir fühlen oft Wahrheiten, die wir intellektuell nicht zu äußern in der Lage sind oder die wir vielleicht sogar mit dem Gehirnverstand nicht ganz verstehen. Wir können unsere Gedanken nicht so leicht ausdrücken, wie wir etwas fühlen können. Es besteht immer die Gefahr, daß der Intellekt schließlich ein übermäßiges Gewicht im Charakter erlangt. Das muß vermieden werden, denn es führt leicht zu dem Pfad linker Hand. Wir müssen vor allem anderen den ethischen und moralischen Sinn pflegen und in dem gleichen Maße ebenso den intellektuellen, sonst neigen wir dazu, einseitige Geschöpfe zu werden, und eine solche Entwicklung ist unklug.

"Wie können wir diesen Abgrund überbrücken, um anderen besser helfen zu können?" Meine Antwort ist: durch das Öffnen unserer Herzen und Sinne für die beruhigenden und besänftigenden Einflüsse unserer spirituellen Natur, die durch das Licht geleitet werden, das die Theosophie gibt. Dann widmen wir unser Leben dem unablässigen Dienst an allem, was lebt. Das ist außerordentlich schön und bringt als seine natürliche Belohnung nicht nur Weisheit und den großen Frieden mit sich, sondern auch ein Öffnen des inneren Wesens des Aspiranten, so daß er schließlich gänzlich mit seinem inneren Gott eins wird. Das bedeutet, daß er ein Meister des Lebens wird, für immer dem Dienst für die Welt und der Hilfe für alle Wesen geweiht.

Die gesamte Natur des Menschen muß wachsen, muß erweckt werden. Wir dürfen nicht nur in einem Teil von uns wachsen. Nur das ebenmäßige Wachstum bringt die innere Harmonie, den inneren Frieden. Seien wir nicht entmutigt, wenn wir denken, wir könnten nicht das Gefühl für die Wahrheit der theosophischen Lehren bekommen, obwohl wir sie verstehen. Folgen wir einfach dem Licht in unserem Innern, und wenn wir den Intellekt zum Verstehen haben, wie Sie sagen, ist selbst das ein enormer Schritt vorwärts. Versuchen wir zu gleicher Zeit und allezeit, den ethischen Instinkt zu pflegen und streben wir immer danach, die ethischen Werte der Wahrheit zu finden - ich meine den moralischen Wert der intellektuellen Lehre. So erwerben wir sowohl das innere Bewußtsein, daß eine Sache richtig ist, als auch den intellektuellen Sinn dafür, daß sie richtig ist. Ein Mensch kann eine intellektuelle Empfindung für eine Wahrheit haben, aber kaltherzig sein, ohne den Drang, anderen zu helfen, den Drang, anderen das Licht weiterzureichen. Ein solcher Mensch fühlt nicht seine untrennbare Einheit mit anderen und die unausweichliche Verantwortung für sie.

UNTERRASSEN DER FÜNFTEN WURZELRASSE

Frage:
Während einer Reihe von Jahren habe ich die theosophische Literatur gelesen und den Lehren entnommen, daß wir jetzt in der fünften Unterrasse der fünften Wurzelrasse sind. Doch ich las in Dr. von Puruckers erklärendem Buch, den "Grundlagen der Esoterischen Philosophie", dies sei ein Fehler, wir hätten die Mitte der vierten Unterrasse noch nicht erreicht. Die frühere Lehre sei in diesem Punkt eine absichtliche Blende.

Der gegenwärtige Zustand der Welt legt es gewiß nahe, daß wir nicht eine ganze Unterrasse über den 'Gipfel der Materialität' hinaus sind. Doch wenn das der Fall ist, warum war es dann notwendig, diese Lehre bis heute zurückzuhalten? Warum sind wir heute mehr bereit, sie zu empfangen, als vor fünfzig Jahren? Kann etwas mehr über diesen Gegenstand gesagt werden?

Antwort:
Im großen und ganzen hat der Fragesteller meine verschiedenen Hinweise zu dem Thema der Rassen richtig verstanden. Es ist jedoch ein Irrtum anzunehmen, die Lehre über diesen Gegenstand sei bis heute 'zurückgehalten' worden. Folglich ist auch die Vermutung, wir seien heute mehr bereit, die Lehren zu empfangen, als andere vor fünfzig Jahren, ebenfalls falsch. Ich möchte auch darauf hinweisen, daß die frühere Lehre über diesen Punkt keine 'absichtliche Blende' war. Doch die Lehren über die Rassen, wie sie in der "Geheimlehre" von H. P. Blavatsky gegeben sind, wurden nicht in jeder Hinsicht richtig verstanden.

In den "Grundlagen der Esoterischen Philosophie", Kap. XX, habe ich diesen Gegenstand, wenn auch kurz, so doch in genügender Klarheit behandelt. Ich nehme an, der Fragesteller und andere, die an diesen Lehren interessiert sind, werden sich an H. P. B.s "Geheimlehre", besonders Bd. I, S. 668, wenden und über die dort gegebenen sehr klaren und bestimmten Erklärungen nachdenken.

"Der Gipfel der Materialität" in jeder "Rasse" ist immer die vierte Stufe oder Unterrasse oder "der Mittelpunkt", das heißt die vierte Unterrasse jeder Wurzelrasse. Weiter sagt H. P. B. auf dieser Seite der "Geheimlehre" sehr klar, daß wir "am Mittelpunkt unserer Unterrasse der fünften Wurzelrasse stehen, welcher der Gipfel der Materialität in einer jeden ist - so sind tierische Neigungen, wenn auch verfeinerter" und so fort. Nun, diese Worte: "der Gipfel der Materialität in einer jeden" lösen das Problem sofort, weil hier auf zwei Dinge Bezug genommen wird: die fünfte Wurzelrasse und ihr "Gipfel der Materialität", der die vierte Unterrasse ist, und dort wiederum der "Mittelpunkt unserer Unterrasse". So sollte für jeden klar sein: Wenn wir an dem Punkt sind, wo der "Gipfel der

Materialität" in einer "jeden" gefunden wird, so stehen wir damit an dem Mittelpunkt der vierten Unterrasse der fünften Wurzelrasse oder in seiner Nähe. Da es jedoch immer Zyklen innerhalb von Zyklen gibt und wieder kleinere in diesen, hat sogar die vierte Unterrasse ihre Aufstiege zu relativer intellektueller Entwicklung oder relativer spiritueller Entwicklung und danach auch ihre Abstiege.

Seit der Entdeckung Amerikas befanden wir uns in dem Aufstieg eines kleineren untergeordneten Zyklus innerhalb der vierten Unterrasse. Das erklärt die große Entwicklung der Gehirnverstands-Intellektualität und das Aufblühen der materiellen Energie, deren Zeichen selbst der Kurzsichtigste überall um uns her sehen kann.

Um es genauer zu sagen, wir gehen gegenwärtig wirklich durch eine kleine fünfte untergeordnete Rasse, die einen Teil einer Familienrasse bildet, die ihrerseits ein Teil der vierten Unterrasse ist, welche die niedrigste große Unterrasse der fünften Wurzelrasse ist.

Wie jeder ernsthafte Schüler der archaischen Weisheit, der über die Erklärungen in H. P. B.s "Geheimlehre" nachgedacht hat, weiß, teilt sich jede Wurzelrasse, wenn ihre Zeit kommt, in ihrer Mitte in zwei Teile, das heißt etwa am Mittelpunkt ihrer vierten Unterrasse, wie es Atlantis und Lemurien erging. Eine solche Rassenkatastrophe hat uns von der fünften Wurzelrasse offensichtlich noch nicht erreicht. Die Schlußfolgerung ist natürlich sofort einleuchtend. Wir haben den Mittelpunkt der vierten Unterrasse der fünften Wurzelrasse noch nicht erreicht - obwohl wir nicht weit von diesem Mittelpunkt entfernt sind.

H. P. B. zeigt in der "Geheimlehre" des weiteren, daß das karmische geologische Geschick Europas - bis der endliche Abschluß vieler rassischer Rechnungen stattfindet - etwa sechzehntausend Jahre oder mehr in Anspruch nimmt, bevor dieses Ereignis, eine geologische Rassenkatastrophe, seinen Höhepunkt erreicht. Währenddessen "werfen große Ereignisse ihre Schatten voraus". Schwerwiegende seismische, Flut- und andere Katastrophen werden sich auch in bestimmten europäischen Ländern zwischen der jetzigen Zeit und den sechzehntausend Gnadenjahren, die Europa noch hat, ereignen. H. P. B. hat in ihren Schriften bei verschiedenen Gelegenheiten auf diese Ereignisse angespielt, wie zum Beispiel in einem Artikel in "The Theosophist", der später in "Five Years of Theosophy" veröffentlicht wurde, und ebenso in Artikeln in ihrem "Lucifer", in denen sie die Aufmerksamkeit auf Flutwellen und verheerende Erdbeben, die teilweise schon stattfanden, lenkt und klar darauf hinweist, was in der Zukunft geschehen wird.

Wären wir jetzt in der fünften Unterrasse, wie einige fälschlich vermuteten, hätten wir die Teilung der fünften Wurzelrasse schon hinter uns, doch das ist noch nicht geschehen. Die Schlußfolgerung ist daher einleuchtend. Ich hoffe, daß diese Bemerkungen, die, wie mir scheint, jeder ernsthafte Schüler selbst aus H. P. B.s "Geheimlehre" gesammelt haben könnte, etwas Licht auf eine verwickelte und schwierige Lehre werfen.

METAPHYSIK DES BEWUSSTSEINS UND DIE NATUR DES LEIDENS

Frage:

a) Wie kommt es, daß der Gottesfunke, der sich auf seiner Reise der Evolution vom Nicht-Selbstbewußtsein zum Selbstbewußtsein erheben muß, in dem Augenblick, in dem er den Schoß des Seins verläßt, in seinem Kern unvollkommen sein kann? Denn Nicht-Selbstbewußtsein ist nicht Vollkommenheit, nicht wahr?, während Vollkommenheit, wenn auch als relative Vorstellung, Selbstbewußtsein einzuschließen scheint.

b) Wie kommt es, daß diese evolutionäre Pilgerschaft so unsägliches Leiden für menschliche Wesen einschließen kann, während gemäß der theosophischen Lehre der Kern des menschlichen Wesens nicht davon berührt wird?

Antwort:
Antwort auf Frage a): Die Antwort auf diese Frage sollte vor allen Dingen die Erklärung enthalten, daß es sich eher um ein Mißverstehen der in diesen Lehren benutzten Ausdrücke handelt, als um einen Fehler in der Lehre selbst. Es ist ganz falsch, von dem Gottesfunken als 'unvollkommen' zu sprechen, bevor er seine evolutionäre Reise am Beginn des kosmischen Manvantaras antritt. Es hängt davon ab, was wir mit den Ausdrücken 'Vollkommenheit' und 'Unvollkommenheit' meinen. Vollkommenheit ist relativ, und deshalb muß dies auch für die Unvollkommenheit gelten.

Wenn wir uns erinnern, daß der ganze Zweck der Evolutionsreise ein zweifacher ist - einmal den Gottesfunken in die Lage zu versetzen, Selbstbewußtsein auf niedrigeren Plänen als seinem eigenen zu erlangen, und zweitens auch der Evolution der Lebensatome zu helfen, die seine verschiedenen Vehikel auf den verschiedenen Plänen der Evolution bilden -, dann sehen wir, daß der Ausdruck 'Selbstbewußtsein' selbst relativ ist. Der Gottesfunke ist ununterbrochen vollkommen, soweit es alle niederen Pläne betrifft. 'Vollkommen' ist hier ein relativer, kein absoluter Ausdruck. Doch da das gesamte galaktische Universum, zu dem er gehört, selbst ebenso evolviert wie die ungezählten Gottesfunken, die es enthält, stellt jedes neue Manvantara oder jede Manifestationsperiode eines galaktischen Universums neue Wachstumsphasen oder neue Möglichkeiten des Selbstbewußtseins dar, in denen der Gottesfunke evolvieren muß oder die er zu einem Teil seiner selbst machen muß, bevor er in dem neuen Manvantara, welches das galaktische Universum durchläuft, wieder ein Meister werden kann.

Deshalb zeigt die Frage, daß der Fragesteller wahrscheinlich nicht die enorme Vielfalt der Situation erfaßt hat. Nicht nur der Gottesfunke selbst evolviert, was bedeutet, daß er aus dem Innern seines eigenen Schoßes des Seins fortwährend neue Aspekte von sich selbst hervorbringt, sie erkennt und sich ihrer bewußt wird, sondern das Universum oder das galaktische Universum, in dem er zu Hause ist und mit dem er evolviert, evolviert auch, das heißt, es wächst, verändert sich und zeigt ständig neue Aspekte.

Denken wir auch daran, daß jeder einzelne Gottesfunke nur eine individuelle oder einzelne Einheit in den wahrhaft unbegreiflichen Mengen anderer ist, die ihm gleichen. Diese Mengen müssen, um in ihrem Heimatuniversum voll selbstbewußt zu werden, selbstbewußt in bezug auf jeden anderen und auf die verschiedenen Phasen oder Hüllen des Bewußtseins werden, in die jeder und alle und deshalb alles individuell und kollektiv eingehüllt ist.

Das Selbstbewußtsein, von dem in den Lehren gesprochen wird, bedeutet Selbstbewußtsein in unserem Sonnensystem, das nur einen Punkt der Galaxie darstellt. Doch die göttliche Monade muß entsprechend ein anderes Selbstbewußtsein in jedem anderen Sonnensystem der Galaxie entwickeln. Jedes dieser Sonnensysteme muß seinen evolutionären Lauf darin am

Anfang beginnen und bis zum Ende verfolgen.

Die Frage ist also durch den Hinweis auf die enorme Vielfalt der Lehre richtig beantwortet. Die Wörter 'Vollkommenheit' und 'Selbstbewußtsein' und selbst der Ausdruck 'Schoß des Seins' und viele andere sind allesamt 'relative' Ausdrücke für die göttliche Monade in irgendeiner und deshalb in allen Phasen ihrer Pilgerschaft - einer Pilgerschaft, die von Ewigkeit zu Ewigkeit währt.

Wenn ich versuche, diese Frage etwas kürzer zu beantworten, muß ich darauf hinweisen, daß die göttliche Monade in dem Augenblick, in dem sie aus dem Schoß des Seins ausgesandt wird, relativ vollkommen oder 'unvollkommen' ist, und zwar aus dem Grunde, weil sie sich noch nicht selbstbewußt des Universums bewußt geworden ist, in dem sie evolviert. Ist sie das geworden, ist sie in diesem Universum ein Meister und geht zu höheren Sphären über, in denen sie den Prozeß, in diesen höheren Sphären selbstbewußt zu werden, wiederholt und so fort.

Vergessen wir nicht, daß äußerste Vollkommenheit als ein unendlich vollständiger und beendeter Prozeß nicht existiert. Das bedeutet, die göttliche Monade evolviert immer. Es gibt nicht so etwas wie ein absolutes Ende der Evolution, das heißt des Wachstums.

Antwort auf Frage b): Diese Frage wurde vom Standpunkt der menschlichen Seele aus gestellt, die ganz natürlich gegen das rebelliert, was sie das 'unsägliche Leiden' nennt. Die menschliche Seele vergißt, daß Leiden und Schmerz, wie die Menschen diese Begebenheiten in der Evolution nennen, nur Wachstumsschmerzen sind, die mit der Ausweitung des Bewußtseins einhergehen. Hier müssen wir auch den anderen Teil der Lehre hinzufügen, daß Leiden, wenn sie richtig als der große Freund und Helfer gesehen werden, nahezu alle ihre betrüblichen und verwirrenden Aspekte verlieren. Sie sind wie die Wachstumsschmerzen eines Kindes: Diese Wachstumsschmerzen sind bisweilen außerordentlich unangenehm und martern in einigen Fällen sogar die Nerven. Doch wie soll das Kind wachsen und von der Kindheit ins Jugend- und Erwachsenenalter fortschreiten, ohne durch diese Veränderungen zu gehen?

Hier haben wir die Antwort auf die Frage: Veränderung, Evolution, Wachstum hat immer einen schmerzhaften Aspekt. Doch es hat gleichfalls einen Aspekt großer Freude, wenn die Erkenntnis kommt, daß Veränderung Verbesserung bedeutet, ein Wachsen oder Sich-Erheben zu besseren und edleren Dingen. Es ist wahr, "der Kern des menschlichen Wesens wird durch Leiden nicht berührt", außer vielleicht in dem Sinne, daß das Leiden die latenten Kräfte hervorbringt, die schlafenden oder ruhenden Fähigkeiten und Anlagen, die in dem Kern der evolvierenden Wesenheit liegen.

Als Schlußgedanken sollte ich vielleicht dies hinzufügen: Wir Menschen leben zur Zeit in einer sehr grobmateriellen Sphäre der Existenz, die tatsächlich in Tibet "Myalba" genannt wird und oft als eine Hölle angesehen wird, was sie in aller Wahrheit auch ist, wenn wir sie mit den spirituellen und mehr ätherischen Reichen vergleichen. In diesen mehr ätherischen oder spirituellen Reichen ist Wachstum ein kontinuierlicher Prozeß, der, anstatt einen Aspekt von Leiden und Schmerz zu haben, Freude und selbstbewußte Erkenntnis von Glückseligkeit einschließt. Genausowenig kann das mentale Wachstum eines Menschen immer schmerzhaft genannt werden, denn schon darin, daß es von ätherischerem Charakter ist als physisches Wachstum, liegen für denjenigen, der mental evolviert, so feine und süße Freuden, wie die Erkenntnis des sich ausdehnenden intellektuellen Bewußtseins.

Dies wird noch klarer, wenn wir erkennen, daß spirituelles Wachstum überhaupt kein Leiden oder Schmerz einschließt, sondern ein Prozeß ist, der so erlesene und reine Freude beinhaltet, daß in dieser Tatsache selbst für den Unvorsichtigen keine Gefahr verborgen ist.

Ich schließe, indem ich sage, daß Evolution kein Leiden oder Schmerz für jene hat, die nur mit dem Strom der fortschreitenden evolutionären Flut treiben, das heißt dem langsam fließenden Fluß der Leben. Doch für jene, deren Augen auf die fernen Bergesspitzen gerichtet sind und die wünschen, schneller als andere voranzukommen, muß es immer ein Standhalten und ein Sichbehaupten gegen Wind und Wellen geben oder, um das Sprachbild zu wechseln, das Emporklettern auf dem steilen Pfad, dem stillen schmalen Pfad, anstatt auf dem breiten und leichten, der sich um den Berg windet.

Fürchten wir uns nicht vor Leiden, sie sind ein gutes Zeichen und bedeuten, daß wir schneller wachsen als die Mehrheit. Leiden sind immer auch eine Gelegenheit dazu.

Antworten auf eine Reihe von Fragen, die während des Europäischen Konventes im Oktober 1932 in London, England, an Prof. Dr. G. von Purucker gestellt wurden.

WELCHE PFLICHTEN HABEN WIR?

Frage von E. W.:
Könnten Sie uns sagen, ob sich die Pflichten der Mitglieder der Theosophischen Gesellschaft von denen anderer Menschen unterscheiden?

Antwort:
Ich kann mir nicht vorstellen, daß so etwas möglich wäre. Die theosophischen Pflichten sind menschliche Pflichten. Wir machen einen großen Fehler, wenn wir die theosophischen Pflichten sozusagen auf die rechte Seite setzen, unsere Bürgerpflichten auf die linke und eine Unterscheidung zwischen beiden machen. Sie sind ein und dasselbe. Als Theosophen können wir unsere Bürgerpflichten und unsere Pflichten gegenüber unseren Mitmenschen nicht anders erfüllen als auf theosophische Weise, als Theosophen. Ich sehe keinen Unterschied zwischen den Bürgerpflichten, den Pflichten gegenüber anderen - Kameraden oder anderen Menschen - und den Pflichten, die wir der Theosophischen Gesellschaft schulden. Je mehr wir unseren theosophischen Pflichten folgen, desto besser sind wir. Tun wir das Richtige, denken wir richtig; und wir denken richtig, weil wir richtig verstehen. Wenn wir das Falsche tun, so deswegen, weil wir falsch denken, und wir denken falsch, weil wir falsch verstehen. Das ist die ganze Sache.

Ein großer Lehrer sagte einst: "Gebt dem Cäsar,

was des Cäsars ist", mit dem Hinweis, daß wir dem Geist geben sollen, was des Geistes ist, während ich sage, daß die Dinge, die wirklich des Cäsars sind, auch die Dinge sind, die wirklich des Geistes sind. Umgekehrt, man verstehe mich recht, hat Cäsar keine Rechte, die nicht zugleich spirituelle Rechte sind. Doch Cäsar hat Rechte, denn Cäsar ist ein spirituelles Wesen. Aus diesem Grunde sollten wir willig dem Cäsar die Pflichten und Rechte zugestehen, die wir ihm schulden. Tun wir das, erfüllen wir zuerst unsere Pflicht gegenüber dem Gott in jedem von uns, und ebenso erfüllen wir unsere volle Pflicht gegenüber unseren Mitmenschen. Ein Mensch kann nicht irren, nichts Falsches tun, ohne zuerst sich selbst zu schädigen und dann seine Brüder. Ein Mensch kann nicht für sich allein arbeiten, ohne eine üble Tat zu begehen. Alles, was ein Mensch an Rechtem tut, ist gut für seine Brüder. Ich sehe keinen Unterschied zwischen dem einen und dem anderen. Ich sehe viele künstliche Unterschiede, doch ich möchte keine Notiz davon nehmen, weil ich glaube, es ist gerade das, worin die Welt, besonders der Westen, in der Vergangenheit versagt hat.

Glaubt Ihr nicht auch, meine Brüder, Kameraden, Freunde, daß wir von der theosophischen Bewegung darum versuchen sollten, in die Gedankenwelt unseres Wesens gerade jene theosophischen Prinzipien des Verhaltens und Handelns einzuführen, die wir lieben, weil sie die Gedankenatmosphäre umgestalten und sie von Grund auf verändern? Die Atmosphäre, die mentale, die psycho-spirituelle Atmosphäre der westlichen Welt benötigt dringend eine Abänderung. Die heutigen Menschen verlieren das Vertrauen und die Hoffnung in die schönen alten Richtlinien unserer Väter. Nicht die Richtlinien unserer Väter waren falsch, in vielen Fällen war es die falsche Auffassung unserer Pflichten gegen die Richtlinien. Ich sehe keinen Unterschied zwischen den theosophischen Pflichten und den Pflichten gegenüber unseren Mitmenschen. Ich kann nicht begreifen, daß eine theosophische Pflicht, wenn sie richtig verstanden wird, mit einer Familienpflicht in Konflikt geraten kann. Wird eine Familienpflicht versäumt, handeln wir untheosophisch, das ist klar. Erfüllen wir andererseits unsere theosophischen Pflichten gut, werden wir alle Familienpflichten gut erfüllen, denn die erste Pflicht eines Theosophen ist, für das Wohl der Menschheit zu leben, und hierin ist die eigene Familie eingeschlossen.

DIE NATUR DER GOTTHEIT

Frage von H. P. L.:
In den "Meisterbriefen" wird gesagt, Gott sei unbewußt und unintelligent. Dieses einer normalen Zuhörerschaft nahezubringen und sie nicht fast zu erschüttern, ist schwierig und wird ihr ziemlich unbestimmt und unbefriedigend erscheinen. Die Menschen brauchen jemanden, dem sie sich zuwenden können.

Antwort:
War es nicht der große amerikanische Agnostiker, Colonel Ingersoll, der zuerst den Gedanken äußerte, Gott sei die edelste Schöpfung des Menschen? Er sagte in diesem Zusammenhang, alle menschlichen Ideen und Vorstellungen des Göttlichen entstehen im Gehirn des Menschen, sie sind von Menschen gemachte Ideen. Das ist wahr. Ist es nicht einleuchtend, daß keine menschliche Intelligenz die Unendlichkeit und Ewigkeit umfassen kann? Was für Ideen, Vorstellungen oder Ideale der größte menschliche Intellekt auch verstehen kann,

es sind Ideale, Ideen, Vorstellungen oder Ideationen, die in ihm selbst entstanden sind. Wenn diese Ideen, Ideale, Vorstellungen oder Ideationen die Frage beantworten können, was das Göttliche ist - wo, wann, wie und warum es ist -, leuchtet es dann nicht ein, daß sie aus dem Gemüt des Denkers selbst entspringen? Die Menschen des Westens vergessen, daß die einzige Göttlichkeit, die ein menschliches Wesen begreifen kann, der innere Gott ist, unser Bindeglied mit dem Unaussprechlichen, das Innerste des Innersten von uns, nicht nur von dem Herzen des Universums untrennbar, sondern wirklich das Herz selbst. Jeder von uns ist ein untrennbarer Teil oder ein Stück des kosmischen Geistes, des Herzens des Seins.

Deshalb ist der Weg, das Göttliche, die Gottheit - Gott, um das alte angelsächsische Wort zu benutzen - zu verstehen, nicht, nach außen zu schauen, denn das malt uns nur mentale Bilder auf den Horizont, den das mentale Auge im Geist betrachtet, sondern nach innen zu gehen, in die Stille, in den großen Frieden, in das Schweigen, in uns selbst, unser spirituelles Selbst, das göttliche Selbst, die göttliche Flamme in uns. Auf diese Weise kommen wir in augenblickliche Berührung mit dem kosmischen Bewußtsein, welches auch das unsere ist. Aus diesem Grunde sind alle menschlichen Götter vom Menschen gemacht; sie sind Idole. Die Verehrer von Göttern sind Idolverehrer, denn sie verehren das, was die Imagination des Menschen entworfen hat. Sie sind Verehrer ihrer eigenen Vorstellungen, Idolverehrer; das ist Bilderverehrung.

Mit dem Meister stimme ich darin überein, daß es unsere Pflicht und Schuldigkeit ist, diese Gedanken unter unseren Mitmenschen zu verbreiten, damit sie Frieden finden, damit die qualvollen Ängste, die Krankheiten des Denkens, die so viele Menschen haben, wenn sie in der ganzen Welt nach Frieden suchen und ihn nicht finden, nicht länger die spukenden Geister sind, die man bei Anhängern der Religionen, wie zum Beispiel den Christen, finden kann. Es ist unsere Aufgabe, der Welt Frieden und Glück zu bringen, indem wir den Menschen ein neues Denken geben, eine neue Idee, eine neue Vision, die erhabene Vision, indem wir sie über ihr Einssein mit der Unendlichkeit lehren und sie ihre Identität mit der Ewigkeit erkennen lassen.

Bin ich ein 'Atheist'? Oh, wie schrecklich! Doch was heißt das? Es heißt, ich weigere mich, einen von Menschen gemachten Gott anzunehmen. Denn es ist unter meiner Würde als Mensch, ein Bild anzubeten, das Kind, das ich selbst geschaffen habe. Soll der Vater sein Kind anbeten? Im Gegenteil, lehren wir die Menschen, nach innen auf die Göttlichkeit zu schauen, auf die göttliche Flamme in ihrem eigenen Wesen. Dort ist das Göttliche, dort ist Unendlichkeit und Ewigkeit. Das Selbst, das göttliche Selbst im Innern, was die Hindûs den Atman nennen, das ist der Weg zu Gott, zu der Gottheit, zu dem kosmischen Gott.

Ich glaube wirklich, daß einer der Gründe für die sprachliche Formulierung des Meisters, die er in den "Meisterbriefen" benutzt hat, von welcher der Fragesteller spricht, die Vorausschau war, die er von der Einführung eines neuen religiösen Sektierertums, selbst in der theosophischen Bewegung, mit der Einführung neuer Götter oder der Verehrung alter Götter hatte. Mein Gefühl sagt mir, daß wir in dieser Hinsicht Bilderstürmer sein müssen, die Bilder zerbrechen und die Tempel des Lasters zerstören müssen, damit das reinigende Sonnenlicht, das Licht der Vatersonne, hereinströmen kann, um zu läutern.

Für viele Menschen ist es offenbar schwer, diese Gedanken zu verstehen. Doch wenn wir mit den Lehren der Esoterischen Philosophie besser vertraut sind und sie zur Richtschnur unseres täglichen Lebens gemacht haben, wird es uns nicht schwer fallen, auch solche oder ähnliche Fragen zu beantworten. Wenn sie manchmal schwer zu beantworten sind, so nicht deshalb, weil wir nicht wissen, was wir sagen sollen, sondern allein aufgrund der schlafenden und verdunkelten Gemüter jener, denen wir zu helfen versuchen.

Beten wir nie einen Gott an, der in einem Tempel verwahrt wird, weder einen von materieller Substanz, noch ein Gebilde menschlichen Denkens. Wenn wir das täten, würden wir zu der niederen Klasse der Religionsanhänger gehören, die mentale Bilder verehren und nur wenig höher stehen als Idolanbeter, die behauenen Stein oder geschnitztes Holz verehren. Es ist der göttliche Geist in uns, das lebendige Feuer der Wahrheit, das namenlos und todlos ist, das immer ungefärbt und immer rein ist, das unendlich mitleidsvoll ist, das immer hilfreich ist, das ermutigend und erleuchtend ist, das erhebend und veredelnd ist, das uns Frieden bringt - Frieden über alles menschliche Verstehen hinaus -, denn das ist Wahrheit. Das ist die Gottheit, die wir verehren, der Geist der Wahrheit, der in keinem Tempel eingeschlossen ist, es sei denn, wir sprächen in der edlen Sprache des römischen Dichters von dem grenzenlosen Raum als dem 'templum', in welchem All-Vater, lebendiger Geist wohnt.

Die Frage ist darum schwer zu beantworten, weil es ein Problem ist, uns den Gemütern der Menschen zu stellen, die solche Fragen haben - den hungrigen Herzen der Leute, die falsch erzogen sind.

Frage von O. S.:
Könnten Sie Ihre Antwort mehr direkt mit der Idee des hierarchischen Systems verbinden, denn das hierarchische System bietet uns doch ein Symbol, die Erklärung von dem, was die Gottverehrung genannt wird. Natür-

lich ist Gott ein Symbol, ein Wort und ein Symbol, doch Wörter werden in sehr verschiedener Weise benutzt. Deshalb werden sie mißverstanden, denn mit den gleichen Wörtern können ganz verschiedene Dinge gemeint sein. Doch im Grunde setzt das theosophische System so mancherlei voraus. Während es nur eine Stufe in diesem System ist, wo wir das Wort 'Gott' einführen können, nachdem wir das Wort 'Mensch' erklärt haben, können wir, wie ich annehme, fortfahren und ein noch umfassenderes Wort auf einer weiteren Stufe benutzen, denn wir müssen versuchen, es irgendwie für diese Menschen zu erklären.

Antwort:
Die Idee des hierarchischen Systems liegt meinem Herzen sehr nahe, denn sie veranschaulicht die Struktur der Natur. Der ganze Versuch der großen Lehrer bei der Gründung der Gesellschaft war, den Menschen eine sowohl mentale und spirituelle als auch physische Struktur nahezubringen, die für uns, soweit möglich, die Struktur und das Gefüge, sozusagen die 'Zimmerwerkstatt' der Natur selbst darstellen könnte. Nun hat der Fragesteller den Finger genau auf das Bindeglied gelegt, das wir brauchen. Bewußtsein hat keine Grenzen. Es ist unser eigener Wille und unser Mangel an Weitblick, der das Wirken unseres Bewußtseins abgrenzt, einschränkt und begrenzt. Die gesamte Evolution besteht darin, diese Schranken des Bewußtseins zu zerbrechen, mit anderen Worten, um ein anderes Sprachbild zu benutzen, die Schleier und die Hüllen des Bewußtseins zu zerreißen, die wir um uns gebaut haben und welche die unvollkommenen Teile unserer Konstitution bilden. Darum weitet sich die Vorstellung des Menschen von der Göttlichkeit aus, wie sie ständig größer und großartiger wird und sich sein Bewußtsein ausweitet. Er überschreitet, übersteigt und erhebt

sich über die einengenden Hüllen des niederen Bewußtseins, in denen weniger evolvierte Menschen leben. Dieser Prozeß des Überschreitens der Schleier, Schranken oder Begrenzungen geht durch die Ewigkeit hindurch weiter.

Jetzt kommen wir zu der Frage nach der Gottheit. Wo ist die Gottheit? Was ist die Gottheit? Wer ist die Gottheit? Die Antwort ist folgende: Unmittelbar hinter jedem Schleier befindet sich eine große Vision. Doch hinter jeder Vision ist ein Schleier. Hinter diesem zweiten Schleier ist eine noch größere Vision, von einem noch größeren Schleier umgeben. So geht es für immer fort. Folglich vergrößert oder erweitert sich unsere Idee über Gottheit oder Göttlichkeit, wird größer und erhabener in dem Maße, wie unser Bewußtsein größer, großartiger und erhabener wird, bis schließlich selbst der kleine Horizont eines menschlichen Gehirns Begriffe enthalten kann, die wahrhaft göttlich sind. Wir können uns eine Vorstellung von einer Gottheit, dem kosmischen Wächter der Galaxie, von unserem eigenen Heimatuniversum machen. Das könnten wir Gott nennen, aber Gottheit oder Göttlichkeit ist besser und realer.

Doch sollen wir es dabei belassen? All die dreißig, vierzig oder hundert Milliarden Sonnen mit ihren sie begleitenden Planeten, die das ausmachen, was unsere modernen Astronomen die Milchstraße nennen, die Galaxie, sind zusammengenommen nur ein mathematischer Punkt, ein nicht wahrnehmbarer Punkt oder Fleck, wenn wir sie mit der Unendlichkeit vergleichen. Warum wollen wir uns Götzenbilder machen - Bilder, von der eigenen Vorstellung in das Bewußtsein eingeprägt?

Denken wir an die hierarchische Struktur des Universums: etwas Kleines wird von etwas Größerem umgeben, von dem das Kleine durch Übertragung seine

Autorität erhält. Das Größere wird von etwas noch Größerem umgeben und so fort ad infinitum. In dem Maße, in dem sich unser Bewußtsein ausdehnt, wie wir immer größer, umfassender, stärker und edler werden, reiner und höher in der Auffassung und in der Reichweite unseres Bewußtseins, erweitern sich unsere Ideen in bezug auf Göttlichkeit ständig, bis wir nach einer Weile die Dinge hinter uns lassen, die wir einst für groß hielten und die uns jetzt wie die Vorstellungen kleiner Kinder erscheinen. Wir treten in das Erwachsenenalter ein. Die Dinge, die zu dem Erwachsenenalter gehören, werden wie die Vorstellungen von Kindern, wenn wir wachsen und uns ausdehnen, und wir gehen zu etwas Edlerem und Besserem weiter.

Wo ist die Gottheit? Das Echo antwortet: "Wo?" Es gibt keine. Die Welt ist erfüllt von Göttern, die alle mit dem Werk des Universums beschäftigt sind und tatsächlich das Universum selbst bilden. Doch nirgends gibt es ein höchstes Letztes, jenseits dessen nichts mehr ist. Immer ist da etwas noch Größeres. Immer kann man in und zu etwas Größerem werden. Denn Wachsen ist Werden, und Werden ist Sein. Erfassen wir diesen Gedanken, werden wir uns über 'Gott' niemals mehr Sorgen machen. Denn als Kinder der Unendlichkeit, Abkömmlinge der Ewigkeit, haben wir die Unendlichkeit und Ewigkeit vor uns. Wir selbst, jeder von uns ist ein inkarnierter Gott. Wenn ich von dem Bewußtsein als sich ausdehnend gesprochen habe, so ist das nur eine Metapher, ein bildlicher Ausdruck, eine Redefigur. Ich liebe es, die Sache auf verschiedene Weise auszudrücken, und ich sage: Wenn ich nach innen gehe, werde ich mehr und mehr mein Selbst, mein göttliches Selbst, das Selbst, das grenzenlos ist, denn es ist das Universum. "Tat twam asi": "Das bist Du, o Chela." Ich erkenne keinen Gott an, der niedriger ist als ich, doch ich beuge meinen Geist in Verehrung vor allem, was edler ist als ich. Das ist der hierarchische Geist. Wir finden Gott, wenn wir die hierarchische Lebensleiter aufwärts steigen, die ständig zurückweicht, ständig zurückweicht, immer größer und größer wird, umfassender und erhabener, bis wir schließlich erkennen, daß Gott nur ein Name für das unermeßliche, unaussprechliche Mysterium ist, das die vedischen Weisen Indiens TAT nannten: JENES.

GEWALTSAME METHODEN SIND NICHT RATSAM

Frage:
Würden Sie uns eine Erklärung über die Warnung, die Sie uns bezüglich des plötzlichen Wechsels unserer persönlichen Vorstellungen über Theogonie und Kosmogonie gaben, und über die kürzlich gegebenen Hinweise auf den Inâna-Yoga geben? Ich glaube, es würde uns helfen, hinsichtlich dieser Praktiken auf der Hut zu sein.

Antwort:
Wie lautet Ihre Frage, mein Bruder?

Frage:
Können Sie uns eine kleine Erläuterung über Theogonie und Kosmogonie geben, damit wir mit unseren Vorstellungen vorsichtig sind?

Antwort:
Gewiß, ich will versuchen, ob ich Ihre Frage verstehe.

Ein anderer Fragesteller:
Ich glaube, ich erinnere mich und sehe, wovon der Bruder spricht. Es war plötzlich schwierig, gewaltsam

eine neue Vorstellung im Gemüt einzuführen, welche die Atome des Gehirns aus der Fassung brachte, die dort nach den Methoden angeordnet sind, in denen wir zu denken geübt oder gewohnt sind. Es ist die Wirkung des Denkens, das plötzliche Wechseln des Denkens, das vielleicht dem Gehirn heftigen Schaden zufügt.

Antwort:
Ich glaube, daß ich verstehe, und die Antwort ist einfach. Es beinhaltet die Frage nach der Ratsamkeit oder Nicht-Ratsamkeit eines heftigen Umschwungs des Denkens, eines gewaltsamen Wechselns des Denkens. Jede Gewalt ist unklug. Ich würde nie daran denken, einem wirklich frommen oder orthodoxen Christen zu empfehlen, innerhalb des Zeitraumes von vierundzwanzig Stunden, vierzehn Tagen oder einem Monat, wenn er könnte, alle seine psychologischen Vorstellungen, seine religiösen Ansichten umzukehren und zu versuchen, in etwas gänzlich Neues einzutreten. Es wäre sehr unklug. Derartige heftige Methoden können dem Gehirn einen bleibenden Schaden zufügen, und zwar aus dem Grunde, weil die Gehirnpartikeln in einer bestimmten Weise angeordnet sind. Ich bin kein Mechaniker, kein Fachmann in Mechanik, doch ich denke, daß es so etwas wie das Verformen von gewissen Autoteilen, das das Getriebe in Unordnung bringt, gibt. Ist das richtig? Das ist das Prinzip, vermute ich. Festina lente: Eile, doch langsam. Mit anderen Worten: Eile mit Weile. Dieses alte Sprichwort meint das gleiche.

Alle großen Dinge brauchen Zeit zum Wachsen. "Wie Pilze aus der Erde zu schießen" ist gewöhnlich nutzlos und nicht von Dauer. Dies ist in Fragen esoterischer Schulung besonders wichtig. Ein Chela braucht manchmal mehrere Leben, ehe er die Teile seiner Konstitution so ausrichten kann, daß er ein fähiges, bereites und angemessenes Instrument unter der Hand des Meisters wird. Und merken wir uns, er muß zuerst sein eigener innerer Meister sein. Kein äußerer Meister würde jemals Körper und Gehirnapparat eines Chelas benutzen, wenn nicht zuerst beides von dem inneren Meister vorbereitet wurde, von dem inneren Sein des Menschen.

Nein, Gewalt in irgendeiner Form ist nicht gut. Die Gefahr liegt besonders in den Methoden des Yogatrainings. Ich spreche mit Zögern, denn mein ganzes Bestreben ist zu versuchen, diese Wahrheitssucher auf eine gute Art in unsere Reihen zu bringen. Wir wissen, liebe Kameraden, Brüder und Freunde, wir können jemanden bitten, zu unseren Versammlungen zu kommen, aber wir dürfen ihn dann, kaum daß er in unsere Schule eingetreten ist, nicht verurteilen, wenn er nicht annimmt, was wir sagen. Auf diese Weise wirbt man keine neuen Mitglieder für die Theosophische Gesellschaft. Unsere Bemühungen müssen für alle Menschen in einem klugen, freundlichen und ehrlichen Sinn getan werden. Ich möchte nichts Unfreundliches über diese Yoga-Praktiken sagen, doch sie sind nicht notwendig, sie sind völlig überflüssig. Die einzige Yoga-Praktik, die notwendig ist, wird in der Theosophie gelehrt, sie ist der einzige wahre Yoga. Yoga bedeutet Vereinigung - Vereinigung mit dem inneren Gott. Diese Art Yoga wird auch Râja-Yoga oder Inâna-Yoga genannt, entweder 'Königliche Vereinigung' oder 'Vereinigung durch Wissen'. Yoga bedeutet, in Vereinigung mit dem inneren Gott zu kommen, den ethischen Praktiken zu folgen, die Theosophie uns lehrt; es bedeutet, freundlich zu sein, hochherzig, aufrichtig in der Rede zu jeder Zeit - nicht immer die 'ganze' Wahrheit zu sagen; doch wenn wir sprechen, sollen wir die Wahrheit und nur die Wahrheit sagen. Ist zu verstehen, was ich meine? Manchmal ist es nicht weise zu sprechen. Ein Mensch muß Unterscheidungsvermögen und Urteilsfähigkeit besitzen, um dies zu verstehen und zu tun. Es bedeutet, immer so zu handeln, wie ein Theosoph handeln sollte - freundlich in der Tat, gütig im Denken, fest in der Selbstkontrolle, immer die Situation beherrschend. Ergreifen wir die Führung! Es ist unsere Pflicht. Ob wir ein Podium besteigen oder uns einem Mitmenschen nähern, wir sollten die Situation beherrschen. Wenn unser Motiv rein und gut ist, üben wir den richtigen Yoga aus. Seien wir nie passiv, ergreifen wir die Führung. Seien wir Führer - Führer unserer Mitmenschen. Das ist der Yoga, dem wir folgen können, der Yoga der Wahrheit, der Yoga des Rechtes wie der gegen Unrecht, der Yoga des Mitleids und des Erbarmens, des inneren Sehnens und des Nach-innen-Schauens, der Vereinigung mit dem Göttlichen. All die anderen verschiedenen Yoga-Arten - Karma-Yoga, Bhakti-Yoga und Hatha-Yoga, selbst Inâna-Yoga und Râja-Yoga - sind nichts im Vergleich zu der wirklichen spirituellen und intellektuellen Schulung unter unseren erhabenen Lehrern. Sie sind nur Krücken für Menschen, die es nicht besser wissen. Wurde ich verstanden? Ist die Antwort ausreichend?

WARUM WURDEN DIE "MEISTER-BRIEFE" GEDRUCKT?

Frage von D. A.:
Würden Sie uns sagen, warum die "Meister-Briefe" gedruckt wurden, obgleich die Meister sagten, sie sollten nicht veröffentlicht werden?

Antwort:
Warum fragen Sie nicht Bruder Barker?
(Herausgeber und Bearbeiter der "Meister-Briefe" an A. P. Sinnett und als Vorsitzender bei der Versammlung anwesend, als die Frage gestellt wurde.)

Ich kann nur sagen: Ich bin zutiefst erfreut, daß "Die Meister-Briefe" als Buch veröffentlicht wurden. Ich glaube, sie haben mehr Gutes getan, indem sie unserem eigenen Werk behilflich waren, dem Werk unserer Theosophischen Gesellschaft, als irgendein anderer einzelner Umstand in der ganzen Geschichte der Theosophischen Bewegung. Sie enthalten das wirkliche Herz der Esoterik, und das war der Grund, warum die Meister sie zu jener Zeit nicht veröffentlicht haben wollten. Die Zeit war nicht reif, die Menschen nicht bereit. Die Zeiten haben sich nun geändert. Die theosophischen Lehren haben die Gedankenatmosphäre des Westens mehr oder weniger durchdrungen, und wir können nun öffentlich über Dinge sprechen und schreiben, die einfach nicht verstanden worden wären, wenn zu der Zeit über sie gesprochen oder geschrieben worden wäre, als "Die Meister-Briefe" an ihre Empfänger gerichtet wurden. Ich glaube nicht, daß es etwas Gefährlicheres gibt als eine mißverstandene religiöse Lehre. Sie führt zu Dogmatismus, Haß, Kriegen und anderen Herzlosigkeiten. Das war ein Grund. Außerdem befassen sich Teile einiger der "Meister-Briefe" mit mehr persönlichen Angelegenheiten und Belehrungen, doch die Empfänger dieser Briefe leben nun nicht mehr, sie sind hinübergegangen. Für das Zurückhalten der "Meister-Briefe" waren also auch Motive der Freundlichkeit und Höflichkeit entscheidend. Unsere Meister sind Menschen, nur Menschen, aber sehr edle, große Menschen, Gentlemen im wahren Sinne dieses guten alten englischen Wortes. Ich meine, Bruder

Barker tat ein großartiges Werk.

Frage von O. S.:
Es müssen noch mehr von diesen Briefen existieren, denn der Band enthält nur eine Auswahl von Briefen, die an einen bestimmten oder einige wenige Menschen geschrieben wurden. Es müssen noch weitaus mehr Dokumente des gleichen Charakters vorhanden sein. Ich frage mich: Werden nicht nach und nach noch einige hinzukommen?

Antwort:
Ich denke, es wäre eine wundervolle Sache, wenn alle Briefe, welche die großen Lehrer schrieben, gesammelt, zusammengestellt und gedruckt werden könnten. Doch ich glaube im Grunde nicht, daß es so viele sind; sicher sind noch einige verstreut vorhanden. Mrs. Laura C. Holloway und einige andere besitzen vielleicht noch welche, doch die Meister schrieben, wie wir wissen, nicht so viele Briefe.

Frage von O. S.:
Doch sie haben durch unser Zeitalter gewirkt.

Antwort:
Wenn wir zurückgehen und in den astralen Aufzeichnungen lesen könnten, wäre das nicht großartig? Doch nicht alle, tatsächlich sehr wenige der Meister-Briefe wurden eigenhändig geschrieben, indessen viel mehr durch ihre Chelas. Ich glaube, auch H. P. B. spricht davon. Wir haben keinen Grund, diese Tatsache zu verbergen - denn sie beruht auf Wahrheit -, es könnte sonst jeder Brief, der vorgibt, ein Meisterbrief zu sein, in Zweifel gezogen werden. Die Echtheit des Briefes würde nach Ansicht westlicher Gemüter zweifelhaft sein, weil der Meister ihn nicht eigenhändig

oder mit eigener Feder schrieb und nicht die normale Post benutzte, sondern ihn präzipitierte oder mental durch das Gemüt eines geschulten Instrumentes, eines Chelas, schreiben ließ. Wer außer einem Theosophen würde einen solchen Brief als authentisch akzeptieren? Würde ein Brief dieser Art von einem heutigen Gerichtshof als echt angesehen werden? Wenn Richter und Geschworene Theosophen wären, mag es sein, andernfalls aber wohl nicht. Und doch, es waren die Briefe des Meisters, die eigenen Worte des Meisters, selbst die Handschrift war mehr oder weniger die gleiche. Denn was macht der Chela? Der Chela versetzt sich in eine passive Haltung der Empfänglichkeit. Es ist keine Passivität im schlechten Sinne, sondern er schaltet aus seinem eigenen Gemüt jeden Gedanken aus und wird sozusagen eine leere Seite, eine mentale Seite, auf der das lebendige Feuer des Meistergemütes Worte eingräbt. Der Chela schreibt die Worte nieder, die sein Bewußtsein empfängt. Er weiß, was vorgeht. Wenn die Empfänglichkeit vollkommen ist, ist auch die Wiedergabe vollkommen. Wird der Chela unterbrochen, krank oder müde, ist die Aufnahmefähigkeit entsprechend schlecht, und das Ergebnis wird ebenfalls schlecht sein. Doch es ist das eigene Gemüt des Meisters, das den Brief schreibt. Ähnlich wäre es, wenn ich meiner Sekretärin etwas diktieren würde, sie den Brief in ihrer eigenen Handschrift schriebe und ich sagen würde: Unterschreiben Sie das für mich und schicken Sie es ab.

THEOSOPHIE UND MAHAYANA-BUDDHISMUS

Frage von W. Y. E. - W.:
Würden Sie so weit gehen zu sagen, daß die Verfasser der "Meisterbriefe" auch die besseren Aspekte der Mahâyâna-Schule, wie etwa des Nâgârjuna oder Aryasangha, lehren?

Antwort:
Ja gewiß, jedoch unter der Bedingung, daß wir die wahre Bedeutung der Lehren von Nâgârjuna und Aryasangha verstehen. Die Lehren, die uns diese großen Lehrer hinterlassen haben, wurden im Westen nicht richtig verstanden. Der Sektengeist ist fast stärker als der Geist der okkulten Vision - der in der Tat einen derartigen Sektengeist nicht besitzt. Doch in Beantwortung der Frage würde ich sagen, daß dasjenige, was Nâgârjuna und Aryasangha als Vertreter der Mahâyâna-Schule des Buddhismus lehrten, in der Essenz identisch mit den Lehren der esoterischen Philosophie bzw. der Theosophie ist.

Wie ich oft bei öffentlichen Ausführungen und auch in anderen Schriften erklärt habe, ist der Buddhismus diejenige Religion, die den Lehren unserer Theosophie am nächsten steht. Selbst der exoterische Buddhismus ist die am wenigsten degenerierte Weltreligion. Mit Wohlwollen schaue ich immer auf diejenigen unter uns, die den Buddhismus studieren, und ich wünschte mir nur, sie würden uns in manchen Fällen in den theosophischen Aspekten ein wenig mehr helfen. Ich glaube, das Herz des Buddhismus ist das gleiche wie das Herz der Esoterischen Philosophie. Die Schalen, die Schleier, die das Herz des Buddhismus verhüllen, sind weniger dick als die Schleier, die den Kern und die wahre Bedeutung der Lehren des christlichen Jesus, des christlichen Meisters, verhüllen. Wir sind keine Buddhisten; doch wir können wahrhaftig Esoterische Budhisten (mit einem d) genannt werden, das heißt Anhänger der Esoterischen Weisheit. Esoterischer Budhismus (mit einem d) ist identisch mit Esoterischem Buddhismus (mit zwei d).

DAS ABSOLUTE - EIN RELATIVER AUSDRUCK

Frage:
Wollen Sie bitte die Permanenz des Absoluten klarstellen? Gibt es ein Absolutes, oder gibt es viele Absoluta?

Antwort:
Ist das Absolute eins oder Mehrzahl? Die meisten Menschen meinen, es könne nur ein Absolutes geben, weil das Wort (ein Streit um Worte!) in der gewöhnlichen westlichen Weise als gleichbedeutend mit Unendlichkeit, dem Unendlichen angewandt wird.

Nun, das 'Absolute' hat nicht diese Bedeutung. Das Wort 'absolut' ist das Partizip Perfekt des lateinischen Verbs absolvere = 'freisetzen'. 'Absolut' bedeutet deshalb 'befreit', befreit von allen Bedingungen unter ihm. Eine Wesenheit, die 'absolut' ist, ist befreit. Das Absolute ist deshalb eine genaue Übersetzung oder die exakte Wiedergabe der Sanskritworte Mukti und Moksha, die 'Freiheit' bedeuten, 'freigesetzt'. Ein Nirvânî, jemand, der in Nirvâna ist, hat Mukti oder Moksha erlangt, er hat Absolutheit erlangt. Folglich bedeutet das Wort 'absolut' in der richtigen Anwendung lediglich jemanden, der sich über alle Begrenzungen hinaus erhoben hat, frei geworden ist von allen Ketten, die den Durchschnittsmenschen fesseln. Der Nirvânî ist 'absolut' in seinem Nirvâna. 'Absolut' ist ein relativer Ausdruck: Wir können von den kleinen Dingen frei sein, und wir können von größeren Dingen frei sein. Jeder ist in seiner eigenen Sphäre 'absolut' - befreit.

In den englischen und den meisten westlichen Philosophieschulen ist es jedoch üblich, das Wort 'absolut' zu mißbrauchen, um die Unendlichkeit zu bezeichnen. Doch gegen diesen Mißbrauch habe ich immer protestiert und werde es immer tun. Es gibt gewisse Philosophen, die mir beistehen - Sir William Hamilton zum Beispiel, der über diese Tatsache spricht. In den "Grundlagen der Esoterischen Philosophie" benutze ich dieses Wort in seinem genauen, grundlegenden und etymologischen Sinn als Bezeichnung für eine Wesenheit, die so weit evolviert ist, daß sie von allen niederen Dingen befreit ist, sie ist frei, ein freier Geist, ein Jîvan-Mukta, eine spirituell-göttliche Monade.

Jede Monade, die ein Jîvan-Mukta wird, die die Freiheit des spirituellen Jîva, des Atman erlangt, ist ein 'Absolutes', sie ist in einem Zustand der Absolutheit, der wahren Freiheit von allem, was sich hinter ihr befindet - zum Beispiel in unserer Galaxie, unserem Heimatuniversum. Alles im Universum ist, nach Einstein, wenn wir so wollen, relativ. Alles ist relativ, alle Absoluta sind relativ, jedes für sein eigenes Universum. Es mag ein begrenztes Absolutes geben, ein größeres Absolutes, ein noch größeres Absolutes, wenn wir daran denken, daß 'absolut' 'befreit' bedeutet. Darum gibt es so viele Absoluta, wie es Jîvan-Muktas gibt - so viele Absoluta, wie es Wächter des Universums gibt. Es gibt keine dauernden Absoluta. Gäbe es sie, würde dies bedeuten, daß eine Wesenheit, eine spirituelle Wesenheit, die Göttlichkeit oder Quasi-Göttlichkeit erreicht hat, kristallisiert sei oder ständig in diesem Zustand verbliebe, nicht weitergehen könnte, nicht zu größeren und erhabeneren Höhen evolvieren könnte.

Das ist jedoch unmöglich, denn alles, was ist, jede lebende Wesenheit überall im grenzenlosen Raum, wächst unaufhörlich und für immer, evolviert und dehnt sich aus. Welch eine Lehre der Hoffnung! Es gibt keine dauernden Absoluta, und die Absoluta sind so zahlreich wie die Jîvan-Muktas, die befreiten Geister.

IST DAS SPIRITUELLE EGO UNSTERBLICH?

Frage von W. Y. E. - W.:
Könnten wir in Verbindung mit dem, was Sie gesagt haben, eine Information in bezug auf die Erklärung in einem der Briefe über das 'spirituelle Ego' bekommen? Der Punkt, auf den es mir ankommt, ist folgender: Wie weit müssen wir den buddhistischen Gedanken hinsichtlich des Egos oder Nicht-Egos oder bezüglich Atmans oder Nicht-Atmans folgen? Es gibt eine ganze Reihe von Differenzen zwischen den beiden Schulen des Buddhismus. Doch eine Sache, in der sie übereinstimmen, ist die Nicht-Existenz eines dauernden Egos. Gehen wir in das erste Jahrhundert der idealistischen Bewegung der nördlichen buddhistischen Schule zurück, so finden wir, daß sie alle damit übereinstimmen. Was wird dann unter dem 'spirituellen Ego' verstanden?

Antwort:
Danke sehr. Damit haben Sie mir eine außerordentlich gute Gelegenheit gegeben. Diese Frage ist sehr sachdienlich, denn sie berührt die Wurzel der soge-

nannten Frage nach der Fortdauer des individuellen oder vielmehr persönlichen Bewußtseins. Ist das persönliche Bewußtsein unsterblich? Mit anderen Worten, ist das Ego unsterblich? Sind wir Theosophen, wie alle Schulen des Buddhismus, Anhänger der Doktrin des Anâtman - sind wir Anâtman-Buddhisten oder Atman-Buddhisten? Sagen wir, daß das Ego unsterblich ist, oder sagen wir, daß es sterblich ist?

Es gab eine allgemeine Theorie in einigen theosophischen Kreisen außerhalb des unseren, die besagt, daß das Ego unsterblich sei. Wo immer sich mir eine Gelegenheit bot, habe ich diese Theorie verneint. Ich kann mir kein schrecklicheres Schicksal vorstellen als das, für immer so zu verbleiben, wie ich in meinem Ego bin, und niemals in der Lage zu sein, mich zu verändern und höher zu entwickeln. Für mich ist diese Lehre entsetzlich. Sie hat mehr Elend in der Welt zuwege gebracht, mehr Egoismus, mehr Leiden und Schmerzen, als es selbst die Lehre des sogenannten 'Gottes' vermochte. Die Menschen haben sich um Fragen über Gott bekämpft, bis die Rinnsteine voller Blut waren. Religionskriege waren immer die erbittertsten und blutigsten in der Geschichte. Wir müssen dafür sorgen, daß sie aufhören.

Was jedoch die Frage des Egos und Nicht-Egos betrifft, so sind tatsächlich beide Lehren wahr. Das Ego ist sterblich. Doch ebenso wie der menschliche Körper, der sterblich ist, formt es sich neu bei der nächsten Inkarnation oder Reinkarnation. Das Ego bildet sich neu von und aus den Lebensatomen, die es jetzt zusammensetzen, so daß nach dem devachanischen Zwischenspiel der gleiche Mensch wiederkehrt. Doch von dem Ego als unsterblich zu sprechen, das heißt fortdauernd für immer, ewig, wie es jetzt ist - nein! Das ist nicht die Lehre der Theosophie. Das ist nicht die Lehre der alten Weisheitsreligion. Es ist nicht die

Lehre der Götter.

Alles verändert sich. Nichts, was zusammengesetzt ist, ist unsterblich. Unsterblichkeit bedeutet Fortdauer, unveränderliche Fortdauer eines Wesens oder Dinges, wie es zur Zeit ist. Das bedeutet, daß eine solche Wesenheit niemals evolvieren, niemals wachsen könnte. Sie hätte für immer und ewig genau so zu bleiben, wie sie ist. Würde sie sich um ein Jota in Gedanken, Gefühlen, Bewußtsein oder sonstwie verändern, wäre sie nicht mehr die gleiche, sie hätte sich verändert. Das alte Ego wäre vergangen. Die Folgerung daraus ist: Alles wächst, alles verändert sich, alles bewegt sich - das Atman so gut wie alles andere, wie das Paramâtman oder Parabrahman, was nur ein Name ist, um alles das zu beschreiben, was sich jenseits des Oberwächters unserer Galaxie befindet: selbst das verändert sich. Alles wächst, alles bewegt sich, alles ist lebendig. Veränderung ist die wahre Essenz der Evolution selbst, die wahre Essenz des Wachstums.

Doch bedeutet diese Lehre, daß das Ego niemals zurückkehrt?, daß unser gegenwärtiges Ego völlig zerstört, vollständig vernichtet, vollständig ausgelöscht wird? Diese Lehre ist ebenso falsch wie die andere. Wie kann ein Ding, das existiert, gänzlich verschwinden? Es ist eine Wesenheit; es ist eine zusammengesetzte Wesenheit. Es ist eine Vereinigung, nein, eine Einheit, eine Einheit von Lebensatomen, welche die jetzt existierende Wesenheit ausmachen. Sie wird wieder existieren, weil die Kräfte, die diese Lebensatome in diesem Leben in Kohärenz brachten und daraus ein Ego bildeten, ebenso auch in zukünftigen Inkarnationen wirken und unser Ego reproduzieren werden. Wir werden aber mehr oder weniger evolviert, verändert und deshalb nicht mehr dasselbe und praktisch doch das gleiche Ego sein.

Auch unsere Körper verändern sich mit der Zeit,

wenn wir bis zum reifen Mann oder zur reifen Frau heranwachsen und dann den Abhang zum Alter hinabsteigen. "Wechsel und Verfall sehe ich überall." Danken wir den unsterblichen Göttern, daß es so ist. Wie entsetzlich wäre es, wenn alles für immer so bliebe, wie es ist. Denken wir darüber nach! Gibt es einen Unterschied (und dies ist eine der großen Lektionen, die wir Theosophen klar lernen und der Welt geben müssen) - gibt es einen Unterschied zwischen den Wahrheiten dieser Welt und den Wahrheiten der spirituellen Welten? Nein, denn Wahrheit ist Wahrheit. Diese Welt ist nur eine Reflexion der Welten des Geistes, nur eine Reflexion, ein Abbild.

Relativ gesprochen ist das Atman in uns unsterblich - relativ gesprochen. Doch vom Standpunkt der Unendlichkeit, die grenzenlose und endlose Dauer ist, verändert sich auch das Atman und wächst zu etwas Erhabenerem heran. Persönliche Unsterblichkeit wäre eine schlechtere Gabe als das Hemd des Nessos für Herkules. Wachstum, Veränderung, Fortschritt, Evolution, das Hervorbringen in immer größerem Maße der in uns liegenden gespeicherten Quellen von Leben, Intelligenz und Sein: DAS, ES, JENES - ist die Zukunft, nicht statische Unsterblichkeit.

Diese beiden Lehren sind wahr, sie müssen nur richtig verstanden werden. Doch wenn wir sie genau analysieren, erkennen wir, daß sie zwei Seiten ein und derselben Wahrheit sind. Das Ego ist bedingt sterblich und bedingt unsterblich. Es ist eingeschränkt sterblich und eingeschränkt unsterblich, je nachdem, welches Ego wir meinen - das menschliche Ego, das spirituelle Ego oder das göttliche Ego - und welche Zeit. Der Name des Menschen ist Legion.

Die letzten Worte unseres Herrn Buddha waren: "Brüder, alle Dinge, die sind, sind zusammengesetzt, sind vielfältig, aus Elementen gebildet. Findet euren

Weg zur Wahrheit", oder wie es von den Gelehrten falsch übersetzt in das christliche Denken eingebracht wurde: "Erringt euch eure Erlösung." Der Weg zu Frieden und Glück besteht im Erkennen der Wahrheit und dem Empfinden, daß hierin das kosmische Leben, die kosmische Intelligenz liegt, die weder Ego noch Nicht-Ego ist - etwas, das todlos ist, denn es ist Unendlichkeit, es ist Ewigkeit, es ist JENES. Ich bin ES. Du, mein Bruder, bist ES. ES hat keinen Namen. ES ist unbeschreibbar. ES ist weder Geist noch Nicht-Geist, denn ES ist beides. ES ist weder Ego noch Nicht-Ego, denn ES ist beides. ES ist JENES.

Sprechen wir in einfacheren und weniger vollkommenen Ausdrücken, so können wir sagen, ES ist das kosmische Leben. Doch ich benutze solche Worte mit Vorbehalt, weil sie im Westen nicht richtig angewandt werden und mit einer falschen Färbung versehen sind. Sagen wir zu zehn Menschen, die in westlichen Philosophieschulen erzogen wurden, die Worte 'kosmische Leben', so erhalten wir zehn verschiedene Interpretationen.

Frage:
Könnte man die Frage so stellen: Ist das Swabhâva des spirituellen Egos fortdauernd? Die Menschen möchten fühlen, daß die Individualität an sich fortdauernd ist - nicht, daß sie zu wachsen aufhört, sondern daß der Keim der Individualität für immer besteht.

Antwort:
Ja, und sie verstricken sich in philosophischen Wörtern und Sätzen und wissen nicht, wovon sie reden. In westlichen Universitäten wird versucht, die Philosophie des Orients zu studieren, und Orientalen versuchen, die Philosophie des Westens zu studieren, ohne

zu versuchen, ihre eigene zu verstehen. Die Frage ist ein Beweis dafür, daß etwas in jeder Wesenheit und jedem Wesen ist, das kollektiv die grenzenlose Unendlichkeit bildet. Dieses Etwas ist todlos. "Es ist das Selbst", sagten die Weisen des vedischen Aryâvarta. Sie meinten nicht ein menschliches Ego, sie meinten auch nicht einen Engel, einen Deva oder einen Gott: Sie meinten eine Essenz - die Essenz des Universums - JENES!

Es gibt nur ein Etwas, dem eine Wesenheit nicht entgehen kann, und das ist fortdauernde Existenz. Sie ist das einzige, das nicht ausgelöscht werden kann. Wenn es möglich wäre, aus der grenzenlosen Unendlichkeit ein einziges Atom, einen mathematischen Punkt oder eine Monade herauszuholen, fortzunehmen, zu entfernen, würde die grenzenlose Unendlichkeit in ein kosmisches Nichts zusammenstürzen. Jeder Punkt ist genauso wichtig wie jeder andere.

Doch was westliche Menschen so schwer verstehen, ist die edle Lehre der Nicht-Unsterblichkeit des persönlichen Egos. Sie begreifen nicht, daß es für jeden von uns eine Hölle sein würde, für immer und ewig so zu sein, wie wir jetzt sind. Doch in dem Herzen jeder Wesenheit, was jedes Wesen überall im grenzenlosen Raum bedeutet, ob evolviert oder nicht evolviert - spirituell, ätherisch, physisch oder subphysisch -, in dem Herzen des Herzens und das Herz des Herzens jeder Wesenheit und jedes Wesens bildend ist JENES, das todlos ist, die innere, göttliche Essenz oder das SELBST. Es ist ein so einfacher Gedanke, und es überrascht mich oft, daß westliche Menschen dies so schwer verstehen. Behalten wir also den einen Gedanken: Wenn es irgend etwas in der grenzenlosen Unendlichkeit gibt, das nicht vernichtet oder ausgelöscht werden kann, ist es die fortdauernde, nie endende Existenz, das fortdauernde nie endende Leben.

Wir alle kommen von JENEM, und zu JENEM kehren wir zurück. Es ist die große Quelle des Lebens, die fons et origo, der große Urquell und Ursprung aller Dinge. Leben ist wie ein riesiges, sich drehendes Rad, und das ist das Sprachbild, das uns unser Herr gegeben hat. Ich sage "Unser Herr" und spreche natürlich esoterisch, denn wir sind keine Buddhisten. Doch wir folgen der esoterischen Lehre des Herrn Buddha. Es spielt keine Rolle, ob nach Meinung westlicher Gelehrter Buddha keine esoterische Schule hatte oder ob es keinen esoterischen Buddhismus gibt. Diese Ansichten sind einfach falsch.

Hier ist das Bild des Rades, des sich drehenden Rades des Lebens, das sich langsam durch grenzenlose, endlose Zeitalter dreht; wir sind Tupfen oder Fleckchen auf dem Radkranz. Wir gehen ständig auf und ab. Jedes Rad ist eine Galaxie, ein Kosmos. Nun ist es die besondere Natur dieses Rades, daß es im Laufe der Zeiten ständig mehr und mehr ätherisch wird. Das Rad selbst verändert sich. Das Rad selbst ist sterblich - es wächst, das heißt, es evolviert zu etwas Höherem und Besserem. Ein sehr mystisches Bild, aber ein sehr wahres.

DIE MEISTER MISCHEN SICH NICHT EIN

Die folgende schriftliche Frage bezieht sich auf zwei sogenannte Kontrollgeister eines Mediums, das in London praktizierte.

Frage:
An den Lehren von X und Y, den Kontrollgeistern von Z, war ich sehr interessiert. Sie erschienen mir ganz wunderbar und hilfreich. Ich kenne mehrere alte Theo-

sophen, die sehr hoch von ihnen denken. Doch mir wurde gesagt, diese Lehren seien, obwohl sie Theosophie zu sein scheinen, unzuträglich und irreführend. Ich bin verwirrt und beunruhigt. Wenn die Medien, wie in diesem Fall, ehrlich und wahrhaftig sind, warum ist es betrügerischen Geistern dann erlaubt, sie zu benutzen? Könnten nicht die Meister intervenieren und selbst durch den Mund der Medien sprechen und die Wahrheit darlegen? Es scheint falsch zu sein, zu erlauben, daß jene betrogen werden, die versuchen, 'wahre' Theosophen zu sein.

Antwort:
In gewisser Hinsicht bin ich traurig, diese Frage beantworten zu müssen. Wie oft wurde nicht schon gefragt: "Wenn die Meister all das sind, was man von ihnen sagt, warum steigen sie nicht in die Arena der menschlichen Angelegenheiten und bringen all das Falsche in der Welt in Ordnung?" Das ist doch der Gedanke, aber es ist ein unangebrachter Gedanke. Die Meister mischen sich niemals in das Karman anderer ein. Sie können es nicht und sie dürfen es nicht. Es wäre nicht nur dem hierarchischen System der Herrschaft entgegengesetzt, unter dem unsere Gesellschaft steht - und wenn ich das sage, schließe ich die eigene Loge der Meister ein, von der wir die äußerste Außenstelle sind -, sondern auch den ersten Lehren der Theosophie, denn niemand sollte sich in das Seelenschicksal eines anderen einmischen. Jeder muß seine Lektionen lernen. Wir sollten helfen, wann immer wir es in der richtigen Weise tun können. Das Mitleid spricht ununterbrochen. Die Meister beobachten alle diese Dinge, nicht nur in London, sondern in der ganzen Welt, und leisten Hilfe, wo sie können. Doch sie können weder Wunder vollbringen, noch wollen sie versuchen, dies zu tun.

Jedes Beispiel eines Mediums ist ein psychologischer Fall, den nur Karman erklären kann und dessen Problem nur Karman lösen kann. Das ist die ganze Antwort, die gegeben werden kann. Obwohl ich Theosoph und theosophischer Führer bin, habe ich kein Recht, in die Familie eines Brudertheosophen zu gehen und mich in seine privaten Angelegenheiten einzumischen, wenn er zum Beispiel Streit mit seiner Ehefrau hat. Es mag sehr bedauerlich sein und mir aus Erbarmen für beide sehr zu Herzen gehen, doch ich habe kein Recht, mich einzumischen. Meine Aufgabe ist, zu beobachten und zu helfen, wenn ich helfen kann und darf. Doch das ist alles, und die Situation ist die gleiche wie bei den Meistern.

Die Tatsache der hereinbrechenden Flut der psychischen Einflüsse, die im Begriff waren, während der kommenden hundert Jahre in unseren Westen zu strömen, war der Hauptgrund für die Aussendung des Bevollmächtigten der Meister, H. P. Blavatsky, um zu versuchen, die Gemüter der Menschen in gesündere und weniger psychische Kanäle zu leiten - aufwärts statt abwärts.

Es ist unsere Pflicht, jeder Art von Irrtum entgegenzutreten. Doch sollte dies auf theosophische Art geschehen, durch Freundlichkeit, durch das Lehren und Erklären der Wahrheit und durch das Einträufeln von Gedanken über die Wirklichkeit in die Gemüter der Menschen. Es ist aber ganz falsch zu vermuten, die Meister hätten ein Recht, hereinzukommen und gewaltsam eine astrale, Einhalt gebietende Hand an einen anderen zu legen. Das können sie nicht tun, sie dürfen es einfach nicht.

DER INSPIRIERTE DANTE

Frage von J. G.:
War Dante ein Initiierter?

Antwort:
Ich würde nicht sagen, daß der italienische Dichter Dante ein Initiierter war. Aber ich werde Ihnen meine private Überzeugung von ihm sagen. Ich denke, daß, wie in dem Fall von Dr. Einstein, genügend spirituelles Leben in dem Menschen war, um den Eintritt eines göttlichen Strahles in sein Bewußtsein zu erlauben, der sein Gehirn berührte, so daß er, als er sein unsterbliches Gedicht schrieb, einen großen Teil der Lehre der alten Weisheit einflocht, wenn auch in christlichen Formulierungen und Ausdrücken. Da sind die neun Stufen und die neun oder zehn Höllen; das Fegefeuer und das irdische Paradies; die neun oder zehn Himmel - ein typisch mittelalterliches Beispiel der orientalischen Lehre der Lokas und Talas. Dies wird alles in christlichen Ausdrücken erzählt, doch es ist ein prachtvolles Gedicht. Hierbei ist zu beachten: Dante machte den sogenannten heidnischen Dichter Vergil zu seinem Führer, dem mystischen Führer durch die höllischen Regionen und das Fegefeuer. Als er aber daran ging, die Himmel zu beschreiben - vielleicht um seine christlichen Kritiker zufriedenzustellen -, wählte er seine Beatrice, ein christliches Mädchen, als seinen Führer durch die Himmel!

DIE VIELEN UND DAS EINE IM MENSCHEN

Frage von F. A. L.:
Es wäre schön, wenn Sie uns sagen könnten, was uns zeigen würde, daß wir, obgleich zusammengesetzte Wesen - und nicht nur wir Menschen, sondern alle lebenden Wesenheiten, die vielleicht aus Tausenden von Wesenheiten zusammengesetzt sind -, schließlich nicht viele sind, sondern nur eines. Ich habe erfahren, daß sich die meisten Menschen nicht wohlfühlen, wenn wir sie in so viele Teile zergliedern und einige davon Engel, andere Teufel und so fort sind. Am Ende unserer Vorträge habe ich immer die Vermutung, daß wir schließlich nicht getrennt sind, auch wenn wir in der äußeren Welt getrennt sind, und daß die Wirklichkeit eine und nicht viele ist.

Antwort:
Ihre Frage ist nicht leicht zu beantworten. Sie läuft auf das hinaus, was in der Esoterischen Philosophie als das große Mysterium bekannt ist, wie das Eine zu den Vielen wird. Am Ende einer Periode werden die Vielen wieder das Eine. Das ist eines der tiefsten Mysterien der Esoterischen Philosophie. Es ist ein Mysterium, das buchstäblich Jahre um Jahre intensives, forschendes Studium erfordert, um zu einer angemessenen und vollständigen Antwort gelangen zu können. Sie erhebt sich zweifellos in den Gemütern aller Fragesteller, selbst in denen, die sich ernsthaft mit dem Studium der alten Weisheit befassen. Diese stellt sich daher jedem Logenleiter, jedem einzelnen Anwärter für Theosophie. Eine bemerkenswerte Tatsache ist, daß diese Frage eine von jenen ist, die von den großen Weisen und Sehern niemals eine volle Beantwortung erfahren hat. Ich meine die Beantwortung in einer öffentlichen Versammlung, was einfach nicht möglich

ist, das ist der Grund. Es ist keine Frage, die vor der Öffentlichkeit und für die Öffentlichkeit voll beantwortet werden kann. Sie gehört dem esoterischen Gedankengut an. Doch die bloße Tatsache, daß Sie Ihre Frage so formuliert haben, zeigt, daß Sie schon darüber nachgedacht haben. Durch das Nachdenken haben Sie wenigstens eine oder mehrere Antworten gefunden, die zumindest diejenigen befriedigen wird, die Ihnen die Frage stellen.

Folgendes würde ich vorschlagen: So, wie der Mensch von der kosmischen Unermeßlichkeit ein Kopie im Kleinen ist, mit anderen Worten ein Mikrokosmos, eine kleine Welt, eine Reflexion oder ein Abbild des Makrokosmos oder der großen Welt, und so, wie diese beiden in der Essenz und grundlegend eins sind, in ihrer Abstammung und ihrem zukünftigen Geschick, im gegenwärtigen und vergangenen Sein, so ist mit entsprechender Gedankenbegründung das Eine - das der Kern des Kernes des Herzens des Herzens des Universums ist - auch der Kern des Kernes des Herzens des Herzens des Menschen. In einer seiner Lehren bezieht sich der Herr Buddha auf diesen gesamten Gegenstand. In der Orientalischen Literatur ist er technisch bekannt als die Lehre von Atma-vâda, die Lehre von dem fortdauernden Selbst oder 'Ego', wie westliche Gelehrte dieses Wort gewöhnlich - falsch - übersetzen.

Nach dem, was ich eben sagte, muß es einleuchten, daß das kosmische Selbst, obgleich es unser innerstes Selbst ist, nicht das Selbst von uns als Menschen ist. Wir sind menschliche Selbste, menschliche Egos. Obwohl jeder von uns als Individuum oder menschliches Ego existiert und sein Dasein hat, leben wir unser ganzes Leben, bewegen wir uns und haben wir unser Dasein in der kosmischen Unergründlichkeit, die wir nur in der Sprache der vedischen Weisen als JENES beschreiben können. Es ist die Illusion der Persönlichkeit und selbst die der Individualität, die den menschlichen Wesen als denkenden Wesenheiten eingibt zu glauben, daß die niedere Egoität, das niedere Ego-Selbst für immer fortdauert. Sie vergessen oder sehen vielleicht nicht, daß es genau diese falsche und irrtümliche Lehre der ununterbrochenen und unveränderlichen Fortdauer des menschlichen Ego-Selbstes ist, welche die ergiebige Quelle und der Ursprung allen menschlichen Wehs und Kummers und aller menschlichen Sünde ist, weil sie die Quelle aller menschlichen Selbstsucht ist.

Wenn ein Mensch weiß und im Wissen mit jedem Atom seines Wesens fühlt, daß er sozusagen nur ein kosmisches Atom in dem Gefüge und der Substanz der absoluten Unermeßlichkeit unserer Galaxie und in seiner Essenz so wichtig wie die Galaxie und relativ unwichtig als Mikrokosmos, als menschliche Egoität ist, - wenn sich diese Überzeugung in sein Bewußtsein brennt, wird er wirklich unpersönlich. Er wird ein wirklicher Mensch, ein Übermensch, ein Halbgott, denn die wahre Essenz des Bewußtseins der Göttlichkeit versucht dann, sein menschliches Bewußtsein zu durchdringen.

Wir existieren als menschliche Wesen, doch in der wahren Essenz der Dinge sind wir keine Menschen. Das ist der Schlüssel. Es ist eine Sache von Mâyâ oder vielmehr Mahâmâyâ, kosmische Illusion. Freiheit, Moksha oder Mukti, 'Absolutheit' in dem Sinne, wie ich das Wort in den "Grundlagen der Esoterischen Philosophie" benutze, besteht darin, die Illusion abzuschütteln, daß sich zum Beispiel der Musiker von der Musik, die er uns gibt, unterscheidet oder der Dichter etwas anderes ist als die Poesie, die er bringt, und der Seher nicht mit der Vision identisch ist, die er sieht. Die beiden sind jeweils eins. Unterscheidet sich ein

Mensch von der Liebe, die sein Herz erfüllt? Das ist der Schlüssel - ein Schlüssel, der mehr durch Eingebung erfahren wird, als durch das Verbinden der Vernunft mit Gehirn-Gemüts-Worten.

Wir existieren als menschliche Wesen, als Individuen und werden während der gesamten Dauer des kosmischen oder solaren Manvantaras als Individuen existieren, die ständig größer und gewaltiger werden, immer erhabener, bis wir schließlich das große 'consummatum est' erreichen, die schließliche Vollendung aller Dinge am Ende des solaren Manvantaras, und als vollentwickelte Götter erblühen. Wenn das kosmische Pralaya einsetzt, auf das viele Menschen, selbst Theosophen, in ihrer Unwissenheit und Blindheit mit Furcht schauen, wird selbst die Göttlichkeit unseres Wesens in die Fülle dahinschwinden, in die unbeschreibliche, unaussprechliche, unsagbare Fülle der Quasi-Unendlichkeit. Der Tautropfen ist in das leuchtende Meer zurückgekehrt. Das kleine Bewußtsein des menschlichen Gottes ist wieder einmal das ungebundene kosmische Bewußtsein der universalen Göttlichkeit geworden. Die Vielen sind wieder das Eine geworden. Das ist das Bild.

Soll ich es dabei bewenden lassen? Ich fürchte, wenn ich mehr sage, mehr Worte gebrauche, könnten wir unser Verständnis verwirren und den Gedanken verlieren.

DAS MANASAPUTRISCHE LICHT

Frage:
Wir lernten, daß die menschliche Rasse gemütlos war, bis die Mânasaputras in der dritten Wurzelrasse inkarnierten und sie mit Gemüt versahen. An anderen Stel-

len in unserer Literatur wird gesagt, daß die Menschheit während der Zeit der dritten Wurzelrasse mit Hilfe der Mânasaputras, die das Feuer des Gemütes in ihr anzündeten, das Gemüt evolvierte. Frage: Brachten die Mânasaputras, die aus anderen Reichen kamen, das Gemüt mit sich, oder entzündeten sie nur das schlafende Gemüt, das bereits latent in der dritten Wurzelrasse vorhanden war? Wie sollen wir diese beiden Lehren vereinbaren?

Antwort:
Dies ist eine der interessantesten und doch eine der schwierigsten Fragen der gesamten Lehre. Ich möchte den Gedanken ein wenig weiter entwickeln und darauf hinweisen, daß beide Seiten absolut richtig sind: Gemüt wurde gegeben, doch es war schon Gemüt vorhanden - aber unerwecktes, latentes Gemüt. Es erforderte das Kommen des höheren, entwickelten Gemütes, eines Teiles seiner eigenen Flamme, wie die Annäherung der Flamme an den Docht der nicht brennenden Kerze, um diese anzuzünden. Doch das Gemüt hätte nicht entzündet werden können, wenn es nicht bereits vorhanden gewesen wäre.

Die Inkarnation der Mânasaputras kann mit dem Beispiel eines kleinen Kindes verglichen werden, das aus seinem eigenen inneren Wesen die göttliche Gabe der Intelligenz empfängt. Ein Kind wird geboren; es ist ohne Intelligenz. Nach einem oder nach zwei, drei, vier oder fünf Jahren, das hängt von dem Kind ab, ist sein Zustand exakt gleich dem der dritten Wurzelrasse der Menschheit in dieser vierten Runde auf Globus D. Wie das Kind durch den natürlichen Prozeß der Evolution wächst, beginnt der Verstand in ihm aktiv zu werden, zu erscheinen. Dieser Prozeß der Evolution ginge wesentlich langsamer vor sich, würde das Kind zum Beispiel allein auf einer öden Insel leben. Es würde Jahre um Jahre in Anspruch nehmen, die latenten intellektuellen und spirituellen Fähigkeiten des heranwachsenden Knaben und Mädchens hervorzubringen. Doch das Kind hat seine wachsamen Eltern, seine liebenden Führer und Helfer, 'die Söhne des Gemütes', Vater und Mutter, die seine schwankenden Schritte leiten, es lehren, es denken lehren, durch Beispiel und Unterweisung das erwecken, was bereits in dem Kind vorhanden ist. Andernfalls könnte es nicht erweckt werden.

Manas ist keine Wesenheit: Es ist eine Fähigkeit, ein Organ, ein Prinzip im menschlichen Wesen. Manas ist auch in dem Holz des Tisches, aber es ist nicht erweckt. Es manifestiert sich in den Atomen des Tisches in ihrer Kohäsion in der Form, die Holz ist, die Holz annimmt. Doch es ist nicht erweckt, es ist latent, schlafend. Manas ist der Abkömmling von Mahat. (Ich hoffe, jeder merkt sich die richtige Aussprache dieser Sanskritwörter.) Mahat ist das kosmische Prinzip. Manas ist das kosmische Prinzip, wie es sich in der menschlichen Konstitution manifestiert. Von Manas als 'dem Denker' zu sprechen ist ungenau, wenn wir strenge Genauigkeit wünschen. Denn der Denker ist das egoische Prinzip, das auf der mânasischen Ebene aktiv ist. Die mânasische Wesenheit, der Mânasaputra, der Sohn von Mahat hat sich evolviert, um auf der mânasischen Ebene aktiv zu werden. Manas oder Mahat ist in jeder Wesenheit vorhanden, ist immer da. Doch in Wesenheiten, die unter dem Menschen stehen, ist es unerwacht, nicht evolviert, nicht hervorgebracht.

In der dritten Wurzelrasse stiegen die Mânasaputras oder 'Söhne des Gemütes' in die am meisten evolvierten Rûpas der damaligen kindlichen und intellektuell schlafenden menschlichen Rasse herab. Durch ihr eigenes göttliches, intellektuelles Feuer machten sie die latenten oder schlafenden Feuer in der jugendlichen Menschheit lebendig, brachten sie dazu zu denken, lehrten sie zu denken, wie die Eltern ein kleines Kind denken lehren, seinen Verstand anregen, es durch seine Bücher, durch Unterweisung, durch Beispiel und Worte denken lehren. Es ist die einfachste Sache der Welt und doch eine der großartigsten. Es zeigt, wie niedere Geschöpfe von den Dhyân-Chohans beschützt werden, denn die Mânasaputras sind eine Rasse der Dhyân-Chohans, die besonders und speziell nach den Grundsätzen des mânasischen Prinzips evolviert sind.

"Verließen die Mânasaputras die Menschheit, nachdem sie ihre schlafenden intellektuellen Fähigkeiten belebt hatten?" Einige taten es, doch die höchsten intellektuellen Teile in allen menschlichen Wesen sind noch in jedem von uns der besondere Mânasaputra, der, nach den Worten von H. P. B., inkarnierte und unser eigenes schlafendes mânasisches Organ entflammte. Jeder hat seinen eigenen Mânasaputra, der noch in ihm wirkt. Dieser Mânasaputra ist der Christus, der immanente Christus in jedem Menschen.

WIE BEGEGNET MAN VERZWEIFLUNG UND DEPRESSION?

Frage:
Dies ist mehr eine praktische Frage. Mr. Judge spricht in den "Briefen, die mir geholfen haben" über Theosophen, die während ihrer Studien Perioden großer Niedergeschlagenheit erleben. Er sagt: Wenn derartige Perioden kommen, soll man ruhig bleiben und warten, sie werden bald vorübergehen, und alles wird wieder in Ordnung sein. Einer unserer anderen Führer - ich glaube, es war unser jetziger - sagte:

Wenn eine solche Periode kommt, soll man ausharren wie der grimme Tod - das war wohl der Ausdruck -, und der Friede wird wieder einkehren. In einer neueren Ausgabe des "Forums" wurde mehr oder weniger eine Erklärung für diese Perioden gegeben. Nachdem mehrere Führer darüber gesprochen haben, ist das natürlich eine Erfahrung, die ich nicht allein mache, sondern es muß vielen Menschen ebenso ergehen. Nun möchte ich fragen: Können wir, außer zu warten, etwas tun, damit dieser Zustand schnell vorübergeht? Während einer solchen Periode versucht man zu arbeiten, aber man ist dazu nicht in der Lage. Die Gedanken scheinen einzufrieren, bevor sie klar werden, und die Worte, die man äußern möchte, lassen sich nicht finden. Es ist wirklich eine Zeit großen Elends für den, der sie durchmacht, denn tief im Herzen ist der Wunsch, ihr zu entfliehen, doch etwas ist da, was das verhindert. Ich möchte fragen, ob es eine Möglichkeit gibt, einer Person über eine solche Periode hinwegzuhelfen.

Antwort:
Ich glaube, ich verstehe. Wenn mir diese Frage in der Stille meines Studierzimmers gestellt würde, gäbe ich die gleiche Antwort, die ich nun zu geben versuchen möchte, sie ist sehr kurz: Wenn Sie stark genug sind, helfen Sie anderen. Vergessen Sie sich selbst, Ihren Kummer und Ihre Schmerzen, indem Sie anderen ihren Kummer und ihre Schmerzen lindern und sie aufheitern - die erste Aufgabe, die Ihnen begegnet. Denn all unser Schmerz und Kummer, all unser Unglück und Elend, wenn es kommt und wie es kommt und was immer es sein mag, entsteht als eine Reaktion auf unsere eigene menschliche Mentalität und unsere Gefühle, auf Zustände, die wir selbst erzeugt haben, doch denen ins Auge zu sehen uns weh tut.

Bruder Judge gab eine sehr gute Regel: Warte, bis der Sturm vorbei ist. Ich schlug das gleiche vor mit dem Ausspruch, den der Fragesteller schon zitiert hat: "Harre aus wie der grimme Tod." Niemals verzweifeln, das ist Versagen. Doch ich möchte als Ergänzung zum Ausharren sagen: Suchen Sie nach anderen, die mehr leiden als Sie, und strecken Sie eine hilfreiche Hand aus; Ihr eigener Kummer wird verschwinden wie Nebelschwaden am Morgen vor der Sonne. Das wird nicht mißlingen, weil Sie sich selbst vergessen. Wir vergessen uns selbst, das ist eine unfehlbare Regel. Doch die meisten Menschen halten nichts von dieser Regel, weil - dies mag Sie in Erstaunen versetzen - viele, vielleicht die meisten, gern leiden! Darüber gibt es eine außerordentliche Psychologie. Sie lieben es, sich selbst zu quälen. Es gibt Menschen mit einer verdrehten psychologischen Mentalität, die sich absichtlich martern und ein Vergnügen daran finden; Männer und Frauen, die sich vorsätzlich, um des Vergnügens willen, unglücklich machen und die Menschen ihrer Umgebung ebenfalls. In der modernen Psychologie wird das technisch als Sadismus bezeichnet, ein Wort, das von einem französischen Edelmann hergeleitet ist, der bekannt und berühmt - oder eher berüchtigt war wegen seiner Grausamkeiten und des Vergnügens, das er am Zufügen von Grausamkeit empfand. Dabei spielt es keine Rolle, ob diese abscheuliche Seelenhaltung, die in dem Gemüt eines Mannes oder einer Frau existiert, gegen sich selbst oder gegen andere gerichtet ist.

Der Weg, seine eigenen Schmerzen und Kümmernisse zu vergessen, ist, anderen zu helfen, den Nächsten zu helfen. Sie werden überrascht sein, wie viele Menschen Sie finden werden, deren Gesicht Sie mit einem Lächeln glätten können, deren Herzen Sie mit einem freundlichen Wort aufheitern können. Versuchen Sie es! Vergessen Sie Ihre eigenen Probleme, Ihre Leiden! Vergessen Sie Ihren Kummer und Ihr Elend! Es ist nicht gut, sich damit aufzuhalten; das macht Ihre Leiden nur schwerer. Sie wissen, das Leben ist voll Kummer und Schmerz, wir müssen diese Dinge akzeptieren. Wir sind in einem sehr niedrigen Zustand der Evolution. Doch wie groß, wie bedeutend sind jene, die sich über diese Dinge erheben und anderen helfen! Bei ihnen kommt der wahre Chelageist, der Meistergeist zum Vorschein.

Lach, und die Welt lacht mit Dir;
Weine, und Du weinst allein,
denn die traurige Erde
muß sich ihre Heiterkeit borgen,
sie hat selbst genügend Sorgen.

Sie kennen sicherlich diesen alten Vers.
Es ist Ihre Aufgabe, Ihren Kummer, Ihre Leiden und Schmerzen abzuwerfen und zu arbeiten, um anderen zu helfen. Speziell wir Theosophen empfinden es als unsere Pflicht, dies zu tun, und wer dies tun kann, ist ein hochgesinnter Theosoph. Je mehr er seine Pflicht verwirklicht, desto größer ist er. Das ist die Medizin. Versuchen Sie es, und Sie werden heute abend mit einem leichten Herzen schlafen gehen, im Frieden mit sich selbst und der Welt. Praktizieren Sie dies, wird es zunehmend leichter, jeden Tag ein bißchen mehr. Schließlich werden Sie Frieden erlangen, einen Ort des Friedens und der inneren Ruhe, wo Sie wahrhaft außerhalb der Reichweite des Schmerzes und des Kummers sind.

Samen sind wundervolle Dinge. Bewahren Sie die Samen dieser Gedanken in Ihrem Gemüt. Auch wenn Sie sie manchmal vergessen, werden sie eines Tages wiederkommen, denn sie werden in Ihrem Gemüt Wurzeln schlagen. Die Egoität dieser Gedanken wird in Ihrem Gemüt wiedergeboren werden.

Das erinnert mich an etwas, das ich meiner Antwort auf eine frühere Frage hinzufügen möchte. Es bewegt sich genau in der Richtung dieser Gedanken: die zyklische Wiederkehr der Ereignisse. Die Götter und Halbgötter, die im Pralaya wieder zu dem Einen werden, 'die leuchtenden Tropfen, die wieder das leuchtende Meer werden' - können diese Tautropfen ausgelöscht werden? Nein, das ist unmöglich. Sie hätten nicht die Vielen von dem Einen werden können, wenn es nicht eine Ursache für diese vielen Individuen gäbe. Jedes einzelne ist ein Same, eine Wesenheit, ein Individuum, eine Monade. Wenn das große Pralaya sein Ende erreicht, gibt das leuchtende Meer seine Tautropfen wieder zurück. Die Tautropfen erscheinen wieder als Monaden, treten in einen neuen Zyklus kosmischer Manifestation ein, aber auf einem erhabeneren und großartigeren Plan als dem vorher beendeten.

So ist es auch mit den Gedanken und Gefühlen von Leiden und Schmerz: Sie kommen wieder, aber wir müssen dann über ihnen stehen; und wir können über ihnen stehen. Wir sollten den Yoga, die Vereinigung praktizieren, uns selbst im Dienst an der Menschheit zu vergessen. O dieser Friede, das Glück, das unbeschreibliche Gefühl der Seligkeit! Das sind alte Gedanken, die aber sehr wahr sind!

Frage von H. A. P.:
Wie können wir Personen helfen, die sich in den Umständen befinden, die in der letzten Frage beschrieben wurden? Jenen, die unglücklich sind, wie können wir ihnen helfen?

Antwort:
Indem wir ihnen zuerst ein Beispiel unserer eigenen

Pflichterfüllung geben. Die Kraft des Beispiels ist mächtiger und vielsagender als hunderttausend Worte. Wenn wir einen Menschen sehen, der sein Mißgeschick mit männlicher Standhaftigkeit trägt, mit unerschütterlichem Gemüt den winterlichen Stürmen standhält, die ihn umtosen, mit ungebeugtem Haupt seinem Schicksal und Verhängnis ins Auge sieht und dabei noch Fortschritte macht, dann schürt das jeden Funken von Heroismus in denen, die es sehen, und sie sagen: Ah, ein Mann! Zeigen wir Mut, regen wir Mut in anderen an. Wir sind wie die Mânasaputras. Wir bringen die Flamme von etwas Heiligem und Schönem in das Leben der anderen. Genau das gleiche ist es, wenn andere in Not sind oder Kummer haben und leiden: Geben wir ihnen ein Beispiel von allem, von dem wir wissen, daß es uns helfen würde, wenn es uns so ginge wie ihnen. Ohne Worte geschieht dies oft am besten. Ich glaube, es ist verhängnisvoll, jemanden zu ermahnen, das macht nur verdrossen. Oft ist das wortlose Beispiel mächtiger als alles andere. Ein gelegentliches gütiges Wort, eine freundliche Äußerung wirken Wunder. Manchmal sehnen sich Menschenherzen im Schmerz nach nichts anderem als nach einer freundlichen Berührung, einem freundlichen Wort. Seien Sie ein Vorbild an nicht übertriebener Heiterkeit. Fühlen Sie sich in die hilfesuchende Person ein und handeln Sie entsprechend; seien Sie ein Vorbild und zeigen Sie Ihre Gefühle, das ist, denke ich, der beste Weg. Es gibt praktisch unendlich viele Umstände. Ich müßte den ganzen Nachmittag reden, und eine Quasi-Unendlichkeit an Beispielen bringen, um für jeden Fall ein Beispiel geben zu können. Doch es ist so einfach: Geben Sie ein Beispiel von dem, was Sie tun würden, wenn Sie anstelle der Person wären, was Sie tun würden, um aus dem Zustand herauszukommen.

LASST JENE IM KAMA-LOKA ALLEIN

Frage:
Meine Frage steht mit dem in Verbindung, was über das Leiden im Kâma-loka gesagt wurde: Können wir auf Erden irgend etwas tun, um die Leiden jener zu erleichtern, die im Kâma-loka sind, besonders der Verwandten, die wir verloren haben und die vermutlich dort leiden?

Antwort:
Dies ist eine Frage, die in der Vergangenheit von vielen freundlichen Menschenherzen gestellt wurde und in den sogenannten heidnischen Zeiten dringender und öfter als in christlichen Zeiten. In der Tat, es wurde so oft gefragt und so dringend nach einer Antwort verlangt, daß die christliche Kirche, die römisch-katholische zumindest, das einrichtete, was sie die Messen für die Seelen im Fegefeuer nannte. Sie brauchen sich um diejenigen, die Sie lieben, keine Sorgen zu machen, wenn sie durch das Kâma-loka gehen! Ihr Kâma-loka ist ohne Schmerzen. Sie sind sich in den meisten Fällen des Durchganges völlig unbewußt. Es sind wirklich nur die übelgesinnten menschlichen Wesen, die eine unangenehme Erfahrung im Kâma-loka machen. Es ist viel besser, nicht darüber nachzudenken, viel besser. Doch es gibt eine Methode der direkten Handlung, die wir ausführen können, und sie ist sehr wichtig in diesen Tagen: Was Sie auch tun, versuchen Sie nicht, in Verbindung mit ihnen zu kommen. Das wäre das Schlimmste und Grausamste, was Sie tun können. Hier ist es wieder einmal meine Pflicht, die Wahrheit zu sagen. Unsere spiritistischen Brüder sind durch Unwissenheit, obwohl sie oft Menschen mit freundlichen Herzen und edlen Bestrebungen sind, in etwas hineingestürzt, in das einzutreten selbst Engel

sich fürchten würden; sie verstehen die Gründe nicht. Die Methoden der Natur sind immer freundlich, immer gerecht. Ein Gebet der Römer war ein edles: Requiescat in pace: "Möge er in Frieden ruhen."

(Ende der Reihe von Fragen und Antworten auf dem Konvent.)

DAS KAMA-PRINZIP IN DER MEDIUMSCHAFT

Frage:
In einem Vortrag sagten Sie, ein Medium sei eine Person, bei der die Prinzipien nur lose miteinander verknüpft sind. Könnten Sie das ein wenig erläutern? Wie können unsere Prinzipien nur lose miteinander verknüpft sein, und wie können wir diesen unglücklichen Zustand vermeiden?

Antwort:
Wenn man sagt, die Prinzipien sind lose miteinander verknüpft, ist das natürlich eine Sprachfigur. Es sind H. P. B.s Worte. Ich bin sicher, H. P. B. nicht verbessern zu können, doch diese Frage wurde so oft an mich herangetragen, daß deutlich wird, wie schlecht ihre Worte verstanden wurden. Ich möchte daher das Sprachbild wechseln und sagen, daß die Prinzipien im Fall eines Mediums schlecht funktionieren, etwa wie bei einer defekten Maschine. Ich bin nun ganz und gar kein Mechaniker, doch ähnlich, wie sich beim Autofahren manchmal ein Rütteln und Rucken bemerkbar macht und es schwer ist, das Auto zu starten, verhält

es sich bei einem Medium. Die Prinzipien der Konstitution sind nicht unter der Kontrolle des höheren Willens. Sie funktionieren nicht reibungslos und normal, sondern es gibt ein Rütteln, Stoßen und Rucken. Das kommt daher, weil die Prinzipien sich mehr oder weniger von der dominierenden Kontrolle des zentralen spirituellen Willens befreit haben und von äußeren Einflüssen beeinträchtigt werden. Sie funktionieren nicht mühelos und sind nicht eng miteinander verschweißt, sozusagen kompakt.

Alle Prinzipien des Menschen sind nur Phasen von Bewußtsein. Wir sehen es allezeit um uns her. Wir sehen es bei Kindern und ebenso bei Erwachsenen. Wir sehen Menschen, die nicht in der Lage zu sein scheinen, immer in ihrem Höchsten zu leben und ihr Bestes zu tun. Sie bemühen sich und sehnen sich danach, das Beste zu tun, doch es gelingt ihnen nicht immer. Den Prinzipien fehlt die genügende Kohärenz oder vielmehr Unterordnung unter den dominierenden inneren Geist. Das Kâma-Prinzip zum Beispiel geht, wie wir wissen, gern ein wenig seine eigenen Wege, möchte ein wenig unabhängig sein. Wie vertraut das klingt! Oder vielleicht hat der Linga-śarîra eine Idee und möchte sich seinerseits ein wenig von den anderen Prinzipien entfernen und tut es. Wenn dies geschieht, wird sozusagen eine Tür geöffnet, es gibt einen Riß - wie soll ich es ausdrücken? -, eine Öffnung ist für den Eintritt äußerer Einflüsse in die Konstitution entstanden, in diesem Fall astraler Einflüsse, und der Mensch ist mehr oder weniger von törichten oder üblen Gedanken beherrscht. Sie marschieren in sein Gehirn wie ein Haufen Landstreicher, und er wird pro tempore ihr Opfer und folgt ihnen - den törichten und üblen Einflüssen, bösen Einflüsterungen, schändlichen Gedanken oder vielleicht nur Trivialitäten. Hingegen ist der Mensch, dessen Prinzipien unter der Kontrolle des spirituellen Willens stehen und der die Befehlsgewalt hat, ein Mensch in jedem Sinne des Wortes. Was er will, das tut er, und die Prinzipien funktionieren so reibungslos und mühelos, wie es ihnen möglich ist. Das ist der Gedanke.

Ich möchte aber nicht den Eindruck erwecken, alle Medien seien törichte und üble Menschen, im Gegenteil. Doch sie sind unglückliche Menschen, deren Selbstkontrolle weniger manifestiert ist als in den gewöhnlichen Durchschnittsmenschen. Sie sind Menschen, in denen der spirituelle Wille der vollen oder relativ vollen Kontrolle über das ganze Wesen ermangelt.

GEDANKEN SIND ELEMENTALWESEN

Frage:
Was sind Gedanken?

Antwort:
Alle Gedanken, in esse, per se, sind Elementalwesen, lernende Wesenheiten. Ein Gedanke ist von einer Gedankenform umgeben, das heißt, er ist eingekörpert in eine Gedankenform, aber der Gedanke selbst ist eine elementale Energie. Wir selbst waren zu einer Zeit der weit entfernten vergangenen Äonen Gedanken von anderen selbstbewußten Wesenheiten. "Hüte wohl Dein Gemüt, o Chela, vor den Gedanken, die darauf einwirken und Einlaß begehren", ist eine der Regeln der Esoterischen Schule. Wir hören oft unglückliche Verbrecher als Beschönigung oder Beschönigungsversuch eines Verbrechens sagen: "Herr Richer, ich konnte nichts dafür. Ich weiß nicht, was mit mir los war, aber irgend etwas packte mich, und ich konnte nicht anders." In diesen Fällen handelt es sich um schwache

Menschen, denen es an moralischer Selbstkontrolle fehlt, denen der Schutz, die âkâśische Schranke fehlt, die automatisch üble Gedanken fernhält. Natürlich sind Gut und Böse relativ. Es gibt üble Dinge in der Welt, das sind unvollkommene Dinge; doch es gibt auch gute Dinge. Hier ist das Wesentliche meiner Antwort: Jedes Elemental ist in dem Kern des Kernes des Herzens seines Wesens eine Göttlichkeit, ein göttlicher Funke. Alle Evolution, alles Wachstum ist ein Ausrollen, Entfalten von latenten Fähigkeiten, die in den erhabeneren Teilen jeder evolvierenden Wesenheit oder jedes Dinges eingeschlossen sind. Das trifft nicht nur auf Menschen zu, sondern auch auf Über-Götter, Götter, Halbgötter, Tiere, Pflanzen, Minerale, Elementale und anderes.

SEELEN UND MONADEN

Frage:
Kann ich ein wenig mehr Licht über zwei Stellen in Ihren "Grundlagen der Esoterischen Philosophie" bekommen? In Kap. XV wird erklärt, unsere menschlichen Seelen werden in einem zukünftigen Manvantara Monaden. Ich hatte immer den Eindruck, daß unsere Seelen schon Monaden wären.

Antwort:
Dies ist ein sehr interessanter und komplizierter Punkt der Lehre. In der Tat ist die Seele ein Vehikel, das mit der Zeit aus sich selbst seine eigene swabhâvische Schlüsselnote hervorbringen wird. Wenn das geschehen ist, wird die Seele eine Monade, aber sie ist nicht eher eine Monade, bevor sie monadisch wird. Haben Sie den Gedanken erfaßt? Wir haben die göttli-

che Monade, die sich in der göttlichen Seele einschließt; unsere spirituelle Monade, die in der spirituellen Seele eingeschlossen ist und die menschliche Monade, eingeschlossen in der menschlichen Seele. Wir haben die tierische Monade, eingeschlossen im tierischen Körper, denn unsere eigenen physischen Körper sind Tiere, wenn wir sie allein und gesondert von dem höheren Teil betrachten. Eine Seele ist ein Vehikel, aber eine lebende Wesenheit. Sie muß monadisch werden, mit anderen Worten, ein Gott. Das ist genau das, was unseren Werdeprozeß darstellt - er vollzieht sich langsam, aber wir sind auf dem Wege. Gegenwärtig leben wir selbstbewußt in unseren menschlichen Seelen. Es ist unser zukünftiges Schicksal, durch Evolvieren, das heißt Herausbringen dessen, was eingewickelt, eingeschlossen in uns ist, die gegenwärtigen menschlichen Seelen in menschliche Götter zu verwandeln. Die menschliche Seele wird dann wieder mit ihrer menschlichen Monade, einem göttlichen Wesen verschmolzen sein.

DER DUALE ASPEKT VON MANAS

Frage:
Manas oder der Denker ist das reinkarnierende Wesen. Seine Natur wird dual, sobald es mit einem Körper verbunden ist. Meine Frage lautet: Was ist die Bedeutung von seinem "Verbundensein mit einem Körper", und was bedeutet "sobald"?

Antwort:
Dies ist eine interessante Frage, weil die Lehre über Manas als eine Funktion oder ein Organ von Denken und Bewußtsein sehr tief und geheimnisvoll ist. Von

einigen theosophischen Lehrern ist gesagt worden, daß Manas sozusagen das Gemüt ist. Doch in der strikten, technisch ausgedrückten Theosophie ist es irrtümlich, so zu sprechen. Manas ist sowohl ein Organ des Denkens als auch die Fähigkeit, die Gedanken des kosmischen Bewußtseins zu denken, die wir durch das manasische Organ empfangen. Durch diese kurze Beschreibung wird ersichtlich, daß ein Organ unentwickelt, teilweise entwickelt oder ganz entwickelt sein kann. In der menschlichen Rasse der Gegenwart ist es etwa auf halbem Wege zu dem entwickelt, was wir relative Vollkommenheit nennen können.

Die Frage des Fragestellers bezieht sich, wie ich sie verstehe, auf die Zeit, als das Manas in der menschlichen Rasse aktiv wurde. Seine Natur ist dual, sobald es mit einem Körper verbunden ist. In einer bestimmten Periode der Geschichte der menschlichen Rassen beginnt es, in Funktion zu treten. Von ihm als "mit einem Körper verbunden" zu sprechen ist nur eine leichte, anschauliche Art der Darstellung. Genau gesagt ist die mânasische Fähigkeit nicht mehr mit einem Körper verbunden als der Geist. Doch die erstere wirkt durch den Körper mit Hilfe eines untergeordneten Organs, das wir das Gehirn nennen. Man kann nicht sagen, daß Bewußtsein wirke mit seinen zarten Fingern direkt auf die Substanz des Gehirns, denn Bewußtsein ist eine der feinsten Energien, und die Gehirnsubstanz ist im Vergleich damit außerordentlich grob. Doch zwischen dem Bewußtsein, dem mânasischen Bewußtsein, und der physischen Substanz des Gehirns befinden sich Stufen oder Grade von abnehmend ätherischer Substanz, die sozusagen eine kleine Hierarchie oder Leiter von verschiedenen ätherischen Substanzen bilden. Durch diese Leiter, diese verschiedenen Pläne oder Grade der Substanz wirkt der mânasische Strahl von dem reinen Manas-Prinzip bis zum physischen Gehirn. Ist die Antwort soweit ausreichend?

Frage:
Das Gehirn ist also der Körper?

Antwort:
Natürlich bezieht sich das Gehirn auf den Körper, denn ich kann mir nicht vorstellen, daß Manas durch meinen Zeh arbeitet. Doch das mânasische Prinzip durchdringt den Körper mit Hilfe des Gehirns. Wie das Gehirn das führende mentale Organ des physischen Körpers ist, so ist der mânasische Teil der Konstitution das führende Denkprinzip dieser Konstitution. Das Gehirn ist ein Teil des Körpers. Ich glaube, Ihre Frage hat eine Beziehung zu Zeit. Sie betonten das Wort 'Zeit'.

Frage:
Das Gehirn ist in dem Kind vorhanden, bevor der Mensch dual wird ...

Antwort:
Ich denke, ich sehe, worauf es Ihnen ankommt. Alle Dinge sind dual. Selbst Elektrizität ist dual in ihrer Aktion. Die Wissenschaftler sprechen von dem positiven und dem negativen Pol. Es gibt eine positive Seite des Bewußtseins und die entgegengesetzte Seite des Bewußtseins. Die Elektrizität wiederholt nur in den elektrischen Sphären der Aktion, was überall geschieht.

Denken ist bipolar, darum ist die mânasische Fähigkeit auch bipolar. Doch sie wird nur bipolar, wenn sie diese Ebene der bipolaren Tätigkeit erreicht. Das fand in der dritten Wurzelrasse der gegenwärtigen vierten Runde auf diesem Globus D statt.

Frage:
Wann wird das Manas dual? Wenn es in das Gehirn eintritt?

Antwort:
Sobald es beginnt, sich als Denken zu manifestieren. Wir alle wissen, ein kleines Kind denkt nicht wie ein erwachsener Mensch. Kein kleines Kind kann eines der wundervollen Schauspiele von Shakespeare schreiben, das kommt erst mit der Zeit. Doch sobald die mentale Fähigkeit durch das Gehirn des Kindes zu arbeiten beginnt, wird sie dual, denn die Dualität gehört zu dieser Ebene. Es gibt die höhere und die niedere. Sobald das Kind zu denken beginnt, beginnt es, Richtig und Falsch zu begreifen, Hoch und Niedrig, das Geheime oder Verborgene und das Offene und Offensichtliche. Das Manas arbeitet dual, sobald das Kind zu denken beginnt. Das ist so, weil Manas in dieser Zeitperiode in dieser vierten Runde auf diesem Globus D in dualer Tätigkeit, in dualer Weise arbeitet.

Frage:
An welchem Punkt hört es auf, dual zu sein, nachdem es nicht mehr mit dem Körper verbunden ist?

Antwort:
Ah, das ist eine andere Frage. Wir hören auf, in unserer Tätigkeit oder im Denken dual zu sein, von den Leidenschaften unseres schwachen und schwankenden Charakters zerrissen zu werden, wenn wir uns über die Trennung und Dualität erhoben haben und die innere göttliche Flamme erreicht haben. Das wird bis zu einem gewissen Grade am Ende der fünften Runde und vollkommen am Ende der siebenten Runde auf dieser Erde eintreten, die natürlich zu einer der Planetenketten gehört. Ist die Antwort ausreichend oder zu

schwer verständlich?

Frage:
Wird das Gehirn nach einer Zeitspanne ein Hindernis für den Menschen anstatt eine Hilfe?

Antwort:
Nicht erst nach einiger Zeit, sondern sogar schon jetzt. Es gibt eine Art, mehr im Denken als in Gedanken zu leben. Es sind Gedanken, mit denen sich das Gehirn beschäftigt. Doch es gibt ein Organ des Gehirns, das wir nicht das Gehirn nennen können, obwohl es ein Teil von ihm ist. Es ist ein Zentrum, durch das mehr das Denken fließt als die bloßen Gedanken, die uns alle belästigen und beunruhigen. Wenn wir uns aus der Region dieser begrenzenden, kleinen, persönlichen, belästigenden und störenden Gedanken in die Regionen des reinen Denkens erheben können, willentlich im mânasischen Prinzip leben, das heißt mit unserem Willen, dann haben wir uns über die bloßen Gedanken erhoben, und das Gehirn wird dann untätig, obwohl wir denken.

Halten Sie einen Augenblick inne. Wir alle müssen Zeiten erlebt haben, in denen wir unter der Gewalt einer großen Idee, eines Ideals oder unter der heiligen Führung einer unpersönlichen Liebe erkennen, daß wir in einer Region oder einer Sphäre gänzlich außerhalb des Gehirns leben. Sobald wir wieder in die Gehirn-Atmosphäre hinabsteigen oder dem Gehirn erlauben, unsere Gefühle oder Gemütsbewegungen zu kontrollieren, empfinden wir dies wie einen Absturz. Das veranschaulicht die duale Tätigkeit der mânasischen Fähigkeit, des niederen und des höheren Manas.

DAS ABSOLUTE UND DAS UNENDLICHE

(Das Folgende ist ein stenographischer Bericht einer zwanglosen Zusammenkunft in Point Loma, in der eine Aussprache über den Gebrauch des Ausdrucks 'das Absolute' in den "Grundlagen der Esoterischen Philosophie" von G. von Purucker stattfand.)

G. v. P.: Es ist das philosophische Eine, das Ursprüngliche, welches das Absolute ist: Von dem Einen kommen die Zwei, von den Zweien die Triade, von der Triade die Tetrade und so fort. Der Punkt, auf den es ankommt, ist folgender: Das philosophische Eine oder das kosmische Eine ist das kosmische Absolute. Doch es ist nicht die Null, welche die Unendlichkeit darstellt. Folglich enthält die Null, die Unendlichkeit, eine unendliche Anzahl solcher 'Eine' oder Monaden, ob sie kosmisch sind oder nicht.

O. L.: Ich verstehe die Art, wie Sie das Wort 'absolut' in den "Grundlagen der Esoterischen Philosophie" benutzen. Sie definieren es dort, so daß es ganz klar ist. Doch was ist der wirkliche Grund, seine Bedeutung zu betonen, die natürlich in der etymologischen Ableitung des Wortes liegt? Sie unterscheidet sich von der üblichen Bedeutung, die dem Wort 'absolut' in der Philosophie des Westens beigelegt wird.

G. v. P.: Das ist wahr. Ich benutze es erstens für Zwecke der Genauigkeit und zweitens, weil es ein wundervoller philosophischer Schlüssel ist: Jedes Absolute ist der Hierarch einer Hierarchie, ist das Eine, aus dem alle Stufen nacheinander herausfließen - eins, zwei, drei usw. - bis zum Ende der Hierarchie. Jedes Eine ist ein Absolutes oder Mukta, Jîvan-Mukta. 'Absolutus' bezeichnet 'frei', 'befreit' - frei von der Knechtschaft aller niederen Pläne; es ist ihr Meister.

O. L.: Das habe ich verstanden. Doch könnte diese Tatsache nicht auch geäußert und erklärt werden, ohne das Wort 'absolut' dafür zu gebrauchen?

G. v. P.: Es könnte, aber es schien mir nicht ratsam. Sie sehen, daß das Wort 'absolut', abgeleitet aus dem Lateinischen, ein genaues Gegenstück zu dem Sanskritwort Moksha oder Mukti des Brâhmaismus ist. Ich wählte dieses Wort absichtlich und versuchte, auf die Ungenauigkeit des Gebrauches des Ausdrucks 'das Absolute' im Westen hinzuweisen, wo es die 'grenzenlose Unendlichkeit' bezeichnet. Das ist nicht nur ein etymologischer, sondern auch ein logischer Fehler, und darauf wollte ich hinweisen. Wie ich das Wort benutze, ist es ein wahrer Schlüssel zu großen Dingen.

O. L.: Es wird die Kritik herausfordern. Die Leute werden sagen: "Natürlich, Ihre Etymologie ist richtig, doch was ist der Nutzen davon? Das Wort 'absolut' hat in unseren westlichen Sprachen in allen Philosophien diese spezifische Bedeutung erlangt. Was ist darum der Nutzen Ihrer Änderung? Warum es in verschiedenen Bedeutungen anwenden?" Es bringt für jene, die Philosophie studieren, die Dinge durcheinander, und deshalb erregt es Kritik.

G. v. P.: Zweifellos werden viele so sprechen, doch ich habe nichts gegen Kritik. Sie fordert Stellungnahme und Denken heraus. Abgesehen von allem anderen hat mein Gebrauch des Wortes den Vorzug, genau zu sein, philosophisch exakt zu sein und ein Wort in seinem richtigen, ursprünglichen, exakten, etymologischen Sinn anzuwenden; und als Bestes von allem ist es ein wundervoller Schlüssel für größere Dinge. Es ist mir vollkommen gleichgültig, ob der gesamte Westen ein Wort falsch gebraucht, denn ich werde es richtig gebrauchen, wenn ich durch diesen Gebrauch eine neue Schlüsselnote des Denkens anschlagen kann, auf einen Weg des Bewußtseins hinweisen und einen Schlüssel zu einer wundervollen Lehre geben kann. Begreifen Sie nun? Wenn es Stellungnahme und Kritik erregt, was ich voraussah, um so besser!

O. T.: Ich finde, wie Sie den Ausdruck in den "Grundlagen der Esoterischen Philosophie" benutzen, ist es einer der wundervollsten Teile des ganzen Buches.

G. v. P.: Sobald Sie das Unendliche durch das Wort 'das Absolute' falsch benennen, wird es ein Wesen, deshalb begrenzt und endlich. Es ist in echter Philosophie unmöglich, die Absolutheit der Unendlichkeit zu behaupten. Sie ist weder absolut noch nicht absolut. Absolut ist ein bestimmtes Adjektiv mit bestimmten logischen Attributen. Die Unendlichkeit hat keine solchen Attribute. Unendlichkeit ist weder bewußt noch unbewußt, sie ist weder lebendig noch tot, denn Bewußtsein und Unbewußtsein, Leben und Tod gehören zu manifestierten, darum begrenzten und nicht unendlichen Wesen und Dingen.

O. L.: Alles das sagen die westlichen Philosophen von dem Absoluten. Sie geben dem 'Absoluten' diese Bedeutung.

G. v. P.: Das ist genau das, was sie nicht tun sollten, und es ist das, was ich herausfordere. Mein Gebrauch des Wortes ist deshalb eine Herausforderung.

O. L.: Es ist eine Herausforderung. Doch abgesehen

davon, was das Wort etymologisch bedeutet, finden wir, wenn wir nachforschen, daß es viele solche Wörter gibt. Sie haben in der Sprache eine abweichende Bedeutung angenommen. Sie werden mit dieser von den Wörtern der Sprache abweichenden Bedeutung benutzt, die anders ist als die ursprüngliche.

G. v. P.: Das ist vollkommen wahr, doch vergessen Sie nicht, eine bloße, wenn auch allgemeine Tatsache ist keine richtige Ausrede zur Beschönigung eines Fehlers.

O. L.: Man kann nicht sagen, daß so ein Wort auf diese Art falsch benutzt wird.

G. v. P.: Das ist auf eine Art wahr. Trotzdem wird das Wort falsch benutzt und hat allgemeine Geltung erlangt. Ich möchte meine Meinung veranschaulichen: Im Englischen gibt es einen ganz besonderen grammatischen oder vielmehr ungrammatischen Ausdruck, der universale Gültigkeit in der englischen Sprache erlangt hat, aber falsch ist. Dieser Ausdruck ist: "I am mistaken". Die geläufige Bedeutung ist: "Ich irre mich, ich habe eine irrtümliche Ansicht geäußert". Doch die wirkliche Bedeutung der Worte ist: "Ich bin mißverstanden worden", und das war die ursprüngliche Bedeutung des Satzes "I am mistaken".

Ihr Argument habe ich immer wieder gehört. Es wird gesagt: "Warum zerbrechen Sie sich den Kopf darüber? Jeder weiß bei dem gewöhnlichen Gebrauch des Wortes, was gemeint ist. Warum es nicht so anwenden, wie der allgemeine Gebrauch ist?" Ja, antworte ich, doch es ist ein falscher Gebrauch und logisch, historisch und grammatisch töricht. Unter meinen vielen anderen Fehlern, wie einige sagen, versuche ich, die Menschen zum Denken zu bringen. Warum nicht einen offensichtlichen Fehler berichtigen? "I am mistaken" bedeutet wörtlich: "Ich bin übelgenommen, ich bin mißverstanden worden". Doch wenn ein moderner Engländer sagt: "I am mistaken", so meint er: "Ich habe falsch verstanden". Er benutzt eine grammatisch gänzlich falsche Form.

O. L.: Sie werden es nicht fertigbringen, diesen Gebrauch zu ändern, denn er ist universal verbreitet, und jeder versteht ihn.

G. v. P.: Zweifellos, mein Freund, ich versuche auch nicht, diesen besonderen Ausdruck zu ändern. Doch was das Absolute betrifft, so ist das ein Fall einer spezifischen philosophischen Lehre von höchster Wichtigkeit. Ich wünsche das Denken herauszufordern, indem ich einen kristallisierten und altersgrauen Irrtum angreife - soweit es die Europäer betrifft. Der falsche Gebrauch entstand aus der Psychologie des christlichen theologischen Systems, das in allen Gemütern europäischer Philosophen vorhanden war und das sie nicht abschütteln konnten: der persönliche Gott, die unendliche Person, das Absolute. Sie folgten einem logischen Gedankengang, der einer zweckmäßigen Vorstellung entsprang. Doch der Ausdruck, der benutzt wurde, um diese grundlegende Vorstellung auszudrücken, ist absolut falsch, denn das Wort 'absolut' bedeutet nicht Unendlichkeit. Eine Person kann nicht unendlich sein, das ist ein Widerspruch im Wort. Doch es kann eine absolute Person, einen Hierarchen geben, den Gipfel einer Hierarchie. Dieser Hierarch ist nur einer aus einer unendlichen Zahl anderer Hierarchen, anderer Hierachien - aus einer unendlichen Zahl solcher 'Eine'. Doch das Unendliche, ohne Zahl, Attribute, Einschränkung oder Form ist deshalb nicht absolut. 'Absolutus' bedeutet 'befreit' und kann nur auf eine begrenzte, wenn auch große und erhabene Wesenheit angewandt werden. Ich möchte, daß die Leute denken! Ich möchte außerdem den alten theologischen und den alten philosophischen Aberglauben an der Wurzel treffen. Wenn mein Gebrauch des Wortes Argumente und Angriffe erregt und zum Denken bringt, kümmert mich das persönlich nicht. Sie können mich beschuldigen, neue Dinge einführen zu wollen oder andere törichte Motive zu haben. Da die Beschuldigungen irrig sind, berühren sie mich nicht.

O. L.: Wenn Sie es so betrachten, möchte es doch etwas wert sein.

E. L.: Es zerbricht die Gedankenformen.

G. v. P.: Hätten die westlichen Menschen nur die Elemente von einigen der größeren orientalischen Philosophiesystemen studiert oder ein wenig sorgfältiger studiert, würden sie den Unterschied sehen zwischen dem Jîvan-Mukta, das ein Absolutes, ein Freigewordenes ist, und TAT: JENES.

H. P. B. benutzt scheinbar das Wort 'absolut' in der üblichen westlichen Weise. Doch wenn Sie jedes Beispiel sorgfältig untersuchen, werden Sie finden, daß sie sich stets auf einen großen oder übergroßen Kosmos bezieht. 'Absolut' ist ein relativer Ausdruck. Es gibt keine 'Absoluta' in dem Sinne von 'Unendlichkeiten'. Alles, was ist, einerlei, wie groß, wie unermeßlich, ist relativ im Vergleich mit etwas anderem oder allem anderen.

Die Kritiker scheinen der Meinung zu sein, daß ich mit dem 'Absoluten' ein 'unendliches Wesen' meine, da sie eine solche unbestimmte, nebulöse, undefinierte und wolkige Idee damit verbinden. Sie haben sich in ein Gewebe von Worten verstrickt. Das Wort 'Unendlichkeit' ist lediglich ein menschliches Wort. Es bestätigt, daß die menschliche Begrenztheit des Intellektes, um einen Vergleich mit grenzenloser Zeit und grenzenlosem Raum zu finden, kein besseres Wort hat, es zu beschreiben, als 'Unendlichkeit', was 'Nicht-Endlichkeit' bedeutet.

Ich möchte Ihnen gern noch etwas sagen: Sie wissen, Sanskrit ist vielleicht die vollkommenste Sprache, die wir kennen, um philosophische menschliche Gedanken auszudrücken. Nichtsdestoweniger ist sie ein Abkömmling des menschlichen Bewußtseins. Selbst die großen Weisen und Seher haben es gelegentlich schwer, die Kinder ihres Bewußtseins in menschlichen Worten auszudrücken, das heißt, ihre Gedanken angemessen zu formulieren.

Um zu veranschaulichen, was ich meine: Es gibt absolut keine derartige Sphäre des Seins oder des Bewußtseins wie die, welche die westlichen Menschen das 'Unendliche' nennen. Es ist tatsächlich ein Wort, mit dem sie ihren Verstand betrügen, ein abstraktes Wort. Wenn der westliche Mensch 'Unendlichkeit' und 'Ewigkeit' sagt, meint er mit diesen Worten endlose Ausdehnung und Dauer, die so weit gehen, wie er sie intellektuell erfaßt. Das ist nur eine andere Art zu sagen: "Die Dinge, wie sie jetzt sind, ändern sich mehr oder weniger beständig, haben aber endlose Dauer." Besonders hinsichtlich des ersten Wortes 'Unendlichkeit' wird der durchschnittliche Verstand des westlichen Menschen, sofern er es anwendet, ein leeres Blatt. Er glaubt, mental unbegreiflichen, grenzenlosen Raum zu sehen. Das ist für ihn Unendlichkeit, doch in Wirklichkeit irritiert er sein Bewußtsein.

Im Sanskrit wird die Unendlichkeit im allgemeinen nicht durch eine Negation ausgedrückt, wie 'Nicht-Endlichkeit', sondern durch die Worte Parabrahman und Mûlaprakriti, zwei Seiten oder Elemente des einen fundamentalen Begriffes. Was bedeutet Parabrahman? Brahman steht für das Absolute, den Hierarchen eines Universums, eines Kosmos. Para bedeutet 'jenseits'. Beginnen Sie nun, den Gedanken zu erfassen? So ist Unendlichkeit das, was jenseits des erhabensten Bereiches des menschlichen Bewußtseins ist. Das menschliche Bewußtsein gibt nicht vor, sie zu begrenzen, indem es etwas darüber aussagt. Es bezeichnet sie nicht mit einem Adjektiv. Keine Tätigkeit des menschlichen Bewußtseins kann sie erreichen. Parabrahman ist zugegebenermaßen nur ein Wort: 'Jenseits Brahman', und Brahman ist das Absolute.

Mûlaprakriti: Prakriti bedeutet 'Natur'; Mûla bedeutet 'Wurzel'. Daher bezeichnet Mûlaprakriti 'elementale' oder 'Wurzel'-Natur. Deshalb ist Parabrahman nur ein Wort: 'Jenseits Brahman'; "Ursprüngliche Natur", Mûlaprakriti; und so bekommen Sie eine andere Vorstellung als die vage, westliche mentale Abstraktion, die durch eine Negation bezeichnet wird: das 'Nicht-Endliche'. Die orientalische Vorstellung akzeptiert das manifestierte Universum, deutet auf die Endlosigkeit jenseits davon und sagt 'Parabrahman' oder 'Mûlaprakriti'. Der westliche Mensch akzeptiert auch das manifestierte Universum, aber er deutet nicht auf etwas jenseits davon, sondern gebraucht lediglich ein Wort, das 'etwas von dem manifestierten Universum Verschiedenes' bezeichnet. Diese letztere Vorstellung ist philosophisch und fundamental irrig, denn sie macht einen Unterschied in esse zwischen 'Diesem' und dem 'Jenseits'.

Die Orientalen und ebenfalls die alte Weisheit benutzen niemals das Wort 'Ewigkeit'. Diese Vorstellung wird zurückgewiesen, weil es nur einen mentalen Nebel in einem menschlichen Gemüt bedeutet, von 'Ewigkeit' zu sprechen. Die beste Art, in der die

Orientalen diese Vorstellung ausdrücken können, ist, 'endlose Dauer' zu sagen - nicht 'endlose Zeit', weil 'Zeit' eine begrenzte menschliche Vorstellung ist - doch 'endlos dauernd', das, was für immer dauert.

Alles, was das menschliche Bewußtsein vorauszusetzen berechtigt ist, ist, daß Parabrahman, 'Jenseits Brahman' oder des Absoluten, genau das ist, was wir um uns her ohne Grenzen sehen, soweit unser menschlicher, physischer Sinnesapparat es uns erkennen läßt. Parabrahman ist deshalb keine Wesenheit, es ist kein Wesen. Als ein Wort ist es ein beschreibendes Adjektiv, das als Hauptwort gebraucht wird, und es bedeutet 'Jenseits Brahman'. 'Wie oben, so unten' - und es gibt keinen fundamentalen, essentiellen Unterschied zwischen 'Oben' und 'Unten'. Jedes Atom hat seine Heimat in einem Molekül; jedes Molekül hat seine Heimat in einer Zelle; jede Zelle hat ihre Heimat in einem Körper; jeder Körper hat seine Heimat in einem größeren Körper. Dieser größere Körper, in diesem Fall unsere Erde, hat seinen Standort, seine Wohnung oder seine Heimat in dem solaren Äther. Das Sonnensystem hat seine Heimat in der Galaxie, die Galaxie hat ihre Heimat in dem, was wir das Universum nennen - unsere Teleskope reichen nicht weiter. Das Universum hat seine Heimat in etwas noch Ausgedehnterem, und so weiter, wie die Westlichen sagen, ad infinitum. Dieses 'ad infinitum' ist genau die westliche Art, das zu sagen, was der Orientale meint, wenn er Parabrahman sagt - 'Jenseits Brahman', mit dem tiefgründigen und fundamentalen Unterschied jedoch, daß in dem Gemüt des Orientalen die Wurzelidee die inneren, unsichtbaren, spirituellen Welten sind, die der moderne westliche Mensch meistens allgemein ignoriert.

Alles existiert in etwas anderem, das größer ist als es, und enthält Scharen von Wesen, die geringer sind als es. Parabrahman bedeutet 'jenseits unseres Absoluten', 'jenseits unseres Brahman'. Brahman ist das Absolute, und Parabrahman hat H. P. B. 'Raum' genannt - was nicht 'Leere' bedeutet, doch sie benutzt hier ein beschreibendes Wort, ein beschreibendes Hauptwort, etwa so, wie wenn sie 'Dauer' sagt. Dauer ist angefüllt mit Zeit, Momenten, Zeitpunkten. Auf die gleiche Weise ist Raum angefüllt mit manifestierten Monaden und Absoluta, die Monaden eines weit fortgeschrittenen Typs sind. Diese Absoluta enthalten Armeen und Scharen von geringeren evolvierenden Monaden.

Dies ist alles, was Parabrahman bedeutet, und Mûlaprakriti ist nur seine andere Seite, sozusagen die Seite der Ausdehnung und des Wechsels. Man kann sagen, Parabrahman ist die Bewußtseinsseite und Mûlaprakriti die Raumseite. Es schmerzt mich manchmal, wenn ich höre, daß Theosophen von Parabrahman sprechen, als wäre es eine Art Gott. Es ist lediglich Raum, und bezeichnet jedoch nichts im besonderen, weil es ein rein verallgemeinernder Ausdruck ist. Das Wort Parabrahman bedeutet 'Jenseits Brahman'. Es ist auch ein Bekenntnis dafür, daß hier das menschliche Bewußtsein endet: Es kann nicht weiter gehen.

O. T.: Wir westlichen Gemüter denken mehr analytisch. Als Sie vor einer Weile von dem Unendlichen sprachen, welches das einzige ist, das nicht relativ ist, kam mir der Gedanke, daß das Bewußtseinszentrum, das jeder von uns ist, in und von dem Mittelpunkt dieses Bewußtseins nach entgegengesetzten Richtungen greift, das heißt nach innen und nach aussen - nach innen zu dem Unendlichen und nach außen zu dem Endlichen; und die beiden sind zu allen Zeiten das gleiche.

G. v. P.: Ja, aber ich sprach nicht von dem Unendlichen als 'dem einzigen, das nicht relativ ist'. Selbst das Wort 'unendlich' bedeutet 'nicht endlich', wenn Sie es untersuchen. Es bedeutet nichts im besonderen. Es ist das Bekenntnis des Menschen zu seiner Unfähigkeit, tiefer einzudringen. Es ist genauso ein Wort wie Parabrahman. Es bedeutet 'nicht endlich', und das bedeutet, daß das menschliche Bewußtsein nicht weiter reichen kann als bis an die Grenzen des Endlichen und nicht fassen, greifen, verstehen kann, was da ist. Da es dazu unfähig ist, sagt es: "Das ist jenseits von allem, was wir wissen. Es ist un-endlich, nicht endlich, das All." Das Wort 'grenzenlos', das in der Theosophie so oft gebraucht wird, ist eine Redewendung, eine Redensart. Dieses 'Grenzenlose' ist angefüllt mit, besteht aus, ist zusammengesetzt aus endlichen, begrenzten Dingen, Individuen und Wesen.

J. H. F.: Würden Sie nicht das gleiche von dem 'Unendlichen' sagen?

G. v. P.: Absolut das gleiche, deshalb genau das gleiche. Die Leute benutzen diese Ausdrücke, die reine Abstraktionen sind, als wären sie konkrete Realitäten, und sie erzeugen Gedanken, mit denen sie sich in die Irre führen. Ich wiederhole: diese Wörter sind nur Abstraktionen.

S. E.: Nach Ihrer Definition von Parabrahman können wir nicht länger sagen, daß Parabrahman einerseits und Mûlaprakriti andererseits zwei Aspekte der gleichen Sache sind, die den ersten Logos hervorgebracht haben. Denn Mûlaprakriti ist ein bestimmtes Hauptwort, während Parabrahman nur ein beschreibendes Adjektiv ist.

G. v. P.: Nein, das ist nicht die Idee. Parabrahman und Mûlaprakriti bedeuten den 'grenzenlosen Raum' mit all seinen innewohnenden Scharen von Wesen. An irgendeinem speziellen Punkt davon entspringt ein Logos aus seinem Pralaya in die Manifestation. Das kann hier, dort oder irgendwo geschehen. Millionen dieser Logoi können gleichzeitig in neue Manvantaras hervorbrechen, doch ebenso können Millionen von ihnen gleichzeitig in ihr Pralaya verschwinden.

Um die kosmische Evolution und ihren Anfang zu beschreiben, sagt der Lehrer - wer immer es sein mag, ein großer Weiser - : "Im Anfang war JENES." Dieser Anfang ist nicht etwa ein absoluter Beginn aus aller Unendlichkeit, was absurd ist, sondern einer der Anfänge eines Systems in der grenzenlosen Dauer. An seinem zeitlichen Beginn entspringt der Logos, und Logos bedeutet nur einen dieser zahllosen monadischen Punkte in JENEM. Von diesem Logos - einem solchen Logos - evolviert eine Hierarchie hervor, ob es eine kosmische Hierarchie ist oder ein Sonnensystem, eine Planetenkette, ein menschliches Wesen oder ein Atom. Verstehen Sie die allgemeine Idee?

S. E.: Ich verstehe sie. Das ist eine wundervolle Vorstellung.

G. v. P.: Diese logoischen Punkte sind zahllos. Jeder mathematische Punkt im Raum ist ein potentieller Logos. Es gibt viele Arten von Logoi, einige sind in der Evolution viel höher als andere. Doch die Lehre, wie ich sie erklärt habe, ist in allgemeinen Ausdrücken gegeben, die auf alle anwendbar sind.

S. E.: Das verstehe ich vollkommen, es ist eine wundervolle Erklärung. Doch wenn Sie sagen, daß Parabrahman wirklich keine Wesenheit ist, sondern nur etwas jenseits der Reichweite des menschlichen Gemütes, dann muß Mûlaprakriti ein Aspekt von etwas anderem sein.

G. v. P.: Nein, Mûlaprakriti ist die andere Seite oder das 'Alter ego' von Parabrahman, doch mehr im besonderen die Wurzelmaterie von einem und deshalb von jedem hierarchischen System oder Kosmos.

S. E.: Die andere Seite von etwas - ja, aber sie müssen trotzdem Abstraktionen von etwas anderem sein, das über ihnen ist.

G. v. P.: Das ist in der Vorstellung von Parabrahman eingeschlossen.

S. E.: Ja, ich verstehe. Da sie Eigenschaften sind, müssen sie etwas charakterisieren.

G. v. P.: Ich denke, ich sehe, worauf es Ihnen ankommt. Ein Universum ist beides. Es ist Mûlaprakriti in seiner Essenz, und es ist auch Parabrahman in seiner Essenz, da es aus Scharen individueller Monaden gebildet ist. Das Herz einer Monade ist grenzenloser Raum. Grenzenloser Raum hat zwei Aspekte: Leben oder Energie und Substanz oder Form. Sie können das eine nicht von dem anderen trennen. Leben oder Energie können wir Parabrahman nennen. Die Substanzseite oder Vehikelseite ist die Mûlaprakriti-Seite. Würden Sie Mûlaprakriti auslöschen, wenn es möglich wäre, doch das ist unmöglich, hätten Sie reines Bewußtsein, reine Energie. Das ist aber, wie gesagt, nicht möglich, da Energie und Materie zwei Seiten ein und derselben Sache sind. Kraft und Substanz sind zwei Seiten derselben Sache. Elektrizität zum Beispiel ist beides, Energie und Substanz. Bewußtsein ist beides, Energie (oder Kraft) und Substanz.

S. E.: Was Sie eben gesagt haben, hat einige der größten Schwierigkeiten in meinem Gemüt beseitigt.

G. v. P.: Ihr Körper, mein Körper, irgendein Körper ist grundsätzlich Mûlaprakriti, Wurzel-Substanz, fundamentale Essenz, die in einer Form manifestiert ist. So ist jedes Ding: ein Stern, ein Stück Holz, ein Stein, ein Tier, eine Flocke Distelwolle im Wind. Ihre Essenz ist Mûlaprakriti. In den Abgründen des Raumes, in den tiefsten Tiefen des Raumes ist Mûlaprakriti, doch ebenso auch Parabrahman.

S. E.: Aber wie Mûlaprakriti und Parabrahman in den tiefsten Tiefen sind und so weit unsere Imagination dringen kann, sind sie trotzdem nur Worte, denn jenseits von JENEM ist wieder etwas.

G. v. P.: In der Tat, doch nur aus dem Grunde, weil alles - selbst das, was wir JENES nennen - in etwas Größerem enthalten ist. Doch das Wort JENES reicht trotzdem aus, um die ganze Reihe dieser Vorstellungen einzuschließen. Die gesamte Galaxie ist eine kosmische Zelle, und was die modernen Astronomen die Inseluniversen nennen, sind andere kosmische Zellen. Diese kosmischen Zellen baden in dem intergalaktischen Äther - um menschliche Worte zu benutzen -, und diese kosmischen Zellen sind in einem ultrakosmischen, unbegreiflichen Wesen vereinigt, so, wie die Zellen eines menschlichen Körpers, wenn sie unter dem Mikroskop betrachtet werden und dort scheinbar voneinander getrennt sind, im physischen Körper des Menschen vereinigt sind. Der physische Körper des Menschen lebt in einer Welt. Unsere Galaxie ist deshalb wie eine Zelle in einem kosmischen Körper, der von der Abstraktion umgeben ist, die wir Unendlichkeit nennen.

S. E.: Darf ich eine Frage stellen, die der anderen Gedankenrichtung folgt? Betrachten wir das Atom oder die kleinste mögliche Form eines Atoms oder Moleküls, die wir uns denken können - ein Elektron: Gibt es auf der ins Kleine absteigenden Skala kein Ende?

G. v. P.: Nein, es kann kein Ende geben, andernfalls würden Sie ein Ende haben; und was käme danach? Ihre Schwierigkeit hat ihre Ursache in den vertrauten Formen unserer menschlichen Vorstellungen. Es ist viel leichter, in den Bahnen der Energie zu denken. Ein Elektron zum Beispiel ist nur kompakte Elektrizität, und Elektrizität ist partikular, das heißt aus Teilchen gebildet, deshalb ist ein Elektron ebenso partikular, aus Teilchen gebildet. Folglich ist das Elektron teilbar, und diese Teilstücke oder Sub-Teilchen können nicht als unteilbar angesehen werden, denn sonst hätten wir ein Ende erreicht, was absurd ist, denn wir müßten uns sofort fragen, was jenseits oder unterhalb davon ist.

S. E.: Ist es richtig zu denken, daß es auf Elektronen weiße und schwarze Meister gibt, Sambhala und andere Dinge, wie wir sie hier in unserer Welt kennen?

G. v. P.: Denken Sie selbst, mein Freund. Bewußtsein ist nicht räumlich begrenzt, denn Bewußtsein ist eine Energie, eine der höchsten Formen von Energie, vielleicht die höchste, wenn es so etwas wie das 'Höchste' gibt.

O. L.: Das 'Kleine' und das 'Große' hängt nur von dem Maß ab, mit dem wir messen.

G. v. P.: Genau. Wir messen die Dinge mit dem menschlichen Metermaß der Gedanken, an das wir in unserem Bewußtsein gewöhnt sind.

S. E.: Kürzlich beantworteten Sie eine Frage in dem Sinne, daß Größe der Form tatsächlich eine höhere evolutionäre Entwicklung darstellt.

G. v. P.: In einem gewissen Sinne stimmt das, doch nicht unbedingt und nicht so sehr vom Standpunkt des Bewußtseins aus als vielmehr von dem Standpunkt der Prakriti aus, der evolvierenden Natur. Sie haben mich oft sagen hören, daß sich das Bewußtsein ausdehnt, wenn man zu größeren Dingen evolviert. Folglich ist das Bewußtsein, das unsere Galaxie umfaßt, höher evolviert als das Bewußtsein, das ein Elektron umfaßt. Doch umgekehrt ist es durchaus möglich, daß ein Elektron einer bestimmten Art ein höher evolviertes Bewußtsein enthält, individuell gesehen, als das, welches in unserer Galaxie tätig ist. Wir müssen unsere Gemüter absolut frei machen von den Begrenzungen, die sich uns durch unsere Vorstellungen von 'Raum' und 'Zeit' aufdrängen.

Wir haben hier den gleichen Gedanken, den ich schon oft als die 'Reichweite des Bewußtseins' zu erklären versucht habe, eine Idee, die ich absichtlich wählte und die eine ständig zunehmende Ausweitung des Bewußtseins nahelegt. Verstehen Sie mich jetzt? Ein Mensch kann sein Bewußtsein einengen, schrumpfen lassen bis zu dem Punkt, wo es ein Elektron bewohnen kann, und doch in noch tieferen Tiefen seines Wesens so frei sein wie die wilden Winde oder der freie Vogel, denn Bewußtsein ist nicht durch materiellen Raum und Ausdehnung begrenzt, noch kann es jemals begrenzt werden. Raum ist Mûlaprakriti, darum ist er in einem Sinne begrenzt, wenn auch unermeßlich. Doch bloßes oder reines Bewußtsein ist frei, ob es zu kosmischen Dimensionen ausgedehnt ist oder ob es, wie wir sagen, zu elektronischer Größe geschrumpft ist.

Auf bestimmten Elektronen, die selbst unsere physische Materie zusammensetzen, gibt es tatsächlich Wesenheiten, die so bewußt sind wie wir, die göttliche Gedanken denken und über das Universum nachdenken wie wir Menschen. Wir Menschen sind noch sehr unvollkommen in unserem evolutionären Wachstum. Es gibt Wesen auf anderen Planeten unseres Sonnensystems, - Sie würden sie nicht Menschen nennen, und doch sind sie evolutionär wirklich weiter fortgeschritten als wir Menschen -, die göttlichere Gedanken denken als wir. Es gibt auch Wesenheiten, welche die Sonne bewohnen, und folglich hat die Sonne Bewohner, die gottgleiche Gedanken denken und ein gottgleiches oder solares Bewußtsein haben. Vergessen Sie bitte nicht: alle diese Fragen sind relativ und nicht absolut, denn es gibt keine absoluten Asoluta in dem grotesken westlichen Sinne des Wortes, gegen den ich mich wende und Einwände erhebe.

O. T.: Gibt es irgendeinen Grund, warum wir uns nicht als Wesen auf einem solchen kosmischen Elektron betrachten können?

G. v. P.: Gewiß, es gibt keinen Grund gegen diese Idee. Ganz im Gegenteil. Wir befinden uns auf einem solchen kosmischen Elektron, aber auf einem von kosmischer Größe. Trotzdem ist es ein Elektron, relativ gesprochen. Verglichen mit einer der übergalaktischen Wesenheiten, von denen ich eben sprach, sind wir auf unserer winzig kleinen Erde, um unser protonisches Aggregat wirbelnd, das wir die Sonne nennen, Bewohner eines solchen Elektrons, das unsere Erde ist. Nun, solch eine ungeheure kosmische Wesenheit von übergalaktischer Größe mag in ihren Gedanken auf uns schauen, sich fragen und denken: "Können solche Winzlinge Gedanken haben, wie ich sie habe? Ist ihr Bewußtsein so frei wie meines? Kann es bis in den abgründigen Busen der Dinge reichen?" Meine Antwort ist natürlich: Ja, weil Bewußtsein das wirkliche Herz der Dinge ist, die Essenz der Dinge. Wenn Sie sich mit reinem oder bloßem Bewußtsein verbinden, treten Sie in das Herz des Universums ein, das Herz, das nirgends im besonderen ist, weil es überall ist. Je weiter Ihr Bewußtsein reicht, je mehr Sie sich nach der Idee von Mûlaprakriti ausdehnen, desto größer werden Sie.

Zum Beispiel setzt uns unser menschliches Bewußtsein, das auf die Erde begrenzt ist und unbestimmte Begriffe und Träume von einem solaren Leben hat, in die Lage, durch Teleskope nach außen in die Galaxie und auf die Inseluniversen jenseits der Galaxie zu schauen und Gedanken darüber zu haben. Doch es sind Gedanken; es ist nicht so, daß unser Bewußtsein wirklich in diese Dinge eingeht, das heißt sie wird. Doch wenn unser Bewußtsein sich durch Evolution ausdehnt, dehnt es sich selbstbewußt über das Sonnensystem aus und in späteren Äonen so weit, daß es die Galaxie versteht.

O. L.: Kann es nicht geschehen, daß eine Wesenheit auf einem Elektron, etwa einem in unserem Körper, zu so göttlicher Macht evolviert, daß sie der ganzen menschlichen Wesenheit einen rettenden göttlichen Impuls gibt, weil sie spirituell so mächtig ist?

G. v. P.: Ja; doch wissen Sie, was das für ein Elektron ist? Das Elektron ist unsere individuelle spirituelle Monade - das Eine, von dem Sie sprechen. Meine

Antwort auf Ihre Frage ist: Ja. Unser spirituelles Bewußtsein ist die Wesenheit auf der spirituellen Monade, von der Sie sprechen. Denn die Monade ist selbst beides, die Wesenheit und ihr Bewohner.

Die Hindû-Upanishaden drücken diesen Gedanken so edel aus: "kleiner als das kleinste Atom und unermeßlicher als das Universum". Es ist wirklich so, denn dies ist Bewußtsein. Die Upanishaden sprechen von Brahman, wie Sie wissen, als winziger als ein Atom und doch das ganze Universum umfassend. Wie erhaben ist diese Vorstellung des Gedankens. Daß unsere Theosophen nicht mehr darüber nachsinnen, setzt mich in Erstaunen. Versuchen Sie, in das kosmische Atom in Ihrem Innern einzutreten, das kosmische Elektron, das Ihre eigene Monade ist. Sie ist Ihr wirkliches Herz, und Sie sind ihr Bewohner, und sie ist Ihre Heimat.

DIE SIEBEN PRINZIPIEN

Frage:
Warum ist es notwendig, sieben Prinzipien zu haben? Kann das Göttliche nicht durch ein gutes Vehikel wirken?

Antwort:
Zwischen dem Göttlichen und dem manifestierten Universum muß es Zwischenglieder geben, weil sich göttliche Vollkommenheit nicht mit Unvollkommenheit befassen kann. Folglich besteht zum Beispiel auch die Sonne aus einem fundamentalen göttlichen Wesen, das sich in sieben solare Logoi teilt oder zerstrahlt. Jeder von diesen kopiert seinerseits das Beispiel seines göttlichen Prototyps. Wir sehen an diesem Beispiel, das für jeden verständlich ist, die Ursache für die uner-

meßliche und fast unbegreifliche Reihe von Wesenheiten im manifestierten Universum. Entsprechend der fortschreitend größer werdenden Unvollkommenheit reicht unser Denken vom Göttlichen einerseits bis zu den niedrigsten Graden der manifestierten Welt andererseits. Nun teilen wir diese unendliche Mannigfaltigkeit in sieben Prinzipien oder Logoi ein, die von dem göttlichen EINEN hervorströmen, nicht nur als ein Symbol der Aufzählung, das philosophisch ausgedrückt aus der Null entspringt, aus dem All, sondern von dem EINEN nur in dem Sinne, daß es die unbegreifliche Unendlichkeit darstellt, die zu begreifen sich unser schwacher menschlicher Verstand nicht weit genug ausdehnen kann. Aus der göttlichen Einheit geht die manifestierte Welt hervor, die physische Welt der Manifestation. Aus diesen eben erklärten Gründen bestanden die Meister und H. P. B. so streng darauf, daß wir für das richtige Verständnis der theosophischen Lehren die sieben Prinzipien des Universums und des Menschen kennen.

Vollkommenheit bringt nicht Unvollkommenheit hervor. Deshalb muß zwischen der Vollkommenheit der göttlichen Einheit und der Unvollkommenheit des manifestierten Universums, diesem dunklen und trüben Ort, eine faktisch unendliche Reihe von Zwischenstufen existieren, die vom Göttlichen bis herab zum äußersten Bodensatz der Materialität reicht. So benennen wir diese die sieben Prinzipien im Menschen, von Atman, der mit dem Göttlichen im Universum korrespondiert, bis zum physischen Körper, der mit dem niedrigsten manifestierten Plan korrespondiert. Der Mensch ist offensichtlich nicht göttlich, weder in seiner Pflichterfüllung noch im Denken, noch in einem anderen Charakteristikum, denn wenn es so wäre, wären die Menschen Götter. Doch die Menschen sind unvollkommen, und diese Stufenleiter vom Vollkommenen zum Unvollkommenen im Universum korrespondiert mit den sieben Prinzipien im Menschen.

DIE ALTEN ÄGYPTER

Frage:
Ich habe die Ägypter immer als ein sehr religiöses Volk betrachtet, doch gleichzeitig einer Tendenz meiner theosophischen Freunde widersprochen, alle Ägypter als vollkommen und alles Ägyptische als bewundernswert anzusehen.

Antwort:
Die Ägypter waren gut, schlecht und alles, was dazwischen liegt, und Ägypten war ein Land wie alle anderen. Es hatte unter den Alten den Ruf, ein Land mit 'Schattenflügeln' zu sein, eine direkte Anspielung auf seinen Ruf, Magier und Zauberer hervorzubringen. Es ist wahr, in der aufgezeichneten Geschichte hat es westlich von Suez vielleicht kein Land und kein Volk gegeben, das so religiös war. Seine Religion war von zweierlei Art: die weihevolle und zeremonielle Verehrung, an welche die Ägypter glaubten und die ihr äußeres oder exoterisches Leben beherrschte, und die Religion des Allerheiligsten, welche die Religion des Herzens und der Intuition war und den höheren Intellekt einschloß, denn sie war die Religion der Initiationskammer. In Ägypten waren diese beiden Arten Religion in einer verbunden, so daß alles, was ein Ägypter tat, religiös getan wurde in dem Sinne, daß er von den Lehren geleitet wurde, die er in den Tempeln fand und hörte und die von den Tempelpriestern gegeben wurden. Das Leben der Ägypter war sehr erfolgreich, weil sie nach den Anweisungen lebten, die

sie von 'hinter dem Vorhang', vom Allerheiligsten empfingen. Sie waren so religiös, daß sie alle Handlungen wie baden, essen, sich anziehen, arbeiten, lernen, schreiben und sich des Abends zur Ruhe legen nach den Anweisungen taten, die sie empfangen hatten. Dieses Verhalten ist für den Westen unbegreiflich und würde als Sklaverei angesehen werden, wobei der Westen ganz vergißt, daß Sklaverei nicht bedeutet, daß Menschen nicht das tun können, wonach sie verlangen, sondern nur das, daß ihnen gegen ihren Willen etwas auferlegt wird.

Wir sind nicht religiös genug und darum unfähig, so zu leben wie die Ägypter und darin Glück zu finden. Ich meine nicht die Theosophen, ich meine den Westen im allgemeinen. Er hat den Glauben an seine Religion verloren, und diese Religion enthält ebenso große Schönheit in sich wie hervorstechende Fehler, die in ihrer Geschichte verzeichnet sind. Wenn heute ein Mensch, wie es der Ägypter tat, nach seiner Religion lebt, die er vermutlich von Kindheit an gelernt hat, wird er belächelt oder als Fanatiker angesehen: Beide Beurteilungen sind gleich ungerecht.

Ja, die Ägypter standen in dem Ruf, religiös zu sein, teils aufgrund ihrer hohen weißen Magie, die in dem Allerheiligsten gelehrt wurde, teils wegen ihrer Zauberei. Studieren Sie die Tatsachen und Sie werden dies bestätigen können. In Rom war um die Zeit des Beginns der christlichen Ära der volkstümliche Name für Magier 'Ägypter' oder 'Chaldäer'. Doch glauben Sie nicht, daß die Ägypter als Halbgötter oder Erzengel auf die Erde kamen und daß wir armen menschlichen Wesen wieder Ägypter werden müßten! Absolut nicht; dennoch ist es zweifellos wahr, daß eine Anzahl Männer und Frauen, vielleicht eine sehr große Anzahl von uns, im alten Ägypten ein-, zwei- oder dreimal gelebt haben. Doch einige von uns kamen auch aus anderen Ländern der Antike. Ich erkenne bestimmte römische Züge in einigen meiner Freunde, Hindûzüge in anderen, griechische in noch anderen und so fort.

DIE ZUKUNFT DES CHRISTENTUMS

Frage:
Hat das Christentum als eine Weltreligion seinen Lauf beendet? Ist es im Begriff zu sterben?

Antwort:
Es mag falsch sein, aber es ist meine innerste Überzeugung, daß die Möglichkeit für eine Renaissance des ursprünglichen Christentums im Westen besteht. Sie wird eintreten, wenn sich in den Reihen der Geistlichen einige mutige und entsprechend hochgesinnte Männer finden, welche die Ursprünge ihrer großen Lehre, ihrer Theologie auf das heidnische Altertum zurückverfolgen und die Verwandtschaft in den ebenbürtigen Gedanken der alten Rassen entdecken, besonders der von Ägypten, Griechenland und auch Rom. Dann wird die Religion des Westens frisches Blut erhalten, das durch ihre Adern fließt, eine neue Offenbarung wird aus dem Geist kommen, und erhellendes Licht auf die Geheimnisse der Vergangenheit geworfen werden. Hierdurch wird das Christentum richtig verstanden und als bedeutend erkannt werden, denn das ursprüngliche Christentum war bedeutend, weil es das gleiche war wie Theosophie, die ursprüngliche Weisheit der Götter.

WAHRES MENSCHENTUM

Frage:
Sollte der Chela nicht versuchen, alle persönlichen Freundschaften aus seinem Leben zu verbannen? Haben das nicht auch alle Führer der Theosophischen Gesellschaft getan?

Antwort:
Ich denke, als Führer und Lehrer, der ich bin, habe ich ein Recht, in meinem Herzen warme Freundschaften zu pflegen. Ich glaube nicht, daß es meiner Spiritualität schadet oder daß ich meine Fähigkeit verliere, anderen zu helfen, indem ich meinem Herzensimpuls erlaube, frei zu handeln, solange ich gerecht bin, solange ich wahr und aufrichtig bin. Ich kann mir nicht vorstellen, daß irgendeiner der großen Weltlehrer jemals von einem seiner Chelas erwartet hat, eigenbrötlerisch oder verknöchert zu sein. Jeder Teil des Wesens eines Menschen sollte seinen angemessenen Anteil an kultureller Tätigkeit empfangen. Ich glaube nicht, daß das Menschenherz, die Menschenherzen der Welt, am besten von einem Menschen erreicht werden können, der selbst kein Herz hat, und daß ein Mensch, der die Probleme seiner Mitmenschen nicht versteht, ihnen helfen kann. Wir verrichten nur dann unser bestes Werk, wenn wir ganze und wahre Menschen sind und unser Menschentum gelegentlich zu den Höhen der in uns wohnenden Göttlichkeit erheben, denn das bedeutet, daß wir die Menschenherzen um uns verstehen. Dann schlägt unser Herz in mitfühlendem Rhythmus mit dem Schmerz in den Herzen der anderen; wir verstehen sie. Doch glauben Sie mir, wir können uns über den Schmerz zu Frieden und Ruhe erheben und dadurch zum Helfen tauglich werden.

EINEN LEHRER SUCHEN

Frage:
Wie ist die ethische Geisteshaltung in bezug auf die Ausschau nach einem Lehrer? Sollten wir nach einem Lehrer ausschauen?

Antwort:
Sollten wir nach Lehrern ausschauen? Ich würde höchst nachdrücklich jedem Menschen raten, nicht nur nach Lehrern auszuschauen, sondern sie auch zu akzeptieren. Lassen wir den Ruf ertönen, und der Ruf wird beantwortet. Betrachten wir Lehrer als das allgemeinste Phänomen der menschlichen Geschichte. Der Ruf ist am stärksten, wenn die Verzweiflung am tiefsten ist, wenn die Entmutigung die gedankenlosen, aber feinfühligen Menschen zu überwältigen droht. Wenn der Hilferuf von dem menschlichen Herzen am dringendsten ausgeht, wird es eine Antwort erhalten. So ist es in der menschlichen Geschichte gewesen, und so ist es auch heute. Es ist eine großartige spirituelle und intellektuelle Übung, nicht nur Hilfe zu erwarten, sondern sie zu fordern. Wir haben kein Recht, Hilfe zu fordern, bevor wir bewiesen haben, daß wir ihrer würdig sind. Dann ist die Verbindung unwiderstehlich, und der Meister kommt, kommt zu uns als zu einem einzelnen, zu einem Volk oder einer Rasse. Der Mensch, der würdig ist, stößt einen Ruf aus, der nicht nur für ihn, sondern für alle gilt, so daß er inmitten der anderen die heilige Wärme des göttlichen Sonnenlichtes des Geistes fühlt, das über alle ausgegossen wird. Wer den Ruf durch das universale Zeichen ausstößt, ist stark, ein Magier, sein Ruf ist machtvoll, und er hat ein Recht, den Ruf auszusenden. Doch ich würde raten, bevor ein Ruf an einen äußeren Lehrer gesandt wird, nach dem größten Lehrer für jeden

Menschen, den ein Mensch jemals kennen kann, nach dem Meister im Innern des Menschen, dem inneren Gott zu rufen. Diese wirkliche Anrufung verwandelt das Leben des Menschen, macht ihn würdiger, und sein Ruf nach einem äußeren Lehrer wird unvergleichlich stärker. Reinigen wir den eigenen Tempel, bevor wir einen Gott bitten, einzutreten und darin zu wohnen.

DIE BEDEUTUNG VON OSIRIS UND ISIS

Frage:
Was waren einige der tieferen Bedeutungen der ägyptischen Symbologie bezüglich Osiris und Isis?

Antwort:
Ich frage mich, wie viele Leute, die nicht Ägyptologie studiert haben, wissen wohl, daß es einen älteren und einen jüngeren Osiris gab und ebenso eine ältere und eine jüngere Isis und einen älteren und einen jüngeren Horus?

Entsprechend der ägyptischen Theologie war Osiris das, was im Westen seit den alten ägyptischen Zeiten als der Geist der Intelligenz des Universums oder des Sonnensystems bekannt war, und Isis war die göttliche Gemahlin. In Hindûstân haben wir die gleichen Gedanken in Brahmâ und Prakriti, Brahman und Pradhâna, Parabrahman und Mûlaprakriti. Alle alten Gottheiten, in welchem Land auch immer, wurden als dual (zweiseitig) betrachtet, mit einem männlichen und einem weiblichen Aspekt, so daß es den göttlichen Vater und die göttliche Mutter des Universums gab. Der göttliche Vater, der alte Osiris, war die kosmische Intelligenz, die alles regiert, alles beherrscht, allem Geburt gibt, alles belebt. Die ältere Isis war seine heilige, göttliche Gemahlin, der Geist der Liebe, der Fruchtbarkeit und des Mitleids, der sich überall im Universum zeigt. Entsprechend der frühesten christlichen Theologie war es der Vater und der Heilige Geist; dieser war im ursprünglichen Christentum weiblich, wurde jedoch im späteren Christentum in ein männliches Prinzip umgewandelt.

Horus war der Sohn der göttlichen Eltern, das, was die Griechen und Christen den Logos nannten, den Logos des Lebens, den sogenannten Schöpfer, den Demiurg.

Ferner gab es den jüngeren Osiris und die jüngere Isis, die in der alten ägyptischen Theologie als speziell zu diesem Globus oder unserer Planetenkette gehörend betrachtet wurden. In diesem Fall war Osiris derjenige der sieben (oder zehn oder zwölf) solaren Logoi oder solaren Kräfte, die von der spirituellen Sonne emanieren, der besonders unseren eigenen Globus als ein Geist der Intelligenz erfüllte, der Geist, der höchste Planetengeist. Isis war das spirituelle Gegenstück dieses jüngeren Osiris, das, was sich auf unserem Globus - und besonders in den Herzen von uns Menschen, die wir in dieser Verkörperung Kinder unseres Globus sind - als Sympathie, Liebe, Erbarmen, Fruchtbarkeit oder Schaffenskraft auswirkt, die hervorbringende Kraft sowohl unserer Gemüter als auch unserer Herzen.

Horus ist ihr Sohn, das Erzeugnis des Besten im Menschen, was wir in diesem Fall den erleuchteten Verstand im Menschen nennen können. Dies ist ein wenig alte ägyptische Theologie, und der ehemalige ägyptische Begriff stahl sich bald so sehr in die Herzen der frühen Christen, daß sie ihn praktisch pauschal übernahmen und in einigen Fällen auch im wesentlichen mit den gleichen Namen. Zum Beispiel wurde Isis mit dem göttlichen Kind Horus in ihren Armen das Urbild aller späteren Madonnen, wie die Italiener sie nannten, mit dem Mond unter ihren Füßen.

DAS SYMBOL DES GEFLÜGELTEN GLOBUS

Frage:
Können Sie mir eine Information über den Symbolismus des geflügelten Globus der Ägypter geben?

Antwort:
Das Symbol des geflügelten Globus, des Globus, der auf den Schwingen der spirituellen Kraft oder des Geistes durch Zeit und Raum getragen wird, ist eines der schönsten der alten ägyptischen Symbole, weil es Religion und Philosophie miteinander verbindet. Der Globus ist auch eine Form, die den goldenen Keim darstellt, im Sanskrit Hiranyagarbha, der auf seiner evolutionären Reise von den Schwingen des Geistes bei seinen Bewegungen durch Zeit und Raum getragen wird. Das ist der Schlüssel für einen der Gedanken über den geflügelten Globus.

Ein anderer Gedanke oder Aspekt ist, daß der geflügelte Globus die Monade darstellt, die in einem Sinne praktisch das gleiche ist wie der kosmische Keim oder Hiranyagarbha. Die Flügel bezeichnen die gleiche Idee, bewußten Geist, der sich in der Form der Monade durch Zeit und Raum bewegt und seine Kraft in der Bewegung der Schwingen ausdrückt. Das Bewußtsein bewegt sich auf seiner evolutionären Reise aufwärts, stetig aufwärts.

Eine andere Möglichkeit der Interpretation - aufgrund des Gesetzes der Analogie im Grunde immer die gleiche - besteht darin, daß der Globus einen Himmelskörper darstellt, eine Sonne oder einen Planeten, der ebenfalls auf den Schwingen seines Geistes während seiner evolutionären Reise aus der Vergangenheit in eine ferne Zukunft getragen wird.

Unter Bezugnahme darauf, daß der Globus für die menschliche Seele oder das reinkarnierende Ego eines Menschen steht, wird er in der gleichen Weise benutzt: die Monade, der goldene Keim, das Ego oder die Seele, dargestellt durch die Sphäre oder den Globus oder den primordialen Punkt von einem anderen Standpunkt aus.

Es gibt viele Möglichkeiten der Interpretation oder vielmehr der Anwendung der Interpretation auf verschiedene Aspekte unserer kosmischen Philosophie. Doch die Interpretation ist die gleiche für all diese verschiedenen Aspekte und paßt sich der entsprechenden Wesenheit an, die durch die kosmischen Pläne, durch kosmisches Leben und kosmische Zeit wandert.

Es ist ebenso ein Symbol wie eine Erklärung der spirituellen, individuellen Hoffnung für die Zukunft, eine Verkündung und ein Symbol der Unsterblichkeit des Geistes oder der Monade oder einer anderen Wesenheit, auf die das Symbol angewandt wird.

Fügen wir die Schlangen zu beiden Seiten des Globus mit erhobenen Köpfen, doch mit verschlungenen Körpern oder Schwänzen hinzu, wie es oft geschieht, dann ist das nur eine andere Art, von den dualen Schlangen der Weisheit und der Liebe zu sprechen, den beiden großen, dominierenden Kräften in der Konstitution einer Wesenheit, die sie beschirmen, beschützen und inspirieren. Sie werden von der Monade fortgetragen, von dem geflügelten Globus, und die Symbole für die beiden Kräfte sind Weisheit und Liebe.

Dies sind die allgemeinen Schlüssel, und jeder kann sie fast unbegrenzt ausarbeiten, wenn er sorgfältig nachdenkt.

THEOPHANIE, THEOPNEUSTIE UND THEOPATHIE

Frage:
Schloß der fünfte Grad der Mysterien, wie sie von Theon von Smyrna beschrieben wurden, die drei inneren Offenbarungen ein, die von den Griechen Theophanie, Theopneustie und Theopathie genannt wurden?

Antwort:
Mit Theophanie, Theopneustie und Theopathie meinten die Griechen folgendes: Theophanie war die Vision des Göttlichen. Theopneustie, die nächst höhere Stufe, bedeutet zusätzlich zu der Vision den göttlichen Atem durch den Menschen. Doch Theopathie bedeutet die vollständige Inkarnation des Göttlichen für eine längere oder kürzere Zeit und schloß deshalb Theophanie und Theopneustie ein. Deshalb würde ich sagen, daß Theopathie zu der sechsten oder eher siebenten Stufe gehört.

Theon von Smyrna spricht von diesem fünften Grad als von "Freundschaft und innerer Vereinigung mit Gott und von der Freude dieser Glückseligkeit, die aus dem innigen Gespräch mit göttlichen Wesen erwächst". Er bezeichnet mit dieser Freude, der spirituellen und intellektuellen Freude der Erkenntnis des innerlichen Gespräches mit dem inneren Gott, der ständigen inneren Gegenwart des Göttlichen im Leben, nicht so sehr, daß man das Vehikel für das Göttliche ist, wie in dem Fall der Theopathie, sondern mehr, wie bei der Theopneustie, das zumindest gelegentliche göttliche Atmen durch den Menschen. Ich würde deshalb sagen, daß das, worauf sich Theon bezieht, das ist, was sonst Theopneustie genannt wird. Wenn wir alles zusammen nehmen, können wir vielleicht auch sagen, daß es die göttliche Vision oder Theophanie mit einer mehr oder weniger gelegentlichen Theopneustie oder dem göttlichen Atem ist, der, zumindest gelegentlich, mit seiner Gegenwart segnet.

Theophanie, Theopneustie und Theopathie sind Beispiele von dem, was in den drei höchsten Graden, dem fünften, sechsten und siebenten, stattfindet. Die Eleusinischen Mysterien waren zu neunzig Prozent Rituale und Zeremonien, doch wenn ein Neophyt entdeckt wurde, der vorbereitet war, wurde er von den Hierophanten - zumindest bevor die Mysterien degeneriert waren - im stillen gefördert.

ZURÜCKWEISUNG DER BOTSCHAFT EINES LEHRERS

Frage:
Sie sprachen einmal von dem Versagen oder teilweisen Versagen der Botschaft, die Jesus brachte. Wird der Fortschritt oder die Evolution des echten Lehrers oder des Boten der Götter verzögert oder beschleunigt, je nach dem Grad der Annahme seiner Botschaft durch die Menschheit?

Antwort:
Das würde ich nicht sagen, wenn ich Ihre Frage richtig verstanden habe. Die Frage ist doch diese: Wenn der Lehrer von den Göttern kommt oder wenn der Bote von der Loge der Meister der Weisheit, des Mitleids und des Friedens kommt und seine Botschaft zurückgewiesen wird, verzögert diese Zurückweisung die Evolution des Boten?

Ich denke, nein. Ich glaube in der Tat eher, das Gegenteil wird der Fall sein, denn es entsteht viel Leid, wenn der Wahrheitsbringer zurückgewiesen wird. Es ist so wie bei einem Menschen, der einem Mitmenschen zu Hilfe kommt, der in Gefahr, in Lebensgefahr ist, und von diesem zurückgewiesen wird. Ist der Helfer ein guter Mensch, wird der Vorfall nicht bewirken, daß er, wenn die nächste Gelegenheit zur Hilfeleistung kommt, dann sagt: "Nein, ich werde nicht wieder versuchen zu helfen. Ich habe mich einmal lächerlich gemacht, ich werde das nicht ein zweites Mal tun." Nein. Der Mensch mit Herz wird verstehen; der Mensch mit Herz und Einsicht wird trotz der Zurückweisung helfen. Sehen Sie ein kleines Kind in der Gefahr des Verbrennens oder Ertrinkens, eilen Sie zu seiner Hilfe herbei und das Kind stößt Sie weg, werden Sie sich dann selbst wie ein kleines Kind benehmen, sich hochmütig abwenden und fortgehen? Nein, sicherlich nicht: Sie helfen dem kleinen Kind trotzdem. Erkennen Sie, was Jesus, der große Lehrer, von dem Sie sprechen, im wesentlichen zu seinen Jüngern sagte: In der Einsicht eines wahren Lehrers sind gewöhnliche Menschen wie kleine Kinder, denen man gut zureden muß, die man lieben muß, für die man sorgen muß, die man verstehen und erziehen muß und denen man helfen muß.

In jedem guten Menschen ist sowohl ein Mutterherz als auch ein Vaterherz. Kein anständiger Mensch vergißt jemals seinen Instinkt des Beschützens, der brüderlichen Güte. Der Mensch, der sich weigert zu helfen, wenn ihn ein Hilferuf erreicht, gleichgültig wie groß die Gefahr ist, ist unmenschlich, in gewissem Maße unmenschlich und kein ganzer und vollständiger Mensch. Glaubt jemand, daß die großen Lehrer geringer sind als ein guter Mensch, ein gewöhnlicher guter Durchschnittsmensch sein sollte? Ihre Evolution wird nicht durch die Zurückweisung ihrer Botschaft verzögert, außer vielleicht in dem Sinne, daß sie es später noch einmal versuchen werden und dadurch länger in der gleichen Lebensatmosphäre gehalten werden.

Ihrer Evolution ist damit vielleicht gedient, denn es gibt ihnen eine zusätzliche Gelegenheit, den inneren Buddha, den spirituellen Christus hervorströmen zu lassen.

IMAGINATION UND PHANTASIE

Frage:
Was ist die essentielle und ausschlaggebende Tatsache, die eitle Phantasie von konstruktiver Imagination trennt? Ich denke, diese beiden sind sehr oft miteinander vermischt.

Antwort:
Der große Plato benutzte diese beiden Wörter, wenn er von Einbildungskraft und der Fähigkeit und Kraft des Nous sprach. Die noetische Kraft, das heißt die des Nous, ist diejenige, welche Ideen und Ideale hervorbringt,die Wahrheit erkennt und deshalb mit der Struktur und den Tätigkeiten des Universums kohärent ist. Hingegen ist Phantasie das reflektierende Mondlicht davon in unserem kleinen menschlichen Verstand. Ich kann mir beispielsweise eine Straßenbahn von der Erde zum Mond vorstellen, aber ich kann sie nicht bauen. Das ist Phantasie. Ich kann bloße Worte gebrauchen und von einem Dreieck sagen, es sei ein Quadrat, doch das ist unmöglich, da das Dreieck nur drei Seiten hat. Hätte es vier Seiten, wäre es kein Dreieck. Das ist Phantasie. Doch wenn ich groß genug wäre, könnte ich wunderbare Wahrheiten des Universums ins Auge fassen, könnte sie sehen und fühlen. Das ist das richtige Arbeiten der wahren bilderschaffenden Fähigkeit im Menschen, das Sehen der Wahrheit. Das ist Intuition.

Frage:
Was leitet einen Menschen, der das eine vermeidet und in dem anderen gründlich tätig sein kann?

Antwort:
Diese Frage ist schwieriger zu beantworten. Es ist das alte, alte Problem. Ich sehne mich danach, das schöne Leben zu leben, doch meine Füße straucheln beständig auf dem Pfad. Wie muß ich gehen, damit mein Weg sicher ist? Wie schwer ist es für jedermann, diese Frage zu beantworten! Ich müßte deshalb antworten, daß der Führer eine Aspiration ist, die niemals schwach wird, ein Sehnen nach Wahrheit, das durch nichts befriedigt wird, was geringer ist als sie, ein Herz, das mit Liebe erfüllt ist und in Sympathie mit allen Wesen schlägt. Mit anderen Worten: Werden wir harmonisch. Versuchen wir, mit dem kosmischen Leben in Einklang zu kommen. Das ist der Weg, und er ist schwierig. Doch es kann geschehen, und die großen Meister des Lebens, die wir Theosophen Mahâtmans nennen, sind diejenigen, die dieses mit Erfolg tun. Die Götter haben mehr Erfolg darin als Menschen, und es gibt Götter, die nur eine Stufe höher stehen als die Menschen; die Christen nennen sie Engel. Es gibt Götter, die noch höher stehen als die, von denen ich eben sprach, und diese sind dem Herzen des Seins noch näher. Die Christen nennen sie die Erzengel, und so geht es die Lebensleiter weiter aufwärts. Das ist zuerst eine beschwerliche Reise, das ist wahr, und sie ist mit Gefahren verbunden, doch sie führt zum Herzen des Universums und ist begleitet von einem hellen Glanz, der in unaussprechlicher Herrlichkeit leuchtet. Ein offenes Gemüt, ein eifriger, forschender Verstand, das Streben nach einer unverschleierten spirituellen Einsicht: das sind einige der Schlüssel, die uns auf dem Pfad sicher geleiten werden, so daß unsere Füße nicht straucheln.

PANTHEISMUS UND UNIVERSALES BEWUSSTSEIN

Frage:
Was ist der Unterschied zwischen Pantheismus und der theosophischen Idee des universalen Bewußtseins?

Antwort:
Das ist eine gute Frage. Sie würde sehr leicht zu erklären sein, wenn jeder Philosophie studiert hätte. Doch ich möchte zum Nutzen derjenigen, denen philosophische Gedanken relativ unbekannt oder dunkel sind, versuchen, eine Antwort zu geben, von der ich denke, daß sie von allen verstanden wird. Die allgemeine Idee von dem Pantheismus, wie er im Westen verstanden wird, ist verworren und unbestimmt. Sie enthält die Vorstellung, daß hinter dem Universum ein kosmischer Geist steht, der daher als unpersönlich betrachtet wird, doch durch alle Dinge wirkt als ein alles durchdringendes Leben oder als eine solche Energie, und daß selbst 'alle Dinge' Teile dieses kosmischen Geistes sind. Das, glaube ich, ist ungefähr das, was westlicher Pantheismus beinhaltet.

Die theosophische Vorstellung von der universalen Bewußtsein-Leben-Substanz ist nicht nur die, daß hinter dem sieben- oder zehnfältigen Universum diese universale Bewußtsein-Leben-Substanz steht, sondern daß das Universum selbst mit Hilfe einer fast unendlichen Anzahl von Hierarchien eine teilweise Manifestation davon ist. Das bedeutet offensichtlich nicht, daß jeder Stein, jedes Stück Holz, jede Blume oder sonst etwas Gott oder ein Gott ist, sondern daß die essentielle Substanz, der Welt-Stoff, der Geist-Stoff, die Bewußtsein-Energie-Substanz in jedem von uns die gleiche ist, sich tatsächlich überall befindet und sich so in zahllosen individuellen Formen manifestiert.

Der westliche Pantheismus ist ein großer Schritt

vorwärts in Richtung auf die theosophische Idee, doch er ist ein unvollkommener Schritt, er geht nicht weit genug. Es könnte einerseits gesagt werden, es gebe einen kosmischen Geist, der alle Dinge durchdringt, und das Universum sei die Verkörperung dieses kosmischen Geistes - alles das ist wahr. Andererseits aber sollte der Gedanke, wie in der Theosophie, zu Ende gedacht werden und darauf hingewiesen werden, daß dieses kosmische Leben sozusagen wie das Sonnenlicht in unzählbare Strahlen zerstreut ist, in zahllose Scharen evolvierender Wesenheiten, die in ihrem Aggregat den kosmischen Geist darstellen, obwohl der kosmische Geist beständig über ihnen schwebt und nicht gänzlich in das kosmische Aggregat der unzähligen individuellen Manifestationen einbezogen ist. Jeder einzelne dieser Strahlen oder jede Manifestation ist dennoch in ihrer Essenz und in ihrer Wurzel jener kosmische Geist in seiner Gesamtheit. "Du und das Universum sind eins." Dies ist ein höchst wundervoller Gedanke und er erfordert tiefes Nachdenken, um ihn in seiner erstaunlichen Reichweite der Ideen zu erfassen.

Die theosophische Philosophie lehrt ferner, daß es unsichtbare Welten, Reiche und Sphären gibt, von denen unsere physische Welt, Sphäre oder unser Reich nur das äußere Gewand ist, weshalb es nicht die Fülle des kosmischen Geistes enthält. Der westliche Pantheismus hat wenig oder keine Idee von diesem letzteren. Er scheint den Gedanken zu haben, daß es einen kosmischen Geist gibt, der auf irgendeine Weise - ich glaube, ich habe nie von einem Versuch der Erklärung gehört - mit dem äußeren, groben, physischen Universum verbunden ist, und daß dieses grobe, physische Universum in einer unerklärlichen Weise ein Teil des kosmischen Geistes ist. So weit dies geht, ist es natürlich wahr.

Das ist nicht die Lehre der Esoterischen Philosophie,

da diese Auslegung unvollständig und unvollkommen ist. Das physische Universum ist nur das Gewand, das äußere physische, dennoch lebendige Gewand einer bewußten Lebensleiter, die sich nach innen, immer mehr nach innen erstreckt und in der Tat ebenso auch nach außen, denn Raum per se hat keine Richtungen. So können wir in Gedanken eine Kette bilden von dem Physischen zum Astralen, vom Astralen zu ätherischeren Reichen oder Sphären, von diesen zu noch ätherischeren, dann zu spirituellen Reichen, zu göttlichen Reichen und Sphären und so weiter ad infinitum. Wir werden nie ein Ende erreichen, obwohl die Lebensleiter in Abständen in verschiedene Teile oder Stufen geteilt erscheint, die wir Hierarchien nennen.

Der westliche Pantheismus hat keine Vorstellung von dieser in ihrer Vollständigkeit grandiosen Idee. Trotzdem ist er ein Schritt in Richtung auf die wunderbare Lehre der alten Weisheit, heute Theosophie und Esoterische Philosophie genannt. Wir sind deshalb wirkliche Pantheisten, doch in einem unermeßlich höheren und edleren Sinne, als die westlichen Ideen ihn in sich schließen. Wir sind Pantheisten. Für uns ist alles, was ist, essentiell lebendig. Doch alle Dinge existieren in den unterschiedlichsten Graden der Evolution: das winzige Atom, die Flechte auf dem Stein, die Alge, die Pflanze, die Blume, der Schwamm, die Anfänge des sogenannten Tierreiches, die in all ihren verschiedenen Ordnungen und Familien bis zum Menschen aufsteigen. Wie unsere Lehre sagt, gibt es jenseits des Menschen andere Wesen, die auf einer endlosen Lebensleiter weiter emporsteigen, sowohl nach innen als auch nach außen in die spirituellen Reiche.

Um es kürzer zu sagen: Der westliche Pantheismus ist nur eine kleine Facette, ein kleiner Schritt in Richtung auf unsere Lehre. Es ist trotzdem außerordentlich gut, daß der Schritt getan wurde.

DIE BEDEUTUNG DES AUSDRUCKS CHALDÄER

Frage:
Bezogen sich die alten griechischen und römischen Schriftsteller auf die 'Chaldäer' als wirkliche Einwohner von Chaldäa, oder hatte der Ausdruck eine mehr allgemeine Bedeutung?

Antwort:
Die sogenannten Sumerer und Akkader waren wirklich die Anfänge der Einwanderer aus Indien, welche die Chaldäer und Babylonier und später die Assyrer wurden.

Die Chaldäer wurden von den klassischen griechischen und römischen Schriftstellern Eingeweihte genannt. Das entsprang der Tatsache, daß während der römischen Zeiten und in geringerem Maße in späteren griechischen Zeiten die Römer und Griechen auf die mesopotamischen Länder oder die Länder, die das Tal des Euphrat und Tigris umgaben, als auf das Heimatland der Weisen schauten, etwa wie die modernen Theosophen zu Recht oder zu Unrecht - gewöhnlich zu Unrecht - auf die Tibeter als auf eine Art spirituelle Rasse schauen, als seien sie mehr oder weniger entwickelte Weise, was äußerst unzutreffend ist.

Diese Haltung der Griechen und Römer war so bestimmt, daß sie in den späteren Tagen von Rom und Griechenland mit dem Wort Chaldaios oder Chaldäer einen Astrologen, einen Gelehrten oder einen vermutlich in okkulter Philosophie Ausgebildeten bezeichneten. Der Mißbrauch dieser Sitte wurde jedoch durch Täuschung und Betrug so groß, daß die späteren römischen Kaiser extrem strenge Maßstäbe an die volkstümlich Chaldäer genannten Personen anlegten.

Doch vor diesen späteren klassischen Zeiten gab es in Chaldäa und Babylonien Schulen des Okkultismus, die keinen Anstoß daran nahmen, Griechen und Römer okkulte Philosophie zu lehren. Auf diese Zeitperioden bezog sich der Ausdruck Chaldäer als ursprüngliche Bezeichnung für einen gelehrten Menschen.

Als Griechenland und Rom 'jung' waren, das heißt, bevor sie den Gipfel des materiellen Lebens und Einflusses erreicht hatten, gab es sowohl in Chaldäa und Babylonien als auch in Ägypten tatsächlich okkulte Schulen, aus denen Missionare in den Westen entsandt wurden. Aus diesem Grunde schauten die Griechen und Römer ständig nach dem Licht aus dem Osten. Hierdurch wird auch erklärt, warum sich später in Anlehnung an die ursprüngliche wahre Tatsache jeder Betrüger in Griechenland und Rom selbst einen Chaldaios nannte.

DAS ALTE AMERIKA, ÄGYPTEN UND INDIEN

Frage:
In einem Vorwort zu Dr. Alexander Wilders Artikelreihe über die ägyptischen Dynastien, die in dem alten 'Universal Brotherhood Path' veröffentlicht wurden, wird behauptet, daß "Ägypten älter ist als Indien, und Amerika älter als beide". Dieses Vorwort ist von Katherine Tingley signiert.

Die Erklärung kann, wie es scheint, nicht mit den vielen Erklärungen von H. P. B. in der "Geheimlehre" und in "Isis Entschleiert" in Einklang gebracht werden, die besagen, daß Indien älter ist als Ägypten und daß Ägypten seine Kultur von Indien ableitet. Ich bringe folgende Beispiele:

" ... Ägypten selbst in diesen dunklen Zeitaltern, als Menes regierte, seine Gesetze, seine sozialen Einrichtungen, seine Künste und Wissenschaften von dem vorvedischen Indien empfing."

"Isis Entschleiert", Bd. I, S. 626

" ... Ägypten verdankt aller Wahrscheinlichkeit nach seine Kultur, seine Zivilisation, seine bürgerlichen Einrichtungen und seine Künste Indien."

ebenda, Bd. II, S. 450

"Ägypten verdankt seine Zivilisation, seinen Wohlstand und seine Künste - insbesondere die Baukunst - dem vorvedischen Indien."

ebenda, Bd. II, S. 454

In "Isis Entschleiert" stehen noch mehrere andere Erklärungen und in der "Geheimlehre", Bd. II, S. 435 heißt es:

"Indien und Ägypten waren zwei verwandte Nationen, und die östlichen Äthiopier - die mächtigen Baumeister - sind aus Indien gekommen, wie, so hofft man, in "Isis Entschleiert" ziemlich gut bewiesen ist."

Eine Erklärung, von der ich hörte, ist die, daß bestimmte atlantäische Rassen, welche die kommende Katastrophe voraussahen, in neue Länder auswanderten, als Atlantis zu sinken begann. Diese Länder wurden die Amerikas, Afrika und Teile von Asien. Mit der Zeit verloren sie alle Erinnerung an ihr Heimatland und wurden die Rassen der alten Amerikaner, die Mayas, die Inkas in Peru und "auch die archaischen Ägypter und die allerfrühesten Arier".

Meine Frage ist nun folgende:
Können Sie etwas Licht auf diese Widersprüche werfen? Ist es möglich, daß Dr. Wilder jenes Vorwort selbst schrieb, wie er ebenso das Vorwort zu "Isis Entschleiert" schrieb, das zugegebenermaßen Irrtümer enthält?

Antwort:
Nein, nein. Die Erklärung ist von Katherine Tingley, und sie ist richtig. Amerika war, genau gesagt, der fünfte Kontinent, der um die Zeit des Unterganges des Hauptlandes des atlantäischen Kontinentalsystems erschien. Doch für Zeitalter um Zeitalter, nachdem sich der erste Teil der ursprünglichen Amerikas über die Wasser des Ozeans erhoben hatte, blieben noch Halbkontinente, Quasikontinente und große Inseln des atlantäischen Systems bestehen. Nicht lange, geologisch gesprochen, nachdem sich die Amerikas über die Wasser erhoben hatten - sie hatten damals noch nicht genau die heutige Gestalt -, erschienen die ersten Wurzeln des späteren Ägyptens, "das Geschenk des Nils". Etwas später erschien das, was jetzt das obere Asien genannt wird.

Es gibt keinen Unterschied zwischen den Erklärungen. Ich habe mich oft gewundert, warum ein scheinbarer Widerspruch dort gesucht wird, wo keiner ist. Ist es nicht möglich zu verstehen, daß zwei Erklärungen das gleiche meinen, aber aus zwei verschiedenen Gesichtswinkeln gegeben werden? Es ist vollkommen wahr, daß Amerika älter ist als Ägypten und daß Ägypten älter ist als das, was jetzt Indien genannt wird.

Was jetzt Indien ist, wurde zuerst vom Norden her kolonisiert, doch fast gleichzeitig auch von Süden her, von dem, was in alten Zeiten, vor Äonen, Lankâ genannt wurde, jenes jetzt verschwundene Land, dessen nördliches Hochland heute Ceylon (Sri Lankâ) genannt wird. Lankâ war einer jener Quasikontinente, von denen ich eben sprach - ich meine das alte Lankâ des weiträumigen atlantäischen Systems. Die Völker, die das alte Lankâ bewohnten, von dem Ceylon der nördlichste Zipfel oder die Verlängerung ist, wurden von den Griechen mythologisch die 'östlichen Äthiopier' genannt, was nicht Neger bedeutet, sondern Östliche, die wegen ihrer dunklen Hautfarbe - als wäre ihre Haut sehr von der Sonne verbrannt - 'Äthiopier' genannt wurden.

Der ursprüngliche Teil Indiens hatte ebenfalls Siedler aus dem Süden enthalten, die von dem Rest des alten atlantäischen Lankâ kamen, das von Râvana bewohnt wurde, dem Widersacher von Râma, und von Râvanas Armeen von 'Affen' und 'Halbmenschen'. Der allgemeine Name im Sanskrit für die Bewohner des alten Lankâ war Râkshasas.

Vor der Zeit, in der das asiatische atlantäische Lankâ die Blütezeit seines Gedeihens erlebte, existierte dort, wo jetzt die Region des atlantischen Ozeans ist, ein großes, ausgedehntes und hoch zivilisiertes Landgebiet, welches durch die Zeitalter hindurch das kontinentale Rückgrat von Atlantis war. Als dieser atlantäische Atlantik-Kontinent schließlich zerbrach und verschwand, große und kleine Inseln zurücklassend, ergab sich der gleiche Zustand wie nach der Zerstörung des ursprünglichen asiatischen Lankâ und seinem Untergang. Auswanderer von den restlichen atlantäischen Inseln wanderten ostwärts und besiedelten das neue Land, das sich östlich dieser Überreste des atlantäischen Kontinents aus dem Ozean erhoben hatte. Diese neuen Länder, diese neuen Inseln wuchsen später zusammen und wurden das abessinische Hochland und die Gebiete nördlich davon.

Als die Zeit verging, folgten die atlantäischen Auswanderer, die diese neuen Länder im Osten besiedelt hatten, nordwärts, entsprechend dem ständigen Erheben des neuen Landes im Norden und der Ausdehnung seiner Küsten nordwärts in den atlantischen Ozean. Dies war die früheste atlantäische Wurzelrasse, die in späteren Zeitaltern zu den archaischen oder urzeitlichen Ägyptern wurde. Denken wir daran, das geschichtliche Ägypten ist "das Geschenk des Nils". Der Nil fließt nordwärts, und er hat mit seinen Wassern durch Zeitalter hindurch enorme Sedimentanhäufungen herbeigebracht, die er ständig an der Küste des atlantischen Ozeans, in den er floß, abgelagert hat, so daß sich während der Zeitalter diese Küstenablagerung des Nils nach und nach immer mehr in den Atlantik vorschob, in dem Maße, wie der Fluß durch die Jahrtausende mehr und mehr Geröll und Erdmaterial mit seinen Wassern nordwärts trug. Dieses Material brachte er von den Bergen des Hinterlandes, des zurückliegenden Landes Abessinien und von dem, was jetzt Nubien und die anderen Länder dort sind. So ist das gesamte Nildelta, wie die Griechen es nannten, mit anderen Worten, das geschichtliche sowie das heutige Ägypten buchstäblich das Geschenk des Nils.

Das ursprüngliche Delta wurde erneut von weiteren Kolonisten eines späteren Zeitalters besiedelt, die von dem letzten Überrest von Atlantis kamen, welchen Plato 'Poseidonis' nannte und der noch vor elf- oder zwölftausend Jahren vorhanden war. Poseidonis existierte noch im atlantischen Ozean jenseits der Säulen des Herkules: es war um jene Zeit eine große Insel, mehr oder weniger von der Größe des heutigen Irlands. Diese Poseidonier siedelten sich in dem Delta von Ägypten an und bauten vor etwa siebzig bis achtzigtausend Jahren die Pyramide. Wir sehen also, daß diese Ägypter der zweiten wichtigen Einwanderung eine viel spätere atlantäische Einwanderung waren als die erste, von der ich sprach. Des weiteren waren die Poseidonier blutmäßig schon mehr oder weniger mit den Ariern vermischt, der neuen Rasse, die bereits vor mehreren Zeitaltern von dem asiatischen Hochland herabgekommen war, wo sie wie atlantäische Rassen vor dem kontinentalen Todeskampf von Atlantis Zuflucht gefunden hatte.

Vergessen wir also nicht, daß diese Arier, die von dem asiatischen Hochland herabkamen, zu der ursprünglichen Auswanderung der Atlantäer gehörten, von der ich sprach, die ostwärts zu den neuen Ländern gingen, welche sich aus den Wassern des damaligen fernen Ostens erhoben.

Noch einmal, aber noch später als vor etwa zwölftausend Jahren, als Poseidonis sank, wurde Ägypten wieder von Auswanderern erobert und besiedelt, die aus dem heutigen Südindien kamen. Diese kamen auf zwei Wanderwegen. Die erste Route ging über den Indischen Ozean nach Abessinien und die Länder um dieses Gebiet und dann den Nil abwärts nach Ägypten. Die Einwanderer eroberten und besiedelten das Land. Die andere Route war ein Landweg über die heutige Landenge von Suez. Auf diese letzten ägyptischen Einwanderer aus Südindien beziehen sich die ägyptischen Aufzeichnungen als auf die 'Söhne des Horus', des Sonnengottes, die aus dem Osten kamen.

Wir sehen also, Ägypten hatte zuerst eine ursprüngliche oder urzeitliche Einwanderung von Atlantäern, bevor das historische Ägypten durch den Nil entstanden war. Dann kam eine zweite und viel spätere Einwanderung einer gemischten atlantäischen Rasse aus Poseidonis nach Ägypten, und diese gemischte Rasse besiedelte vor etwa achtzig- bis hunderttausend Jahren das historische Ägypten. Noch später kam die dritte Einwanderungswelle in das historische Ägypten, vor etwa acht- bis neuntausend Jahren. Die Einwanderer kamen aus Südindien. Diese zuletzt eingewanderten indischen Rassen aus Südindien, welche die 'östlichen Äthiopier' waren, vermischten sich mit den atlantäischen Ägyptern und brachten so die zusammengesetzte Wurzelrasse hervor, welche die bekannte, aufgezeichnete Geschichte als die Erzeuger der Dynastien von Ägypten kennt.

Amerika war also der älteste Kontinent. Ägypten begann viel früher als Indien. Dann kam Indien. Doch auch das südliche Indien sandte zu einer späteren Zeit seine Kultur, seine Künste, seine Mysterien, die Lehre seiner großen Mysterienschulen nach Ägypten. Diese letzten südindischen Einwanderer nach Ägypten waren selbst ein gemischtes Volk. Sie stammten teils von einer frühen arischen Rasse, teils war aber eine noch stärkere Beimischung der alten atlantäischen Einwohner des damals schon versunkenen und fast vergessenen atlantäischen Lankâ vorhanden.

KULTUREN DER PRÄHISTORIE

Frage:
Die Archäologen haben (angeblich bisher, <1932>) keine Überreste entwickelter Kulturen gefunden, die älter sind als etwa siebentausend Jahre, also nicht viel älter als die Anfänge des Kali-Yuga.

Es gibt positive Beweise, daß es Zehntausende von Jahren vorher eine 'primitive' Lebensweise gegeben hat - Steinwerkzeuge und anderes -, und ebenfalls negative Beweise - das Fehlen von Keramik, Metallen, Gebäuden und so fort.

H. P. Blavatsky sagt, der Mangel an Fortschritt während der immensen Dauer des Steinzeitalters sei auf das schwere atlantäische Karman zurückzuführen.

War die Menschheit als ein Ganzes wirklich roh und primitiv während des Steinzeitalters, oder sind die Erscheinungen irreführend, und es existierte eine höhere Kultur während der neunhunderttausend Jahre seit der Zerstörung des Kontinentes von Atlantis, obwohl entsprechende Funde, die wir als wesentlich für eine 'Kultur' betrachten, fehlen?

Antwort:
Roheit und Unvernunft wandeln durch die Straßen unserer Städte, und Sie sehen unter uns viele Beispiele für den sogenannten Steinzeitmenschen der Archäologen. Es gibt heute Steinzeitmenschen, primitive und barbarische Stämme, die Steine benutzen. Es gibt heute auch sogenannte zivilisierte Menschen. Folglich ist meine Antwort nachdrücklich, daß während der letzten neunhunderttausend Jahre ganz gewiß höhere Kulturen existiert haben. Während der neunhunderttausend Jahre, von denen der Fragesteller spricht, die aber keineswegs der gesamten Zeit seit dem Niedergang der atlantäischen Zivilisation entsprechen, haben selbst in diesem kleineren Zeitraum von neunhunderttausend Jahren große Kulturen auf verschiedenen Teilen des Globus existiert. Sie wurden geboren, hatten ihre Blütezeit, die das Beste hervorbrachte, was sie in der Fülle ihrer Macht erringen konnten, und gingen zugrunde. Nicht ein Bruchstück blieb als Beweis zurück. Unser Schicksal wird das gleiche sein. Doch während diese glänzenden Kulturen in verschiedenen Teilen der Welt blühten, gab es wie heute zur gleichen Zeit auch Steinzeitmenschen.

Es gab verschiedene Arten von Zivilisationswellen, die über die Erde fluteten, wie die, welche zur Zeit Griechenlands und des Römischen Reiches existierten. Vom Standpunkt bloßer mechanischer Errungenschaften aus war die Zivilisation in der ganzen Welt damals eine ziemlich niedrige und sie stand in dieser Hinsicht nicht so hoch wie unsere heutige Zivilisation, doch von einem edleren Standpunkt aus war sie damals eine höhere als heute. Das Wesentliche einer Kultur besteht darin, die spirituellen und intellektuellen Fähigkeiten und Kräfte des Menschen im menschlichen Leben zur Manifestation zu bringen, und es ist nicht wichtig, ob die Menschen Autos und Flugzeuge haben oder nicht.

Wenn ein Mensch denkt und die Früchte seines Denkens in edle Werke umsetzt, in Literatur oder Mysterien, Religion, Philosophie oder menschliche Güte, finden wir dort wahre Kultur. Es ist die Kultur eines höheren Typs als unsere eigene. Ja, es hat in der Vergangenheit viele Zivilisationen gegeben, die glänzender waren als unsere gegenwärtige. Wir haben noch nicht den vollen Ausdruck, den höchsten Punkt unseres jetzigen Wachstumszyklus erreicht. Doch dieser höchste Punkt ist nicht weit entfernt, und dann wird unser Verfall einsetzen - es sei denn, die Theosophische Bewegung kann in den Herzen des Menschengeschlechtes allgemein ein höheres Sehnen nach spirituellen Dingen wecken; es sei denn, unsere spirituelle Bewegung weckt in den Herzen und Gemütern der Menschen eine Vision, eine Vision der Wahrheit und Wirklichkeit, die sie über die Schwierigkeiten der Zukunft hinwegträgt; es sei denn, sie kann eine über allem stehende brüderliche Güte und brüderliche Liebe erwecken.

Wir finden heute in den Straßen unserer großen Städte brutale Menschen, Typen und Beispiele jener nur in der Vorstellung vorhandenen Gestalten, die phantasievolle Archäologen als den 'Frühmenschen' oder den 'paläolithischen' oder 'neolithischen' Menschen, den 'Steinzeitmenschen' darstellen.

Nicht viele tausend Jahre bevor Griechenland den bemerkenswerten Glanz erlangte, der seine Kultur während der Zeit des Perikles charakterisierte - nur wenige tausend Jahre vorher blühte eine Kultur, welche die unsere weit übertraf. Eigentlich war es eine Reihe von Kulturen, die ihre Heimat und Bühne dort hatten, wo jetzt Persien und West-Afghanistan sind, und in den Ländern nördlich und östlich davon, die heute unfruchtbare und öde Landschaften sind. Glänzende Kulturen blühten dort. Es gab auch Kulturen, die mit einem vollkommenen Netz von großen und kleinen Städten das bedeckten, was jetzt die Wüste Gobi ist - eine schaurige Einöde von Sand und Einsamkeit. Damals war sie übersät mit gedeihenden Städten und Dörfern, das Land war hoch kultiviert. Astronomische Observatorien und chemische Laboratorien waren so selbstverständlich wie bei uns. Was ist davon übriggeblieben? Nichts als Legenden, Träume von Vergangenem, ein paar verstreute archäologische Reste, die von den degenerierten Bewohnern der Shamo-Wüste für die Wohnstätten von Geistern und Genien gehalten werden. Viele Teile der Erde waren einst die Sitze glänzender Kulturen, von denen nicht einmal eine Erinnerung geblieben ist.

DAS ALTER DER GROSSEN PYRAMIDEN

Frage:
Wie alt sind die großen Pyramiden wirklich?

Antwort:
Ich würde sagen, die großen Pyramiden sind mindestens drei Zodiakaljahre oder 75 000 Jahre alt, und vielleicht sind es mehr, sehr viel mehr. Ein Versuch, ein annäherndes Alter festzulegen, hinge von der Geologie des Nildeltas und anderen ähnlichen Dingen ab,

die als Zeitmarken dienen könnten. Die Große Pyramide des Cheops wurde zur Zeit der zweiten atlantäischen Einwanderungsperiode gebaut. Nachdem die ersten großen Pyramiden gebaut waren, wurden in späteren Zeiten viele andere Pyramiden errichtet. Aber zwischen diesen beiden Perioden, der ursprünglichen atlantäischen Einwanderung und den späteren Zeitaltern, fand die umfangreiche Einwanderung aus dem Osten statt, dem heutigen Südindien, Ceylon (Sri-Lankâ) und dem anderen Teil der großen Insel, von der Ceylon der einzige verbliebene Überrest ist.

Die Pyramide ist ein typisches atlantäisches Bauwerk, deshalb findet man sie auch in der Neuen Welt, in Yucatán und Mexiko. Die Konstruktionsprinzipien wurden von den atlantäischen Einwanderern von den sinkenden atlantäischen Inseln mitgebracht.

SWABHAVA UND DIE MONADE

Frage:
Ist in bezug auf Swabhâva die Idee korrekt, daß jede der verschiedenen Klassen der Monaden durch bestimmte unterschiedliche Arten des Selbstausdrucks in allen Reichen geht - eine Klasse durch bestimmte Gattungen und Arten in jedem Naturreich, eine andere Klasse durch andere? Wenn jede Monade durch alle Typen, von der Monade bis zum Gott, gehen muß, wie wird dann der eigentliche Unterschied in ihrem eigenen Swabhâva entwickelt?

Antwort:
Das Swabhâva ist die charakteristische Individualität eines Wesens oder einer Wesenheit. Die eine hat Swabhâva X, eine andere Swabhâva Y, eine dritte

Swabhâva Z, eine vierte Swabhâva Q, eine fünfte Swabhâva P usw. Alle diese Swabhâvas sind der gespeicherte Schatz von Erfahrungen aus vorhergehenden kosmischen Manvantaras. Ebenso verhält es sich bei menschlichen Wesen: Jeder Mensch hat sein eigenes Swabhâva, und doch sind alle Menschen in ihrem Höchsten mit der kosmischen Monade verknüpft, von der alles seit der Morgendämmerung der manvantarischen Manifestation abstammt und in die alles am Ende des Manvantaras wieder eingesammelt wird. Kommen diese individuellen Monaden am Beginn eines neuen Manvantaras zu einer neuen Lebensperiode wieder hervor, wird jede ihren eigenen Schatz der gespeicherten oder gesammelten Erfahrungen aus dem gegenwärtigen kosmischen Manvantara wieder mitbringen und so ihr eigenes verfeinertes oder evolviertes Swabhâva oder ihre individuelle Charakteristik, ihre Individualität besitzen. Diese Armeen von Monaden, die aus der kosmischen Monade, aus ihrem Busen, hervorströmen, werden in Wogen auseinanderfallen, in die unbegreiflichen, unermeßlichen Mengen von Wesen in Differenzierung und Manifestation, welche die erstaunlichen und faszinierenden Mannigfaltigkeiten und Verschiedenheiten des zukünftigen kosmischen Manvantaras hervorbringen. Ebenso wurde die uns umgebende Mannigfaltigkeit in der oben beschriebenen Weise aus den Erfahrungen geboren, die während des vorhergehenden kosmischen Manvantaras gesammelt wurden.

So ändern oder vielmehr evolvieren die Monaden langsam während der dahinrollenden Zeitalter der endlosen Zeit allmählich ihr Swabhâva, ihren 'Charakter' oder ihre Individualität immer in Richtung zu höheren, edleren und erhabeneren Typen. Denn das Swabhâva oder die Individualität einer jeden wächst vom Geringeren zum Größeren, vom Unvollkommeneren zum

Vollkommeneren. Immer wächst sie von innen nach außen und nicht dadurch, daß ihr von außen etwas hinzugefügt wird.

Fassen wir dieses wundervolle Gemälde in unseren Gedanken zusammen, sehen wir, daß Karman jedes individuelle Fünkchen oder Tröpfchen aus dem Ozean der kosmischen Monade verpflichtet, in dem wirbelnden Rade des Lebens durch endlose Zeit zu wandern, durch alle möglichen Phasen der Erfahrung in den kosmischen Manvantaras, wie diese aufeinander folgen.

Um ins einzelne zu gehen: Es ist ganz falsch, sich vorzustellen, eine individuelle Monade wäre auf einer ihrer evolutionären Stufen ein winziges Partikelchen im Mineralreich, etwa von Hornblende, Quarz oder ähnlichem, und sie würde allmählich im Laufe der Zeit ein Atom in dem Fleisch eines Tieres werden, um schließlich als eine getrennte Wesenheit die Monade eines Humboldt, Newton, Dante oder Vergil zu sein. Hier wird die Aufmerksamkeit fälschlicherweise auf die Monade als eine von der kosmischen Monade getrennte oder abgesonderte Wesenheit gerichtet, nach der materialistischen Manier der Wissenschaft vor etwa fünfzig Jahren, als H. P. B. ihre Werke schrieb. Das ist sehr irreführend. Die Wahrheit ist, daß die individuelle Monade durch alle Naturreiche wandert und ein jedes zu bilden hilft; dabei wird sie aufgrund des immer größer werdenden Ausdruckes ihres eigenen inneren Swabhâvas, das aus ihrem Innern hervorfließt, mehr und mehr individualisiert. Schließlich wird in dieser Entwicklung von innen nach aufwärts eine Stufe erreicht, auf der die Monade genügend von ihren inneren und bisher latenten spirituellen, intellektuellen und psychischen Kräften zum Ausdruck bringen kann, so daß sie dann im Menschenreich einen Humboldt, Newton oder Dante hervorzubringen in der Lage wäre.

Die korrekte Art, diese Lehre zu formulieren, ist

also folgende: Die Monade bringt sich selbst in Verbindung mit anderen in jedem Naturreich zum Ausdruck oder wandert durch die verschiedenen Phasen ihrer langen evolutionären Pilgerschaft. Sie entfaltet auf jeder Stufe aus ihrem Innern in ständig größerem Maße die Kräfte, Fähigkeiten und Attribute, die latent in ihrem Swabhâva liegen.

REINKARNATION UND FRÜHES CHRISTENTUM

Frage:
Die Lehre der Reinkarnation wurde in vorchristlicher Zeit allgemein gelehrt und akzeptiert, aber in den frühen Tagen des Christentums aufgegeben. Könnten Sie mir sagen, wann und warum das geschah?

Antwort:
Die Reinkarnation fand nicht mehr den Glauben und die Annahme, weil die christliche Theologie während der ersten drei, vier oder fünf Jahrhunderte ihrer Entwicklung bemerkte, daß sie zusammen mit der dazugehörigen Lehre der wirklichen vergeltenden Gerechtigkeit und Entschädigung (Karman)nicht mit ihren eigenen Ideen der Erlösung durch das "Blut des Lammes" und durch Reue, gleichgültig, wie schwer die Sünden eines Menschen sein mochten, in Einklang stand. Die Lehre geriet also allmählich in Vergessenheit, und die Menschen begannen sich vorzustellen, sie könnten durch den Glauben an Jesus als den "einzigen Sohn Gottes, der von Gott, dem Allmächtigen, in die Welt gesandt wurde, um für unsere Sünden zu sterben, gerettet werden; und wenn wir an ihn glauben und bereuen, dann werden wir erlöst und ein ewiges Leben haben, denn wir werden in seinem Blut

gewaschen" - das heißt, das ist meine Vermutung, unsere Seelen werden gereinigt.

Die Lehre in der Form der Präexistenz, wie sie von dem großen Kirchenvater Origenes gelehrt worden war, wurde offiziell mit dem Kirchenbann belegt (verdammt). Das geschah auf der 'Haussynode' - das ist ein anderer Ausdruck für ein kleineres Konzil -, die unter dem Primas Mennas in Konstantinopel zu einer Zeit abgehalten wurde, welche die modernen Gelehrten auf eines der Jahre zwischen 536 und 543 festlegen (sie sind sich des genauen Jahres nicht sicher). Sie war eine Folge der theologischen und anderen Dispute über die Lehren des Origenes, des großen alexandrinischen Kirchenvaters, welche die christliche Kirche etwa zweihundert Jahre lang oder mehr zermürbt hatten. Diese besonderen Wortstreitigkeiten wurden die 'Kontroversen über Origenes' genannt. Unter den Lehren des Origenes befand sich die unausgesprochene Erklärung, daß das ganze Universum lebendig sei, daß selbst die Sterne lebendige Geschöpfe seien und Seelen hätten und sich deshalb in moralische Verantwortlichkeiten verwickelten; des weiteren, daß verkörperte Seelen vor und nach dem Tode Präexistenzen sowie Postexistenzen haben müßten, und daß aus diesem Grunde die Seelen für ihre Gefühle, Gedanken und Handlungen verantwortlich seien.

Wie bereits gesagt, auf der Haussynode unter dem Primas Mennas wurde sie, als eine der Lehren des Origenes, förmlich verdammt, mit dem Kirchenbann belegt und für ketzerisch erklärt. Als dieser Kirchenbann (die Verdammung) auf dem fünften allgemeinen Konzil in Konstantinopel im Jahre 553 unter Kaiser Justinian wiederholt und bekräftigt wurde und der starke Arm der Kirche dem Kirchenbann Geltung verschaffte mit dem ebenso starken Arm des Staates im Rücken, geriet die Lehre der Präexistenz und der

Wiederverkörperung zuerst in den Verruf der Ketzerei und schließlich in kurzer Zeit in Vergessenheit.

Es ist jedoch nicht so, daß die gesamte theosophische Lehre der Reinkarnation, das heißt die technische Lehre, wie wir sie jetzt lehren, auf diesen beiden Konzilien zu Konstantinopel mit dem Kirchenbann belegt wurde. Es war Origenes' besondere Form der Lehre, die in seiner Doktrin von der Präexistenz und der daraus erwachsenden moralischen Verantwortung ausgedrückt war, die verboten und für ketzerisch erklärt wurde. Seine Doktrin ist in vieler Hinsicht fast die gleiche wie unsere vollständige Lehre von der Reinkarnation. Aber sie ist nicht exakt unsere theosophische Lehre, weil Origenes' Form unvollständig und daher unvollkommen ist. Begehen wir nicht den Fehler, diesen subtilen Unterschied zu ignorieren, denn dann werden wir eines Tages von einem schlauen, spitzfindigen Menschen hereingelegt, und wir werden über Aussagen verwirrt sein, die im Grunde nur Worte sind. Origenes lehrte zweifellos die Lehre in seiner eigenen Form der Präexistenz, die einschloß, daß die Seele vor der Geburt gelebt hatte, und ebenso, daß sie wieder und wieder leben und Verkörperungen in verschiedenen Völkern der Welt annehmen würde. Er sagte, zu einer Zeit würde sie ein Ägypter sein, ein anderes Mal ein Jude und so fort. Doch Origenes lehrte die Doktrin von seinem eigenen besonderen oder vielmehr individuellen Blickfeld aus und versuchte, sie mit den halbentwickelten theologischen Lehren zu verknüpfen. Deshalb lehrte er nicht die vollständige Lehre der Reinkarnation, wie wir sie heute geben.

Es ist also gefährlich, ohne weitere Einschränkung zu erklären, daß die beiden Konzilien zu Konstantinopel in den Jahren 536 bis 543 und 553, unsere theosophische Lehre der Reinkarnation verdammt, mit dem

Kirchenbann belegt und für ketzerisch erklärt hätten, denn erstens ist das ungenau, weil es unvollständig ist, und zweitens ist es ungenau, weil es nur die Form des Origenes war, die verdammt wurde. Diese Form ist teilweise wahr, wir können sagen, zu drei Vierteln, aber sie ist nicht genau erklärt worden.

Es bestehen keine Zweifel darüber, daß die gesamte theosophische Lehre der Wiederverkörperung mit mehr Nachdruck und Abscheu verdammt und mit dem Kirchenbann belegt worden wäre als Origenes' weißgewaschene Form. Um zu zeigen, wie die spirituellen Kräfte in der Welt ständig am Werk sind, möchte ich abschließend hinzufügen, daß gerade um die Zeit, als diese beiden Konzilien Origenes' Lehre der Präexistenz und Wiederverkörperung verdammten, ein neuer und viel spirituellerer Strom theologischer Lehren, der sich auf neuplatonische und neupythagoreische Lehren gründete, in der damaligen christlichen Kirche große Verbreitung zu finden begann. Dieser neue Strom fand seine kristallisierte und literarische Form in den Schriften des Pseudo-Dionysius, des Areopagiten, und beeinflußte die ganze spätere christliche Theologie gewaltig, indem er sie tiefgreifend modifizierte und spiritualisierte.

Frage:
Gibt es irgendeine Aufzeichnung, die zeigt, daß Jesus selbst die Lehre der Reinkarnation lehrte?

Antwort:
Ich wüßte nicht, daß es außerhalb der Evangelien eine Aufzeichnung gibt. Dort sind nur unbestimmte Anspielungen von rein mystischem Charakter zu finden, so wie die Frage des Nikodemus oder wie die Erklärung: "Dies ist der wiedergekommene Elias." Wir müssen immer an die allgemeine Tatsache der Geschichte

denken, daß die Lehre der Reinkarnation in der einen oder anderen Form als Lehre bekannt war und von den Pharisäern in Judäa in der Zeit, in der Jesus vermutlich erschienen war, akzeptiert wurde. Sie war allgemein bekannt und wurde allgemein akzeptiert, tatsächlich in einem viel größeren Maße als heute in der Welt. Ich glaube, die Menschen würden überrascht sein, wenn sie herausfänden, wie allgemein die Lehre in unserer Zeit angenommen wird. Sie wird nicht mehr als eine sonderbare oder seltsame Lehre betrachtet. Es 'liegt in der Luft'. Viele Tausende Menschen akzeptieren sie offen, und große Mengen anderer akzeptieren sie stillschweigend, ohne darüber zu sprechen, weil sie sie nicht verstehen. Genauso war es bei den Pharisäern und anderen.

Frage:
Wie steht es mit der Frage, die Jesus gestellt wurde: "Wer hat gesündigt, dieser Mensch oder seine Eltern, daß er blind geboren ist?"

Antwort:
Es gibt vier oder fünf solcher Anspielungen, aber keine direkten und spezifischen Erklärungen. Doch lautet die Frage: "Lehrte Jesus Reinkarnation?", dann ist die richtige Antwort: Ich bin vollkommen überzeugt, daß er es tat, denn die Reinkarnation war eine so allgemeine Lehre, und sie war zu seiner Zeit von den größten Gemütern so vollständig angenommen, daß ein Mensch, der sie nicht akzeptiert hätte, als ein Mensch mit wenig Einsicht und Erziehung betrachtet worden wäre. Doch es gibt absolut keine authentische Aufzeichnung darüber, daß Jesus sie lehrte. Die Evangelien selbst wurden von Menschen geschrieben, die irgendwann zwischen fünfzig und zweihundertfünfzig Jahren nach Jesu Tod lebten.

Reinkarnation war also eine der allgemeinsten Glaubensüberzeugungen im Römischen Kaiserreich, das praktisch die ganze damalige zivilisierte europäische Welt außerhalb des Parthischen Reiches und des Orients einschloß. Das Römische Reich umfaßte praktisch ganz Kleinasien und Ägypten, Italien, Griechenland, Gallien, Spanien, Teile Germaniens, den größten Teil Britanniens und kleine Teile Irlands. Alle germanischen Völker glaubten an Reinkarnation, alle keltischen Völker nahmen sie als eine Selbstverständlichkeit an. Sie war eine der druidischen Lehren. Sie war eine der intellektuellen Grundüberzeugungen jener Zeit.

DIE DREI LOGOI

Frage:
Über den in der theosophischen Literatur angewandten Ausdruck Logos oder Logoi, der an verschiedenen Stellen in unterschiedlicher Weise benutzt zu werden scheint, bin ich oft verwirrt. Können Sie diese Sache aufklären?

Antwort:
Logos ist ein griechisches Wort, das ursprünglich 'Vernunft' bedeutete und schließlich zu der Bedeutung 'Wort' kam. Warum? Redet ein Mensch einen anderen Menschen an, äußert er eine Idee der Vernunft. Vernunft oder Gedanken werden durch Worte von Mensch zu Mensch übermittelt. Indem gewisse Philosophieschulen Griechenlands diesen einfachen Gedanken annahmen, übertrugen sie ihn als eine Redefigur, ein Bild, auf kosmische Prozesse und sagten: Zuerst war die göttliche Vernunft da, der göttliche Gedanke, der

ein Vehikel, ein Wort benötigte, um das Leben und die Intelligenz in seinem Innern miteinander in Verbindung zu bringen und weiterzureichen. Das Wort oder Vehikel wurde durch die Tätigkeit der Vernunft erzeugt, genauso wie die menschliche Sprache durch die Tätigkeit der menschlichen Vernunft, des menschlichen Gedankens erzeugt wird.

Es gibt natürlich viele Logoi. Jeder einzelne Plan hat seine eigenen drei Logoi: den unmanifestierten, den teilweise oder quasi-manifestierten und den manifestierten, auch erster, zweiter und dritter Logos genannt. Warum ist das so? Die Operationen und Tätigkeiten und das Gefüge der Natur wiederholen sich auf allen Plänen: Was auf dem höchsten geschieht, geschieht auch auf dem niedrigsten und umgekehrt. Oder, um den Gedanken anders auszudrücken, das gesamte Universum ist von und in Hierarchien aufgebaut, die sich auf den verschiedenen Plänen wiederholen. Darum hat jede Hierarchie, mit anderen Worten jeder Plan, seinen ersten Logos, zweiten Logos und dritten Logos.

Wir sehen, wie einfach dieser Gedanke ist. Es gibt keinen Grund, verwirrt zu sein, wenn wir in der "Geheimlehre" oder in anderen Schriften verschiedene Erklärungen über die Logoi oder über den dritten, den zweiten oder den ersten Logos finden. Untersuchen wir zuerst und finden wir heraus, von welcher Hierarchie oder von welchem Plan gesprochen wird. Aus diesem Grunde setze ich in den "Grundlagen der Esoterischen Philosophie" die drei Logoi in Relativität zu anderen, was vollkommen korrekt ist, aber ungenau sein würde, wenn wir diese relativen Positionen auf den universalen Kosmos übertragen würden, denn im universalen Kosmos ist Mahat der dritte Logos, wie auch im Menschen. Atman ist der erste Logos, Buddhi der zweite und Manas das Wort, Vernunft, die zum Ausdruck gebrachte Vernunft, die Vernunft, die das Leben von ihrem Vorläufer zu anderen übermittelt - der dritte Logos.

Die Lehre ist wirklich sehr einfach. Schrecken wir nicht vor Worten zurück und denken wir nicht, es gebe Geheimnisse, wo keine sind. Es gibt genug Geheimnisse, auch ohne den Versuch, neue zu entdecken, und das tun wir alle! Finden wir zuerst heraus, von welchem Logos gesprochen wird, auf welchen Plan er sich bezieht. Stellen wir dann andere Fakten über ihn fest, und wir finden unseren Weg so klar, wie wir nur wünschen können. Wir werden keine Schwierigkeit haben. Jede Hierarchie, was jeder Plan bedeutet, hat ihre eigenen drei Logoi: den ersten oder höchsten, den unmanifestierten für diese Hierarchie oder diesen Plan, die Hyparxis; sein Gewand, seinen Abkömmling oder Ausdruck, den zweiten Logos; dessen Kind, Abkömmling oder Gewand, den dritten Logos.

MEDIZINISCHE IMPFUNGEN

Frage:
Was ist der theosophische Standpunkt hinsichtlich medizinischer Impfungen für Menschen als Präventivmaßnahmen gegen ansteckende Krankheiten? Werden sie gutgeheißen oder abgelehnt?

Antwort:
Es gibt keinen Zweifel darüber, daß Injektionen von Viren oder sogenannten Antitoxinen von menschlichen und tierischen Körpern eine Wirkung haben können und sicherlich auch haben; doch es wird allzuoft übersehen, daß die Injektion fremder Gifte, oft ekelhaften Ursprungs, in den menschlichen Blutstrom zwangs-

läufig auch eine andere und unvermeidliche Wirkung hat: Sie schwächt die 'normalen' aktiven Abwehrkräfte des Körpers ebenso, wie sie die inhärente und instinktive Erzeugung von Substanzen im Körper hemmt, die im Normalfall erzeugt werden, um den Körper vor dem Eindringen von außen, ob durch Keime oder auf andere Weise, zu schützen und ihr Gift zu neutralisieren, wenn eine Ansteckung eintritt.

Die Menschen werden allzuoft durch die Vorstellung geblendet - und Ärzte im besonderen aufgrund der Rechtfertigung ihres Berufes -, daß ein neu entdecktes Antitoxin die Ausbreitung einer Krankheit verhüten kann. Häufig wird nur zur Vorbeugung geimpft, selbst dann, wenn keine Krankheitssymptome vorhanden sind.

Ich habe nicht den Wunsch, im Zusammenhang mit dieser Frage an okkulte oder esoterische Grundsätze zu rühren, denn diese würden dem normalen Menschen nichts bedeuten oder ihn sogar aufgrund seiner Blindheit und seinem Mangel an Gedanken mit Voreingenommenheit gegen die Theosophie erfüllen. Selbst Theosophen sind in seinen Augen nicht ganz ernst zu nehmen. Wir müssen auf dem Boden der Tatsachen bleiben. Die Annalen der Medizin präsentieren uns zu viele Fälle, in denen dieser oder jener Laune gefolgt wurde, die zuerst als ein vom Himmel gesandter Segen proklamiert, doch später als ein von der Hölle gesandter Fluch entlarvt wurde. Unglücklicherweise ist meist eine kurzsichtige Anschauung ausschlaggebend.

Ich möchte aber darauf hinweisen, daß sich niemand eine Krankheit zuzieht, wenn sich die Keime dieser Krankheit nicht bereits in seinem System befinden. Sie sind aufgrund einer Neigung zu dieser Krankheit dort, und diese Neigung beruht auf karmischen Ursachen. Aus diesem Grunde schwächt die Impfung eines gesunden Menschen mit viralen Antitoxinen, die aus Sekreten scheußlicher Krankheiten gewonnen werden, nicht nur den Körper dieses gesunden Menschen, sondern sie macht sein System für die latente Krankheit anfällig, trotz der Bemühungen des Körpers, schützend gegen sie zu reagieren. Ferner wird der Körper durch die Impfung aufgrund der nachfolgenden Schwäche anfällig gegen weitere mögliche Angriffe noch anderer Krankheiten.

Ich bin davon überzeugt, daß eine klügere zukünftige medizinische Wissenschaft mit Hilfe strikter hygienischer und vorbeugender Maßnahmen ihre größten Bemühungen darauf richten wird, die Krankheiten, die sowohl Mensch als auch Tier befallen, auszumerzen. Es liegt etwas so unsagbar Abstoßendes darin, Viren von unglücklichen, kranken Tieren oder von Menschen, die an scheußlichen Krankheiten leiden, in den Blutstrom von offensichtlich gesunden Menschen zu injizieren, in der Hoffnung, sie dadurch gegen derartige Krankheiten immun zu machen. 'Pflanzliche' Gifte sind für das menschliche System unvergleichlich weniger gefährlich, wenn sie in prophylaktischer oder vorbeugender Weise richtig angewandt werden, obwohl es natürlich stimmt, daß einige pflanzliche Gifte ebenso lebensgefährlich sind wie andere Gifte.

Zusammenfassend sage ich daher: ich bin absolut dagegen, den Blutstrom von Menschen mit Antitoxinen irgendeiner Art, die von kranken menschlichen oder tierischen Körpern gewonnen werden, zu vergiften. Die bloße Tatsache, daß dies dem allgemeinen Strom der medizinischen Meinung so sehr entgegengesetzt ist, ist für mich äußerst unwichtig. Wie alle anderen Wissenschaften ändert sich die medizinische Wissenschaft so schnell, daß die Überzeugungen von heute, obwohl öffentlich publiziert und laut proklamiert, die abgelegten Theorien von morgen sein werden. Die richtige Handlungsweise scheint mir deshalb die zu sein, alle natürlichen, sauberen, gesunden und normalen vorbeugenden Maßnahmen zu ergreifen, sowohl im individuellen als auch im kollektiven Bereich, besonders sanitäre und hygienische Maßnahmen, auf welche peinliche Aufmerksamkeit zu richten ist, Diät und persönliche Sauberkeit in jeder Form. Zieht sich jemand eine Krankheit zu, ist es seine Pflicht zu versuchen, die Gesundheit auf jede mögliche reinliche und gesunde Weise wiederherzustellen, und es ist vollkommen richtig, das zu tun. Es ist meiner Meinung nach äußerst zweifelhaft, ob es in irgendeinem Fall richtig oder klug ist, Menschen zu diesem Zweck mit "ekelhaften Viren von kranken menschlichen oder tierischen Körpern zu impfen".

Ich bin davon überzeugt, 'diese' Impfung bringt zehn Teufel mit sich, die schlimmer sind als die Krankheit selbst.

DIE NATUR DES BÖSEN UND DER FREIE WILLE IM MENSCHEN

Frage:
In welcher Weise unterschied sich die Lehre der Stoiker von der theosophischen Lehre hinsichtlich der Natur des Bösen und des freien Willens im Menschen?

Antwort:
Wir müssen uns erinnern, daß die stoische Philosophie ein wirklich großes System kosmischen Denkens ist und von modernen Menschen, die in der christlichen Art theologischen Denkens geschult sind, schlecht verstanden worden ist. Die Stoiker hatten faktisch die gleiche fundamentale oder esoterische Lehre wie die

Platoniker, und folglich ist 'die Natur des Bösen' das, was ich in meinen Antworten auf frühere Fragen erklärt habe. Das Böse ist Unvollkommenheit, unzulängliche Evolution und deshalb relativ, denn was die Menschen 'gut' nennen, würden die Götter, die über uns stehen, tatsächlich 'böse' nennen im Vergleich zu ihrer eigenen Übergöttlichkeit.

Dies kann am Beispiel des Lichtes veranschaulicht werden: Es gibt schwaches Licht, Licht von mittlerer Stärke und blendende Helligkeit. Die Wesen, die in dem mittleren Licht leben, würden sagen, schwaches Licht sei übel. Andererseits würden die Wesen, die in der blendenden Helligkeit leben, sagen, das mittlere Licht sei übel. Deshalb ist die Natur des Üblen, wie sie in der stoischen Philosophie, in der platonischen oder in der modernen Theosophie und der Esoterischen Philosophie gelehrt wird, lediglich Unvollkommenheit. Ein Wesen, das so unzureichend evolviert ist, daß es die Göttlichkeit in seinem Innern nicht oder nicht wenigstens in einem gewissen Grade herausgebracht hat, kann 'böse' genannt werden im Vergleich mit höher evolvierten Wesen, die aus diesem Grunde vollkommener sind.

Hinsichtlich der stoischen Lehre vom 'freien Willen des Menschen' kann gesagt werden: Die stoische Lehre ist exakt die gleiche wie der Teil der theosophischen Lehre über diesen Gegenstand. Vergessen wir bitte nicht, das Herz des Platonismus oder Stoizismus ist mit dem Herzen der Theosophie identisch. Doch leider haben die Modernen dieses esoterische Herz aufgrund ihrer christlichen Vorurteile und Befangenheit nie verstanden. Der freie Wille des Menschen erklärt sich aus der Tatsache, daß der Mensch sowohl in göttlicher, spiritueller, intellektueller, psychischer, astraler und physischer als auch in moralischer Hinsicht ein Kind des Universums ist. Folglich entspringt der freie Wille des Menschen aus dem Herzen seines Wesens, das gleichfalls das Herz des Universums ist, dessen Kind er ist, denn das Universum ist das große Ganze. Darum muß der Teil, was es auch sei, das in sich haben, was das große Ganze in sich hat. Wir sehen, wie schön dieser Gedanke arbeitet: Der Mensch hat einen freien Willen, weil er von derselben Essenz oder Substanz ist wie das spirituelle Universum, das freier Wille ist oder einen freien Willen hat. Umgekehrt können wir nachweisen, daß es im Universum freien Willen gibt, weil der Mensch ihn hat, der ein Teil des Ganzen ist, da es undenkbar ist, daß ein Teil etwas besitzt, was dem Ganzen mangelt.

PLATO ÜBER DIE ZWEI WELTSEELEN

Frage:
Würden Sie so gut sein und erklären, was Plato mit der vieldiskutierten Stelle in den "Gesetzen" meinte, wo er sich auf die zwei Weltseelen bezieht: die eine die Urheberin des Guten und die andere die des Bösen. Die Stelle lautet folgendermaßen:

"Der Athener: Und wenn die Seele alle Dinge leitet und bewohnt, die sich bewegen, und sich auch bewegt, müssen wir dann nicht sagen, daß sie auch die himmlischen Mächte leitet?
Klenias: Natürlich.
Der Athener: Eine Seele oder mehrere? Mehr als eine - ich will für Dich antworten. Auf jeden Fall dürfen wir nicht annehmen, daß es weniger als zwei sind, die eine die Urheberin des Guten und die andere die des Bösen." ("Die Gesetze", X, 896)

Antwort:
Wenn wir dies mit der übrigen Philosophie Platos und seinem ständigen Hinweis auf göttliche Wesen im Universum in Verbindung bringen, wird die Erklärung dieser Stelle sofort klar: Es gibt ebenso ein spirituelles Universum wie ein materielles Universum. Natürlich wirken die beiden zusammen und unter der allgemeinen Herrschaft oder Oberhoheit des Weltengeistes, der sich auf das 'Gute' zubewegt und dafür wirkt, während das andere jener Teil der Welt oder des Universums ist, der aus niederen oder weniger evolvierten Wesen zusammengesetzt ist und daher im Vergleich mit der höheren Weltseele kollektiv der Urheber von Unvollkommenheit genannt werden kann, oder dessen, was die Menschen heute das 'Böse' nennen.

Ich möchte die Antwort mit anderen Worten wiederholen: Das Universum ist eine unermeßliche, angehäufte Hierarchie oder kosmische Familie, die aus Wesen aller Grade oder Stufen der Evolution besteht. Sie reicht von dem Hierarchen oder Gipfelpunkt der Göttlichkeit der Hierarchie abwärts bis zu den materiellen Wesen, welche die Hierarchie zusammensetzen. Die letzteren sind natürlich die am wenigsten evolvierten von allen Wesenheiten der Hierarchie und bilden deshalb die materielle Welt. Der Hierarch oder die spirituelle Wesenheit der Hierarchie ist daher die Quelle von allem Gesetz, aller Ordnung und Liebe, Harmonie und Schönheit, von allem Frieden, Mitleid und Erbarmen und von aller tätigen Intelligenz in der Hierarchie. Alle niederen Wesen in dieser Hierarchie leiten von ihrem obersten Haupt, dem Hierarchen, alles ab, was sie an Harmonie, Schönheit, Frieden usw. besitzen.

Wir sehen also, das ist das, was Plato, um Worte zu sparen, sehr kurz die zwei 'Seelen' nennt, eine die Urheberin des Guten und eine die Urheberin des Bösen;

das heißt, eine ist die Quelle von Gesetz, Schönheit und Harmonie und die andere die große materielle Strömung des Lebens, welche, weil sie materiell und unvollkommen evolviert ist, deshalb abstrakt die 'Urheberin des Bösen' genannt werden kann.

Doch merken wir uns bitte: Jede Hierarchie ist nur eine aus zahllosen Mengen anderer ähnlicher Hierarchien wie diese, die in den unendlichen Feldern des grenzenlosen Seins verstreut sind. Es gibt also buchstäblich unendlich viele 'Weltseelen'. Ich weise auf diese Tatsache besonders hin, damit meine Antwort nicht den Anschein erweckt, die Idee eines 'höchsten persönlichen Gottes' zu enthalten.

Dies ist darum die wirkliche Bedeutung der Stelle bei Plato, die Sie zitieren und welche die Christen aufgrund ihrer Erziehung und ihres mentalen Vorurteils in christlicher Denkweise so außerordentlich schwer verstehen. Plato war natürlich ein Polytheist, und er glaubte an ein Universum, das mit Gottheiten und mit Wesen, die geringer als Gottheiten sind, angefüllt ist, die alle zusammen eine kosmische Familie bilden, wie wir Theosophen es auch lehren. In der Tat, Plato war ein Theosoph.

DAS MYSTERIUM DER PRATYEKA-BUDDHAS

Frage:
In Hinsicht auf die Aussage, wie sie in dem "Mysterium des Pratyeka-Buddhas" ("Lucifer", Aug. 1934) zitiert wurde, daß der Pfad des Pratyeka-Buddhas "in einer Weise ein edler Pfad ... trotzdem essentiell ein selbstischer ist", fragt ein Briefschreiber, ob der Pfad des Pratyeka-Buddhas, da er sowohl ein edler als auch ein selbstischer ist, in Wirklichkeit ein dritter

oder mittlerer Pfad ist, sozusagen ein 'grauer Pfad', da er zwischen dem äußerst selbstischen Pfad des Schwarzmagiers und dem äußerst selbstlosen weißen Pfad eines Buddhas des Mitleids liegt.

Antwort:
In Beantwortung dieser Frage muß bemerkt werden, daß es zum Zweck bloßer Bequemlichkeit möglich ist, von dem Pfad des Pratyeka-Buddhas als von einem dritten Pfad zu sprechen oder von dem, was der Fragesteller einen 'grauen Pfad' nennt, der zwischen dem schwarzen Pfad des Schwarzmagiers und dem weißen Pfad des Buddhas des Mitleids liegt. Doch eine solche Unterscheidung ist mehr willkürlich und bequem als der Natur entsprechend. Die eigentliche Tatsache, daß ein Pratyeka-Buddha ein Buddha einer bestimmten Art ist, zeigt, daß sein Pfad ein 'weißer' ist, um der Metapher zu folgen, die der Fragesteller gebrauchte. Doch es ist ein weißer Pfad, der dennoch ein negativer oder passiver Pfad anstelle eines aktiven mitleidsvollen und wohltätigen weißen Pfades ist, welchem die Buddhas des Mitleids folgen.

Es gibt also den Pfad der Materie, dem die Brüder des Schattens oder die Schwarzmagier folgen und der abwärts führt, und es gibt auch den weißen Pfad, der aufwärts führt. Sozusagen in der Mitte dieses weißen Pfades finden wir die Buddhas des Mitleids, die ständig vorwärtsdrängen, doch trotzdem bewußt und mitleidsvoll in Berührung mit allen Wesen bleiben und denen helfen, die hinter ihnen herziehen, soweit es möglich ist. So handeln die Buddhas des Mitleids als Weltführer und Weltlenker, und zwar mit bewußt mitleidsvoller Absicht. Doch sozusagen an den Rändern des gleichen weißen Pfades finden wir Individuen, die von der Herrlichkeit der Vision, auf die sich ihre Augen heften, geblendet sind, und die völlig die Leiden der

Tausenden oder Millionen Wesen vergessen, die hinter ihnen herziehen.

So drängen also diese Pratyeka-Buddhas vorwärts auf dem weißen Pfad und tun niemandem etwas zuleide, doch sie sind vollständig von ihrer eigenen 'Erlösung' gefesselt, wie es die Christen ausdrücken. Sie werden schließlich ihr Ziel erreichen, an dem sie für Äonen ausruhen werden. Inzwischen wird der allgemeine Lauf der Evolution, von den Buddhas des Mitleids geleitet, an ihnen vorbeiziehen, so daß, wenn die Pratyeka-Buddhas schließlich zu einer neuen Periode der Evolution erwachen, sie sich in der Nachhut wiederfinden, wenn auch immer noch auf dem weißen Pfad. Vergessen wir nicht, die Pratyeka-Buddhas sind nicht aktiv böse, ganz im Gegenteil, sie sind nur eine negative oder passive Art von spirituellem Einfluß in der Welt. Doch ihr Weg ist, was man richtig und wahr als eine Art spirituelle Selbstsucht beschreiben kann, jedoch keine böse Art von Selbstsucht wie der Pfad der Schwarzen Brüder. Die Pratyekas müssen ein reines Leben führen, ihren Sinn fest auf die himmlische Vision richten und sie dürfen niemandem etwas zuleide tun. Doch ihre ganze Aufmerksamkeit ist auf ihre eigene 'Erlösung' konzentriert, und sie schreiten vorwärts, blind gegen die Leiden und strauchelnden Schritte der ungezählten Millionen hinter ihnen.

Dies ist sehr schön und knapp in der "Stimme der Stille" von H. P. B. erklärt: "Der rauhe Pfad vierfältigen Dhyânas sich steil zur Höhe windet an. Besonders groß ist, wer zur luft'gen Höhe klimmt. Die Höhen Pâramitâs werden überschritten auf noch viel steil'rem Pfad."

Die Höhen Pâramitâs sind die Höhen, auf welche die Buddhas des Mitleids ihren Blick heften, denn ihr Pfad ist noch steiler und führt zu weit erhabeneren Höhen als denen, die die Pratyeka-Buddhas erlangen.

Diese letzteren sind also mehr passiv anstatt aktiv gut, wie es die Buddhas des Mitleids sind. Der Unterschied ist ähnlich dem zweier Menschen, die beide makellos gut sind und das Gute wollen, von denen sich jedoch der eine danach sehnt, Gutes zu tun, weil sein Herz von Mitleid bewegt ist, und der eigene Wünsche zurückstellt, um anderen Gutes zu tun, während der andere nur davon träumt, Gutes zu tun, aber mehr an seinem eigenen Fortschritt und an den Dingen interessiert ist, die sein eigenes Weiterkommen betreffen. Der eine öffnet seine Ohren jedem Hilferuf und folgt den Instinkten und Geboten des Mitleids, während der andere ebenfalls die Rufe hört oder überhört und so sehr in seine eigenen Wünsche nach Selbsterfolg und Selbstfortschritt vertieft ist, daß er vergißt, dort zu helfen, wo Hilfe nottut, und schließlich durch die Macht der Gewohnheit selbstsüchtig und blind gegen das erste Gebot der Natur wird, zu helfen.

DER NORDPOL-KONTINENT

Frage:
In Band II der "Geheimlehre", S. 419 steht folgende Erklärung: "Wenn also die Lehre richtig verstanden wird, so überlagerte der erste Kontinent, der ins Dasein trat, den ganzen Nordpol wie eine ununterbrochene Kruste und blieb so bis zum heutigen Tage jenseits jenes Inlandmeeres, welches den wenigen Nordpolarreisenden, die es sahen, wie eine unerreichbare 'Luftspiegelung' erschien."

Auf Seite 418, Fußnote 3 wird die gleiche Aussage gemacht: "Alle zentralen Kontinente und Länder werden oftmals der Reihe nach aus dem Meeresgrunde auftauchen, aber dieses Land wird sich niemals verändern."

Diese Erklärungen scheinen in direktem Widerspruch zu den Entdeckungen zu stehen, die in den letzten Jahren von Admiral Byrd und anderen gemacht wurden. In einem vor kurzem erschienenen Artikel erklärt der Admiral, daß sich am Nordpol ein Meer von etwa 3000 Metern Tiefe befindet und am Südpol ein Kontinentalplateau von etwa 3000 Metern Höhe existiert.

Wie vereinbaren sich diese beiden Erklärungen?

Antwort:
Wir dürfen nicht vergessen, es war H. P. B. in vielen Fällen nicht erlaubt, alles zu sagen, was sie wußte, sondern sie konnte nur Erklärungen abgeben, die ausreichten, die Intuition ihrer Schüler zu erwecken und ihnen neue Richtungen des Forschens zu zeigen. Achten wir auch darauf, daß sie die von dem Fragesteller zuerst zitierte Erklärung mit dem Wort 'wenn' beginnt: "Wenn also die Lehre richtig verstanden wird ...". Wie Shakespeare sagt, ist viel Wert in einem 'Wenn'.

Wir müssen daran denken, daß die Entdeckungen von Peary und Byrd (der letztere stützte sich in großem Maße auf Pearys Funde, zumindest hinsichtlich der Schlußfolgerungen), obwohl sie anscheinend genau sind, doch weiterer Bestätigung bedürfen. Außerdem wird die physische Landmasse, die den Nordpol umgibt, entsprechend den Lehren der Esoterischen Philosophie mystisch das heilige unvergängliche Land genannt, das sich nicht grundlegend vom Beginn eines Manvantaras - einer Runde - bis zu seinem Ende verändert. Dies bedeutet jedoch keineswegs, daß diese Landmasse unberührt bleibt und gegen die natürlichen säkularen Kräfte gefeit ist, die den ganzen Globus beherrschen. Die Polarregionen sind im Gegenteil ebensosehr wie andere Regionen Objekte von Veränderungen mancherlei Art, von kleineren Senkungen und kleineren Erhebungen. Auf diese Weise finden in dem ozeanischen Landmassiv, das den Nordpol und seine Nachbarschaft in allen Richtungen umgibt, sozusagen ständige Veränderungen in der Topographie statt, wie sie sich auch in anderen Regionen ereignen.

Die Bedeutung hiervon sollte klar sein. Das Kontinentalmassiv des Nordpols ist niemals, vom Beginn der Runde bis zu ihrem Ende, von den vollständigen kontinentalen Erhebungen und Überschwemmungen betroffen, die alle anderen Landmassive während der langen Zeitalter, die eine Runde umfaßt, durchmachen. Der zweite oder hyperboreische Kontinent und Lemurien, Atlantis und unser eigener fünfter Kontinent sind entweder schon verschwunden oder werden in der Zukunft verschwinden. Die wirbelnden Wasser des Ozeans rollen nun oder werden rollen, wo einst diese archaischen Landmassive existierten oder, im Falle unseres gegenwärtigen Kontinentalsystems, noch existieren. Hier liegt der Unterschied zwischen allen jenen Kontinentalregionen, vergangenen oder zukünftigen - jede das Kontinentalsystem einer Wurzelrasse, einer vergangenen oder zukünftigen -, und dem heiligen 'unvergänglichen' Landsystem, das den Nordpol umgibt.

Das Land um den Nordpol unterliegt, wie oben gesagt, den gleichen säkularen Veränderungen des topographischen Umrisses wie andere Teile der Erde, doch sind diese von geringerem Ausmaß: Kleine Teile sinken, andere kleine Teile erheben sich. Das geographische Zentrum der Erde am Nordpol mag von Zeit zu Zeit unter Wasser sein, doch in seiner Umgebung befindet sich noch das gleiche, sich leicht verschiebende und verändernde Kontinentalsystem, das in dem einen Zeitalter mehr Wasser als Land aufweist und in einem anderen mehr Land als Wasser. Doch als Kontinentalsystem erlebt es niemals jene größeren und universalen Versenkungen, denen alle anderen Teile auf der Oberfläche der Erde im Laufe der zyklischen Zeitalter unterliegen - mit Ausnahme der beiden 'Enden der Erde'. Die gleichen allgemeinen Beobachtungen gelten auch für den Südpol.

Hierin liegt also die Erklärung dessen, was irrtümlich ein Rätsel genannt wird, weil gewisse Erklärungen zu wörtlich genommen wurden und der Gegenstand nicht genügend studiert wurde. Betrachten wir einen hypothetischen Fall näher am Äquator. Ein solcher Fall könnte sich niemals wirklich ereignen, doch es wird die Sache veranschaulichen. Nehmen wir das australische Massiv, welches Australien, Tasmanien, Neuseeland und die umliegenden Archipele einschließt. Stellen wir uns vor, daß dieses ungeheure Kontinentalsystem niemals vollständig untergeht, aber trotzdem kleineren oder teilweisen Kataklysmen unterliegt, welche die topographischen Umrisse des Massivs gänzlich verändern. Es verschwindet niemals als Ganzes, doch seine Umrisse verändern sich ständig aufgrund des Eindringens des Meeres in gewisse Teile und der Erhebungen von bislang versunkenen Teilen dieser ungeheuren Kontinentalfläche. Wie gesagt, dies kann nicht geschehen außer an den Polen, doch es ist genau das, was sich dort ereignet hat, und so wird es weitergehen bis zum Ende des gegenwärtigen Runden-Manvantaras. Obwohl der nördliche Kontinent zuerst ein zusammenhängendes System oder Massiv war, verändert er sich im Laufe der Zeitalter, doch er verschwindet niemals vollständig. Er unterliegt fortlaufenden säkularen Veränderungen in seiner Topographie, die sich aus dem Sinken oder Erheben einzelner Teile ergeben. Das eigentliche geographische Zentrum am Pol mag entweder über oder unter dem Wasser sein, doch das umgebende System von großen und kleinen Inseln, Halbinseln usw. wird trotz aller kleineren Veränderungen vom Beginn des Runden-Manvantaras bis zu seinem Ende bleiben. Es findet niemals als Ganzes ein wässeriges Grab in den abgründigen Tiefen auf dem Grund des Ozeans.

DIE SCHRIFTLICHE ABFASSUNG DER VIER EVANGELIEN

Frage:
Was ist hinsichtlich der Zeit, in der die Evangelien des Neuen Testamentes geschrieben wurden, wirklich bekannt?

Antwort:
Über die genaue Zeit, zu der die vier Evangelien des Neuen Testamentes ursprünglich geschrieben wurden, ist überhaupt nichts definitiv bekannt. Die drei ersten werden von den Christen die 'Synoptischen Evangelien' genannt, nach einem griechischen Wort, das 'zusammensehen' bedeutet. Der Gedanke ist, daß sie einen allgemeinen Überblick über die angeblichen Ereignisse im Leben Jesu in fast der gleichen Weise geben - was sie jedoch nicht tun! Niemand, nicht einmal die fähigsten christlichen oder skeptischen Gelehrten wissen, wann ein einziges der vier Evangelien geschrieben wurde, obgleich christliche Verteidiger versucht haben, provisorische Daten festzulegen. Die skeptischen Gelehrten, die nicht unter dem christlichen Einfluß oder Vorurteil des Denkens stehen, sind mehr oder weniger zu der gemeinsamen Schlußfolgerung oder zu der einen Anschauung gekommen, daß alle Evangelien wahrscheinlich zwischen dem ersten und dritten Jahr-

hundert der christlichen Zeitrechnung in Alexandria geschrieben wurden. Die gleichen Gelehrten sind ebenfalls gemeinsam der Meinung, daß nicht ein einziges der Evangelien von dem Apostel geschrieben wurde, dessen Namen es trägt: Matthäus schrieb nicht "Matthäus", Lukas nicht "Lukas", Markus nicht "Markus" und Johannes nicht das Evangelium "nach Johannes". Sie sagen, das ergebe sich aus der Tatsache, daß die wirklichen Titel dieser vier griechischen Evangelien lauten: "Evangelium nach ... ". Das griechische Wort ist kata, das bedeutet 'nach' oder 'nach der Ansicht von'.

Es wird allgemein angenommen oder zumindest von sehr vielen Gelehrten mit unabhängigem Denken vermutet, daß das älteste der vier Evangelien dasjenige "nach Matthäus" ist - einige sagen aber, es sei das von Markus. Die meisten Gelehrten sind der Ansicht, die vier Evangelien wurden, da sie starke Ähnlichkeiten, aber auch starke Unterschiede enthalten, die sogar zu Widersprüchen führen, von verschiedenen Leuten zu verschiedenen Zeiten während der ersten drei Jahrhunderte der christlichen Zeitrechnung geschrieben. Möglicherweise wurden die beiden ersten, die Evangelien nach Matthäus und Markus, nach dem Muster eines Originals und einer quasimythischen früheren Schrift geschrieben, das "Evangelium nach den Hebräern" genannt, von welchem allerdings bis zur heutigen Zeit keine Spuren erhalten geblieben sind.

Das vierte Evangelium, das Evangelium nach Johannes, enthält besonders in seinen Eingangsversen starke Anzeichen dafür, daß es von einem Christen mit einer Neigung zu platonischem Denken geschrieben wurde.

Frage:
Nach welchen Gesichtspunkten wurden die gegenwärti-

gen Bücher des Neuen Testamentes aus einer großen Anzahl anderer ausgewählt und als 'das Wort Gottes' proklamiert?

Antwort:
Diese Frage ist ebenfalls sehr schwer zu beantworten, weil die Meinungen darüber sehr auseinandergehen. Die älteren orthodoxen Christen, besonders die Geistlichkeit, erklärten, daß jedes Evangelium von dem Apostel geschrieben worden sei, dessen Namen es trägt. Doch die moderne Gelehrtenschaft hat dies absolut zurückgewiesen und widerlegt. Die vier 'kanonischen' oder die Evangelien, die gegenwärtig als orthodox angesehen werden, sind diejenigen, die am erfolgreichsten die Zeiten der extrem kritischen und erbitterten Kontroversen überlebt haben, die unter den christlichen Sekten während der ersten Jahrhunderte der christlichen Zeitrechnung ausbrachen - in der Zeit der sogenannten Frühkirche. Niemand weiß, warum es diesen besonderen vier Evangelien gelang zu überleben, doch es hat viele Vermutungen gegeben.

Es gibt noch viele andere 'Evangelien', die überlebt haben; sie werden jetzt 'die Apokryphen' genannt, was in der modernen Meinung darlegt, daß ihre Echtheit bezweifelt oder abgelehnt wird. Einige Zweige der christlichen Kirche erlauben ihren Gläubigen, sie aus Interesse oder zur Erbauung, doch nicht als Lehre zu lesen. Diese apokryphen Evangelien - zwanzig oder mehr, glaube ich - sind größtenteils von einem Engländer namens Hone ins Englische übersetzt worden. Es sollte festgehalten werden, daß alle apokryphen Evangelien wesentlich unsachlicher im Inhalt, weniger zurückhaltend in der Schilderung und mehr mit Wundern und Mirakeln von außergewöhnlichen Ereignissen angefüllt sind als die gegenwärtigen sogenannten vier kanonischen Evangelien.

Es gibt eine Geschichte aus früherer Zeit, die wahrscheinlich fünfzehnhundert Jahre oder mehr bis zu den frühen Zeiten der christlichen Kirche zurückreicht und von einem weniger bekannten Schriftsteller namens Pappus aufgezeichnet wurde. Sie enthält eine merkwürdige und interessante Geschichte über viele Evangelien, die auf einem der Konzilien in einer Kirche gesammelt wurden. Da sich die christlichen Theologen, Bischöfe und andere, die damals dort versammelt waren, nicht entscheiden konnten, welche von ihnen 'das Wort Gottes' wären, wurden alle Evangelien über Nacht im Altarraum oder dem Allerheiligsten der besagten Kirche niedergelegt und die Türen verschlossen; alle Anwesenden verließen die Kirche. Am nächsten Morgen, so berichtet die Erzählung, wurden alle Evangelien außer den vier jetzt angenommenen auf dem Fußboden gefunden, und diese vier lagen auf dem Altar. Daraufhin wurde damals angenommen, Gottes Engel hätte sie dort niedergelegt und sie sollten aus diesem Grunde als kanonische Schriften anerkannt werden. Diese Geschichte ist natürlich gänzlich unbewiesen und sie wird allgemein von den Christen abgelehnt. Wahrscheinlich wurden die Bücher des Neuen Testamentes, welche die Apostelgeschichte, Briefe usw. einschließen, als Ergebnis vieler Debatten und Argumentationen während der ersten Jahrhunderte der christlichen Kirche ausgewählt und als orthodox anerkannt. Dies ist die einzig mögliche Antwort, die gegeben werden kann, denn die Geschichte schweigt darüber.

SUGGESTION UND AUTOSUGGESTION

Frage:
Wie mir bekannt ist, ist Hypnose sehr gefährlich, ist Autosuggestion ebenso gefährlich? Ich habe es so verstanden - aber dann muß die Christliche Wissenschaft wirklich eine sehr gefährliche Überzeugung sein.

Antwort:
Autosuggestion kann für sehr edle Zwecke, ebenso aber auch für negative Zwecke benutzt werden, das ist vollkommen einleuchtend. Autosuggestion bedeutet, sich selbst Gedanken und damit Handlungen zu suggerieren. Ist es nicht offensichtlich, daß man von Übeltaten oder Brutalität in der gleichen Weise träumen kann wie von edlen und erhebenden Taten? Es hängt davon ab, wie die Suggestion beschaffen ist, ob sie heilige oder unedle Motive zum Ziel hat.

Was die Christliche Wissenschaft betrifft, so ist dies lediglich der Glaube einer modernen Gesellschaft, deren Philosophie, wenn wir sie so nennen können, obwohl sie manche Elemente des Guten enthält, nach meiner Beurteilung nichtsdestoweniger weder rein christlich noch exakt wissenschaftlich ist. Es ist eine Art idealistische Doktrin mit dem Inhalt, daß die Materie nicht existiert und daß nur das niedere Bewußtsein, was sie den 'sterblichen Verstand' nennen, das Böse in der Welt erzeugt - eine Behauptung, die, so schmucklos vorgebracht, wohl wahrscheinlich niemand leugnen würde; mit der einzigen Ausnahme, daß Theosophen beanspruchen, daß Materie und Böses 'existieren', sonst würde es nicht nötig sein, sie zu leugnen. Weder Materie noch Böses haben absolutes Sein, doch sie existieren. Mit anderen Worten, sie sind das, was in der Theosophie Mâyâ oder die illusorische Natur des existierenden materiellen Universums genannt wird.

Doch Theosophen und Christliche Wissenschafter stimmen in der einleuchtenden Behauptung überein, daß das Gute Harmonie ist und das Böse Disharmonie und daß es unsere Pflicht und Schuldigkeit ist zu versuchen, uns mit den spirituellen Elementen in unserem Innern zu verbinden und uns zu weigern, uns unter den Einfluß der unedlen Elemente unseres Wesens zu stellen.

Als Antwort auf den ersten Teil der Frage möchte ich darauf hinweisen, daß Hypnose außerordentlich gefährlich sein kann und eine psychische Beeinflussung besonders in der Form der Suggestion nicht nur für unwissende Gemüter, die damit herumexperimentieren, ausgesprochen gefährlich ist, sondern auch für jene, die sie studiert haben und praktizieren. Denn man benötigt die Weisheit eines Buddha oder Jesus und ebenso das Herz eines Buddha oder Jesus, um zu wissen, wie weit man gehen darf und wo man aufhören muß.

Alles in allem ist Suggestion eine der subtilsten und am meisten falschverstandenen Kräfte des menschlichen Gemütes, obwohl sie täglich, beständig und oftmals unwissentlich in allen Graden der menschlichen Gesellschaft nicht wenig praktiziert wird. In diesem Zusammenhang dürfen wir die Lehre von Karman mit seiner unbeugsamen Tätigkeit nicht vergessen, die den Menschen für alles, was er tut, verantwortlich macht: verantwortlich für seine Gedanken und Gefühle und daher auch für seine Taten. Die Natur zieht ihn in der striktesten Weise für all das 'bis auf den letzten Heller', wie man sagt, zur Rechenschaft, wofür er sich durch Gedanken, Gefühle und Taten verantwortlich gemacht hat.

DER MENSCH NACH SEINEM EIGENEN BILDE GEMACHT

Frage:
Auf Seite 288 unten des ersten Bandes der "Geheimlehre" heißt es:

" ... der Pilgrim ..., nachdem er sich durch jede Form des Lebens und Daseins durchgekämpft und darin gelitten hat, ist ... erst auf der Talsohle der Materie und am halben Wege seines Zyklus, wenn er sich selbst mit der gesamten Menschheit identifiziert hat. Diese 'hat er nach seinem eigenen Bilde gemacht'."

Was bedeutet dieser letzte Satz? Was bedeutet "nach seinem eigenen Bilde"?

Antwort:
Ein Mensch reproduziert sich auf Erden nach seinem eigenen inneren Selbst, aus den Elementen seines eigenen inneren Wesens. Ein Mensch kann offensichtlich nichts anderes sein, als er selbst ist. In dem Maße, wie seine innere Natur evolviert, wird er in seinen physischen, astralen und vitalen Teilen immer mehr verfeinerte und vollkommenere Instrumente und fähigere Vehikel erzeugen, um die spirituelle, intellektuelle und psychische Natur in seinem Innern zum Ausdruck zu bringen. Der Mensch ist also sein eigener Vater oder Vorfahr, und der zukünftige Mensch ist sein eigenes Kind - oder seine Kinder. Das bedeutet, ein Mensch macht sich in diesem Leben zu dem, was er im nächsten und in zukünftigen Leben sein wird. Der Mensch ist eine zusammengesetzte Wesenheit, aus einem göttlichen, einem spirituellen, einem intellektuellen, einem psychischen und einem vital-astral-physischen Teil gebildet. Seine niederen Teile fließen aus

seinen höheren Teilen hervor, so wie der Eichbaum aus dem Leben und den Materie-Elementen im Innern der Eichel hervorfließt.

Das ist also die Schlüsselnote der Erklärung, die sehr mystisch, aber auch sehr schön und sehr tiefgründig ist. So kommt es, daß der 'Pilgrim', der hier in H. P. B.s Ausdrucksweise die kollektive Armee evolvierender Monaden darstellt, wenn er die menschliche Stufe erreicht, die Menschheit nach seinem eigenen Bilde erzeugt. Der Mensch wird also durch Evolution als ein unvollkommenes Bild des innewohnenden oder inneren Gottes hervorgebracht. Mit Gott ist hier die innere spirituelle Göttlichkeit, der immanente Christus, der innere Gott oder der innere Buddha gemeint. Im Herzen eines jeden Menschen ist eine Energiequelle, die 'Schatten' oder 'Bilder' von sich selbst in der materiellen Welt erzeugt. Diese 'Schatten' oder 'Bilder' von ihr selbst sind ihre verschiedenen Körper; diese Schatten von ihr selbst sind offensichtlich Bilder von ihr selbst. Daher erzeugt der 'Pilgrim' - ein Name, der von H. P. B. an dieser Stelle für die kollektive Armee von Monaden benutzt wird - die Menschheit - was der Name für die kollektive Schar der Menschen ist - nach seinem eigenen Bilde oder seinen Bildern.

DIE SEELE - DAS MITTLERE PRINZIP

Frage:
Wenn die Seele allmächtig ist, wie ich es verstanden habe, warum hat sie es dann nötig, sich in den materiellen Welten zu manifestieren?

Antwort:
Die Seele ist nicht allmächtig, der Geist ist es, doch nicht die Seele. Der Mensch ist von oben nach unten aus einem göttlichen Teil, einem spirituellen Teil, einem intellektuellen Teil, einem leidenschaftlichen Teil und einem vital-astral-physischen Teil zusammengesetzt. Der Mensch ist aus allen Essenzen des Universums, von der höchsten bis zur niedrigsten, zusammengesetzt. Der höchste Teil im Menschen ist allmächtig, zumindest können wir sagen: allmächtig in diesem Universum, doch nicht die Seele. Die Seele ist der mittlere Teil, der Teil zwischen dem Geist und dem Körper. Die Seele ist es, die lernt und evolviert. Es ist die Seele, die "Ich bin ich" sagt, doch der Geist sagt: "Ich bin". Sehen Sie den Unterschied? Das "Ich bin" ist das gleiche im ganzen Universum. Jedes Geschöpf, wo es auch sei, fühlt "ich bin". Doch die Seele, die reflektiertes Bewußtsein ist - wie der Mond die Sonne reflektiert -, erkennt nicht, daß sie in der Essenz das gleiche ist wie das Universum, und sie macht einen Unterschied oder eine Trennung zwischen sich und anderen Seelen und sagt: "Ich bin ich" und "Du bist Du". Nun ist das nicht sehr überlegt gedacht; es erinnert an einen Menschen, der sagt: Ich bin Schwede, ich bin Engländer, ich bin Deutscher. Das ist soweit ganz gut, doch gibt es nicht den Kern wieder. Der edelste Teil von uns sagt: Ich bin ein Sohn des Göttlichen, meine Heimat ist das Universum, und ich bin überall zu Hause; alle Wesen sind meine Brüder, weil alle von derselben Quelle kommen wie ich; das Universum ist mein Zuhause.

Der Geist ist universal und relativ allmächtig. Doch die Seele, die menschliche Seele, ist ein lernendes Geschöpf. Sie ist noch nicht vollständig evolviert.

DIE LEHRE VON DER DREIEINIGKEIT

Frage:
Woher leiteten die ersten Christen ihre Lehre von der Dreieinigkeit ab: Vater, Sohn und Heiliger Geist?

Antwort:
Die ersten Christen leiteten das Wesentliche - ich meine nicht die vielen späteren theologischen Dispute über die Dreieinigkeit, sondern das Wesentliche der Lehre - von den damaligen Heiden ab, besonders von den großen Nationen des vorderen Orients, wie Ägypten, Babylonien, Persien, Syrien usw. Die meisten oder alle dieser alten Nationen hatten eine wundervolle mystische Theologie, welche die Existenz einer kosmischen Lebens-Intelligenz lehrte, die sie für Zwecke der leichten Beschreibung oft den 'Vater' nannten. Und weil das Universum evolvierte oder in die Manifestation trat, wurde die erste und spirituellste Periode dieser Manifestation der 'Sohn' des kosmischen Vaters oder des kosmischen Intelligenz-Lebens genannt. Im alten Griechenland wurde von ihm oft mystisch als von dem Logos oder der Vernunft oder dem Wort des Vaters gesprochen, was genau der Ausdruck war, den die Christen für ihren göttlichen 'Sohn' übernahmen, den sie merkwürdigerweise in ein Gewebe von Widersprüchen mit dem andererseits schönen und edlen Charakter namens Jesus Christus verwickelten. Der Heilige Geist, sagten diese alten mystischen Theologen, sei der Geist von Liebe, Harmonie und Frieden, der sich über das Universum ausbreitet und es durchdringt. Wir müssen daran denken, daß der Ausdruck 'Heiliger Geist' (Ghost) eine andere Form für den Ausdruck 'Heiliger Geist' (Spirit) ist.

Wir sehen also, diese Triade kann als eine Dreiheit betrachtet werden. Sie wurde von den Christen zumindest in ihren Grundzügen übernommen, nämlich die kosmische fundamentale Essenz, von der oft als Lebens-Intelligenz-Substanz gesprochen wird, durchdrungen von dem Geist der Liebe, der Ordnung, des Gesetzes und der Harmonie, 'Heiliger Geist' genannt; und es war immer der 'Sohn' oder Logos da, der die eigentliche, intelligente, schöpferische Kraft war.

LERNEN DURCH LEIDEN

Frage:
Würden Sie sagen, die Theosophie lehrt, daß Schmerz und Leiden Teil des ursprünglichen Planes seien?

Antwort:
Diese Frage ist nicht so leicht zu beantworten, wie es auf den ersten Blick scheint. Kann ich ohne weitere Einschränkung sagen, es sei für menschliche Wesen notwendig, durch Kummer, Schmerz, Leiden und Unglück zu gehen - und muß ich Sünde und übles Handeln hinzufügen -, womit eine Lehre des Bösen gepredigt wird? Ich möchte meine Antwort auf folgende Weise formulieren und den bekannten Satz zitieren: "Es ist notwendig, daß das Üble auf der Erde ist, doch wehe dem Übeltäter!" Ist der Gedanke zu erfassen? Er ist sehr tiefgründig. Unvollkommene Wesen lernen tatsächlich durch Leiden und Schmerzen, weil sie üble Dinge tun; dadurch lernen sie. Wir sehen, wie schön und freundlich Mutter Natur ist. Sie läßt uns lernen, auch wenn wir ihre Gebote oder Gesetze übertreten. Doch wenn wir das tun, ernten wir Schmerz und Kummer, unsere Herzen zerbrechen an dem Elend, das wir selbst gesät haben. Ein merkwürdiges, aber wahres Paradoxon! Wir lernen durch das Böse, das wir tun -

und leiden zuweilen sehr, dabei muß es nicht sein. Die Natur ist so barmherzig, daß wir selbst durch das Böse, das wir tun, durch die Übeltaten, die wir begehen, lernen können; doch wir können auch lernen, ohne Böses zu tun, und dann leiden wir nicht und müssen keine Schmerzen erdulden.

Ich möchte es kurz so sagen: Ja, wir lernen durch Leiden und Schmerzen, aber das muß nicht sein. Es gibt andere Möglichkeiten, zu lernen. Es gibt zum Beispiel für ein Kind andere Wege, um zu lernen, daß Feuer brennt, als den riskanten und schmerzhaften, den Finger in die Flamme zu halten. Wir haben unseren Verstand, unseren Intellekt, unsere Intuition, unser scharfes wahrnehmendes Bewußtsein.

DIE SYMBOLIK DER SCHLANGE

Frage:
Warum betrachteten die Alten die Schlange als ein Symbol der Weisheit, während sie heute oft mit Betrug und Bösem in Zusammenhang gebracht wird?

Antwort:
Warum sollte die Schlange eine 'Lügnerin' oder 'Betrügerin' genannt werden und jene klägliche Figur der mittelalterlichen Theologie, der Teufel, der 'Vater der Lügen'? Warum sollte man denken, daß die Schlange im Garten von Eden, die das erste Menschenpaar zum Übeltun verleitet hatte, eine Verkörperung oder das Symbol des Satans sei? Warum sollte die Schlange das Symbol des sich einschleichenden Bösen, des Übeltuns, des Betruges werden? Oder warum sollte andererseits die schweigsame, kriechende Schlange mit ihrer langsam schlängelnden Fortbewegung als Symbol der Weis-

heit oder der Eingeweihten genommen werden, wie in einer Erklärung, die im christlichen Neuen Testament einer sehr erhabenen Quelle zugeschrieben wird: "Seid klug wie die Schlangen und sanft wie die Tauben"?

Die Antwort ist sehr einfach. So wie die Naturkräfte an sich neutral sind und erst durch ihren Gebrauch oder Mißbrauch von einzelnen das werden, was die Menschen 'gut' oder 'böse' nennen, genauso kann eine natürliche Wesenheit, wenn sie als Symbol verwendet wird, entweder in einem guten oder in einem schlechten Sinne gebraucht werden. Dieser Gebrauch als Symbol hängt von verschiedenen Charakterzügen oder Eigenschaften ab, die der menschliche Verstand durch die Kraft der Gedankenverbindung aus anderen Charakterzügen oder Eigenschaften auswählt oder entnimmt und in einem symbolischen oder metaphorischen Sinne anwendet, um entweder abstrakte oder konkrete Ideen bildlich darzustellen. Diese Tatsache wird zum Beispiel im Sanskrit deutlich, wo auf Eingeweihte beider Richtungen, das heißt sowohl des Pfades rechter Hand als auch des Pfades linker Hand, mit Worten Bezug genommen wird, welche Ideen oder Charakteristika von Schlangen übermitteln. Die ersteren, auch die Brüder des Lichtes genannt, werden richtiger als 'Nâgas' bezeichnet, während die Brüder der Finsternis oder des Schattens richtiger als 'Sarpas' bezeichnet werden. Das letztere Wort kommt von der Sanskritwurzel srip und bedeutet 'schleichen' oder 'kriechen' in listiger, verstohlener Weise und deshalb metaphorisch 'betrügen'.

Wir sehen hier den Hauptgrund, warum die Schlange in vielleicht allen Ländern und wohl zu allen Zeiten als Symbol oder Emblem einerseits für die Brüder des Lichtes und ihre Diener und andererseits für die Brüder der Finsternis und ihre Sklaven benutzt wurde.

Der Grund ist einleuchtend, denn sowohl die Brüder des Lichtes als auch die Söhne der Finsternis sind Brennpunkte der Macht des subtilen Denkens und Handelns, von Weisheit und Energie, die im ersteren Fall recht- und gesetzmäßig angewandt werden und deshalb zur 'rechten Hand' gehören und im zweiten Fall falsch und übel angewandt werden für die Zwecke der 'linken Hand'. Doch sollte beachtet werden, beide Anwendungen beziehen sich auf die Eingeweihten, weil beide, die Eingeweihten der rechten und die der linken Hand, in einer Sache gleich sind: Sie benutzen Scharfsinn, die Kräfte der Natur, geheime Weisheit oder vielmehr geheimes Wissen. Die gleichen Kräfte werden von beiden benutzt. Die eine Klasse gebraucht diese Kräfte für unpersönliche und heilige Zwecke, und die andere Klasse gebraucht die gleichen Kräfte und Energien für unheilige und böse Zwecke. Wie gesagt, die eine Klasse sind die Nâgas, die spirituellen 'Schlangen' des Lichtes, die feinsinnig, wohltätig, sehr weise und mit der spirituellen Macht begabt sind, ihr Gewand abzuwerfen, das heißt die Haut oder den Körper, wenn der Eingeweihte alt geworden ist, um willentlich einen frischeren, jüngeren und stärkeren Körper aufzunehmen. Diese Klasse ist immer freundlich, immer gutartig und ständig mit Werken der Wohltätigkeit für die Menschen beschäftigt. Die Nâgas sind lautlos und geheim in ihren Tätigkeiten; teilweise, um den lauten Beifall törichter Menschen zu vermeiden.

Die andere Klasse ist schmeichlerisch, weltklug, weltlich schlau, betrügerisch und gehässig im Motiv und in der Tat, darum sehr gefährlich, und dennoch benutzen sie die gleichen Kräfte wie die erste Klasse, aber für böse Zwecke. Daher finden wir in allen größeren der alten Schriften, daß einerseits von 'Schlangen' als von Sinnbildern für Weisheit gesprochen wird, von Söhnen des Lichtes, die Macht, Wissen,

Liebe und Glorie besitzen, da sie Söhne der Sonne sind. Andererseits werden 'Schlangen' symbolisch für das Dunkle dargestellt; sie werden oft die Schwarzen Brüder genannt, die vom Standpunkt der Natur aus essentiell Missetäter sind, beschäftigt mit ihrem unheiligen Werk, die Herzen und Gemüter der Menschen zu betrügen. Allzuoft sind sie mit Hilfe von Lügen und Verdrehungen in ihrer diabolischen Tätigkeit erfolgreich.

DIE BEDEUTUNG DER SWASTIKA

Frage:
Wenn das Symbol der Swastika gebraucht wird, in welche Richtung sollten die Arme zeigen, zur rechten oder zur linken? Bitte, erklären Sie die Bedeutung, wenn die Arme in die eine oder in die andere Richtung zeigen. Ist ein Aspekt gut und der andere schlecht?

Antwort:
Es hat keine Bedeutung - wenigstens für heutige Belange -, in welche der beiden Richtungen die Arme der Swastika gebogen sind. Zuerst benutzte H. P. B. sie auf eine Weise, und in ihrem späteren Werk benutzte sie sie, indem die Arme in die andere Richtung zeigten. Ich glaube nicht, daß eine der Formen absichtlich gewählt wurde. Die Swastika wurde jederzeit in der einen oder anderen Weise gezeichnet. Ihr Wert liegt in ihrer größeren strukturellen Bedeutung, und die Art, in welche Richtung ihre Arme zeigen, ist heute von sehr geringer Bedeutung.

Ich möchte die Frage jedoch mehr im einzelnen beantworten: Stellen Sie sich vor, wir haben die Swastika mit nach rechts gebogenen Armen, was anzeigt, daß die Swastika nach links läuft. Nun könnte dies möglicherweise bedeuten, daß sich die Swastika auf dem Pfad linker Hand bewegt, doch es könnte ebenso bedeuten, daß von der rechten Seite aus Unglücklichen auf der linken Seite geholfen wird. Oder lassen wir sie sich von links nach rechts bewegen. Dann könnte jemand sagen, diese Form würde anzeigen, daß sich die Swastika auf dem Pfade linker Hand befindet und versucht, sich vorwärts zu bewegen, um jemandem auf dem Pfade rechter Hand zu schaden. Ebensogut könnte gesagt werden, sie befindet sich auf dem Pfad linker Hand und bewegt sich von dort zum Pfad rechter Hand.

Wir sehen also, es gibt eine Anzahl verschiedener Interpretationen. Jede Art kann als richtig betrachtet werden, und so bleibt zum Schluß nur die persönliche Vorliebe. Die meisten von uns ziehen die Form vor, die wir auf den Umschlägen fast aller unserer Bücher und Broschüren benutzen und gewöhnlich auch in unserem Siegel.

Die Gesichtspunkte des Mystizismus, die in bezug auf Dreiecke bestehen, sind ganz anders, weil hiermit eine sehr alte und ganz bestimmte Bedeutung verbunden ist, je nachdem, wohin die Spitze des Dreiecks zeigt. Zeigt die Spitze eines Dreiecks nach unten, bedeutet das den Abstieg oder das Fallen des Geistes in die Materie, das heißt eine Anziehung zur materiellen Welt. Wenn umgekehrt die Spitze nach oben zeigt, bedeutet das ein Erheben zur Sonne oder in den Geist, ebenso wie sich die Flamme aufwärts erhebt und in einer Spitze oder einem Punkt verschwindet. Die ineinander verschlungenen Dreiecke aber zeigen jedoch nicht an, in welche der beiden Richtungen sie irgend jemand zu bewegen wünscht. Diese Figur veranschaulicht nur die beiden ständig gegensätzlichen Energien der Natur: die spirituelle Kraft erhebt sich aufwärts und wird durch das Dreieck mit der Spitze nach oben dargestellt; die materielle oder absteigende Energie oder die Energien gehen abwärts und werden durch das Dreieck mit der Spitze nach unten dargestellt. Sind diese beiden Dreiecke vereinigt, werden sie das Siegel oder Symbol Vishnus oder manchmal Sivas genannt, im Westen sind sie als das Siegel Salomons bekannt.

Hinsichtlich der Swastika möchte ich natürlich nicht ausschließen, daß möglicherweise sorgfältige und genaue archäologische Forschungen nachweisen könnten, daß die eine der beiden Formen in der weit zurückliegenden Vergangenheit von unserer eigenen Schule bevorzugt wurde; doch vermutlich wird dies nicht leicht nachzuweisen sein, obgleich die Möglichkeit besteht. In heutiger Zeit würde ich niemanden kritisieren, wenn er die gebogenen Enden der Swastika in diese oder jene Richtung zeigen ließe, denn es kann für beide eine gute sowie üble Bedeutung gefunden werden. Die wirkliche Bedeutung der gebogenen Arme der Swastika ist Bewegung, das heißt Vorwärtsbewegung, was natürlich in Verbindung mit der anderen Symbolik der gekreuzten Linien, der senkrechten und der waagerechten, Fortschritt und Evolution bedeutet.

Die drei vereint laufenden Beine, die das Wappen der Insel Man (Isle of Man) bilden, stellen die gleiche mystische Idee des Fortschritts in der einen oder anderen Richtung in einer anderen sehr anschaulichen Weise dar. Dieses interessante und seltsame Symbol besteht aus drei Beinen, die mit hoher Geschwindigkeit in die gleiche Richtung laufen und an ihrem obersten Teil verbunden sind. Der Abstand zwischen den drei Beinen im Kreis ist gleich, das heißt, jedes Bein ist von dem nächsten um einen Winkel von 120° entfernt, obwohl der Kreis selbst auf diesem Wappen oder Emblem nicht zu sehen ist, wenn man ihn nicht in der Peripherie des Siegels sieht, auf dem das Symbol eingraviert ist.

DIE SIEBEN JUWELEN DER WEISHEIT

Frage:
Was ist die Bedeutung der sieben Juwelen der Weisheit, die in Ihrem Buch "Grundlagen der Esoterischen Philosophie" besprochen werden?

Antwort:
Als Gesamtheit umfassen sie die ganze Schatzkammer der Weisheit und des Wissens, die dem Menschen möglich sind. Alle Einweihungen in der geheimen Schule führen tiefer in das Verstehen dieser sieben grundlegenden Prinzipien des Wissens, die mit Nachdruck in die Struktur und das Gefüge des Universums einführen. Diese Struktur und das Gefüge existieren nicht nur auf dem niedrigsten der kosmischen Pläne, den wir das physische Universum nennen, sondern sie existieren ebenfalls auf allen Plänen, in allen Reichen und Sphären des unsichtbaren Universums, weil sie diese tatsächlich bilden.

Die gesamte "Geheimlehre" von H. P. B. wurde sozusagen um diese sieben Schatzkammern der Weisheit herum als um ihren zentralen Drehpunkt esoterischen Denkens geschrieben, um diese sieben Mysterien-Schlüssel, diese 'Juwelen', wie sie ganz richtig genannt werden. Außerdem wurden alle religiösen und philosophischen Bücher der Alten, besonders jene, die sich mit den Mysterien beschäftigen, um diese sieben Juwelen herum, mit diesen sieben Juwelen als Kern, geschrieben. Stets erhalten Chelas, die gerade ihre

Füße auf den Pfad stellen, diese sieben Juwelen zum Studium. Sie werden gleichfalls den Chelas gegeben, die höher stehen als die ersteren, höher, weil sie stärker sind, mehr wissen, mehr fühlen, mehr erkennen, mehr sehen, und ebenfalls werden sie den Mahâtmans selbst von ihren noch größeren Lehrern zum Studieren gegeben. Es ist keine Übertreibung zu behaupten, daß die wirklichen Götter auf ihren azurnen Thronen diese sieben Juwelen der Weisheit studieren, wie wir Menschen es tun, doch sie studieren sie mit ihrem eigenen gottgleichen und alles durchdringenden Verständnis. Wahrlich, diese Juwelen sind voller Bedeutung, und je mehr wir sie studieren, umso mehr werden wir schließlich erkennen, daß sie esoterische Schlüssel sind, die uns alle Pforten zum Verstehen unseres eigenen inneren und in der Tat innersten Selbstes öffnen.

Wir können diese sieben Juwelen auch nicht andeutungsweise verstehen, bevor wir nicht wenigstens begonnen haben, sie zu werden. Der einzige Weg, etwas wirklich zu verstehen, ist, es zu sein. Niemand kann Liebe verstehen, wenn er nicht ein Liebender ist. Hiermit meine ich nicht etwas nur Sentimentales, obgleich es in dem allgemeinen Begriff eingeschlossen ist. Niemand kann Vernunft verstehen, wenn er nicht selbst mit Vernunft begabt ist. Niemand kann Gefühle verstehen oder empfinden, bevor er nicht selbst fühlen lernt.

Die sieben Juwelen werden in die Hände der Neophyten gelegt, in die Hände der Chelas, der fortgeschrittenen Chelas, der Meister, ja selbst der Nirmânakâyas, weil sie kosmische Schlüssel sind - Wunderschlüssel. Wir finden diese sieben Juwelen in allen alten heiligen Schriften, wenn auch verstreut, doch wir können sie finden. Nur in unseren theosophischen Büchern sind sie vollständig und in bestimmter Form verzeichnet. Nichtsdestoweniger sind sie, wie gesagt, in allen alten heiligen Schriften der Welt zu finden: vielleicht nicht alle zusammen in einer einzelnen Schrift, vielleicht nur zwei oder drei gemeinsam, ein Juwel hier, eines dort und mit Hinweisen auf die anderen versehen. Doch wenn wir sie studieren, lernen wir, sie beim Lesen zu erkennen, und so können wir sie in diesen alten Werken finden. Sie mögen andere Namen tragen und in anderer Weise als der uns durch unsere theosophischen Schriften vertrauten erklärt sein, doch das sind nur die Gewänder, in welche diese Wunderschlüssel gekleidet sind: Die Hauptsache aber ist, daß sie dort gefunden werden können, wo ich gesagt habe.

Schließlich wage ich zu sagen, daß es kein interessantes Problem in unseren theosophischen Studien gibt, das nicht durch ein genügendes und angemessenes Studium dieser Sapta-Ratnâni oder der sieben Juwelen der Weisheit gelöst werden könnte.

DIE FRAGE DER SCHÖPFUNG

Frage:
Wenn wir auf den Beginn aller Dinge zurückschauen, auf den Ursprung des Lebens, wie ist es möglich, daß aus dem puren Nichts etwas existieren oder geschaffen werden konnte? Wer ist diese Kraft, die das alles schuf?

Antwort:
Das ist eine überholte Frage. Ich glaube, nur noch in der christlichen Kirche existiert diese falsche Idee, daß der kosmische Geist ein Schöpfer ist, der aus dem Nichts, der Leere, der äußersten Leerheit das Universum schuf. Diese Lehre wird in keinem anderen Teil

der menschlichen Rasse gefunden, zumindest nicht in dieser entstellten Form, außer vielleicht bei ein paar wilden Stämmen. Sie ist in keiner anderen großen Religion zu finden. Selbst in den ursprünglichen Lehren des Christentums ist sie nicht enthalten; sie befindet sich lediglich in den theologischen Werken gewisser Kirchenväter und ihrer Anhänger. Alle älteren Religionen der Menschheit, die größten Philosophien, die menschlicher Genius hervorgebracht hat, lehren, daß unser Universum und alles in ihm Enthaltene aus dem Busen der kosmischen Räume hervorgegangen ist, als Wiederverkörperung dessen, was vorher existiert hatte; genauso kommt das Ego des Menschen, die Seele des Menschen, aus den spirituellen Welten hervor in die physische Welt. Sie kehrt nach dem Tode wieder in die spirituellen Welten zurück, um sich auszuruhen. Darauf reinkarniert sie erneut in der physischen Welt, stirbt, nachdem ihre Lebenszeit beendet ist, ruht sich abermals aus und erscheint wieder aufs neue.

In gleicher Weise, wie die menschliche Seele aus dem Busen der unsichtbaren Welten hervorgeht und reinkarniert, erscheinen die Universen im grenzenlosen Raum periodisch aus dem Schoß des Unendlichen und ziehen ihre majestätischen Runden, wie wir sie am mitternächtlichen Himmel sehen: Sterne, Nebelgebilde, interstellare Räume: sie haben ihre langen, zeitalterlangen Perioden der Evolution und verschwinden dann, um auf einem höheren Plan wieder zu erscheinen. Denn Evolution oder Entwicklung herrscht im ganzen Universum ebenso wie hier auf Erden.

Woher wissen Sie, daß der Mensch und das Universum aus dem Nichts 'geschaffen' wurden? Hierfür gibt es keinen Beweis. Es handelt sich um eine Theorie, die nur in der Vorstellung vorhanden ist. Alles, was wir wissen, ist, daß Dinge erscheinen, leben und verschwinden und daß andere Dinge erscheinen, leben und verschwinden. Die größten Philosophen und religiösen Menschen der alten Zeiten und ebenso die größten unter den Wissenschaftlern der heutigen Zeit neigen dazu, das Universum so anzusehen, daß es aus dem Schoße des Raumes auftaucht, seinen evolutionären Lauf macht und dann stirbt, wie ein Mensch stirbt. Alle Philosophieschulen der Hindûs lehren die gleiche Wahrheit, und sie weisen auf die Analogie zum Menschen hin. Der Mensch tritt aus einem mikrokosmischen Lebenskeim ins Dasein. Er wird als Säugling geboren, wächst zur Reife heran, verrichtet sein Werk und stirbt. Doch woher kamen jene Kräfte, die wir einen Menschen nennen? Sie kamen nicht zufällig. Zufall ist ein überholtes Wort, das moderne Wissenschaftler aufgegeben haben. Denken Sie daran, der Mensch selbst hat als ein Kind des Universums alles in sich, was das Universum besitzt: das Göttliche, das Spirituelle, das Intellektuelle, das Psychische, das Astrale und das Vital-Physische. Aus diesem Grunde ist der Mensch der Maßstab, nach dem wir das Universum beurteilen können, denn was das Ganze enthält, ist auch im Teil enthalten. Der Mensch hat einen Geist und damit eine Fähigkeit, mit welcher er in den Geist des Universums eindringen kann, weil beide eins sind.

DER EVOLUTIONÄRE DRANG

Frage:
Was ist die Ursache und das Ziel des evolutionären Dranges, der alle Wesenheiten beeinflußt?

Antwort:
Der Drang hinter der Evolution und das Ziel, dem uns dieser Drang zutreibt, ist der göttliche Hunger im Universum, vollkommener zu werden, vorwärtszukommen, zu wachsen: höher hinauf! Er ist essentiell im Universum enthalten. Warum das so ist, kann niemand sagen. Vielleicht wissen es nicht einmal die Götter. Wir Menschen können nur sagen, daß es so ist. Alles wächst und sehnt sich danach, vollkommener zu werden, sich zu erheben, fortzuschreiten, zu evolvieren. Das Ziel ist, mit dem Grenzenlosen selbstbewußt eins zu werden - etwas, das niemals erreicht werden kann! Darin liegt unendliche Schönheit, denn es gibt kein schließliches Ende des Wachstums, das bedeutet Fortschritt und Evolution in bezug auf Schönheit, Herrlichkeit, Weisheit, Liebe und Kraft. Das grenzenlose Universum ist unsere Heimat.

Die Vorgänge, die im Atom blindes Streben oder Kämpfen um Verbesserung genannt werden könnten, sind im Menschen das selbstbewußte Sehnen nach Wachstum, die Erkenntnis, daß der Mensch ein wachsendes Wesen ist, ein Sohn der Götter. Der gleiche Drang wird bei den Göttern zu dem erhabenen Wissen, daß sie Teile des Universums sind, die wachsen, um als weitaus selbstbewußtere Teile an der universalen Arbeit teilzunehmen.

GRUPPENSEELE

Frage:
Einige Theosophen sprechen über eine 'Gruppen-Seele', die sich augenscheinlich auf die Monaden von Pflanzen und Tieren bezieht. Was sind die Lehren über eine 'Gruppen-Seele'?

Antwort:
Dem Ausdruck 'Gruppen-Seele' liegt der Versuch zugrunde, ein Wort zu finden, das, wenn auch unvollkommen, die besonderen Aggregate von Wesenheiten beschreibt, die sich mehr oder weniger gemeinsam auf dem gleichen Plan oder Grad der Evolution befinden und sich aufgrund dieser Tatsache mehr oder weniger in Gruppen oder Aggregaten wiederverkörpern. In einer Hinsicht ist der Ausdruck 'Gruppen-Seele' nicht sehr glücklich, weil er die Idee vermittelt, es gäbe nur eine Seele auf dem ganzen Plan, die sich in allen individuellen Mitgliedern solcher aggregierten Gruppen manifestiert, und das ist ungenau.

Wenn sich der Fragesteller daran erinnert, daß Individualität als ein in zyklischer, gesetzmäßiger Evolution erworbener Faktor endgültig, wenn auch noch unvollkommen, gewonnen ist, wenn eine evolvierende Monade den Punkt erreicht, an dem sie Selbstbewußtsein erlangt, wie im Falle menschlicher Wesen, dann wird er sofort den Gedanken verstehen, der sich hinter dem Ausdruck 'Gruppen-Seele' verbirgt. Minerale zum Beispiel sind einander außerordentlich ähnlich, das heißt, Minerale in einer besonderen Gruppe oder einem Aggregat ähneln einander sehr, obwohl es natürlich verschiedene Gruppen oder Aggregate innerhalb der größeren Gruppe der Monaden gibt, die sich im Mineralreich manifestieren oder dort ihre Kraft zum Ausdruck bringen. So ähnlich verhält es sich mit den Pflanzen. Es gibt unter ihnen zum Beispiel die aggregierte Gruppe der Eichen oder die der Pflaumenbäume, der Rosenbüsche oder der Erdbeeren, des Pampas-Grases oder der Dattelpalmen usw. Doch alle Pflanzen zusammen können so betrachtet werden, als bilden sie eine noch weitaus größere und allgemeinere Gruppe, das Pflanzenreich genannt.
Steigen wir die Skala der organischen Wesen empor,

kommen wir zum Tierreich, in dem Individualität noch stärker wahrnehmbar ist. Doch selbst von Tieren kann kaum gesagt werden, sie hätten selbstbewußte individuelle Existenz erlangt. Sie sind bewußt; sie haben ein geringes Bewußtsein vom Selbstbewußtsein und zeigen es; doch sie handeln nicht als wollende und unterscheidende Individuen in dem ganzen Ausmaß wie menschliche Wesen.

Wenn wir das Menschenreich erreichen, betreten wir wieder ein neues Reich, weil es das Reich des Selbstbewußtseins, der individualisierten monadischen Tätigkeit ist. Doch selbst hier herrscht das gleiche allgemeine Gesetz. Das gesamte Menschenreich kann in einem Sinne eine vereinigte Gruppe - was ganz offensichtlich ist - mit kleineren Gruppen von Rassen genannt werden, die sie zusammensetzen oder ihre Bestandteile bilden.

Der Leser braucht nur den hier kurz skizzierten Gedanken in beide Richtungen auszudehnen, vorwärts und rückwärts, und sofort wird er etwas von der Natur der elementaren Reiche am Anfang und der dhyân-chohanischen Reiche oberhalb des Menschenreiches verstehen.

Ich wiederhole, der Ausdruck 'Gruppen-Seele' ist bezeichnend genug, wenn er richtig verstanden wird; doch er ist aus dem bereits erwähnten Grunde nicht sehr glücklich gewählt.

WO BIN "ICH"?

Frage:
Wo auf Erden bin "ich" in dieser Wildnis von Swabhâvas, Individualitäten, Ichs und inneren Göttern? Wer bin ich, und wo bin ich? Ich bin siebenfältig, ich habe

sieben Atmans oder Gottheiten, die zusammenarbeiten, um mich zu dem zu machen, was ich bin, so wie die chemischen Elemente zusammenarbeiten, um eine Wesenheit zu bilden. Doch welche Teile dieser Zusammensetzung sind jene, die zusammenwirken, um 'ich' zu sagen, dieser kleine unwichtige Teil von mir, der so aggressiv ist? Welcher Teil von mir ist 'ich', und welcher Teil ist es nicht?

Antwort:
Der Mensch ist sein ganzes siebenfältiges Sein, vom Göttlichen abwärts durch alle Zwischenstufen bis hinab zum Körper. All das ist sozusagen das Individuum. Wir können es uns vielleicht als glänzende Säule, eine Säule von Licht vorstellen, die vom Göttlichen bis zum physischen Menschen reicht. Wo sich unser Bewußtseinszentrum auch zu irgendeiner Zeit befinden mag, es ist immer der Teil, den wir zur Zeit als unser Ich bezeichnen. Das Tier hat sein Bewußtseinszentrum auf einer niederen Stufe als wir Menschen. Auf der Skala der Stufenleiter des zunehmenden Bewußtseins folgen die Meister, die Buddhas und Christuswesen und schließlich die Gottheiten. Das ganze siebenfältige Wesen ist der Mensch selbst, und sein Ich ist jener Punkt, auf dem er sich zur Zeit in bewußter Selbstheit befindet.

Natürlich ändert dies nichts an der Tatsache, daß es mehrere monadische Ichs oder Egos gibt, weil im Menschen mehrere Monaden sind. Doch das ist eine andere Sache.

VERLORENE SEELEN, TRÄGE EGOS UND DER ABSTIEG DER MATERIE

Frage:
In den "Meister-Briefen" an A. P. Sinnett steht auf Seite 47 (engl. Original-Ausgabe) das Folgende:

"Stoff, der sich vollkommen vom Geist getrennt hat, wird in die noch tieferen Welten geworfen, in das sechste 'Tor' oder den 'Weg der Wiedergeburt' durch Pflanzen- und Mineralreich und die primitiven tierischen Formen. Von da an macht die Materie ihren Anfangsgrundunterricht in der Werkstatt der Natur und schreitet seelenlos zurück zu ihrem Ursprung, während die von ihrem Unrat gereinigten Egos fähig werden, ihre Aufwärtsentwicklung wieder zu beginnen. Hier gehen die trägen Egos zu Millionen zugrunde."

Bezieht sich dies auf die Lehre der verlorenen Seelen oder auf eine andere Lehre?

Antwort:
Es wundert mich wirklich nicht, daß diese Stelle Sie verwirrt hat, denn sie ist sehr schwer zu verstehen. Sie bezieht sich zumindest auf zwei Dinge: Erstens schreibt der Meister hier von der materiellen Substanz, die aufgrund einer Tendenz, abwärts zu gehen, unfähig ist, sich den aufsteigenden Bogen entlang zu erheben. Sie geht weiter abwärts und wird schließlich in ihre Bestandteile zerstreut. Das geschieht in dem 'Planeten des Todes', wenn Sie verstehen, was ich meine. Dies bezieht sich auf Materie, die "sich vollkommen vom Geist getrennt hat", mit anderen Worten, Materie in ihrer niedrigsten hierarchischen oder groben Form. Der Meister fährt fort und sagt, daß Materie, die so vom Geist getrennt ist, oder mit an-

deren Worten, die seelenlos geworden ist, das heißt sich selbst von dem führenden Einfluß der verkörperten Seelen losgerissen hat, zu ihrer ursprünglichen Natur oder ihrem Element zurückkehrt; währenddessen nehmen die Egos oder 'Seelen', die nun von ihrer allzu großen materiellen Anziehung befreit sind, ihre Aufwärtsentwicklung wieder auf. Doch zu diesem Zweck müssen sie neue mittlere Vehikel oder Bewußtseinshüllen zwischen sich und der groben Materie evolvieren, da sie infolge des Abbrechens der Verbindung keine mehr haben.

Materie, die so auf dem Wege ist, sich von der führenden Energie des Geistes oder der 'Seele' zu trennen, fällt in ihren Wanderungen oder Kreisläufen sozusagen in niedere Reiche: Wenn beispielsweise Materie den Menschen verläßt und sich so vom Geist trennt, wird sie zu den Tier-, Pflanzen- und Mineralwelten hingezogen, und die Monaden, die diese abgetrennte Materie zusammensetzen, Monaden in ihrer frühesten oder elementarsten Stufe der Evolution, kehren zu ihrem Ursprung zurück, von dem aus sie ihre eigenen Wanderungen nach aufwärts wieder von neuem beginnen.

Wenn hier auf die Materieseite verwiesen wird, so betrifft das die Lebensatome oder die Monaden auf der Stufe der Lebensatome, die sich nicht erheben oder ihren Kontakt zum Geist bewahren können. Ihre weitere evolutionäre Tendenz ist nach abwärts gerichtet. In diesem Zusammenhang dürfen wir nicht vergessen, daß alle materielle Substanz essentiell aus Lebensatomen zusammengesetzt ist. Das Holz eines Tisches besteht aus Lebensatomen, die durch diese besondere Phase ihres evolutionären Weges gehen. Das Gold eines Siegelringes besteht gleichfalls aus Lebensatomen in einer Mineralphase. Die Lebensatome, welche die Substanz meiner Kleidung bilden, ebenfalls die

Lebensatome meines Fleisches, meiner Knochen, wie auch die jedes anderen, sind Lebensatome, die durch diese besondere Phase ihrer zahllosen Wanderungen gehen.

Es gibt jedoch Scharen von Lebensatomen, die durch vorhergehende manvantarische Verkörperungen genügend entwickelt, spirituell geworden oder evolviert sind, so daß sie, wenn sie den tiefsten Punkt der Evolution in diesem Manvantara erreichen, diesen sicher passieren können, um darauf - beseelt - aufwärts zu gehen. Doch viele Millionen, Milliarden, Billionen - wahrhaftig unberechenbare Zahlen von Lebensatomen haben noch nicht jenen Punkt der Sicherheit in ihrer Evolution erreicht, um in *diesem* Manvantara in Verbindung mit Geist weiter evolvieren zu können. Diese Lebensatome - oder Monaden in diesem Zustand - bilden die materiellen Substanzen, die nach abwärts in die niedrigeren Reiche gehen. Seelenlos kehren sie zu ihrem Ursprung zurück und lernen in der Werkstatt der Natur erneut den 'Anfangsgrundunterricht' dieser Reiche. Nichtsdestoweniger hatten die Egos oder 'Seelen', die evolvierten und *diese* Lebensatome in ihrem Aggregat als Vehikel oder Körper benutzten, in ihrer Evolution seit langem den Punkt der Sicherheit erreicht. Sie fühlen, entgegen den absteigenden Monaden oder Lebensatomen, keine Anziehung mehr in die Materie. Folglich passieren jene Egos, weil sie spirituell genug sind, den Wende- oder Gefahrenpunkt in vollkommener Sicherheit und setzen ihre Evolution fort, obgleich sie ihrer unwürdigen Vehikel beraubt oder von ihnen befreit sind.

Dann sagt der Meister: "Hier gehen die trägen Egos zu Millionen zugrunde." Diese besondere Aussage bezieht sich auf gewisse Scharen verspäteter oder unevolvierter Lebensatome, Monaden oder 'Egos', die, da sie nicht spirituell genug geworden sind, um den Gefahrenpunkt zu überschreiten, in dem Strom, der sie nach unten zieht, zermahlen werden; dort gehen sie für dieses Manvantara zugrunde. Diese letzteren Egos sind nicht diejenigen, von denen als 'befreit von ihrem Unrat' gesprochen wurde und die ihren Aufstieg wieder beginnen. Die Egos, die zu Millionen zugrunde gehen, sind die höchste Klasse der materiellen Monaden, doch sie sind nicht spirituell genug, um den Gefahrenpunkt zu überschreiten und den aufwärtsführenden Bogen hinaufzusteigen.

Wenden wir uns nun den menschlichen Egos zu. Es gibt noch eine dritte Klasse, welche die am wenigsten fortgeschrittenen der oben erwähnten ersten Klasse umfaßt. Ich beziehe mich jetzt auf die relativ kleine Zahl der verspäteten und unevolvierten menschlichen Egos, die von einem bestimmten Punkt an auf dem aufsteigenden Bogen beginnen, nicht mehr recht mitzukommen und sozusagen beim Klettern ermüden. Nach und nach bleiben sie zurück, schließlich können sie nicht weitergehen und gleiten allmählich zur Materie zurück. Dies sind die Beispiele, die in der Theosophie als 'verlorene Seelen' bezeichnet werden. Es sind Egos, die in die Materie gesunken sind, die von den Ausdünstungen der niedersten Reiche so stark angezogen werden, daß sie, wenn sie in ihrer Evolution den absteigenden Bogen entlang schließlich unseren Planeten D, unsere Erde erreichen, nicht weiter gehen können, um mit der übrigen Armee fortschreitender Egos, die spiritueller sind, aufsteigen zu können. Das kommt daher, weil sie noch zu materiell sind, und folglich ist ihre Anziehung nicht nach oben, sondern nach unten gerichtet. Sie sind diejenigen, die 'verlorene Seelen' genannt werden, doch ist ihr Erscheinen in der menschlichen Rasse fast so selten wie an dem anderen Pol, an dem die Meister wirken. Dennoch ist die Zahl der verlorenen Seelen im Laufe der Zeitalter im ganzen genommen relativ groß.

Wie Sie leicht erkennen werden, ist diese Frage aus dem Grunde sehr schwer zu verstehen und schwierig zu beantworten, weil sie so viele ähnliche und doch verschiedene Punkte der Lehre enthält. Ich möchte versuchen, zwei Illustrationen zu geben, die diese Sache vielleicht klarer machen. Jedes universale System ist, obgleich eine organische Wesenheit per se, das heißt eine Einheit oder eine Individualität, nichtsdestoweniger zusammengesetzt, das bedeutet, aus verschiedenen Teilen oder Teilstücken gebildet, tatsächlich aus verschiedenen Elementen, die sich vom Höchsten eines Universums bis zum Niedrigsten erstrecken. Nun ist jedes Universum eine kosmische Hierarchie, die eine unermeßliche Zahl untergeordneter Hierarchien einschließt. Doch oberhalb eines Universums oder einer kosmischen Hierarchie befinden sich andere kosmische Hierarchien, die aufwärts steigen, und ebenso befinden sich unterhalb einer kosmischen Hierarchie andere kosmische Hierarchien, die niedriger sind. Alle diese Hierarchien, ob groß oder klein, sind mit Scharen oder Mengen evolvierender lebender Wesenheiten angefüllt, von den Göttern in den höchsten Reichen bis hinab zu den evolvierenden Monaden oder Lebensatomen in den niedrigsten Reichen. Folglich befinden sich diese Scharen lebender Wesen in vielen verschiedenen Stadien evolutionärer Entwicklung.

Die Hierarchien ernähren einander. Die Hierarchie A ernährt zum Beispiel durch ihre Versager die Hierarchie B unter ihr. Die Versager der Hierarchie A, die in ihrer Evolution nicht fortschreiten können, wenn sie den Gefahren- oder Wendepunkt nach oben erreichen, fallen in die niedere Sphäre, das heißt in die Hierarchie B, und bilden dort gewisse Wesen der evolvierenden Scharen der Hierarchie B. Auf die gleiche

Weise ernährt die Hierarchie über der Hierarchie A diese mit den Versagern ihrer Hierarchie. Es gibt also einen ständigen Strom der Leben von einer Hierarchie zur anderen.

Die zweite Illustration wird die erste erklären und ebenso hoffentlich meine allgemeine Antwort: Wir Menschen sind in einem sehr wahren Sinne 'Versager' der Hierarchie über uns und wir gingen an dem tiefsten Punkt unserer Evolution in ihr den abwärtsführenden Pfad. Das kam daher, weil wir nicht spirituell genug geworden waren, um den aufwärtsführenden Bogen hinaufzusteigen. Die Bedeutung hiervon ist, daß wir unseren Stand in dem kosmischen Leben gefunden haben und unsere Evolution nun in und auf dieser neuen Stufe oder diesem Plan fortsetzen. Hier in dieser Hierarchie evolvieren wir nun, steigen aufwärts und bilden natürlich einen zusammengesetzten Teil unserer gegenwärtigen Hierarchie. In ihr wachsen und lernen wir, schreiten fort und evolvieren: In einer weit entfernten Zukunft wird die Zeit kommen, da wir alle Lektionen, welche die Materie, das heißt die Substanz und die Energie dieser Hierarchie uns lehren können, so gut gelernt haben, daß diese Materie und diese Energien uns nicht mehr nach unten ziehen, denn wir werden diese Anziehung überwunden haben und über sie hinausgeschritten sein. Wir werden spirituell genug sein, so daß unsere Anziehungen und Tendenzen nach aufwärts gerichtet sein werden. So können wir in unsere höhere Heimat, die Hierarchie über uns, zurückkehren.

In einigen der alten mystischen Schriften wurden unter anderem aus diesem Grunde die Menschen 'gefallene Engel' genannt, gefallene Götter, denn das sind wir tatsächlich. Wir sind spirituelle Monaden, die in die Reiche und Strudel der materiellen Welten gefallen oder gesunken sind. Doch verwechseln wir diese Lehre von den gefallenen Göttern oder gefallenen monadischen Lebensatomen nicht mit der anderen Tatsache oder Lehre, die sich mit den sogenannten 'verlorenen Seelen' befaßt. Die verlorenen Seelen gehören zu unserem gegenwärtigen Stadium der Evolution und sind die 'Versager' unter uns: Sie sind jene unglücklichen Wesen, welche die Verbindung zu ihrem inneren Gott verloren oder zerbrochen haben. Eine verlorene Seele ist eine Seele, deren innere Konstitution sich auflöst, in Stücke zerbricht. In dem Fall einer 'verlorenen Seele' muß die Monade oder der innere Gott, der eine solche 'verlorene Seele' beseelt hatte, in der weit entfernten Zukunft von neuem in seinen eigenen Reichen eine 'neue' menschliche Seele bilden, in welcher er wirken und in menschlichen Sphären evolvieren kann.

DER ZWEIFELHAFTE WERT GEWISSER VISIONEN

Frage:
Ich habe oft wundervolle Erfahrungen auf inneren Plänen, und mir kommen innere Visionen. Manchmal bin ich erschrocken und beunruhigt. Zeigt das, daß ich spirituelle Fortschritte mache?

Antwort:
Diese sogenannten 'inneren Visionen' sind im Fall frommer Charaktere nicht ungewöhnlich. Sie zeigen im allgemeinen an, daß die Seele und das Gemüt Veränderungen im inneren Leben erfahren. Aus diesem Grunde berühren sie Pläne zwischen unserem gewöhnlichen Erdenplan und dem spirituellen Plan; das sind meistens Pläne in den psychischen Reichen. Doch

man muß in diesen Dingen große Sorgfalt walten lassen.

Es wäre wirklich viel besser, wenn Sie versuchen, sich von diesen Dingen abzuwenden, denn sie sind für die Ruhe und den Frieden des spirituellen Lebens sehr störend. Versuchen Sie, Stille - schöne, angenehme Stille - und die spirituelle Vision von Leben und gottgleicher Herrlichkeit in Ihre Gedanken zu bringen. Wenn dann Visionen kommen, wenden Sie Ihre Augen entschlossen von ihnen ab und weigern Sie sich in aller Ruhe und in allem Frieden, sie zu sehen, und versuchen Sie immer, das Herz und das Gemüt mit Gedanken und Gefühlen der Liebe für alles, was ist, für Groß und Klein, Weit und Nah, Hoch und Niedrig zu weiten. Hierdurch wird sich das segenbringende Licht in das Herz stehlen, zuerst ein wenig und sehr zart, doch wenn Sie diesen 'Yoga des Geistes' praktizieren, wird das Licht ständig stärker werden.

Das Geheimnis besteht darin, die innere Stille, die zum Geist gehört, zu pflegen, den inneren Frieden der Seele; so werden die Vibrationen still, ruhig und rhythmisch, und keine von außen kommenden Kräfte können uns berühren. Dann wissen wir, wir sind in der Obhut des großen Gesetzes, dessen 'beschützende Waffen', wie Katherine Tingley zu sagen pflegte, uns unaufhörlich umgeben. Dann werden auch die wirklichen Götter und unser innerer Krieger mit uns sein, und wir werden ihre Gegenwart fühlen.

DREI ARTEN DES TODES

Frage:

Allgemein gesprochen gibt es drei Todesarten: 1. den natürlichen Tod aufgrund von Krankheit oder Alter,

2. den Unfalltod und 3. Selbstmord. Ich habe gehört, daß auf diese drei Arten unterschiedliche nachtodliche Erfahrungen folgen, doch ich bekam keine befriedigende Erklärung, warum das so ist.

Antwort:
Ich würde dem Fragesteller vorschlagen, unsere theosophischen Lehren zu studieren. Es gibt, allgemein gesprochen, in der Tat drei Todesarten: Tod durch Krankheit oder natürliche Ursachen, wenn der Körper wie eine Maschine abgenutzt ist - denn er ist in einem gewissen Sinne wie eine Maschine, die sich abnutzt; Tod durch Gewalt oder Unfall; und Tod durch Selbstmord. Das sind drei verschiedene Möglichkeiten des Todes. Bei der ersten zieht die Natur allmählich die Seele von dem abgenutzten Körper zurück, und dann finden die üblichen Vorgänge statt. Das ist die allgemeine Regel. Der Tod durch Gewalt oder Unfall unterscheidet sich von dem Tod durch Selbstmord. Denn obgleich Selbstmord auch Gewalt ist, enthält er einen schrecklichen Faktor, den der Unfalltod nicht enthält. Es ist daher logisch und einleuchtend, daß der Tod durch Selbstmord, der einen ethischen Faktor enthält, sich von dem Tod durch Gewalt oder Unfall unterscheidet. Der Soldat, der auf dem Schlachtfeld getötet wird, oder ein Mensch, der durch einen Wahnsinnigen oder einen Räuber umkommt, hat nicht den gleichen Tod wie der Mensch, der sich aus Feigheit tötet - denn jeder Selbstmord ist Feigheit, daran gibt es nichts zu deuten.

Wir wollen dies mit Hilfe des Schlafes veranschaulichen, dem Bruder des Todes, der anderen Seite des Todes. Ist ein Mensch müde, schläft er infolge des Wirkens der Natur ein. Andererseits kann einem Menschen ein Medikament verabreicht werden, das ihn schlafen läßt, obwohl der Körper nicht müde ist; das ist ähnlich wie Tod durch Gewalt. Ein Medikament ist ein gewaltsamer Weg, Schlaf herbeizuführen. Es kann sogar den Tod verursachen, wenn die Dosis zu stark ist. Ferner gibt es Menschen, die ständig Drogen nehmen. Wir sehen, es gibt drei verschiedene Möglichkeiten, Schlaf herbeizuführen: den Weg der Natur; den Weg des Arztes, einen kranken Menschen in Narkose zu versetzen; und die Drogensucht. Augenscheinlich wirkt die Natur hier auf drei verschiedene Weisen, doch alle bringen Schlaf hervor.

Genauso verhält es sich mit dem Tod. Der Mensch, der eines natürlichen Todes stirbt, geht durch alle Ebenen des Kâma-lokas, bis er das Devachan erreicht. Das geschieht ruhig, ohne Schmerz, ohne Bewußtsein, so, wie ein müder Mensch einschläft. Der Mensch, der getötet wird, wie etwa ein Soldat im Kriege, ist jedoch noch nicht bereit zu sterben. Seine Sterbezeit ist aufgrund der Naturgesetze noch nicht gekommen. So bleibt er vielleicht für Jahre ohne Bewußtsein in der Astralwelt, bis die Zeit seines natürlichen Todes eingetreten ist, und erst dann stirbt er auch in den inneren Welten und betritt Devachan. Der Grund hierfür ist, daß jeder Mensch sozusagen einen bestimmten Vorrat an Vitalität besitzt, und bevor dieser nicht verbraucht oder verbrannt ist, bevor die Maschine nicht auf normalem Wege abgelaufen ist, kann der Mensch nicht sterben, das heißt, er kann nicht vollständig sterben. Der Mensch, der im Kriege getötet wird, verbleibt in vollkommenem Frieden, doch bewußtlos in den inneren Welten bis zu der Zeit, zu der er auf natürliche Weise gestorben wäre. Danach tritt auch er in Devachan ein (falls er nicht nochmals reinkarniert, d. Ü.).

Ein Mensch, der Selbstmord ausübt, begeht diese Tat aus Furcht. Er mag Schande fürchten oder glauben, seine Lebensprobleme nicht mehr bewältigen zu können. Sein Bewußtsein ist von diesen Gedanken, diesen Tagträumen erfüllt, er hat Angst, Angst und nochmals Angst, bis er ihr nicht mehr standhalten kann. Da der Mensch essentiell Bewußtsein ist, gibt es für den Selbstmörder nur eine kurze Periode der Bewußtlosigkeit. Nach dieser Periode erwacht der Unglückselige in der Astralwelt und durchlebt sozusagen einen bösen Traum. Die schrecklichen und feigen Gedanken, das Entsetzen, die Ängste, die ihn schließlich töteten, sowie die Tat des Selbstmordes kommen wieder und wieder in sein Bewußtsein, solange, bis die Zeit seines natürlichen Lebensendes kommt. Ähnlich verhält es sich bei Drogensucht, denn Drogensüchtige haben meistens schreckliche Träume, die sie schließlich bis zum Wahnsinn treiben können.

Vergessen wir nicht: Der Mensch ist essentiell Bewußtsein; aus diesem Grunde sind die Prozesse, die dem Tode des physischen Körpers folgen, unterschiedlich, je nachdem, welche der drei Arten des Todes vorliegt.

DIE TOTEN UND GEBETE

Frage:
Ist es richtig, für die Toten zu beten?

Antwort:
Ich hoffe, ich verletze niemandes Gefühle. Es ist sicherlich nicht falsch, für die Toten zu beten, aber ich glaube nicht, daß es etwas Gutes bewirkt. Die Natur weiß in ihrem wundervollen Mitleid, in ihrer Harmonie, in der großen Komposition, die im Herzen der Dinge wohnt, weit besser als wir Menschen, was für die Verstorbenen gut ist; für sie ist gut gesorgt.

Sie können für die Verstorbenen beten, doch zu wem wollen Sie beten? Wollen Sie dem großen Geist des Universums sagen, was Sie als armer Mensch für Ihre Verstorbenen für gut halten? Die Natur weiß es unendlich viel besser als wir. Wenn Sie für die Toten beten und darin Glück und Trost finden, beten Sie. Doch es liegt nichts wahrhaft Gutes per se darin. Denken Sie daran, die Verstorbenen sind unendlich gut versorgt. Wichtig ist, das Leben gut zu leben, solange wir leben, dann brauchen wir den Tod nicht zu fürchten. Der Tod ist schön, sehr schön.

Liebe, reine, heilige Liebe, kann selbst über die Grenzen des Todes hinausgehen und unsere Lieben erreichen. Doch es darf keine selbstsüchtige Liebe sein, denn diese behindert das Werk der Natur in den unsichtbaren Welten. Möge unsere Liebe für unsere Verstorbenen unpersönlich sein. Unser bestes Gebet für sie ist die Liebe. Sie ist hilfreich, und wir nützen und erhöhen uns dadurch selbst.

DAS LEBEN GLEICHT EINEM KARTENSPIEL

Frage:
Mir wurde gesagt, wir hätten gerade vor der Geburt Wahlmöglichkeiten in bezug auf das Leben, das wir auf Erden beginnen. Doch ich hatte es immer so verstanden, als hätten wir keine Wahl, da wir die Gesamtheit alles dessen sind, was wir in vergangenen Leben gedacht und getan haben, und als sei unser Leben bereits vor der Geburt vorbestimmt wie die Spielkarten in der Hand eines Spielers.

Antwort:
Beide Erklärungen sind richtig: erstens, daß unser Le-

bensgeschick mit einem Kartenspiel verglichen werden kann, wenn man diese Ausdrucksweise anwenden will; zweitens, daß wir einen freien Willen haben. Ist es ein Widerspruch zu sagen, daß ein Mensch alles Falsche, was er tat, wiedergutmachen muß? Er tut es, weil er einen freien Willen hat.

Wir haben vor diesem jetzigen Leben nicht nur ein Leben gelebt und konnten somit nicht nur einem einzigen Pfad der Tätigkeit folgen, sondern wir haben vor diesem Leben ungezählte weitere Male gelebt. Kein Mensch kann in einem einzigen Leben alle in Bewegung gesetzten Ursachen abarbeiten, alle gesäten Samen zur Reife bringen. Gerade wegen dieses gespeicherten karmischen Schatzes haben wir Leben um Leben zu durchlaufen, um die gelegten Ursachen auszuwirken.

In jedem Leben spielen wir ein neues Spiel, doch bei jedem Spiel benutzen wir die Spielkarten, die wir aufgrund des früheren Gebrauchs auswählen, und wir nehmen sie, wie wir sie vorher gemischt haben. Das Kartenspiel ist das Leben. Bevor sich die Seele, von der Göttlichkeit im Innern geleitet, wiederverkörpert, hat sie aufgrund der wundervollen Fähigkeit des freien Willens, der Kraft der Wahl, folgerichtig die Macht, jene besonderen zusammengehörenden und zusammenpassenden Ursachen auszuwählen, die sie in dem nun beginnenden Leben am besten auswirken kann. Mit anderen Worten, die Seele benutzt das Kartenspiel, das sie entsprechend ihrer eigenen Intelligenz zu einem neuen Spiel wieder aufnimmt. Dies ist die Anwendung dessen, was jeder normale Mensch vom Beginn einer neuen Geburt auf Erden sein Leben lang tut. Er wählt von Augenblick zu Augenblick den Weg, der ihm der beste zu sein scheint. Es gibt möglicherweise Millionen von Nebenstraßen oder Wegen, die er in jedem Augenblick der Wahl einschlagen könnte, ebenso wie er die Karten in seiner Hand nach bestem Ermessen ausspielt. Die Karten sind gestapelt, doch wenn sie dem Spieler vom Leben zugeteilt werden, spielt er sie gemäß seiner eigenen Intelligenz aus.

Wir haben eine Unendlichkeit von Erfahrungen hinter uns. Wenn ein neues Leben beginnt und wir auf der Bühne erscheinen, um unsere neue Rolle, ein neues Spiel zu spielen, so tun wir das in der Rolle, die wir aus dem Buch ausgewählt haben, in diesem Fall aus dem Buch der Erinnerung und der Einsicht.

Diejenigen Ursachen, die wir nicht auszuleben gewählt haben, werden wir bei einer späteren Auswahl, wenn wir in einem zukünftigen Leben von neuem beginnen, abzuarbeiten haben. Doch in jedem Leben gibt es bestimmte Bedingungen, einen bestimmten Weg der Handlung vor uns, bestimmte Zivilisationen, bestimmte Familien - und das wartende Höhere Selbst sieht dieses Feld der Wahl, sieht diesen Weg, diesen und jenen Pfad genauso wie ein Mensch, der in seinem Auto fährt. Wenn er an eine Straßengabelung kommt, weiß er nicht, welche Straße die richtige ist, doch er sagt: "Ich will dieser vor den anderen zwei, drei oder vier Richtungen, die an dieser Stelle abzweigen, den Vorzug geben." Er hätte auch eine andere Richtung wählen können. Doch wie dem auch sei, er trifft seine Wahl.

BEWEIS FÜR NACHTODLICHE ZUSTÄNDE

Frage:
Es gibt viele philosophische Lehren, welche die Zustände des Menschen nach dem Tode betreffen, doch sie scheinen mir willkürlich zu sein, da sie nicht durch intellektuellen Beweis gestützt werden. Glauben Sie wirklich, daß wir irgend etwas über die Zustände nach

dem Hinscheiden wissen können?

Antwort:
Diese Frage ist nicht sehr gut durchdacht und beruht auf einer falschen Voraussetzung. Ihr liegt die Theorie zugrunde, daß etwas nicht existiert, wenn uns unsere Sinne nichts darüber mitteilen. Wo würden unsere modernen Wissenschaftler sein, wenn alles, was sie über das Universum wissen, nur das wäre, was wir sehen, berühren, schmecken, hören oder riechen können? Kein Wissenschaftler hat jemals ein Atom, ein Elektron oder ein Proton gesehen. Kein Wissenschaftler hat jemals das Zentrum der Sonne gesehen. Kein Wissenschaftler kann menschliche Gefühle erklären. Kant, der große deutsche Philosoph, sagte im wesentlichen, niemand habe jemals den ethischen Sinn im Herzen des Menschen erfolgreich auf ein Nichts reduzieren können. Es gibt einen Weg, hinter die Schleier der äußeren Erscheinungen zu dringen. Wenn sich ein Mensch schult und das Leben lebt, wird er die Lehre kennen, er wird nicht nur über sie nachdenken, sondern er wird wissen.

Die Angelegenheit ähnelt der folgenden: Ein blinder Mensch sagt, es gäbe keine Museen, in denen große und wunderbare Werke der Kunst oder Archäologie ausgestellt sind, weil er nicht sieht. Doch andere Menschen, die nicht blind sind, wissen, daß Museen existieren. Es gibt aber auch jene Menschen, die mit einer erweiterten Sicht Museen bauen, Bilder und Kunstwerke schaffen. Wenn wir das Leben leben, werden wir die Lehre erkennen.

Die Frage ist weder sehr gedankenreich noch der Vernunft entsprechend, denn der ihr zugrundeliegende Gedanke kann auf folgendes reduziert werden: was ich durch die physischen Sinne nicht erfahren kann, hat keine Existenz. Daß dies nicht den Tatsachen entspricht, wissen wir alle, denn die schönsten Dinge im menschlichen Leben sind unsichtbar, unhörbar, unberührbar. Die Intuition des Menschen, sein Sinn für Schönheit, Recht und Unrecht, für Gerechtigkeit, Harmonie und Reinheit - dies alles sind die großen Hauptquellen der menschlichen Kulturen - enthält die Dinge, welche die Gemüter und Herzen der Menschen bewegen. Ideen machen Menschen bedeutend, Ideen begründen Kulturen und bauen sie auf, und Ideen reißen sie auch nieder. Plato hatte recht: "Ideen regieren die Welt." Die größten unserer modernen Wissenschaftler haben die Vorstellung unserer jüngsten Vorfahren aufgegeben, daß physische Substanz die einzige Realität im Universum sei. Nun sagen sie mit der Theosophie, daß physische Substanz eine Illusion ist, daß die Essenz des Universums Geist-Stoff, Bewußtsein ist. Hierdurch ist der gesamte theosophische Standpunkt anerkannt. Wir sind aus Geist-Stoff, aus Bewußtsein geformt. Die Atome, die einen Berg aufbauen, sind essentiell Atome aus Geist-Stoff, aus Bewußtsein. Mir scheint, der Fragesteller ist nicht mit den modernen wissenschaftlichen Entdeckungen vertraut. Sein Denken ist noch um fünfzig oder hundert Jahre im Rückstand.

Die Rätsel nach dem Tode! Wir leben zu jeder Zeit mitten im Tode. Er ist das uns am meisten vertraute Geschehen und so vertraut wie das Leben selbst, denn er ist eine Phase des Lebens. Es könnte keinen Tod geben, wenn es kein Leben gäbe. Der Tod ist ein Ereignis, wie moderne Wissenschaftler sagen, ein Ereignis im Leben, im Bewußtsein. Schläft ein Mensch, stirbt er teilweise. Schlaf ist ein unvollkommener Tod; Tod ist ein vollkommener Schlaf. Tod und Schlaf sind Brüder, sagten die alten Griechen. Doch ich betone: sie sind mehr, Schlaf und Tod sind eins. Wenn die Menschen nur wüßten: Jedesmal, wenn wir uns schlafen legen, damit sich Geist und Körper ausruhen können, um sich zu erholen, sterben wir teilweise. Haben wir schöne oder üble Träume, erhebende Träume oder Alpträume, dann aus dem Grunde, weil wir unser Leben entweder rechtschaffen und gut leben oder aber den niederen Trieben folgen. Und genauso ist es mit dem Tode!

REINKARNATION UND DIE BEVÖLKERUNG DER ERDE

Frage:
Wie erklären Sie die Zunahme der Erdbevölkerung im Zusammenhang mit der Lehre der Reinkarnation? In Holland zum Beispiel gibt es gegenwärtig eine große Bevölkerungszunahme.

Antwort:
Sehen Sie sich in der Welt um. Sie werden finden, daß ein Volk zahlenmäßig zunimmt, während ein anderes zahlenmäßig abnimmt. Denken Sie an das Römische Reich, die Reiche von Babylon und Persien, Ägypten und den Fernen Osten. Dort füllten Millionen und Abermillionen Menschen die Länder. Ägypten ist jetzt nur noch eine historische Erinnerung, Babylon liegt unter Hügeln begraben, kleinen Totenhügeln. Doch im heutigen Abendland gibt es Nationen, deren Bevölkerung mit jedem Jahrhundert anschwillt. Die Erklärung ist einfach: Stirbt ein Volk oder nimmt es zahlenmäßig ab, werden die reinkarnierenden Egos zu neueren und frischen Rassen hingezogen, die wachsen, sich ausdehnen und die Teile der Erde bevölkern, wo sie ihre Wohnstätten haben.

Denken Sie an das mexikanische Reich und das

Reich der Inkas zur Zeit von Cortez und Pizarro - Erinnerungen! Denken Sie an die Bevölkerung Europas während des Mittelalters. Wie Sie erwähnten, nimmt die Bevölkerung Hollands und anderer Länder schnell zu. Doch das zeigt, daß vor wenigen Jahrhunderten die Bevölkerung geringer war. Betrachten Sie Europa während des Mittelalters. Ein Mensch konnte tagelang reisen und traf kaum auf ein Dorf. Wo waren damals die Egos, die jetzt dort so zahlreich sind? In anderen Teilen der Welt. Das Rad des Lebens ist in ständiger Bewegung. In einer Periode hält eine Völkergruppe das Zepter der Macht und der Zivilisation in ihrer Hand, und ihre Bevölkerung wächst durch die hereinkommenden Armeen der reinkarnierenden Egos an. Dann kommt ihre Zeit, auf dem Rad des Lebens abzusteigen. Die Bevölkerung nimmt ab, wird kleiner und kleiner. Doch Nationen im Aufstieg nehmen an Bevölkerung zu.

Nach unserer Lehre ist die Bevölkerung des Globus tatsächlich begrenzt. Die gegenwärtig inkarnierte Bevölkerung beträgt insgesamt etwa zwei Milliarden Menschen (1986 über vier Milliarden!, d. Ü.), hierin sind die unterentwickelten Völker sowie die zivilisierten Menschen eingeschlossen. Zwei (vier) Milliarden! Doch es gibt weitaus mehr als diese zwei (vier) Milliarden, die in den inneren Welten auf ihre Zeit warten, menschliche Körper anzunehmen. Ich wage nicht zu sagen, wie viele reinkarnierende Egos es sind, die darauf warten, auf die Erde kommen zu können. Ich würde nicht einmal versuchen, sie zu schätzen. Vielleicht sind es zehn Milliarden, ich weiß es nicht, was ich jedoch weiß, ist, daß sich die Bevölkerung auf der Erde geographisch verlagert; manchmal Asien, manchmal Amerika. Gegenwärtig sind es die europäische Halbinsel und die beiden amerikanischen Kontinente, wo ein Aufstieg stattfindet. Asien ist vorübergehend statisch, doch es gibt Anzeichen dafür, daß die kommenden großen Bevölkerungszentren des Abendlandes die Neue Welt sein werden. Aber noch ist es nicht soweit, vielleicht in vielen, vielen Jahren.

DER ALPTRAUM DES KRIEGES

Frage:
Ist ein großer Krieg notwendig, um alle Menschen zu verbessern und ihnen die Irrtümer vor Augen zu führen, die sie begangen haben?

Antwort:
Meine Antwort ist: Nein, das ist eine abstoßende Meinung, eine höllische Doktrin. Ein großer Krieg ist ganz gewiß nicht nötig. Wenn die Menschen einsichtig geworden sind und sowohl ihre Herzen als auch ihren Verstand anwenden, wird der Krieg als ein Alptraum der Vergangenheit angesehen werden. Fragen Sie die Ärzte, ob ein Mensch hohes Fieber haben muß, um gesund zu sein. Hohes Fieber schwächt ihn, erschöpft seine Lebenskraft, und der Körper ist hinterher geschwächt.

Andererseits resultiert aus dem Üblen Gutes. Leid und Kummer sind unsere besten Freunde; das ist die andere Seite. Doch wenn ich gefragt werde, ob Leid und Kummer in Form eines Krieges - welcher Wahnsinn ist - für die Evolution der Menschen erforderlich sind, ist meine Antwort: Nein. Denn das ist, wie schon gesagt, eine höllische Doktrin.

DENKEN UND PHANTASIE

Frage:
Was ist der Unterschied zwischen Denken und Phantasie?

Antwort:
Denken ist die Tätigkeit jenes Teiles unserer inneren Konstitution, den wir Menschen den intellektuellen nennen oder den mânasischen, um den Sanskrit-Ausdruck zu benutzen. Phantasie ist das Produkt oder Ergebnis der Tätigkeit jenes Teiles unserer Konstitution, den wir die niedere menschliche Seele nennen. Wir befassen uns mit Phantasien, wenn wir träumen - sei es der Traum in der Nacht oder der Tagtraum, währenddessen wir wach sind. Das ist phantastisch, das ist Phantasie. Dagegen benutzen wir das Denken, wenn wir unseren Intellekt mit logischem Überlegen beschäftigen, mit intuitivem Erkennen und den Funktionen des höheren menschlichen Bewußtseins.

DER SPIRITUELLE ZUSTAND VON NIRVANA

Frage:
Es wird gelehrt, daß wir uns selbst von der 'Persönlichkeit' befreien müssen, um spirituelles Wachstum zu erreichen. Wenn wir wirklich unpersönlich werden und das 'Gefühl des Getrenntseins' besiegen, werden wir dann jede Eigenschaft verlieren, die eine Person von der anderen unterscheidet, und werden wir wie zwei Erbsen in einer Hülse sein? Ist die theosophische Lehre von Nirvâna die Vernichtung der Individualität? Ich hoffe, nicht.

Antwort:
Nein, das ist sie nicht. Niemand kann die Mißverständnisse über Nirvâna, die im Westen kursieren, welcher voll von Mißverständnissen dieser Art über tiefgründige Lehren von philosophischem oder esoterischem Charakter ist, mehr bedauern als ich. Das Mißverständnis über Nirvâna liegt in der Annahme, daß die gesamte Natur und alle Wesen, nachdem sie sich ein Mahâ-Manvantara hindurch evolviert und individuell Nirvâna erlangt haben, ex hypothesi in eine tote, gleichförmige Identität des Bewußtseins zurücksinken würden. Das ist absolut und gänzlich falsch.

Man könnte ebensogut fragen: Was ist der Nutzen aller evolutionären Anstrengung des Universums und seiner ungeheuren Mengen von Individuen, wenn sie nur aus der Homogenität hervorkommen, um wieder in sie zurückzufallen? Nirvâna ist kein gleichförmiger Zustand für eine Monade. Nirvâna bedeutet einen Zustand, der erreicht wird, wenn die evolvierenden Armeen von Monaden alles Niedere reingewaschen oder vielmehr emporgehoben haben. Doch jede Monade erreicht den nirvânischen Zustand kosmischer Freiheit als eine Gott-Wesenheit, da sie Individualität erworben hat. Vom Standpunkt der Individualität aus gesehen ist deshalb jede Monade, spirituell gesprochen, stärker individualisiert, als sie am Beginn ihrer kosmischen Evolution als ein unselbstbewußter Gottesfunke war. Nirvâna ist daher ein verallgemeinernder Ausdruck für das Erreichen eines solchen spirituellen Zustandes.

Nehmen wir Devachan als Illustration auf einer wesentlich tieferen Ebene. Devachan bedeutet nicht, daß alle exkarnierten Monaden identische, absolut identische Visionen und Träume haben. Ganz und gar nicht! Genauso verhält es sich mit Nirvâna. Nirvâna bedeutet das Erhobensein über all die differenzierten und deshalb hemmenden Elemente der niederen Sphären.

Das Verfahren ist für alle das gleiche, doch für jeden Jîvan-mukta oder jede befreite Monade ist das Nirvâna einzigartig.

Denken Sie selbst darüber nach, und beurteilen Sie die Theosophie und die ursprünglichen Lehren des Buddha in dieser Hinsicht nicht falsch, weil gewisse Leute, denen Sie vielleicht begegnen, diese tieferen Lehren nicht verstehen, die in ihrer Tiefsinnigkeit und Feinheit so vielsagend und erleuchtend sind.

DER VERSTAND - DER MÖRDER DES WIRKLICHEN

Frage:
Oft werde ich gefragt, warum H. P. B. in der "Stimme der Stille" erklärt, daß der "Verstand der Mörder des Wirklichen" ist. Ich bitte Sie, mir darüber etwas Klarheit zu geben, damit ich mich mit jenen auseinandersetzen kann, die in dieser Zeit den materiell-intellektuellen Verstand bewundern und ihn zu einem Gott erheben.

Antwort:
Wahrhaftig! Was bringt die Mannigfaltigkeit der Gefühle und Meinungen unter den Menschen zuwege? Es ist der Verstand, der Gehirnverstand. Was hindert uns daran, höhere Wahrheiten zu empfangen? Was erzeugt Voreingenommenheit, Vorurteile, Gefühle gegen dieses oder jenes? Der Verstand, der Gehirnverstand. Was hindert die Intuition daran, in stetigem Strom in unser menschliches Bewußtsein zu fließen? Der Verstand, durch den sie gehen muß. Der Verstand ist nur ein Zwischenorgan oder eine Zwischenfähigkeit, und er verarbeitet sowohl die niederen als auch die höheren

Dinge. Leider leben die meisten Menschen in ihrem niederen Verstand.

Sehen Sie nicht, warum der "Verstand der Mörder des Wirklichen" ist? Natürlich ist das Wort "Mörder" nur eine Sprachfigur. Sie können es anders ausdrücken und sagen: Der Verstand, der von seinen vagabundierenden, nutzlosen, flüchtigen und oft dummen Gedanken erfüllt ist, hält alle höheren Intuitionen, alle höheren Gedanken, alle höheren Dinge fern. Mit anderen Worten: dort ist kein Raum für sie. Bernard von Clairvaux, ein Franzose, schrieb einst im wesentlichen: "Entleere Dein Gemüt von allem, was es hat und ist, und der Geist der Wahrheit wird eintreten." Dies ist der Kern seiner Bedeutung. Reinigen wir also unser Gemüt von allen kleinen, niederen, leidenschaftlichen, geringen Dingen, und der Geist der Wahrheit wird eintreten.

Auf diese Weise kann die Aussage in der "Stimme der Stille" leicht erklärt werden: das Gemüt, das heißt der Gehirnverstand, ist der Mörder von allem; das ist er wirklich. Doch der Gehirnverstand sollte das Instrument der Wirklichkeit sein, er sollte das Organ sein, durch welches das Reale in uns wirkt, das Empfangsorgan, das all das Edelste in uns in unser gewöhnliches Leben überträgt.

DIE LUNAREN PITRIS VOR DER VIERTEN RUNDE

Frage:
Die erste Rasse dieser (vierten) Runde wurde von Wesen hervorgebracht, die als die lunaren Pitris oder Väter bekannt sind - die am meisten fortgeschrittenen Wesenheiten von der Mondkette. Was taten und wo

waren die lunaren Pitris vor der vierten Runde?

Antwort:
Bevor die vierte Runde begann, waren die lunaren Pitris in ihrem interglobalen Nirvâna zwischen Globus G, dem letzten der vorhergehenden, dritten Runde, und Globus A, dem ersten der darauffolgenden, vierten Runde. Das erklärt, "wo sie waren" und "was sie taten". Wenn die Frage jedoch vielmehr lautet: "Was taten und wo waren die lunaren Pitris vor ihrem Eintritt in diesen vierten Globus D während dieser vierten Runde?", dann lautet die Antwort: Sie waren auf Globus C dieser Planetenkette und evolvierten dort, mit anderen Worten, auf dem Globus C der vierten Runde. Als ihre Zeit auf Globus C dieser vierten Runde beendet war, gingen sie weiter auf diesen Globus D oder den vierten Globus dieser vierten Runde.

MANASAPUTRAS VOR DER VIERTEN RUNDE

Frage:
Während des letzten Teiles der dritten Rasse fand jenes wundervolle mystische Ereignis statt: die Inkarnation der Mânasaputras, der Söhne des Gemütes, in die bis dahin gemütlosen Wesenheiten. Was taten und wo waren die Mânasaputras vor der vierten Runde, also während der ersten, zweiten und dritten?

Antwort:
Die Antwort ist identisch mit der Antwort auf die vorhergehende Frage, nur befassen wir uns hier mit den Mânasaputras anstelle der lunaren Pitris. Mit anderen Worten, die Mânasaputras waren auch in ihrem interglobalen Nirvâna, nachdem sie am Ende der drit-

ten Runde Globus G verlassen hatten und bevor sie ihre Evolution auf Globus A der vierten Runde begannen. Bedeutet die Frage jedoch vielmehr: "Was taten und wo waren die Mânasaputras, bevor die vierte Runde auf diesem Globus D begann?", dann ist die Antwort die gleiche wie auf die vorhergehende Frage hinsichtlich der lunaren Pitris: Sie evolvierten auf den Globen B und C, das heißt den Globen, die Globus D oder unserer Erde vorangingen.

Die Frage bezieht sich auch auf die "erste, zweite und dritte", womit vermutlich Runden gemeint sind. Dieser zweite Teil der Frage erfährt eine andere Antwort. Während der ersten, zweiten und dritten Runde evolvierten die Mânasaputras auf höheren, spirituellen Plänen auf und in den Reichen des Bewußtseins oberhalb der sieben Globen unserer Planetenkette. Sie warteten, bis die sieben Globen der Planetenkette und die lunaren Pitris, die während der ersten drei Runden auf diesen sieben Globen evolvierten, taugliche, geeignete Körper vorbereitet hatten, in welche die Mânasaputras inkarnieren und in denen sie wirken konnten. Diese Körper waren während der vierten Runde schließlich zu diesem Zweck geeignet, wie in H. P. B.s "Geheimlehre" gezeigt wird.

Vergessen wir nicht, sowohl die Mânasaputras als auch die lunaren Pitris evolvieren auf allen Globen der Planetenkette. Denken wir auch daran, daß die lunaren Pitris diese Evolution von Anfang an beginnen und die Globen ebenso wie die Körper auf jenen Globen als Vorbereitung für die Inkarnation der Mânasaputras aufbauen, die während dieser gleichen langen Zeitperiode ebenfalls evolvieren, jedoch auf Plänen, die höher sind als diejenigen, auf denen die lunaren Pitris evolvieren.

Selbst während der ersten Runde auf Globus A, ganz am Schluß seines Globenmanvantaras, erschienen einige der Mânasaputras und formten die damalige Menschheit auf Globus A. Diese waren mânasaputrische Vorläufer. Die Frage in bezug auf Runden und Rassen ist außerordentlich verwickelt, obgleich die allgemeinen Prinzipien einfach und klar sind.

DIE BEDEUTUNG VON FOHAT

Frage:
Können Sie uns etwas über die tiefere Bedeutung von Fohat sagen?

Antwort:
Ich frage mich, ob Sie in Ihrem theosophischen Studium jemals an die tiefe und erleuchtende Information gedacht haben, die so oft aus dem Studium des Ursprungs und der Etymologie von Wörtern und Namen hervorgeht. Fohat kann als ein Beispiel dafür betrachtet werden, denn es ist in Wirklichkeit ein Ausdruck mongolischer Herkunft. Die Hauptwurzel des Wortes ist 'fo' oder eigentlich 'foh'. Es ist der mongolische Ausdruck für das Wort Buddha oder auch Buddhi und ebensooft für Buddha-Weisheit. Aus folgendem Grund wird es so verwendet: Fohat, die essentielle kosmische Vitalität, die ihre mannigfachen Wunder wirkt, bewirkt und vollbringt, indem sie das Gewebe des universalen Seins webt, es beherrscht und durchwirkt oder leitet, ist das kosmische Buddhi, Mahâ-Buddhi genannt. Fohat ist das Roß, der Gedanke ist der Reiter. Diese kosmische Vitalität, die sozusagen das Prâna des Universums ist und im Universum das darstellt, was die Prânas in unserem Körper sind, benannten die Mongolen und Tibeter mit dem Ausdruck oder dem Namen Fohat, was wir vielleicht so umschreiben kön-

nen, indem wir es als Buddha-Leben, Buddha-Vitalität wiedergeben.

Ich versuche hier, den Grund zu vermitteln, warum die Mongolen die kosmische Vitalität mit Gedanken in Zusammenhang bringen, die eigentlich zu den Ausdrücken Buddhi, Buddha, Bodha und Bodhi gehören. Aus ihrem Verständnis heraus weigerten sie sich, in der wundervollen, symmetrischen, mathematischen und harmonischen Struktur des Universums jenes rein imaginäre Spiel blinder und seelenloser Kräfte in toter Materie zu sehen, das während der vergangenen hundert oder mehr Jahre das Verderben des westlichen wissenschaftlichen Denkens gewesen ist. Für diese frühen Orientalen war das Universum ein Ausdruck kosmischer Weisheit, des kosmischen Buddhi, des Mahâ-Buddhi, welches die Elemente oder Substanzen des Universums leitete und lenkte, wie ein Reiter sein lebendiges Roß leitet, lenkt und dirigiert. Deshalb benannten sie diese kosmische Vitalität, die in ihren Gemütern innig mit der innewohnenden Intelligenz verbunden war, mit dem Ausdruck Fohat, in dem Sinne, wie oben erklärt. Für sie bedeutete Fohat nicht lediglich die Naturkräfte, von aller okkulten, mystischen und darum wirklichen Bedeutung entblößt, wie es die kosmischen Energien für die meisten Westlichen sind, sondern sie gaben ihnen den erwähnten Namen, denn ihr Bewußtsein verstand die kosmische Vitalität, die im universalen Sein immer tätig ist, in der eigentlichen Bedeutung: Buddha-Leben, die intelligente Grundlage des manifestierten Universums, das kosmische Leben, gelenkt von universalem Bewußtsein, universaler Weisheit. Aus diesem Grunde wurde es korrekt als das universale Leben verstanden, das durch seine universale Intelligenz verkörpert und gelenkt wird. Fohat ist das Roß, der kosmische Gedanke ist der Reiter.

DIE RASSEN-BUDDHAS

Frage:
War Gautama, der Buddha, der einzige Buddha, der während dieser Wurzelrasse unter den Menschen erschien?

Antwort:
In jeder Wurzelrasse erscheinen zwei Buddhas, einer am Beginn und einer um die Mitte oder am Ende, das hängt von den Umständen ab. Doch einer dieser beiden ist speziell der Wurzelrasse als einer Rasse gewidmet. Der gleiche buddhische Einfluß, der durch den speziellen Rassenbuddha wirkt, manifestiert sich jedoch in einer großen Anzahl von Bodhisattvas, die zu der gleichen Rasse gehören und die geringere Buddhas genannt werden könnten. Sie erscheinen in periodischen Intervallen während der Rasse. Gautama, der Buddha, war ein solcher Bodhisattva, in dem und durch den der Rassenbuddha seine transzendente Kraft manifestierte.

Hierin liegt ein esoterisches Mysterium. Es erfordert weitere Erläuterungen, die mit wenigen Zeilen nicht gegeben werden können. Doch was gesagt wurde, ist soweit ganz korrekt und beantwortet die Frage wenigstens kurz.

Um es zu wiederholen: Es gibt einen Buddha oder buddhischen 'Einfluß' für jede Wurzelrasse, der ihr gewidmet ist. Doch jede Wurzelrasse sieht das Erscheinen von zwei Buddhas, einen an ihrem Beginn und einen etwa zur Mitte oder zu ihrem Ende hin, das hängt von den Umständen ab. Zusätzlich gibt es in jeder Wurzelrasse eine ganze Anzahl von Bodhisattvas, sehr spirituelle und hoch evolvierte, intellektuelle Menschen, die auf dem Wege sind, nach einiger Zeit selbst Buddhas zu werden. Sie inkarnieren oder manifestieren den Einfluß des Rassenbuddhas in der Rasse, in der sie erscheinen. Diese Bodhisattvas sind gewöhnlich auch diejenigen Individuen, die am Beginn jedes sogenannten 'Messianischen Zyklus' erscheinen, der in der Regel jeweils 2160 Jahre dauert.

Der Buddha, der etwa in der Mitte oder zum Ende einer Rasse hin erscheint, ist der spezielle Buddha der folgenden oder nachfolgenden Wurzelrasse, welcher also sozusagen ein wenig vor seiner eigentlichen Zeit erscheint, um in Zusammenarbeit mit dem vorhergehenden Rassenbuddha das Ende der Rasse bei ihrer Verschmelzung und Verknüpfung mit der nachfolgenden Rasse zu leiten.

EIN PLANET UND SEINE SATELLITEN

Frage:
Im "Meer der Theosophie" sagt W. Q. Judge, daß die Lebenswogen auf dieser Erde von der Mondkette kamen. Das erklärt die Beziehung des Mondes zu unserer Erde. Wie sollen wir dann die Beziehung des Jupiters zu seinen vielen Monden verstehen?

Antwort:
Wenn der Fragesteller die verschiedenen Stellen studiert, an denen ich mich auf diesen Gegenstand - allerdings in mehr oder weniger verhüllten Ausdrücken - bezogen habe, wird er verstehen. Jeder Planet des Sonnensystems hat nur einen lunaren Elter. Dieser lunare Elter ist als ein vollständig verkörpertes Wesen eine Planetenkette. Der Elter der Erdkette war die lunare Kette. Der Elter von Globus D, unserer Erde, war Globus D des Mondes, dessen totes Überbleibsel oder dessen kâmarûpische Schale wir am Himmel

sehen.
Hat ein Planet mehr als einen Satelliten, so hat deren Existenz verschiedene Ursachen. Zwei könnte ich nennen, doch ich möchte nur von einer sprechen, der häufigsten. Außer dem Mond, welcher der tatsächliche Elter eines Planeten ist, zum Beispiel des Jupiters, können die anderen sogenannten Monde 'Einfänge' genannt werden.

DIE STRAFE FÜR GETRENNTHEIT

Frage:
Wenn wir alle untrennbare Teile des Universums sind, was ist die Strafe für das Zuwiderhandeln im Hinblick auf das fundamentale Gesetz des Universums und für den Versuch, aus dieser untrennbaren Vereinigung auszubrechen?

Antwort:
Die Strafe für den Versuch, sich selbst von dem Universum abzuschneiden - was völlig unmöglich wäre -, ist, daß die eigenen Schranken noch enger als zuvor werden. Das Bewußtsein schrumpft, wird eingeengt, es verliert an Weite und Ausdehnung, so daß Fähigkeiten und Kräfte verlorengehen. Das Ziel der Entwicklung - ob es sich um ein Atom, einen Menschen oder um einen Gott handelt - ist das Entfalten der latenten Kräfte und Fähigkeiten. Fortschritt in der Evolution ist durch Ausweitung oder Zunahme der Harmonie in ausgedehntere Sphären gekennzeichnet. Wenden Sie sich rückwärts, anstatt dem fundamentalen Naturgesetz des Fortschritts zu folgen, was ein sich immer mehr ausweitendes Bewußtsein und eine ständig evolvierende Kraft bedeutet, schwimmen Sie in adver-

sum flumen, gegen den Strom, und Sie verlieren entsprechend. Sie gehen rückwärts anstatt vorwärts. Ihr Bewußtsein schrumpft. Anstatt vorwärtszuschreiten, um in die Nähe der Götter, unserer Ahnen zu gelangen, was das schließliche Geschick des Menschen ist, gehen Sie rückwärts, zurück zu den Tieren, den Pflanzen, zu den noch unevolvierten infinitesimalen Wesenheiten, die in den Steinen wohnen und diese bilden.

Hierin liegt die Strafe, wenn dem fundamentalen Gesetz des Universums zuwidergehandelt wird. Sie verlieren nach und nach alles.

BEDEUTUNG DER TRÄUME

Frage:
Hat jeder Traum eine spirituelle Bedeutung, oder sind Träume lediglich das Ergebnis wechselnder Gedanken während des Schlafzustandes?

Antwort:
Ich denke, es wäre nicht möglich zu sagen, alle Träume hätten eine spirituelle Bedeutung, denn dann hätten auch gräßliche Alpträume eine spirituelle Bedeutung. Es gibt viele Arten von Träumen: gute, schlechte und indifferente Träume, erhabene und unwürdige, Träume von spirituellem Charakter, aber auch von sehr materieller Art. Einige Träume können spirituell genannt werden, weil sie von dem spirituellen Teil der Konstitution des Menschen hervorgebracht werden, der Wurzel des Wesens eines Menschen, der feinsten Energie in ihm, die auf das physische Gehirn wirkt, es erreicht und schwach berührt, denn die Entfernung, wie gesagt werden könnte, zwischen dem Geist und dem physischen Gehirn ist beträchtlich. Doch wenn die

göttliche Flamme des Geistes das physische Gehirn auch nur mit einem einzigen Strahl erreicht, ist der Traum schön, sehr friedvoll, majestätisch und vorausschauend.

Andererseits gibt es Träume, die nur Reflextätigkeiten des alltäglichen Gehirnverstandes sind, halb wach und halb schlafend. Sie laufen bunt durcheinander, weil der innere Mensch, das wirkliche Ego, das physische Gehirn mit seinem ständigen Strom von Willenskraft und fester Gewohnheit nicht mehr kontrolliert. Diese Träume, von denen ich jetzt spreche, sind lediglich automatische - gewöhnlich jedoch verdrehte - Wiederholungen der Tagesereignisse. Ich möchte versuchen, das zu erklären. Ein Mensch verbringt sein Leben, indem er jeden Tag in einer Fabrik arbeitet und Stecknadeln mit Köpfen versieht. Woche um Woche versieht er Stecknadeln mit Köpfen. Vermutlich träumt dieser Mensch manche Nacht, daß er an seiner Werkbank steht und Stecknadeln mit Köpfen versieht. Es ist offensichtlich nur ein Spiegelbild dessen, womit das Gehirn während des Arbeitstages beschäftigt war. Darin liegt überhaupt nichts Spirituelles. Betrachten wir eine andere Art von Traum. Ein Mensch träumt, er tut etwas Böses, etwas Schändliches. Das ist ebenfalls die Wirkung eines verborgenen Teiles der Konstitution dieses Menschen, der versucht, seinen Weg in das Gehirn zu erzwingen, das Ergebnis eines vergangenen Gedankens oder einer vergangenen Handlung. Weil der Gedanke oder die Tat dem Gehirn eingeprägt war, träumt der Mensch in der Nacht davon und wiederholt sie ganz oder teilweise.

Wir sehen also, es gibt viele Arten von Träumen. Träume sind das Einwirken des Bewußtseins auf das physische Gehirn. Schläft der Mensch nicht fest und ist das Gehirn noch ein wenig wach, träumt er gute, schlechte oder indifferente Träume. Sind diese Träume schön und edel, sind sie spirituell, weil der höhere Teil des menschlichen Wesens das halb schlafende Gehirn erreicht und es sozusagen berührt. Sind die Träume jedoch übel, gemein, schmutzig, so sind sie das Ergebnis des täglichen Lebens des Menschen - vielleicht nicht des vorangegangenen Tages, sie können auch die Folge eines Gedankens oder einer Tat sein, die einen Monat oder ein Jahr zurückliegt. Doch was auch immer ein Mensch denkt oder tut, es ist dem Gehirn unauslöschlich eingeprägt.

MAGNETISCHE HEILUNG AUS DER ENTFERNUNG

Frage:
Sie werden zweifellos viele psychisch orientierte Briefe erhalten haben. Das führt mich zu folgender Frage: Gibt es Ihrer Meinung nach eine Möglichkeit für magnetische Heilung aus der Entfernung?

Antwort:
Ich kann nur antworten: Ja, natürlich. Aber ich tue das mit einigem Widerstreben und möchte Ihnen sagen, warum. Es ist eine sehr gefährliche Sache für einen Menschen - selbst wenn er die besten Motive hat - zu versuchen, seinen Magnetismus auf einen anderen zu übertragen. Es kann damit zwar Gutes getan werden, ich weiß aber auch, daß damit Übles bewirkt werden kann. Es gibt edelgesinnte Menschen, die heilen, doch es ist außergewöhnlich gefährlich; bei mir selbst würde ich es nicht erlauben. Einem Freund würde ich niemals empfehlen, sich dem Magnetismus eines anderen Menschen auszusetzen. Müssen Sie noch fragen, warum? Fragen Sie sich selbst. Kein Mensch ist weise genug, um beurteilen zu können, ob es gut

ist, einen anderen Menschen zu magnetisieren; es ist ein Spiel mit dem Feuer.

Ich weiß, diese Antwort ist etwas unpopulär, doch es ist nicht meine Aufgabe, Popularität zu suchen, sondern Ihnen das zu sagen, wovon ich weiß, daß es wahr ist. Magnetisches Heilen ist tatsächlich eine andere Form der Hypnose oder der psychologischen Beeinflussung. Es kann in gewissen Fällen Teufelswerk sein. Aus diesem Grunde gibt es heute in vielen zivilisierten Ländern Gesetze, die das wahllose Ausüben der Hypnose, besonders auch an medizinischen Ausbildungsstätten, untersagt.

WEGE ZU WAHRHEIT

Frage:
Es wurde gefragt, ob Theosophen beanspruchen, die Theosophie als den einzigen Weg zu bezeichnen, auf dem Wahrheit gefunden werden kann. Können Sie uns das etwas näher erläutern?

Antwort:
Ich möchte diese Frage beantworten, indem ich mich auf die Worte des großen Franzosen Victor Hugo berufe: "In der Nacht akzeptiere ich die Herrschaft der Fackeln, obwohl ich weiß, daß es eine Sonne gibt." Zur Erläuterung sei gesagt: Wenn Theosophie die Formulierung der Tätigkeiten und Gesetze der Natur in menschlicher Sprache ist, so ist sie Wahrheit, höchste Wahrheit. Je mehr wir von dieser Wahrheit erkennen, desto mehr werden wir von der Theosophie wissen. Doch es gibt menschliche Gemüter und Herzen, für welche die strahlende Sonne zu hell ist. Sie lieben die Herrschaft der Fackeln. Sie lieben die klei-

neren Lichter, weil man den kleineren Lichtern leichter folgen kann, denn sie sind sanfter und leichter zu verstehen. Doch eines Tages werden sie aus dem Schatten hervortreten, in dem die Fackeln ihre einzigen Lichter waren. Sie werden aus der Grotte hervorkommen, von der Plato spricht, in der die Menschen nur die tanzenden Schatten an der Wand sehen. Sie werden in das Sonnenlicht hinaustreten; und dann werden die Fackeln beiseite gelegt.

GRUPPENSEELEN

Frage:
Verschmelzen Tiere nach ihrem Tode in einem allgemeinen 'Seelen-Reservoir', und verlieren sie ihre Individualität in dem, was eine 'Gruppenseele' genannt werden kann, oder hat jedes Tier seine eigene getrennte, individualisierte Monade?

Antwort:
Obwohl der Ausdruck 'Gruppenseele' unglücklich gewählt und nicht ganz korrekt ist, enthält er dennoch einen Funken Wahrheit. Wenn wir uns erinnern, daß die Individualisierung von den Elementalen bis hinauf zu den Dhyân-Chohans ständig zunimmt und daß alle Monaden zu dem einen oder anderen der sieben, zehn oder zwölf solaren Logoi oder zu dem, was einige Menschen auch 'Strahlen' nennen, gehören und mit ihm verknüpft sind, sehen wir sofort die wahre Lehre hinter der Idee dieser Gruppenseele. Trotzdem ist jedes Tier zu jeder Zeit ein Ausdruck der ihm innewohnenden Monade, wie es auch der Mensch, eine Pflanze oder ein chemisches Atom ist. Doch je weiter wir in Richtung der chemischen Atome gehen, desto enger

sind die entsprechenden Monaden in Familien eingebunden. Wir sehen dies an dem Beispiel der Minerale, die, obgleich sie in verschiedene Arten zerfallen, viel gleichartiger sind als die Pflanzen, welche wiederum ihrerseits, obwohl sie in verschiedene Ordnungen, Arten, Familien und Spezies eingeteilt werden, wesentlich gleichartiger sind als die Tiere. Und obwohl die Tiere in verschiedene Rassen eingeteilt werden, sind sie einander ähnlicher als die menschlichen Wesen. Vielleicht wäre 'Naturreich' - ein Ausdruck, der zu H. P. Blavatskys Zeit benutzt wurde - ein besseres Wort als 'Gruppenseele' oder 'Gesamtseele'.

Die Monaden in den niederen Reichen sind wesentlich enger miteinander verzahnt und einander viel ähnlicher als die mehr individualisierten Monaden in den höheren Reichen. Doch es wäre ganz falsch und würde zu Irrtümern führen, wenn man sagte, daß die Monade eines Tieres zum Beispiel in einen Seelenozean oder eine Gruppenseele zurücksinkt und niemals wieder daraus hervorkommt, es gehen vielmehr andere, neue Differenzierungen, neue Tröpfchen aus dem Ozean hervor. So wandert die Monade fortwährend durch Zeit und Raum und ringt darum, sich in dem Maße, in dem ihre Vehikel vollständiger individualisiert werden, mehr zum Ausdruck zu bringen. Das ist die korrekte Lehre. Doch von unserem Standpunkt aus gesehen ist die Monade von ihrem ersten Erscheinen an als unselbstbewußter Gottesfunke in einem Manvantara ein Individuum. Die Monade ist niemals ein Elemental, das sich in ein Mineral verwandelt, dann in eine Pflanze, ein Tier und zuletzt in einen Menschen. Das ist falsch. Doch die Monade manifestiert sich zuerst im Mineralreich und bringt ihr eigenes atomares Vehikel hervor. Hat sie dann ihre sieben Runden im Mineralreich durchlaufen, überschreitet sie die Grenzlinie und betritt das Pflanzenreich. Nachdem sie dort ihre sieben Runden durchlaufen hat, entwickelt sie sich und manifestiert sich als einer der niedersten Typen der Tiere, zum Beispiel als Schwamm oder eines der halb tierischen, halb pflanzlichen Geschöpfe. Schließlich betritt sie das Tierreich, und so geht es weiter aufwärts.

Denken wir an die Erklärung in der "Bhagavad-Gîtâ", die Krishna zugeschrieben wird, wo er im wesentlichen sagt: "Ich errichte dieses Universum aus einem Teil meiner selbst und bleibe doch getrennt davon." Ebenso verhält es sich mit den unzählbaren individuellen Monaden. Von der Zeit ihres ersten Erscheinens in einem Manvantara an errichtet jede einzelne ihr wechselndes Vehikel aus Teilen ihrer selbst und bleibt doch die Zeitalter hindurch ständig von diesen Vehikeln 'getrennt', indem sie diese manifestiert und durch sie wirkt, bis schließlich nach Erreichen der Dhyân-Chohanschaft die evolvierende Seele wieder zur Monade wird: der Buddha oder Christus wird wieder einmal sein 'Vater im Himmel', welcher die Monade ist.

DIE MISSVERSTANDENE IDEE DER ZWILLINGSSEELEN

Frage:
Bitte sagen Sie uns etwas über die Lehre der Zwillingsseelen.

Antwort:
Ich schätze diesen Ausdruck 'Zwillingsseelen' nicht, denn es ist eine Tatsache, daß nicht nur alle Menschen Kinder der Vatersonne sind, sondern auch, daß, wie die menschliche Rasse geteilt ist, bestimmte Tei-

le der Menschheit sozusagen zu gewissen spirituellen Energien und Kräften gehören, die in ihrem Aggregat die spirituelle Sonne bilden.

Einige Theosophen nennen diese Energien Strahlen. Das ist kein sehr gutes Wort, denn es erinnert an die physischen Strahlen der Sonne und verlagert den Gedanken auf eine materielle Ebene. Ich ziehe das Wort 'Energien' oder 'Kräfte' vor. Gewisse Rassen der Menschheit oder gewisse Körper der Menschen gehören zu derselben Energie, zu demselben Strahl. Andere menschliche Körper gehören zu anderen Kräften oder Strahlen. Es gibt zehn Hauptkräfte oder -strahlen, und ebenso können wir die Menschen in zehn Familien einteilen. Diese sind die gleichen wie die zehn Klassen der Monaden, von denen H. P. B. spricht. Auf dieser wundervollen mystischen Idee, einer Tatsache der Natur, beruht die mißverstandene Idee von den Zwillingsseelen.

Wie entstand die Idee von den Zwillingsseelen? Sie entstand aus folgender Tatsache heraus: Zwischen zwei Menschen, die zu derselben Energie der Sonne gehören, zu derselben besonderen solaren Kraft, gibt es eine fast augenblickliche Sympathie, das Gefühl, sie hätten einander schon immer gekannt. Betrachten wir die Ereignisse unseres normalen menschlichen Lebens, so beruhen die Fälle echter, wahrer Zuneigung zwischen zwei Menschen auf dieser Tatsache.

Das ist die Erklärung über die wahre Lehre der Zwillingsseelen. So, wie sie allgemein verstanden wird, ist sie sehr gefährlich, denn in der so verstandenen Art kann sie leicht mißbraucht werden. Doch wir sehen, wenn sie richtig verstanden wird, ist sie eine Lehre voll tiefgründiger Bedeutung.

KEINE HISTORISCHE AUFZEICHNUNG VON JESUS

Frage:
Was ist von der Person Jesus historisch bekannt?

Antwort:
Von der Person Jesus ist absolut nichts durch historische Aufzeichnungen bekannt - wenn wir die christlichen Evangelien weglassen. Selbst der Hinweis bei Josephus, dem jüdischen Historiker, auf die Tatsache, daß ein gewisser Mann namens Christus kurz vor seiner Zeit in Jerusalem gelebt hatte, wird jetzt von Gelehrten außerhalb der christlichen Kirche und von vielen christlichen Gelehrten fast durchweg als Einschub angesehen, der vielleicht von Eusebius in Josephus' Werken vorgenommen wurde. Es gibt nicht die geringste historische Aufzeichnung über seine wirkliche Existenz seitens eines 'heidnischen' Historikers, abgesehen von unbestimmten Aussagen bei Tacitus und einem oder zwei anderen Schriftstellern. Diese Aussagen gründen sich augenscheinlich auf bloßes Hörensagen, und zweifellos rühren sie von frühen Christen her. Die Situation ist die, daß Dutzende von Gelehrten zu dem Schluß kamen, die ganze Geschichte über Jesus sei lediglich ein früher 'Sonnenmythos' - was von den Theosophen nicht angenommen wird. Unzweifelhaft existierte dort zu einer Zeit, die wir den Beginn der christlichen Ära nennen, oder in dem Jahrhundert vor der allgemein angenommenen christlichen Ära ein Weiser, ein Seher, der in Palästina lebte und wirkte und wahrscheinlich Yêshûa genannt wurde, was das hebräische Wort für 'Heiland' ist. Das ist die ursprüngliche Form des Namens, die im Griechischen zu Iesous und im Lateinischen zu Jesus wurde. Er ist derjenige, auf den sich die Theosophen als auf den Avatâra beziehen.

Ich glaube nicht, daß die Leute wissen, wie gänzlich unfundiert viele der angenommenen Geschichten des Christentums sind. Es gibt absolut keinen Beweis - entsprechend den üblichen Maßstäben für Beweise -, daß Jesus jemals gelebt hat. Die Christen sind oft aufgefordert worden, einen exakten Beweis zu erbringen, doch es ist ihnen nicht gelungen. Aber sie argumentieren mit guten Vernunftgründen, daß es eine echte Gestalt gegeben haben muß, um welche sich die Mythen, Erzählungen und Legenden rankten, die später in die verschiedenen Schriften eingebettet wurden, wie in die vier Evangelien, die heute kanonisch genannt werden, und in die zwanzig oder mehr der gegenwärtig apokryph genannten Evangelien.

Betrachtet man die bitteren theologischen und anderen Konflikte und die jahrhundertelangen Kämpfe der frühen Christen untereinander, die ständigen Streitigkeiten während der ersten fünfhundert und mehr Jahre, so erkennt man, daß kaum etwas ursprünglich Wahres hätte überleben können. Was als Ergebnis überlebte, war 'Christliche Theologie'. Diese war wiederum in verschiedene Schulen zersplittert, wie zum Beispiel die griechisch-orthodoxe Kirche, die römisch-katholische Kirche, die armenische, die nestorianische, die koptische, die syrische Kirche und andere kleinere Sekten. Außerdem gab es die großen christlichen theologischen Parteien, wie die sogenannte Orthodoxe Partei und die Arianische Partei.

Die heutige christliche Theologie ist lediglich das Ergebnis einer Vermischung theologischer Streitigkeiten während der ersten fünfhundert und der folgenden vierzehnhundert Jahre!

DER DUNKLE URSPRUNG DER EVANGELIEN

Frage:
Was ist hinsichtlich der Verfälschung der Originaltexte bekannt, um sie in bessere Übereinstimmung mit den Ideen der Kirchenväter zu bringen? Ich erinnere mich, im "Theosophical Path" von einem gewissen Lactantius gelesen zu haben, der das Geheimnis verriet, daß er die Texte verdreht hätte.

Antwort:
Ich glaube, der Bezug auf Lactantius ist in diesem Zusammenhang ein Irrtum. Lactantius war einer der späteren christlichen Apologeten und lebte im ersten Teil des vierten Jahrhunderts der christlichen Ära, in dem die Evangelien wahrscheinlich bereits als mehr oder weniger kanonisch angenommen worden waren. Niemand weiß wirklich, wer die Evangelien verfälschte, wenn sie überhaupt verfälscht wurden, was wahrscheinlich ist - einige mehr, einige weniger. Es ist eine Tatsache, daß alles, was die Gelehrten wirklich über die vier Evangelien - jenseits von Meinung und Hypothese - wissen, das ist, daß diese vier jetzt kanonisch genannten schließlich über viele andere den Sieg davontrugen und ungefähr im vierten Jahrhundert der christlichen Ära die vier angenommenen kanonischen Evangelien oder Schriften der christlichen Kirche wurden. Das ist alles, was mit Sicherheit gesagt werden kann. Alles andere liegt im Dunkeln, ist Meinung und Vermutung.

Für jeden, der die vier Evangelien liest, ist ersichtlich, daß sie Werke sein müssen, die nach oder gemäß anderen geschrieben wurden, nach den Originalen, die jetzt verschwunden sind. Denn die jetzigen Evangelien weisen genügend Ähnlichkeit und Identität im Inhalt auf, um diese Schlußfolgerung zuzulassen. Sie enthalten ebenfalls eine ausreichende Anzahl wechselseitiger Widersprüche, die beweisen, daß verschiedene Hände dabei am Werk gewesen sind oder sie geschrieben haben. Als die Evangelien geschrieben wurden, lebten einige der christlichen Väter früher und andere später.

WARNUNGEN IN TRÄUMEN

Frage:
Woher kommen Warnungen in Träumen und Visionen? Kommen sie von exkarnierten Geistern?

Antwort:
Nein, sie kommen nicht von exkarnierten menschlichen 'Geistern'. Es ist das innere Ego, das spirituelle Ego des Menschen, das die Vision hat, die Stimme hört oder die Inspiration empfängt. In sehr seltenen Fällen kommen Warnungen von den Wächtern der Menschheit, die als karmisches Verdienst, welches das Individuum in einem anderen Leben erworben hat, eine Warnung geben, eine Vision oder einen Traum senden.

PRAJAPATIS, AMSHASPENDS, KABIREN

Frage:
Sind die Prajâpatis das gleiche wie die Amshaspends? H. P. B. scheint beide Ausdrücke zu benutzen, und ich sehe keinen großen Unterschied zwischen ihnen.

Antwort:
'Prajâpatis' ist ein zusammengesetztes Sanskritwort mit der Bedeutung 'Eltern der Nachkommenschaft',

'Beginner der Rassen'. Sie werden gewöhnlich als sieben oder zehn gezählt, in Wirklichkeit sind es zwölf. Was in Indien Prajâpatis genannt wurde, hieß bei den Persern Amshaspends. In der jüdischen Theosophie, der Kabbala, wurden sie Sephîrôth genannt. In der orphischen okkulten Lehre im alten Griechenland und in Kleinasien waren es die Kabiren, die besonders in der Mysterienschule von Samothrake verehrt wurden. Alle diese sind wiederum praktisch identisch mit den Erzengeln, wie sie im Christentum genannt werden. Versteht man die ursprüngliche christliche Lehre über die Erzengel, versteht man auch die Tätigkeiten der Prajâpatis, Sephîrôth und Kabiren. Ein anderer Name für die Prajâpatis ist 'Manus', sofern nur auf die menschliche Rasse allein angespielt wird; und diese sind praktisch identisch mit den Rishis.

So sind also die Prajâpatis, die Sephîrôth, die Kabiren, die Erzengel, die Amshaspends und ähnliche Wesen oder Wesenheiten in anderen alten Systemen die Eröffner von Rassen, in einem kleineren Rahmen die Eröffner der Zivilisationen, die Manus und die Sishtas, wenn wir speziell von unserer menschlichen Rasse oder Lebenswoge sprechen. Jeder Prajâpati korrespondiert in einer sehr interessanten Anschauungsweise mit einem kosmischen Plan. Um es auf eine andere Weise auszudrücken: Es gibt sieben, zehn oder zwölf Klassen von Monaden, je nachdem, wie wir sie zählen; jeder Prajâpati ist das Haupt einer Klasse von Monaden.

Es ist gut, sich dieser Korrespondenz und Äquivalenzen zu erinnern, denn wir werden so in der Lage sein, H. P. B.s "Geheimlehre" mit einem klareren Verstehen zu lesen. Sie hatte die Gewohnheit, für einen wahren Gelehrten eine in gewisser Weise wundervolle Gewohnheit, Anschauungsmaterial aus allen Richtungen zu bringen, das sie miteinander vermischte, stets ohne zu erklären, daß diese Dinge äquivalent sind. So dachten einige Schüler, wenn sie in der "Geheimlehre" von Prajâpatis, Sephîrôth, Kabiren, Amshaspends und Erzengel lasen, daß dies ganz verschiedene Wesen seien. Sie sind die gleichen großen Wesen, nur wurden sie in verschiedenen Teilen der Erde oder bei verschiedenen Rassen mit unterschiedlichen Namen benannt.

DER LOGOS ALS INDIVIDUUM UND ALS HIERARCHIE

Frage:
Ist der kosmische Logos ein Individuum, von dem alle geringeren monadischen Individualitäten, die ihn zusammensetzen, ausstrahlen? Oder ist der Logos andererseits nur die kollektive Gesamtheit aller Monaden?

Antwort:
Als Antwort möchte ich mit Hilfe eines Bildes eine Frage stellen: Ist ein Baum nur eine Ansammlung von Atomen, die sich zu Wurzeln, Stamm, Rinde, Ästen, Zweigen, Blättern, Blüten und Früchten gruppieren, ohne eine wesenhafte Individualität im Innern?Oder ist er eine wesenhafte Individualität, aus diesen geringeren Leben aufgebaut, wie die Lebensatome den Körper aufbauen? Es scheint leicht zu sein, aus dem Stegreif zu antworten, daß der Baum eine Wesenheit ist, die aus geringeren Leben aufgebaut ist, und diese Antwort wäre ganz korrekt. Doch sie ist noch nicht voll befriedigend, denn es ist offensichtlich, daß weder die Wurzel des Baumes noch die Rinde oder der Stamm, noch Zweig, Blatt oder Blüte der ganze Baum ist.

Nehmen wir ein anderes Bild: Ist der Tisch, an dem ich sitze, auf den unsichtbaren Plänen eine wesenhafte Individualität, die durch dunkle karmische Mächte von verschiedenen Bäumen abgeschnitten, von mehreren menschlichen Händen gestaltet, poliert und in das Aggregat von Holz hier vor mir gebracht wurde, das wiederum aus Molekülen und Atomen zusammengesetzt ist? Meine Antwort ist: beides. Der Tisch könnte nicht existieren, wenn er nicht bereits vorher im Astrallicht existiert hätte, das heißt, wenn er nicht eine eigene wesenhafte Existenz hätte. Das ist für uns Menschen schwer zu begreifen, es ist aber dennoch real. Betrachten wir jedoch den Tisch oder den Baum in seinen Einzelteilen oder die Einzelteile eines Logos, welche die verschiedenen Hierarchien sind, die ihn bilden, dann sind wir geneigt anzunehmen, im Tisch, im Baum oder im Logos sei keine wesenhafte Realität vorhanden, sondern jeder sei nur ein Aggregat seiner ihn zusammensetzenden Teile. Das wäre halb richtig und halb falsch.

Der Logos, der Baum, der Tisch und in der Tat jede andere Wesenheit, die im Universum erscheint, mag ihre Existenz kurz oder lange währen, ist eine karmische Reproduktion und Verkörperung einer wesenhaften Individualität in den unsichtbaren Welten, nennen wir sie spirituelle Welten, wenn wir sie weit genug zurückverfolgen.

Der Logos ist eine Wesenheit, eine Individualität von hoch spirituellem Charakter und umfaßt zahlreiche kleinere Hierarchien, von ihm ausstrahlende Gruppen oder Gruppen aus seinen Strahlen. Betrachten wir die Sache von oben, müssen wir sagen, daß der Logos ein Individuum ist, das aus seinen hierarchischen Monaden oder Lebensatomen zusammengesetzt ist. Betrachten wir die Sache von unten, sind wir geneigt, den Logos nur als eine Ansammlung oder ein vollständiges Aggregat der unzählbaren Individuen anzusehen, die das Universum bilden.

Manchmal frage ich mich tatsächlich, ob diese sehr interessanten Fragen, außer für die Philosophen, von Wert sind, und doch denke ich, daß sie es sind, denn sie lenken die Gemüter der Menschen von den groben und materiellen Aspekten des Lebens fort und geben ihnen Ideen und Intuitionen von größeren Dingen. Der Verlust der Seele beginnt gewöhnlich mit dem Verlust der Ideale. Aus dem gleichen Grunde habe ich es immer gutgeheißen, die kosmische Struktur und ebenso die Planetenkette, Runden und Rassen und ähnliche grundlegende Lehren zu studieren, denn sie erheben das Gemüt über die Materie und flößen Gefühle für eine allgemeine Einheit und für "Universale Bruderschaft" ein. Sie beinhalten daher einen unermeßlichen ethischen und moralischen Wert und üben eine entsprechende Wirkung auf uns aus.

NATIONEN UND RASSEN ALS WESENHEITEN

Frage:
Ist es korrekt, Nationen und Rassen als wirkliche Wesenheiten aufzufassen?

Antwort:
Diese Frage ist nicht leicht zu beantworten. In einem Sinne ja, weil jede Einheit, ob groß oder klein, rassisch, national, regional oder in kleinerem Maßstab, wie Großstadt, Stadt und Dorf, selbst eine Familie, ein Swabhâva darstellt, das daher die Verkörperung einer Art Einheit in den spirituellen Reichen bedeutet. Tatsächlich trieben die Griechen und Römer diese Personifizierung von Abstraktionen so weit, daß sie

wirklich sagten, es gäbe eine Göttin der Tugend, eine Göttin der Geduld usw., eine Göttin des Streites und entsprechende Götter. Das alles hat eine abstrakte Realität, denn Geduld, Streit, Liebe, Sympathie und Tugend sind Eigenschaften, die aus der kosmischen Hierarchie hervorfließen und daher in einem gewissen Sinne personifiziert und individualisiert werden können. Doch das darf nicht so weit gehen, daß sie als identisch, obwohl wesentlich größer, mit einem inkarnierenden und reinkarnierenden Ego angesehen werden.

Ist also ein Bienenschwarm der Ausdruck einer inneren Monade oder Wesenheit? Oder ist ein Bienenschwarm nur ein Aggregat von kleinen Bienenmonaden? Die Antwort lautet: Er ist beides. Die Bienenmonaden sind vorhanden, und jede ist eine individualisierte, sich wiederverkörpernde Wesenheit. Doch der Schwarm als eine Ansammlung solcher Monaden stellt die Gesamtheit der Monaden dar, die in einem gemeinsamen Swabhâva oder kleineren Logos vereinigt sind, der in seinem Höchsten eine Wesenheit, doch als ein Schwarm nur ein kollektiver und quantitativer Ausdruck durch Strahlen ist.

Die Amerikaner zum Beispiel sind als eine Nation eine Gruppe menschlicher Monaden, ihr Schicksal oder Karman führt sie zusammen. Mit der Zeit werden sie mächtiger, und ihre angeborenen Eigenschaften werden ausgeprägter, wenn die Assimilation der vielen Einwanderer in die Vereinigten Staaten abgeschlossen ist. Was ist das amerikanische Volk jetzt, und was wird es dann sein? Können wir sagen, daß in den spirituellen Sphären ein spirituelles Wesen, eine spirituelle Wesenheit oder Monade existiert, die für eine gewisse Zeit ihre Qualitäten ausstrahlt und sich dadurch auf dieser Erde als das amerikanische Volk ausdrückt, gebildet aus den Monaden, die durch Wiederverkörperung in diese spirituell-astrale Strahlungsform kommen und wieder gehen? Die Antwort ist: Ja. Doch dürfen wir dabei nicht an eine sich wiederverkörpernde Wesenheit denken, die immer wieder ein materielles Kleid annimmt, denn das würde sie bloß - ich meine hier die Nation - zu einer sich wiederverkörpernden Monade machen.

Auf der anderen Seite ist es wahr, daß sich das, was gewesen ist, über ungeheure Perioden manvantarischer Zeit zyklisch reproduziert, doch in jedem Zyklus etwas höher als in seiner letzten Erscheinung. Das ist eine alte stoische Lehre. Alles, was jetzt existiert, existierte in einer fernen, vergangenen manvantarischen Zeit auf einem etwas weniger evolvierten Plan als jetzt. Da sich die astralen Muster damals entwickelten, wird alles in einer weit entfernten Zukunft wieder erscheinen, aber auf einem etwas höheren Plan. Auch wir als individuelle Monaden, die jetzt hier existieren, werden uns aufwärts in höhere Sphären bewegt haben. So wird sich, wie wir nun sehen, diese abstrakte spirituelle Wesenheit wieder als eine Nation manifestieren, doch dies wird erst nach manvantarischen Zeitaltern geschehen und mit neuen Monaden, die sozusagen ihre Lebensatome bilden.

So können wir also sagen: Jede Nation ist der Ausdruck eines nationalen Genius, der hier einen nationalen Geist bezeichnet. Genauso ist es mit jedem Volk, jeder Rasse, jeder umfassenden globalen Bevölkerung und auf der absteigenden Skala, entsprechend der Abstraktion einer jeden Nation, mit jeder Großstadt, jeder Stadt, jedem Dorf und jeder Familie. Die ganze Angelegenheit ist sehr subtil und schwer zu erklären, doch sie wird klar, wenn wir erstens nicht vergessen, daß sich jede Einheit karmisch auf Erden zum Ausdruck bringt, weil sie eine Manifestation innerer, unsichtbarer spiritueller Ursachen ist und innere spirituelle Qualitäten von einem spirituellen Brennpunkt ausstrahlt; und wenn wir zweitens daran denken, daß dies in analoger, aber nicht in identischer Weise mit einem sich wiederverkörpernden Ego, wie zum Beispiel einem menschlichen Ego, geschieht. Weiterhin dürfen wir nicht vergessen: Jede örtliche oder nationale Einheit ist mit allen anderen örtlichen oder nationalen Einheiten verschwistert, so, wie auch alle Menschen Brüder sind, denn alle sind aus einer gemeinsamen Quelle geboren. Denken wir an diese letzte, wichtigste Tatsache, verlieren wir unseren fanatischen Nationalismus, unsere Neigung, unsere eigene Nation oder unser Volk als über alle anderen auf Erden erhaben zu betrachten. Wir erkennen, daß wir als menschliche Individuen in unserem nächsten Leben gerade in der Nation geboren werden können, die wir jetzt am wenigsten schätzen, natürlich vorausgesetzt, unsere Wiedergeburt ist nicht zu lange hinausgeschoben, weil dann die Nation vielleicht vorübergehend verschwunden ist.

DER TURM ZU BABEL

Frage:
Hat die Geschichte vom Turm zu Babel eine verborgene Bedeutung?

Antwort:
Es gibt keine historische Grundlage für die Geschichte vom Turm zu Babel als einem wirklichen Turm. Der Turm zu Babel ist so, wie in der hebräischen Bibel über ihn berichtet wird, eine Allegorie, die nach jüdischer Manier von den letzten atlantäischen Magiern erzählt wurde, die danach strebten, mit ihrer menschlichen Magie selbst den 'Himmel' zu erobern. In der

Allegorie bauten die atlantäischen Magier einen 'Gedankenturm', doch da er irdisch und nicht spirituell war - im Charakter typisch atlantäisch -, brachte der Versuch, nachdem der Turm eine gewisse Höhe erreicht hatte, durch menschliche Magie den 'Himmel zu erklimmen', Verwirrung in die gewöhnliche menschliche Evolution oder in die Evolution der Menschheit. Die daraus entstandene Verwirrung hinsichtlich der Sprachen bedeutete, daß sich die atlantäischen Rassen in verschiedene menschliche Familien aufteilten, und das Ergebnis davon war Verwirrung und Getrenntsein.

Desgleichen bauten die Eingeweihten des Pfades rechter Hand ihrerseits einen 'Turm der unendlichen Gedanken', wie der Meister in den "Meisterbriefen" erklärt, doch ihr Turm ist auf Geist anstatt auf Materie gegründet; aus diesem Grunde ist er in sich selbst eine Einheit, was eine Verwirrung unmöglich macht. Verwirrung und Mißverständnis ist dort, im Gegensatz zu den rein menschlichen Bemühungen, durch Magie die 'Mauern des Himmels' zu erklimmen, nicht möglich.

PYTHAGOREISCHE VERBOTE

Frage:
Aus welchen Gründen durften die Pythagoreer keine Bohnen essen?

Antwort:
Ich frage mich, ob Pythagoras in einer gewissen Stadt in Neuengland sehr willkommen gewesen wäre: dort gibt es als Spezialität gebackene Bohnen mit Graubrot! Liegt etwas Unrechtes oder Strafbares darin, Bohnen oder Graubrot mit Bohnen zu essen, obwohl sie schwer verdaulich sind?

Doch das ist nicht die wahre Bedeutung. Wußten Sie, daß die Mitglieder einer der kleinen frühen christlichen Sekten glaubten, die Feige wäre die Frucht jenes besonderen Baumes im Garten Eden, die zu essen Mutter Eva Vater Adam verführt hat? Warum nahmen sie gerade die arme Feige und machten sie so heilig, daß allen Glaubensbrüdern verboten war, Feigen zu essen? Wie Sie sehen, ist das ein anderer Fall von 'Bohnen', denn man dachte sich, daß die kleinen Samen in der Feige ein Symbol für die Lebenssamen seien, und so wurde die Feige zu einem Symbol, zu einer heiligen Sache gemacht: zu einem Tabu, wie man im Süden sagt. Essen wir also keine Feigen, denn sie sind zu heilig, um gegessen zu werden! Und zweifellos wurde auf die besonderen Sätze im hebräischen Buch der Genesis hingewiesen, wo der Engel mit dem Flammenschwert Adam und Eva aus dem Paradies vertreibt, weil sie von der verbotenen Frucht gegessen haben.

So hatten also die Pythagoreer eine Lehre in derselben Richtung. Für sie standen Bohnen - sie hätten auch Erbsen, Apfelkerne oder etwas anderes wählen können, was Samen enthält, aber sie wählten nun eben Bohnen - symbolisch für Leben, für Monaden, welche die Zukunft erzeugen; man nahm eine Pflanze, die Samen, Bohnen, Erbsen oder dergleichen hervorbringt. Als das frühere tiefe Verstehen der Lehren verlorengegangen war, faßten die späteren Pythagoreer das Verbot in dem Sinne auf, daß es schlecht sei, Bohnen zu essen, weil sie verdorben seien, was das Gegenteil der wirklichen Bedeutung ist.

Ich glaube nicht, daß Pythagoras jemals gesagt hätte, einer seiner Schlüler dürfe kein Gericht mit Bohnen essen. Sehen Sie nicht, wie völlig lächerlich die Sache wird, wenn wir sie auf das Äußere reduzieren? Bohnen waren für sie wie ein Paßwort, das auf eine wundervolle geheime, okkulte Lehre anspielte, die nicht genießbar war, das heißt, an der niemand teilhaben sollte außer jenen, die stark genug waren, sie zu vertragen, zu verstehen und zu verarbeiten. Folglich wurden Bohnen verboten.

Jede Lehre, die nicht zu einem besseren Leben führt, ist abstoßend, sie hat keinen Wert. Wenn eine Lehre nicht in irgendeiner Weise unser Leben veredelt, würde ich mit den alten englischen Worten sagen: Vermeidet sie, verabscheut sie.

Warum veränderten die pythagoreischen Lehren den Charakter jener, die sie studierten, so radikal? Es geschah aufgrund des 'Umwandlungseffektes' - ein altes christliches Wort mit der Bedeutung 'Wandlung des Gemütes', womit die Wandlung des Gemütes vom Niederen zum Höheren gemeint war. Und das ist genau das, was der Welt heute fehlt. Sie hat fast vergessen, wie notwendig es ist zu denken, richtig zu denken, damit die Menschen entsprechend richtig leben können. Um richtig zu denken, muß man Grundsätze haben, Grundsätze, an welche die Menschen glauben, von deren Wahrheit sie überzeugt sind. Diese Wahrheit wird durch spirituelle und intellektuelle Überzeugung erfahren, die mit Hilfe von Studien erlangt werden kann. Daher kann das Studium von Religion, Philosophie und Wissenschaft das Leben des Menschen veredeln, ihn über den Standpunkt, das Leben nur als Kampf gegen andere Menschen anzusehen, hinausheben und all das Tierische in ihm, die streitbaren Eigenschaften, die er seinen Mitmenschen gegenüber gebraucht, ausmerzen. Richtiges Denken veredelt den Charakter des Menschen, weil es seine Sicht bereichert und erweitert und ihm andere Ansichten über seine Mitmenschen vermittelt.

Frage:
Warum verlangte Pythagoras fünf Jahre Schweigen von seinen Jüngern?

Antwort:
Ich glaube nicht, daß es eine solche Regel gab. Die Bedeutung ist die, daß kein äußerer oder innerer Schüler lehren oder sprechen durfte, bevor er nicht entsprechend geschult war. Fünf Jahre wurden als die Zeit betrachtet, innerhalb derer er, wie wir heute sagen, ein Studium absolvieren, ein Diplom erlangen und einen Beruf auszuüben beginnen konnte. Das war in der Tat eine sehr kluge Maßnahme, wenn wir an die heutige Effekthascherei denken, an alle Arten unbeschreiblich inhaltsloser Literatur, die weder eine Belehrung geben noch moralisch zu verantworten sind; derlei wird gelesen, und dafür wird Geld ausgegeben. Jeder kann irgend etwas daherreden, und wessen erfinderischer Genius stark genug ist, kann Gebrauch von ihm machen. Die Regel des Pythagoras verhinderte so etwas.

DIE THEOSOPHISCHE EINSTELLUNG ZUM SPIRITISMUS

Frage:
Wie ist die Einstellung der Theosophie zum Spiritismus?

Antwort:
Theosophen haben keine Glaubensbekenntnisse und keine Dogmen. Folglich ist jeder, der "Universale Bruderschaft" als eine Tatsache in der Natur anerkennt, eingeladen, Theosophie zu studieren.

Ich glaube, die Spiritisten sind im allgemeinen eine Gruppe ernster, aufrichtiger und guter Menschen, die davon überzeugt sind, mit den Geistern ihrer Lieben, die hinübergegangen sind, in Verbindung treten zu können. Ich denke jedoch, daß das absolut falsch ist; hier liegt vielmehr ein großes Mißverständnis vor. Sicher gibt es gute Medien, deren psychische Konstitution mehr oder weniger unausgeglichen ist und sich nicht so im Gleichgewicht befindet wie beim Durchschnittsmenschen. Folglich können sie ungewöhnliche Dinge tun oder hervorbringen. Doch es wurde nie bewiesen, daß diese ungewöhnlichen Dinge das Wirken von Seelen verstorbener, hinübergegangener Menschen sind.

Ich möchte nicht die Gefühle eines Spiritisten verletzen, doch ich möchte fragen: Haben die Spiritisten hier in den USA seit den ersten Manifestationen in Hydeville im Staat New York, ich glaube, es war 1848, der Welt irgend etwas von religiösem, philosophischem oder wissenschaftlichem Wert gegeben, Naturgesetze erklärt, große religiöse Wahrheiten erläutert? Nein, nichts! Haben sie wissenschaftlichen Fortschritt vorhergesagt oder erklärt? Nein!

Ich möchte noch ein wenig weitergehen und bitte um Vergebung, wenn meine Worte Gefühle verletzen. Ich möchte nicht absichtlich irgend jemandes Gefühle verletzen, doch da mir diese Frage gestellt wurde, ist es meine Pflicht zu antworten. Ich habe diese Frage studiert und herausgefunden, daß die sogenannten Mitteilungen, die durch die Medien von angeblichen 'Geistern' kommen, in der Regel einfach Unsinn sind. Das ist das, was ich herausgefunden habe. Diese Mitteilungen enthalten oft eine allgemeine Ethik die jedermann kennt und die sehr dürftig, nur trivial ist; sie enthalten kaum einen tieferen Sinn. Ich weigere mich zu glauben, daß zum Beispiel mein verstorbener Vater für derartige Aussagen verantwortlich sein soll.

Die Lehre aller Weisen der vergangenen Zeitalter, welche die Menschen vor den Praktiken gewarnt haben, die wir Nekromantie oder Prophezeiungen mit Hilfe der Toten nennen, gibt Aufschluß darüber, was wirklich in der Astralwelt geschieht, welche die Welt direkt über der physischen ist, deren Materie weniger physisch ist als die unsere, weniger materiell, ein klein wenig ätherischer: dort leben die Schatten, die Trugbilder, die Relikte der astralen Körper toter Menschen, Astralleichname. So, wie der physische Körper ein physischer Leichnam ist, wenn ihn die Seele verlassen hat, ist es in der Astralwelt: wenn die Seelen die Astralwelt verlassen haben, lassen sie diese astralen Leichname zurück. Wir nennen sie Schalen, wie auch der physische Körper eine Schale ist, wenn die Seele ihn verlassen hat. Diese astralen Leichname oder Schalen werden zu den Séanceräumen hingezogen und klammern sich an Sensitive, die derartige Versammlungen besuchen. Sie können das Gemüt und das Gehirn des Mediums beeinflussen. Auf diese Weise werden durch die Medien manchmal Mitteilungen empfangen, die den Namen einer verstorbenen Person angeben oder einige kleine unwichtige, gewöhnliche Erlebnisse mitteilen, welche die verstorbene Person zu Lebzeiten hatte.

Doch diese astralen Überbleibsel sind nicht die glorreichen 'Geister' menschlicher Wesen. Tritt der Tod ein, ist der Geist des Menschen wie ein Blitz, schneller als der Blitz zu seinem Elternstern entflohen. Alles, was in der physischen Welt zurückbleibt, ist die Leiche, der Leichnam. Alles, was in der Astralwelt zurückbleibt, ist der Kama-rûpa oder Astralkörper als ein astraler Leichnam.

Beginnen Sie jetzt zu verstehen? Ich möchte nicht noch mehr sagen, weil ich nicht die Gefühle anderer verletzen möchte. Wer daran interessiert ist, was die Theosophie über Spiritismus sagt, möge unsere Bücher studieren, hauptsächlich die von H. P. Blavatsky, da sie sich besonders nachdrücklich mit diesem Gegenstand befaßt hat.

Zum Abschluß sollte ich auch sagen, daß viele der sogenannten wahren Mitteilungen, die im Séanceraum empfangen werden, eigentlich psychische Fragmente, Bruchstücke der Gehirninhalte von Teilnehmern sind, die natürlich unbewußt von dem Medium wiedergegeben werden - Inhalte, von denen die Teilnehmer selbst ganz vergessen haben, daß sie sie jemals gewußt, erlebt oder von den Ereignissen gehört haben, die so aus dem herausgepickt werden, was allgemein fälschlich das 'Unterbewußte' genannt wird.

EVOLUTION UND DIE BEHERRSCHUNG DER LEBENSATOME

Frage:
Wie ist es möglich, daß wir, die wir die Beherrscher eines Sonnensystems waren - das heißt zu der Zeit, als die Atome unsere Wohnungen waren -, nicht die Wesen beherrschen können, die heute unseren Körper zusammensetzen? Wir haben uns von den Atomen her entwickelt, und wir werden in der Zukunft ein Sonnensystem des Makrokosmos beherrschen. Ist unser Bewußtseinszustand jetzt niedriger als zu der Zeit unseres Atomlebens?

Antwort:
Der Grund, warum wir Menschen es auf dieser Stufe unserer evolutionären Pilgerschaft für schwierig erachten, die niederen Elemente einschließlich der

Atome, Elektronen usw. unseres Körpers zu beherrschen, liegt darin, daß wir uns am Mittelpunkt unserer evolutionären Reise befinden und in die materiellen Welten hinabgesunken sind, obgleich wir jetzt beginnen, uns wieder zum Geist zu erheben. Diese Situation bedeutet, daß sich die materiellen Teile unseres Wesens, einschließlich der Atome, nun natürlich mehr in ihrer eigenen Sphäre befinden und deshalb eine größere individuelle Kraft haben, als sie in den höheren Sphären besitzen würden. Folglich handeln sie in ihrer Sphäre stärker auf ihre eigene Weise als dann, wenn sie wieder im Geist oder in den spirituellen Welten sind und mehr unter dem göttlichen Einfluß des Seins stehen. So kann die Sonne, die Göttlichkeit in und hinter der Sonne, die niederen Elemente und die niederen Atome wesentlich besser beherrschen als wir, weil die Göttlichkeit, die so hoch über uns steht, die spirituellen Klassen der Atome mehr anzieht als wir, denn wir sind spirituell weitaus weniger evolviert als die solare Gottheit.

Gleichermaßen werden wir in der Zukunft fähig sein, nicht nur unsere eigenen Materieelemente vollkommen zu beherrschen, sondern auch die Atome usw., die diese unsere Materieelemente zusammensetzen, weil wir mit der Zeit an spiritueller Kraft gewinnen. Doch selbst diese unsere Materieelemente werden sich dann mehr zum Geist erhoben haben, und wir und die uns zusammensetzenden niederen Elemente und Atome werden einander ähnlicher und spiritueller geworden sein, als wir jetzt sind. Aus diesem Grunde wird mehr Harmonie und eine größere Ausgeglichenheit vorhanden sein, die uns in brüderlicher Zusammenarbeit auf unserer Reise zurück zum Geist führen.

Sie haben den Hauptgedanken korrekt wiedergegeben, wenn Sie sagen, die Mahâtmans können ihre niederen Elemente und Atome leichter beherrschen als wir. Das hat, wie ich eben erklärte, folgende zwei Gründe: Die Mahâtmans sind uns in der Evolution überlegen und daher weiter als wir; und sie ziehen für ihre Körper spirituellere Atome an als wir. Das ist der Grund, warum bei ihnen eine größere Harmonie zwischen dem Höheren und dem Niederen besteht als bei uns.

DER PRAKTISCHE WERT PHILOSOPHISCHEN DENKENS

Frage:
Ist es für den heutigen Menschen vorteilhaft oder praktisch, wenn er sich mit Gedanken von abstrakter Schönheit beschäftigt, wie sie Esoterische Philosophie lehrt? Ziehen wir irgendeinen Gewinn aus dem Studium großer historischer Gestalten wie Buddha oder des in der Theosophie so genannten "Stillen Wächters"?

Antwort:
Im Namen der heiligen Wahrheit, was kann für das Leben praktischer sein, als die Menschen zum Denken anzuleiten, ihnen Gedanken und Ideale von Schönheit, Gesetz und Ordnung zu geben und dem heutzutage allgemein so überkritischen und respektlosen menschlichen Gemüt Ideale menschlicher Größe und Erhabenheit zu geben als Beispiele, denen alle Menschen folgen können? Der hierin enthaltene Wert liegt in der Tatsache, daß wir dadurch die Seelen und Herzen der Menschen zum Erwachen bringen und all das starre Denken sowie die unfruchtbaren Ideen und Ideale durch Gedankensamen und Anregungen ersetzen, die,

wenn sie zur Blüte gelangen, das Leben des Menschen veredeln und ihm den mannigfachen Lebensproblemen gegenüber Mut und Hoffnung verleihen. Gerade dies bewirken die Lehren der Theosophie sowie der Esoterischen Philosophie: sie machen die Menschen wahrhaft zu Menschen, verleihen ihnen Inspiration, selbst zur Erfüllung ihrer täglichen Aufgaben, Inspiration, um den sogenannten Problemen des Lebens mit einem Blick in die Zukunft gegenüberzutreten, und sie ermöglichen es ihnen dadurch, diese zu bewältigen. Sie lehren uns, edel zu leben und edel zu sterben.

Liegt hierin etwas 'Praktisches'? Ein Mensch, der sein Leben lang materielle Reichtümer angehäuft hat, am Ende seines Lebens mit leerer Seele stirbt und alles zurücklassen muß, was er im Leben erworben hat - denn dies 'alles' besteht nur aus materiellen Dingen -, ein solcher Mensch hat in seiner Umgebung, in der er sich bewegte, keinen bleibenden Eindruck hinterlassen; jedenfalls hinterläßt er keinen Eindruck, der davon zeugt, daß er auf seine Mitmenschen zum Besseren hin eingewirkt hat, und ich möchte wirklich gern fragen, ob man einen solchen Menschen einen wahrhaft 'praktischen' Menschen nennen kann. Nach meinem Urteil ist er etwas ganz anderes. Er mag in seinem Leben hart gearbeitet haben, mag Behaglichkeit, Frieden und menschliches Glück geopfert haben, um seine materiellen Besitztümer zu vermehren; aber es scheint mir, daß er von all den Eigenschaften, die einen Menschen wirklich zum Menschen machen, keine errungen hat und als menschlicher Versager stirbt. Ich glaube, ein solcher Mensch ist ein höchst unpraktischer Mensch, denn er hat alles aufgegeben, was im Leben wirklich von Wert ist, und er hat dies alles für das eingetauscht, was die Bibel der Juden und Christen ein 'Linsengericht' nennt. Er kann weder sein Geld noch seinen Grundbesitz, seine Effekten und Schuldscheine, noch seine materiellen Besitztümer auf irgendeine Weise mitnehmen, wenn er stirbt; er läßt sie alle zurück, und gewöhnlich werden sie von jenen vergeudet, in deren Hände sie geraten.

Nun will ich damit keineswegs sagen, daß ein Mensch in diesen sogenannten 'praktischen' Angelegenheiten im Leben nicht seine Pflicht tun soll. Ganz im Gegenteil! Ein Mensch sollte seine Pflicht in den Lebensverhältnissen tun, in die er hineingestellt wurde, und er sollte sie so aufrecht und menschlich wie auch menschenfreundlich tun, wie ihm dies nur immer möglich ist. Was ich meine, ist, daß die Konzentration all seiner geistigen, psychischen und körperlichen Kräfte allein auf jene sogenannte 'praktische' Betätigung die Seele in ihm verhungern läßt. Der weite Bereich seines inneren Bewußtseins hat dann niemals Gelegenheit, in seinem Leben zur Tätigkeit zu gelangen. Deshalb nenne ich ihn einen Versager.

Umgekehrt ist der Mensch, der, wie das christliche Neue Testament sagt, 'Schätze im Himmel sammelt', das heißt Schätze in der Region und dem Bereich seines eigenen inneren Wesens sammelt - der Mensch, der seiner Seele einen Schatz an machtvollen und großen Gedanken einverleibt, Gedanken der Erhabenheit und des allumfassenden Wohlwollens, die nicht nur sein eigenes Leben beherrschen und es erhaben machen, sondern auch das Leben all derer beeinflussen, die mit ihm in Berühung kommen und durch sein Beispiel beeindruckt werden: ein solcher Mensch ist kein Versager, und meiner Ansicht nach hat er ein höchst praktisches Leben - im eigentlichen Sinne des Wortes - hinter sich, weil er durch sein Leben andere nachhaltig zum Guten beeinflußt hat, selbst auf materiellem Gebiet. Er hat ein Beispiel, ein Ideal gegeben, dem andere folgen können; und dies deshalb, weil er sein Leben voll und ganz gelebt hat: jeder Teil und jede Funktion seiner zusammengesetzten Natur ist zum Zuge gekommen und in Tätigkeit getreten. Er hat auf diese Weise sein Leben sozusagen universal gelebt, er hat sein ganzes Dasein nicht lediglich auf eine einzige Phase des menschlichen Zusammenlebens begrenzt, eingeengt oder eingeschränkt. Während seines Lebens ist er auf allen Ebenen seiner Natur gewachsen, weil er sich für Ideen und Ideale begeisterte, sie studierte und dann in seinem Leben verwirklichte. In der Tat, Ideen bewegen und regieren die Welt, aber durchaus nicht die bloße Jagd nach materiellem Besitz. Wer sind die Menschen, welche die Zivilisationen aufgebaut und zerstört haben? Es sind die Denker! Sie sind es, die auch andere Menschen beeinflussen, und die Esoterische Philosophie lehrt die Menschen vor allem, mehr zu denken und mehr zu sein, indem sie den mannigfachen Fähigkeiten zum Handeln, die in der Natur aller Menschen verborgen liegen, mehr Raum zur Entfaltung gibt.

Um nun zu tieferen Gedanken zu kommen: Die Schulung in genauem und scharfsinnigem Denken, die Schulung in unpersönlichen Gedanken, so daß das eigene Denken immer unpersönlicher wird, sowie das ständige Bemühen, das eigene Fühlen und Empfinden auf immer höhere Ebenen zu verlagern: dies alles sind spirituelle Übungen von höchster Wichtigkeit; und dies, neben anderen sehr praktischen Ergebnissen, leistet für uns das Studium der Lehren der Esoterischen Philosophie. Lehren wie diejenigen über die Runden und Rassen oder über die Beziehung der verschiedenen Buddhas und Bodhisattvas zueinander - um diese beiden nur als Beispiele zu erwähnen -, wie unpraktisch sie dem Menschen erscheinen mögen, der im Leben nicht weiter als bis zu seiner Nasenspitze sehen kann, erheben uns nicht nur über den gewöhnlichen Trott im Alltag des menschlichen Lebens, sondern erschließen auch eine ständige spirituelle Quelle in uns, aus der uns Inspiration und Intuition zufließen.

ZEITDAUER IM KAMA-LOKA

Frage:
Wie unterscheiden sich die Aufenthaltszeiten im Kâma-loka bei einem starken jungen Menschen, der zum Beispiel an Lungenentzündung gestorben ist, einem physisch geschwächten jungen Menschen, der an Tuberkulose gestorben ist und einem durchschnittlich alt verstorbenen.en Menschen?

Während in dem Fall des starken jungen Menschen, der stirbt, seine physischen Wünsche wahrscheinlich noch stark sind, könnte man andererseits anführen, daß, wenn es sein Karma ist, dann zu sterben, dies das 'natürliche' Ende seines Lebens sei.

Antwort:
Die Frage läuft darauf hinaus, die Zeitdauer zu ermitteln, die von verschiedenen Individuen im Kâma-loka-Zustand verbracht wird, von denen der eine auf Erden stark war, der andere durch Krankheit physisch geschwächt und der dritte im durchschnittlichen Alter gestorben ist. Die Antwort ist einfach: Jeder Mensch verbleibt nach seinem Tode genau so lange im Kâma-loka, bis sein noch unverbrauchter Vorrat an Vitalität erschöpft ist. Die Vitalität bedeutet hier natürlich die normale astral-physisch-vitale Energie.

Ich möchte das veranschaulichen: Wir wollen den Vorrat oder die Menge der Vitalität oder vitalen Energie eines Menschen X nennen. Jeder Mensch wird mit einer bestimmten vitalen Kraft geboren, genauso wie eine normale physische Maschine, die für eine Arbeit konstruiert ist und für eine entsprechend lange oder kurze Zeit funktioniert. Eine starke Maschine hält augenscheinlich länger als eine empfindliche Maschine, die für die gleiche Anwendung gebaut ist. Wir wollen also den vitalen Vorrat an Energie bei der Geburt X nennen. Stirbt der Mensch, wird er von diesem vitalen Vorrat einen Betrag verbraucht haben, den wir Y nennen wollen. Die Differenz zwischen X und Y sei Z, das ist der Überschuß oder der unverbrauchte Teil der vitalen Energie: X - Y = Z. Z ist also die unverbrauchte vitale Energie, die im Kâma-loka erschöpft werden muß.

Alte Leute haben normalerweise ihre Vitalität verbraucht, wenn sie in hohem Alter sterben, so daß in ihrem Fall Y ungefähr so groß oder genauso groß ist wie X. Der Aufenthalt im Kâma-loka ist, sofern es sich um gewöhnliche Durchschnittsmenschen und nicht um hoffnungslos schlechte Menschen handelt, sehr kurz - vielleicht ist es nur ein unbewußtes Hindurchgehen durch das Kâma-loka. Ein starker junger Mensch, der durch Unfall oder eine plötzliche Krankheit wie Lungenentzündung stirbt, hat noch nicht sehr viel von seiner vitalen Energie oder X verbraucht, in diesem Fall ist Y klein. Stellen wir dafür dieselbe Gleichung auf, X - Y = Z, so sehen wir, daß Z ziemlich groß ist. In diesen Fällen muß ein großer Teil unverbrauchter Energie im Kâma-loka oder im Astrallicht bzw. in der Astralwelt erschöpft werden, bevor das Devachan beginnen kann.

Nehmen wir andererseits die Fälle, in denen Menschen im frühen Erwachsenenalter oder in der Jugend lange mit einer schwächenden Krankheit behaftet waren, die sie völlig erschöpft hat und die sie vorzeitig dahinrafft. In diesen Fällen ist Y groß, und wenn wir unsere Gleichung aufstellen, X - Y = Z, dann sehen wir, daß Z oder der verbleibende Überschuß relativ klein ist, vielleicht sogar gleich null ist. Dann sieht die Gleichung so aus: X - Y = O, bzw. X = Y.

Wir sehen also, es hängt immer davon ab, wieviel Vitalität oder vitale Energie gebraucht oder verbraucht wurde, solange der Mensch auf Erden lebte. War der Verbrauch groß, wird Z sehr klein sein, vielleicht O. War der Verbrauch Y sehr klein, dann ist die unverbrauchte Energie Z groß, vielleicht fast so groß wie X, wie im Falle totgeborener Kinder oder von Kindern, die früh sterben. Infolgedessen kann man - außer durch Angabe einer allgemeinen Regel in bezug auf den ursprünglichen Vorrat an vitaler Energie, mit der ein Mensch geboren wird - diese Frage nicht anders beantworten als mit dem Hinweis, daß es in allen Fällen von dem Individuum selbst abhängt.

Ferner dürfen wir nicht vergessen, daß äußere Erscheinungen oft irreführend sind, so daß eine anscheinend gesunde und kräftige junge Person in Wirklichkeit einen großen Teil ihres ursprünglichen Vorrats an Vitalität verbraucht, ohne es zu erkennen, so daß der Vorrat im Laufe der Jahre immer geringer und der Mensch immer anfälliger für Krankheiten wird. Vielleicht rafft ihn die Krankheit schon in der Jugend oder im frühen mittleren Alter hinweg. Dies ist von theosophischen Schriftstellern gemeint, wenn sie davon sprechen, wie das natürliche Leben auf Erden sein würde, wenn der Mensch nicht aus diesem oder jenem Grunde vorzeitig gestorben wäre, wie etwa durch Unfall, Selbstmord oder Krankheit. Karman bringt in allen Fällen den Tod zuwege, wie es auch die Geburt zuwege bringt und ebenso die Zeitdauer im Kâma-loka.

Was das Bewußtsein im Kâma-loka betrifft, so war dies zwar in der Frage nicht enthalten, doch vielleicht hatte es der Fragesteller im Sinn. Sollte dies der Fall sein, so ist unnötige Verwirrung vorhanden. Ich habe über diesen Gegenstand geschrieben und ihn vielerorts erklärt. Das Bewußtsein im Kâma-loka hängt von der Materialität oder den materiellen Tendenzen eines Menschen während des Erdenlebens ab. Waren die materiellen Tendenzen während der Verkörperung stark und trat der Tod ein, bevor die Vitalität erschöpft war, so gibt es ein vages und flüchtiges Bewußtsein im Kâma-loka. War der entsprechende Mensch während des Erdenlebens sehr spirituell, dann ist das Bewußtsein im Kâma-loka nach einem Tode aus beliebiger Ursache, Unfall oder schwächende Krankheit, außerordentlich matt, kaum wie ein vager Traum, und vielleicht mag überhaupt kein Bewußtsein vorhanden sein, denn je spiritueller ein Wesen während des Erdenlebens ist, desto geringer ist die Tendenz, zu einer traumhaften Existenz im Kâma-loka zu erwachen.

DIE ENTSTEHUNG DES KAMA-RUPAS

Frage:
Bitte, erklären Sie, was Mr. Judge mit der Aussage im "Meer der Theosophie", S. 64 meint, daß sich der Astralkörper, der Linga-śarîra, mit dem Kâma-Prinzip der verstorbenen Wesenheit verbindet und daß dieser Astralkörper sozusagen dem Kâma seinen Rûpa gibt und so den Kâma-rûpa bildet. Wie ist diese Aussage im Licht der anderen Aussage zu verstehen, die an verschiedenen Stellen, doch hauptsächlich bei Ihnen im "Theosophischen Wörterbuch", S. 99 zu finden ist, daß der Linga-śarîra pari passu (gleichzeitig, d. Ü.) mit dem physischen Körper vergeht?

Antwort:
Hier liegt wohl eine Verwechslung im Gemüt des Fragestellers vor. Mr. Judge benutzt den Ausdruck

'Astralkörper' in seinem "Meer der Theosophie" in einer ziemlich freien Weise und ganz in der Art oder in dem Stil jener früheren Tage, als eine große Anstrengung unternommen wurde, unsere technischen Sanskritwörter zu erklären. Damals wurde immer nach einer möglichst einfachen Ausdrucksweise gesucht. Doch ich glaube, es ist klar ersichtlich, daß das, was Mr. Judge mit dem Wort 'Astralkörper' bezeichnet, der Linga-śarîra ist, obwohl sich natürlich der Begriff 'Astralkörper' auf eine Anzahl dauerhafter oder zeitweiliger Vehikel beziehen kann, die das Ego in den astralen Reichen benutzt, wie zum Beispiel auf den Mâyâvi-rûpa, der aus feinerer astraler Substanz gebildet ist und daher in einem gewissen Sinne ein 'Astralkörper' ist; dieser kann von den Adepten auf dem physischen Plan sichtbar gemacht werden.

Nun habe ich oft erklärt - wobei ich strikt der Linie von H. P. B. gefolgt bin -, daß sich der Linga-śarîra pari passu und fast Molekül für Molekül mit der Auflösung des physischen Körpers oder des Sthûla-śarîras, ebenfalls auflöst. Dies ist eine Tatsache. Doch der Kâma-rûpa ist aus astraler Substanz gebildet, die ursprünglich hauptsächlich aus dem aurischen Ei des Individuums während seiner Lebenszeit auf Erden emaniert und nach dem Tode, wenn sie vom physischen Körper befreit ist, den Kâma-rûpa bildet. Da ein großer Teil der niederen oder gröberen Elemente des Kâma-rûpas aus astralen Lebensatomen aufgebaut wird, die von dem zerfallenden oder zerfallenen Linga-śarîra stammen, sehen wir, daß Mr. Judge zu Recht in einer allgemeinen und ziemlich unbestimmten Weise erklärt, daß der 'Astralkörper' des verstorbenen Menschen und das Prinzip von Wunsch und Begierde "gleichzeitig den physischen Körper verlassen und sich verschmelzen". Natürlich ist es so; doch sehr bald befreit sich der Kâma-rûpa von dem sich auflösenden Linga-śarîra, obwohl er einige der Lebensatome des Linga-śarîras mit sich nimmt, weil diese Lebensatome noch stark zu dem Wunschprinzip in dem Kâma-rûpa hingezogen werden.

Mr. Judges Worte sind streng korrekt und genau. Es ist jedoch ungenau zu sagen, daß der 'Astralkörper' dem Kâma seinen Rûpa gibt und so den Kâma-rûpa bildet. Es ist die unverbrauchte Lebensenergie des Menschen, die eine Form oder einen Rûpa um das Wunschzentrum bildet, indem sie astrale Atome und Lebensatome von dem zerfallenden Linga-śarîra und von anderswoher anzieht und so den Kâma-rûpa erzeugt, wie er nach dem Tode als eine Gestalt erscheint. Wirft das Ego schließlich zur Zeit des zweiten Todes den Kâma-rûpa ab, wird dieser eine leere Schale, ebenso, wie dies der Linga-śarîra und der Sthûla-śarîra beim und kurz nach dem Tode des Menschen auf diesem Plan werden.

Ich rekapituliere: a) der Linga-śarîra vergeht pari passu mit dem physischen Körper; b) gewisse Atome oder Lebensatome des Linga-śarîras werden von dem Wunschprinzip zusätzlich zu anderen Astralatomen aus dem Astrallicht angezogen und bringen durch Verschmelzung die Gestalt oder den Rûpa des Kâma-rûpas hervor; c) beim zweiten Tode, wenn das Ego beginnt, in den devachanischen Zustand einzugehen, wird der Kâma-rûpa abgeworfen. Dieser beginnt hierauf, sofern es sich um ein ganz normales menschliches Individuum handelt, sich aufzulösen, in Stücke zu zerfallen, Molekül für Molekül und Atom für Atom: es ist der gleiche Vorgang, der bei dem physischen Körper eintritt, wenn er beerdigt wird, oder wie bei dem Linga-śarîra; d) natürlich gibt es Beispiele von Zauberern und Dugpas, deren grobe Leidenschaften und materielle Wünsche sie im Astrallicht festhalten und zu einer sofortigen oder sehr baldigen Wiederverkörperung in einem physischen Körper führen. Es gibt auch andere gelegentliche Fälle, zu denen früh sterbende Kinder, geistig behindert Geborene und einige andere zählen.

DER SIEBENFÄLTIGE KAMA-RUPISCHE MOND

Frage:
Der Mond, der ein Kâma-rûpa ist, hat sieben Globen. Daher ist er eine siebenfältige Wesenheit. Wenn ich in Analogie denke, ist der Kâma-rûpa eines Menschen auch eine siebenfältige Wesenheit?

Antwort:
Ja, der Kâma-rûpa eines Menschen ist siebenfältig. So ist es auch mit jedem Prinzip, ob kosmisch oder menschlich. Die Mondkette als Ganzes ist eine kâma-rûpische Wesenheit, und jeder Globus der Mondkette ist ebenfalls eine kâma-rûpische Wesenheit. Mit anderen Worten, jeder Mond - denn jeder Globus der Erdkette hat seinen korrespondierenden Mond der Mondkette -, jeder Mond ist für seinen korrespondierenden Globus der Erdkette ein Kâma-rûpa. Die sieben kâma-rûpischen Globen der Mondkette befinden sich auf den vier kosmischen Plänen, auf denen unsere Erdkette existiert. Diese Pläne werden von H. P. B. in der "Geheimlehre" (Band I, S. 221) in der Aufzählung vom höchsten der vier bis zum niedrigsten genannt: 1. der Archetypische, 2. der Intellektuelle, 3. der Substantielle oder Formative und 4. der Physisch-Materielle. Der Grund, warum wir den Kâma-rûpa des Globus D der Mondkette sehen, ist der, daß unser Globus D der Erdkette um einen Unterplan höher liegt als der Globus D der Mondkette. Genauso befindet sich jeder der Globen der Erdkette jeweils auf einem höheren

Unterplan des entsprechenden kosmischen Planes als der korrespondierende Globus der Mondkette. Jedes der Prinzipien, ob das eines Menschen oder eines Globus, ist siebenfältig.

NICHT ALLE PLANETEN HABEN KAMA-RUPAS

Frage:
Haben alle Planeten Kâma-rûpas oder Bewohner der Schwelle während ihrer früheren Runden?

Antwort:
Nein. Einige Planeten haben kâma-rûpische Bewohner, genauso wie einige Menschen. Doch diese sind tatsächlich nicht sehr zahlreich.

EINIGE PROBLEME DES DEVACHAN

Frage:
Ich glaube mich zu erinnern, daß K. H. in den "Meisterbriefen" von dem periodischen Devachan spricht, in das der Adept sogar während der verkörperten Existenz eintreten kann.

Antwort:
Ja, doch das ist bei den hohen Adepten nicht der Fall, sondern bei den hohen Chelas, die noch nicht ganz über das Bedürfnis des Devachan hinausgeschritten sind. Nun gibt es ein okkultes Gesetz, das den Adepten bekannt ist, aufgrund dessen ein Mensch sein Devachan abkürzen kann, indem er bestimmte Ruheperioden, devachanische Ruheperioden in einer einzelnen

Verkörperung antritt. Er ist für eine gewisse Anzahl von Wochen, Monaten oder sogar Jahren in irgendeiner Verkörperung zu dem Zweck 'beiseite gesetzt', um in ein zeitweiliges, aber intensives Devachan zu gehen.

Das mag für einen hohen Chela eine sehr gute Verfahrensweise sein. Ihm wird zum Beispiel eine Aufgabe gestellt, die er vielleicht innerhalb mehrerer Jahre erfüllt. Danach benötigt er seine devachanische Ruhe, bevor er wieder zu erneuter Tätigkeit aufgerufen wird. Er nutzt die Zeit im Devachan, indem er sich für eine Weile ausruht. Kommt er daraus wieder zurück, befindet er sich in demselben Körper und ist stark, innerlich erholt und bereit, eine neue Aufgabe zu übernehmen. Dies betrifft natürlich nur die Chelas oder Adepten, die noch Ruhe oder devachanische Ruhe benötigen.

Der Gegenstand des Devachan ist eine ganz eigentümliche Angelegenheit. Ich habe Menschen getroffen, die ihren normalen Berufen nachgingen, aber eigentlich in einem devachanischen Zustand lebten. Sie träumten, machten einen gleichgültigen Eindruck, und jeder hat wohl von Leuten gehört, die sich um nichts zu kümmern scheinen. Sie gehen in einer Art Halbschlaf umher, leben nicht wirklich; bis zu einem gewissen Grade sind sie noch im Devachan. Sie wollen gewissermaßen lange im Bett liegen, wie es Kinder gern tun, und sind kaum aus dem devachanischen Zustand herausgekommen. Sie sind gerade weit genug herausgekommen, um einen Körper anzunehmen, doch ihre Gemüter befinden sich teilweise noch im devachanischen Traum.

Andererseits habe ich auch Theosophen, die ich tief verehre, getroffen, die das Devachan verlassen haben, um unsere Arbeit zu vollbringen, bevor ihr Devachan tatsächlich beendet war. Sie sind wie Menschen, die vom Schlaf erwachen, bevor der Körper die nötige

Ruhe erhalten hat. Sie sind hoch gespannt, sensibel, aktiv und konzentriert. So haben wir zwei Extreme im menschlichen Leben: Zum einen gibt es die Menschen, die sich noch mehr oder weniger im Devachan befinden, obwohl sie verkörpert sind - ich meine nicht vollständig im Devachan, sondern in einem devachanischen, traumhaften Zustand -, daher sind sie nicht voll da oder für die Anforderungen des Lebens nicht voll erwacht; und zum anderen gibt es jene Menschen, die sich nicht lange genug im Devachan aufhielten. Zu dieser letzten Klasse gehören einige unserer besten Arbeiter. Sie machen eine harte Zeit durch, denn sie haben gegen innere Müdigkeit einen psychologischen Kampf auszufechten, der unmöglich zu beschreiben ist, wenn man ihn nicht selbst erlebt hat. Normalerweise haben sie keinen starken Körper, sind hoch gespannte, sensible Individuen, tun aber dennoch ein großes Werk. Sie haben, sozusagen halbbewußt, auf einen Teil ihrer Ruhe verzichtet, um ohne große Unterbrechung ihren Teil an dem Geschick der Menschheit zu übernehmen.

VERKÜRZEN DES DEVACHAN

Frage:
Würde es für jeden von uns möglich sein, die devachanische Periode zu verkürzen?

Antwort:
Durchaus, wenn wir den Willen dazu haben. Jedes menschliche Wesen, das willens ist, auf seine Ruhe zu verzichten, auf den tiefen Frieden und die Stille, welche die müde Menschenseele so sehr ersehnt, und das sich für diesen Verzicht schult, kann automatisch

sein Devachan verkürzen. Doch nur die hohen Chelas kommen wirklich ohne Devachan aus, weil sie sich über die Stufe erhoben haben, auf der das menschliche Ego nach Ruhe verlangt und sich danach sehnt.

In der weit entfernten Zukunft werden alle menschlichen Egos nicht nur über die Notwendigkeit des Devachan nach dem Tode hinausgeschritten sein, sondern auch über die Notwendigkeit der jetzigen Art von Schlaf für den Körper. Unsere jetzigen groben physischen Körper werden in jenen zukünftigen Tagen praktisch Körper aus verdichtetem Licht sein, wundervolle Körper, strahlend, leuchtend. Sie benötigen die Ruhe nicht, die unsere groben physischen Körper zur Zeit noch brauchen.

Doch ich würde jedem ergebenen Schüler raten, gut zu überlegen, ob er versuchen möchte, die devachanische Ruhe abzukürzen, denn das kann erschwerende und möglicherweise verhängnisvolle Konsequenzen auf sich ziehen. Es ist vergleichsweise wie bei einem Menschen, der, da er eine sehr wichtige Arbeit zu erledigen hat, Nacht für Nacht bewußt ohne Schlaf bleibt oder nur sehr kurz schläft. Das kann er tun, aber er kann damit auch seine Gesundheit schädigen, und so erreicht er am Ende doch nicht das, was er möchte.

Der beste Weg ist, bei sich selbst zu denken: Ich hoffe, mein Devachan ist nur so lang, wie es zum Ausruhen absolut nötig ist; ich hoffe, es wird nicht wie bei einem Langschläfer sein, der lediglich gern schläft und sich im Bett ausruht. Diese Gemütshaltung ist ganz richtig und sicher.

VEREHRUNG DER INNEREN GÖTTLICHKEIT

Frage:
Welcher Gedanke steht hinter der Darstellung, die wir in ägyptischen Hieroglyphen finden, von dem König, der sich selbst verehrt oder anbetet?

Antwort:
Es handelt sich hier nicht um eine Selbstanbetung, wie westliche Ägyptologen fälschlich erklären, um die Anbetung einer Person; nicht um ein königliches Individuum, das sich selbst als das Haupt einer zivilisierten Gemeinschaft anbetet - diese Ansicht wäre wertlos und armselig. Vielmehr handelt es sich hier um einen Menschen, der auf sich selbst als auf ein Abbild der Göttlichkeit in seinem Innern schaut, als auf den Statthalter seines inneren Gottes auf Erden, der mit spiritueller Würde und Macht bekleidet ist und schwere Verantwortung in seinen Händen trägt - als Führer und Hirte seines Volkes.

Die Anbetung und Verehrung wurde jener Göttlichkeit symbolisch gezollt, sozusagen als eine Art von Gebet: "Nicht mein Wille" - der dieses schwachen Menschen, des Königs von Ägypten - "geschehe, sondern dein Wille geschehe" - des Vaters im Himmel. "Mache mich zu einem vollen Gefäß deiner königlichen Majestät und Macht, damit ich meinerseits meine Pflicht gegenüber meinem Volk, meinen Schafen, meinen Brüdern, meinen Kindern erfüllen kann." Dies war zumindest der ursprüngliche Gedanke, wie sehr er auch später degenerierte. Es war eine fürstliche und königliche Angelegenheit: die Königpriester, die Priesterkönige, wie sie in den weit entfernten Zeitaltern der Vergangenheit existierten, bevor Atlantis fiel, waren erhaben in ihrer Priesterwürde.

Während der dritten Wurzelrasse, als die Menschen

Selbstbewußtsein bekamen, verehrte jeder Mensch seine eigene individuelle Göttlichkeit, verehrte sie als einen leuchtenden und strahlenden Gott, zu dem er hinstrebte: zu seinem Selbst, zu seinem Gott im Himmel, zu seinem Bindeglied mit dem Unendlichen, genauso, wie Jesus Christus es in bezug auf seinen 'Vater im Himmel' tat. Als die Zeit verging und die Erkenntnis, die lebendige Erkenntnis des Einsseins des Menschen mit seinem inneren Gott verloren ging, verfiel und verschwand, begannen die Menschen, sich selbst in einem niedrigeren Sinne zu verehren: das selbstische Selbst anstelle des göttlichen Selbstes. Sie verehrten selbst Abbilder des menschlichen Körpers, die sie in ihre Tempel setzten. Nicht, daß sie die alte Verehrung aufgaben, doch sie degradierten sie, indem sie die Tempel des Göttlichen in Orte verwandelten, in denen Asylanten ein Heim fanden. Der Verfasser des christlichen Neuen Testamentes muß den gleichen Gedanken in seinem Gemüt gehabt haben, wenn er darstellt, wie der Avatâra in den Tempel geht und ihn von den Geldwechslern und Steuereinnehmern reinigt.

Jeder Initiierte, jeder Adept kennt seinen 'Vater im Himmel', erkennt ihn an und nennt ihn 'Vatersonne', 'Vaterlicht', 'Vaterfeuer' oder 'Vaterstern' und betrachtet sich, den Menschen, nicht nur als einen Ausstrom, der aus dieser inneren Göttlichkeit hervorfließt, sondern als ihr Kind, ihren Stellvertreter hier auf Erden und bemüht sich, die Mandate und Diktate des inneren Gottes auszuführen. Die alten Eingeweihten - die Könige von Ägypten in Ägyptens ruhmreichen Tagen waren Söhne der Sonne - wußten das selbst noch in jenen bereits degenerierten Zeiten.

Wenn ich von einem öffentlichen Podium aus spreche und meine Zuhörerschaft vor mir sitzen sehe, kommt mir zum Bewußtsein, daß sich hinter jenen Gesichtern, hinter jenen leuchtenden Augen lebendige

Götter befinden. Dann versetze ich mich in ihre Gemütsverfassung und wende mich an dasjenige in ihnen - oder versuche es -, wovon ich weiß, daß es 'ohne Worte' versteht. Oh, könnten wir nur die lebendige Wirklichkeit des Gottes in uns erkennen: Jeder von uns hat sein eigenes 'Vaterlicht' und seine 'Vatersonne', sein 'Vaterfeuer' und seinen 'Vaterstern'! Er ist der Stille Wächter in jedem von uns. Wendet sich ein Mensch an ihn und sehnt er sich nach ihm, wendet er sich an seinen eigenen Stillen Wächter und sehnt sich nach ihm, jener strahlenden und leuchtenden Göttlichkeit, die während des gesamten solaren Manvantaras mit unendlicher Geduld lebt und wartet, wartet, wartet und sich weigert, weiter fortzuschreiten. Jeder wartet auf sein Kind - der Adi-Buddha, der Mânushya-Buddha: uranfängliche, ursprüngliche Weisheit, Liebe und Mitleid auf der einen Seite, der menschliche Vertreter davon, der menschliche Buddha, auf der anderen.

Das ist die wirkliche Bedeutung des ägyptischen Königs, der sich selbst verehrt. Natürlich konnte eine Degeneration solcher Art nur in dem Maße stattfinden, in dem der Mensch von seiner ursprünglichen Stufe des Verstehens herabgesunken war. In jenem frühen Zustand war die Intuition noch nicht vom Verstand verdunkelt, denn der Verstand war noch nicht zur reinen Urteilskraft geworden. Er wird mit der Zeit wieder dorthin kommen, doch noch ist es nicht soweit. Jeder von uns, der einmal die Berührung des inneren Gottes gefühlt hat, ist nicht mehr derselbe. Niemals wieder können wir derselbe sein; unser Leben ist verändert. Wir können dieses Erwachen in jedem Augenblick erleben, in jedem Augenblick, in dem wir es erfassen.

DIE NACHFOLGE DER LAMAS IN TIBET

Frage:
Ist an der heutigen Idee, daß der Tashi-Lama in Tibet immer eine Reinkarnation des Buddhas ist, etwas Wahres? Handelt es sich um eine wirkliche Nachfolge, oder ist es nur eine Tradition ohne Bedeutung?

Antwort:
Die Nachfolge in der tibetischen Lama-Hierarchie seit der Zeit von Tsong-Kha-Pa im vierzehnten Jahrhundert ist eine wirkliche Nachfolge und findet durch verschiedene individuelle Menschen statt. Wir dürfen nicht vergessen, das Prinzip hinsichtlich dieser Sache gehört zu jenem tieferen Buddhismus, der wirklicher esoterischer Buddhismus ist - mögen die westlichen Gelehrten auch anderer Meinung sein.

Weder der Tashi-Lama noch der Dalai-Lama sind Reinkarnationen oder Wiederverkörperungen des Bodhisattvas Sâkyamuni. Doch die Nachfolge, die mit Tsong-Kha-Pa begann, ist bei jedem aus der Reihe der Tashi-Lamas eine Übertragung eines 'Strahles', der sich von dem spirituellen Mahâ-Guru ableitet, den H. P. B. den 'Stillen Wächter' dieses Globus nennt.

Es besteht ein wesentlicher Unterschied zwischen nachfolgenden Reinkarnationen Gautamas und den nachfolgenden Verkörperungen von Strahlen aus ein und derselben Quelle innerhalb der Hierarchie des Mitleids, die ich eben den Mahâ-Guru nannte. Genau hier beginnt die Verwirrung bei fast allen Theosophen und ebenso auch bei fast allen Esoterikern, und sie schweifen von den Tatsachen ab.

Es ist tatsächlich die Übertragung eines Strahles des 'Buddhas' in gerader Linie, doch der 'Buddha' ist in diesem Fall nicht der Bodhisattva Gautama, obwohl er Buddhaschaft erlangte, was ein Zustand ist, sondern der Dhyâni-Buddha, von dem der Bodhisattva Gautama ein inkarnierter Strahl war, der edelste, vollständigste und reinste seit dem Beginn unserer fünften Wurzelrasse. Aus diesem Grunde erlangte der Erhabene später Buddhaschaft.

Nahezu alle Klassen der Tibeter, mit der möglichen Ausnahme des Tashi-Lamas und des Dalai-Lamas selbst, betrachteten diese Übertragung in der Nachfolge oder Aufeinanderfolge durch wiederholte Verkörperungen des 'Buddhas', als handele es sich um wiederholte Inkarnationen des Buddha Gautama in den beiden Hauptlamas der tibetischen Hierarchie. Doch das ist ein Irrtum, und dies ist genau der Punkt, an dem die erwähnte Verwirrung beginnt.

Die höheren Mitglieder der tibetischen Hierarchie, einschließlich der Khutuktus und, wie ich mit Überzeugung annehme, des Tashi-Lamas selbst und aller Wahrscheinlichkeit nach auch des Dalai-Lamas, sind diesbezüglich mit den esoterischen Tatsachen ebenso vollständig bekannt, wie es H. P. B. war. Sie wissen auch ganz genau, daß die Reinkarnationen der 'Lebenden Buddhas', wie sie im Westen genannt werden, nicht wiederholte Verkörperungen von Sâkyamuni sind, sondern wiederholte Verkörperungen identischer Strahlen oder eines identischen Strahles, der einen Tashi-Lama nach dem anderen inspiriert und erleuchtet. Ein ähnlicher Strahl inspiriert und erleuchtet durch wiederholte Verkörperungen einen Dalai-Lama nach dem anderen. Dies geschieht seit Tsong-Kha-Pas Zeit und bis in die Gegenwart hinein, und es gibt keinen begründeten Zweifel daran, daß sich die Nachfolge fortsetzen wird, solange es menschliche Vehikel gibt, die nicht zu unvollkommen sind, um diese esoterische Reihe der Nachfolge weiterzuführen.

Würden die Menschen die wahre Bedeutung der Lehren des tibetischen Buddhismus hinsichtlich der

Dhyâni-Buddhas und ihrer menschlichen Vertreter auf Erden verstehen, hätten sie den Schlüssel für dieses fortdauernde Mysterium der Nachfolge lebender buddhischer Strahlen in den höheren Mitgliedern der tibetischen Hierarchie. Hiervon sprach H. P. B., als sie so offen schrieb, wir ihr zu schreiben gestattet war.

Um die Sache mit anderen Worten darzustellen, die mit den Tatsachen übereinstimmen und dem gesunden Menschenverstand entsprechen: Jeder Tashi-Lama ist von der Zeit Tsong-Kha-Pas an bis zur Gegenwart die Wiederverkörperung eines identischen buddhischen Strahles, der von dem Dhyâni-Buddha dieses Globus emaniert, mit anderen Worten, dem geheimnisvollen Individuum oder der Persönlichkeit, von dem die Esoterische Tradition sagt, daß er in Sambhala lebt. Von diesem geheimnisvollen Land hat jeder Tibeter, ob hoch oder niedrig stehend, etwas gehört. Doch diese verschiedenen Tashi-Lamas waren Menschen, Menschen mit sieben Prinzipien, und darum waren alle verschiedene Individuen. Jeder unterschied sich von seinem Vorgänger und seinem Nachfolger, doch jeder war das Vehikel oder der Kanal für die Übertragung einer identischen Buddha-Kraft, die ich den Strahl des Mahâ-Gurus nannte.

Wir haben also die Nachfolge einer identischen spirituellen Buddha-Individualität durch eine lange Aufeinanderfolge verschiedener Menschen seit Tsong-Kha-Pas Zeit, die als das wiedererkannt werden, was sie sind, und die zu der Position der Nachfolger in der Hierarchie der Tashi-Lamas berufen und erweckt sind.

Während diese wunderbare Tatsache bis auf den heutigen Tag besteht, existierte in früheren Zeitaltern eine identische Nachfolge von wahren Lehrern in anderen Teilen der Welt, und sie bildete die Grundlage für die geheimnisvollen Geschichten, die in der alten Literatur allgemein verbreitet waren. Sie berichtet von Hierarchien von Eingeweihten, die zeitalterlang fortbestanden, weil sie mit dem Meisteradepten verbunden waren, auf den sich H. P. B. in "Isis Entschleiert" und anderswo gelegentlich als auf 'Mahâ' oder den 'Mahâ-Guru' bezieht.

KEINE VERGEBUNG DER SÜNDEN

Frage:
Was ist die Bedeutung des folgenden Zitates aus dem Johannesevangelium, Kapitel XX, Vers 23?

"Welchen ihr die Sünden erlasset, denen sind sie erlassen; und welchen ihr sie behaltet, denen sind sie behalten."

Antwort:
Diese Worte sind eine kirchliche Hinzufügung zu dem Originalthema des Evangeliums, mag der Himmel wissen, wann und von wem. Sie haben keine wirkliche Bedeutung, sondern bestätigen nur der Priesterschaft spezielle, von Gott gegebene Macht, und sie wurden daher offensichtlich aus diesem Gesichtspunkt heraus ursprünglich von jemandem geschrieben und eingefügt. In ihrer offenen Form sind sie das Gegenteil der Lehre von Karman, die besagt, daß der Mensch für seine eigenen guten und bösen Taten verantwortlich ist. Sünden können weder von Gott noch von einem Dämon oder einem Menschen erlassen werden. Es ist, als würde man sagen, der Charakter eines Menschen könne 'erlassen' werden. Wenn wir das täten, würden wir den Menschen auslöschen.

Wenn diese Worte überhaupt einen moralischen Wert haben, so den der Aufforderung, erlittenes Unrecht zu vergeben und es nicht durch Haß und Rache schlimmer zu machen.

Wir sollten uns darüber klar sein, daß viele Dinge in den Evangelien nicht heilige Wahrheit oder Naturgesetz sind, denn die Evangelien wurden nicht von großen Eingeweihten geschrieben. Auch nachdem die ersten Verfasser ihr Werk beendet hatten, wurden Einschiebungen vorgenommen, die jetzt selbst von christlichen Gelehrten als solche erkannt werden. Aus diesem Grunde ist in den christlichen Evangelien vieles enthalten, bei dem man nicht verweilen muß, weil es oft fast bedeutungslose Einschübe sind, die manchmal von Fanatikern, welche gerade die Oberhand hatten, in die Manuskripte eingefügt wurden. Doch in allen Evangelien ist ein Kern wirklicher Wahrheit enthalten.

HIERARCHIEN INNERHALB VON HIERARCHIEN

Frage:
Nicht nur jedes Individuum hat seinen inneren Gott, sondern diese inneren Götter bilden kollektiv den gemeinsamen Körper, durch den eine höhere Gottheit wirkt. Die höhere Gottheit ist ihrerseits wieder nur eine in einer noch erhabeneren Armee oder Schar, die von einer noch erhabeneren Gottheit zusammengehalten wird, und so fort ad infinitum. Ist das eine korrekte Vorstellung?

Antwort:
Jede individuelle Wesenheit ist der Ausdruck einer göttlichen Monade, was nur ein anderer Ausdruck für einen 'inneren Gott' ist. Jede Monade ist im Herzen ihres Herzens eine individuelle Göttlichkeit. Daher ist jedes menschliche Wesen und ebenso jede andere Wesenheit, ob hoch oder niedrig stehend, der Ausdruck

eines göttlichen Samens, welcher ein innerer Gott ist.

Dieses unermeßliche kosmische Aggregat von inneren Göttern oder göttlichen Monaden bildet den gesamten Körper einer Hierarchie, der Hierarchie des Kosmos. Für diese Hierarchie gibt es den höchsten Hierarchen, in dem alle diese Scharen von inneren Göttern eingeschlossen sind, ebenso, wie der Körper all die Lebensatome enthält, die ihn zusammensetzen. Da die Anzahl solcher Hierarchien im grenzenlosen Raum unendlich ist, gibt es dementsprechend auch eine unendliche Anzahl kosmischer Hierarchien.

Eine weitere Schlußfolgerung aus dem Erwähnten ist die, daß nicht nur jedes Wesen, so wie ein Mensch, der Ausdruck einer individualisierten Göttlichkeit ist, die sein 'innerer Gott' genannt wird, sondern alle diese 'inneren Götter' stehen unter dem Einfluß einer höheren Göttlichkeit, in der sie leben und von der sie einen Teil bilden. Diese ist ihrerseits nur eine Gottheit, die einen Teil einer höheren kollektiven, vereinigten Schar innerhalb der Lebenssphäre einer noch erhabeneren Göttlichkeit bildet, und so fort ad infinitum. So können wir von jeder Stufe in der Sprache des christlichen Paulus sagen: "In ihm leben wir, bewegen wir uns und haben wir unser Dasein."

EINEM MENSCHEN DAS LEBEN NEHMEN

Frage:
Kann es irgendwann gerechtfertigt sein, einem Menschen das Leben zu nehmen, sei es zur Verteidigung des Vaterlandes oder zur Verteidigung eines Kindes, um es gegen einen Angriff zu schützen?

Antwort:
Unglücklicherweise ja. In dem gegenwärtigen Stadium der Evolution und in den Verhältnissen der Welt, in denen wir leben, kann es zuzeiten Pflicht sein, und aus diesem Grunde sehen wir uns mit zwei Handlungsweisen, zwei Pflichten konfrontiert. Vom ideellen Standpunkt aus müßte die Antwort 'nein' sein. Es ist unrecht, jemandem das Leben zu nehmen, gleich, ob es sich um einen Menschen oder um ein Tier handelt. Doch ebenso ist es richtig und unsere Pflicht und Schuldigkeit, unser Land, unser Heim oder unsere Familie zu verteidigen. So ist es in Kriegszeiten, da jeder Bürger eines Landes als ein integraler Teil der Nation anzusehen ist, zu der er gehört; ist es seine Pflicht, den Gesetzen der Regierung des Landes zu gehorchen, zu dem er gehört.

Diese Antwort habe ich von meinem eigenen Standpunkt aus gegeben und so, wie ich mir meine Pflicht in einer der Situationen vorstelle, die in der Frage erwähnt wurden. Was ich gesagt habe, hat jedoch keinen Bezug zur Todesstrafe, die gänzlich falsch und unnötig und auf lange Sicht gesehen kein Mittel zur Abschreckung vor Verbrechen ist. Die Todesstrafe ist absolut zu verdammen.

SELBSTBEWUSSTSEIN IN DER DRITTEN RUNDE

Frage:
Waren wir zu irgendeiner Zeit während der dritten Runde auf dieser Erdkette selbstbewußte menschliche Wesen?

Antwort:
Ja, gegen Ende des Globenmanvantaras, als sich die

mânasische Fähigkeit unter den Bedingungen der dritten Runde, so gut sie es konnte, zu manifestieren begann. Diese Fähigkeit war damals jedoch noch nicht so weit evolviert, wie sie es jetzt ist.

EIN FALL VON SCHNELLER REINKARNATION UND HELLSEHEN

Frage:
Dürfen wir Sie bitten, uns Ihre Meinung zu folgender Angelegenheit zu sagen: In verschiedenen Zeitschriften und Zeitungen konnte man von einem sogenannten 'bestimmten Beweis' für Reinkarnation lesen. Es betrifft den Fall eines jungen Hindûmädchens, dessen außerordentliche Aussagen über seine vorherige Inkarnation beschrieben und untersucht wurden. Nach den Lehren der Theosophie wären eine so schnelle Wiederkehr eines Menschen zur nächsten Geburt und derart seltsame 'Erinnerungen' nicht möglich. Kann es sich um Selbsttäuschung oder etwas ähnliches handeln?

Antwort:
Ich glaube, Sie haben unrecht, wenn Sie sagen, nach den Lehren der Theosophie wären 'eine so schnelle Wiederkehr eines Menschen zur nächsten Geburt ... unmöglich.' Sie haben fast recht, aber nicht ganz. Reinkarnationen, die so schnell aufeinander folgen, sind sehr, sehr selten, verglichen mit denen von Hunderten von Millionen normaler Menschen. Doch sie kommen vor. Im ganzen gesehen würden diese sehr, sehr seltenen Ausnahmen jedoch, würde man sie in einer Gruppe sammeln, ziemlich zahlreich erscheinen.

Soweit ich in der Lage war, aus den Zeitungsberichten Einzelheiten über dieses Hindûmädchen, das kaum älter ist als ein Kind, zu entnehmen, scheint es mir, daß ihr Fall auf eine von zwei möglichen Weisen erklärt werden kann. Da ich nicht alle Fakten des Falles kenne und nicht besonders an ihm interessiert war, möchte ich Ihnen die beiden Möglichkeiten erläutern:

a) Es handelt sich um einen jener sehr seltenen Fälle fast sofortiger Reinkarnation eines menschlichen Egos, die trotz ihrer großen Seltenheit im Vergleich mit den Hunderten von Millionen normaler Menschen nichtsdestoweniger, werden sie als Ganzes genommen, nicht so sehr ungewöhnlich sind. Die ganze Lehre bezüglich der Reinkarnation ist damit verknüpft, ebenso die Lehre über den Aufenthalt im Kâma-loka und im Devachan, deren Einzelheiten jeder ernsthafte Theosoph kennt. Diese Lehren können kurz folgendermaßen zusammengefaßt werden: Je spiritueller ein Mensch im Leben ist, desto länger dauert das Devachan und desto länger ist das Intervall zwischen zwei aufeinanderfolgenden Inkarnationen. Umgekehrt, je materieller oder je größer die Liebe eines Menschen zur physischen Welt ist, desto kürzer ist das Devachan und ebenso das Intervall zwischen zwei Inkarnationen.

Es gibt auch Fälle, in denen Inkarnationen fast sofort stattfinden. Zu diesen gehören geistig Behinderte, früh gestorbene Kinder und verlorene Seelen - drei verschiedene Arten menschlicher Wesen, das ist wahr. Sie inkarnieren deshalb fast sofort wieder, weil sie keine Gelegenheit hatten, in einem mehr oder weniger langen Leben spirituell zu evolvieren (vgl. H.P.B.s Aussagen über dieses Thema der sofortigen Reinkarnation in "Isis Entschleiert", Bd. I, S. 373 und ihren Artikel "Theorien über Reinkarnation und Geister", wo sie zusätzliches Licht auf diesen Gegenstand wirft).

Es ist durchaus möglich, daß dieses Hindûmädchen zu der letzten allgemeinen Klasse gehört, was jedoch nicht heißen soll, daß sie eine verlorene Seele ist oder in ihrem letzten Leben als Kind starb oder geistig behindert war. Es soll nur heißen, daß sie nicht zu den spirituelleren Typen von Menschen gehört, sondern wahrscheinlich zu jenen, die im letzten Leben die physischen Sphären liebten, in denen die höheren intellektuellen und spirituellen Kräfte noch nicht erwacht waren. Diese Kräfte machen das Devachan lang oder kurz, je nachdem, wie stark sie im Leben eines Menschen sind. Folglich hatte sich das Mädchen eine geringe devachanische Möglichkeit aufgebaut. Da sie in ihrem letzten Leben wahrscheinlich eine relativ gute junge Frau war-wie sie sagte, starb sie sehr jung -, gab es auch keinen langen Aufenthalt im Kâma-loka zum Zweck der Reinigung.

b) Die andere Möglichkeit würde ich nicht als eine wahre Erklärung betrachten. Ich erwähne sie hier eben nur als eine Möglichkeit - aber dennoch mag sie wahr sein. Es gibt gelegentlich einige Personen, die mit einer ungewöhnlichen hellseherischen Fähigkeit und einer sehr starken und lebhaften Imagination geboren werden. Mit dieser Kombination von Hellsehen und einer ungeheuer lebhaften Imagination können sie tatsächlich Dinge 'sehen', die während ihres Lebens an anderen Orten existieren. Wenn sie diese Dinge 'sehen', läßt ihre lebhafte Imagination und die Fähigkeit, mentale und imaginäre Bilder zu erzeugen, sie sich alle Arten von Möglichkeiten vorstellen. Ist also dieses Mädchen eine derart natürliche Hellseherin - zumindest gelegentlich und in einer bestimmten Richtung des Hellsehens -, so kann es wirkliche Visionen von der anderen Stadt in Indien haben, in der jener Mann mit seiner jetzigen Frau lebt. Ihr imaginierendes

Gemüt mag in Verbindung mit romantischen Gefühlen dieses Bild oder die zu ihr kommenden hellseherischen Bilder vereint haben: alle Arten weiblicher imaginärer und emotionaler Visionen von diesem Mann, der in einem früheren Leben ihr Gatte gewesen sein soll.

Die letztere Klasse von Personen ist ziemlich verbreitet und sehr bekannt, besonders unter Mädchen. Ärzte bezeichnen diese Fälle, die sie in ihrer Praxis häufig zu Gesicht bekommen, als eine besondere Form der Hysterie. Individuen dieser Art sind immer abnorm und übermäßig phantasiereich. Sie haben ständig 'Träume' und 'Visionen'. Haben sie gleichzeitig eine starke oder schwache hellseherische Fähigkeit, wirkt die Kombination von hellseherischer Fähigkeit und Imaginationskraft zusammen und macht diese Menschen glauben, sie seien die Helden oder Heldinnen in allen Arten ihrer romantischen Träume.

Es sind gerade diese psychischen Dinge - aufgrund ihres scheinbaren Geheimnisses und der Schwierigkeit, sie zu erklären -, von denen die normalen Menschen fasziniert sind, doch es sollte ihnen nicht soviel Gewicht beigemessen werden.

DER NACHTODLICHE ZUSTAND DES SELBSTMÖRDERS

Frage:
Wie ist exakt der nachtodliche Zustand eines Menschen beschaffen, der Selbstmord begeht, um seinen gegenwärtigen Umständen zu entgehen? Verbleibt er in einem vorübergehenden Zustand, bevor er in die Ruheperiode eintritt, die nach einem natürlichen Tod erlangt wird?

Antwort:
Ja, er verbleibt in einem vorübergehenden Zustand, und es hängt von dem Charakter des Selbstmörders ab, welcher Art dieser vorübergehende Zustand ist. Was wir säen, werden wir ernten. Ein Selbstmord ist weder ethisch noch in anderer Weise gerechtfertigt; das Motiv ist Feigheit, der Selbstmörder will sich vor seinen Pflichten drücken. Jeder Mensch wird mit einem gewissen Vorrat oder einer Menge an Vitalität geboren. Die zusammengesetzte Wesenheit, die der Mensch ist, hält so lange zusammen, bis dieser Vorrat an Vitalität verbraucht ist; dann bricht die Zusammensetzung auseinander. Der Geist geht zur Vatersonne; das reinkarnierende Ego geht in sein Devachan oder die Himmelswelt von unaussprechlichem Frieden und Seligkeit, und die niederen Teile brechen auseinander und lösen sich in ihre sie zusammensetzenden Atome auf.

Bei einem Selbstmörder handelt es sich um einen unglücklichen Menschen, der vielleicht von Sorgen und Schmerz geplagt und gequält wird und sich in seiner Blindheit und aus Torheit das Leben nimmt, in dem Glauben, die Absichten der Natur vereiteln zu können. Er zerstört lediglich den physischen Körper, doch der gesamte übrige Mensch verbleibt in der Astralwelt in Umständen, die alles andere als angenehm sind. In Fällen übler Selbstmörder - Menschen, die Selbstmord begehen und außergewöhnlich üble Menschen waren -, geraten diese Menschen in schreckliche Zustände, denn ihr ganzes Bewußtsein brennt in allen niederen Leidenschaften wie Haß, Liebe, Angst, Terror und Grauen, die sie zum Selbstmord trieben. Es gibt kein Entrinnen. Weil sie sich das Leben nahmen, haben sie die Zustände tausendfach verschlimmert.

Doch es gibt Selbstmörder dieser oder jener Art, und jeder individuelle Fall hängt von dem entsprechenden Selbstmörder ab. Der mentale Zustand des Selbstmörders vor der Tat setzt sich in der Astralwelt fort, nur ist er dort auf schreckliche Art und Weise intensiviert. Natürlich kommt auch für ihn die Zeit, wo der Vorrat an Vitalität verbraucht ist. Was dann an Schönheit, Größe und spirituellem Licht in der Seele des Selbstmörders vorhanden ist, empfängt seine Entschädigung im Devachan. Doch Selbstmord ist Feigheit, das sollte nicht vergessen werden.

DIE VERWANDTSCHAFT DES MENSCHEN MIT DEM ZWÖLFFÄLTIGEN SONNENSYSTEM

Frage:
Da wir wahrhaftig Kinder des gesamten Sonnensystems sind, könnte man nicht sagen, daß wir, ebenso wie wir Wesenheiten der Erde sind, Wesenheiten der Venus, des Merkur oder eines anderen Planeten sind?

Antwort:
Das ist wahr. Nur für das gegenwärtige Manvantara sind wir an die Erdkette gebunden, und das ist das Geheimnis der äußeren Runden.

Frage:
Sind wir also Wesenheiten der Sonne, die durch verschiedene Vehikel auf allen zwölf Planeten der Sonnenfamilie evolvieren?

Antwort:
Von zwölf Planeten unseres Sonnensystems zu sprechen hat nur auf uns Bezug. Es gibt nur für uns zwölf heilige Planeten im Sonnensystem. Die Sonne ist unser allgemeines Haupt. Dies ist - und hier haben Sie eine

Andeutung auf den dreizehnten - das Geheimnis, warum Jesus zwölf Jünger hatte, während er selbst der dreizehnte oder der Lehrer war.

TROST IM HINBLICK AUF DEN TOD

Frage:
Ich habe die technische theosophische Literatur studiert und verstanden, daß der Mensch ein zusammengesetztes Wesen ist und was mit der siebenfältigen Hierarchie 'Mensch' geschieht, wenn er stirbt. Aber hat die Theosophie nicht auch eine ethische Seite hinsichtlich des Todes in bezug auf Liebe und Mitleid?

Meine Frage lautet: Welchen Trost für das Herz, welche inspirierende Hoffnung und wieviel Mut gibt die Theosophie denen, die den Tod fürchten, den Sterbenden und jenen, die einen lieben Menschen verloren haben?

Antwort:
Nach der Lehre der Theosophie ist der Tod per se nicht zu fürchten. Er ist ein Übergang zu einem besseren Zustand, doch nur dann, wenn der Tod auf natürliche Weise kommt. Der Fragesteller hat augenscheinlich noch nicht sehr viel von unserer theosophischen Literatur gelesen, in der ausgeführt wird, daß Ethik die wahre Essenz jeder theosophischen Lehre ist. Ethik ist die wahre Struktur des Universums, denn sie bedeutet Harmonie: Recht ist Recht und Unrecht ist Unrecht, Korrektheit ist Korrektheit, und Redlichkeit ist Redlichkeit, gleichgültig, wann und wo diese Eigenschaften zur Ausführung gelangen.

Die Ethik in unserer Lehre hinsichtlich des Todes ich oft erklärt: Es ist nichts zu befürchten; der

Tod ist unaussprechlich süß, denn er bedeutet unbeschreibliche Ruhe, Seligkeit und Frieden. Stirbt ein Mensch, tritt er in das große Schweigen ein; dasselbe geschieht, wenn ein Mensch einschläft und später erwacht. Diese wenigen Worte sagen Ihnen alles, wenngleich auch ohne Einzelheiten.

Erinnern Sie sich, was Robert Louis Stevenson in seinem 'Requiem' schrieb? Er verfaßte dies für sein eigenes Grab, die Worte lauten:

"Unter dem weiten Sternenhimmel
grabt das Grab und laßt mich liegen;
glücklich lebte ich und starb ich,
und ich lege mich willig nieder.

Diesen Vers grabt ein für mich:
'Hier liegt er, wo er sein wollte.
Daheim ist der Seemann, daheim von der See,
und der Jäger zu Haus von der Höhe.' "

Ja, das ist sehr schön, denn hieraus spricht der Geist Robert Louis Stevensons. Doch warum sagte er: "Grabt das Grab und laßt mich liegen"? Sehen wir hier nicht den alten schrecklichen Gedanken, daß der Mensch sein physischer Körper ist? Ich hätte geschrieben: "Grabt das Grab und laßt mich frei gehen." Ich, eine inkarnierte Energie des Universums - könnte man mich im Grab halten? Ich, eine flammende Intelligenz, ein verkörperter Geist - könnte man mich in einem Sarg einsperren? Nein, die wirklichen Grenzen sind zu eng für mich. Meine Seele ist bei den Sternen zu Hause, ob es Canopus, Sirius oder der Polarstern ist, dort wohne ich in vertrauter Umgebung, dort gehöre ich hin. Ich bin frei! "Glücklich lebte ich, und glücklich sterbe ich, und ich lege mich willig nieder. Diesen Vers grabt für mich ein: 'Deshalb ist er dorthin gegangen, wohin er sich sehnte.' "

Frage:
Nehmen Sie den Fall eines Menschen, der einen anderen auf Erden innig liebte, und der Liebende stirbt: Kann der Verstorbene weiterhin lieben?

Antwort:
Das ist in der Tat eine sehr natürliche Frage. Die wirkliche Bedeutung, die wahre Essenz des Himmelswelt-Zustandes oder des Devachan ist Seligkeit und Liebe, denn Seligkeit und spirituelle Sehnsucht haben als hauptsächliche Antriebskraft jene unpersönliche Funktion oder Energie des menschlichen Geistes, die wir Liebe nennen. Das Devachan beinhaltet alles, was schön und gut, edel und heilig, wahr, rein und klar ist. Liebe ist unsterblich, sie währt immer fort. Und merken wir uns, je mehr man liebt, unpersönlich liebt, desto edler wird man. Ich meine hier nicht die gewöhnliche grobe, leidenschaftliche Liebe, denn sie kann auch ein Höllenfeuer sein. Ich meine jene unaussprechlich süße, göttliche Flamme, die das Leben mit Schönheit erfüllt, die uns Gedanken der Aufopferung für andere einflößt. Liebe dieser Art, unpersönliche Liebe, ist das wahre Herz des Universums. Deshalb liebt derjenige, der liebte und starb, auch nach seinem physischen Tode, denn das ist die Natur seiner Seele.

TOD IN DER SCHLACHT ODER DURCH UNFALL

Frage:
Was geschieht mit jenen, die in der Schlacht fallen?

Antwort:
Ich glaube, der Fragesteller meint, es müsse eine Identität zwischen einem in der Schlacht Gefallenen und einem Selbstmörder bestehen, weil der Tod in beiden Fällen rasch eintritt. Doch das ist nicht der Fall. Es ist das Motiv, das in allen Fällen gewaltsamen Todes, sei es durch vorsätzlichen Selbstmord oder Mord, Tod in der Schlacht oder durch Unfall, den nachtodlichen Zustand bestimmt. Die in der Schlacht Gefallenen sinken in völlige Bewußtlosigkeit, denn in ihnen ist keine Feigheit, sie versuchten nicht, wie im Falle eines Selbstmörders, sich vor der Pflicht zu drücken. Die qualvolle Beklemmung, die marternde und zerstörerische Angst des Selbstmörders vor dem Leben ist bei ihnen in dieser Art nicht vorhanden. Die Gefallenen gleiten einfach in selige Bewußtlosigkeit und verweilen so, bis der Vorrat an astral-physischer Vitalität verbraucht ist. Dann treten sie in das Devachan, die Himmelswelt ein. Die Natur ist in allen ihren Regeln und Tätigkeiten streng gerecht, weil sie ausgesprochen mitleidsvoll ist. Mitleid bedeutet Gesetz, Harmonie, die regelmäßige Hervorbringung von Ursache und Wirkung. Das wahre Herz des Wesens der Natur ist Mitleid. Die Fälle, in denen es sich um Menschen handelt, die in der Schlacht sterben oder die ihr Leben dafür hingeben, um das Leben eines Bruders zu retten, sind gleich. Sie empfangen traumlose und unaussprechlich süße Bewußtlosigkeit, bis der Vorrat an Vitalität verbraucht ist. Dann betreten sie das Devachan oder die Himmelswelt und verbleiben dort in unbeschreiblich schöner und glückseliger Ruhe bis zur nächsten Wiederverkörperung.

WIE ALT SIND DIE PHILOSOPHIESCHULEN DER HINDUS?

Frage:
Können Sie mir einen Hinweis auf das Alter oder den Zeitpunkt der Gründung der sechs Darśanas oder Philosophieschulen der Hindûs geben? Wann lebten Kapila und Patanjali wirklich? Es gibt so viele Behauptungen über diese beiden Persönlichkeiten und den Zeitpunkt ihrer Geburt.

Antwort:
Sie fragen zum einen nach dem Ursprung und zum anderen nach dem unterschiedlichen Alter der sechs großen Darśanas oder philosophischen Visionen oder Philosophieschulen in Indien. Zusätzlich fragen Sie nach der Lebenszeit ihrer verschiedenen Begründer, wie Kanâda, Kapila, Gotama (hier ist natürlich nicht der Buddha gemeint), Patanjali usw.

Zunächst zur Lebenszeit der Begründer: In Wahrheit sind alle Zeiten oder vielmehr die Daten, die von europäischen Orientalisten gegeben werden, nur wenig mehr als Spekulationen. Sie wurden niemals bewiesen, obgleich sie wohl allgemein akzeptiert werden. Folglich lehnen wir Theosophen es ab, sie zu akzeptieren, da sie in bezug auf unsere Zeit fast unterschiedslos nicht weit genug zurückdatiert wurden.

Auf der anderen Seite würde ich mit mehr Achtung ein Datum akzeptieren, das nach den Angaben eines hervorragenden Hindûs der alten Zeiten ausgearbeitet ist. Natürlich weiß ich, daß es eine ungeheure Arbeit wäre, das Material sorgfältig zu prüfen. Ich erwähne es lediglich, um zu zeigen, daß ich die Hindûtradition gegenüber modernen westlichen Theorien vorziehen würde. Diese sind mehr oder weniger von wissenschaftlichen Ideen beeinflußt, gemäß denen sich der

Mensch erst seit kurzem zum denkenden Menschen entwickelt hat. Daraus wird geschlossen, wann der eine oder andere lebte.

In früheren Tagen hielt man daran fest, daß die Welt vor ca. sechstausend Jahren geschaffen worden sei; das war die damalige christliche Anschauung. Folglich mußte jedes Datum so nahe wie möglich an unsere Zeit herangerückt werden. Soviel über die Daten der Begründer dieser Schulen. Nicht jeder von ihnen gründeten eine neue Schule. Sie wurden eventuell nur weitergeführt und verjüngt, und das, was bereits seit vielen Zeitaltern bekannt war, wurde modifiziert. In der gleichen Art brachte H. P. B. die archaische Theosophie in unsere Zeit und stellte sie in ihrer modernen Form dar, obwohl sie zeitlos ist.

Das lenkt mich auf den Ursprung der sechs Darśanas. Ich habe bereits darauf hingewiesen: In dem Versuch, sich innerhalb der Grenzen ihrer neuen Fakten zu halten, sagen westliche Orientalisten, daß jede dieser Schulen wahrscheinlich von dem Philosophen eröffnet wurde, dessen Namen sie trägt. Doch ich erklärte eben, aus welchem Grunde das nicht tatsächlich so sein muß.

Meiner Meinung nach, meiner wirklichen Überzeugung nach, ist jede dieser sechs Darśanas ungeheuer alt. Die Tatsache, daß sie natürliche Erzeugnisse des menschlichen Intellektes sind, zeigt, daß sie vor vielen Zeitaltern von anderen philosophischen Gemütern erdacht worden sein müssen. Ich persönlich glaube, daß sie ihrem Inhalt nach auf atlantäische Zeiten zurückgehen, nicht in ihren gegenwärtigen Darstellungen oder Formen, sondern in den philosophischen Grundgedanken, die diese Schulen vertreten. Die verschiedenen sogenannten Begründer lebten mehr oder weniger in jüngerer Zeit. Damit meine ich, lange nach Atlantis, doch nicht in unserer Zeit. Es waren Hindûphilosophen, die ihrerseits von der einen oder anderen der Schulen angezogen wurden. Jeder war in der Interpretation und im Propagieren seiner eigenen besonderen Auswahl oder philosophischen Vorliebe so erfolgreich, daß er mit der Zeit der Begründer dieser oder jener Schule wurde.

Nehmen wir zum Beispiel die Yoga-Schule des Patanjali. Ich glaube, daß sie Zeitalter vor Patanjali blühte, wann immer er gelehrt hat, denn seit undenklichen Zeiten ist Yoga ein aktiver Teil menschlichen Denkens. Patanjali hat ihn nicht erfunden, er handelte nur. Genauso ist es mit der Nyâya-Schule, der logischen Philosophie von Gotama, und der Vaiśeshika, der atomistischen Schule des Kanâda. Gedanken dieser Art müssen seit atlantäischen Zeiten in den Gemütern der Menschen lebendig gewesen sein. Ebenso verhält es sich mit dem Vedânta, besonders dem Adwaita. Seine Adwaita-Form wurde von dem großen Sankarâchârya hervorragend dargestellt und formuliert; das ist geradezu ein Paradebeispiel in dieser Hinsicht. Einige westliche Gelehrte nennen ihn den Begründer des Adwaita-Vedânta, als hätten die Menschen vor Sankarâchârya niemals die Gedanken des Adwaita-Vedânta gedacht. Er nahm lediglich diesen Aspekt des Vedânta und reformierte ihn entsprechend den Ideen seiner Zeit, und er tat das so wundervoll, daß er als dessen großer Lehrer bekannt wurde. Doch der Adwaita-Vedânta ist dem menschlichen Geist so eingeboren, daß er Zeitalter um Zeitalter existiert haben muß, bevor die Götter von Sankarâchârya träumten.

Wir Theosophen sagen, daß die sechs Darśanas die sechs verschiedenen Typen oder Methoden, in welche die menschliche Philosophie die Zeitalter hindurch geteilt war, enthalten, und wir vereinigen sie alle in der höchsten, siebenten, die unsere eigene Weisheits-Religion, Theosophie oder Esoterische Philosophie, ist. Um es etwas korrekter auszudrücken: Aus dieser Weisheit der Götter oder dieser Weisheitsreligion sind die sechs verschiedenen Darśanas als sechs spezielle Darstellungen oder sechs Spezialisierungen der Philosophie hervorgegangen, jede in ihrer eigenen Richtung: der wissenschaftlichen, der mystischen, der logischen, der wissenschaftlich-mystischen oder der objektiv-idealistischen, gleich, wie wir sie benennen.

HEILMETHODEN UND KARMAN

Frage:
Was ist Ihre Meinung in bezug auf die verschiedenen Arten der Heilung durch vitale oder sogenannte 'magnetische' Verfahren, zu denen 'Handauflegen','Magnetisieren' und 'Fernbehandlung' - wie diese in einigen Schulen aus Unwissenheit genannt wird - gehören? Meiner Einschätzung nach haben diese Behandlungsmethoden aufgrund der Art und Weise, wie sie sich verbreitet haben, an Bedeutung zugenommen; selbst Geistliche befassen sich damit und versuchen, in die Fußtapfen ihres Meisters Jesus zu treten, der, wie sie sagen, "durch Glauben" und spirituelle Macht heilte.

Antwort:
Alle diese verschiedenen Formen der Heilung, abgesehen von der regulären medizinischen oder chirurgischen Praxis, beruhen auf der innewohnenden, das heißt angeborenen oder inhärenten Fähigkeit des 'Heilers' oder Praktikers, gesunde Lebenskraft von sich auf die kranke Person zu übertragen. Das ist der Schlüssel des Erfolges oder Mißerfolges in allen Fällen und Arten des Heilens.

Ist ein Mensch ein natürlicher, geborener 'Magnetiseur', wie es Col. Olcott in geringem und Mesmer in einem ziemlich großen Maße war, dann kann eine solche Person durch magnetische oder sogenannte 'mesmerische' Striche heilen, indem sie zu diesem Zweck über das angegriffene Organ oder den Körperteil streicht, manchmal ganz ohne Bewegung, aber durch intensive mentale Konzentration.

Ist der 'Heiler' oder Praktiker kein geborener oder von Natur aus begabter 'Magnetiseur', ist sein Erfolg gering oder gleich Null. Die Erklärung hierfür liegt in der mehr oder minder erfolgreichen Übertragung von Prâna oder Vitalität von seinem eigenen gesunden Körper auf den kranken Körper, den entsprechenden Körperteil oder das erkrankte Organ. Diese gesunde Vitalität oder Lebenskraft verändert oder 'vertreibt' die unharmonischen Vibrationen des leidenden Teiles, stellt die Harmonie darin wieder her und bringt so Gesundheit hervor. Heilungen dieser Art können andauern, gewöhnlich aber helfen sie nur zeitweilig, vielleicht für ein paar Tage, ein paar Wochen, Monate, möglicherweise auch für ein, zwei oder drei Jahre. Alle diese Methoden und Verfahren waren den Alten wohlbekannt. Von den modernen Westlichen werden sie aus Unwissenheit im allgemeinen unter Überschriften wie 'Heilen durch Hypnose', 'Heilen durch Mesmerismus' oder 'Heilen durch Magnetismus' eingereiht. Werden keine Striche oder Streichungen vorgenommen, wird, wie bei den Christlichen Wissenschaftern und den Glaubensheilern, von 'Heilen durch den Glauben' gesprochen.

Hierin liegt der Schlüssel zu allen Verfahren, Erfolgen und Fehlschlägen.

Frage:
Wie verhält es sich in diesem Zusammenhang mit Karman? Ist es falsch, in dieser Weise zu heilen, oder ist

es richtig? 'Dämmt es Karman zurück', so daß es in der Zukunft mit vermehrter Kraft zurückkehrt und eine schlimmere Krankheit mit sich bringt als diejenige, die zeitweilig aufgehalten wurde?

Antwort:
Ist der Magnetiseur gesund - das ist wichtig -, mental im Gleichgewicht und, was am wichtigsten ist, moralisch und intellektuell einwandfrei, ist kein Schaden durch Heilungen mit mesmerischem Magnetismus zu befürchten - doch darf er, bitte, nicht mit Hypnose gleichgesetzt werden! Wenn der Praktiker moralisch unrein und intellektuell verdorben ist, besonders in seinen Ansichten über Recht und Unrecht, oder ist er physisch selbst nicht gesund, können Krankheiten im Keim übertragen werden, und hierauf kann sogar Tod die Folge derart zuwege gebrachter übler Magie sein. Im letzteren Fall handelt es sich um tatsächlichen Mord, doch ist er nur sehr schwer nachzuweisen. Dagegen ist es nicht falsch, kranke und kränkelnde Menschen zu heilen, ob dieses nun durch reguläre chirurgische, medizinische Praxis oder durch hochgesinnte, gesunde und mitleidsvolle 'vitale Heiler' geschieht, selbst dann, wenn diese in Unkenntnis des philosophischen Grundprinzips handeln. Im letzteren Fall handelt es sich nicht um ein 'Zurückdämmen des Karmans', denn das Karman erschöpft sich bereits in der kranken Person, und das Heilen ist nur eine Unterstützung der Natur zur Wiederherstellung der Gesundheit oder eine Wiedereinführung normaler Bedingungen bei dem Leidenden.

Das Karman wird jedoch in jenen Fällen zurückgedämmt, und das Heilen auf eine solche Art ist ausgesprochen schädlich und schlecht, wenn der Heiler versucht, auf den Willen, das Gewissen oder die moralische Integrität der kranken Person, des Patienten oder

Leidenden einzuwirken, indem er das Gemüt, die Willenskraft und das Gewissen des Patienten hypnotisiert, so daß dieser glaubt, die Krankheit existiere nicht oder er sei ein Opfer des Fatums anstatt seiner eigenen üblen Vergangenheit. Ich hoffe, ich werde verstanden. Wird das Gemüt des Patienten, besonders die Willenskraft oder die moralische Integrität, durch den Praktiker beeinflußt, wird diese Handlungsweise sofort zu schwarzer Magie. Sie tendiert dazu, falsche Gedanken in dem Patienten zu erzeugen, und dämmt so die Krankheit zurück. Gleichwohl kann diese Praktik ebenfalls zeitweise heilen aufgrund des hypnotisierten Zustandes der Willenskraft und des Gemütes, der dem Patienten mit Hilfe einer illusorischen, quasi-philosophischen, falschen Lehre aufgedrängt wurde. In diesem letzteren Fall wird also das sich auswirkende Karman zu seiner Quelle zurückgedämmt und die Krankheit in die Konstitution zurückgezwungen. Für den Körper mag das von Vorteil sein, doch die Krankheit ruht latent, sie ist noch vorhanden, da letztlich alle Krankheiten auf falsche Gedanken zurückzuführen sind, die falsche Gefühle und falsche Handlungen hervorbringen. Das ist mit dem Zurückdämmen des Karmans gemeint. Doch ein Magnetiseur behandelt, ebenso wie ein normaler Arzt oder Chirurg, lediglich den Körper. Er hilft, in den prânischen Strömen des Körpers des Leidenden die Harmonie wiederherzustellen, doch er beeinflußt weder die Willenskraft noch die moralische Natur des Patienten. Folglich ist das Heilen nicht übel, sofern es sich bei dem Ausübenden um einen aufrechten und guten Menschen handelt.

Doch von all den Arten dieser Heilmethoden oder Heilverfahren ohne Drogen, die im allgemeinen 'vitales Heilen', Heilen durch Bestreichung oder ähnlich genannt werden, ist schließlich die am besten, bei der der Patient selbst in einen Gemütszustand der Hoffnung und des Selbstvertrauens gebracht wird, der höheren Art der Eingebung, die Frieden und Ruhe mit sich bringt. Hierdurch wird dem Körper wieder zu einem harmonischen Zustand verholfen, und die natürlichen Heilprozesse im Körper des Patienten werden unterstützt. Aus diesem Grunde sind einige Arten der Glaubensheilungen die besten, da sie weder den Willen noch das Gemüt berühren. Sie bewirken inneren Frieden, Ergebung in das Unvermeidliche und geben Hoffnung, vitale Energie und gute Aussichten. Alles das zielt darauf hin, dem Körper des Patienten zu helfen. Die beste Gemütsverfassung für den Kranken ist Hoffnung, zunehmender innerer Friede und Selbstvertrauen. Diese Gemütshaltung wird am besten durch eine gesunde Philosophie erzeugt, worauf im christlichen Testament angespielt wird. Dort wird auf die verschiedenen Heilungen durch Jesus auf der Grundlage der Festigung des 'Glaubens' der Kranken hingewiesen, und die Aufforderung lautet: "Gehe hin und sündige hinfort nicht mehr." 'Sünde' bedeutet hier schlechte Gedanken, üble Gefühle und die ihnen folgenden Handlungen im täglichen Leben, also Laster in allen Formen.

Die ganze Angelegenheit ist kompliziert. Es könnte kein größerer Fehler gemacht werden, als zu denken, es sei alles so einfach und könne mit einem einzigen Satz beantwortet werden. Selbst ein Schwarzmagier kann einen Körper heilen, wenn es für ihn von Vorteil ist, das zu tun. Doch in diesem Fall wird der Körper sozusagen auf Kosten der Seele geheilt, und vielleicht werden sogar neue Samen oder Keime von Krankheiten in den Körper des Patienten übertragen, weil das Gemüt und der Wille verformt werden, wodurch mentale Ströme im Innern des Kranken hervorgerufen werden, welche seine Prânas vergiften.

Wie Sie sehen, liegt also das Geheimnis darin, die

dem Kranken innewohnenden Widerstandskräfte und Lebenskräfte wachzurufen, sie vorherrschend werden zu lassen, damit sich der Körper selbst heilt; und nicht darin, den Willen, die Imagination und die moralischen Instinkte des Patienten zu überwältigen, mit dem Ergebnis, sie rezessiv und stumpf zu machen oder sie einzuschläfern. Das erstere ist gut und weiß, das letztere schlecht und schwarz.

Dies ist nur ein flüchtiger Umriß einer ausgesprochen verwickelten Angelegenheit. Die Verwirrung entsteht aus der völligen Unkenntnis der meisten Menschen über die komplizierte Struktur der menschlichen Konstitution. Einige Heilungen sind gut, andere schlecht; einige Heiler sind gut, andere schlecht, und es gibt so manche Schwindler.

OKTAVEN DER STRAHLUNG AUF DER KOSMISCHEN SKALA

Frage:
Werden Licht und Radiowellen durch verschiedene Medien übermittelt, und wenn es so ist, welche sind das?

Antwort:
Der Fragesteller meint, daß alle Energie, da sie 'eine Kraft' ist, von einer Form der Manifestation in eine andere transformiert werden kann. Er scheint anzunehmen, Licht und Radiowellen könnten nicht im Dienste des Heilens kombiniert werden, da sie durch verschiedene Medien wirken.

Ich glaube, hier liegt ein Irrtum vor. Licht-, Radio- und Wärmewellen sowie jene anderen Wellenstrahlungen, die Röntgenstrahlen, kosmische Strahlen usw. genannt werden, sind verschiedene Teile oder Oktaven der großen Skala der Natur. Obwohl sie daher Strahlungen oder Wellenformen sind (um hier den modernen wissenschaftlichen Ausdruck zu benutzen), sind sie aufgrund ihrer verschiedenen Energien, Frequenzen und Wellenlängen, die zum Beispiel eintausend Meter, einen Meter oder einen Zentimeter betragen können, trotzdem deutlich voneinander getrennt.

Die Radiowellen sind relativ lange Wellen. Wesentlich kürzer sind die Wärmewellen, ihnen folgt das sichtbare Licht, dessen Wellen noch kürzer sind. Die folgenden, noch kürzeren Strahlen auf dieser Skala sind die ultravioletten Strahlen. Nach einem gewissen Intervall kommen die sehr kurzwelligen Röntgenstrahlen und nach einem weiteren andere Wellen, die sich bis zu den kürzesten bekannten Strahlungen erstrecken, zu denen die Gammastrahlen und die kosmischen Strahlen gehören. Wellen mit sehr hoher Frequenz, wie Röntgenstrahlen und kosmische Strahlen, werden 'harte' Strahlen genannt, dies deshalb, weil ihre Frequenz so hoch, das heißt ihre Vibration so gewaltig schnell ist, daß sie wie ungeheure Stöße oder Schläge wirken. Dagegen haben die langen Wellen, wie Radiowellen, eine so kleine Frequenz, das heißt, ihre Vibration oder Wellenlänge ist so groß, daß sie 'weiche' Wellen genannt werden können.

Dies ist die Antwort auf die Frage; nebenbei gesagt eine Antwort, die allen Wissenschaftlern bekannt ist. Alle Kräfte im Universum können auf eine kosmische Kraft zurückgeführt werden. Doch diese eine kosmische Kraft wird während der Manifestation im kosmischen Manvantara in ihre niederen Formen der mannigfaltigen verschiedenen Strahlungen oder Wellenlängen aufgeteilt, von denen jede einzelne ihre spezifische Individualität hat.

Um ein Beispiel zu geben, können wir sagen, daß die Wellen der Gesundheit eine bestimmte Länge, eine bestimmte Frequenz haben; die Wellen der Krankheit haben eine andere Frequenz. Doch beide sind Wellen, und der einzige Unterschied zwischen ihnen ist ihre unterschiedliche Frequenz oder Vibrationsrate. So ist es theoretisch möglich, die harten, kurzen Krankheitswellen in die längeren, weicheren, sanfteren Wellen der Gesundheitsstrahlung umzuwandeln. Natürlich ist es außerordentlich schwierig, das zu tun, doch das Denken, das Gemüt kann das, weil Denken und Gemüt diesen Wellen überlegen sind und sie deshalb beherrschen können. Gedanken- und Gemütskraft sind relativ spirituell und gesund, und Krankheitswellen sind relativ physisch. Da nun die 'eine Kraft' an der Basis von allem ist, denn sie ist die kosmische Kraft, die große spirituelle Kraft des Universums, sind all die verschiedenen anderen untergeordneten Kräfte, wie Licht, Radiowellen, Wärme, Farbe usw., verschiedene Oktaven der einen kosmischen Strahlungsskala. So ist es in der Theorie durchaus möglich, die eine in die andere zu transformieren, doch in Wirklichkeit wäre es ungeheuer schwierig, eine lange Radiowelle beispielsweise in einen Röntgenstrahl zu transformieren, weil das heißen würde, eine Wellenstrahlung von 100 m oder 1000 m Länge in eine Wellenstrahlung von der Länge eines infinitesimalen Teiles eines Millimeters umzuwandeln, wie es bei Röntgenstrahlen der Fall ist. Es ist also sozusagen eine fast kosmische Schwierigkeit, eine solche Kraft für praktische Zwecke in eine andere zu transformieren.

Der Weg, Krankheit durch Bestrahlung zu heilen, wäre der, über die Krankheitsfrequenz eine andere Frequenz oder Vibrationsenergie von weicherer, sanfterer, aber stärkerer, weil harmonischerer Art zu legen. Um die Sprachfigur zu wechseln, wollen wir sagen, daß die Gesundheit eines menschlichen Körpers eine bestimmte Schlüsselnote oder einen Schlüsselton hat. Ist ein bestimmter Teil des Körpers, etwa das Herz, die Leber oder das Gehirn, krank, so bedeutet dies, daß dieses besondere Organ gegen die Schlüsselnote des Körpers rebelliert und eine eigene kleine Schlüsselnote einführt. Hierdurch wird eine Dissonanz im Körper erzeugt, und das meinen wir mit Krankheit. Der Weg, diese Krankheit zu heilen, liegt darin, auf irgendeine Weise jene falsche Vibration oder Frequenz des erkrankten Organs in die Schlüsselnote des ganzen Körpers umzuwandeln und damit diese Schlüsselnote wiederherzustellen und die Gesundheit zurückzubringen. Die Wissenschaftler der Zukunft werden lernen, wie das geschehen kann, ohne den Körper zu schädigen. Doch es ist durchaus möglich, den Körper durch unkundige Experimente ernsthaft zu verletzen, wenn nicht zu töten, denn das erkrankte Organ kann wirklich zerrissen oder zerschmettert werden, wenn nicht die richtige Strahlung oder Frequenz angewandt wird.

Als Antwort auf Ihre Frage ist also an folgendes zu denken: All die verschiedenen oben genannten Kräfte, wie Radiowellen, Wärme, Licht, Röntgenstrahlen, kosmische Strahlen sowie alle Zwischenfrequenzen, gehören zu der kosmischen Skala, und jede von ihnen ist nur eine Oktave davon; das ist normale Wissenschaft. All diese Kräfte oder Strahlungen sind einfach verschiedene Strahlungsformen. Ebenso sind innerhalb einer Oktave auf dem Klavier do, re, mi, fa, sol, la, si und do verschiedene Tonfrequenzen, die zu derselben Oktave gehören. Der Versuch, eine Note einer Oktave in eine andere Note umzuwandeln, ist sehr, sehr schwer, da eine Note durch Erhöhen oder Vermindern ihrer Frequenz, um eine andere Note zu erzeugen, zerstört wird.

Um Licht in strahlende Wärme zu verwandeln, muß man die Frequenz verringern, 'weich machen'. Oder in der andern Richtung: Um sichtbares Licht in ultraviolettes Licht umzuwandeln, muß man die Frequenz der Vibration erhöhen oder 'härter machen'. So etwas zu tun wäre wirkliche Magie. Nichtsdestoweniger ist es vollkommen richtig, daß alle diese verschiedenen Frequenzen grundsätzlich Strahlungen sind, die zu der kosmischen Skala gehören. Doch während es theoretisch möglich ist, eine in die andere zu transformieren, würde es einen 'Weiß-Magier' erfordern, es auch zu tun. Aus diesem Grunde müßte der Heiler, der versucht, dies mit Radiowellen oder Licht, Farbe oder Klang zu bewerkstelligen, wissen, wie man die heilende Frequenz auf die Krankheitsfrequenz des erkrankten Organs anwendet.

DIE THEOSOPHISCHE VORSTELLUNG VON DER DICHTE

Frage:
Was ist Dr. von Puruckers Vorstellung von Dichte? Ist sie von der Frequenz der Vibration der intraatomaren Bestandteile oder der Atome selbst oder einer Kombination von beiden abhängig und durch sie meßbar?

Ist Dichte, wie Dr. von Purucker das Wort gebraucht, in irgendeinem Sinne von der Zahl der Elektronen oder anderer Bestandteile innerhalb des Atoms abhängig?

Antwort:
Der Fragesteller scheint zu vermuten oder vielleicht eher nahezulegen, daß ich das Wort 'Dichte' mit einer Bedeutung benutzt habe oder benutze, die sich von der allgemein gebräuchlichen unterscheidet. Ich bezweifle, daß das der Fall ist. Soweit ich mich erinnere, benutze ich das Wort 'Dichte' immer in der Weise,

wie es allgemein von den meisten gebildeten Leuten gebraucht wird. Ich bin mir bewußt, daß das Wort sowohl eine allgemeine Bedeutung als auch in verschiedenen Fällen viele spezielle Anwendungsmöglichkeiten hat. Fast jeder folgt dieser etwas unbestimmten Anwendungsweise des Ausdrucks 'dicht' oder 'Dichte'. Dichte ist, allgemein gesprochen, die Nähe von Bestandteilen, ob wir uns nun auf Elektronen, Atome oder molekulare Gruppen beziehen.

Dichte ist als 'die Masse oder Menge der Materie pro Größeneinheit' definiert worden; so verstehe ich den Ausdruck. Allgemein gesprochen können wir Dichte durch das Gewicht einer Mengeneinheit oder durch das spezifische Gewicht messen. Mit anderen Worten: Dichte ist die Menge an Materie in oder die Masse von einer materiellen Einheit. Andere, etwas freiere Definitionen von Dichte sind Kompaktheit, der Zustand oder die Eigenschaft einer geschlossenen Struktur.

Die Verwirrung in den Gemütern jener, die meinen verschiedenen Erklärungen hinsichtlich des Wortes Dichte gefolgt sind, ist wahrscheinlich deshalb entstanden, weil in der westlichen Welt zeitalterlang der Gedanke allgemeine Gültigkeit hatte, daß ein System umso spiritueller sei, je größer die Aktivität der Einheiten in ihm ist. In Wirklichkeit ist jedoch genau das Gegenteil der Fall, und das ist es, was ich bei vielen Gelegenheiten zu zeigen versucht habe, wobei ich wohl erkannte, daß ich mit der allgemeinen Meinung in Konflikt kam.

Doch es sollte klar ersichtlich sein, daß, wenn Partikel mit intensiver und fast unvorstellbarer Frequenz oder Geschwindigkeit vibrieren und dabei eine einheitliche Wesenheit darstellen, die involvierten Kräfte schwerer zu verändern und schwieriger zu bewegen sind, als wenn die Vibrationen schwach und diffus und mehr oder weniger verstreut sind. Es ist genau diese Kompaktheit der Vibrationen und die Geschlossenheit ihrer Wechselwirkung, welche die Masse oder Menge der Materie erzeugt.

Vergleichen wir die unterschiedlichen Dichten der chemischen Elemente, finden wir beispielsweise, daß Platin die Zahl 21,4 hat, Gold 19,3, Quecksilber 13,6, Blei 11,3, Kupfer 8,9, Eisen 7,8, die Erde im ganzen 5,6, der Diamant 3,5, gewöhnliche Felsen ungefähr 2,7, Magnesium 1,7, der menschliche Körper etwa 1,1, Lithium 0,6 und Luft 0,0013 - und hier haben wir das, was wir molekulare Dichten nennen können. Doch wenn wir zu den chemischen Anziehungen in diesen unterschiedlichen Substanzen kommen, ob es chemische Elemente oder chemische Verbindungen sind, treten wir in eine andere Sphäre von Attributen und Eigenschaften ein, die ihre eigenen Dichten haben. Doch die Dichte innerhalb jeder Gruppe scheint in jedem Fall von der Zahl und den Aktivitäten der Bestandteile der Einheiten abhängig zu sein.

Der Fragesteller hat meine Worte sicherlich etwas mißverstanden, wenn er andeutet, ich würde den Ausdruck 'dicht' oder 'Dichte' etwas willkürlich und in einem anderen Sinne als dem üblich angewandten benutzen. Im Augenblick, wo ich dieses schreibe, ist mir nicht bewußt, das jemals getan zu haben.

MARIE CORELLI

Frage:
War Marie Corelli eine wirkliche Mystikerin?

Antwort:
Ich denke, sie war es. Einige ihrer Bücher sind außer-

gewöhnlich interessant und zeigen eine intuitive Aufnahme von Lichtschimmern aus der Quelle der Wahrheit, die in ihrem Fall aus ihrem eigenen höheren Selbst kam und sozusagen ihr literarisches Gehirn berührte. Doch andererseits war sie von einigen Dingen dieser Welt schwer beladen. Ich weiß zum Beispiel, daß sie ein sehr mißgünstiges Temperament hatte, sie war neidisch auf andere Literaten und neigte dazu, ihre eigenen Freunde zu kritisieren. Doch schließlich gehört das fast immer zu dem Temperament eines Künstlers und darf außer acht gelassen werden.

Marie Corelli tat insofern ein gutes Werk, als sie viele Menschen zu einer Erkenntnis über Mystik und Magie brachte, die sonst vielleicht nicht erweckt worden wären, selbst nicht einmal in dem leichten Grade, in dem sie sie berührte, außer durch das Mittel einer Feder wie der ihrigen. Diese war anschaulich, gedankenfesselnd und entflammte die Imagination dieser Art von Gemütern, von denen es Millionen gibt. Sie war zur Hälfte unbewußt ein Theosoph.

ÜBER DIE VORHERSAGE DER ZUKUNFT

Frage:
J. B. Priestley sagt, Vergangenheit, Gegenwart und Zukunft sind gleichzeitig vorhandene unterschiedliche Vibrationen, zur gleichen Zeit am gleichen Ort, doch unsere Gemüter können nur die Vibrationen der Gegenwart aufnehmen, denn die Vergangenheit hat eine materielle Wirkung auf unser Gemüt ausgeübt und es verändert, darum erinnern wir uns an sie. Mit anderen Worten, sie ist ein Teil von uns geworden. Die Zu-

kunft ist noch kein Teil von uns, und so können wir sie nicht verstehen, außer der Wahrnehmung, daß das, was die Vergangenheit für die Gegenwart tat, die Gegenwart für die Zukunft tut. Er sagt also, es gebe eigentlich keine Gegenwart, sondern das sei nur unsere Empfindung des Unevolvierten auf diesem Plan (obwohl es auf einem anderen Plan evolviert ist), und das Unevolvierte werde das Evolvierte.

Etwas daran scheint mir merkwürdig zu sein. Ich kann den Hellseher verstehen, der in die Vergangenheit zurückgeht und sie sieht, wie H. P. B. es tat, denn sie ist geschehen und hat eine Aufzeichnung zurückgelassen. Doch wie kann der Hellseher in die Zukunft gehen und sie sehen? Wenn jemand ein Supergehirn hat, kann er die Zukunft vorhersagen, solange sie die Verlängerung der Gegenwart ist. Ich meine, man kann, was geschehen wird, ableiten, wenn alle Faktoren bekannt sind, so, wie ein Bauunternehmer die Zukunft eines Hauses, das er baut, vorhersagen kann. Doch mit Hilfe dieser Methode die Zukunft zu sehen würde einen größeren Verstand erfordern als alle Bibliotheken der Welt, eine exakte Maschine, um alles Wissen nach seiner wahren verhältnismäßigen Wichtigkeit einzustufen, und ein Wissen davon, wie sehr und wie weit Karma sich entfalten kann. Algebraische Gleichungen mit vier Unbekannten zu lösen ist schwierig genug, doch eine Gleichung mit einer unendlichen Anzahl von Unbekannten, verbunden mit einer unendlichen Zahl von Möglichkeiten, ist viel zu schwer, selbst für die am meisten fortgeschrittene Kombination von Manas und Buddhi. Darum weiß ich noch nicht, wie jemand die Zukunft vorhersehen kann.

Antwort:
Die Frage des 'Sehens der Zukunft' scheint schrecklich schwer zu beantworten zu sein, und das ist sie

tatsächlich auch in gewisser Weise, und es ist ausgesprochen schwer für jemanden, der nicht in Theosophie geschult ist. Doch hier ist die Antwort.

In der okkulten Philosophie verschmelzen Vergangenheit, Gegenwart und Zukunft miteinander in der Ewigkeit oder in dem, was das EWIGE JETZT genannt wird, denn die Ewigkeit hat weder Vergangenheit noch Gegenwart, noch Zukunft, sondern ist ein EWIGES JETZT. Weiterhin ist die Ewigkeit die Grundlage - oder wie wir sagen: Ewigkeit und Unendlichkeit sind die beiden Seiten der gleichen letzten Realität, des Grundprinzips, des Alls.

Was der spirituelle Seher tut, ist folgendes: Er erhebt sich von diesem Plan, auf dem Vergangenheit, Gegenwart und Zukunft so eindeutig und real für uns zu sein scheinen, in die Bereiche seines eigenen spirituellen Wesens, die sozusgen in dem Ewigen JETZT baden. Auf diese Weise wird die Vergangenheit vor seinen Augen entrollt, die Gegenwart scheint nur eine Fortsetzung von ihr in das, was wir die Zukunft nennen, zu sein, und beide werden flüchtig als ein ewiges Drama erblickt, dessen Schlüsselnote das Jetzt ist. So sollte auch Karman angesehen werden, die karmische Vergangenheit, die karmische Gegenwart und die karmische Zukunft. Auf diese Weise vermeiden wir einerseits, in den Irrtum des Fatalismus zu fallen, und andererseits, in den ebenso großen Irrtum der karmischen Unbestimmtheit.

Zur Illustration aus einem andern Blickwinkel: Ein Atom in meinem Körper enthält, wie jedes Atom, Elektronen. Wir wollen sagen, auf diesen Elektronen sind Bewohner vorhanden, die dort ihr winziges Leben leben, doch in einer enormen Geschwindigkeit, verglichen mit unserer Zeit. Also kann sozusagen ein ganzes kosmisches Sonnensystem von atomaren Ausmaßen ins Dasein treten, seine zahllosen Äonen leben und verschwinden, und das viele tausend Male in einer von unseren menschlichen Sekunden. Mit anderen Worten, eine unserer menschlichen Sekunden ist, verglichen mit elektronischer Zeit, fast eine 'Ewigkeit'.

Stellen wir uns nun einen Bewohner auf einem solchen Elektron vor, der in seiner ungeheuren Geschwindigkeit lebt, die uns Menschen noch unvergleichlich schneller als ein Blitzstrahl erscheinen würde. Doch für den elektronischen Bewohner würden lange Jahre vergehen. Für ihn gäbe es eine Zukunft, die wir mit unserer langsamen Zeit nur als ein Jetzt einschätzen würden. Der elektronische Bewohner würde aufgrund seines hohen Tempos, seiner immensen Geschwindigkeit seine Vergangenheit, Gegenwart und Zukunft durchmachen, während wir mit unserer weitaus majestätischeren Zeit, die ihre langsamen rhythmischen Pulse hat, dies kaum, es sei denn durch intellektuelles Denken, bemerken würden. Für uns wäre es einfach JETZT.

In der gleichen Weise schauen die Götter, deren Zeittempo unvergleichlich erhabener ist und uns Menschen langsam erscheinen würde, auf unsere Vergangenheit, Gegenwart und Zukunft, die für uns so real und kaum differenziert sind, weil unsere Zeit im Vergleich zu der ihren so schnell verläuft. Wir haben die nächste Woche, das nächste Jahr, eine Milliarde Jahre von jetzt an, doch dies sind unsere winzig kleinen menschlichen Jahre. Für einen der höheren Götter wäre das gesamte Manvantara unseres Sonnensystems kaum der milliardste Teil einer göttlichen Sekunde der Zeit dieses Gottes. In unserem Sonnensystem schauen wir vorwärts auf Millionen Jahre vor uns und ebenso zurück auf Millionen Jahre hinter uns, während das Bewußtsein eines Gottes der gesamten Lebensperiode des Sonnensystems kaum anders gewahr werden würde als eines winzigen Bruchteils eines Augenblicks.

Sehen Sie nun, wie es möglich ist, in der Zukunft zu lesen? Der Seher, der spirituelle Seher, nicht der anmaßende und unerfahrene Hellseher, sondern der spirituelle Seher erhebt sein Bewußtsein in ein anderes Tempo, auf einen anderen, höheren Plan, auf dem Vergangenheit, Gegenwart und Zukunft seiner Einsicht als ein Jetzt sichtbar werden. Natürlich erfordert das eine Einweihungsschulung. Doch jeder Adept ist entsprechend seinem Grad in der Hierarchie geschult, zumindest in gewissem Maße.

Nun etwas anderes: Vergessen wir niemals, daß freier Wille für jede Monade, ob groß oder klein, in der Unendlichkeit existiert. So hat der winzige elektronische Bewohner ebenso wie der Mensch auf unserem großen Globus sozusagen seinen eigenen Teil freien Willens, das heißt, wenn wir freien Willen in irgendeiner Weise in Teile aufteilen können! In Wirklichkeit ist freier Wille die Menge an spiritueller Vitalität und Intellekt, die ein evolvierendes Individuum durch inneres Wachstum zu erlangen in der Lage war. Daher kann freier Wille stark gesteigert werden, doch er existiert selbst in dem winzigsten Atom, natürlich in dem Ausmaß dieser Sphäre. Aus diesem Grunde kann die Wesenheit, die ihren Teil an freiem Willen hat, gleichgültig, wie ihr Zeitverhältnis ist, und gleichgültig, ob sie die Zukunft im Großen oder Kleinen vorhersehen kann, immer ihren zukünftigen Weg durch diesen freien Willen verändern. Das bedeutet nicht, daß sie entgegen der Zukunft handelt, denn das wäre unmöglich, sondern daß sie ihr eigenes Verhalten hinsichtlich der Zukunft modifiziert, damit sie handeln oder nichthandeln kann, je nachdem, ob ihr freier Wille stark oder schwach ist.

DAS GEHEIMNIS DER WACHSENDEN PFLANZEN

Frage:
Was ist im Bewußtsein einer Pflanze vorhanden, das ihr den Impuls gibt, zum Licht zu wachsen und dabei erfolgreich zu sein, gleichgültig, welche Hindernisse ihr Vorhaben erschweren?

Antwort:
Das Bewußtsein einer Pflanze - und ebenso das eines Tieres, selbst das eines Menschen, und wir können das fast latente Bewußtsein des Mineralreiches hinzufügen - ist das spirituelle Fluidum in Verbindung mit dem Astralen in der Konstitution der Pflanze. Wir können sagen, daß dieses den unsterblichen Instinkt oder Hunger besitzt, sich vorwärts und aufwärts zu bewegen. Dieser Instinkt für Wachstum oder der Hunger nach Licht ist die treibende Ursache oder der große Drang hinter der Evolution zu besseren und höheren Dingen.

Gerät der Pflanzensamen an einen ungeeigneten Ort, zu dem das Licht schwer Zugang findet, wird er sich aufgrund des monadischen Fluidums, das ihn drängt, nach oben zu wachsen und das, was er braucht, zu erreichen, im Wachsen um einen Stein winden und drehen oder durch Straßenpflaster hindurchbrechen, bis er sein erstes winziges grünes Blatt dem Lichte entgegenstreckt. Es ist wirklich eine wunderbare Sache, das zu beobachten und darüber nachzudenken; für die Wissenschaft war es bisher ein Rätsel.

Wie ich zu erklären versucht habe, liefert die Theosophie die Antwort. Ich habe Straßenpflaster gesehen, das von einer zarten kleinen Pflanze aufgebrochen worden war, die durch ihren monadischen Instinkt wußte, daß das Licht auf der anderen Seite des Steines bzw. oberhalb des Pflasters war. Anstatt unter dem Asphalt oder Stein entlangzuwandern, bis sie an den Straßenrand kommt, um dann ihren Weg zum Licht zu finden, stößt sie mit ihren zarten kleinen Blattspitzen zwischen den Partikeln des Pflasters hindurch. Sie bricht sie nach und nach zur Seite, bis sie schließlich - ebenso, wie das Küken, bevor es das Ei verläßt, die Schale aufpickt - ihre Blattspitzen in das Licht der Oberwelt hinausstreckt. Dieses monadische Fluidum oder, was das gleiche in seiner niederen Form ist, das vital-astrale Fluidum, ist Instinkt und intuitives Bewußtsein, welche die Pflanze treiben und veranlassen, das Richtige zu tun, um das Licht zu erreichen.

INDIVIDUALITÄT UND PERSÖNLICHKEIT

Frage:
Lehrt die Theosophie, daß wir in allen Zuständen des Bewußtseins unsere Individualität behalten?

Antwort:
Ja, das tut sie wirklich, vorausgesetzt, wir benutzen das Wort 'Individualität' im technischen theosophischen Sinne. Individualität ist etwas ganz anderes als Persönlichkeit. Die Individualität ist unser todloser Teil, das 'Individuum', das nicht geteilt werden kann. Anders erklärt ist es die monadische Essenz, der innere Gott, der Funke der Göttlichkeit in uns, jener Funke des kosmischen Feuers von Bewußtsein-Leben-Substanz, der unsere innerste Essenz ist. In seiner Wurzel ist es Atman, das unteilbare Selbst, todlos, makellos und in seiner eigenen Essenz ohne Anfang und ohne Ende; denn es ist das wahre Substanz-Bewußtsein des Universums.

Die Persönlichkeit unterscheidet sich hiervon völlig;

sie ist nur eine Reflexion der Individualität. Die Persönlichkeit ist wie das Mondlicht, reflektiertes Sonnenlicht. Diese Persönlichkeit ist immer sterblich - welch ein Glück, daß das so ist! Stellen wir uns vor, wie es wäre, wenn wir durch die Ewigkeit hindurch in unserer gegenwärtigen Persönlichkeit leben würden: unvollkommen, unentwickelt, schwach, dumm, zu keinem großen Fortschritt fähig, von nur schwachem Verständnis und Sinn für edle Dinge, unfähig, das Beste in uns für längere Zeit aufzunehmen und zu bewahren.

Doch die Persönlichkeit ist ein wundervolles Instrument oder Vehikel, durch das die Individualität wirkt. Ich denke, wir können allgemein sagen: Die Individualität ist der Geist, und die Persönlichkeit ist unser sterblicher Gehirnverstand, der mit jeder Geburt wechselt.

So wird ersichtlich, aus welchem Grunde die Individualität stets die gleiche ist und daß wir sie in allen Zuständen des Bewußtseins 'behalten', denn diese unterschiedlichen Bewußtseinszustände sind in all ihren mannigfaltigen und oft verwirrenden Phasen und den sich wandelnden Eigenschaften und Attributen, werden sie zu ihrer letzten und ursprünglichen Quelle zurückverfolgt, Licht-Stoff von Atman. Das Bewußtsein enthält viele Geheimnisse. Der wirkliche Teil von uns ist selbst in jenen Bewußtseinsphasen bewußt, in denen die Persönlichkeit unbewußt ist - ein merkwürdiges Spiel mit Worten, doch es enthält eine tiefe Wahrheit und deutet auf den gleichen Gedanken hin, der in dem Sanskrit-Aphorismus enthalten ist: Atmânam âtmanâ paśya, zu deutsch: "Erkenne das Selbst durch das Selbst."

UNSTERBLICHKEIT UND ETHIK

Frage:
Ich habe den Bericht von H. P. B.s innerer Gruppe im "Forum" dieses Monats (Januar 1941) gelesen. In einer 'Anmerkung des Herausgebers' wird die Aussage gemacht, daß man nur dann Unsterblichkeit erlangen kann, wenn man entweder aktiv gut oder böse wird. Menschen, die weder sehr gut noch sehr böse sind, hören auf zu sein. Wie ich es gelesen habe, erscheint es mir ganz schrecklich. Obwohl eine Rückkehr auf diese unruhige Welt gerade jetzt nicht erstrebenswert zu sein scheint, fühlt man doch, daß jene, die sich nicht ganz dem Bösen ergeben, sicherlich mehr Recht haben, fortzubestehen, als die gänzlich Bösen.

Auch scheint dieses nicht mit der Lehre, daß alles schließlich bis zum Höchsten evolvieren muß, übereinzustimmen.

Vielleicht ist mein Gedankengang nicht klar, denn ich bin im theosophischen Denken noch ein Anfänger. Ich lese die Artikel im "Forum" immer wieder, und oft sehe ich nach vielem Studieren ein Licht dämmern. Doch dieses letzte Problem geht über mein Verständnis.

Antwort:
Ich bin ganz und gar nicht erstaunt, daß der Fragesteller durch die Sprache, die in dem Artikel in den "Blättern theosophischer Geschichte" als Zitat aus H. P. B.s innerer Gruppe gebraucht wird, verwirrt ist. Der Grund hierfür ist, daß die hier dargestellte Lehre nach dem Muster der besonderen Sprache des französischen Kabbalisten Eliphas Lévi gegeben wurde, der einerseits für extreme Erklärungen bekannt ist (denn das war seine Psychologie) und andererseits für die Eigentümlichkeit seiner Paradoxa. Doch weil er in

mancher Hinsicht intuitiv war, zitierte H. P. B. ihn entweder wörtlich oder inhaltlich.

Folgende Tatsachen sind bitte sorgfältig zu beachten: Die Monaden - ob von Göttern oder Menschen, Tieren oder Pflanzen, Steinen oder Elementalen - sind unsterblich, denn sie sind spirituelle Bewußtseinszentren. Doch die Stelle, die den Fragesteller verwirrt hat, bezieht sich nicht auf die Monaden, sondern auf unterschiedliche Seelen der verschiedenen Hierarchien oder Leben oder der verschiedenen Lebensreiche, die sich zur Unsterblichkeit oder zu 'Gott' erheben müssen, indem sie sich mit ihrem inneren Geist vereinigen, mit anderen Worten: mit der spirituellen Seite der Monade; oder sie erreichen Unsterblichkeit im sogenannten 'Bösen' durch Abstieg und Vereinigung mit dem, was in der Theosophie absolute Materie genannt wird. Philosophisch gesprochen gibt es dort auf diese Weise Unsterblichkeit. Und das entscheidende Wort ist hier: 'selbstbewußte' Unsterblichkeit, entweder im Göttlichen oder im absolut Materiellen: absoluter Geist auf der einen Seite oder absolute Materie auf der anderen - soweit es unser eigenes im Dasein befindliches Universum betrifft.

Obwohl wir in unseren Monaden unsterblich sind, können wir Menschen nicht in unseren Seelen unsterblich genannt werden, weil unser Bewußtsein durch den Tod unterbrochen wird. Hier ist der Punkt, auf den es ankommt. Ein Mensch ist nicht unsterblich, wenn lange Zeitspannen in seinem Bewußtsein fehlen, obwohl er in dem anderen Sinne des niemals endenden inneren oder monadischen Bewußtseins unsterblich ist. Wir Menschen sind also unsterblich in unseren Monaden, bedingt unsterblich in unseren Seelen und sterblich in unseren Körpern, weil diese letzteren wechseln und unser Bewußtseinsstrom durch den Tod unterbrochen wird. Wenn die Seele dessen würdig ist, hat sie im Devachan ihren träumenden, glückseligen Zustand und wird dann wiederverkörpert. Doch das ist offensichtlich nicht Unsterblichkeit der selbstbewußten Seele, weil sich deren Bewußtsein ändert. Unsterblichkeit bedeutet unveränderliches Bewußtsein ohne Modifikation oder Abweichungen, sozusagen eine ununterbrochene Fortdauer eines Gedankenstromes.

Wird dieser Strom des Denkens oder des Bewußtseins durch den Tod unterbrochen, können wir ihn nicht unsterblich nennen. Wir müssen ihn sterblich nennen, obgleich dieser Gedankenstrom, da er seine Grundlage in der Monade hat, seine Fortsetzung erfährt, wenn die Wiederverkörperung stattfindet. Die Schwierigkeit liegt in der seltsamen Weise, in der das Wort 'unsterblich' gebraucht wird, nämlich in dem Sinne, wie Eliphas Lévi es anwandte und wie H. P. B. es in dieser extremen Denkweise zitierte.

Die Götter sind vom Beginn eines Manvantaras bis zu seinem Ende unsterblich, das heißt für Milliarden von Jahren. Doch wir Menschen und Monaden, die weniger evolviert sind als die Götter, haben vom Beginn des Manvantaras bis zu seinem Ende viele Unterbrechungen. Und aufgrund dieser Unterbrechungen können wir nicht unsterblich genannt werden. Nichtsdestoweniger *sind* wir in unseren spirituellen Monaden unsterblich. Und wenn wir als Menschen oder Seelen einst mit unseren spirituellen Monaden vereinigt sind und Buddhas oder Bodhisattvas oder Christuswesen werden, dann werden wir die Unsterblichkeit in diesem besonderen Sinne erreicht haben.

Die Schwierigkeit liegt demnach darin, den besonderen technischen Sinn zu verstehen, in dem das Wort 'unsterblich' in diesem Zitat gebraucht wird. Aus diesem Grunde wird oft gesagt, die Seele sei bedingt sterblich oder bedingt unsterblich, wie H. P. B. im 'Schlüssel zur Theosophie' sagt. Die Seele wird unsterblich, wenn sie sich mit dem Buddha oder Bodhisattva oder Christus in ihrem Innern vereinigt, ihrem 'Vater im Himmel', oder mit anderen Worten: wenn sich die Seele mit der Monade vereinigt. Dann genießt sie die Unsterblichkeit der Monade, ununterbrochenes Bewußtsein.

ZENTREN DER ALTEN MYSTERIENSCHULEN

Frage:
Könnten Sie uns die Zentren nennen, an denen in alten Zeiten Mysterienschulen existierten?

Antwort:
Es ist der Fehler aller Gelehrten und Mystiker, zuviel Wert auf die geographischen Orte der Mysterienschulen zu legen. Darum wird in der okkulten Literatur - wie zum Beispiel der unseren - vergleichsweise wenig über die Lokalitäten und Orte der Mysterienschulen gesagt.

Es hat seit undenklichen Zeiten Schulen der Mysterien gegeben, von denen einige mehr oder weniger öffentlich bekannt waren. Zu ihnen zählen Eleusis und Samothrake in Griechenland. Andere wurden vermutet, es wurde über sie geflüstert, doch waren sie der Menge nicht bekannt. Diese Mysterienschulen waren immer in zwei Aspekten tätig, dem exoterischen und dem esoterischen. Jene Schulen, die stärker den exoterischen Aspekt betonten - was auf ihre Art ein edles Werk war, weil es die Aufmerksamkeit der Bevölkerung auf sich zog und ihre Augen zu höheren Dingen erhob -, waren Orte wie Eleusis und Samothrake in Griechenland, Abydos und Theben in Ägypten und Ephesus in Kleinasien.

Eleusis und Samothrake waren fast gänzlich den Mysterien gewidmet; daher wurde so oft von ihnen gesprochen, und fälschlicherweise wurden sie als der einzige Typ von Mysterienschulen in der ganzen Welt angesehen, doch das sind sie nicht. Die meisten dieser Mysterienschulen in den verschiedenen Ländern waren als geheime Körperschaften den Haupttempeln angeschlossen. Mit anderen Worten, jeder große Tempel hatte seine besondere oder geheime Mysterienschule, die der Menge nicht oder nur teilweise bekannt war. Dies war in allen alten Ländern so. Das bedeutet aber nicht, daß jeder alte Tempel eine Mysterienschule hatte, denn das entspricht nicht den Tatsachen. Nur die Hauptzentren religiöser Lehren waren die Orte, an denen die geheimen Mysterienschulen existierten - zwar nicht immer, aber in der Regel.

Wie schon gesagt, waren die Mysterienschulen manchmal den größten Tempeln angeschlossen. Doch die größeren Mysterienschulen waren diejenigen, die auf Gebäude jeglicher Art keinen Wert legten, und zwar hauptsächlich aus dem Grunde, weil Gebäude die Aufmerksamkeit auf sich ziehen und öffentliches Aufsehen erregen, und genau das war es, was diese mehr geheimen, mehr esoterischen Schulen zu vermeiden suchten. Aus diesem Grunde wurden, sofern die Tempel lediglich Sitze exoterischer Rituale waren, die Mysterienschulen manchmal von ihnen getrennt und geheim gehalten. Die Zusammenkünfte, Versammlungen, Initiationen und Einweihungsriten wurden gewöhnlich in sorgfältig vorbereiteten Höhlen durchgeführt, gelegentlich unter freiem Himmel, wie es die Druiden unter den Eichen ihrer Halburwälder in Britannien oder in der Bretagne taten; der allgemeinen Kenntnis blieben sie so verborgen. In einigen Fällen hatten die Mysterienschulen keinen ständigen oder festen Standort, sondern die Eingeweihten empfingen von Zeit zu

Zeit Nachricht, wo sie sich zu treffen und ihre Einweihungstätigkeiten abzuhalten hatten.

Die Lage dieser Plätze wurde höchst sorgfältig vor jedermanns Kenntnis verborgen gehalten, außer vor den Eingeweihten selbst. Was das Druidentum, den Mithraismus und den Judaismus - um einige Beispiele zu nennen - betrifft, so waren die geheimen Mysterienschulen oft in verborgenen oder unterirdischen Räumen untergebracht oder auch, wie im Falle der ersten, in der Mitte des Waldes - wie zum Beispiel bei Stonehenge in England, Carnac in der Bretagne, verschiedenen Orten im Römischen Reich für den Mithraismus und verschiedenen Orten in Judäa.

In Indien waren einige bestimmte der großen Höhlentempel, wie Karli und ein oder zwei von H. P. B. erwähnte, Mysterienzentren. Entsprechende gab es auch in Ceylon und im Süden Indiens.

Mysterienzentren waren Memphis, Abydos, Theben, Abu Simbel und Karnak in Ägypten, Sippar in Assyrien, Ekbatana in Medien, Babylon, Ur und Lagasch. Doch es wäre falsch zu sagen, all die verschiedenen Länder, die Orte für exoterische Verehrung hatten, wären ebenfalls Zentren für esoterische Einweihungen gewesen, denn das waren sie nicht.

EINE REIHE VON ZOROASTERN

Frage:
Es gibt verschiedene Hinweise auf eine Folge von Zoroastern. Einige der Erklärungen geben dreizehn als die korrekte Zahl an, andere zwölf oder vierzehn. Können Sie uns sagen, wie viele Zoroaster es wirklich gab?

Antwort:
Die Zahl von Zoroastern, die von Zeit zu Zeit erschienen sind, ist verwirrend, solange wir annehmen, und fälschlich annehmen, daß diese Zoroaster Wiederverkörperungen eines einzelnen Egos gewesen seien statt verschiedener Egos, die das verkörperten, was wir nach den okkulten Aufzeichnungen als den 'Zoroaster-Geist' interpretieren können. Die Wahrheit in dieser Angelegenheit ist diese: In dem Schema und der Terminologie des Zoroastertums hat jede Wurzelrasse, Unterrasse und noch kleinere Rasse ihren eigenen Zoroaster. Der Ausdruck 'Zoroaster' bedeutet im Zoroastertum soviel wie der Ausdruck 'Buddha' im Buddhismus und 'Avatâra' im Brâhmaismus. Darum gab es dort große Zoroaster und geringere Zoroaster - das qualifizierende Adjektiv hängt von dem Werk ab, das jeder Zoroaster vollbrachte, und von der Sphäre, in der er wirkte. Aus diesem Grunde können wir von einem bestimmten Standpunkt aus von dreizehn Zoroastern sprechen und von einem anderen Standpunkt aus von vierzehn. Ferner können wir jeden von ihnen, wie die Manus im Brâhmanismus oder die Buddhas im Buddhismus, mit sieben oder vierzehn multiplizieren, wenn wir jede kleine Zweigrasse mit ihrem leitenden Zoroaster-Geist einbeziehen.

MYSTERIENSCHULEN HEUTE

Frage:
Entspricht es den Tatsachen, daß es heute tätige Mysterienschulen gibt, die denen der Alten gleichen? Und wenn es so ist, wo sind sie, und warum sind sie nicht besser bekannt?

Antwort:
Die Menschen lieben konkrete Tatsachen, aber es ist sehr gefährlich, konkrete Tatsachen zu geben. Dynamit kann als eine konkrete Tatsache angesehen werden, und wir können über Explosionen sprechen, während wir uns in Sicherheit befinden.

Würde ich offen erklären, wo sich einige der Mysterienschulen befinden, würden diese Orte belästigt und überlaufen werden. Da die Menschen aber Jahre brauchen würden, um an die Existenz der Mysterienschulen zu glauben, würde dies weniger in der heutigen Zeit geschehen als vielmehr in der Zukunft. Die heutigen Mysterienzentren in Tibet beispielsweise befinden sich zum großen Teil an geheimen Orten in den Bergen, doch es gibt eine Mysterienschule direkt in Shigatse, aber ich werde den Ort aus einleuchtenden Gründen nicht näher bezeichnen.

Ebenso wie in der Vergangenheit existiert selbst heute das gleiche allgemeine System. In ihm sind sowohl die exoterischen als auch die esoterischen Aspekte der Lehren der Weisheit der Zeitalter enthalten, mit anderen Worten: das gleiche System der Mysterienschulen. Doch heute wird die exoterische Form weitgehend durch die Aktivitäten der Theosophischen Bewegung vertreten, die als eine Bewegung selbst exoterisch ist.

Die esoterischen Gruppen der Mysterienschulen sind heute vielleicht zahlreicher, als sie während Tausenden von Jahren gewesen sind, doch sie werden geheimer geführt und sorgfältiger verborgen.

Sie fragen, wo sich diese geheimen Zentren befinden. Meine Antwort ist allgemein gesprochen die: eine in jedem großen Land. Jedoch bezieht sich 'groß' tatsächlich nicht auf die Grenzen oder die Größe des Landes, sondern auf dessen Einfluß. Daher könnte ein kleines Land wie zum Beispiel Holland das Zentrum einer Mysterienschule sein, deren Verzweigungen und deren Einfluß sich über halb Europa erstrecken könnten - 'groß' in dem Sinne von friedvoll und ruhig. Doch hat in der Tat jede einzelne nationale Einheit auf dem Globus ihre eigenen geheimen spirituellen Beschützer, die als eine Körperschaft ein wahres esoterisches Zentrum bilden. Wir können diese die okkulten Wächter eines Volkes nennen. England hat die seinen, Deutschland hat die seinen, Rußland hat die seinen, ebenso wie die Schweiz, Frankreich, Italien, Spanien, Portugal, China, Indien, Japan, die Vereinigten Staaten von Amerika, Mexiko, Kanada, Brasilien, usw., usw.

Ein weiterer, dritter Aspekt bei dieser Frage ist viel komplizierter, als man ihn sich im allgemeinen vorstellt. Es gibt tatsächlich Gruppen, deren einzige Tätigkeit darin besteht, okkulte Zentren für Einweihungen zu bilden, Schüler für die esoterische Arbeit in der Welt vorzubereiten, um die unbezahlbaren Schätze, das Erbe der menschlichen Rasse zu sichern, Schätze, die sowohl intellektueller als auch materieller Art sind. Das Haupt dieser Gruppen lebt in jenem Ort, der Sambhala genannt wird. Er ist das Zentrum der esoterischen Bruderschaft Tibets, wobei Tibet zur gegenwärtigen Zeit nur das Land ist, das von ihnen als das am leichtesten zu schützende gewählt wurde. Außerdem besteht auch eine Zweigbruderschaft in Syrien, die der Hauptbruderschaft in Tibet angegliedert ist, des weiteren gibt es eine in Ägypten und eine in Südamerika, ferner je eine in Mexiko und in den Vereinigten Staaten sowie ebenfalls eine in Europa.

Diese kleineren Gruppen sind der Muttergruppe der okkulten Hierarchie in Sambhala angegliedert oder untergeordnet. Bitte verstehen wir, Sambhala ist der alte Sanskritname, der diesem okkulten Zentrum seit fast undenklichen Zeiten gegeben wird. Das Wort Sambhala selbst hat im numerischen oder einem ähnlichen Sinn keine große okkulte Bedeutung. Das Zentrum kann ebensogut Brahma-Vidyâ-Aśrama genannt oder mit einem ähnlichen Namen bezeichnet werden, doch die Alten nannten es Sambhala, und wir lassen den gebräuchlichen Namen fortbestehen.

Diese okkulten Zentren dürfen nicht mit den nationalen Wächtern, von denen ich schon sprach, verwechselt werden. Die nationalen Wächter greifen nie in die Politik ein. Man könnte eher sagen, daß sie das, was nationale und internationale politische Interessengemeinschaften und Aktivitäten an Übel hervorgerufen haben, auszugleichen versuchen. Die nationalen Wächter beaufsichtigen das spirituelle und intellektuelle Wohlergehen des Volkes, über das sie wachen, soweit Karman und die natürlichen intuitiven Fähigkeiten der verschiedenen Völker das erlauben, doch sie greifen nie in die Politik ein, verursachen niemals Kriege, Revolutionen oder dergleichen. Ihre Arbeit ist rein spirituell, moralisch, intellektuell edel, gänzlich wohltätig und in der Tat universal; sie ist ein schweigender Führer für die intuitiven Gemüter der verschiedenen Rassen. Alle diese nationalen Wächter sind sozusagen Gesandte oder Beauftragte des einen oder anderen der okkulten Zentren.

WIE ALT IST DIE ARISCHE RASSE?

Frage:
In Ihrem Artikel "Das Ursprungsland unserer Rasse" in "The Theosophical Forum" vom Juni 1937 (s. Bd. I, S. 22 ff. im vorliegenden Werk) wird für die Geburt der arischen Rasse aus den atlantäischen Stämmen die Zeit vor sieben bis acht Millionen Jahren angegeben (S. 410). Auf Seite 413 wird zweimal erklärt, daß das

ursprüngliche Keimstadium der fünften Wurzelrasse vier bis fünf Millionen Jahre zurückliegt, obwohl sie als eine Rasse sui generis erst etwa eine Million Jahre alt ist. Was mir Kopfzerbrechen macht, ist die Differenz zwischen 7 bis 8 Millionen und 4 bis 5 Millionen Jahren als Alter der Rasse, denn nach meiner Vermutung ist in beiden Fällen dieselbe Rasse gemeint. Bezieht sich die größere Zahl auf den Hinweis in der "Geheimlehre", daß die Abstammung der Arier auf Lemurien bzw. Atlantis zurückgeht?

Antwort:
Wenn wir uns in einem allgemeinen Artikel mit Zeitperioden befassen, ist es natürlich sehr schwierig, für das exakte Bild Worte zu finden, das der Verfasser darzustellen wünscht. Als ich Ihren Brief las, sah ich daher, daß meine Worte mißverstanden werden konnten. Doch ich denke, ein sorgfältiges Lesen des Artikels im "Forum" und ein Vergleich mit dem Diagramm, das ich in den "Grundlagen der Esoterischen Philosophie", Kap. XXI gab, veranschaulicht, wie eine Rasse in der mittleren Periode der Elternrasse geboren wird oder ihren Ursprung hat, und es zeigt, was ich im Sinn hatte. Ich möchte nun versuchen, es zu erklären.

Jede Rasse, ich meine jede Wurzelrasse oder große Rasse, hat ihren Ursprung, ihren Anfang, ihre Genesis, das heißt ihre Geburt als eine sich von ihrem Elter unterscheidende, das heißt verschiedene Rasse etwa am Mittelpunkt des Zeitalters oder der Zeitperiode jenes Elters. Dies können wir zweckmäßigerweise die Geburt der neuen Rasse nennen, indem wir sie mit der Geburt eines Kindes vergleichen. Im Falle der arischen Rasse war das vor etwa vier bis fünf Millionen Jahren. Die atlantäische Wurzelrasse hat von ihrer Geburt bis zur Gegenwart insgesamt etwa acht Millionen Jahre gedauert, d. h. von ihrer Keimperiode bis zu ihren jetzt aussterbenden verstreuten Resten der Wilden. So können wir also richtig sagen, daß die atlantäische Rasse von ihrer Keimperiode durch alle Zeitalter hindurch bis zu ihren jetzigen verstreuten Überbleibseln der Wilden etwa acht Millionen Jahre alt ist. Doch unsere eigene, sogenannte arische Rasse ist seit ihrer Geburt nur etwa vier Millionen Jahre alt, da sie zur Halbzeit der atlantäischen Rasse vor etwa vier bis fünf Millionen Jahren geboren wurde.

Wenn wir andererseits bedenken, daß eine Rasse, bevor sie geboren wird, das heißt, bevor sie eine von ihren Eltern deutlich differenzierte Rasse wird, ihr Anfangswachstum gehabt haben und sich durch Zeitalter hindurch langsam von ihren Eltern absondern muß, dann sehen wir, daß wir die Keimperiode einer Rasse wie die unserer arischen Rasse, fast bis zu den Anfängen der atlantäischen Rasse zurückverfolgen können. So ist also unsere arische Rasse von ihrer Keimperiode an bis zur Gegenwart etwa sieben Millionen Jahre alt.

Natürlich sind die Kennzeichen einer Rasse in ihrer Keimperiode denen ihrer Elternrasse noch so ähnlich, daß in dem von Ihnen angegebenen Fall die Keimperiode der Arier sie kaum von den Atlantäern differenziert erscheinen läßt. Doch diese Keime wuchsen im Laufe der Zeitalter, und nach etwa drei Millionen Jahren, etwa in der mittleren Periode von Atlantis, wurden sie die deutlich differenzierte arische Rasse.

Nehmen Sie den Fall eines menschlichen Wesens: Der Durchschnittsmensch wird nicht als Säugling während der Kindheit seiner Eltern geboren, sondern erst dann, wenn die Eltern ihre Reife erlangt haben, grob gerechnet im mittleren Lebensalter oder etwas früher. Wenn der Keim eines Kindes noch in den elterlichen Körpern existiert, kann man ihn als den Körpern seiner Eltern ähnlich ansehen, selbst den Körpern der Eltern in der frühen Jugend, so daß er sich kaum von denen der Eltern unterscheidet. Diese Analogie ist etwas schwach, doch sie drückt das aus, was ich im Hinblick auf die Rassen zu sagen versuche. Dies hatte ich im Sinn, als ich den Artikel schrieb.

Ich wiederhole:

a) Unsere arische Rasse ist von ihren keimhaften Anfängen im frühen Atlantis bis jetzt etwa sieben Millionen Jahre alt, obwohl dieser Zahl nicht die richtige Art der Berechnung zugrunde liegt; es rundet nur das Bild ab. Diese Keime in Atlantis wurden durch die Zeitalter der atlantäischen Blütezeit hindurch mehr und mehr zu einer abgesonderten Rasse differenziert, was sich etwa in der mittleren Periode von Atlantis ereignete, und dies war die wirkliche Geburt oder in diesem Sinne der Anfang der arischen Rasse.

b) Die Natur arbeitet jedoch in dieser Beziehung so langsam, daß unsere arische Rasse sozusagen ganz atlantäisch war, bis sie vor etwa einer Million Jahre endgültig in jeder Hinsicht die atlantäischen Eigenschaften ablegte und eine wirkliche Rasse sui generis wurde. Unsere eigene arische Rasse ist jetzt in ihrem Kali-Yuga, an seinem Beginn, und die neue sechste Wurzelrasse ist bereits durch Millionen verstreuter Individuen, die sich unter uns befinden, vorhanden. Diese beginnen schwach, die Eigenschaften der sechsten Wurzelrasse zu differenzieren, und in etwa dreihunderttausend Jahren, wenn wir Arier unser Kali-Yuga beenden, kann von der sechsten Wurzelrasse gesagt werden, daß sie als solche definitiv geboren ist, doch sie wird noch für Millionen von Jahren sozusagen arisch bleiben, bis unsere arische Rasse nur noch von degenerierten Resten vertreten sein wird. Zu jener Zeit wird dann die sechste Wurzelrasse eine typische Rasse sui generis werden.

DAS BEWUSSTSEIN NACH DEM TODE

Frage:
Das nachtodliche Bewußtsein soll im Kâma-loka tatsächlich nur ein Traumbewußtsein, wenn auch ein lebhaftes sein. Ist es dann überhaupt möglich, sich im Kâma-loka dessen bewußt zu sein, was auf Erden stattfindet?

Antwort:
Die Frage, ob sich die menschliche Seele nach dem Tode dessen bewußt ist, was auf Erden bzw. bei wirklich geliebten Freunden vorgeht, ist bei weitem nicht so einfach zu beantworten, wie es sich die Spiritisten vorstellen. Sie kennen die Weisheitslehre der Zeitalter nicht. Für sie ist es ganz natürlich zu denken, das menschliche Bewußtsein bestehe nach dem Tode ohne Unterbrechung, vielleicht mit einer leichten Bewußtlosigkeit im Augenblick des Todes selbst, weiter. Sie verfehlen gänzlich, die entsetzliche, vollkommen gräßliche Qual in Betracht zu ziehen, die ein derartiges Bewußtsein nach dem Tode in fast jedem Fall für den Verstorbenen bedeuten würde, wenn er auf die Erde zurückschauen und sehen könnte, was mit den Hinterbliebenen geschieht. Er würde die völlige Unfähigkeit zu helfen fühlen und Krankheit, Elend, vielleicht Schlechtigkeit oder Verbrechen sehen, Sünde und Unglück genauso wie die guten Dinge.

Die Natur ist jedoch unendlich gerechter und freundlicher. Und das ist der Grund, warum für alle normalen Menschen - das sind jene, die weder sehr hoch noch sehr niedrig stehen, mit anderen Worten, weder Initiierte noch große Zauberer - beim Tode Bewußtlosigkeit eintritt, und das Kâma-loka ist das, was ich so oft beschrieben habe.

Doch es gibt diesbezüglich einen interessanten

Punkt. In bezug auf Kâma-loka und Devachan ist gesagt worden, daß die kâma-lokische Erfahrung umso geringer ist, je spiritueller ein Mensch, der gestorben ist, war. Die Seele eines Menschen mit einem edlen, spirituellen Charakter schießt wie ein Meteor unbewußt durch das Kâma-loka hindurch und ist sich daher auch der Dinge auf Erden nicht bewußt. Erheben wir uns über den Durchschnitt guter Männer und Frauen und beginnen wir, in die Klasse edlerer Seelen einzutreten, haben wir die Eigenschaften, die kein nachtodliches Bewußtsein zulassen. Wir haben kein Bewußtsein für die Schrecken, das Grauen und die Ängste des Kâma-loka, es tritt vielmehr eine sofortige Bewußtlosigkeit ein, dem ein Erwachen nach dem zweiten Tod zu einem sehr glückseligen Devachan folgt.

Gehen wir noch höher, so erreichen wir den Grad der Eingeweihten. Diese haben bis zu dieser Zeit gelernt, nicht nur im Schlaf bewußt zu bleiben, sondern auch nach dem Tode. Doch sie tun das selbstbewußt, und in ihrem Falle bedeutet der nachtodliche Zustand weder Schrecken noch Entsetzen, sie empfinden vielleicht lediglich eine gewisse Abneigung für die astrale Abfallgrube.

Natürlich haben Zauberer oder extrem bösartige und üble Charaktere eine lange und sehr intensive Kâma-loka-Erfahrung durchzumachen, und gerade weil ihr Bewußtsein noch so irdisch ist, können viele von ihnen sozusagen durch magnetische Sympathie wie in einem Tagtraum sehen oder fühlen, was auf Erden vor sich geht. Sie können nicht jede Einzelheit erfassen, doch je nach Art des Individuums ist es ein mehr oder weniger klares 'Erfassen'.

DIE VERBORGENE LEHRE ÜBER DAS EGO

Frage:
Auf Seite 402 im "Forum" vom Juni 1938 (engl.) wird angedeutet, daß im christlichen Sinne die Seele in ihren unveränderlichen essentiellen Eigenschaften die Ewigkeit hindurch statisch sei, und es wird erklärt, unsere Theologie mache keinen Unterschied zwischen 'unsterblich' (nicht sterbend) und 'unwandelbar' (unveränderlich). Das stimmt nicht. Im letzten Jahrhundert mag es gedankenlose Leute gegeben haben, die eine unbestimmte Vorstellung von einem unsterblichen Leben in einem Zustand ohne Fortschritt und Evolution hatten. Ernsthaft gegen solch eine absurde Vorstellung zu argumentieren, als würde sie noch in unserer Zeit existieren, kommt dem Einrennen offener Türen gleich.

Der wirkliche Unterschied zwischen der theosophischen und der christlichen Anschauung über fortschreitende Unsterblichkeit ist vielmehr dieser: Die letztere tendiert zu der Vorstellung einer nicht endenden Evolution, die in einer geraden Linie ständig aufwärts fortschreitet, während die erstere sie wahrscheinlich als eine wellenförmige Evolution oder eine Evolution in aufeinanderfolgenden Welten ansieht.

Eine zusätzliche Ausführung zu den Ansichten des Verfassers über den Unterschied zwischen 'unsterblich' und 'unwandelbar' würde den Wert dieses ausgezeichneten und erhellenden Artikels erhöhen.

Antwort:
Dies ist sowohl interessant als auch anregend, und ich begrüße die Gelegenheit, den subtilen Punkt in der buddhistischen Philosophie zu erläutern, den ich in dem erwähnten Artikel erklärte. Denn ich habe herausgefunden, daß es genau dieser Punkt ist, in dem

das christliche Gemüt völlig unwissend ist oder den es vollkommen mißversteht.

Es ist bedauerlich, daß der Korrespondent in bezug auf die christliche Vorstellung einer fortdauernden und unveränderlichen Egoität der Seele darauf beharrt, das Ego in seiner Individualität oder Egoität als essentiell unveränderlich anzusehen. Hierin stimmt er mit den meisten Christen überein - wie evolviert ihre Ideen auch im Vergleich mit den christlichen Ideen der alten Zeiten sein mögen. Dies ist der oben erwähnte subtile Punkt. Auf ihn spielte ich an, als ich von der 'unvergänglichen, unsterblichen Seele im christlichen Sinne, statisch durch die Ewigkeit in unveränderlichen essentiellen Eigenschaften' sprach. Dies ist bestimmt das, was das Christentum für die Seele beansprucht, nämlich daß ihre Individualität unvergänglich ist. Und hierauf, auf diesen Punkt kommt es an. Die Individualität muß evolvieren wie alles andere auch, sonst kann sie niemals vom Niederen zum Höheren fortschreiten. Die uralte Lehre behauptet, daß sich diese Individualität oder die Egoität, mit anderen Worten das Ego, in einer Zeitperiode der Ewigkeit zu etwas unvergleichlich und unermeßlich Größerem ausweiten und daher auch die Eigenschaften seiner Egoität verändern muß, denn andernfalls bliebe es immer relativ die gleiche begrenzte Egoität oder Individualität.

Ich bin mir wohl bewußt, daß moderne christliche Spekulationen, ob theologische oder andere, wahrscheinlich gelten lassen, daß die Seele im christlichen Sinne ihre Sicht weitet und ihre Vorstellungen vom Leben und den ewigen Wahrheiten vergrößert. Doch das gehört nicht zu dem gegenwärtigen Thema. Die uralte Lehre erklärt, daß es das Ego, die Individualität selbst ist, die von der persönlichen Egoität auf ihren niederen Stufen zu einer erweiterten individuellen Egoität auf höheren Stufen übergeht und sich noch weiter zu einer unpersönlichen Individualität auf noch höheren Stufen ausdehnt, und so fort, tatsächlich ad infinitum. Einem philosophischen Geist leuchtet es daher ein, daß diese ständige Veränderung der Individualität nicht nur einschließt, sondern auch zeigt, daß das Ego der früheren Stufen nicht das Ego der mittleren Stufen ist und sich dieses wiederum in das ausgedehnte Ego der mehr fortgeschrittenen Stufen verwandelt, und so fort. Mit anderen Worten, die Esoterische Philosophie postuliert und beweist logisch und natürlich philosophisch, daß das Ego nicht nur eine Ausweitung der Vorstellungen erfährt, sondern sich selbst verändert und deshalb nicht eine ewig fortdauernde, unveränderliche individuelle Wesenheit ist. Dies ist der subtile Punkt, den tatsächlich alle mir bekannten christlichen Schriftsteller entweder nicht verstehen können oder nicht verstehen wollen.

Ich fasse zusammen: Zugegeben, die modernen Christen gestehen der Seele in ihrem Sinne die Erlangung erweiterter Ansichten, umfangreicherer Vorstellungen, vertiefteren Bewußtseins usw. zu. Das ist das, was der Schreiber zu beanspruchen scheint und was, wie ich glaube, die typische moderne christliche Anschauung ist. Doch dies ist der Punkt, den die Esoterische Philosophie für völlig unzureichend erklärt. Denn die Esoterische Philosophie postuliert nicht nur eine Veränderung der Attribute und Tätigkeiten der Egoität, sondern, daß sich die Egoität oder Individualität fortwährend selbst verändert und stets zu etwas Größerem evolviert. Der Zusammenhang der Individualität bleibt bestehen. Doch die Seele wird immer etwas anderes, weil Größeres.

Folgendes möge als Illustration dienen: Ein neugeborenes Kind ist keine voll entwickelte 'egoische' Wesenheit, die nur ihre Anschauungen erweitert und Erfahrungen sammelt, während sie durch die Jugend zur

Reife heranwächst, sondern es findet eine wirkliche Verwandlung des Kindes zum Jugendlichen und des Jugendlichen zum Erwachsenen statt. Dies wird durch die sich ständig vergrößernde Zunahme an spiritueller Individualität verursacht, die pari passu mit dem heranwachsenden Kind und dem heranwachsenden Jugendlichen inkarniert. Doch wir fügen noch hinzu, daß selbst diese Individualität während der kosmischen Zeitalter auf den spirituellen Plänen in größere Dinge übergeht. Wenn es nicht so wäre, müßten wir erklären, daß die Individualität oder das Ego in den Milliarden Jahren der Vergangenheit in dem gleichen Stand oder Zustand des Bewußtseins in essentia war, wie es in zehn Milliarden Jahren sein wird, mit dem einzigen Unterschied der gesammelten Erfahrungen und des weiterreichenden Ausblicks. Diese Vorstellung wird von der Esoterischen Philosophie jedoch als völlig unzureichend zurückgewiesen.

Der Christ postuliert eine erschaffene Seele - zumindest ist dies die orthodoxe Theologie -, die in ihrer Essenz als Individualität, als Ego, erschaffen wurde und sich von allen anderen Egos unterscheidet, und daß diese individualisierte Egoität durch die Ewigkeit unverändert als dieses Ego bestehen bleibt. Das ist es, was die Esoterische Philosophie verneint. Als erstes verneint sie die 'Erschaffung' der Seele, und zweitens erklärt sie, daß jedes Ego in seiner Essenz ein Funke oder Strahl des Göttlichen selbst ist. Doch seine Egoität verändert sich genauso auf ihren eigenen Plänen, das heißt, sie ist genauso dem evolvierenden Wachstum unterworfen, allerdings durch immense Zeitperioden hindurch, wie selbst die verschiedenen physischen Körper oder Reinkarnationen, in welchen und durch welche sich das evolvierende Ego von Leben zu Leben manifestiert. Wie also Caius oder Marcus aus dem alten Rom als John Smith oder William

Brown wiedergeboren sein mögen - zwei verschiedene Körper und zwei verschiedene niedere Persönlichkeiten, durch vergangenes Karman und ebensolche Handlungen verursacht, mit anderen Worten: durch vergangenes Schicksal -, so hat das Ego selbst, der spirituelle Strahl des Göttlichen, aufgrund des in der Evolution durch lange Zeitperioden sich verändernden Bewußtseins seine Individualität gefärbt. Das bedeutet, daß das junge Ego, das heißt das Ego, das zuerst aus dem Busen des Göttlichen in einem großen kosmischen Manvantara erscheint, tatsächlich 'eines' ist, daß jedoch seine Essenz am Ende der kosmischen Zeitperiode als der gleiche göttliche Funke wiedererscheinen wird, aber mit einer gänzlich modifizierten oder veredelten egoischen Individualität. Diese können wir logischerweise tatsächlich eine andere Individualität nennen, doch sie ist das Erzeugnis der gleichen göttlichen Essenz. Daher sagen wir, daß die Egoität selbst im Laufe der kosmischen Zeitalter ihren Charakter verändert, wobei jedoch jede Veränderung wie eine Perle auf dem göttlichen Fadenselbst oder Sûtrâtman ist.

Die besondere Reichweite dieser okkulten Vorstellung wird sogleich offensichtlich, wenn wir überlegen, wie sie unsere Auffassung in bezug auf uns selbst und das Universum um uns verändert. Wir sind keine unveränderlichen individuellen Egos, die aufgrund individuell abweichender Egoitäten für alle Ewigkeit von allen anderen getrennt sind, sondern wir sind individuell eine göttliche Essenz, oder anders ausgedrückt: Strahlen aus der göttlichen Quelle. Aus diesem Grunde ist *ein* Bewußtsein in uns allen, das *eins* und identisch ist: der höchste Teil von uns. Zu dieser göttlichen Quelle reisen wir zurück. Jedes evolvierende Ego trägt seine angehäufte Weisheit und seine Erfahrungen mit sich. So wird es zu seiner Zeit, wenn der

Moment herannaht, fähig sein, sich seiner ganzen, fast unendlichen und verwickelten Vergangenheit zu erinnern, und dennoch dieses äußerste Einssein in der Essenz mit allen anderen Egos unaufhörlich immer weiter entfalten.

Es sollte nun klar sein, daß dieser subtile Punkt der Beweisführung äußerst wichtig ist, denn wir sind nicht nur, wie die Christen sagen, Brüder im Geiste und Kinder des allmächtigen Gottes, sondern wir sind tatsächlich Brüder in der Manifestation und in unserem Höchsten identisch.

Die Buddhisten sagen deshalb ganz richtig, daß die Seele als eine unvergängliche, unveränderliche Individualität in ihrer Egoität nur ein Traum ist, denn selbst die Seelen verändern sich in ihrer Egoität und erheben sich vom Niederen zum Höheren. Und doch, welch wundervolles Paradoxon, welch wundervolle Wahrheit: Der Strahl des zentralen Bewußtseins, den wir die Monade nennen, währt durch alle diese Veränderungen fort und trägt als gesammelte Erfahrung all die verschiedenen Seelen oder Egos mit sich, welche er auf seiner äonenlangen evolutionären Reise als seine Phasen manifestiert hat.

Kurz gesagt: Die christliche Theorie, ob alt oder modern, postuliert ein unvergängliches, wenngleich vielleicht lernendes persönliches Ego, das in seiner Ego-Persönlichkeit für immer unverändert fortdauert. Die Esoterische Philosophie weist dies als sowohl unphilosophisch als auch unwissenschaftlich zurück und verkündet eine für immer fortdauernde, aber evolvierende spirituelle Individualität, die sich in periodischen Intervallen in und durch egoische Persönlichkeiten manifestiert.

Ich habe mich hier absichtlich selbst wiederholt und bemüht, den okkulten Gesichtspunkt in etwas unterschiedlicher Weise darzustellen.

Wenn es schließlich, wie der Schreiber anzudeuten scheint, wahr ist, daß sich die christlichen Vorstellungen von der menschlichen Seele verändern und der archaischen Idee der Esoterischen Philosophie immer mehr annähern, so ist dies in der Tat eine gute Nachricht und wird als ein gewaltiger Fortschritt gegenüber den mittelalterlichen theologischen Träumen begrüßt.

DIE BEDEUTUNG DES MAHABHARATA UND DES RAMAYANA

Frage:
Ich beginne mit meiner Klasse das Studium der indischen Epen, des Mahâbhârata und des Râmâyana, und würde gern in der Lage sein, meinen Schülern mehr über die Verbindungen und Entsprechungen zu sagen, die zwischen vielen der Charaktere und den verschiedenen kosmischen Plänen und Prinzipien bestehen. Es erscheint zum Beispiel einleuchtend, daß die fünf Pândava-Prinzen im Mahâbhârata und ebenfalls Râma, Sîtâ und ihre Freunde und Feinde im Râmâyana eine spezielle Symbolik haben. Könnten Sie auf diesen Gegenstand mehr Licht werfen?

Antwort:
In Beantwortung Ihrer Frage über die Stellung der fünf Pândava-Prinzen zueinander und die von Ihnen vermutete Korrespondenz mit den kosmischen Plänen, Elementen usw. möchte ich sagen: Wenn ich Sie wäre, würde ich mir über derartige Dinge nicht den Kopf zerbrechen. Sehen wir die Situation so an, wie sie ist. Das Râmâyana und das Mahâbhârata sind die beiden großen epischen Gedichte Indiens, wie die Ilias und die

Odyssee die beiden großen epischen Gedichte Griechenlands waren und noch sind oder wie wir die größere und die kleinere Edda die beiden großen epischen Gedichte Skandinaviens nennen können. Es gibt ein, zwei oder drei ähnliche Epen in anderen Ländern.

Wir wollen uns nun allein den indischen Epen zuwenden. Sie sind nicht einzig und allein mystische oder okkulte Werke. Diesen Gedanken sollten wir ganz klar festhalten. Sie sind es nicht mehr als die jüdische Bibel oder die Ilias und die Odyssee usw. Das Mahâbhârata und das Râmâyana sind grundsätzlich alte indische Geschichte und Legende, versehen mit all dem Nebel und Zauber des Altertums, die sie verschleiern. Zusätzlich enthalten sie viele schöne, wahrhaft mystische und okkulte Lehren, außerdem einige wirklich großartige kleinere Episoden, wie die Bhagavad-Gîtâ und die Anugîtâ, die in die epische Geschichte eingefügt wurden, denn dies entspricht dem Geschmack der Hindûs.

Das Râmâyana zum Beispiel behandelt tatsächlich im wesentlichen den Kampf Râmas gegen seine Feinde, hauptsächlich die Râkshasas aus Lankâ im Süden. Es ist nur eine moderne arianisch legendäre Version der Geschichte des Kampfes der frühen fünften Rasse in ihrem indischen Zweig mit den arianisierten Atlantäern Lankâs, eines Inselkontinents, der jetzt bis auf seine nördliche Spitze, Ceylon (Sri Lanka), versunken ist.

Ähnlich ist das Mahâbhârata ein legendäres Epos, das in poetischem, gelegentlich fast märchenhaftem Stil von den Kämpfen der frühen arischen Siedler in Indien erzählt. Die Arier kämpften gegeneinander und ebenso gegen die sogenannten einheimischen Bewohner der großen Halbinsel.

So habe ich kurz umrissen, was Mahâbhârata und Râmâyana sind, und eigentlich auch, was die Ilias und die Odyssee, übertragen auf die griechische legendäre Geschichte oder Vergangenheit, sind. Diese großen Epen sind teils Geschichte, teils Legende und teils religiöse Unterweisung. Wenn ich sage: religiös, so meine ich ebenfalls philosophisch, mystisch und auch okkult.

Nun ist es einem versierten Schriftsteller durchaus möglich, in dem so überaus zauberhaften und mystischen Werk des Mahâbhârata oder des Râmâyana Korrespondenzen zwischen den fünf Pândava-Prinzen oder Râma und Sîta auf der einen Seite und etwas oder jemand anderem auf der anderen Seite herzustellen, zum Beispiel Korrespondenzen mit kosmischen Plänen oder Prinzipien. In den frühen Tagen der Theosophischen Gesellschaft war dies ein bevorzugter Zeitvertreib oder eine Entspannung für theosophische Schriftsteller. Das Auffinden von Korrespondenzen konnte jedoch mit gutem Grund auf Episoden aus dem Mahâbhârata, wie die Bhagavad-Gîtâ oder die Anugîtâ, angewandt werden, da diese Episoden nicht so sehr der historische oder legendäre Teil, sondern absichtlich geschriebene, halbokkulte, religiös-philosophische Abhandlungen sind, die hier und da in das legendäre, historische Material eingefügt sind, denn diese Art ist beim Hindûgemüt sehr beliebt.

An Ihrer Stelle würde ich mir nicht den Kopf über diese Dinge zerbrechen, und ich würde Ihrer Klasse auch den Grund dafür sagen. Es ist ungefähr das gleiche wie ein derartiger Versuch in bezug auf das hebräische Testament oder das christliche Neue Testament. Wer geschickt ist - oder es zu sein glaubt -, geheime Korrespondenzen zu finden, kann sehr viele entdecken, wirkliche oder imaginäre, wie zum Beispiel die zwischen den Patriarchen des Alten Testaments und den Plänen oder Prinzipien der Natur; zwischen Jesus und seinen Jüngern und den Plänen oder Prinzipien der Natur. Doch Korrespondenzen dieser Art sind immer unsicher, wenngleich sie auch einige Berechtigung haben. Sie sind mehr ein amüsanter Zeitvertreib als wirkliches, solides esoterisches Studium.

Darum wiederhole ich: An Ihrer Stelle würde ich mir nicht den Kopf über Korrespondenzen zwischen den fünf Pândava-Prinzen und etwas in der Natur zerbrechen. Von dem, was ich hier schreibe, können Sie sich ein Bild machen, und Sie können dieses Bild ganz klar umrissen in Ihrem Gemüt haben. Wenn Sie dann von Leuten gefragt werden, die nicht wissen, was das Mahâbhârata und das Râmâyana sind, können Sie es ihnen erklären und darauf hinweisen, daß nicht eines der großen Epen irgendeines Landes, ob in Asien, dem alten Europa oder dem alten Amerika, eine genaue oder typische, ausschließlich okkulte Abhandlung über esoterische Korrespondenzen ist. Aber sie alle sind legendäre Geschichte und gründen sich auf Tatsachen, die für uns nun im Dunkel der Zeit verloren gegangen sind. Sie wurden von späteren Schriftstellern durch das verzerrende Glas der Legende gesehen. In bezug auf die Tatsachen waren sie zwar korrekt, doch wie alle Schriftsteller sagenhafter Erzählungen schmückten sie ihr Thema aus und flochten, wie im Fall der Bhagavad-Gîtâ und der Anugîtâ in den Hindûepen, wahre religiöse Lehren ein.

DIE BEDEUTUNG VON AUM

Frage:
Würden Sie bitte die Bedeutung der Stelle in der "Stimme der Stille" erklären, die sich auf Kala-Hansa bezieht? Dort heißt es:

"Die Silbe A wird als sein (des Vogels Hansa) rechter Flügel, U als sein linker, M als sein Schwanz erachtet, und der Ardha-Mâtrâ (Halbmesser) soll sein Kopf sein."

Der Ardha-Mâtrâ (Halbmesser) ist es, was mich verwirrt.

Antwort:
Hier haben Sie eines der weniger wichtigen Dinge herausgepickt, von denen ich sagen möchte, daß Sie es selbst erkennen können. In allen Religionen gibt es stets eine gewisse Klasse von Menschen, die eine wundervolle mystische Bedeutung in diesen oder jenen geringeren Einzelheiten sieht, die ganz interessant oder in kleinem Maße bedeutsam sein mögen, doch nicht zu den fundamentalen, erstrangigen oder durch und durch wichtigen Dinge gehören. So ist es im Falle der großen Mengen an Material, das nicht nur von den Hindûs, sondern auch von Europäern in Jahrhunderten über die sogenannte heilige Silbe OM oder AUM geschrieben wurde. Es ist einfach unbegreiflich, wie dieses Wort die Erfindungsgabe und die mystischen Gefühle von buchstäblich Hunderten von Generationen fast aller Schulen der Hindûs beschäftigt hat.

Das Wort ist aufgrund seiner schwingungsmäßigen Eigenschaften eine heilige Bezeichnung und wurde in der zeremoniellen Magie benutzt. Es wurde laut ausgesprochen, allerdings meist in geheimer Zurückgezogenheit. Aus dieser einen Tatsache, verbunden mit der Verehrung, die dem hebräischen und christlichen Amen allgemein gezollt wurde, entstand die ungeheure Literatur mutmaßender mystischer und halbmystischer Schriften.

All diese Ausführungen, die H. P. B. in der "Geheimlehre", der "Stimme der Stille" und anderswo macht, sind nur eine Art Appell an jene, die an solchen Dingen interessiert sind, um sie zu den wahrhaft tiefen Lehren hinzulenken. Daher sprach sie so oft davon.

Das Entscheidende ist jedoch folgendes: Kala-Hansa ist natürlich der Zeitvogel, das heißt der Vogel der Zyklen. Der 'Vogel' steht als Symbol für das reinkarnierende Ego, das Zeit und Raum durchfliegt, vorwiegend die Zeit. Das gleiche kann auch auf das Universum und den kosmischen Logos angewandt werden, der im Universum sozusagen das sich wiederverkörpernde Ego darstellt.

Nun sehen die heutigen Hindûs dieses Wort, ob OM oder AUM, natürlich als so heilig an, daß sie es selten oder nie mehr als flüsternd aussprechen und meistens nur sozusagen im Kopf, ohne Stimme.

AUM steht also für Kala-Hansa, und diesem mystischen Gedanken entspringt der mystische Ausspruch, daß das A für einen Flügel steht, das U für den anderen Flügel, das M für den Schwanz und der Ardha-Mâtrâ, die kurze Halbsilbe, für den Kopf. Der Ardha-Mâtrâ bedeutet hier nicht wirklich eine Silbe oder vielmehr eine Halbsilbe, sondern die Verbindung zwischen den Lauten A und U und zwischen U und M, die der ganzen Aussprache des Wortes innere Richtung und Eindeutigkeit verleiht. Aus diesem Grunde wird sie der Kopf genannt, da der Kopf der vorderste Teil des Vogels ist und seinen Flug leitet. Der Vogel vollführt seinen Flug auf seinen Schwingen, die ihn tragen. Der Schwanz dient zur Steuerung der Richtung, und der Kopf weist den Weg.

Nun sagen die Mystiker im Zusammenhang mit diesem Wort, daß es der Ardha-Mâtrâ, das Symbol des Bewußtseins ist, das die Aussprache leitet; oder um das Sprachbild zu wechseln, der Ardha-Mâtrâ oder die Halbsilbe ist das Bewußtsein, das die karmische Fortentwicklung des mystischen Fluges des Egos oder des Vogels leitet, wie es das Bewußtsein ist, das bei der

Aussprache der Silbe den Ton verleiht. So wechselt ein Sänger, der ein Lied singt, nicht nur von Note zu Note, sondern gerade in diesem Übergang zwischen zwei Noten gibt es eine Art von Bewußtseinston, in dem sich des Sängers Fähigkeit ausdrückt,einen Eindruck zu erzeugen, der seine Vitalität oder seine Individualität genannt werden könnte. Er wird eine Halbsilbe genannt, weil er so kurz ist. Da er jedoch der Punkt ist, an dem das Bewußtsein eintritt, wenn es von Note zu Note gleitet und damit den Ton führt, wird er der Kopf des Vogels genannt.

Wir sehen also, aus solch einer kleinen Sache ist die riesige Literatur über das heilige Wort der Hindûs entstanden.

DER AUSDRUCK PARAMITA

Frage:
Würden Sie freundlicherweise die Herkunft des Wortes Pâramitâ erklären?

Antwort:
Es handelt sich um ein zusammengesetztes Sanskritwort, gebildet aus pâram, was im technischen Sinne des Wortes 'das andere Ufer' bedeutet. In der bewundernswerten buddhistischen Sprechweise bedeutet es das andere Ufer oder jenseits des Lebensstromes, anstelle 'dieses' Ufers, das die materielle Existenz ist, wo Kummer, Schmerz und alles andere existiert. Daher bedeutet 'das andere Ufer' das Erlangthaben vollkommener Erleuchtung, weil das Bewußtsein über alle Illusionen der materiellen Welt hinaus an das andere Ufer spiritueller Glorie, Freiheit, Weisheit, Liebe und des Friedens gewandert ist.

Der zweite Teil der Zusammensetzung Pâramitâ ist itâ, das von einem Sanskritverb mit der Bedeutung 'gehen' kommt und das Partizip der Vergangenheit dieses Verbs ist, im Deutschen also 'gegangen'. Ita ist im Sanskrit das Partizip Perfekt, und dieses Partizip wird substantiviert und dadurch zu itâ. Als ein Substantiv hat es eine Bedeutung, die mit 'erfolgreich gehen' oder 'erfolgreich erlangen' umschrieben werden kann.

Die ganze Zusammensetzung bedeutet also 'das erfolgreiche Erreichen des anderen Ufers'.

Ich bitte daher zu beachten - und das wird die Sache klarer machen -, daß Pâramita 'jemanden, der erfolgreich das andere Ufer erreicht hat', bedeutet, wohingegen Pâramitâ das zusammengesetzte Hauptwort ist, das dies beschreibt und darum als 'das erfolgreiche Erreichen des anderen Ufers' übersetzt werden muß.

WAR DAS CHRISTENTUM FÜR DAS DUNKLE ZEITALTER VERANTWORTLICH?

Frage:
Einige Menschen sagen - ich fürchte, nach einem nur oberflächlichen Studium -, das Christentum sei für das dunkle Zeitalter in Europa verantwortlich, das der Verbreitung des Christentums als einer Staatsreligion so schnell folgte. Sie zitieren auch H. P. Blavatsky in diesem Sinne. Ist dies der anerkannte theosophische Standpunkt?

Antwort:
H. P. B. gab die Erklärung, daß der abwärtsführende Zyklus, auf den sich der Fragesteller bezieht, etwa

fünfhundert Jahre vor der christlichen Ära begann, und das ist wahr. Doch darf daraus nicht geschlossen werden, daß das Christentum oder der Beginn der christlichen Ära für das künftige dunkle Zeitalter allein verantwortlich war, denn das ist nicht der Fall. Tatsache ist jedoch folgendes - und ich hoffe, einige christliche Freunde werden mir meine offene Sprache verzeihen -: Wäre das Christentum den Lehren seines großen Meisters treu geblieben, hätte das Werk, das dem Christentum oblag, weit besser getan werden können, und das dunkle Zeitalter wäre wohl niemals so über den Westen gekommen, wie es tatsächlich geschah.

Die Wahrheit ist die: Der absteigende Zyklus begann einige Jahrhunderte vor dem sogenannten Beginn der christlichen Ära. Es war ein abwärtsführender Zyklus, den Plato den Beginn eines Zyklus spiritueller Unfruchtbarkeit genannt hätte. Die christliche Bewegung, eine theosophische Bewegung damaliger Zeit in den Ländern um das Mittelmeer, wurde in dem Bemühen begonnen, sich gegen die Schrecken zu stemmen, die kommen mußten. Man wollte eine neue Welle der Spiritualität in das Gedankenleben der Menschen des Westens bringen. Der Orient benötigte das nicht, wohl aber das Abendland. Und für Hunderte von Jahren wirkte das Christentum als eine Bremse, eine Bremse für die Last des menschlichen Lebens, dessen Lauf abwärts führte. Teilweise half es. Doch um wieviel glücklicher hätten die Ergebnisse sein können, wären das Leben und die Lehren ihres großen Meisters seinen Anhängern ein Beispiel für die eigene Lebensführung gewesen. Es war eine spirituelle Bewegung, die zu dem Zweck ins Leben gerufen wurde, der Menschheit auf einem abwärtsführenden Zyklus, bevor es wieder aufwärtsging, zu helfen.

Es ist trotzdem falsch und ungerecht, wie einige

Leute verfahren sind, namentlich solche, deren Herz durch das verletzt war, was sie an Übeltaten seitens der christlichen Kirche in der Vergangenheit gesehen hatten - es war ungerecht gegenüber jener Kirche und dem Christentum als Christentum, sie im ganzen für das dunkle Zeitalter verantwortlich zu machen. Es waren große und gute Menschen unter den ersten Christen, und sie bemühten sich vortrefflich. Es ist nur sehr bedauerlich, daß es nicht mehr waren, die sich anstrengten, die Menschen während jenes Zyklus zu erheben, von dem zumindest einige wußten, daß es ein abwärtsführender Zyklus war.

Wir heutigen Theosophen haben ein ähnliches Werk zu tun, jedoch in anderer Richtung: Ein aufsteigender Zyklus begann einige Zeit, bevor H. P. B. zur westlichen Welt kam. Ein aufsteigender Zyklus hat eingesetzt - sehr langsam noch, doch er wird für eine Weile ständig aufsteigen. Die Gefahren sind in ihrer Art jetzt genauso ernsthaft, vielleicht subtiler und schwieriger zu erfassen als diejenigen, welche die Menschen quälen oder bedrohen, wenn der Zyklus absteigt. Die vielleicht größte Gefahr, der wir heute in dieser Zeit universaler Veränderungen und Umstürze im allgemeinen aufgrund kosmischer Ursachen gegenüberstehen, ist das zunehmende Erscheinen psychischer Eruptionen aus dem Astrallicht, das von den Meistern vorhergesagt wurde und vor dem H. P. B. uns gewarnt hat. Wir brauchen nur die Welt um uns zu betrachten, um zu verstehen.

Ich für meinen Teil wünschte, wir hätten die Unterstützung einer großen, erleuchteten christlichen Organisation, die von dem Geist ihres Avatâra-Meisters erfüllt ist und die zusammen mit unserer Organisation die Gefahren erkennen und verstehen könnte, welche die Menschen bedrohen. Kämen die Christen zu einer neuen Vision des Geistes ihres Meisters Jesus, könnten sie aufgrund ihrer Macht und ihres Reichtums, ihrer allgemein angenommenen Ordnung und vielleicht inneren Disziplin Christen vom Typus ihres Meisters sein und mit uns Hand in Hand arbeiten, denn unsere Bewegungen wären dann eine einzige. Doch, ach, wo werden wir Theosophen eine solche Organisation finden, wie sie von den ersten Christen gebildet wurde, die von dem Geist ihres großen Meisters erfüllt waren?

DIE ZEHN AVATARAS DES VISHNU

Frage:
Ich habe mir über eine Liste der zehn Avatâras des Vishnu Gedanken gemacht, wie sie in brâhmanischen Schriften gegeben wird, und mich gefragt, ob es nicht einen Zusammenhang zwischen ihnen und der wissenschaftlichen Vorstellung in bezug auf die Evolution gibt. Könnten Sie das etwas erläutern? Die Aufstellung lautet: 1. Matsya, der Fisch, 2. Kûrma, die Schildkröte, 3. Varâha, der Eber, 4. Narasimha, der Mannlöwe, 5. Vâmana, der Zwerg, 6. Paraśu-Râma, Râma mit der Axt, 7. Râma, der Held des Râmâyana, 8. Krishna, der spirituelle Unterweiser Arjunas, 9. Buddha, 10. Kalki, das weiße Pferd.

Antwort:
Die Reihe avatârischer Abstiege bewegt sich in der evolutionären Linie fortschreitenden Wachstums, wie sie auch von der europäischen Wissenschaft gelehrt wird. Wir haben zuerst den Fisch, dann das Reptil, das Säugetier, die Anfänge der Menschheit, die junge Menschheit, die als solche mehr oder weniger entwickelt, doch noch nicht spirituell ist; dann Râma

vom Mond, Chandra, der den Beginn der Tätigkeiten des Gemütes zeigt, und dann Krishna; den avatârischen Eingeweihten Gautama, den Buddha, und zum Schluß den Kalki-Avatâra, den Gipfel oder den Höchsten von allen. Ich möchte hinzufügen, daß diese Namen jenen brâhmanischen Esoterizismus einschließen oder einzuschließen beabsichtigen, der den Abstieg von Gottheiten in die jeweiligen beseelten Wesen, die hier genannt sind, lehrt. Die Namen der verschiedenen Tiere und Menschen sind technischer Art und wurden, wie in jeder zoologischen Mythologie, aufgrund gewisser Attribute gewählt, welche die verschiedenen beseelten Wesen haben.

Nun gehören diese avatârischen Abstiege nicht allein zu einer Rasse oder einer Wurzelrasse, auch nicht zu einem Globus, zu einer Kette oder zu einem Sonnensystem allein. Doch weil sich die Natur in Analogie wiederholt - aus dem einfachen Grunde, weil das Kleine alles in sich enthalten und reproduzieren muß, was sein Elter, das Ganze enthält -, findet die gleiche Folge sich ausweitenden Verstehens und evolutionärer Entwicklung mutatis mutandis in allen Sphären statt. So können wir also diese avatârischen Abstiege in gleicher Weise dem Sonnensystem, der Planetenkette als einem Ganzen, einer Runde, einem Globus, einer Wurzelrasse und einer Unterrasse zuschreiben oder zuordnen.

Es ist auch sehr interessant, daß, obwohl diese Reihe von zehn Punkten, zehn avatârischen Abstiegen die symbolische Darstellung bei den Hindûs ist, nichtsdestoweniger das gleiche Schema auch in anderen Systemen religiös-philosophischen und mystischen Denkens zu finden war und noch ist, wie zum Beispiel im Mithraismus. Es beinhaltet Wachstum an Wissen, Weisheit und Macht mit allen sich daraus ergebenden, es begleitenden spirituellen und anderen Attributen sowie

Fähigkeiten. Die Mithraisten hatten sieben Grade - tatsächlich zehn oder zwölf -, sieben Grade fortschreitenden Wissens und Wachstums im Verstehen. Wir können sagen: sieben esoterische Grade im esoterischen Zyklus, mit dem niedrigsten beginnend und durch verschiedene Grade aufsteigend bis zum höchsten. So lehrten sie zum Beispiel, daß dem Neophyten, wenn seine Erfahrungslaufbahn begann, der Name eines Vogels gegeben wurde. Ich habe nicht alle Namen des Mithrassystems in Erinnerung, doch der erste Grad wurde Corax genannt, die Krähe oder der Rabe. Der Neophyt, der diesen Grad erfolgreich bestand, wurde technisch eine Krähe genannt. Damit ist nicht gemeint, daß er eine Krähe war. Es handelt sich um ein technisches Wort (der Rabe war in der Mithrasmythologie der Diener der Sonne), das die Stufe seines evolutionären Wachstums und seiner Entwicklung markierte. Genauso wurde in der Liste der Avatâras das evolutionäre Wachstum vom Geringeren zum Größeren angedeutet, vom Fisch über das Reptil und das Säugetier bis zum Menschen an der Spitze.

Der zweite Grad der Hierarchie war bei den Mithraisten Cryphius, der Okkulte, er stand höher als die Krähe; der dritte Grad war der Soldat; der vierte der Löwe, und so fort bis zum höchsten, dem Pater, dem Vater oder Hierophanten. Dies waren technische Ausdrücke, welche die fortschreitenden Grade der Initiation bezeichneten. Um eine noch größere Ähnlichkeit mit diesem Schema aufzuzeigen, möchte ich folgendes hinzufügen: Die Mithraisten sagten, daß die gleichen sieben oder zehn Grade des Wachstums oder Fortschritts ebenso die Stufen der nachtodlichen Reise des exkarnierten Wesens durch die Planeten bezeichnen - ihre Lebensleiter, von der jeder eine Stufe ist.

Fast das gleiche war im Christentum zu finden. Christliche Neophyten wurden Fische genannt, daher sagten sie von sich selbst: "Wir sind kleine Fische, unser großer Fisch ist unser Meister Jesus." Warum wählten sie den Namen eines so merkwürdigen und unangenehmen kleinen Tieres, um sich damit zu benennen? Aus bestimmten, ihnen eigenen Gründen, die wir uns leicht vergegenwärtigen können. Fische können im Wasser schwimmen und sind dauernd hungrig; sie gehen durch das Wasser, das ist das Astrallicht und bezeichnet die materielle Welt, ihre Versuchungen und alles mögliche andere, und sie hungern beständig nach Licht. Wenn wir den Gedanken erfassen, sehen wir den Grund, warum die ersten Christen sich selbst kleine Fische nannten.

Ich möchte im Zusammenhang mit dem höchsten dieser avatârischen Grade, dem Kalki-Avatâra, der durch das weiße Pferd oder das weiße Pferd reitend gekennzeichnet wird, hinzufügen: Das Pferd ist ein Symbol der Sonne, der Stier oder die Kuh ein Symbol des Mondes. Diese Tiere wurden in Ägypten, Persien, Indien, Babylonien und an anderen Orten als symbolische Andeutungen benutzt. Bilder von ägyptischen Gebäuden, Tempeln und Schreinen und solche anderer Völker zeigen die heilige Kuh, den heiligen Stier, das heilige Pferd und so fort. Da das Pferd für die Sonne stand, würde also der zehnte Avatâra ein Avatâra des Vishnu oder Mahâ-Vishnu sein, der Sonne.

Was lernen wir daraus? Dieses Schema in Verbindung mit den Namen, die den Avatâras von den Menschen gegeben wurden, vom ersten bis zum zehnten, stellt gleichfalls die technischen Namen vor, die den Neophyten in den Esoterischen Schulen gegeben wurden. Der niedrigste Chela wurde ein Fisch genannt, so wie er im Mithraismus mit dem Namen eines Vogels benannt wurde. Der Chela, der den zweiten Grad erfolgreich bestanden hatte, wurde eine Schildkröte genannt. Bestand er den dritten Grad erfolgreich, wurde er ein Eber genannt, und der höchste von allen wurde eine Inkarnation der Sonne, technisch ein Sohn der Sonne, ein weißes Pferd, ein leuchtendes Pferd, ein blendendes Pferd genannt.

Wie wir wissen, können wir aus dieser Reihe avatârischer Abstiege auch auf etwas anderes schließen. Untersuchen wir sie sorgfältig, werden wir mit der Zeit sehen, daß die verschiedenen Punkte in der aufsteigenden Reihe von eins bis zehn die zehn Unterrassen jeder Wurzelrasse darstellen, von denen wir gewöhnlich sieben zählen. Tatsächlich sind es zwölf.

SIND HYPNOTISCHE PRAKTIKEN JEMALS ZU RECHTFERTIGEN?

Frage:
Gibt es, nachdem etwa 90 % aller hypnotischen Phänomene und Praktiken bedingungslos verworfen wurden, irgendeine Rechtfertigung zumindest für einige von ihnen, vorwiegend für die Therapie, Lokalanästhesie oder Verhütung von Wehenschmerzen durch Hypnose, anscheinende Heilung kleiner psychologischer Defekte oder schlechter Gewohnheiten? Diese Praktiken werden heutzutage in einem ziemlich großen Umfang angewandt und scheinen in zwei Hauptkategorien geteilt zu sein: a) mittels Hypnose und b) ohne hypnotischen Schlaf, allein durch mentale Suggestion. Meine Frage bezieht sich nicht auf Magnetisierung, die sehr hilfreich sein kann, sofern sie von einer reingesinnten, selbstlosen Person ausgeübt wird.

Antwort:
Hypnotische Praktiken sind fast immer schlecht, selbst dann, wenn es, etwa wie bei Bluttransfusionen,

gelegentliche, seltene Erfolge gibt. Sie gleichen dem Spiel mit einem gefährlichen Sprengstoff. Grundsätzlich sind sie ganz allgemein schlecht, weil sie den Willen der Versuchsperson schwächen, anstatt den inneren Willen zu erwecken,ihn nach außen zur Tätigkeit zu bringen, um ein Gefüge von innerem Leben und innerer Kraft aufzubauen. Jede Wiederholung der Hypnose macht die Versuchsperson kraftloser, passiver, labiler und bringt sie mehr und mehr dazu, sich auf äußere Kräfte zu verlassen, anstatt die inneren zu stärken.

Theoretisch könnte man sich nun natürlich vorstellen, daß ein Adept, zum Beispiel ein Mahâtman, der die Naturgesetze und sämtliche Eigenarten, Seltsamkeiten und Besonderheiten der menschlichen Psychologie und des Astralkörpers kennt, Hypnose in gewissen wenigen Fällen wohltätig anwenden könnte; doch das ist nur eine abstrakte Theorie, und ich kann versichern, daß kein Mahâtman oder Adept jemals so etwas tun würde, weil die Idee grundsätzlich falsch ist. Sie wollen die Willenskraft und die innere vitale Stärke des Menschen hervorbringen und entwickeln, Hypnose aber schläfert diese beiden großartigen Eigenschaften ein, verweichlicht sie und schwächt die inneren Reservekräfte.

Doch könnte - aber das ist eine bloße akademische Theorie - Hypnose von einem Adepten ohne Schaden angewandt werden.

Natürlich ist die lokale Anwendung, wie das Streichen mit der Hand über einen erkrankten Körperteil, um Schmerzen, zum Beispiel Kopfschmerzen zu lindern, nicht so sehr eine hypnotische Einschläferung in geringerem Grade, als vielmehr eine Art von Mesmerismus oder tierischer Magnetisierung, die die Nerven beruhigt, aber nicht den Willen schwächt; sie beruhigt den Körper und besänftigt die verwirrten und entzündeten Nerven des Kranken. Das ist nicht schlecht, sofern nicht der Versuch unternommen wird, den Willen der behandelten Person oder ihren Körper als Ganzes zu beeinträchtigen, und sofern die Anwendung nur lokal ist. Denn im ersten Fall handelt es sich, theoretisch gesprochen, nicht um Hypnose in dem Sinne, wie das Wort volkstümlich verstanden wird, und im zweiten Fall ist die Wirkung nur lokal, und der Erfolg hängt von dem reinen und starken Magnetismus des Behandelnden ab. In beiden Fällen handelt es sich tatsächlich um tierischen Magnetismus. Ist der tierische Magnetismus gesund und rein, entsteht wahrscheinlich kein Schaden, und der Patient erfährt eine zeitweise Erleichterung. Da aber die Ursache nicht beseitigt wurde, hält die Erleichterung nicht an.

In diesem Zusammenhang möchte ich darauf hinweisen, daß selbst Autosuggestion oder Selbsthypnose durch verschiedene Mittel, die von alters her bekannt sind - etwa das Starren auf einen hellen Lichtfleck, auf ein Stück Kristall oder Glas, auch konzentriertes Auf-die-Nasenspitze-Schauen -, ausdrücklich nicht gut sind, weil sie bedeuten, daß der Wille dazu benutzt wird, den höheren Willen auszuschalten und im niederen Teil der Konstitution durch nahezu mechanische Mittel eine falsche Stille oder Ruhe zu erzeugen. Mit anderen Worten, anstatt die Nerven durch die Einwirkung des inneren Willens zu reiner, bekömmlicher und gesunder Aktivität zu ermuntern, werden sie eingeschläfert, hypnotisiert (was zum Schlafen bringen bedeutet), und das Gehirn sowie das Nervensystem sinken unter die Schwelle des normalen Bewußtseins hinab, in die Vibrationsraten des Glases oder anderer Gegenstände, auf die gestarrt wird. Es wird Ruhe herbeigeführt, aber es ist die Ruhe des Todes, des Mineralreiches.

Obwohl Selbsthypnose nicht so schlecht ist wie

Hypnose durch andere, ist sie dennoch nachdrücklich nicht gut. Von wahren Adepten wird sie nicht benutzt, sondern nur von Magiern, Schamanen und Medizinmännern barbarischer Stämme. Es handelt sich um dieselbe Kraft, die dem starren Auge der Schlange seine hypnotische Macht über einen Vogel, ein Kaninchen oder eine Maus verleiht, was volkstümlich Faszination genannt wird. Das funkelnde Auge des menschlichen Hypnotiseurs erreicht die Hypnose durch den gleichen Vorgang. Das alles ist unglückselig, und wenn es in seinen besseren Aspekten auch nicht geradezu schlecht ist, so ist es doch gewiß nicht gut.

Daher sollten alle diese Praktiken vermieden werden; sie sind unzuträglich. Sie verringern die Höhe der Schwingungen und senken sie auf die der niederen Naturreiche, anstatt die Schwingungsrate des Bewußtseins in die höheren psychischen, intellektuellen und spirituellen Reiche aufwärts zu erheben.

SCHWINGUNG, KOHÄSION UND ANZIEHUNGSKRAFT

Frage:
Im "Theosophical Forum" vom Januar 1936 wird im letzten Absatz auf den Seiten 35 und 36 folgende Aussage gemacht:

" ... es ist vollkommen richtig: je schneller die Vibration, je größer die Frequenz der Schwingung einer Farbe ist, desto näher ist sie der Materie; denn was wir Materie, physische Materie nennen, ist Intensität von Schwingung, von Kraft ... Je größer die Frequenz der Schwingung ist, desto dichter ist die Substanz."

Was wir nicht verstehen können, ist, daß das molekulare Schwingen der Materie, beispielsweise bei Eis,

Wasser und Dampf, analog betrachtet der obigen Aussage entgegengesetzt zu sein scheint. Eine Erklärung würde sicher dankbar begrüßt werden.

Antwort:
Dies ist eine interessante Frage, und sie zeigt das Ergebnis des Studiums und des gewissenhaften Denkens. Gleichfalls stellt sie eine gute Illustration für das Wirken von Mâyâ, im philosophischen Sinne, in unseren Gemütern dar. Ein Widerspruch besteht nicht. Die Fragesteller werden die Situation sicher verstehen, wenn sie sich daran erinnern, daß sich das, was ich an der zitierten Stelle schrieb, auf die Sphäre der Atome und die Schwingungsfrequenzen in der Atmosphäre bezog und augenscheinlich jene infinitesimalen Teilchen einschloß, die wissenschaftlich Elektronen genannt werden. Die Fragesteller haben das anscheinend nicht bedacht, und ihre Schwierigkeit - sofern es eine ist - liegt im Bereich der molekularen Kohäsion, im Bereich der Moleküle, wohingegen ich von der chemischen Anziehungskraft sprach, von der Welt der Atome.

Des weiteren bezog sich mein Hinweis speziell auf die verschiedenen Phasen des Lichtes, die wir Farben nennen, obwohl das Prinzip, auf das ich hinwies, natürlich universal anwendbar ist. In erster Linie ist der Unterschied zwischen Eis, Wasser und Dampf der Unterschied zwischen einem festen, einem flüssigen und einem gasförmigen Körper, welch letzterer aus der Masse des Flüssigen, des Wassers, durch das Einbringen einer 'äußeren Kraft' - in diesem Fall Hitze - herausgerissen wurde. Offensichtlich können wir einen festen oder flüssigen Körper verdampfen, wenn die Hitze ausreicht. Dadurch kommen die befreiten Moleküle, zum Beispiel die des Wassers, in einen Zustand zeitweiliger schneller Molekularschwingung. Doch diese Moleküle sind dennoch von der gleichen Substanz wie das Feste oder Flüssige, von dem sie als Dampf- oder Gaspartikel losgerissen wurden. Die Analogie der Fragesteller ist also nicht ganz richtig.

Denken wir einen Augenblick lang nach: Die Teilchen oder Moleküle von Wassergas oder Wasserdunst (Dampf genannt) befinden sich in einem Zustand relativ hoher individueller Bewegung, verglichen mit der Menge an Wasser, aus der der Dampf oder die Wasserteilchen herausgerissen wurden. Wenn man die Hitze entzieht, mit anderen Worten, das Gas oder den Dunst (Dampf genannt) abkühlt, so verschmelzen die Moleküle des Wassers wieder zu Tropfen, die sich vereinigen und wieder eine Masse von Wasser werden. Im Fall von Dampf haben wir die molekulare Kohäsion der Wasserteilchen gelockert, haben sie befreit und durch die Anwendung einer 'äußeren' Energie oder Kraft auf das Wasser, nämlich Hitze, zu Dunst oder Gas werden lassen. Doch die Moleküle des Wasserdampfes, die sich beispielsweise in einem Behälter voll Dampf oder Wassergas gegenseitig bombardieren und das anscheinend mit einer hohen Bewegungs- oder Schwingungsrate tun, bewegen sich als individuelle Moleküle nichtsdestoweniger mit extremer Langsamkeit, wenn wir zum Vergleich die fast unbegreiflichen Schwingungsfrequenzen der Elektronen in einem Atom heranziehen. Die Wissenschaftler sagen, daß diese sich mit einer fast unvorstellbaren Geschwindigkeit um den atomaren Nukleus oder Atomkern bewegen, mit einigen Billiarden Umkreisungen in einer menschlichen Sekunde.

Im Falle von Eis sind die Schwingungsfrequenzen der Elektronen in diesem scheinbar trägen, relativ kalten Körper sehr viel größer als die der individuellen Bewegungen der Partikel oder Moleküle von Wasserdunst oder -gas, was wir Dampf nennen. Im ersteren Fall, dem der Atome und Elektronen, beschäftigen wir uns mit Schwingungsfrequenzen, die durch chemische Anziehungskraft im Einklang gehalten werden. Im letzteren Fall beschäftigen wir uns mit im Vergleich wesentlich langsameren Bewegungen von Wasserteilchen, die als Individuen durch die Anwendung einer äußeren Kraft, nämlich Hitze, frei geworden sind.

Der wesentliche Punkt, auf den ich in dem zitierten Auszug hinzuweisen versuchte, ist dieser: Je höher die Rate der Elektronen- oder der atomaren Schwingung ist, das heißt, je höher die Schwingunsfrequenzen der Atome und diejenigen in den Atomen sind, umso kürzer sind die Lichtwellen und umso größer ist folglich die Dichte oder die Verdichtung der beteiligten Teilchen, wodurch Materie erzeugt wird, deren Dichte umso größer ist, je höher die Schwingungsfrequenzen sind. Dies sollte klar sein, besonders wenn wir daran denken, daß die Höhe der Schwingungsfrequenzen der Atome und der Elektronen im Dampf die gleiche bleibt wie im Eiswasser und gleichfalls im festen Eis.

Die Fragesteller haben einen Fehler in der Analogie gemacht, denn sie versuchen, molekulare Kohäsion mit chemischer Anziehungskraft zu vergleichen. Obwohl beide, chemische Anziehungskraft und molekulare Kohäsion, Manifestationen elektromagnetischer Energie sind, handelt es sich nicht um gleiche Arten oder Erzeugnisse davon, und genau hier versagt die vermeintliche Analogie.

All dies sollte nun klar sein, und wenn die Fragesteller über die Fakten nachdenken, die eben erklärt wurden, werden sie leicht erkennen, daß sie versucht haben, zwei verschiedene Arten von Dingen miteinander zu vergleichen und sie in Analogie zu bringen. Sie sollten chemische Anziehungskraft mit chemischer Anziehungskraft vergleichen oder molekulare Kohäsion mit molekularer Kohäsion, wenn sie eine vollkommene

Analogie haben wollen. Eisen kann zu Gas verdampft werden; doch die Elektronen und Atome haben sowohl im festen Eisen als auch im gasförmigen Eisen die gleichen Schwingungsfrequenzen. Alles, was geschehen ist, ist nur das Lockern oder Modifizieren der Kohäsion der Eisenmoleküle durch die Einführung eines 'äußeren' Elementes, Hitze.

PLATO ÜBER REINKARNATION

Frage:
Kennen Sie eine eindeutige Aussage von Plato, die zeigt, daß er Reinkarnation anerkannte? Ich arbeite mich jetzt mühsam durch einige seiner Bücher, habe aber noch nichts Unmittelbares gefunden.

Antwort:
Es gibt nicht eine einzige Stelle, wo Plato schreibt: "Ich erkenne die Lehre der Wiederverkörperung an", aber es gibt eine Reihe von Stellen in seinen Dialogen, die nichts anderes bedeuten können. Doch wir dürfen nicht vergessen, in jenen Tagen wurde in Griechenland und in der ganzen griechischen Welt die vollständige Lehre der Reinkarnation nur in den Mysterienschulen gelehrt.

Andererseits lehrten die Pythagoreer die Lehre der Metempsychose, wie sie genannt wurde, deren Kehrseite die Reinkarnation ist. Sie beinhaltet jedoch sehr viel mehr. Die gesamte antike Welt glaubte an Wiederverkörperung, wenn auch auf verschiedene Weise, in verschiedenen Richtungen und unter verschiedenen Ausdrucksformen. Doch kühn und direkt zu sagen, Pythagoras, Plato oder ein anderer großer Philosoph der griechischen Welt hätte Reinkarnation gelehrt, würde bedeuten, daß diese Philosophen Reinkarnation so lehrten, wie die Theosophie sie heute offen und mehr oder weniger deutlich lehrt, und das war nicht der Fall.

Es gibt jedoch viele Anspielungen auf die Reinkarnation. Empedokles zum Beispiel sagt in einem seiner erhalten gebliebenen Fragmente im wesentlichen: "Ich war einst ein Busch; ich war einst ein Knabe; ich war einst ein Mädchen; ich war einst ein Fisch in der glitzernden See." Das ist nun nicht die Lehre der Reinkarnation, wie wir sie heute lehren, und doch ist es unsere Lehre, wenn wir die Bedeutung dahinter verstehen.

Wir müssen genau sein; wir können es uns nicht leisten, nachlässig zu sein, wie es einige Theosophen in der Vergangenheit waren, die kühn die Erklärung abgaben, die ganze antike Welt habe 'Reinkarnation' gelehrt. Dies würde für die Öffentlichkeit bedeuten, daß Reinkarnation so gelehrt wurde, wie sie heute von Theosophen dargestellt wird. Jeder Gelehrte könnte eine derartige Erklärung in Frage stellen. Die alten Eingeweihten kannten die Lehre und wußten, was die verschiedenen Aussagen bedeuten. Würden moderne Theosophen Reinkarnation besser verstehen, würden sie erkennen, daß die alten Philosophen absolute Wahrheit lehrten, daß sie verschiedene Aspekte der allgemeinen Lehre der Wiederverkörperung lehrten. Doch die moderne, eindeutige und sehr bestimmte Lehre der Wiederverkörperung des reinkarnierenden Egos ist nicht geeignet, in ihrer Vollständigkeit zum Ausdruck gebracht zu werden.

Die gesamte Antike lehrte Wiederverkörperung. Das ist einer der Gründe, weshalb ich in meinen Vorträgen und in meinen Büchern immer wieder den Unterschied zwischen Reinkarnation, Wiedergeburt, Transmigration, Metempsychose und Metensomatose betone, die allesamt verschiedene Auffassungen oder Aspekte der einen allgemeinen Lehre der Wiederverkörperung sind. Es ist nicht nur eine Sache der Wörter. Ich versuche, Ordnung in diese Angelegenheit zu bringen, Genauigkeit zu erreichen; die Gelehrten der Zukunft werden es mir danken. Das trifft ebenso in bezug auf die Lehre über das Absolute und die richtige Bedeutung von Karman zu: wir brauchen Genauigkeit, Bestimmtheit und Präzision.

DIE KOMPLIZIERTE NATUR DES MENSCHEN

Frage:
Gemäß den theosophischen Lehren ist der Mensch ein siebenfältiges Wesen. Außer seinem physischen Körper hat er sechs andere Prinzipien als Teile seiner Konstitution. a) Ist es daher richtig, daß er sich zusätzlich zu seinem gegenwärtigen physischen Körper, der sich auf dieser unserer materiellen Erde manifestiert, gleichzeitig auf sechs anderen materiellen Globen oder Planeten in einem geeigneten physischen Körper oder Vehikel manifestiert und daß jedes dieser sieben physischen Vehikel auf den sieben materiellen Globen seine eigenen sechs anderen Prinzipien hat, die in ihren entsprechenden Sphären tätig sind und von denen jedes zu dem monadischen Zentrum beiträgt? b) Wenn das so ist, sterben und reinkarnieren alle sieben Vehikel gleichzeitig oder jedes zu einer anderen Zeit, was von den karmischen Energien jedes Vehikels abhinge?

Antwort:
Der obigen Frage fehlt es nicht an tiefem Gehalt. Würden zwei Wörter geändert werden - die hier nicht geäußert werden können, weil sie esoterisch sind -,

würde sich die Frage mit einem typisch esoterischen Gegenstand befassen, der mit der siebenfältigen Konstitution verbunden ist. Da ich jedoch angesichts der komplexen Faktoren, die hier eine Rolle spielen, so kurz wie möglich antworten möchte und da ich den intuitiven Gedanken hinter der Frage im Sinn habe, erwidere ich kurz auf die Frage a): Nein, wenn mit dem Wort 'materiell' physische Körper auf anderen physischen Planeten - den Globen D ihrer entsprechenden Ketten - unseres Sonnensystems gemeint sind.

Tatsache ist, daß der Mensch in seiner siebenfältigen Konstitution nur einen 'materiellen' oder vielmehr 'physischen' Körper hat. Da er sich jetzt auf unserer eigenen Planetenkette auf Globus D in der vierten Runde manifestiert, ist dieser sein physischer Körper, den wir alle kennen - der physische Körper auf dieser Erde.

Doch diese Frage entspringt der Intuition, durch die sich der Fragesteller bemüht, einen Ausdruck oder vielmehr Worte zu finden, in die sie gekleidet werden kann. Und ich glaube, das weitere Studium wird dem Fragesteller die Richtigkeit dieser meiner Beobachtung bestätigen.

Nun, die Intuition des Fragestellers weist direkt auf die Tatsache der zusammengesetzten Natur des Menschen hin, die auf verschiedene Weise teilbar ist. Wir kennen zum Beispiel die exoterische Weise, die H. P. B. uns gab. Für diesen Zweck gibt es keine bessere. Dann gibt es eine andere Methode, die vom Vedânta und dem Târaka-Râja-Yoga vorgezogen wird, auf die H. P. B. gleichfalls zustimmend in ihrer "Geheimlehre", Bd. I, S. 157 anspielt und die sich mehr im besonderen auf die verschiedenen Monaden bezieht, welche die zusammengesetzte Konstitution des Menschen bilden. Wenn wir uns erinnern, daß eine jede dieser verschiedenen Monaden eine wachsende und evolvierende Wesenheit ist und eine jede in ferner Zukunft einmal ein Individuum von siebenfältigem Charakter sein wird, dann sehen wir nicht nur die der gestellten Frage zugrundeliegende Intuition, sondern auch die tiefe Wahrheit in der berühmten Feststellung der gesamten mystischen Literatur, daß der Mensch ein Mikrokosmos oder eine kleine Kopie des Makrokosmos, des großen Originals ist. Jede der Monaden im Menschen ist nach exakt gleichartigen Linien der Analogie ein noch unvollkommen evolvierter Mikrokosmos des vollständigen Menschen, so, wie wir ihn kennen.

Hinsichtlich der Frage b) ist aus dem vorhergehenden Teil meiner Antwort ersichtlich, daß es für den Menschen zu keiner Zeit mehr als einen physischen Körper gibt. Dieser physische Körper befindet sich jetzt auf unserem Globus D, der Erde. Daher ist die Antwort auf die Frage b) ebenfalls: Nein. Doch gerade hier muß ich eine Verwahrung einlegen und darauf hinweisen, daß die gleiche bereits beobachtete Intuition auch hier bemüht ist, zum Ausdruck zu kommen. Es scheint mir, als habe dieser Fragesteller eine schwache Ahnung von einer gewissen esoterischen und sehr schwierigen Lehre in bezug auf die äußeren Runden. Doch mag dies zutreffen oder nicht, meine Antwort ist korrekt und besagt, daß die siebenfältige Konstitution des Menschen zu jeder beliebigen Zeit nur durch einen physischen Körper wirkt und daß in der gegenwärtigen Phase der menschlichen Evolution dieser physische Körper derjenige ist, in dem wir als Individuen auf dieser Erde inkarniert sind.

ARTEN VON DEVACHAN

Frage:
Im "Schlüssel zur Theosophie" sagt H. P. B., daß nach dem Tode, zumindest für einige Zeit, der Methodist ein Methodist und der Moslem ein Moslem in einem vollkommenen Narrenparadies seiner eigenen Schöpfung und Erzeugung sein wird. Wird das im Kâma-loka oder im Devachan sein? Ich meine, das letztere, da es im Kâma-loka kein Bewußtsein gibt und H. P. B. selbst das Devachan als ein Narrenparadies beschrieben hat. In den "Meister-Briefen" (S. 103, engl. Ausg.) wird von den "Vergnügungen, die der Indianer in seinen 'glücklichen Jagdgründen' in diesem Traumland verwirklicht", gesprochen.

Antwort:
Die Antwort auf diese Frage ist im allgemeinen ein bestätigendes Ja. H. P. B. meinte sicherlich hauptsächlich das Devachan, da es für den eben verstorbenen Menschen eine bloße Reflexion der spirituellen Einsicht ist, so unvollkommen und armselig diese auch war: Was immer dieser Mensch in spiritueller Hinsicht war, wird er später im Devachan weiterhin sein. So wird sich die unvollkommene Einsicht, zum Beispiel die eines Methodisten, eines römischen Katholiken oder eines Moslem - unvollkommen im Vergleich mit der Einsicht eines Buddhas, da es ein Mangel an vollständiger innerer Einsicht, inneren spirituellen Wachstums ist - im Devachan in einer gehobenen Weise des 'Narrenparadieses' fortsetzen, so daß der Methodist ein Methodist, aber ein besserer, sein wird, ebenso der römische Katholik, der Moslem und so fort. So viel zu diesem Teil der Frage.

Es leuchtet ein, daß das Kâma-loka als Vorstufe zum Devachan nicht den Charakter des eben verstorbenen Menschen ändert. Starb er erfüllt von den Gedanken des Islams oder des Methodismus, des Baptismus oder des römischen Katholizismus, wird er von diesen auch in dem Quasi-Bewußtsein des Kâma-lokas erfüllt sein. So kann gesagt werden, daß er während des Reinigungsprozesses des Kâma-lokas ein Methodist bleibt, ein römischer Katholik oder ein Moslem. Hierauf wird der beste Teil des Menschen in Devachan eintreten, in das 'Narrenparadies', in dem er immer noch seine Träume von einem verherrlichten Methodismus, römischen Katholizismus, Islam oder Judentum haben wird, oder was immer seine quasi-spirituellen Gedanken auf Erden waren. Es liegt also eine gewisse Wahrheit in der anderen Erklärung, wenn richtig verstanden wird, daß sich im Kâma-loka der Charakter des Menschen selbst nicht verändert.

Natürlich könnte ich noch hinzufügen, daß ein Ego nicht von allen Unreinheiten befreit wird, so daß es vollkommen wäre, wenn es in Devachan eingeht, denn dann befände es sich in dem Zustand eines Buddhas. Damit ist nicht gemeint, daß die Tatsache, ein Methodist oder ein Anhänger einer anderen Religion zu sein, bedeutet, das Ego müsse von einer 'Unreinheit befreit' werden. Ist aber ein Mensch durch Evolution spirituell so weit evolviert, daß er ein Bodhisattva auf Erden oder ein Buddha ist, wird er durch den Kâma-loka- und Devachan-Zustand fast unbewußt hindurchgehen, weil er über beiden steht, er geht entsprechend seiner Entwicklung in ein niederes oder höheres Nirvâna. Nirvâna bedeutet eine Vision der Realität.

KÖNNEN WIR DEN WESENHEITEN IM KAMA-LOKA HELFEN?

Frage:
Ist es einem Lebenden möglich, Wesenheiten im Kâma-loka bei ihrem Kampf um Befreiung zur Zeit des zweiten Todes beizustehen?

Antwort:
Die Natur ist zu mitleidsvoll, um nur die geringsten Möglichkeiten eines psychischen oder emotionalen Kontaktes zwischen den Lebenden und den im Kâma-loka Befindlichen zu erlauben. Wäre es anders, würde unser Leben eine Hölle sein.

Die Wesenheiten im Kâma-loka sind in der Regel halb-bewußt oder unbewußt. Nur die ganz üblen Zauberer, die Schwarzmagier oder diejenigen, die während der Verkörperung sehr roh waren, haben, wenn sie das Kâma-loka erreichen, ein Bewußtsein, das 'Wachbewußtsein' genannt werden könnte. Folglich finden alle Kâma-loka-Vorgänge, mit Ausnahme der wenigen oben erwähnten Fälle, automatisch und sozusagen unbewußt oder wie im Traum statt, vielleicht wie in einem Alptraum oder auch in völliger Bewußtlosigkeit im Falle des Durchschnittsmenschen. Für Schwarzmagier und entsetzlich rohe Menschen ist das Kâma-loka jedoch eine reale Hölle der Gefühle; letztlich gibt es von diesen aber nur wenige.

Eine spirituelle Liebe von seiten der Überlebenden kann, nachdem das Kâma-loka beendet ist, bis zum Devachan reichen und auch sozusagen in der zwischenzeitlichen Bardo-Periode im Kâma-loka helfen, doch es muß 'spirituelle' Liebe sein. Sie hat die Wirkung, eine friedvollere Atmosphäre für die Kâma-rûpas im Kâma-loka zu schaffen, und ebenso für die Wesen im Kâma-loka, die den Kâma-rûpa abgestreift haben und in den Devachan-Zustand eingetreten sind. Ja, eine spirituelle Liebe, nicht eine emotionale, hilft den Wesenheiten im Kâma-loka bis zu einem gewissen Grade, besonders wenn jene Wesenheiten reine, ehrbare Durchschnittsmenschen sind und keine Schwarzmagier oder grobe Materialisten.

Der zu beachtende Hauptpunkt ist folgender: Die Wesen im Kâma-loka sollten absolut allein gelassen werden. Die Natur ist grenzenlos freundlich. Die Kâma-loka-Erfahrungen von Durchschittsmenschen sind traumähnlich oder sogar völlige Bewußtlosigkeit; sie befinden sich sozusagen in unbewußtem Schlaf. Jeder Versuch, sie zu berühren, auch mit emotionaler Liebe oder emotionalen Gedanken, kann ihnen, sofern der Gedanke oder magnetische Impuls stark genug ist, ein zeitweiliges falsches Erwachen geben. Dann fühlen sie sich unglücklich, denn sie sind halbwach und von Atmosphären umgeben, die sie nicht verstehen; sie fühlen sich wie in einem schlechten Traum.

So ist es wesentlich besser, die Wesenheiten im Kâma-loka streng allein zu lassen, selbst dann, wenn sie unsere besten Freunde sind. Natürlich schadet ein sanfter, warmer Strom unpersönlicher Freundschaft nicht. Er kann, wie oben erklärt, durch die Hilfe, die Atmosphäre um die 'Kâma-lokîs' zu reinigen, wenn ich einen Ausdruck erfinden darf, ein wenig Gutes tun.

KATAKLYSMEN ALS WEGE, DAS GLEICHGEWICHT HERZUSTELLEN

Frage:
In der "Geheimlehre", Bd. II gibt H. P. B. am Ende des ersten Teiles eine Beschreibung der schrecklichen Katastrophen, die während der Übergangsperiode von

der fünften zur sechsten Wurzelrasse stattfinden werden. Wie mir scheint, arbeitet die Natur auf eine ziemlich heftige Weise. Ist es für die großen spirituellen Führer der Evolution auf diesem Planeten nicht möglich, die Wirkungen dieser schrecklichen Katastrophen, bei denen Millionen menschlicher Wesen und Tiere umkommen, wenn nicht zu verhindern, so doch etwas zu mildern? Geschieht das alles nicht nur aufgrund kosmischen, sondern auch individuellen Karmans?

Antwort:
Ja, es geschieht aufgrund beider Arten von Karman, und ebenso auch aufgrund von Rassen- und planetarischem Karman. Der Fragesteller ist ein hochintelligenter Mensch, doch in dieser Frage lauert das alte Gefühl: "Die Natur ist nicht so gerecht, wie sie meiner Meinung nach sein sollte." Die Idee ist wahrscheinlich die: Hätte jemand anders die Gesetze und das Wesen der Natur ersonnen oder erfunden, hätte er es wohlgeformter und freundlicher getan. Vielleicht! Das Herz der Natur ist absolutes Mitleid, weil dieses Mitleid absolute Harmonie ist. Die Natur bewegt sich in kosmischer Größenordnung, und im Vergleich damit ist unser gewöhnlicher Gehirnverstand mikrokosmisch, mit einer kleinen Reichweite für das Verstehen der großen kosmischen Tatsache. In bezug auf das Rassen-Karman jeder Wurzelrasse oder Unterrasse haben wir nur wenig Verständnis für das Hinwegfegen von Millionen Menschen und Tieren in Katastrophen- und Kataklysmus-Aktivitäten.

Was ist mit den Millionen Menschen und Tieren, die täglich sterben, und die oft, wenn auch nicht zu Millionen, so doch zu Hunderten und Tausenden getötet, ermordet oder mutwillig niedergemetzelt werden? All diese Katastrophen und Kataklysmen sind Wege der

Natur, das Gleichgewicht wiederherzustellen, equilibrium. Genauso ist eine Krankheit im menschlichen Körper eine Reinigung, ein Befreien des Systems von Giften. So sind auch die Reinigungswege der Natur diese Kataklysmen und Katastrophen.

Die sogenannten 'Führer der Evolution', von denen der Fragesteller schreibt, bemühen sich in der Tat fortwährend die Zeitalter hindurch, Kummer und Schmerz zu lindern, die schwere Hand des Schicksals leichter zu machen, sofern dies möglich ist, oder zumindest soweit wie möglich die Flut der intellektuellen und psychischen Auflösung aufzuhalten. Doch sie arbeiten niemals gegen die Gesetze der Natur, das können sie nicht. Sie sind in aller Wahrheit die Diener des Gesetzes, und darin liegt ihre gewaltige Kraft.

Kataklysmen und Katastrophen ereignen sich ständig. Wie verhält es sich mit den entsetzlichen Kriegen? Wie viele Millionen sind durch direkte und indirekte Ursachen umgekommen? Denken wir an die Tiere, die täglich in fast zahllosen Mengen auf der ganzen Erde sterben - viele mutwillig getötet, andere durch Unfall!

Die Welt ist voller Elend und Pein, die durch Unwissenheit und verdrehte mentale Ansichten und ungezügelte Leidenschaften hervorgerufen werden. Schließlich kommt die Zeit, in der sich diese so sehr anhäufen, daß die Natur sie nicht länger dulden kann; es folgt der Zusammenbruch. Geschieht dies nicht überall in der Natur so? Ein menschlicher Körper kann viel Mißbrauch und Spannung aushalten, doch schließlich gibt er nach. Die Natur arbeitet in den größeren Bereichen genauso; alles ist karmisch verursacht. Doch die Wesenheiten, die sozusagen vom Antlitz der Erde hinweggefegt werden, ob innerhalb einer Stunde, eines Tages, einer Woche, eines Monats oder in tausend Jahren, lernen hierdurch, lernen ihre karmischen Lektionen.

Halten wir ein und betrachten wir auch die andere Seite des Bildes. Sehen wir die Schönheit, die Erhabenheit der Söhne des Lichtes, die Zeitalter hindurch wirken und deren starke Hände das angehäufte Karman zurückhalten, das die Menschheit mit einem Schlag vernichten könnte. Sie bilden den 'Schutzwall' um die Menschheit. Erwägen wir das sorgfältig.

Denken wir ebenso an die Lichtseite der Natur wie an ihre automatisch vergeltende oder sogenannte dunkle Seite. Die Natur ist in zwei Teile geteilt, sozusagen in zwei Phasen, und diese beiden Phasen oder Teile sind auf der einen Seite von den Söhnen des Lichtes und auf der anderen Seite von den Brüdern des Schattens erfüllt. Das eine ist das Reich des Geistes, das andere das Reich der Materie.

KARMAN UND IDIOTIE

Frage:
Wäre es für einen Durchschnittsmenschen möglich, mit einer Inkarnation als vollständig geistig Behinderter 'bestraft' zu werden und in dem folgenden Leben von neuem mit dem Status zu beginnen, den er vor der geistigen Behinderung hatte?

In der "Esoterischen Tradition" (S. 974, engl. Ausg.) wird in einer Fußnote erklärt, daß es Fälle von Verletzungen oder Schädigungen vor oder nach der Geburt gibt, die den Zustand von Idiotismus verursachen. Selbst in diesem Fall muß der Umstand das Ergebnis von Karman sein, oder es könnte sich nicht ereignen. Man könnte denken - da ein Mensch sein eigenes Karman ist -, eine solche Wesenheit müßte eine Anziehung nach unten gehabt haben, von der sie sich entweder wieder nach oben arbeiten kann oder aber die sie noch weiter nach unten zieht, so daß sie schließlich eine verlorene Seele wird. Ist es für jemanden, der zu einem Idioten sehr grausam war, möglich, damit bestraft zu werden, selbst diesen Zustand zu erfahren? Ich denke, da seine mittlere Natur abwesend ist, könnte kaum ein Eindruck auf sie hervorgerufen werden, und dieses Leben wäre lediglich eine Bestrafung und keine gelernte Lektion.

Antwort:
In allen Fällen handelt es sich gewiß um das Ergebnis von Karman. Des weiteren wäre es 'theoretisch' für einen völlig normalen Menschen möglich, eine unbezahlte karmische Schuld durch Idiotie im nächstfolgenden Leben abzuzahlen. Da es jedoch so außerordentlich unwahrscheinlich ist, kommt es mit völliger Sicherheit fast nie in Betracht.

Die Begründung ist folgende: Karman ist einerseits weder Zufall, noch sind andererseits seine Teile von dem allgemeinen karmischen Rahmen oder Aufbau getrennt. Einer Inkarnation als geistig Behinderter sind fast sicher Dinge vorhergegangen, die ihre Schatten vorauswarfen: eine allgemeine Charakterschwäche oder eine mehr oder weniger deutliche Entartung, die schließlich als ihren Höhepunkt den Zustand eines geistig Behinderten erzeugten. Weil dies natürlich logischerweise die Regel ist und von jedem denkenden Menschen als richtig angesehen wird, würde ich doch nicht so weit gehen zu sagen, daß ein völlig normaler Mensch nicht möglicherweise ein Karman aus einem weit zurückliegenden Leben haben könnte, das sich noch nicht ausgewirkt hat und nun einen relativen Schwachsinn oder Idiotismus hervorbringt. Es ist möglich, aber extrem unwahrscheinlich, und fast sicher, daß auf Normalität nicht Abnormität folgt. Die Situation hängt von folgender Tatsache ab: Ein Mensch 'ist sein Karman', wie der Fragesteller selbst festgestellt hat.

Die zweite Frage würde ich, wenn ich sie richtig verstehe, folgendermaßen beantworten: Wir dürfen nicht vergessen, daß Karman kein gefühlloser Mechanismus ist. Die moralischen Prinzipien hinter Karman sind essentiell spirituell. Wenn wir das im Gedächtnis behalten, sehen wir, wie Karman wirken mag, wenn jemand zu Tieren grausam ist, die im Vergleich mit Menschen relativ vernunftlos sind (was jedoch nicht bedeutet, daß sie keine Seele haben), oder in dem Fall eines Menschen, der zu einem Idioten grausam ist, weil er den Mangel an Verstand des armen Idioten verachtet. Wir sehen mit dem spirituell und moralischen Hintergrund von Karman, daß diese äußerste Grausamkeit, die in der Konstitution des Individuums wirkt, langsam die Tore der intellektuellen und spirituellen Inspiration in diesem grausamen Menschen schließt. Nach und nach wird die Tatsache dieses Mangels an Sympathie für die Tiere und die geistig Behinderten dahin tendieren, den grausamen Menschen langsam durch Inkarnationen hindurch immer 'vernunftloser' zu machen, so daß er immer weniger von der sehenden, durchdringenden mânasischen Fähigkeit besitzt. So wird der Mensch in einem Sinne dafür bestraft, daß er anderen Unrecht tat oder grausam zu ihnen war. Doch diese Bestrafung kommt nicht plötzlich. Sie ist ein Prozeß der Entartung. Grausamkeit, die durch ein, zwei oder drei Leben ständig verübt wird, ist ein degenerierender Prozeß, ein Niedergang der moralischen Struktur, der spirituellen und intellektuellen Einsicht. Was bedeutet das anderes als einen langsamen und gradweisen Verlust des Gemütes durch das Schwelgen in anhaltender Grausamkeit?

Wenn wir das überlegen, können wir sagen, daß

nach langer Zeit - vielleicht nach zwei, vier oder sechs Leben, der Himmel weiß, wie viele es sein mögen - derjenige, der andere als Idioten verachtet oder zu den relativ vernunftlosen Tieren grausam ist, langsam beginnenden Schwachsinn in sich selbst hervorbringt. So wird er durch die Rückströmung der Energien bestraft, die er selbst in Bewegung gesetzt hat. "Wer das Schwert nimmt, wird durch das Schwert umkommen." Der grausame Mensch wird durch seine eigene Grausamkeit umkommen, und andere werden grausam zu ihm sein. Das Lernen der Lektion findet während dieses Prozesses statt. Es leuchtet natürlich ein, daß ein vollständiger Idiot keine Lektion lernen kann, wie ein mit Verstand begabter Mensch sie lernt. Doch der Prozeß des herannahenden Schwachsinns befähigt die Seele, die Lektionen von Leiden und Reue zu lernen, die den Menschen vielleicht vor endgültiger Idiotie bewahren, wenn er genügend evolviert ist und rechtzeitig auf die Warnung hört. Verwandelt er dann seine Grausamkeit in Freundlichkeit und Güte und öffnet er die Kanäle wieder nach oben hin, werden seine Leiden und Gefahren, die zu ihm kommen, seine karmische Vergeltung sein, welche der Fragesteller die 'Bestrafung' nennt, und er kann während dieses Prozesses, der eine moralische und intellektuelle Regeneration zustandebringt, entsetzlich leiden.

FLEISCHESSEN UND VEGETARISMUS

Frage:
Hinsichtlich des Fleischessens gibt es unterschiedliche Meinungen. Einerseits wird gesagt, es werde den Tieren ein großer Dienst erwiesen, indem sie durch Tötung und den Verzehr ihres Fleisches zu höheren Zu-

ständen erhoben werden und ihnen in ihrer Evolution geholfen wird. Es wird sogar erklärt, die Evolution der Tiere würde sofort enden, wenn dies nicht stattfände. Es wird ferner auf die degenerierte Zivilisation Indiens hingewiesen und ein Satz zitiert, in dem es heißt, daß der Schmetterling, der von einem Vogel gefressen wird, zum Vogel wird. Andererseits wird die Meinung vertreten, Tieren könne auf anderem Wege geholfen werden, zum Beispiel in der Art, wie eine Mutter ihr hilfloses Kind liebt und pflegt, weil es hilflos ist, nicht aber um des Verstandes wegen, den es manifestiert. Außerdem schließe das Fleischessen die Mißachtung der Leiden zahlloser unschuldiger Tiere ein. Es wird auch darauf hingewiesen, daß die Tiere nach unserem physischen Tod die menschlichen Lebensatome aufnehmen.

Antwort:
Dies ist in der Tat eine Frage, die leider öfter in den Vordergrund gestellt wird. Es gibt in unserer Gesellschaft Hunderte von Vegetariern und wir haben vielleicht eine noch größere Anzahl von Mitgliedern, die das Gefühl haben, etwas Fleisch zu brauchen. Wahrscheinlich wünschen sie in ihrem Herzen, es wäre nicht so, denn kein Theosoph mag daran denken, daß irgendeine Kreatur ihr Leben verliert, um andere Wesen zu ernähren.
Diese Frage ist in bezug auf die zu leistende Hilfe eines jeden Mitglieds wirklich nicht sehr wichtig und in bezug auf die Spiritualität eines Menschen ohne Bedeutung. Jede Diskussion hierüber ist das Gegenteil theosophischer Arbeit. Dennoch möchte ich versuchen, ohne die Gefühle zu verletzen, etwas zu dieser gestellten Frage zu sagen. Wir haben immer die Haltung eingenommen, es als unsere Pflicht anzusehen, gerecht gegen jene zu sein und nicht zu kritisieren, die

eine andere Meinung vertreten. Ich sehe das Gute in beiden Seiten, weil ich um das Gute im Menschen weiß, und ebenso sehe ich, wie ernsthaft die unterschiedlichen Meinungen vertreten werden. Wann immer mein Rat in dieser Richtung erbeten wird, will ich offen sagen, daß niemand das Recht hat, einen anderen zu kritisieren. Niemand, der Fleisch ißt, hat das Recht, einen Vegetarier zu kritisieren, und umgekehrt sollten Vegetarier nicht über die Fleischesser spötteln oder diese fühlen lassen, sie seien grob oder handelten untheosophisch. Wir befinden uns alle mehr oder weniger auf der gleichen Stufe der Evolution; in diesem Leben essen wir vielleicht Fleisch, und im nächsten Leben sind wir vielleicht Vegetarier. Jeder Theosoph wünschte wahrscheinlich, die Gewohnheit des Fleischessens wäre niemals aufgekommen, und daß sich die Erkenntnis durchsetzen würde, daß es besser wäre, auf den Fleischverzehr zu verzichten. Doch unglücklicherweise verzehrten die Vorfahren des westlichen Menschen seit mehreren tausend Jahren viel Fleisch, und nun hat die Mehrheit das Gefühl, ihr Körper brauche Fleisch, um das zu bewahren, was sie ihre 'fitness' nennen. Doch ich habe Hoffnung in dieser Angelegenheit. Die vegetarische Bewegung verbreitet sich, wenn auch langsam, über die ganze Welt. Mit jedem Jahr wird weniger Fleisch verzehrt und eine Kombination vegetarischer Nahrung gefunden, die alle Bedürfnisse des Körpers zu befriedigen scheint. Eine derartige Umstellung aber darf nicht übereilt, nicht in revolutionärer Weise begonnen werden, indem versucht wird, sie an einem einzigen Tag umzustürzen. Jede Umstellung sollte allmählich erfolgen.

Ich habe die größte Sympathie für die Güte und den Geist des Mitleids, den Vegetarier haben; doch ich verstehe auch den Standpunkt jener, die zumindest jetzt die Notwendigkeit fühlen, ein wenig Fleisch zu essen. Ich verdamme weder, noch verurteile ich. Werde ich über Vegetarismus gefragt, empfehle ich ihn als gut und füge hinzu: "Ich hoffe, daß das Fleischessen eines Tages von der Rasse überwunden sein wird und glaube ganz bestimmt, daß es in der Zukunft so sein wird."

Nun zu dem anderen Teil Ihrer Frage: die Wirkung auf die Tiere selbst. Es ist ein großer Fehler zu behaupten, die Evolution der Tiere würde durch den Verzehr ihres Fleisches beschleunigt werden. Es gibt diese Ansicht, doch ich kann versichern, daß diese Idee absolut falsch ist. Hier werden die Seelen der Tiere, deren Körper für unsere Ernährung getötet werden, mit den Lebensatomen der Körper dieser Tiere verwechselt. Wird gesagt, die Tiere, das heißt die Tierseelen würden in ihrer Evolution durch den Verzehr ihrer Körper beschleunigt werden, so ist das ebenfalls absolut falsch. Es ist jedoch richtig, daß die Lebensatome in den Körpern der Tiere durch ihren Eintritt in die Körper der Menschen ein wenig erhoben werden können. Doch diese Tatsache, auf die H. P. B. vor langer Zeit (1879) hinwies, sollte nicht als Argument für das Fleischessen benutzt werden, weil dabei eine weitere Tatsache übersehen wird: Das Tier, das heißt die Seele des Tieres, verliert seinen Körper, wenn dieser getötet wird, und es verliert darum Zeit. Seine Evolution wird, anstatt beschleunigt zu werden, tatsächlich etwas verzögert, da es Zeit verliert, und dies geschieht trotz der Tatsache, daß die Tiere nach ihrem Tode sehr schnell wieder inkarnieren. Sie verlieren nur ein wenig Zeit, doch ist das nicht von großer Bedeutung.

Versuchen wir, dies klar zu verstehen. Es entspricht nicht der Tatsache, daß die Evolution der Tiere beschleunigt wird, wenn sie getötet und ihre Körper als Nahrung verwendet werden. Doch den Lebensatomen dieser toten Tierkörper wird ein wenig geholfen, wenn sie in menschlichen Körpern Aufnahme finden. Die Hilfe, die sie hierdurch erhalten, ist jedoch so gering, daß es unverantwortlich wäre, derart zu argumentieren, daß die Tiere getötet werden sollten, um den Lebensatomen ihrer Körper zu helfen, indem diese gegessen werden.

Wie steht es nun mit den Seelen der Tiere, die sterben müssen, um für den Verzehr der Menschen ihre Körper herzugeben? Die Seelen dieser armen Tiere leiden sehr. Ich glaube nicht, daß das Argument, der tierischen Evolution würde durch das Töten geholfen werden, ernst gemeint sein kann. Eine solche Annahme kann nur auf Gedankenlosigkeit und dem falschen Verstehen der Lehre basieren.

Zum Schluß möchte ich sagen: Jede Diskussion über Themen wie Vegetarismus oder Fleischessen ist untheosophisch, zumindest in Versammlungen. Wir sollten die Lehren der Esoterischen Philosophie studieren und im täglichen Leben auch anwenden. Wir haben soviel theosophische Arbeit zu tun, die Welt ist so voller Kummer und Leid, sie braucht so nötig unser theosophisches Licht. Die schmerzenden Herzen und die nach Wahrheit hungernden Gemüter der Millionen um uns her sollten uns tatkräftig und aktiv in unserer Arbeit machen und ihren Einfluß ausweiten, so daß wir die Weisheit anderen geben können und ihnen die Hilfe zuteil werden lassen, die wir selbst empfangen haben. Wir haben wirklich keine Zeit für Diskussionen. Es ist unverantwortlich, Unstimmigkeiten zu dulden. Alle Mitglieder sollten fühlen, daß Versammlungen ein theosophisches Heim für sie sind, in dem sie sich in brüderlicher Liebe und gegenseitiger Hilfsbereitschaft treffen können.

ZWERGRASSEN, TODAS, ESKIMOS, NEGER

Frage:
Zu welcher Rasse gehören die Zwergvölker, die 'Zwergrassen der Pole'? In der "Geheimlehre", Bd. II, S. 345 steht:

Die dritte 'Rasse' ... "Da sie in der Frömmigkeit herabgesunken waren, vermischten sie sich mit tierischen Rassen und vermählten sich mit Riesen und Zwergen (den zwerggewordenen Rassen der Pole)."

Haben die Zwergmenschen kein höheres Manas?

Antwort:
Das ist eine sehr verwirrte Frage - eine schrecklich arge Verwirrung! Für den Fragesteller scheinen 'Zwergmenschen' die Pygmäen auf der heutigen Erde zu sein. Die Zwergmenschen der heutigen Erde sind lediglich die degenerierten Vertreter der Rassen, die schon in atlantäischen Zeiten degeneriert waren. Doch die Zwergmenschen, auf die in der "Geheimlehre" Bezug genommen wird, waren Zwerge von 7 bis 8 Meter Größe, und sie waren die letzten Vertreter der degenerierten Menschheit des letzten Teiles der dritten Wurzelrasse. 'Zwergmenschen' wurden sie deshalb genannt, weil sie im Vergleich mit ihren Vorfahren stark an Größe verloren hatten. Sie lebten auf den nördlichen Teilen der Erde.

Als die Atlantäer nicht mehr in ihrer ersten Periode waren, sondern sich der Mitte ihrer Rasse näherten, waren auch sie sieben bis acht Meter groß, vielleicht sogar größer. Die Menschen der dritten Wurzelrasse waren noch größer, sie waren Riesen an Wuchs.

Natürlich haben die Zwergmenschen ein höheres Manas, selbst die heutigen Zwergvölker in Afrika.

Diese Frage ist eine ausgezeichnete Illustration dafür, daß ein intuitives Gemüt Worte zu wörtlich nimmt. "Die Zwergrassen der Pole" waren, wie gesagt, die degenerierten Reste, die Überbleibsel der dritten Wurzelrasse, die dann Atlantäer geworden sind. Jede Wurzelrasse hat ihre degenerierten, sozusagen geringwertigen Rassen. Das Wort 'geringwertig' darf nicht absolut, sondern nur im relativen Sinn gebraucht werden. Jede Rasse hat auch ihre höheren Unterrassen. Jede Wurzelrasse hat ihre Wilden und ihre hochzivilisierten Nationen und Völker, das heißt jede Wurzelrasse nach dem Mittelpunkt der dritten Wurzelrasse.

Die heutigen Zwergvölker in Afrika zum Beispiel, und die Zwergstämme irgendwo auf dem Antlitz der Erde, sind nur degenerierte Vertreter von bereits in atlantäischen Zeiten degenerierten Rassen.

Frage:
Sind die Eskimos Abkömmlinge der Zwergrassen, die sich mit der dritten Wurzelrasse vermischten?

Antwort:
Die Eskimos sind Abkömmlinge von nördlichen atlantäischen Völkern, Abkömmlinge von einigen der allerletzten jener nördlichen atlantäischen Rassen, die im fernen Norden steckengeblieben oder isoliert waren, wie die Zwergvölker in Afrika steckengeblieben sind. Die Eskimos gehen nicht so weit zurück wie die Zwergrasse, von der in der obigen Stelle der "Geheimlehre" gesprochen wird, außer in dem allgemeinen Sinn, daß jede menschliche Rasse das Kind der vorhergehenden Wurzelrasse ist. Wenn die Eskimos Abkömmlinge der dritten Wurzelrasse sind, sind wir das auch. Doch was wir jetzt die Eskimos nennen, sind aussterbende Reste gewisser kleinerer Stämmchen atlantäischen Datums, die damals schon rückständig waren.

Doch das trifft heute nicht auf alle Wilden oder Barbaren auf Erden zu. Es gibt einige wilde oder barbarische Stämme, die als Samen - als Menschheits-Samen - für zukünftige Äonen gehalten und bewahrt werden. Das Toda-Volk in Indien, über das H. P. Blavatsky eine Reihe von Artikeln schrieb, die in dem Buch "Rätselhafte Volksstämme" zusammengefaßt sind, ist ein interessantes Beispiel zu diesem Thema.

Die Neger werden eine führende Rolle auf dem Antlitz der Erde spielen, bevor ihre Zeit zu sterben kommt. Doch dann werden sie nicht mehr das sein, was wir jetzt Neger nennen. Könnten wir stolzen Okzidentalen sehen, wie wir vor vier oder fünf Millionen Jahren waren, würden wir unsere eigenen Vorfahren nicht mit Vergnügen anerkennen. Und könnten uns die Atlantäer sehen - uns Menschen dieser gegenwärtigen fünften Wurzelrasse -, wie wir jetzt sind, würden sie uns für vollkommene Mißgeburten halten: für schwächliche, winzige Liliputaner, die weder mit starker intellektueller Kraft noch mit physischer Stärke begabt sind, die mit vererbten und anderen Krankheiten behaftet und unfähig sind, sich weder in Liebe noch in Haß zu beherrschen.

Das ist das Bild, das wir ihnen bieten würden. Und wir von der fünften Wurzelrasse schauen auf unsere Vorfahren der atlantäischen Tage zurück als auf Ungeheuer von Niedertracht, schwarz von Sünde - und das waren sie. Wir sind wenigstens spirituell fortgeschritten. Wir haben etwas gewonnen, und das ist ein enormer Gewinn. Könnten wir die sechste, uns folgende Wurzelrasse sehen, würden wir vielleicht sagen: "Was sind das für außerordentlich widerlich anzusehende Geschöpfe!" Das ist eine Tatsache.

Wir haben noch nicht den richtigen Sinn für Proportion entwickelt, der es uns erlauben würde, die Schönheit der kommenden sechsten Wurzelrasse zu würdigen. Selbst jetzt in der fünften wissen wir kaum, was wirkliche Schönheit ist; auch in unserer Kunst ist die Schönheit, was ihre Natur betrifft, in der Diskussion.

Wie würden wir uns gefallen: haarlos, mit zwei Wirbelsäulen, einem Auge und ohne Zähne? Wie würden wir es finden, uns jedes Jahr einschließlich der Finger- und Zehennägel zu häuten, unsere Haut abzuwerfen, wie es eine Schlange in Abständen tut? Wie würde es uns gefallen, weder Mann noch Frau zu sein, sondern ein geschlechtsloses 'Ding', wie wir heute wahrscheinlich verächtlich sagen würden? In der Tat, könnten unsere modernen Wissenschaftler eines dieser Wesen der kommenden sechsten Wurzelrasse fangen, würden sie es in einen Glaskäfig sperren und der zivilisierten Welt als eine Mißgeburt vorführen, als eine teratologische Kuriosität. Die großartigen spirituellen und anderen Fähigkeiten, die ein Wesen der sechsten Wurzelrasse manifestierte, würden gänzlich mißverstanden werden.

URSPRUNG DES SURYA-SIDDHANTA

Frage:
In den "Grundlagen der Esoterischen Philosophie" wird gesagt, das Sûrya-Siddhânta beansprucht ein Alter von "etwas mehr als zwei Millionen Jahren, entsprechend der volkstümlichen Interpretation" (Kap. XI, letzter Abs.). Ist es älter als der Rig-Veda, und ist etwas Bestimmtes über seinen Ursprung bekannt?

Antwort:
Über das Alter des Sûrya-Siddhânta ist nichts Bestimmtes oder von westlichen Gelehrten als bestimmt

Akzeptiertes bekannt, mit Ausnahme seines eigenen inneren Zeugnisses und seiner Aussagen. Dieses innere Zeugnis wird von modernen europäischen Orientalisten regulär als sogenannte Interpolationen späteren Datums zurückgewiesen. Es gibt absolut keinen Beweis für diese Vermutung. Auch gibt es keinen Grund, die Authentizität der Aussagen im Sûrya-Siddhânta zu bezweifeln. Doch europäische Orientalisten wollen nicht zugeben, daß es im Hinblick auf moderne europäische Evolutionstheorien bezüglich des Alters des Menschen für eine Kultur vor zwei Millionen oder mehr Jahren möglich war, ein Buch wie das Sûrya-Siddhânta hervorgebracht zu haben. Sie leugnen es einfach kurzerhand. Das alles ist willkürlich, eigenmächtig und unvernünftig, durch keine Spur von Beweis gestützt, und eines Tages wird - als ein Beispiel der sogenannten 'Kritik' des westlichen 19. und 20. Jahrhunderts - darüber einfach gelacht werden.

Das Sûrya-Siddhânta erklärt in seiner bildhaften und metaphorischen Art, daß es von der Sonne selbst dem großen Weisen Asuramaya, den H. P. B. in der "Geheimlehre" erwähnt, durch einen projizierten solaren Beauftragten diktiert wurde, und zwar am Ende des Satya-Zeitalters unseres gegenwärtigen Mahâ-Yugas, in dessen Kali-Yuga-Teil wir jetzt sind. Asuramaya empfing das Diktat etwa am Beginn des Tretâ-Zeitalters, das am Ende des Satya-Zeitalters beginnt, und schrieb es nieder. Das ist die Einleitung zu dem Sûrya-Siddhânta. Es erhebt den Anspruch, vor dem Beginn des Tretâ-Zeitalters geschrieben worden zu sein. Wenn wir von unserer Zeit an zurückrechnen - da wir jetzt am Beginn des Kali-Yugas sind -, ist eine Periode vergangen, die das Dwâpara-Zeitalter, das wir beendet haben, und das dem Dwâpara vorhergehende Tretâ-Zeitalter umfaßt, nämlich 864 000 plus 1 296 000 Jahre, was zusammen etwas mehr als zwei

Millionen Jahre ausmacht.

Das Sûrya-Siddhânta ist eines der am besten bekannten astronomischen Werke des alten Indiens und zeigt eine wirklich wunderbare mathematische Geschicklichkeit und Fähigkeit. Es kommt sehr nahe an die modernen astronomischen Zeitperioden heran und ist in manchen Fällen tatsächlich identisch mit dem, was unsere geschicktesten westlichen Mathematiker und Astronomen herausgefunden haben. In einigen Fällen gibt es Differenzen, die wahrscheinlich aufgrund von Veränderungen verschiedener Art zustandegekommen sind. Es beschäftigt sich auch mit Themen wie Yugas oder Zeitperioden in ihren verschiedenen Längen, Zeiteinteilungen in infinitesimalen Quantitäten und mit allgemeinen astronomischen Themen, die nicht nur die Zeitperioden der Sonne, des Mondes und der Planeten einschließen, sondern sich auch mit Finsternissen, Jahreszeiten usw. befassen. Das Sûrya-Siddhânta wurde von einem Mann namens Burgess ins Englische übersetzt und später von dem berühmten Prof. Whitney aus Yale revidiert.

Was die Frage betrifft, ob es älter ist als die Veden, so gibt es hier keine Daten, es sei denn, die inneren. Meine eigene Meinung ist die, daß es älter ist, und zwar aus folgenden allgemeinen Gründen: Der Rig-Veda, welcher der Haupt-Veda ist, und von dem die anderen tatsächlich abgeleitet sind, scheint während der vergangenen Zeitalter das hauptsächlichste religiöse und mystische Buch oder Schriftwerk der frühesten Arier gewesen zu sein, die jetzt die arischen Hindûs genannt werden. Deshalb ist der Veda wahrscheinlich nicht viel älter als die arische Rasse selbst als eine bestimmte Rasse, das heißt etwa eine Million Jahre. Er besitzt viele Zeichen von einem primitiven Volkstypus, doch er enthält, wenn man ihn zu lesen versteht, einen unermeßlichen Schatz esoterischer Vorstellung und wird von allen Klassen der Hindûs als ihr heiligstes Buch angesehen. Alles bezieht sich letztlich auf die Veden als Beweis, das heißt, sofern Argumente vorgebracht werden: Wenn es im Veda steht, fällt sozusagen jedes Gegenargument fort, hört der Widerstand auf.

Da das Sûrya-Siddhânta nach seinen eigenen Angaben vor zwei Millionen Jahren Asuramaya übergeben wurde, ist es offensichtlich, wenn meine obige Vermutung richtig ist, etwa zweimal so alt wie der Veda. So war das Sûrya-Siddhânta ein spätes atlantäisches Werk, augenscheinlich das Erzeugnis eines geschickten atlantäischen Astronomen aus den Tagen, da Atlantis unterging. H. P. B. spricht von Asuramaya als einem der berühmten alten Astronomen und Wissenschaftler von Atlantis, natürlich der letzten Zeit. Dies würde bedeuten: Das Sûrya-Siddhânta wurde vor etwa zwei Millionen Jahren zusammengestellt, als Asuramaya wahrscheinlich lebte und die arische Rasse seit ihrem Beginn 1 728 000 Jahre alt war. Doch dies bezieht sich auf die Zeit der Kindheit der arischen Rasse, bevor sie eine eigene Rasse sui generis wurde. In ihrer Kindheit war sie praktisch wirklich ein Teil der atlantäischen Zivilisation. Unsere eigene arische Rasse ist erst seit einer Million Jahre eine wahre arische Rasse oder eine Rasse sui generis.

Wir müssen immer daran denken, daß Wurzelrassen und auch alle untergeordneten Rassen einander weitgehend überschneiden. In den "Grundlagen der Esoterischen Philosophie" wird ein graphisches Diagramm von der Art und Weise gegeben, wie jede Rasse am Mittelpunkt der vorhergehenden Rasse entspringt oder geboren wird. So befindet sich jede neue Rasse für mehrere Millionen Jahre in ihrem Embryonal- oder kindlichen Zustand und nimmt langsam an Bedeutung zu, während die vorhergehende Rasse langsam in das

Dunkel hinabsteigt.

Auf eben diese Weise könnte Asuramaya, der atlantäische Astronom und Wissenschaftler, mit fast dem gleichen Recht als zu den ersten Anfängen der arischen Rasse gehörig betrachtet werden. Doch es ist besser, ihn einen Atlantäer zu nennen, da die arische Rasse in jener Zeit nicht der 'Chef' war, um unseren modernen Ausdruck zu gebrauchen. Sie war eher wie die zurückgebliebenen und barbarischen Rassen von heute, mit dem einzigen Unterschied, daß unsere heutigen zurückgebliebenen und barbarischen Rassen degenerierte Reste früherer großer Kulturen sind. Die heutigen Neger würden in ihrem unevolvierten Zustand etwa dem entsprechen, was die arische Rasse in ihrem kindlichen Zustand war.

NACH INNEN SCHAUEN

Frage:
Sie raten uns ständig, nach innen zu schauen. Auf welche Weise läßt sich das theosophische 'Nach-innen-Schauen' mit der Selbstprüfung der Psychologen vergleichen?

Antwort:
Es scheint mir, daß die Psychologen einen Teil der Wahrheit erfaßt haben. Doch die Lehre der theosophischen Selbstprüfung geht weit darüber hinaus. Allzuoft ist die Selbstprüfung der modernen Psychologie ein Grübeln und Brüten über den schweifenden und huschenden Gedanken des niederen Gehirnverstandes, über Wünsche und Hoffnungen, über unbedeutende Zu- und Abneigungen - eine krankhafte Selbstzergliederung unserer niederen Teile und Fähigkeiten. Ich denke, das

ist sehr unzuträglich. Davon gibt es insgesamt zu viel.

Was wir tun müssen, ist, uns von unseren niederen Teilen zu befreien, unsere Augen zu dem spirituellen Olymp zu erheben, uns über das Trübe und den Sumpf, den Schlamm und Schmutz zu erheben, die Fesseln von unseren Gliedmaßen abzustreifen und uns zu den inneren Zuständen des Geistes aufzuschwingen. Sagt die moderne Psychologie, daß wir uns den Inspirationen der allmächtigen Weisheit und der unpersönlichen, spirituellen Liebe widmen sollen? Niemals! Sie weiß nicht genug; doch ich denke, sie weiß durchaus genug, um in vielen Fällen ausgesprochene Verdrehungen der Wirklichkeit zu lehren. Einige Aspekte der modernen Psychologie legen dar, daß es sich zum Beispiel bei einem ungezogenen Kind um einen unausgesprochenen Sex-Komplex handelt, wenn es gewisse ungehörige Dinge tut. Es ist ein moralisches Vergehen, derartige Gedanken in das unschuldige Gemüt einzuträufeln, weil sie dem Kind nahelegen, etwas zu tun, was es sonst niemals tun würde. Das ist ungeheuerlich.

Lehren wir einen Jugendlichen hingegen, selbstvergessend zu sein, sich in einer höheren Art zu prüfen, seine Motive zu untersuchen, auf seine Sehnsüchte zu achten und sie zu beherrschen, helfen wir ihm und leiten seinen Weg. Das ist die Psychologie der archaischen Schule, welche die unsere ist, Theosophie. Psychologie bedeutet in Wirklichkeit, was das Wort eigentlich sagt: Das Studium der Seele des Menschen anstatt des Studiums nach dem Muster der Doktrinen des Wieners Freud, das in modernen Schulen von Psychologen gelehrt wird, ein Studium der physiologischmentalen Reaktion des Körpers.

Kinder sind empfänglich für Gedanken, die in ihre Gemüter gelegt werden. Der einzig richtige Weg, ein Kind zu erziehen, ist der, es in einer Atmosphäre der

Harmonie und Schönheit mit guten Gedanken und Einflüssen zu umgeben, Frieden und Liebe, Freundlichkeit und Selbstvergessen zu lehren, anstatt alle seine Gedanken auf die tierischen Impulse des animalischen Menschen zu konzentrieren.

HAT JESUS GELITTEN?

Frage:
Wenn Jesus gelitten hat, bedeutet das, er habe ein fundamentales Gesetz übertreten?

Antwort:
Nein, das würde ich nicht sagen. Sie haben ein sehr esoterisches Gedankenthema berührt. Wenn Sie nur wüßten, was Theosophie über den Avatâra Jesus, sein Leben und seine Lehre lehrt, würden Sie es nicht für nötig gehalten haben, diese Frage zu stellen. In erster Linie - und ich hoffe, ich trete damit niemandem zu nahe - glauben wir Theosophen nicht, daß Jesus in der Art gelitten hat, wie es die Legende erzählt. Die Geschichte von Jesus, so, wie sie in den Evangelien dargestellt wird, ist eine Mysteriengeschichte, eine Erzählung, in der gewisse, in den Einweihungskammern gemachte Erfahrungen in Form mystischer Lektionen um Jesus als die Typenfigur gewoben wurden.

Ich möchte versuchen, zu veranschaulichen, was ich meine. Einer der Grade der Einweihung wurde 'Theopathie' genannt; Theopathie setzt sich aus zwei griechischen Wörtern zusammen: theos bedeutet 'Gott' und pathein 'dulden', 'leiden'. Es bedeutet also das 'Erleiden' oder 'Erdulden' eines Gottes, - nicht der Gott leidet, sondern eine Wesenheit erleidet den Eintritt eines göttlichen Einflusses in sich selbst. Sie erduldet den Gott in ihrem Wesen, sie wird das Vehikel des Gottes und trägt den Gott, legt ihre eigene individuelle Identität oder ihren Charakter für diese Zeit beiseite, um eine Manifestation, sozusagen ein Avatâra des Gottes zu werden. Sie duldet, daß der Gott durch sie wirkt. Das tat Jesus.

Jesus, genannt der Christus, wurde niemals gekreuzigt, er hat niemals in der Weise am Kreuz gelitten, wie es die Legende beschreibt. Die ganze Geschichte von Jesus, wie sie im christlichen Neuen Testament wiedergegeben wird, ist eine Geschichte der Mysterien. Ein Einweihungsmythos wurde um die erlesene Gestalt des großen Weisen und Sehers, genannt Jesus, der Avatâra, geschrieben. Um die Individualität jenes großen und edlen Weisen und Sehers wurden eine Reihe von Erzählungen und Legenden gewoben, die in mystischer und sozusagen esoterischer und verdeckter Form einen Teil von dem wiedergaben, was in den Einweihungskammern stattfindet.

DIE PURANAS UND DIE GROSSEN INDISCHEN EPEN

Frage:
Ich habe mich bemüht, die Purânas mit anderer Sanskrit-Literatur in Verbindung zu bringen. Einige moderne Schriftsteller sagen, sie seien viel späteren Datums als die Veden und die Upanishaden, obwohl ihr Name 'alt' bedeutet. In welchem Verhältnis stehen sie zu den Veden, Upanishaden, Vedânta usw.? Mit anderen Worten: Sind sie eine gänzlich gesonderte Sammlung von Werken, wie es der Fall zu sein scheint? Wenn dies so ist, sind sie gleichzeitig mit den Veden entstanden, oder früher oder später?

Antwort:
Die Purânas entstanden wesentlich später als die Veden, wenn sie als zusammengesetzte oder vollständige Werke in literarischer Form betrachtet werden - dabei ist es gleich, ob sie niedergeschrieben waren oder aus dem Gedächtnis als exakte Überlieferung wiederholt wurden. Jedes Werk bezeugt die phänomenale Gedächtniskapazität der Hindûs. Sie werden 'Purânas' genannt, ein Wort, das 'alt' bedeutet, weil sie wirklich archaische Legenden sind, Geschichten, Überlieferungen, die einen unermeßlichen Reichtum an sowohl exoterischer als auch esoterischer Wahrheit enthalten. Diese wurde Zeitalter um Zeitalter durch den ersten Teil der arischen Rasse von Generation zu Generation als Legenden, historische Geschichten, quasi-mythische Erzählungen und so fort weitergegeben. Doch diese Weitergabe war phänomenal genau. In bezug auf Wahrheit und Tatsachen ist es wahrscheinlich ganz korrekt zu sagen, daß die Purânas in ihrem Ursprung als Legenden so alt sind wie der zusammengesetzte Rig-Veda, vielleicht sogar älter, da sie als Legenden von Göttern, Heroen und Menschen auf atlantäische Zeiten zurückgehen. Als zusammengesetzte Werke aber, die verschiedene Namen tragen, wie Vishnu-Purâna, Linga-Purâna und Skanda-Purâna usw., sind sie wahrscheinlich jüngeren Datums als der Rig-Veda, dennoch sind sie wesentlich älter als das Alter, das europäische Orientalisten ihnen immer zu geben versuchen. Wahrscheinlich sind sie, selbst in ihrer jetzigen zusammengesetzten literarischen Form, mehrere hunderttausend Jahre alt, was nicht heißen soll, in schriftlicher Form. Ich meine damit: Als vollständig zusammengesetzte literarische Abhandlungen wurden sie ursprünglich vom Lehrer zum Schüler überliefert - durch das Gehirn und das phänomenale Gedächtnis der Hindûs -, und das die Zeitalter hindurch.

Die Purânas sind, auch als zusammengesetztes Werk, wesentlich älter als der Vedânta, obwohl nicht vergessen werden darf, daß der Vedânta, abgesehen von seinen Formulierungen, als philosophisches System, als ein Gedankensystem anzusehen ist - ich meine, die philosophischen Prinzipien des Vedânta sind wahrscheinlich so alt wie irgendetwas auf der Erde. Sie gehen weit zurück in die Glorie des besten Teiles von Atlantis, und mit dem besten ist hier der spirituelle Teil, so wie er war, gemeint. Denn der Vedânta - was 'das Ende der Veden' bedeutet, in dem Sinne von 'die vollständige Bedeutung der Veden' - enthält philosophische Prinzipien, die mit der Esoterischen Philosophie identisch sind. Als ein formuliertes System wird der Vedânta jedoch gewöhnlich als aus der Zeit von Sankarâchârya datierend angesehen. Dieser lebte einige hundert Jahre, mehr oder weniger fünfhundert Jahre vor der christlichen Ära.

Die epischen Werke Indiens, wie das Mahâbhârata und das Râmâyana, nennen die Hindûs 'Itihâsa' - ein Sanskritwort mit der Bedeutung 'so geschah es wirklich'. Das zeigt, daß die Hindûs diese Bücher als historische Werke ansehen; das haben sie immer getan. Ebenso schauten auch die Griechen auf Homers Ilias und Odyssee. Diese epischen Werke sind historisch gesehen viel späteren Datums als das Sûrya-Siddhânta oder die Legende der Purânas, das heißt der Purânas in ihrer frühesten Gestalt oder Form, und wahrscheinlich kamen sie später als der Rig-Veda auf, denn sie stellen in ihrer sagenhaften, quasi-historischen Art verschiedene Episoden von epischem Charakter der arischen Hindû-Rasse dar. Sie beschreiben wirklich in kurzer Form ihre Kämpfe als die neue arische Rasse gegen die zu Ende gehende Macht der atlantäischen Völker. Die Verachtung der frühen Arier für die entarteten atlantäischen Zauberer war so groß, daß sie diese mit Ausdrücken wie Râkshasas oder Yakshas usw. beschrieben, was einige moderne europäische Orientalisten, welche die Situation nicht verstehen, Kobolde, Dämonen oder böse Geister nennen. In einem Sinne waren dies die Atlantäer auch, denn sie waren entartete Zauberer, doch nichtsdestoweniger waren sie menschliche Wesen und keine unverkörperten Naturgeister.

Kurz zusammengefaßt: Ich würde wirklich so weit gehen - obwohl ich zugebe, daß es ausgesprochen schwierig wäre, das beizubringen, was europäische Gelehrte literarischen Beweis nennen -, zu sagen, daß die Purânas, wie ihr Name 'alt' zeigt, zu den ehrwürdigsten Relikten einer archaischen und jetzt vergessenen Antike gehören, die der konservative Genius des Hindû-Volkes durch die Zeitalter hindurch bis auf unsere Tage zu erhalten verstanden hat. Ich meine nicht die Purânas, die jetzt mehr oder weniger wohlgeformte und vollständige Literaturwerke darstellen, ich meine vielmehr die Purânas, die in ihrem ursprünglichen Zustand als eigentliche Substanz oder Sammlungen legendärer, mythischer und doch historischer Erzählungen und Geschichten durch die Zeitalter hindurch von Generation zu Generation überliefert wurden. Später befaßten sich verschiedene Schulen des Denkens, repräsentiert von verschiedenen Menschen, mit diesem ungeheuren Korpus legendären Materials, sammelten es und teilten es in die verschiedenen Purânas auf und gaben diesen die bestimmten und unterschiedlichen Namen, die sie heute noch tragen. Zwischen allen gibt es ebenso gravierende Übereinstimmungen wie merkwürdige Differenzen. Doch selbst diese 'Zusammenstellung' oder Sammlung und Aufteilung der Purânas in verschiedene Abhandlungen ist extrem alt und geht vielleicht einige hunderttausend Jahre zurück. Das wenigstens ist meine eigene wohlüberlegte Meinung, nachdem ich etwa vierzig Jahre mit dem Studium dieser und verwandter Gegenstände zugebracht habe.

Die große Schwierigkeit, mit der europäische Orientalisten zu kämpfen haben, ist in Wirklichkeit ein höchst klägliches Hindernis eigener Herstellung, das sie sich immer wieder selbst vor die Füße werfen. Es ist ihre Unterwerfung unter die falschen modernen wissenschaftlichen Evolutionstheorien, die besagen, daß die menschliche Rasse nur wenige hunderttausend oder eine oder höchstens zwei Millionen Jahre alt ist und daß sie sich während dieser lächerlich kurzen Periode von einem tierischen oder quasi-tierischen Zustand langsam zu ihrem heutigen Status als Homo sapiens erhoben hat. Da sie außer Bruchstücken nichts von universaler Geschichte wissen und ihr historischer Horizont in der Regel auf die Zeit von Griechenland, Rom, Ägypten, Persien usw. beschränkt ist, haben sie keine Vorstellung von Kulturen, die in periodischen Abständen einander folgen, und nur unbestimmte Ideen von sinkenden Kontinenten und anderen Kontinenten, die sich über die Wasser sich verändernder Ozeane erheben. Aus diesem Grunde schieben europäische Gelehrte alles willkürlich in die wenigen hunderttausend Jahre zusammen, die sie dem Menschen zwischen seinem Ursprung und heute zugestehen. In dieses Prokrustesbett zwängen sie mit gleicher Willkür alles das passend hinein, und wenn es nicht paßt oder passend gemacht werden kann, ist die gleichbleibende Antwort auf wißbegierige Fragen: "Mythen", "abergläubischer Mensch in seiner Kindheit" usw. Doch die Anthropologie, die Ethnologie und die Archäologie haben riesige Fortschritte gemacht seit den Tagen, in denen H. P. B. schrieb. Heute sind die Vertreter dieser und anderer Wissenschaften nicht so übertrieben selbstsicher, wie sie es früher waren, und überall beginnen Zweifel aufzukommen. Folglich zerbröckelt der ganze falsche und bequeme 'Aufbau' in Stücke, den die europäischen Gelehrten aus der Zeit von H. P. B. errichtet hatten. Sie erzählten uns von einer frühen Menschheit, die von den Naturphänomenen wie Sonnenschein, Sturm und Wind, Blitz usw. beeindruckt war, und deren Staunen sie mystische und religiöse Hymnen singen ließ, die dann später der Rig-Veda wurden. Als die Zeit verging, erhoben sich Dichter und Geschichtsschreiber, Astrologen und Quasi-Astronomen sowie Mythenschreiber, die all die spätere Literatur hervorbrachten - und all dieses bequeme, dumme Zeug zerbröckelt nun. Unsere modernen Gelehrten sind viel bescheidener und daher weit bessere Gelehrte als ihre Vorgänger vor fünfzig oder hundert Jahren. Jetzt beginnen sie, die Möglichkeit und in einigen Fällen die Wahrscheinlichkeit zuzugeben, daß die menschliche Rasse mit ihren verschiedenen Zweigen auf der ganzen Erde weit älter ist, als vermutet worden war, und möglicherweise sogar Kulturen hervorgebracht hat, von denen nur Erinnerungen und die Legenden der Völker auf der Erde übriggeblieben sind.

DIE TRENNUNG DER GESCHLECHTER

Frage:
Darf ich fragen, was wirklich mit der Lehre von der Trennung der Geschlechter in einer früheren Wurzelrasse gemeint ist? Ist sie in irgendeiner Weise mit der Idee der 'Zwillingsseelen' verbunden?

Antwort:
Hinsichtlich der Frage, welche die Trennung der menschlichen Individuen in verschiedene Geschlechter

betrifft, was mehr oder weniger während der dritten Wurzelrasse stattfand, möchte ich sagen: Diese Trennung in jedem Individuum wurde durch den natürlichen Lauf der menschlichen Evolution hervorgebracht, sie ist in der dualen Natur des Gemütes, des mânasischen Teiles in uns begründet. Als das Gemüt in die bis dahin 'gemütlose' Rasse eintrat, wurde der duale Charakter des Gemütes sofort in der gesamten niederen Vierheit fühlbar. Wenn ich sage, 'sofort', meine ich von der betreffenden Zeit an. Auf diese Weise trennte sich die androgyne Rasse jener Zeit langsam in die getrennten Individuen, wie sie jetzt existieren, mit anderen Worten, in Mann und Frau. Bei den Tieren und auch bei einigen der Pflanzen vollzog sich derselbe Prozeß aufgrund des starken psychischen Eindrucks, den die menschliche Rasse auf das astrale Muster dieser Welt hinterließ.

Die Trennung war also eine natürliche Angelegenheit, die grundsätzlich auf dem basiert, was die positive und negative Seite des Gemütes genannt werden kann. Anders ausgedrückt: sie basiert auf dem bipolaren Charakter des Manas in uns. Das Geschlecht ist daher nur wenig höher als die niederen Teile des Manas, und folglich ist es nichts Spirituelles, sondern nur eine vorübergehende Phase in der Evolution. In dem Maße, wie die menschliche Rasse evolviert und sich aus dem niederen Manas in das höhere erhebt, wird das Geschlecht verschwinden.

In diesem Zusammenhang möchte ich ein Wort der Warnung sagen: Die Idee einiger mehr sinnlich ausgeprägter Menschen, die glauben, die höhere Natur der menschlichen Evolution müsse durch die 'Vereinigung der Zwillingsseelen' zustandegebracht werden, ist vollkommen falsch. Das Geheimnis liegt in dem Individuum selbst, denn in jedem Individuum befinden sich die zwei Pole. Daher kommt es, daß ein Mensch für zwei, drei oder mehr Inkarnationen ein Mann oder eine Frau ist. Da Karman in diesen Dingen für Ordnung sorgt und Extreme vermeidet, beginnt das Individuum, wie ich oft erklärt habe, sich der anderen Hälfte der Menschheit zuzuneigen oder eine Vorliebe dafür zu entwickeln. Erreicht diese Neigung einen bestimmten Grad, wird der Mann in der nächsten Inkarnation eine Frau, und die Frau, wie oben erklärt, ein Mann. So schwingt uns das Pendel unseres Geschickes von Inkarnation als Mann zu Inkarnation als Frau, dann wieder zurück zum Mann und wieder zur Frau. Dies wird so lange vollzogen, bis das Geschlecht allmählich und zwangsläufig verschwindet.

Die Idee der 'Zwillingsseelen' ist sehr gefährlich und in der Tat grundsätzlich falsch. Wonach wir streben müssen, ist, uns sowohl in Gedanken als auch in Gefühlen über das Geschlecht zu erheben und unsere Anstrengungen auf das Spirituelle in uns zu richten. Im Spirituellen gibt es weder Geschlecht noch irgendeines seiner Attribute.

KABBALISTISCHE UND THEOSOPHISCHE PRINZIPIEN

Frage:
In den "Grundlagen der Esoterischen Philosophie", Kap. II ist der Mensch in vier Teile geteilt: a) Neshâmâh, b) Rûahh, c) Nephesh und d) Gûph. Über diesen vier Prinzipien befindet sich das Unaussprechliche, das Grenzenlose, genannt 'Ain Sôph'. Würde der Verfasser der "Grundlagen" mir freundlicherweise seine Meinung über die Korrespondenzen oder Unterschiede zwischen diesen vier Prinzipien und der kabbalistischen Triade sagen, die aus den drei höchsten Sephîrôth besteht:

a) Kether (die Krone), b) Chochmâh (Weisheit) und c) Bînâh (Intelligenz), die alle Emanationen von Ain Sôph, dem Grenzenlosen sind?

Antwort:
Diese gedankenreiche Frage enthält tiefschürfende Ideen. Die bloße Tatsache, daß der Fragesteller nach Korrespondenzen oder Unterschieden zwischen der kabbalistischen Vierheit, wie ich sie in den "Grundlagen der Esoterischen Philosophie" gegeben habe, und der kabbalistischen höchsten kosmischen Triade der Sephîrôth sucht, zeigt, daß er selbst eigentlich seine Frage schon beantwortet hat, doch sich dessen wahrscheinlich noch nicht ganz bewußt ist.

Die vier menschlichen Prinzipien, wie ich sie in den "Grundlagen" aufgeführt habe, sind Reflexionen oder sozusagen 'Projektionen' aller neun Sephîrôth des kabbalistischen kosmischen Lebensbaumes. Die Unterschiede in der Art der Aufzählung oder der Darstellung der kosmischen Prinzipien und der menschlichen Prinzipien hängen von der Tatsache ab, daß die menschlichen Prinzipien Reflexionen oder 'Projektionen' der kosmischen Sephîrôth sind. Die drei höheren Sephîrôth, wie in der Frage richtig gesagt, sind die Ursprünge oder Korrespondenzen von dem, was in der theosophischen Philosophie Atman, Buddhi und Manas im Menschen genannt wird. Kether korrespondiert mit Atman, Chochmâh mit Buddhi und Bînâh mit Manas.

In einem anderen Sinne korrespondiert Neshâmâh mit der göttlichen Monade, Atman-Buddhi; Rûahh korrespondiert mit der spirituellen Monade, Buddhi-Manas und Nephesh mit der menschlich-astralen Monade oder Kâma-Manas-Prâna. Gûph ist in jedem Fall, ob kosmisch oder menschlich, nur das Vehikel aller anderen höheren Prinzipien, und im Falle des Menschen korrespondiert es mit dem physisch-astralen Körper.

Alle kosmischen Sephîrôth sind aus dem Busen von Ain Sôph oder dem Grenzenlosen geboren und hängen sozusagen wie ein Pendant von ihm herab. Ebenso sind die drei höchsten Prinzipien im Menschen, Atman, Buddhi und Manas aus dem Busen des Grenzenlosen geboren, bleiben ewig darin und hängen wie ein Pendant von ihm herab. Die vier niederen Prinzipien hängen wie ein zweites Pendant von diesem höheren herab, ebenso wie die sechs niederen Sêphîrôth wie ein Pendant von den drei höchsten herabhängen.

Wir sehen also, die Korrespondenzen sind sehr eng, wenn sie richtig verstanden werden, und wie ich sie in den vorangegangenen Zeilen kurz zu umreißen versucht habe.

ANDROGYN UND HERMAPHRODIT

Frage:
Mein Studium der "Geheimlehre" und anderer Schriften von H. P. B. führt mich zu der Schlußfolgerung, daß sich der Gebrauch der Wörter 'androgyn' und 'hermaphrodit' mehr auf die Dualität von Geist und Materie im Universum bezieht als auf die Dualität der Geschlechter, männlich und weiblich. Ist das richtig?

Antwort:
Ja, ganz recht. Das Wort 'androgyn', wie es in der Theosophie und in der Regel von H. P. B. benutzt wird, bedeutet nicht 'zweigeschlechtig', es sei denn, es wird auf ganz bestimmte verkörperte Wesen Bezug genommen. Wird es deutlich für Wesenheiten des Geistes, für Dinge oder Wesenheiten, die kein Geschlecht haben, benutzt - denn das Geschlecht ist nur eine vor-

übergehende Phase unserer Erd-Evolution für uns, für die Tiere und Pflanzen -, wird es lediglich gebraucht, um das zu bezeichnen, was in der Philosophie Dualität genannt wird, der duale Charakter der manifestierten Natur. Dieser Charakter wird manchmal positiv und negativ genannt und manchmal männlich und weiblich. Die beiden letzten Wörter sind dem menschlichen Leben entlehnt und bedeuten nicht, daß eine Seite des Universums wirklich männlich ist und die andere Seite weiblich, das wäre völlig lächerlich. Sie bedeuten lediglich, daß an einem bestimmten Punkt, tatsächlich bei der Manifestation, Dualität eintritt. Das ist alles, was sie bedeuten.

Beziehen wir uns natürlich auf verkörperte Wesen, ist es vollkommen richtig, von der Menschheit als androgyn, zweigeschlechtig, zu sprechen. Die rudimentären Organe, die in dem physischen Aufbau verblieben, sind Überreste aus dieser altersgrauen Vergangenheit. Wird das Wort 'androgyn' auf das Universum angewendet, bezeichnet es nur die Dualität von Geist und Materie, Bewußtsein und Vehikel, Geist und Substanz. Dieser androgyne oder duale Charakter aller manifestierten Welten begann in der Tat mit dem kosmischen Buddhi oder Mahâ-Buddhi; doch eigentlich begann er, sich selbst auf dem Plan zu zeigen, auf dem Fohat im besonderen wirkt, dem Plan des kosmischen Kâma. Über diesem steigen die beiden Strahlen des Einen auf, um sich wieder zu vereinigen. Wir selbst sind dafür ein Beispiel: Das individuelle Ego oder der individuelle Geist teilt sich während seiner Verkörperungen in die siebenfältige Konstitution, deren eine Seite wir die Geistseite nennen können und die andere die vehikulare Seite; eine Seite ist das Bewußtsein, die andere das Vehikel; die eine Seite kann der Wille genannt werden und die andere Bewußtsein. Es spielt keine Rolle, wie wir sie benennen, sie sind Dualität.

Doch die Dualität entspringt aus dem Atman, der fundamentalen Basis-Egoität oder Monade im menschlichen Wesen, und der Mensch kopiert in seiner Konstitution und seinem Gefüge nur das, was das Universum ist. Entsprechend dem Axiom des Hermes: "Wie es oben ist, so ist es unten". Studieren wir, was wir hier unten sehen, und wir erhalten einen Schlüssel, um das Göttliche zu erkennen. Das Göttliche reflektiert sich selbst in seinen verschiedenen Abkömmlingen, in seinen verschiedenen Vehikeln - in dem verkörperten Universum ebenso wie im Menschen. Atman reflektiert sich selbst nur schwach im Menschen aufgrund unserer unvollkommen evolvierten Vehikel. Die Evolution besteht nicht so sehr in einem Wachstum dieser spirituellen Realitäten zu etwas Größerem, als in einer Vervollkommnung der Vehikel, zum Beispiel dem Manas, durch die der göttliche Strahl hindurchgeht, so daß sie in dem Maße, in dem die Evolution mit ihren verfeinernden und entfaltenden Kräften fortschreitet, ständig wachsen. Der göttliche Strahl wird so in immer größerer und bedeutenderer Herrlichkeit hervorscheinen. Evolution bedeutet das Entfalten von innen nach außen, so wie der Same die Pflanze hervorbringt, die Pflanze die Knospe, die Knospe die Blüte und die Blüte den Samen: Same, Pflanze, Knospe, Blüte - Same, Pflanze, Knospe, Blüte. Die Natur wiederholt sich unaufhörlich. Sie verkörpert sich wieder und wieder und wieder.

DIE VERSUCHUNG VON JESU

Frage:
Ich glaubte, wir müßten, bevor wir etwas vollständig gelernt haben, nur mit uns selbst darum kämpfen, und

wenn wir eine bestimmte Versuchung in vorhergehenden Leben ganz überwunden haben, könnte uns diese Versuchung nicht mehr begegnen, und nicht einmal der Gedanke daran wäre möglich. Ich dachte, dies wäre der Weg, die verschiedenen Tugenden nach und nach zu gewinnen. Würden Sie bitte erklären, warum Christus eine Versuchung empfunden haben sollte, die ihn von seiner großen Aufgabe entbunden hätte. Warum sollte er gesagt haben: "Nimm diesen Kelch von mir", und in Angst gebetet haben, um die Versuchung zu besiegen? Ich denke, er hätte über dieses Stadium hinaussein sollen.

Antwort:
Diese Frage setzt voraus, daß die von Jesus im Neuen Testament erzählte Legende wirkliche Historie ist. Sie ist es aber nicht. Die Geschichte der Evangelien ist nur eine idealisierte Fiktion, die von christlichen Mystikern in Anlehnung an esoterische Mysterien der 'Heiden' geschrieben wurde, und sie zeigt die Initiationsaufgaben und Prüfungen des Kandidaten bei der Initiation. Die Darstellung ist nicht sehr gut, da die Evangelien manche Irrtümer und viele Fehler enthalten.

Ein Mensch namens Jesus - der hebräische Name ist Jeshua oder Joshua - lebte wirklich; er war ein großer und guter Mensch und in die geheime Lehre seiner Zeit eingeweiht. Nach seinem Tode kamen viele Legenden und Erzählungen über ihn auf, die später, etwa ein Jahrhundert *nach* seinem Tode, zu den sogenannten 'Evangelien' verwoben wurden.

Doch der Fragesteller hat recht, wenn er sagt, daß wir, wenn wir eine Versuchung siegreich bestanden haben, vor zukünftigen Angriffen von ihr sicher sind, doch immer vorausgesetzt, wir sind ewig wachsam und auf der Hut.

DAS SCHICKSAL DES TIERREICHES

Frage:
In bezug auf das Tierreich: Viele Spezies sterben heute aus. Eines Tages - wenn die Lebenswoge auf Globus E übergegangen ist - werden auf Globus D nur Sishtas zurückgeblieben sein. Wird es in der fünften Runde überhaupt Tiere geben? Wenn es in der fünften Runde Tiere gibt, ist das das Tierreich, wie wir es heute kennen (jedoch höher evolviert), oder sind es nur einige der höchsten Spezies?

Antwort:
Wenn sich eine Lebenswoge, irgendeine Lebenswoge, wie zum Beispiel die menschliche, tierische, pflanzliche, mineralische, elementale oder dhyân-chohanische, von unserem Globus D nach Globus E bewegt, läßt sie Sishtas auf diesem Globus D zurück. Was sind diese Sishtas? Sie warten auf die gleiche Lebenswoge, die durch die Globen auf dem aufsteigenden Bogen gegangen ist und durch die Globen auf dem absteigenden Bogen der fünften Runde herunterkommt. Erreicht die Lebenswoge Globus D, unsere Erde, beginnen die Sishtas für die hereinkommenden Monaden der Lebenswoge an Zahl zuzunehmen, und die gleiche Lebenswoge - im Fall Ihrer Frage die tierische Lebenswoge mit ihren untergeordneten Lebenswogen oder Ordnungen, Arten und Gattungen - beginnt die Tendenz zu zeigen, sich auszudehnen. Folglich wird es in der nächsten Runde Tiere geben.

Doch hier ist ein interessanter Punkt: Die Tiere neigen ständig dazu, in nirvânische Ruhe einzugehen, ich meine ihre Monaden von jetzt an bis zum Ende des Kettenmanvantaras. Jede Runde wird weniger Tiere zeigen, weil im Laufe der Zeit und während die Stufen auf dem aufsteigenden Bogen eine nach der anderen passiert werden, immer weniger Tiere in der Lage sind, aufzusteigen; die Anziehung der Materie ist zu stark. So werden am Ende der fünften Runde auf Globus D viel weniger Sishtas der tierischen Lebenswoge zurückbleiben als in der vorhergehenden Runde auf diesem Globus, weil die Monaden aus dem obenerwähnten Grunde in ihr Nirvâna eingehen. Anders ausgedrückt: Die Individuen jener tierischen Lebenswogen werden auf diesem Plan zum großen Teil ausgestorben sein, weil die Monaden in Nirvâna gegangen sind. Während der sechsten Runde wird es extrem wenig Tiere geben, obwohl sie dann viel weiter fortgeschritten sein werden, als sie es jetzt sind.Vor dem Ende der sechsten Runde werden sie ganz ausgestorben sein, mit Ausnahme der anthropoiden Affen und möglicherweise von einigen der höheren Affen. Die anthropoiden Affen werden dann keine wirklichen anthropoiden Affen mehr sein, obwohl ihre mehr evolvierten Körper noch bestehen bleiben, sondern sie werden sehr, sehr niedrige Menschen in quasi-anthropoiden Körpern sein, aber doch Menschen niedrigen Grades. Während der siebenten Runde verschwinden selbst diese, doch ihre Monaden werden während des nächsten Kettenmanvantaras niedrige Menschen in angemessenen Körpern sein.

Allgemein gesprochen, neigen also die Tiermonaden auf dem aufwärtsführenden Bogen mehr und mehr dazu, in Nirvâna zu gehen. Ihre Körper sterben allmählich aus, da keine Monaden mehr inkarnieren.

Der Grund dafür ist, daß sich die Tür ins Menschenreich (was die Erlangung von Selbstbewußtsein bedeutet) am Mittelpunkt der vierten Runde schloß. Die heutigen Tiere klammern sich sozusagen aufgrund des Antriebs oder Impulses an, den sie beim Herabkommen auf dem absteigenden Bogen erhielten. Dieser Impuls hat sie bis heute emporgetragen und wird sie auch bis zur fünften Runde aufwärts tragen, wo sie dann, wie eben erklärt, größtenteils aussterben, weil sie nicht höher steigen können. Die spirituelle selbstbewußte Natur ist von ihren Monaden nicht hervorevolviert worden. Folglich ist in ihnen nicht genügend Anziehung nach oben hin, und darum werden sie hinter den Zug der Lebenswogen zurückfallen und aussterben.

Mit anderen Worten: Die Tiere werden sich nicht mehr selbst hervorbringen. Die Monaden vieler Tiere sind bereits in dieser vierten Runde in ihr Nirvâna eingegangen - die gröbsten ihrer Art. Einige von ihnen, die noch vorhanden sind, harren hauptsächlich durch den erwähnten Impuls aus und aufgrund des dämmernden Manas in ihnen, das sie hier noch zurückhält.

BUDDHISMUS UND THEOSOPHIE

Frage:
Könnten Sie eine Erklärung über den Unterschied zwischen Theosophie und Buddhismus geben, wie dieser heute allgemein den Massen gelehrt wird?

Antwort:
Das ist eine gute Frage, eine Frage, die ich liebe, denn wäre ich nicht Theosoph, hätte ich ganz entschieden die Lehren des Herrn Gautama, des Buddha, angenommen. Sie sind die menschlichsten, philosophischsten, hochherzigsten, ja königlichsten Lehren, nicht nur in bezug auf ihre Haltung gegenüber den Menschen, sondern auch in bezug auf die Wirkung, die sie auf den Menschen ausüben.

Der Unterschied zwischen Theosophie und Buddhismus ist der zwischen der Mutter und einer sehr lieblichen Tochter. Die erhabene Mutter ist die Theosophie, die liebliche Tochter der Buddhismus. Ich würde sagen, selbst wie der Buddhismus heute praktiziert wird, etwa zweitausendfünfhundert Jahre nach dem Hinscheiden seines großen Gründers, selbst heute ist er von allen bestehenden Religionen die theosophischste, die hochherzigste und zarteste in ihrem Verständnis für menschliche Probleme und deren Beachtung. Sie ist ohne eine Spur von Härte, Unfreundlichkeit oder Haß in irgendeiner Form gefärbt und hat keine Doktrin von willkürlicher Bestrafung. Ihre Lehre der Vergeltung, begründet auf kosmischem Gesetz oder Karman, ist unendlich gerechte Vergeltung. "Das Böse, das Ihr tut, lebt weiter, und Ihr, die Täter, werdet ihm eines Tages begegnen. Es wird fortdauern, bis Ihr das Böse, das Ihr verübtet, wieder gutgemacht habt". Das ist wundervoll logisch, befriedigend und beruhigend.

Sehen wir nur, wie dies das menschliche Herz berührt. Der wahre Buddhist sagt von seinem Beleidiger: "Er hat mich schrecklich gekränkt. Er tut mir leid. Ich wünsche keine Rache. Das würde dem Bösen, das geschehen ist, nur noch mehr Böses von mir hinzufügen, und eines Tages würde das Böse auf mich hilflosen Menschen und auf ihn zurückfallen. Außerdem wird er das Böse und die Auswirkung des Bösen in seinem Charakter haben. Ein zweifaches Übel. Ich, sein Opfer in diesem Leben, werde Entschädigung erhalten, doppelte Entschädigung für das Böse, die Kränkung, die mir zugefügt wurde, zum einen, weil ich die vergeltende Belohnung für das Böse bekomme, und zum anderen, weil ich nicht zurückgeschlagen habe; so habe ich an Charakterstärke gewonnen, die mir aus der Beleidigung erwachsen ist. Das ist zweifaches Gutes für mich, den Erdulder. Ich habe die Entschädigung in meiner eigenen Seele, ich habe gelernt, geduldig zu sein und nicht zu streiten oder zurückzuschlagen."

Hierin liegt der Atem des Göttlichen. Das ist das wahre Herz des Erbarmens und des Mitleids, und das ist reine Theosophie. Mit anderen Worten: Buddhismus ist nur eine liebliche Tochter einer weit lieblicheren Mutter. Das Christentum ist ihre Tochter, auch der Brâhmaismus und der Taoismus, alle Religionen von Indien, Persien, China, Ägypten, dem alten Europa und den Amerikas. Sie alle entsprangen dieser einen Quelle, Theosophie, der "Weisheit der Götter" oder "Esoterischen Philosophie", wie wir sie heute nennen, und wird in der Obhut hoch evolvierter Menschen, der Mahâtmans, gehalten. Doch ich meine, der Buddhismus ist die lieblichste der Töchter, weil sie die treueste ist. Treue hat sie gekrönt, Gerechtigkeit folgt ihren Fußtapfen.

WIE KANN MAN SEINEN LEHRER FINDEN?

Frage:
Mr. Judge sagt in den "Briefen, die mir geholfen haben": "Jeder Mensch, der sich dazu entschließt, seine Füße auf den Pfad zu stellen, hat einen Lehrer." Würden Sie mir bitte sagen, was ein Lehrer ist, und wie man diesen Lehrer findet?

Antwort:
Es ist ganz richtig, jeder Mensch, der sich entschließt, seine Füße auf den Pfad zu stellen, hat, wie Judge sagt, einen Lehrer. Jedoch kann ein Lehrer eins oder beides von zwei Dingen sein: erstens sein eigenes Höheres Selbst, denn es gibt keinen erhabeneren Lehrer für einen Menschen auf Erden; und zweitens kann er auch einer von den Lehrern sein, die aufgrund einge-

borener oder inhärenter spiritueller und psychologischer Sympathie natürliche Lehrer für einen Aspiranten sind. Dies ist eine Tatsache, ob der Aspirant etwas davon weiß oder nicht. Ist der Aspirant eines Tages zu dem Format herangewachsen, das ihn befähigt, offene Unterweisung zu empfangen, wird das geschehen; doch es mögen Zeitalter vergehen, bevor diese direkte Unterweisung bewußt empfangen werden kann. Es bleibt die Tatsache, daß jedes menschliche Wesen sozusagen durch die okkulte Sympathie der Natur mit einem größeren Lehrer verbunden ist. Der Mensch muß sich für die Zeit bereit machen, zu der er in direkte Berührung entweder mit seinem eigenen Höheren Selbst kommt oder mit dem äußeren Lehrer, der ihm hilft, mit seinem eigenen Höheren Selbst in Berührung zu kommen. Doch vergessen wir nicht: Der innere Mensch, der spirituelle Mensch, das Höhere Selbst ist der erhabenste Lehrer, den ein Mensch haben kann.

WERDEN WIR JEMALS ALS TIERE INKARNIEREN?

Frage:
Die theosophische Lehre besagt: "Einmal ein Mensch, immer ein Mensch". Welche Erklärung gibt es für einige orientalische Lehren, die davon ausgehen, daß der Mensch als Tiger oder Elefant usw. auf die Erde zurückkommt, und wie verhält es sich mit den vielen Überlieferungen in westlichen Ländern, in denen von Tieren, die von einem menschlichen Geist besessen sind, die Rede ist?

Antwort:
Kein menschliches Wesen inkarniert jemals als ein

Tier. Diese Tatsache sollte als eindeutig und ohne Ausnahme betrachet werden. Der Grund dafür ist, daß eine absolute mental-psychische Schranke existiert, die ein menschliches Gemüt daran hindert, in den psycho-vitalen Apparat eines Tieres einzutreten. Natürlich könnte dies durch einen Akt von Magie durch einen Schwarzmagier geschehen, und daraus sind die Geschichten von Werwölfen, Lykanthropie und so fort entstanden. Doch dieser Akt schwarzer Magie beweist nur das allgemeine und unveränderliche Gesetz: Kein menschliches Wesen kann jemals im natürlichen Verlauf als Tier inkarnieren.

Lebt aber andererseits ein Schwarzmagier oder ein Mensch durch viele, viele Inkarnationen hindurch schlecht, wird er auf einer ständig niedrigeren Stufe immer weniger menschlich, bis ein Bruch mit der spirituellen und menschlichen Monade stattfindet. In diesem Fall ist er nicht länger ein Mensch, er ist vielmehr nur noch die untere Vierheit mit wenigen schwachen Eindrücken oder psychischen Schatten des Menschentums in sich. Wenn dies stattfindet, ist die Wesenheit kein menschliches Ego mehr, sondern sozusagen eine verlassene niedere Vierheit oder menschliche Maschine, faktisch eine menschliche Schale, die bereits so entartet ist, daß sie sich praktisch auf dem Niveau des Tierreichs befindet. Doch die Menschlichkeit, das Ego, das menschliche Wesen ist längst aus ihr entflohen.

Ein derartig verlassenes Vehikel wird durch die natürliche Anziehungskraft des Gleichen zu Tierkörpern und selbst zu Pflanzenkörpern hingezogen sowie zu noch niedrigeren Graden des Abstiegs und der Auflösung der niederen Vierheit. Doch bitte ich zu beachten, dies ist nicht die Inkarnation eines menschlichen Wesens, denn eine derart entartete, zerrüttete, halbvernichtete menschliche Vierheit ist nicht mehr wirklich menschlich. Eine Analogie ist ein menschlicher Körper, der von einer menschlichen Seele belebt wird und die einen Menschen bildet. Wird der Körper beim Tode abgelegt, ist der Mensch fort. Doch die Form des Menschen, seine Lebensatome, die sich trennen und ihre eigenen Wege verfolgen, sind vorhanden. Der Körper zerfällt zu Staub, und viele der Lebensatome, die zu dem Körper dieses wirklichen Menschen gehörten, inkarnieren in Tiere. Das geschieht wieder aufgrund der natürlichen Anziehung von Gleichem zu Gleichem, von Tier zu Tier, wie bereits erklärt wurde. Ich hoffe, das ist klar.

Es sei jedoch festgehalten: Diese Fälle entarteter menschlicher Vierheiten sind, obwohl sie tatsächlich ziemlich zahlreich sind, nichtsdestoweniger doch sehr selten oder spärlich im Vergleich mit der immensen Zahl der Wesen, welche die Menschheit bilden.

ZYKLEN IN CHINA

Frage:
Im "Meer der Theosophie" fand ich folgende Aussage in Kap. XIV, S. 170: "Die Chinesen waren immer eine Nation von Astronomen und haben Aufzeichnungen über Beobachtungen, die weit vor den Beginn der christlichen Ära zurückreichen. Da sie aber einer alten Rasse angehören, die dem Untergange geweiht ist, so treffen, wie seltsam diese Behauptung auch klingen mag, ihre Schlußfolgerungen für die arischen Rassen nicht zu."

Ich glaube, Sie haben gesagt, China wäre auf der aufsteigenden Richtung des gegenwärtigen Zyklus. Wir haben nach dem Hinweis gesucht, ihn aber nicht finden können. Was ist die Wahrheit in dieser Sache? Mr.

Judge kann in einem weiteren Sinne geschrieben haben, während Sie einen kleinen spezifischen Zyklus im Sinn gehabt haben mögen.

Antwort:
Der Fragesteller hat meine Meinung ganz korrekt verstanden. Hier haben wir einen Fall, wo sich kurze Erklärungen, von denen jede korrekt ist, auf verschiedene Aspekte beziehen. Leser, die beim Durchlesen zu schnell sind und nicht genügend nachdenken, sagen sofort: "Oh, ein Widerspruch"; doch es ist keiner. Die Tatsachen sind folgende: Die Chinesen, das heißt die heutigen reinen oder rassisch fast reinen Chinesen, sind die degenerierten Abkömmlinge der siebenten Unterrasse der atlantäischen Wurzelrasse. Folglich haben sie fast ihr Ende erreicht, wenn wir die immensen Perioden geologischer Zeit berücksichtigen. Wenn wir von diesen Zeitperioden sprechen, sind sie bald 'dem Untergang verfallen'. Sprechen wir jedoch von kleineren Zeitperioden, von denen, die wir erfassen können, vielleicht von einigen tausend Jahren, was geologisch sehr wenig ist, haben die Chinesen noch eine glänzende Zukunft vor sich und sind jetzt im Aufstieg begriffen. Es wird noch tausende von Jahren Chinesen geben, obwohl sie sich ständig vermischen und die Tendenz zeigen, als reine Chinesen auszusterben.

Darum hatte Judge recht, weil er sich sozusagen auf lange geologische Perioden bezog. Ich hatte ebenfalls recht, denn ich bezog mich auf kürzere Zeitperioden von einigen tausend oder vielen hundert Jahren. Tatsächlich bemühen sich die Chinesen heute, als nationale Einheit wieder an die Spitze zu kommen; sie werden es schaffen, und zwar sehr bald, vielleicht in hundert Jahren. Sie werden eine relativ kurze Zeit der Macht und Glorie haben und dann wieder abwärts gehen. Vielleicht erheben sie sich noch einmal für einen noch kürzeren Zeitraum und gehen dann wieder abwärts. Das wiederholt sich, bis sie schließlich als eine rassische Einheit verschwinden. Daher können wir aus den obengenannten Gründen mit Judge sagen, sie sind "dem Untergang verfallen", und wir können mit gleicher Berechtigung sagen, sie erheben sich in einem kleineren aufsteigenden Zyklus. Was den Chinesen geschieht, erleben alle anderen rassischen Einheiten, oder sie werden es erleben. Jede hat ihre Zeit; jede hat ihren Anfang, ihr Wachstum, ihren Höhepunkt an Macht und Herrlichkeit, ihr Altern, ihren Verfall und ihr Verschwinden.

SPIRITISMUS

Frage:
Bitte, erklären Sie, wie die folgenden beiden Zitate in Einklang gebracht werden können: " ... die Woge von spiritistischen Phänomenen wurde von den Nirmânakâyas unterstützt." ("Echos aus dem Orient", Kap. XI) und " ... der unsinnigste und verhängnisvollste Aberglaube - Spiritismus" ("Meister-Briefe an A. P. Sinnett", S. 284, engl. Ausg.).

Antwort:
Dies sieht sicherlich wie ein Widerspruch aus; es handelt sich jedoch um ein Paradoxon und die scheinbaren Widersprüche können leicht in Einklang gebracht werden. Ich spreche aus der Erinnerung, da ich im Augenblick nicht das Buch vor mir habe, doch wenn ich mir die Stelle aus Mr. Judges "Echos aus dem Orient" ins Gedächtnis zurückrufe und den gesamten Begleittext einer sorgfältigen Betrachtung unterziehe, wird ersichtlich, daß er selbst das Paradoxon erklärt. Diese

Bedenken sind in zweifacher Hinsicht zu verstehen: Erstens, der Spiritismus, wie er normalerweise und im allgemeinen von den Spiritisten verstanden wird, ist ein 'Aberglaube', und zwar ein sehr verhängnisvoller. Die Spiritisten sehen die Existenz des Menschen nach dem Tode lediglich als eine Verlängerung oder Fortsetzung des gewöhnlichen menschlichen Erdenlebens in einem rein mythischen Sommerland an, in dem sie in einer geistlosen und dem Zustand der Idiotie ähnelnden Atmosphäre der Selbstbefriedigung zu leben scheinen. In Wirklichkeit handelt es sich um nichts weiter als um eine Traum-Situation, und diese trägt weder der siebenfältigen Konstitution des Menschen, den verschiedenen Teilen seiner Konstitution, noch den Bestimmungen Rechnung, denen die unterschiedlichen Teile nach dem Tode unterliegen.

Es ist die alte törichte Geschichte von dem fortdauernden, persönlichen, unveränderlichen Ego, welche die Christen in einer anderen Form übernommen haben. Die Spiritisten erkennen nicht die Wahrheit, daher ist der Spiritismus, wie er verstanden wird, tatsächlich ein wahrhaft 'verhängnisvoller Aberglaube'.

Andererseits kam H. P. B., um ihr Werk im Westen zu tun, in eine typisch materialistische Welt, die im allgemeinen, mit Ausnahme guter kirchlich gesinnter Menschen, überhaupt keinen Glauben an ein Überleben irgendeines Teiles des Menschen hatte. Für die westliche Welt war der Mensch wenig mehr als ein Körper, und sein Verstand, seine Gefühle und sein ethischer Sinn waren nur eine Art ätherischer Ausdünstung der rein materiellen Kräfte, die im menschlichen Gehirn wirkten. Für eine solche Welt waren die Lehren der Spiritisten - die lehrten, daß es im Menschen etwas mehr als nur den physischen Körper gab, selbst wenn es nur eine Art Fortdauer des Egos in einem Traumland war - eine Idee, die etwas Höheres darstellte als die grob materialistischen Ansichten der Wissenschaftler und die gleichfalls materialistischen Ansichten der Kirchenväter.

Es war diese Spur von nicht exakter Spiritualität - das Erkennen von etwas Höherem als dem materiellen Körper, welches der Teil des Spiritismus war -, die von den Nirmânakâyas gefördert wurde. Der Spiritismus flößte dem Gemüt der Menschen im materialistischen Westen den Gedanken ein, daß der Mensch mehr als sein physischer Körper ist, von dem der Westen bis dahin annahm, er sei das ganze Wesen und das Endgültige des Menschen, wie es von der Wissenschaft dargestellt wurde.

Die spiritistischen Phänomene, die für die materialistische Wissenschaft jener Tage völlig unerklärbar waren, flößten den Menschen die Gedanken ein, daß er mehr sei als nur sein Körper, daß in ihm unbekannte Kräfte einer psychischen und mentalen Art wirken, die jedoch fälschlich 'spirituell' genannt wurden. Dies war auch der Grund, warum H. P. B., als sie ihre öffentliche Arbeit aufnahm, bei den Spiritisten zu wirken begann, denn diese versuchten sich, wenn auch irrtümlich, von dem dominanten materialistischen Denken, den Lehren, Tendenzen und der seelenzerstörenden Hoffnungslosigkeit der Zeit zu befreien. In dieser geringeren Weise leisteten die Nirmânakâyas gewissermaßen Hilfe und Unterstützung für die spiritistischen Phänomene in soweit, wie diese letzteren echt und nicht vorgetäuscht waren.

Wir sehen also, daß sich diese beiden Zitate nicht widersprechen, doch sie bilden zusammen ein Paradoxon und lassen sich in der oben gezeigten Art leicht erklären.

Zusammengefaßt läßt sich sagen: Spiritismus ist im Lichte wahren Wissens ein 'verhängnisvoller Aberglaube'. Doch die spiritistischen Phänomene, wenn echt und nicht vorgetäuscht, gibt es wirklich. Sie lehrten und lehren die Materialisten, daß der Mensch Kräfte, Fähigkeiten und Attribute in sich hat, welche die Materialisten nicht aus dem physischen Vehikel des Menschen erklären können. Aus diesem Grunde wurden die echten Phänomene von den Nirmânakâyas zu der damaligen Zeit gefördert und unterstützt; heute werden sie jedoch nicht mehr unterstützt.

EUTHANASIE

Frage:
Welches Licht werfen die theosophischen Lehren auf die Frage der Euthanasie?

Antwort:
Euthanasie ist ein griechisches Wort mit der Bedeutung 'leichter Tod'. Ich versuche, das Denken des unbekannten Fragestellers zu erforschen und nehme an, daß er sich auf moderne Pläne bezieht, bestimmte Angehörige der menschlichen Rasse schmerzlos zu töten, über die andere Menschen das Todesurteil gefällt haben.

Warum müssen Sie mir eine solche Frage stellen? Glauben Sie wirklich, daß ein menschliches Wesen weise genug ist und genügend tiefe Einsicht besitzt, um über, in und hinter den gepeinigten Körper sehen zu können? Die Mehrzahl der Befürworter dieses Systems, die Leiden ihrer Lieben abzukürzen, erkennen nicht, daß es jenseits des gequälten Körpers noch etwas gibt. Ihre Herzen sind bedrückt, und sie sind ihrerseits von den Leiden gepeinigt, die sie sehen.

Oft ist es Mitleid, das Anhänger für diese Theorie gewinnt. Doch ich gehöre nicht zu ihnen. Die gegenwärtige medizinische Wissenschaft ist weitgehend in der Lage, Schmerzen zu lindern. Solange das Leben währt, lernt auch jene unglücklich leidende, karmisch unglücklich leidende Seele. Wie könnten wir dem Mißbrauch Einhalt gebieten, der sich fast unweigerlich ausbreiten würde, wenn die Praxis der Euthanasie in einem zivilisierten Land legalisiert werden würde? Denken wir daran, daß kriminellen Praktiken vieler Art unter dem heuchlerischen Vorwand mitleidiger Handlung Tür und Tor geöffnet werden würden - Euthanasie ist viel zu gefährlich. Denken Sie darüber nach! Es könnten keine ausreichendenVorsichtsmaßnahmen ergriffen werden, um unsere hilflosen und uns vertrauenden Lieben zu schützen, sollte ein derartiges Vorhaben Gesetz werden. Aus ethischen und spirituellen Gründen, aufgrund des Mitleids in meinem Herzen, bin ich gegen Euthanasie. Niemals würde ich es wagen, auch nicht unter dem Vorwand des Erbarmens, einem Menschen das Leben zu nehmen.

WERDEN WIR IN EWIGKEIT EVOLVIEREN?

Frage:
Eine der Grundideen der theosophischen Lehren ist die, daß wir in Ewigkeit evolvieren. Dies scheint mir keine logische Aussage zu sein. Sicherlich schließt Ewigkeit eine statische Vorstellung von allem ein. Man kann nur mit der Zeit evolvieren - man kann nicht in Ewigkeit evolvieren, denn Ewigkeit bedeutet die Abwesenheit von Zeit, und wenn es keine Zeit gibt, worin kann das Individuum dann evolvieren? Ist es logisch anzunehmen, daß wir von Unendlichkeit zu Unendlichkeit in Ewigkeit evolvieren? Mir scheint, daß, wenn eine Wesenheit ein dynamisches, evolvie-

rendes Ding ist, sie einen statischen Hintergrund haben muß, gegenüber dem sie evolviert. Andererseits, wenn sie ein statisches Ding ist, muß sie einen dynamischen Hintergrund haben, gegenüber dem sie statisch ist. Sicherlich bedeutet das Wort Evolution Wachstum 'in der Zeit'. Wenn sie ein Wachstum in der Zeit ist, kann sie es nicht in Ewigkeit sein. Ist sie es nicht in Ewigkeit, muß sie einen Anfang gehabt haben und einmal ein Ende finden.

Antwort:
Ein nachdenklicher Mensch und eine tiefe Frage. Er hat recht mit den Bemerkungen, daß die Evolution ein endlicher Prozeß ist. Nichtsdestoweniger findet sie in dem Busen endloser Dauer statt, in dem, was die Westlichen Ewigkeit nennen. Hierin scheint eine logische Spitzfindigkeit zu liegen, doch ist sie aus folgenden allgemeingültigen Gründen nur eine scheinbare und keine wirkliche: Jede Evolution findet in periodischen, sich wiederholenden Weltperioden, Manvantaras genannt, statt, deren jede von ihrem Nachfolger durch eine ebenso lange Weltperiode der Ruhe, Pralaya genannt, getrennt ist. Diese Perioden von Manvantaras und Pralayas folgen einander in regelmäßiger Ordnung durch die Ewigkeit hindurch, das heißt durch die endlose Dauer, denn es ist unmöglich, sich einen Anfang vorzustellen, wie es ebenso unmöglich ist, sich vorzustellen, daß diese Perioden jemals enden könnten. Wenn wir uns das vorstellen könnten, müßten wir uns fragen: Wie kommt es, daß sie jetzt sind? Ewigkeit führt keine Handlungen aus. Sie kann keine Dinge erzeugen, denn Ewigkeit kann nur Ewiges erzeugen. Kein Manvantara oder Pralaya, wie unermeßlich seine Zeitperiode auch sein mag, ist mehr als ein Augenzwinkern in der endlosen Dauer.

Diese Gedankengänge zeigen uns, daß genau deshalb, weil diese periodischen Intervalle existieren und wir niemals sagen können, daß sie zu irgendeiner Zeit nicht existieren, noch daß sie in der Zukunft jemals zu existieren aufhören, logisch unausweichlich zu folgern ist, daß sie für alle Ewigkeit fortdauern müssen. Doch ein jedes der evolvierenden Wesen, die wir Monaden nennen, ist gewissermaßen in der Ewigkeit verwurzelt, das heißt, die wirkliche Essenz, die höchste, erhabenste, göttlichste Essenz oder Substanz jeder Monade ist die Ewigkeit, die Unendlichkeit selbst. Daher sind es nur die äußeren Aspekte, die Gewänder, Schleier oder das, was der Hindû mystisch das 'Träumen' von Brahman nennt, was in den einander periodisch folgenden Manvantaras und Pralayas evolviert. Aus diesem Grunde ist der Prozeß der Evolution endlich, denn er hat mit endlichen, evolvierenden Wesen und Dingen zu tun. Doch das Herz oder die Essenz, das Innerste des Innersten dieser Wesen ist höchste Göttlichkeit, ist Ewigkeit, Unendlichkeit. Die Hindûs wie auch wir Theosophen, drücken diesen schönen Gedanken mit den Sanskritworten aus:

Tat twam asi - DAS bist Du.

DIE THEOSOPHISCHE HALTUNG GEGENÜBER MILITÄRISCHER MACHT

Frage:
Was ist die allgemeine Haltung der Theosophen gegenüber bewaffneter Macht, zu Land oder zu Wasser?

Antwort:
Da ein Theosoph seine Mitmenschen achtet, ist er in erster Linie und von ganzem Herzen nachdrücklich ge-

gen Krieg und Gewalt jeder Art. Wir sind normale Menschen, und ich glaube nicht, daß ein normaler Mensch so weit gehen würde zu sagen, daß die Streitkräfte, zum Beispiel die der Vereinigten Staaten, auf erbarmungslose Gewalt ausseien. Für mich sind sie wie eine nationale Polizei. Sie verrichten in der Welt die Arbeit der Polizisten, und manchmal tun sie sie wirklich sehr gut. Die vorbildlich bewaffneten Streitkräfte jedes anderen Landes stehen für das gleiche. Wenn wir keine Polizei hätten, die unsere Straßen kontrolliert, was könnte uns, unserem Leben, denen, die wir lieben, und unserem Eigentum nicht alles geschehen!

Mißbrauchte Macht verdammen wir nachdrücklich. Doch als normal denkende, ehrliche und ernsthafte Menschen, die ihre Mitmenschen achten, verdammen wir nicht die richtige Anwendung der Stärke, wenn sie allein dazu dient, Stärke, Frieden und Ordnung aufrechtzuerhalten, und sofern sie wirklich für den Schutz der Schwachen und Hilflosen benutzt wird. Die Streitkräfte eines Landes können sicherlich mißbraucht werden, und das ist ein Verbrechen. In der Geschichte der Menschheit ist das immer wieder geschehen. Doch wir dürfen die Streitkräfte unseres oder eines anderen Landes nicht verdammen; sie stehen theoretisch und normalerweise auch praktisch für die Bewahrung der Ordnung, für die Aufrechterhaltung von Recht und Gesetz und für die Sicherheit redlicher und friedlicher Menschen, um ihre täglichen Geschäfte zu sichern und zu beschützen.

Militarismus ist dagegen eine andere Sache: Er ist Mißbrauch. Die Bewahrung von Gesetz und Ordnung, wenn nötig auch mit bewaffneter Kraft, ist kein Mißbrauch. Sollte einem Schwachsinnigen erlaubt sein, ein Gebäude in Brand zu stecken oder ein gemeines Verbrechen auszuführen, nur weil er ein Mensch ist und wir unsere Mitmenschen achten? Welcher normal denkende Mensch würde das sagen? Er muß daran gehindert werden, und wenn es sein muß, mit Stärke und kontrollierter Macht. Doch das ist nicht der erbarmungslose Einsatz von Stärke, sondern deren Anwendung, die vertretbar ist.

Ein Theosoph vertritt Liebe, brüderliche Liebe, doch Liebe ist zuweilen energisch; sie ist niemals weich und schwach. Sie erhält das Recht aufrecht, beschützt den Schwachen, besteht auf Gerechtigkeit, und wenn es keinen anderen Weg gibt, gebraucht sie auch ihren starken Arm, um diese durchzusetzen. Im letzteren Fall vielleicht mitleiderregend - doch wir müssen den Tatsachen ins Auge sehen.

Eines Tages wird die menschliche Rasse die Notwendigkeit bewaffneter Polizeikräfte zu ihrem Schutz, die Notwendigkeit der Chirurgie und der Arzneien für Krankheiten und andere Übel überwunden haben. Doch die Millionen in den Gefängnissen verdeutlichen die Zustände so, wie sie jetzt sind. Solange wir Menschen uns nicht beherrschen können, Gewalt gegen andere auszuüben, wenn wir die Möglichkeit dazu haben oder weil wir zuzeiten zu schwach sind, um uns gegen Versuchungen und Übeltaten im Zaum zu halten, solange muß die Gesellschaft geschützt werden, und das ist richtig. Wir grämen uns darüber, doch wir sind normale Menschen und erkennen die Tatsachen so, wie sie sind.

DIE WIRKLICHE BEDEUTUNG DES PANTHEISMUS

Frage:
Sind Theosophen Pantheisten?

Antwort:
Nein, und doch, in einem tieferen Sinne, ja. Wir akzeptieren den Pantheismus nicht in der Art, wie er im Westen gelehrt wird, als etwas zu Glaubendes, das von den Alten überliefert wurde. Doch diese Annahme ist irrig und willkürlich. Er wird als philosophisch unrichtig falsch gelehrt und dargestellt. Die westlichen Vorstellungen vom Pantheismus wurden im Westen geboren, und es sind diese Vorstellungen, die wir verwerfen. Pantheismus, wie er im Westen verstanden wird, bedeutet, daß jeder Stock und jeder Stein, jede Pflanze und Blume, jede Sonne oder jedes Teilchen physischer Materie 'Gott' sei. Das ist der falschverstandene Pantheismus des Westens. Wir akzeptieren ihn nicht. Er ist weder der Pantheismus des archaischen Orients, noch der eines anderen Teiles der Welt archaischer Zeit. Wir müssen ihn materialistischen Pantheismus nennen.

Den anderen, wirklich spirituellen Pantheismus akzeptieren wir in Übereinstimmung mit der allgemeinen Ansicht der Menschheit. Er besagt: Alles Hohe oder Niedrige ist göttlichen Ursprungs und kehrt letztendlich zur Göttlichkeit zurück; alles entspringt dem völlig unbegreiflichen, namenlosen Mysterium, das für den Menschen nicht faßbar und daher in menschlicher Sprache unaussprechlich ist. Doch von ES hat der Mensch unauslöschbare Intuitionen, denn aus Ihm kommt er, in Ihm lebt er für immer, und zu Ihm kehrt er dereinst zurück. Es ist sein eigenes Innerstes, die Quelle des Alls, selbst dessen, was jenseits des Alls ist, und ES umfaßt alles! Deshalb nannten es die alten vedischen Weisen JENES.

Da JENES das völlig Grenzenlose ist, unbegrenzt, unbeschränkt sowohl in Raum als auch in Dauer, und da es die Quelle aller Intelligenz und Liebe, aller Macht und Ordnung ist, nennen wir diese Lehre

Pan-Theismus, die Lehre von dem All-Göttlichen, von der alles umfassenden Göttlichkeit. Der wahre Pantheismus sagt nicht, daß jeder Stock und jeder Stein, jede Blume oder jedes Stück Holz, jeder Globus, Komet oder jede Sonne, jeder Baum oder jedes Tier, Reptil und Insekt 'Gott' sei. Er sagt vielmehr, daß das Göttliche, das äußerste Göttliche, das Übergöttliche, Para-Parabrahman, JENES, die völlig unbegreifliche Quelle und das allumfassende Leben des Alls ist. Von Ihm kommt alles. Selbst der Globus, die Sonne und die Sterne kommen als Hierarchien, die andere Hierarchien enthalten, hervor, und diese sind selbst wiederum in Hierarchien enthalten, die noch unermeßlicher sind. Daher ist in der Essenz, jedoch nicht in der Form, alles göttlich. So ist also der Stein oder der Globus, das Tier oder das Holz, die Blume, die Sonne oder der Planet und alles andere nicht Gott, sondern sozusagen ein winziges Partikelchen des Schleiers oder Gewandes des Unbegreiflichen. Wenn ich meine Hand auf einen Menschen lege, berühre ich nicht den Menschen. Ich berühre nur einen Teil seines physischen Körpers. Der wirkliche Mensch ist unsichtbar, ist innen und oben, und sein Höchstes ist unbegreiflich erhaben. Das ist der wahre Pantheismus, von dem der Westen keine Kenntnis hat. Lesen wir in westlichen Büchern über Pantheismus, dürfen wir nicht annehmen, sie enthielten die wahren Lehren des Pantheismus; sie enthalten nur die Mißdeutung desselben.

JESUS UND BUDDHA

Frage:
Wen betrachten Sie in Ihrer Gesellschaft als den größeren Meister, Jesus Christus oder Gautama Buddha?

Antwort:
Unsere Gesellschaft gewährt auf einer breiten und freien Ebene all ihren Abteilungen Gewissensfreiheit. Sie sind praktisch unter unserer Satzung autonom. Deshalb ist es ganz unwichtig, ob ein Theosoph Jesus Christus, Gautama Buddha oder einen anderen Lehrer der Menschen für den größten Meister hält. Für mich ist eine Frage dieser Art von geringem Interesse, denn von größter Wichtigkeit ist die erhabene Botschaft der Theosophie, der Esoterischen Philosophie; sie der Welt zu geben, sind wir als wahre Theosophen verpflichtet. Unsere privaten Meinungen und Gefühle bezüglich der 'Großen' sollten unseren offiziellen Standpunkt und unsere Haltung in keiner Weise beherrschen.

Jesus, der Avatâra aus Palästina, war einer der großen theosophischen Lehrer, wie es natürlich auch Gautama, der Buddha, oder andere der spirituellen und intellektuellen Titanen der Geschichte waren. Für mich persönlich ist es sehr unwichtig, welcher der großen Weltlehrer verschiedenen Menschen als der größte erscheinen mag. Das Wichtigste von allem ist für mich, der leidenden Menschheit und unserer dunklen Welt den lebenspendenden, lichtbringenden, heilenden Geist der Theosophie, der Esoterischen Philosophie, zu bringen - die erhabene Weisheit der Götter.

DAS SICH EWIG BEWEGENDE UNENDLICHE LEBEN

Frage:
Der erste fundamentale Grundsatz, wie er in der "Geheimlehre" dargelegt ist, postuliert "ein allgegenwärtiges, ewiges, grenzenloses und unveränderliches Prinzip". In dem gleichen Zusammenhang lesen wir: "Diese

unendliche und ewige Ursache ... ist die wurzellose Wurzel von allem, was war, ist oder jemals sein wird." Wenn dieses "unveränderliche Prinzip", selbst wurzellos, die Wurzel von allem ist, das heißt, die Wurzel der veränderlichen und sich unaufhörlich wandelnden Existenzen auf allen Plänen der Manifestation, dann scheint es doch, als müsse sie in ihrem Busen die Samen der Veränderlichkeit tragen, und als könne sie daher nicht "unveränderlich" sein. Bitte, entwirren Sie dieses für mich scheinbare Paradoxon.

Antwort:
Dies ist eine Frage, die für die westliche Philosophie und Religion, jedoch ganz unnötigerweise, ein ständiges Rätsel ist.

Als H. P. B. die "Geheimlehre" schrieb, mußte sie in erster Linie Wörter gebrauchen, die verstanden werden. Die Folge hiervon war, daß sie für ungeschulte Gemüter verständliche Wörter benutzte, welche die Unendlichkeit mit einem Etikett, mit Etiketten versahen. Doch Unendlichkeit ist ohne Eigenschaften, ohne Attribute, ohne bestimmbare Ausdrücke irgendeiner Art, welche die spirituellste menschliche Imagination dafür finden kann, und niemand wußte das besser als H. P. B. selbst. Jeder Versuch zu definieren ist eine Begrenzung. Definition bedeutet, eine Grenzlinie zu ziehen. Das ist bei der Unendlichkeit nicht möglich. Das Wort selbst bedeutet 'grenzenlos'. Nichtsdestoweniger mußte H. P. B. Wörter finden, um eine Andeutung ihres Gedankens zu geben, denn ihr Gedanke war, die Christen und die christlich erzogenen Theosophen zu lehren, daß das Grenzenlose kein Schöpfer, kein Weltenerbauer, keine treibende Ursache ist und sich weder in Teilen noch im Ganzen bewegt, um Welten hervorzubringen. Aus diesem Grunde sagte sie 'unveränderlich'. Doch dieses Unveränderliche ist das sich ewig bewegende unendliche Leben, das immer in Bewegung ist, das Leben selbst: unendlich, grenzenlos, anfanglos, endlos, ohne Bezeichnung. Es kann nicht innerhalb der Grenzen oder des Bereiches eines menschlichen Adjektivs oder Substantivs definiert werden. Wir können nur sagen, daß es das unendliche Leben ist, immerwährend, von Ewigkeit zu Ewigkeit, in unaufhörlicher Bewegung. Diese Bewegung ist ES selbst. Ich hoffe, das wirft etwas Licht auf den Gegenstand.

Dieses Leben ist für unser menschliches Verständnis aus unberechenbaren Hierarchien von Geist-Tröpfchen, wie sie genannt werden könnten, zusammengesetzt, so, wie der ungeheure Ozean aus Wassertröpfchen zusammengesetzt ist. Er ist eins und doch viele - immer der eine, nie als vollständiger Ozean in Bewegung, und doch ewig in Bewegung in allen seinen Teilen, in Bewegung und in Entwicklung. Während der eine Teil ruhig ist, bewegt sich ein anderer. Der ruhige Teil beginnt sich zu bewegen, und der bewegte Teil beendet seine Bewegung und wird ruhig. Das sind die Universen, die erscheinen und wieder in seinen grenzenlosen Busen verschwinden: ES selbst, Früchte aus seinem Busen, das Selbst, Selbste von Ihm selbst, und so geschieht es die Ewigkeit hindurch auf allen Plänen.

Die Westlichen können nicht verstehen, daß sich die Unendlichkeit in unserer Vorstellung und für unser Verständnis weder unendlich als eine unendliche Einheit oder ein Eines bewegt noch bewegen kann, denn dann wäre sie nicht länger Unendlichkeit, sondern ein Eines. Unendlichkeit wird durch die Null ausgedrückt, die alle Eine enthält. Mit anderen Worten, sie ist kein unendlicher Schöpfer. Wäre sie es, müßte sie eine unendliche Schöpfung hervorbringen. H. P. B. versuchte zu zeigen, daß das Parabrahman der Esoterischen Philosophie kein schöpferischer, aktiver, beweglicher und veränderlicher Gott ist. Die christliche Theologie ist voll von Widersprüchen, denn sie hat versucht, das Unbegrenzte, das, was ohne Grenzen ist, 'ohne Körper, Teile und Leidenschaften' - und doch ein Schöpfer! -, wie sie sagen, zu definieren und damit abzugrenzen, einzuschließen. Welch ein Widerspruch in sich!

Betrachten wir irgend etwas in dem unendlichen Schoß des kosmischen Lebens: mich, uns, eine Sonne, einen Planeten auf irgendeinem Plan, ob übergöttlich, göttlich, spirituell, intellektuell, astral, physisch oder unterhalb des Physischen; irgendeine Wesenheit, eine Monade irgendwo, die ein Abkömmling, ein Kind des kosmischen Lebens ist, das für immer in ihrem Innern ist: sie kann sich niemals außerhalb von ihm bewegen, sie ist von Ewigkeit zu Ewigkeit immer da. Und doch ist diese Monade unaufhörlich in Bewegung, denn ihr Herz des Herzens, der Kern des Kernes ihres Herzens des Herzens ihres Kernes des Kernes ist Unendlichkeit.

So erscheinen und verschwinden die Universen wie 'Funken der Ewigkeit'. In den äußeren Formen ihrer Manifestation sind sie mâyâvisch, Illusionen. Doch das Herz, die Essenz von jedem ist das kosmische Leben in all seinen endlosen Reichen und Bereichen. Darum ist das Herz jedes Universums Unendlichkeit: Das Herz, der Kern eines jeden ist seine Wurzel, die endlos in das unendliche kosmische Leben hineinreicht.

Nun bewegt sich dieses unendliche kosmische Leben niemals als ein Individuum, um etwas hervorzubringen. Doch als eine Unendlichkeit von Monaden - wie der Ozean eine Unendlichkeit von Wassertröpfchen ist - ist seine wahre Essenz das Hervorbringen. Elektrizität zum Beispiel, um etwas ganz Alltägliches als Vergleich oder Analogie zu nehmen, ist universal, kosmisch. Als eine endlose Essenz betrachtet, ist sie unveränderlich, doch in unendlich vielen Teilen von ihr ist sie in unaufhörlicher Aktivität. Leben ist unendlich, und doch ist das unendliche Leben, wenigstens verstehen wir Menschen es so, sozusagen aus unendlichen Lebenseinheiten aufgebaut. Jede dieser Lebenseinheiten ist eine Monade, deren Herz das ganze kosmische Leben ist, und sie als eine Monade ist ein Tröpfchen darin. Das kosmische Leben ist unveränderlich, weil es kein Individuum ist. Es handelt oder bewegt sich oder arbeitet nicht als ein Individuum, was eine Monade bedeutet. Es ist das umfassende Leben aller Monaden, ihre Mutter, die Ewigkeit, das Grenzenlose, aus dem alles hervorgeht und in das alles zurücksinkt, wenn sein Lauf beendet ist, um für einen manvantarischen Aufstieg zu größeren Höhen der Glorie wieder zu erscheinen und um dann wieder in seine Ruhe zu sinken. So sterben wir Menschen, nur um wiedergeboren zu werden.

Es gibt also keinen Widerspruch. Die beiden Erklärungen ergänzen einander, erklären einander. Die erwähnte 'Unveränderlichkeit' ist eine solche nur für unser sehr begrenztes menschliches Verständnis, etwa wie das kurze Leben und das winzige Bewußtsein einer Mücke, welche die Bewegung der Sonne am Himmel nicht als Bewegung erkennen würde, sondern sie als unveränderlich und bewegungslos ansehen würde. So sprechen wir Menschen, da wir unfähig sind, mit unserem schwachen Verstand oder selbst mit unserer Intuition die erste und letzte und größte Tätigkeit der Unendlichkeit, welche unendliche BEWEGUNG an sich ist, zu erfassen, von ihr als 'unveränderlich'. Andererseits würde es ebenso falsch sein, sie 'veränderlich' zu nennen, denn 'veränderlich' ist nur ein menschliches Adjektiv, das bestimmte menschliche und andere natürliche Phasen des manifestierten Lebens beschreibt.

EINE LEGENDE VON LAO-TSE

Frage:
In einem Artikel Ihrer Zeitschrift werden Lao-Tse einundachtzig Jahre intrauterinen Wachstums zugeschrieben, und in einem anderen zweiundsiebzig. Welche Zahl ist die richtigere, und was ist die tiefere Bedeutung dieser Legenden? 9 x 9 = 81. 9 x 8 = 72. Von seinem letzten avatârischen Erscheinen wird gesagt, daß es sein neuntes war.

Antwort:
Zweiundsiebzig und einundachtzig sind beide sehr mystische Zahlen alter Berechnungen. 72 = 6 x 6 x 2 oder 6 x 12. Es kann auch als 60 plus 12 angesehen werden, das ist 5 x 12 plus nochmals die Grundzahl 12. 5 x 72 ergibt 360, das ist 3 x 10 x 12. Man könnte andere ähnliche Zahlen nehmen, sie haben eine astronomische und okkulte Grundlage. Ebenso ist es mit 81. Das ist 3 x 3 x 3 x 3 oder 3^4. Es ist auch 9 x 9; die Neun wird allgemein als die Zahl der Veränderung angesehen. 9 = 6 plus 3 oder 6 plus 6/2. Wiederum ist 81 = 3 x 27, eine der lunaren Zahlen. 81 = 72 plus 9, 72 = 8 x 9. Wir sehen also, wie die berühmten alten Wurzelziffern 1, 2, 3, 4, 5, 6, 9, 10, 12 und ihre Vielfachen ständig wiederkehren und überall enthalten sind. Wie sagt die hebräische Bibel?: Das Leben des Menschen währet 3 x 20 plus 10 Jahre, gleich 70, eine runde Zahl für 72. Die Zahl der Herzschläge des Durchschnittsmenschen im Stehen oder Liegen wechselt von etwa 60 bis 72 in der Minute.

Um die obige Frage zu beantworten: Sagen Sie 72, wenn Sie wollen. Die obenerwähnte lange Periode intrauterinen Wachstums entspricht der archaischen, mystischen Art, die Zahl der Jahre zu nennen, die er im Schoß seiner mystischen Mutter getragen wurde: die Erprobung, Erfahrung, das Lernen als Chela, bevor er schließlich 'wiedergeboren' wurde, was die Inder dwija nennen, 'zweimal geboren'. Das ist die ganze Bedeutung. Es bedeutet nicht, daß ihn seine Mutter 72 Jahre lang als physischen Embryo trug. Das ist lächerlich, und es ist ein ausgezeichnetes Beispiel dafür, wie die Alten esoterische Tatsachen in gewöhnliche Ereignisse verhüllten und dabei oft diese Ereignisse so gewaltig übertrieben, um unmißverständlich klarzumachen, daß sie nur Hüllen, Metaphern, Allegorien waren. In der gleichen Weise finden die alten Erzählungen über Jungfrauengeburten, über die von Jungfrauen geborenen Heilande, ihre Erklärung. Die Erlöser sind die großen Adepten, geboren von der göttlichen Sophia oder Weisheit oder von dem Geist, wie sie manchmal genannt wird.

DIE ALTE PALI-SPRACHE

Frage:
Was können Sie mir über die Pâli-Sprache sagen?

Antwort:
Das Pâli ist in der Tat eine Prâkrit-Sprache des alten Indien und war zweifellos die Kulturform jener Sprache, die zu der Zeit, als Buddha lebte, wahrscheinlich in einem großen Teil Indiens gesprochen wurde. Das Pâli selbst hatte seine weniger gepflegten Formen, die von den ungebildeten Massen gesprochen wurden, so wie wir das heute auch in bestimmten europäischen Ländern und ebenso in Japan oder China haben. Es gibt die Sprache der gebildeten Klassen und die volkstümliche Umgangssprache der Massen. Mit dem Pâli

linguistisch verbunden war das Sanskrit, das die heilige Sprache der Brâhmanen war und von ihnen mehr oder weniger zurück- oder geheimgehalten wurde. Das Sanskrit war in jenen alten Zeiten das Ausdrucksmittel für die archaischen Weisheitslehren der arischen Völker Indiens, wie die Veden, die Purânas und die Upanishaden, die großen Epen, das Râmâyana und das Mahâbhârata. Doch Pâli war eine von mehreren Kultursprachen im alten Indien, die alle von sogenanntem Prâkrit-Charakter waren, obwohl über diese anderen Schriftsprachen nur sehr wenig bekannt ist. Pâli hat bis in die heutige Zeit überlebt, denn aus einem sonderbaren Grunde wurde es das sprachliche Ausdrucksmittel, in dem die Lehren des Buddhismus, das heißt des südlichen Buddhismus, aufgezeichnet wurden, ebenso wie etwa Latein überlebt hat, weil in ihm die Lehren des früh-mittelalterlichen Christentums aufgezeichnet wurden. So, wie es im alten Italien viele andere italische Sprachen gab, deren jede ihre Schrift- oder Kulturform hatte und ebenso ihre volkstümliche Form, so war es auch im alten Indien.

Pâli ist nicht ein 'verwässertes' Sanskrit. Sanskrit war vielmehr eine Mysteriensprache, die von Eingeweihten der Heiligtümer 'zusammengestellt' oder zur Vollkommenheit 'aufgebaut' war. Weil sie also, zumindest für jene Zeit, zu einem fast vollkommenen Ausdruck menschlichen Denkens konstruiert war, wurde sie samskrita genannt, was 'zusammengesetzt', 'ausgearbeitet' bedeutet. Pâli ist also kein echtes Kind des Sanskrit, doch es ist und war die Schriftform einer der alten Sprachen Indiens, die allgemein in einem offensichtlich weiten Bereich der indischen Halbinsel gesprochen wurde und die aus den oben erwähnten Gründen überlebt hat.

BUDDHISMUS, BRAHMAISMUS UND DER ADWAITA-VEDANTA

Frage:
Warum ging der Buddhismus nach dem Tode des Buddha in großem Umfang über Indien hinaus und schlug in Nachbarländern Wurzeln und gedieh dort? Kann Sankarâchârya ein Buddhist genannt werden?

Antwort:
Was den Buddhismus betrifft, so fand diese edle religiöse Philosophie großen Anklang und weite Verbreitung in fast ganz Indien. Sie hatte ihre Blütezeit zu der Zeit von Chandragupta und Aśoka, zwei großen buddhistischen Herrschern, die hauptsächlich darin behilflich waren, buddhistische Missionare zu ermutigen und zu unterstützen, das heißt, jene, die den Buddhismus in das nördliche Asien und in die Länder östlich und südlich von Indien trugen. Dies war während der Blütezeit des Buddhismus in Indien. Der Brâhmaismus und verschiedene andere Systeme überlebten diese Jahrhunderte der buddhistischen Herrlichkeit in Indien hauptsächlich aus dem Grunde, weil der Buddhismus essentiell tolerant und mild ist. Doch nach und nach gewann der Brâhmaismus nach dem Ende der buddhistischen Blütezeit in Indien wieder die Oberhand, und das aus verschiedenen Gründen. Ein Grund war einerseits der teilweise Verfall des ursprünglichen buddhistischen Geistes und der Begeisterung in den Buddhisten selbst. Andererseits enthält der Brâhmaismus eine Art hoch religiöser und philosophischer Gedanken, die dem indischen Denken angeboren und darum geistesverwandt sind. Außerdem war der Buddhismus, worauf H. P. B. und ich hingewiesen haben, ursprünglich eine Art des Brâhmaismus, der Heiligtümer enthielt, die der Buddha jedem mitteilte,

der sie aufnehmen wollte und konnte. Da er in seinen tieferen Aspekten außerordentlich schwer zu verstehen ist, machte er im ganzen gesehen weniger Eindruck auf die Massen als der Kult und die Zeremonien, das Gepränge, die Formen und die mythologische Literatur des Brâhmaismus. So verschwand der Buddhismus nach und nach aus Indien, doch nahm er gleichzeitig in China, Tibet und all den Ländern nördlich von Indien zu, ebenso in Siam, Burma, Ceylon und Java, den Ländern östlich und südlich von Indien. Mit der Zeit formten sich so zwei große buddhistische philosophische und geographische Gliederungen, die bis auf den heutigen Tag existieren.

Der Buddhismus des Nordens war von Anfang an hoch mystisch, philosophisch und in seinem Ursprung typisch esoterisch. Der Buddhismus des Südens war von seinem Beginn an ebenfalls hoch philosophisch, in der Darstellung jedoch weniger mystisch und im Geistigen weit sachlicher als der Buddhismus des Nordens. Die wahre Lehre Buddhas kann in den meisten ihrer Verzweigungen zumindest exoterisch gewonnen werden, wenn man den Mahâyâna des Nordens und den Hînayâna des Südens zusammen nimmt.

Es ist nur natürlich, daß europäische Orientalisten, wie kürzlich Prof. Rhys Davids, den Niedergang des Buddhismus in Indien auf Gründe zurückführen, die diesen europäischen Orientalisten vernünftig und einleuchtend erscheinen. Sie sollten für diese Vermutungen nicht streng kritisiert werden, denn sie haben keine anderen Mittel zur Beurteilung, warum der Buddhismus in Indien schließlich versagte. Doch die Wahrheit war die, daß der Buddhismus - der aus dem innersten Heiligtum des Brâhmaismus kam und sozusagen eine esoterische Seite des Brâhmaismus jener Tage war - gleich einem spirituellen Feuer über das Land fegte, solange der Buddha, seine Arhats und seine unmittelbaren Jünger da waren, ihn zu leiten. Doch die späteren indischen Buddhisten verloren die spirituelle Inbrunst der Begeisterung und die Klarheit der Einsicht; sie sanken gradweise in die verschiedenen Formen des Brâhmaismus zurück. Das ist die ganze Geschichte in einer Nußschale.

Schließlich gibt es noch einen wichtigen, obgleich typisch okkulten und esoterischen Grund für das Verschwinden des ursprünglichen Buddhismus von der indischen Halbinsel. Dieser lag in der Situation, die extrem schwierig angemessen zu beschreiben ist, die aber hauptsächlich als Grund zu dem Niedergang des Buddhismus beitrug. Die Tatsachen sind folgende: In seiner unendlichen Liebe, in dem Mitleid für die Menschheit und in dem Wunsch, gewisse fundamentale geheime Lehren der Heiligtümer der Aufmerksamkeit der Menge zu deren spirituellen Hilfe sowie intellektuellen und moralischen Gesundheit nahezubringen, brachte Gautama, der Herr Buddha, eine im ganzen gesehen fast vollkommene Darstellung der philosophischen und ethischen Seite der alten Weisheitsreligion. Doch kurz vor seinem Nirvâna erkannte er, daß die mystischen und religiösen Aspekte oder Teile der Weisheitslehren nur eine ungenügend angemessene Ausarbeitung erfahren hatten - lediglich der unmittelbare Kreis Buddhas und seine Arhats waren hiervon nicht betroffen. Um diese Unzulänglichkeit zu korrigieren, brachte Gautama, der Buddha, etwa fünfzig Jahre nach seinem Hinscheiden die Geburt und das Dasein des Avatâras, des großen Sankarâchârya zuwege. Der Buddha selbst stellte den psychologischen Apparat dieses großen Hindû-Lehrers des Adwaita-Vedânta bereit. So war Sankarâchârya, obwohl er etwa fünfzig oder mehr Jahre nach dem Hinscheiden des Buddha im Süden Indiens geboren wurde, gewissermaßen das 'Wiedererscheinen' des menschlichen Teiles des Buddha Gautama als Sankarâchârya. Der theosophische Leser wird sofort verstehen, was hier gemeint ist, wenn er sich an die theosophische Lehre von den Avatâras erinnert. Als Sankarâchârya zum Mann heranwuchs und sein Werk begann, verbreitete sich seine Lehre, die fast von seiner Zeit an bis zur Gegenwart Adwaita-Vedânta oder der nicht-dualistische Vedânta genannt wurde, wie Wildfeuer über die indische Halbinsel. Dieser wirklich große Lehrer bezog den größeren Teil der intuitivsten und philosophischsten Gemüter Indiens aller Zeiten bis auf seine Tage in den Kreis seiner Lehren ein, so daß selbst in unserer Zeit der Adwaita-Vedânta wahrscheinlich die allgemeinste und die am meisten akzeptierte Form des philosophischen und mystischen Brâhmaismus ist.

In der Tat sind der Adwaita-Vedânta des Sankarâchârya und die Mahâyâna-Lehren des nördlichen Buddhismus so eng miteinander verwandt und sie ähneln sich in philosophischer und mystischer Lehre und Auffassung so sehr, daß die engstirnigen Kritiker den Adwaita-Vedânta als einen 'maskierten oder verkleideten Buddhismus' beschreiben, und ebenso den nördlichen mystischen Buddhismus einen 'maskierten und verkleideten Adwaita-Vedânta' nennen. Die Kritik ist vollkommen berechtigt, denn der Adwaita-Vedânta und der esoterische Buddhismus Gautamas waren tatsächlich identisch. So hat der Avatâra Sankarâchârya, die 'Wiedererscheinung' des 'menschlichen Teiles' des Buddhas Gautama, vielleicht mehr als ein anderer einzelner Grund zu dem Verschwinden des ursprünglichen philosophischen und ethischen Buddhismus beigetragen - ein merkwürdiges Paradoxon, das uns Anlaß zu tiefen Gedanken gibt.

Es ist auch wahr, daß der mystische Mahâyâna-Buddhismus des Nordens im ganzen gesehen eine richtigere Darstellung der vollständigen Lehren des Buddhas ist - wie er sie seine Arhats lehrte - als die mehr formelle philosophische Darstellung des ursprünglichen Buddhismus, wie wir sie noch in den Lehren der südlichen Schule verkörpert finden, die Hînayâna genannt wird.

Verbindet daher der Schüler den Adwaita-Vedânta des Sankarâchârya mit der prächtigen mystischen und okkulten Philosophie und der erhabenen Ethik des frühen Buddhismus, von denen die letztere hauptsächlich im Mahâyâna verkörpert ist, hat er nicht nur die ursprüngliche Lehre von Buddha Gautama, wie dieser sie seine Arhats und unmittelbaren Schüler lehrte, sondern er sieht auch die Identität in der Vereinigung dieser beiden mit der archaischen esoterischen und okkulten Weisheit der Zeitalter, heute Theosophie und Esoterische Philosophie genannt.

DER STATUS VON MOHAMMED

Frage:
Ihre Erklärungen über Mohammed haben mich sehr interessiert, ich kann sie aber nicht ganz mit einer Aussage in Einklang bringen, die im "Meer der Theosophie" zu finden ist. W. Q. Judge spricht von Mohammed als von einem geringeren Avatâra. Die Stelle, die ich meine, steht in Kap. XIV, S. 164: "Mohammed war ein kleiner Avatâra für den besonderen Teil einer Rasse und gehörte der bürgerlichen, militärischen und religiösen Klasse an."

Antwort:
Was W. Q. Judge über Mohammed als einen "kleineren Avatâra" sagt, ist ganz richtig, doch sollte besonderer Nachdruck auf das Wort "kleiner" gelegt werden. Die

Wahrheit ist die: Mohammed kann ein Avatâra genannt werden, doch nur dann, wenn wir das Wort 'Avatâra' in einem großzügigen Sinn gebrauchen. Mohammed verrichtete eine bestimmte rassische Arbeit unter dem Einfluß eines Strahles des Planetengeistes, doch er war sich seiner Mission in diesem Sinne des Wortes nicht bewußt. Er stand tatsächlich nur sehr wenig höher als irgendein anderer bemerkenswerter Mensch, der zu einem Instrument karmischer Aktivität gemacht wird. Nur in diesem Sinne war Mohammed ein kleinerer Avatâra, und er gehörte in der Tat, wie Judge sagt, zu der "bürgerlichen, militärischen und religiösen Klasse."

DAS BÖSE - DER KONFLIKT DER WILLEN

Frage:
Was ist Ihre Meinung über den Ursprung des Bösen? Zweifellos sind wir Teile des Universums. Doch wenn wir daran denken, daß das System der Schöpfung auf universales Gemetzel, auf Schmerz und Ängste begründet ist, kann ich als Mensch, der glaubt, unser Leben sollte von der Jugend bis zum Alter ein friedvoller Übergang und eine Periode der Freude und des Glücks sein, das alles nicht verstehen. Diese schreckliche Intelligenz, diese wunderbare Macht, diese entsetzliche Kraft, die das Universum beherrscht, was immer sie sein mag - mir erscheint sie teuflisch. Sie gestaltet den Tiger; sie gibt den unglücklichen Tieren keine Gelegenheit, den Gefahren, die sie umgeben, zu entkommen. Was gibt der Schlange das Gift, dem Tiger die Reißzähne, dem Menschen die Gedanken, einander zu bekämpfen und zu erschlagen? Bedeutet dies, daß wir nichts anderes sind als eine widerstreitende

Hierarchie mit widerstreitenden Idealen, die dazu bestimmt ist, sich eines Tages aus diesem kosmischen Getümmel zu erheben, um himmlische Seligkeit genießen zu können?

Antwort:
Worauf Sie hingewiesen haben, ist natürlich etwas, das jedem Schüler des Lebens und unserer Umgebung begegnet. Ich erinnere mich, daß diese Frage, als ich ein Knabe war, die erste Frage von ernsthaftem Charakter war, die mich bewegte. Doch mit offenen Augen lernte ich, daß Glücklichsein ohne seinen Gegensatz nicht existieren kann, daß es keinen unverdienten Frieden gibt. Wie viele Male habe ich nicht als Kind und als junger Mann zu mir selbst gesagt: Sie reden vom allmächtigen Gott, dem barmherzigen Vater, und doch ist das Universum mit Streit und Schmerz erfüllt! Manchmal siegt das Böse über das Gute, zumindest zeitweilig. Was für ein Ungeheuer muß Gott sein, der Erzeuger von alledem, daß er die Dinge so geschaffen hat!

Ihre Gedanken sind in der Tat sehr natürlich, und Sie haben mein tiefstes Mitgefühl. Doch wir müssen die Dinge so nehmen, wie sie sind, und die Erklärung des Problems ist folgende: Kein 'Gott' ist der Erzeuger oder Schöpfer der Ungerechtigkeiten, von denen Sie sprechen. Das Gift hat sein Gegengift; neben der Unordnung besteht Ordnung; Unehre beweist Ehre; Dunkelheit könnte ohne Licht nicht existieren. Wir können unseren Teil des materiellen Universums mit all seinen üblen Stadien nicht plötzlich ändern, denn diese sind nur die Ereignisse in der marschierenden Armee der Wesen, die durch Raum-Zeit vorwärts und aufwärts schreitet. Aus dem Leiden lernen wir. Danken wir den unsterblichen Göttern, daß das Universum so eingerichtet ist, daß wir lernen können. Stellen wir uns ein derart beschaffenes Universum vor, in dem es nichts als Frieden und Glück gibt sowie stumpfsinnige, passive Trägheit, die durch die Ewigkeit hindurch währt - es würde eine Hölle sein. In meinem Innern ist etwas, das sich danach sehnt, denen Licht zu bringen, die es nicht haben; es ist etwas in mir, das sich danach sehnt, eine mitfühlende Hand auszustrecken; etwas in mir ist wertvoller als mein eigenes Wesen - das gibt mir die Sehnsucht, meinen Mitmenschen zu helfen. Wie wäre es, wenn ich dieser erlesenen Freude beraubt wäre, meinen kleinen Anteil zur Erleichterung der Last der Welt beizutragen?

Wir können das Universum nicht anders machen, als es ist, denn es ist so aufgrund von Karman - dem verwickelten und verflochtenen Karman der ungezählten Mengen von Wesen, die durch Wachstum, Leiden und Schmerz lernen, um an der kosmischen Werkstatt teilzuhaben, die von Mitleid, unendlichem Mitgefühl und Liebe für alles, was ist, geleitet wird, und um sich mit den Scharen der strahlenden Götter zu vereinigen. Die Greuel, von denen der Fragesteller spricht, existieren ganz gewiß, aber ebenso existieren unbeschreibliche Schönheiten. Warum also nicht auch von dem Schönen in der Natur sprechen? Warum nicht von ihrer Ordnung, ihrem Gesetz, Frieden, Wachstum und der Ausdehnung des Bewußtseins sprechen, der sich alle Wesen aufgrund zyklischer Zeitperioden unterziehen? Warum nicht ebenso von der Schönheit des Wesens der Natur wie von ihren Greueln sprechen? Natürlich gibt es Krankheit, aber es gibt auch Gesundheit. Es gibt Verbrechen, aber auch Menschen, die keine Verbrecher sind. Es gibt Greuel, doch sie werden durch die Schönheiten im Gleichgewicht gehalten, die ebenmäßigen, wohlgestalteten und heiligen Dinge im Leben, die ewige Freude sind.

Das Universum ist, wie es ist; und diese Greuel

möchte ich nun erklären und Ihnen die theosophische Lehre über den Ursprung des Bösen geben. Kurz gesagt, existieren alle diese Dinge in und von evolvierenden Geschöpfen, unvollkommenen Wesenheiten, ihren unzählbaren Mengen, die durch Leiden, Kummer und Schmerz lernen, um gesittet, liebevoll, mitleidig, friedlich sowie inwendig und auswendig schön zu werden - in dem ursprünglichen Sinn des Wortes Schönheit.

Das erinnert mich an die alte christliche Vorstellung vom Himmel. Ich erinnere mich, was mein Vater, ein Geistlicher, mich über den Himmel lehrte: Wenn ich ein sehr guter kleiner Junge wäre, würde ich sicherlich, wenn ich stürbe, in den Himmel kommen, zur Rechten Gottes sitzen und ewig Lieder singen. Dieser Lauf der Dinge lockte mich überhaupt nicht, er sprach nichts in meinem Wesen an. Als ich älter wurde und die Argumente hörte, die den Menschen gegeben wurden, und ebenfalls die philosophischen Ideen vernahm, welche die Menschen über die sogenannte Unsterblichkeit hegten, lehnte ich die so dargestellte Unsterblichkeit ab. Diese Unsterblichkeit war lediglich eine theoretische Unsterblichkeit des persönlichen Menschen mit all seinen vielfachen und oft abstoßenden Unvollkommenheiten. Ich konnte den Gedanken, es sei mein Schicksal - wenn diese Lehre wahr wäre -, ewige Äonen ohne Ende als eine unvollkommene Wesenheit zu verbringen, nicht ertragen. Gleichgültig, wie sehr ich mich änderte, ich wäre vermutlich immer das gleiche egoische Wesen. Nein, ich wollte in anderer Weise wachsen. Ich wollte wertvoller werden und den eingeschlossenen spirituellen, intellektuellen und anderen Kräften in meinem Innern Ausdruck und Entfaltung geben. Ich entdeckte, daß es für den persönlichen Menschen keine Unsterblichkeit gibt, denn wenn es sie gäbe, müßte der persönliche Mensch relativ unverändert bleiben. Wenn er sich nur im entferntesten änderte, wäre er nicht mehr derselbe - und die vermeintliche Unsterblichkeit verschwindet. Die Theosophie besagt, daß es anstelle der Unsterblichkeit des persönlichen Menschen ewige, endlose Evolution, endloses Wachstum, endlose Ausdehnung an Fähigkeit und Macht gibt, die immer mehr und mehr das hervorbringt, was im Innern eingeschlossen ist; sie geht von den niederen und üblen Regionen des Universums zu höheren über. Ist das Wesen dort angelangt, wendet es sich um und streckt jenen im niederen Dunkel eine mitleidige Hand zur Hilfe entgegen. Ich lernte die große und tiefe Wahrheit: Selbst das Ego wird etwas anderes, selbst der Geist evolviert zu umfangreicheren Bereichen. Die Unsterblichkeit des Egos oder des persönlichen Menschen ist ein eitler Traum einer verdunkelten Imagination.

Gewiß existiert das Böse in der Welt, doch es ergibt sich aus der Tatsache, daß die Welt von unvollkommenen Wesen und Wesenheiten erfüllt ist, ebenso wie es gleichfalls unzählbare Hierarchien von relativ vollkommenen und gottgleichen Wesen gibt. Weil die ersteren unvollkommen sind, handeln sie folglich in verdrehter und, wie wir sagen, böser Weise. Das erzeugt die Disharmonie, das gegenseitige Bekämpfen und die daraus resultierenden Leiden und Schmerzen. Ziehen Sie aus diesen tiefen Lehren Ihre Folgerungen. Wie eben erklärt, befinden sich über diesen in den niederen Reichen Kämpfenden die erhabenen Regionen der Götter. Es ist durchaus möglich, daß auch sie ihre Probleme haben, was ich persönlich annehme. Doch es sind Regionen, die für uns Menschen unvergleichlich hell, heilig und majestätisch sind. Unsere inneren spirituellen und intellektuellen Naturen haben dort ihre Heimat. Von dort kommen in unsere Herzen und Gemüter unsere edelsten Impulse, göttliche Taten zu vollbringen. Unsere edelsten intellektuellen Aspirationen werden in diesen inneren göttlichen und spirituellen Reichen geboren. In der Tat, sie sind die Heimat unseres Geistes.

DIE UNSICHTBAREN GEFÄHRTEN DER KINDER

Frage:
Was ist die Erklärung für die 'unsichtbaren Gefährten', von denen manche Kinder ständig sprechen, als seien sie fast ein Teil von ihnen?

Antwort:
Eine interessante Frage, und eine Frage dazu, die gleichfalls zeigt, wie sehr wir Erwachsenen die intuitive Erkenntnis der spirituellen Gemeinschaft verloren haben, die Kinder, sofern sie nicht von überzärtlichen und kindischen Eltern verdorben werden, noch bewahren.

Ich glaube, es wäre ganz falsch zu vermuten, die Kinder nähmen selbstbewußt einen unsichtbaren Gefährten wahr, wie es Erwachsene täten. Kinder haben ein bestimmtes 'Gefühl' oder ein inneres bewußtes Wissen um die spirituelle Gegenwart des inneren Selbstes, und dieser 'Gegenwart' gibt ein Kind oft einen Namen, von der sie, wenn wir individuelle Kinder als Beispiel nehmen, die menschliche Ausstrahlung sind.

Nachdem dieser Strahl, relativ gesprochen, kurz zuvor den Zustand des Devachans verlassen hat, in dem diese spirituelle Gegenwart eine lebende Realität war - obgleich sie dann und dort nicht als etwas Getrenntes empfunden wurde, denn das ist sie nicht -, erreicht er die Inkarnation und verkörpert sich selbst in der Weise, wie ich sie in meiner "Esoterischen Tradition" und anderswo zu beschreiben mich bemüht habe. Er bewahrt die Intuition der spirituellen Gegenwart des inneren Selbstes. Das Gemüt des Kindes fühlt diese Gegenwart instinktiv. Da es aber seinen Gehirnverstand noch nicht soweit entwickelt hat, um darüber nachzudenken oder die Gegenwart zu analysieren, nimmt es die Tatsache hin und spricht von einem 'unsichtbaren Gefährten'; so oder ähnlich würden wir Erwachsenen ihn nennen.

Es ist eine Tatsache, daß hochentwickelte Menschen, die ebenfalls esoterisch geschult sind, selbstbewußt dieser spirituellen Gemeinschaft so sehr gewahr werden, daß Adepten und Initiierte diese Tatsache in ihren wahren Verhältnissen erkennen. Sie bezeichnen dieses innere Selbst, das durch sie wirkt, mit verschiedenen Ausdrücken wie: 'Vater-Flamme', 'Vater im Himmel', 'Vater-Feuer' usw. Mit anderen Worten, der Adept kennt und erkennt sein inneres Selbst als den 'unsichtbaren Gefährten', und stellt sich unter seine stetige und nie versagende Führung und Inspiration. Kleine Kinder, die gerade aus den spirituellen Reichen gekommen sind, fühlen gleichfalls diese Tatsache, wenngleich auch nicht mit der selbstbewußten Deutung des Adepten. Doch sie erkennen es unbewußt, sozusagen als ein 'Gefühl', und das unverdorbene Kind ist häufig von dieser unsichtbaren Gesellschaft so beeindruckt, daß es zu anderen darüber spricht.

In dem Fall einer Adept-Seele ist der unsichtbare Gefährte der 'Vater im Himmel', von dem der Avatâra Jesu sprach.

ZYKLEN INNERHALB VON ZYKLEN

Frage:
Auf welche Weise wiederholen sich die großen Zyklen in der Evolution einer Wurzelrasse in dem kleineren Rahmen der Entwicklung ihrer verschiedenen Unterteilungen? Überschneiden sie sich nicht auch in beträchtlichem Maße?

Antwort:
Ihre Frage mag Ihnen einfach erscheinen, doch wenn Sie ein wenig nachdenken, werden Sie sehen, daß sie sehr verwickelt ist, denn sie fordert eine vollständige Erläuterung oder Erklärung des komplizierten zyklischen Wirkens der Natur und der Umfassung des Kleinen durch das Große. Das ist ein gewaltiges System! Es würde ein ganzes Buch erfordern, um nur Ihre eine Frage, die schon viele bewegt hat, zu beantworten. Gerade, weil sie in einem Sinne so verwickelt ist, wurde ihr seit H. P. B.s Zeiten immer ausgewichen. Es müßten, um einen vollständigen Kommentar zu geben, hunderte von Seiten geschrieben werden, die zu diktieren eine harte Arbeit von vielen Tagen bedeuten würde.

Es gibt jedoch immer allgemeine Regeln, und ich denke, wenn mir die Götter ein oder zwei Jahre mehr Zeit geben, könnte ich Sie zufriedenstellen. Die allgemeine Regel ist - und das ist ein wundervoller Schlüssel -, daß das Kleine das Große wiederholt; kleine Yugas sind nicht nur in den größeren Yugas eingeschlossen, sondern sie wiederholen diese in ihrem eigenen kleineren Rahmen. Beispiel: Die gegenwärtige fünfte Wurzelrasse, als ein Ganzes betrachtet und ihre geringeren Unterrassen, ob groß oder klein, einschließend, befindet sich jetzt in ihrem Kali-Yuga, das mit dem Tode von Krishna vor etwa fünftausend

Jahren begann und noch vierhundertsiebenundzwanzigtausend Jahre in der Zukunft dauern wird. Behalten Sie im Gedächtnis, das ist das Kali-Yuga der gesamten Wurzelrasse, das große Kali-Yuga.

Doch von all den kleineren Zyklen oder Yugas dieser fünften Wurzelrasse sind einige im Aufstieg, andere im Abstieg begriffen; sie wirken mit allen anderen ineinander, doch gehören sie alle zu dem großen Kali-Yuga der Wurzelrasse, das gerade begonnen hat. So ist also ein kleineres Yuga oder eine kleinere Rasse in ihrer Jugend und erhebt sich zu ihrer Blüte. Doch weil sie in das große absteigende Kali-Yuga eingeschlossen ist, unterliegt sie trotz ihres deutlichen Aufstiegs der allgemeinen Tendenz des großen Kali-Yugas.

Als nächstes ist jeder untergeordnete große oder kleine Zyklus, der in der Wurzelrasse eingeschlossen ist, selbst siebenfältig, und er hat daher sein eigenes kleines Kali-Yuga, wobei die zahlenmäßigen Verhältnisse etwa die gleichen sind. So, wie das große Kali-Yuga 432 000 Jahre dauert, hat ein kleines Kali-Yuga vielleicht lediglich 432 oder möglicherweise 4320 oder 43 200 Jahre. Die Hindû- oder die arische Rasse, die eine der ersten Unterrassen unserer fünften Rasse war, ist jetzt in ihrem eigenen Rassen-Kali-Yuga. Da sie außerdem zu der fünften Wurzelrasse gehört, nimmt sie natürlich auch an dem großen Kali-Yuga der Wurzelrasse teil. Doch sie bemüht sich, wieder zur Blüte aufzusteigen, und in der Zukunft wird das geschehen.

In einem kleinen Maßstab ist Spanien in seinem kurzen Kali-Yuga, ebenso Portugal. Italien hat gerade ein kurzes Kali-Yuga beendet und bemüht sich, wieder aufzusteigen.

Da unsere fünfte Wurzelrasse sehr materialistisch ist, das heißt entsprechend unserer vierten Runde schwer in die Materie gesunken ist, bewegen sich diese Aufstiege unglücklicherweise meist auf der Linie des Materialismus. Des weiteren hat sich unsere allgemeine europäische Rassengruppe, die wir die europäische Unterrasse oder vielleicht Familienrasse nennen können, seit dem Untergang des Römischen Reiches stetig erhoben, und sie wird für etwa sechs, sieben oder vielleicht achttausend weitere Jahre mit verschiedenen kleineren Erschütterungen, Abstiegen und Wiederaufstiegen weiter aufwärts steigen. Dann wird es einen raschen Abstieg bis zur Erreichung ihres Kali-Yugas geben, eines kleinen Kali-Yugas, bis es eine große europäische Naturkatastrophe gibt. Das wird in etwa sechzehn oder achtzehntausend Jahren von jetzt an der Fall sein, vielleicht auch in fünfzehn bis siebzehntausend Jahren. Ich hatte nie Zeit, die wirklich exakten Zahlen zu errechnen. Wir können deshalb 'ungefähr' sechzehntausend Jahre sagen. Diese Periode wird den Untergang der Britischen Inseln erleben. Der größte Teil Frankreichs wird unter die Wasser sinken, ebenso Holland, ein Teil Spaniens, ein großer Teil Italiens und andere mehr. Natürlich wird das alles nicht über Nacht stattfinden. Es wird warnende Zeichen geben, die sich durch langsames Absinken der Küste, Erdbeben usw. bemerkbar machen werden.

DAS GRUNDPRINZIP DER PRÄZIPITATION DER MEISTER-BRIEFE UND DIE ANGRIFFE DER BRÜDER HARE AUF H. P. B.

Frage:
Ich las das kürzlich herausgekommene Buch "Wer schrieb die Meister-Briefe?" von den Brüdern H. E.

Hare und W. L. Hare. Die allgemeine Linie der Kritik, welche die Autoren gewählt haben, erscheint mir höchst unfair, und doch habe ich oft über die Tatsache gerätselt, daß gewisse dieser Briefe Ausdrücke enthalten, die denen von H. P. B. gleichen. Ich weiß natürlich aus dem, was ich hinsichtlich der Meister-Briefe gelesen habe, daß einige von ihnen durch H. P. B. übermittelt wurden. Wäre es möglich, dafür eine Erklärung zu geben?

Antwort:
Die unterschiedlichen persönlichen Eigenarten der Sprache und Redewendungen einerseits und die verschiedenen Französisierungen andererseits, sowie die verschiedenen Unvollkommenheiten der Interpunktion, Orthographie, Grammatik usw., auf welche die tadelsüchtigen Hares triumphierend hinweisen und meinen, sie seien zum großen Teil dem Verstand H. P. B.s zuzuschreiben, werden seit der Zeit H. P. B.s durchaus als die mentalen, psychischen persönlichen Eigenarten der Schreibgehilfen oder Chelas, das heißt der Jünger, angesehen, durch welche die meisten der Meister-Briefe übermittelt wurden.

Was können wir anderes erwarten? Ein Sonnenstrahl, der durch gefärbtes Glas scheint, wird die Wand oder den Boden, auf den er fällt, mit den Farben des Glases, das er passiert, färben; dennoch ist es der ursprüngliche Strahl.

Verstehen Sie die folgenden Tatsachen, wie sie seit vierzig oder mehr Jahren von nachdenklichen Theosophen verstanden wurden: a) Die Meister selbst schrieben, wenn überhaupt, nur in den seltensten Fällen eigenhändig einige Briefe. Folglich können diejenigen, die sie schrieben, sofern sie wirklich von jemandem geschrieben wurden, wahrscheinlich an den Fingern einer Hand abgezählt werden; daher gibt es von diesen Briefen die wenigsten. b) Fast ebenso selten, doch etwas zahlreicher als die unter a) klassifizierten, sind jene, die allgemein 'Präzipitationen' genannt werden oder Mitteilungen, die 'niedergefallen' waren oder von den Empfängern an unerwarteten Stellen gefunden wurden. Folglich gibt es hiervon gleichfalls sehr wenige. c) Die große Mehrzahl der Briefe von den Meistern, die in jenen frühen Tagen empfangen wurden, kamen durch verschiedene Schreibgehilfen oder übermittelnde Chelas (Jünger). Unter den Empfängern, von denen wir mit Bestimmtheit wissen, daß sie Briefe erhalten haben, sind H. P. B. selbst, Damodar, Bavaji, in ein oder zwei Fällen Bhavani-Rao, und ein oder zwei andere, wobei wahrscheinlich der bekannte und belesene Hindû-Theosoph und Gelehrte Subba-Rao nicht auszunehmen ist.

Der Hauptpunkt, der in diesem Zusammenhang beachtet werden muß, ist der, daß alle diese Nachrichtenübermittlungen, mit anderen Worten, alle diese verschiedenen Briefe oder Mitteilungen, einschließlich der Aufzeichnungen, Zettel usw., durch das Medium der übermittelnden Gemüter der Chelas, die sie empfingen und zu ihren verschiedenen Bestimmungen weiterleiteten, stattfanden, oft durch die ganz prosaischen und gewöhnlichen Mittel der Post.

Die Herren Hare sind außerordentlich weit hinter ihrer Zeit zurück, da sie nicht bemerkten, daß die vielen Experimente in bezug auf die heute populäre Telepathie, Gedankenübertragung oder das Gedankenlesen von ernsthaften Menschen mit unzweifelhaften Fähigkeiten und gutem Ruf ausgeführt wurden und welche die Tatsache bestätigt haben, daß telepathische Nachrichtenübermittlung nicht nur möglich ist, sondern daß sie sich viel häufiger ereignet, als es sich die meisten Menschen klarmachen. Doch in jenen frühen Tagen der Theosophischen Gesellschaft, in der

Blütezeit des Materialismus von Haeckel, Huxley, Tyndall, Moleschott und der anderen 'hohen Herren' jener Zeit, wurde selbst eine so allgemeine Tatsache wie Hellsehen, Telepathie, Gedankenübertragung oder Gedankenlesen nicht nur nicht akzeptiert, sondern sogar lächerlich gemacht - und das gegen das allgemeine Zeugnis und die allgemeine Erfahrung der Menschheit seit Zeitaltern. Denn eine der gewöhnlichsten Tatsachen des menschlichen Lebens ist es, die wortlose oder unausgesprochene Gedankenübertragung zu erfahren.

Die Nachrichtenübermittlung von einem Meister zu einem Schüler oder Chela ist mehr oder weniger das gleiche wie die Gedankenübertragung, Telepathie oder das Gedankenlesen von heute, sie ist es jedoch in einer unermeßlich vollkommeneren Form, weil der Übermittler eine mahâtmische Intelligenz und das empfangende Gemüt des Chelas hochgeschult ist. Tatsächlich sind Telepathie oder Gedankenübertragung nur geringere Beispiele der allgemeinen Regel. Die Experimente, die während der letzten vierzig oder fünfzig Jahre in Gedankenlesen oder -übertragung durchgeführt wurden, haben klar gezeigt, daß es Ideen sind, die übermittelt und empfangen werden, die jedoch von dem ungeschulten Gemüt des Empfängers fast immer verdreht oder verzerrt werden und fast unterschiedslos von dem Gemüt oder dem psychologischen Apparat des Empfängers mehr oder weniger gefärbt werden. Während die essentielle Idee oft empfangen wird, ist sie doch häufig verdreht und verformt.

Genau das gleiche, nur weniger verdreht und verformt, muß dann stattfinden, wenn der übermittelnde Chela die essentiellen Ideen mehr oder weniger und gelegentlich oder sogar häufig in der Sprache des Gemütes und Denkens des Übermittlers klar empfängt.

Da sie jedoch durch den psychologischen Apparat des Chelas gehen, geschieht es, daß die ursprünglichen Ideen mit den Merkmalen oder den Denkgewohnheiten des Chelas weitergegeben werden. Daher wäre es wirklich erstaunlich gewesen, wenn es in der Übermittlung des essentiellen, ursprünglichen, klar empfangenen Gedankens durch H. P. B. keine Französisierungen gegeben hätte. Da H. P. B. ausgezeichnete Kenntnisse des Französischen hatte und auch mit amerikanischen Spracheigentümlichkeiten vertraut war, mußte die Botschaft, die durch ihr Gemüt kam, mit großer Gewißheit mehr oder weniger, hier und da, ab und zu mit einer französischen Redewendung oder einem amerikanischen Ausdruck, an welche H. P. B.s Gemüt gewöhnt war, übermittelt werden.

Ähnlich war es mit den Botschaften, die von anderen Chelas empfangen und weitergegeben wurden. Jeder gab ihnen seine eigene 'Atmosphäre' mit oder schloß mehr oder weniger seine eigenen mentalen Eigentümlichkeiten in die weitergegebene Botschaft ein. Doch die ursprüngliche Idee, der essentielle Gedanke, die grundsätzliche Sprache und intelligente Vorstellung waren immer vorhanden, und dieser Tatsache sind die Großartigkeit und Tiefe zuzuschreiben, die in diesen übermittelten Botschaften zu finden sind.

Dies führt mich direkt zu dem zweiten Punkt, den die Kritiker Hare völlig übersehen. Dieser zweite Punkt ist der Gegenstand der charakteristischen Individualität in der literarischen Form oder dem literarischen Stil. Es ist merkwürdig, daß von den beiden Autoren des Buches kein Wort direkter oder spezifischer Anspielung bezüglich der enormen Unterschiede des literarischen Stils von M. einerseits und K. H. andererseits gesagt wird. Der literarische Stil und die literarische Qualität von keinem dieser beiden ist mit H. P. B.s eigenem Stil vergleichbar, den sie direkt aus ihrem eigenen Antrieb schrieb. Allein der Stempel des literarischen Stils wird von jedem kompetenten Gelehrten und Schüler als eines der besten Mittel erkannt, die Authentizität von Dokumenten zu beurteilen, so daß das Fehlen jeglicher Anspielung auf diese enormen Stilunterschiede einen Mangel ihrer versuchten Kritik von gravierendem Charakter darstellt. Der Stil von M. zum Beispiel sticht durch seine Direktheit, seine schroffe Männlichkeit, die Schärfe der Aphorismen hervor, während der Stil von K. H., obwohl er ein ebenso tiefes Denken ausdrückt wie der Stil von M., deutlich anders ist: fließend im Wesen, glatt und leicht in der Schilderung, oft halb humoristisch im Bezug, und was treffend 'liebenswürdig' genannt wird im Vergleich mit dem 'rauh' genannten Stil von Meister M.

Schrieb H. P. B. allein, konnte das von ihr Geschriebene weder an Tiefe mit dem literarischen Material noch mit der Kraft der beiden Meister verglichen werden, so fein und wahrhaft wundervoll ihre Schriften auch waren. Ihr Stil unterschied sich vollkommen von dem der Meister, obwohl er zweifellos Charme und eigenen Reiz besaß. Man braucht nur den literarischen Stil und die Stimmung der beiden Bücher "Die Meister-Briefe an A. P. Sinnett" und "Die Briefe von H. P. B. an A. P. Sinnett" zu vergleichen, um zu erkennen, wie aussagekräftig das Argument des literarischen Stils und der Stimmung ist.

Zum Schluß komme ich noch einmal auf die Botschaften von den Meistern zurück, die durch ihre Chelas empfangen wurden. Wie oben erklärt, habe ich diese relativ vollkommene Telapathie, Gedankenübertragung oder Gedankenlesen genannt. Es ist sehr wichtig, dies im Gedächtnis zu behalten, denn dann wird der wirklich ehrliche Kritiker sowohl die Absurdität als auch die Sinnlosigkeit des Zuschlagens auf etwas scheinbar Neues erkennen, das den Theosophen jedoch seit vierzig oder fünfzig Jahren bekannt ist. Gleichzeitig wurde dies als eine Tatsache von den unabhängigen Forschungen wissenschaftlicher und anderer Menschen bewiesen: Es war Gedankenübertragung, welche die Meister-Briefe als geschriebene Dokumente hervorbrachte. Das geschulte Gemüt und der Wille des Meisters lenkte sein Denken, das aus klaren, scharf definierten Ideen bestand, zu dem und in das Gemüt des aufnehmenden, doch geschulten Schreibgehilfen, der die Ideen entsprechend seiner Schulung oder Entwicklung mehr oder weniger klar empfing und diese Ideen so getreu, wie er es vermochte, übermittelte. Da die übertragene Nachricht durch das Gemüt des Schreibgehilfen hindurchging, wurde sie notgedrungen durch die mentalen Eigentümlichkeiten des Vermittlers, durch das Gemüt des Jüngers gefärbt. Von daher ist das Vorhandensein der Französisierung oder gelegentlicher Amerikanisierung zu verstehen, wenn H. P. B. der übermittelnde Chela war. Ähnlich war es, mutatis mutandis, wenn andere Chelas die übertragenden Vermittler waren.

DAS DUNKEL ÜBER DEM LEBEN DER LEHRER

Frage:
Warum ist es für uns so schwierig, authentische Aufzeichnungen über das Leben der großen Lehrer und Philosophen der Welt zu erhalten? Es herrscht immer sehr viel Dunkelheit und Ungewißheit über sie.

Antwort:
Ich möchte fragen, ob nicht das wirkliche Dunkel, welches das Leben und das Werk solcher Menschen

wie Cagliostro, Apollonius von Tyana, Saint Germain und Jesus umgibt - über die es trotz des enormen Interesses und der Faszination, die ihr Leben erweckt hat, keinerlei authentische Aufzeichnungen gibt -, in sich selbst Beweis ist, daß sie Menschen jenseits des Durchschnitts waren? Sie kommen, und niemand weiß, woher. Sie leben und vollbringen ihr Werk, doch niemand weiß, wie. Sie haben Erfolg und sie verschwinden aus dem Bereich der Menschen, aber niemand weiß, wann oder wo sie sterben. Dies kann von den vier Menschen, die ich erwähnte, in jeder Hinsicht gesagt werden.

Was ist in dem Leben dieser großen Menschen schließlich von Wert? Ihr Geburts- oder Sterbeort? Die Aufzeichnung ihres Lebens, wie wir sie haben? Was macht die Geschichte von Jesus dem menschlichen Herzen so teuer? Es ist nicht die Tatsache, daß er vermutlich an einem Ort geboren wurde, daß er gelebt und irgendwo gestorben ist. Es ist auch nicht einmal die sogenannte historische Aufzeichnung seines Lebens, das mit Legenden in einer höchst unhistorischen Weise ausgeschmückt worden ist, sondern es ist das, was er lehrte, was er tat. Es ist das Leben des Menschen, wie es erscheint, wie es auf die menschlichen Herzen gewirkt hat.

Persönlich glaube ich, daß in alledem nichts Absichtliches ist. Unter den ersten Christen gab es eine Sekte, die von ihren Gegnern Docetisten genannt wurde, mit anderen Worten, 'an Erscheinungen Glaubende', welche lehrte, daß nicht der wirkliche Jesus als ein Gekreuzigter am Kreuz starb, sondern eine Erscheinung. Die Orthodoxen nannten sie 'Ketzer'. Erstaunlich!

Natürlich wäre es wunderschön, alles über Saint Germain, Cagliostro, Jesus und Apollonius von Tyana zu wissen, doch das Problem ist, daß keine Aufzeichnungen vorhanden sind. Das ist der Punkt. Ich möchte nicht sagen, daß es falsch ist zu wünschen, diese persönlichen Dinge zu kennen, doch sie existieren nicht in den Aufzeichnungen. Sie sind verborgen oder entfernt worden. Folglich sind sie nicht zu finden. Jede Geschichte, von der behauptet wird, sie sei eine Aufzeichnung ihres Lebens, ist nach meiner Beurteilung weitgehend Erfindung.

UNTERLASSUNG VON TATEN DER BARMHERZIGKEIT

Frage:
In welchem Ausmaß sollten einer leidenden Seele Hilfe und Heilung erwiesen werden, ohne daß man sich in die notwendige Erfahrung, die diese daraus zieht, einmischt?

Antwort:
Es scheint mir, Sie nehmen als erwiesen an, daß es falsch wäre, jemandem, der Hilfe braucht, Hilfe zu gewähren, weil er eine selbstverursachte karmische Erfahrung durchmacht und daher eine notwendige Lektion lernt. In bezug hierauf ist die Unterlassung von Taten der Barmherzigkeit eine falsche Idee. Wenn wir einer solchen Richtung des Denkens folgen, werden wir hartherzig. Wir würden sagen: "Was geht es mich an? Er lernt ja nur an den Erfahrungen, die er über sich gebracht hat. Laß ihn also lernen, und je eher er die Lektion gelernt hat, desto besser für ihn." Doch das ist nicht die wahre Lehre, die Lehre ist Liebe und Mitleid. Es ist unsere Pflicht und Schuldigkeit, einander zu helfen, und wir können nicht wachsen oder evolvieren, ohne die Kräfte der Liebe, des Mitleids

und der Weisheit auszuüben, die wir von Natur aus im Innern haben. Haß und ebenso Gleichgültigkeit können diese nicht zur Ausübung bringen.

Wir greifen niemals in das Karman eines anderen ein, wenn wir ihm helfen. Niemals! Wir erzeugen nur gutes Karman für uns. Wenn wir einem Menschen helfen, ist es zudem offensichtlich sein Karman, von uns Hilfe zu empfangen. Tätigkeit in Taten der Barmherzigkeit verändert nicht die majestätischen Naturkräfte der Reorganisation, denn diese Kräfte sind fundamental auf Harmonie und Sympathie gegründet. Diese sind die wirklichen Elemente dessen, was im Menschen als brüderliche Liebe manifestiert ist. Wenn wir unserem Bruder helfen, ist es offensichtlich sein Karman, daß wir ihm helfen. Und wenn wir die Gelegenheit dazu haben, ist es unser Karman und auch das seinige, daß die Hilfe angeboten und gegeben werden kann, beziehungsweise empfangen wird.

Denken wir daran, alles, was ist, ist Karman. Was immer geschieht, sind karmische Folgen. Karman ist eines der Glieder in der Kette der Verursachung, das die rechtzeitige Hilfe und die unterstützende Hand brachte. In jedem Fall handelt der Mensch, der es unterläßt, zu helfen, oder der Mensch, der zu Hilfe eilt, karmisch. Derjenige, der es unterläßt, bringt die Folgen seines selbstsüchtigen Übeltuns über sich; denn die Unterlassung einer barmherzigen Tat wird zu einer Handlung der Todsünde, weil Barmherzigkeit ethisch, gerecht und harmonisch ist. Sie stellt das Gleichgewicht wieder her und bringt Frieden. Ungerechtigkeit und Grausamkeit sind unharmonisch, sie erzeugen Disharmonie. Hierdurch wird neues und schlechtes Karman erzeugt. Vergessen wir nicht das Gesetz: Unterlassung einer Tat der Barmherzigkeit wird zu einer Tat der Todsünde.

DIE MONADE UND DIE MONADISCHE ESSENZ

Frage:
Wie ist das Verhältnis zwischen der monadischen Essenz und den Prinzipien, Atma-Buddhi, die H. P. B. erwähnt?

Antwort:
Atman und Buddhi bilden zusammen die Monade. Fügen wir die mânasische Ernte der vergangenen Leben 'hinzu', haben wir das reinkarnierende Ego. Atman bedeutet 'Selbst'. Wie ein Funke von einem Feuer kommt, so ist Atman, der einen Menschen inspiriert, gleichfalls ein Funke von dem Feuer des universalen Bewußtseins - Paramâtman oder Brahmâtman, um die Sanskritausdrücke zu gebrauchen. Die Essenz, die in der Monade wirkt, das heißt in Atma-Buddhi, ist die monadische Essenz, das Herz der Monade.

Um die Sache anders darzustellen: Atman ist das Selbst; doch obwohl er zu dem göttlich-spirituellen Teil der Konstitution des menschlichen Wesens gehört, diese menschliche Wesenheit jedoch eine manifestierte Wesenheit ist - wie bedeutend die Manifestation auch sein mag -, ist Atman sozusagen begrenzt und daher nicht absolute Unendlichkeit. Doch jene Essenz, die in Atman ist und die das essentielle Wesen von Atman ist, ist der kosmische Paramâtman. Die monadische Essenz ist sozusagen ein göttliches Atom oder eine göttliche Partikel von Paramâtman. Daher ist die monadische Essenz das Herz oder der Kern von Atman.

MITGEFÜHL DURCH LEIDEN

Frage:
Dem gewöhnlichen Menschen erscheint es manchmal seltsam, daß der Mensch durch all die Leiden hindurchgehen muß, um Vollkommenheit zu erlangen, und daß hierfür eine so lange Zeit benötigt wird. Ich hätte gern von Ihnen eine Antwort, die ich weitergeben kann.

Antwort:
Warum sind Kummer und Leiden in der Welt, und warum dauern sie an? Meine Antwort mag ein wenig hart erscheinen, aber manche Dinge im Leben erscheinen auf den ersten Blick ein wenig hart. Doch wenn wir sie verstehen, erkennen wir, daß die 'Härte' nur die starke Hand des Gesetzes ist, das unsere Schritte lenkt. Hier ist die Erklärung: Alles Wachstum ist von Wachstumsschmerzen begleitet. Eine Veränderung der Umstände ist eine Veränderung des Zustandes und des Bewußtseins. Die menschliche Natur ist in ihren schwächeren Teilen, die wir alle besitzen, so geartet, daß sie sich gegen Veränderung auflehnt. Sie möchte in den alten Geleisen bleiben, in ihrer vertrauten Richtung laufen, welche die Menschheit so viele Zeitalter hindurch verfolgt hat. Doch Kummer, Schmerz, Leiden und selbst Krankheit sind unsere besten Freunde.

Dies scheint ein harter und schwer verständlicher Spruch zu sein. Doch wie wahr ist er! Erforschen wir unser eigenes Leben. Was ist es, das Stahl in unseren Charakter gegossen hat? Was ist es, das unser Herz - das vielleicht durch Wohlstand und träge Bequemlichkeit hart und unfreundlich geworden war - dem Mitleid geöffnet hat? Es sind die Erschütterungen und die Schläge des Unglücks. Kummer lehrt uns Zusammengehörigkeitsgefühl, Mitgefühl, Erbarmen, Mitleid; er lehrt uns, anderen zu helfen, so daß wir nun ihre Drangsale verstehen. Nachdem wir selbst gelitten und Kummer gehabt haben, verstehen wir, was sie durchmachen. Kummer, Schmerz und Leiden verfeinern uns. Wir sind wie das Erz in der Schmelzhitze des Schmelzofens. Kummer und Schmerz reinigen uns, und wir gehen als glänzendes und glitzerndes Gold aus ihm hervor.

Fürchten wir uns nicht vor Kummer, fürchten wir uns nicht vor der Erprobung; sie sind unsere besten Freunde. Sehen wir, was für eine mannhafte Lehre das ist. Sie ist eine Lehre des Mitleids; sie ist weitherzig, menschlich, menschenfreundlich; sie ist mitfühlend, voller Weisheit und stillem Frieden. Ein Herz, das niemals Kummer gefühlt hat, hat kein Mitgefühl für andere. Ein Gemüt, das niemals von Kummer und Zweifel gequält wurde, ist verschleiert. Kummer und Zweifel wecken uns auf, beleben unseren Intellekt, öffnen unsere Herzen und weiten unser Bewußtsein. Kummer, Leiden, Krankheit und Schmerz sind die gütigen Agenten, die barmherzigen Werkzeuge des evolutionären Prozesses. Der Mensch, dessen Herz niemals von Kummer bedrückt war, kann den Kummer anderer nicht verstehen. Der Mensch, der sich niemals gegrämt hat, kennt keine Größe. Er ist weder im Herzen noch im Gemüt groß. Größe, ethische Majestät, spirituelle und intellektuelle Kraft entspringen aus der Prüfung.

INDEX

INDEX

Band I und Band II

A

B

C

D

E

F

G

H

I

J

K

L

M

N

O

P

R

S

T

U

V

W

X

Y

Z

Verlag Esoterische Philosophie GmbH
Culemeyertrift 5 · 3000 Hannover 21 · Telefon: 0511/755331

Im gleichen Verlag erschienen:

Verfasser	Einb.	Titel
G. von Purucker	gb	Grundlagen der Esoterischen Philosophie, Bd. I
	gb	Grundlagen der Esoterischen Philosophie, Bd. II
	gb	Studien zur Esoterischen Philosophie, Bd. I
	gb	Studien zur Esoterischen Philosophie, Bd. II
	gb	Goldene Regeln der Esoterik
W. Q. Judge	gb	Die Bhagavad-Gita
	gb	Studien über die Bhagavad-Gita
	kt	Das Meer der Theosophie
H.P. Blavatsky	gb	Unheimliche Geschichten
K. Tingley	gb	Der Pfad des Mystikers
N. Amneus	kt	Regiert Zufall oder Gerechtigkeit unser Leben?
Handbuch	kt	Einblick in die Theosophie
Zeitschrift	br	DAS FORUM (1/4-jährlich)

Weitere lieferbare Bücher:

H.P. Blavatsky	gb	Die Geheimlehre (ungekürzte Ausgabe, 4 Bde.)
	gb	Isis Entschleiert (2 Bde.)
	gb	Rätselhafte Volksstämme
G. von Purucker	kt	Die Meister und der Pfad des Okkultismus

Stand: Mai 1986